영원에 이르는 길

하나님께 가는 길 안내서

하나님은 세상에서 성공하고,
영향력 있는 자들을
들어 사용하시기보다는,

그분의 부르심에
순종함으로 나아오며,

자신의 작음과 하나님의 크심을
시인하고 고백하는
겸손한 자를 사용하신다.

「영원에 이르는 길 1,2,3권」을 오랜 기간(12년) 동안
집필하게 하신 취지는
「하나님께 영광을 돌리고, 성경의 진리를 전파하는 것」입니다.

내 삶을 기적으로 채우는 기도의 원리

가진것 하나없고 축복도 못받은 자이지만, 하나님께 간절히 기도했더니, 하나님께서 모든것을 허락하셨습니다. "하나님께 구하라, 들어주실 것이다." 하나님께 간곡히 복을 구한 야베스의 기도에 나타난 하나님의 놀라운 응답, 진리 4가지입니다.

야베소의 기도의 원리 4가지

1. 하나님께 기도하고 간구하는 사람이었습니다.
2. 하나님의 뜻에 따라 순종하며 살아가던 사람이었습니다.
3. 하나님께 의지하던 자였습니다.
4. 감사할 줄 아는 자였습니다.

인간이 삶에서 겪는 고통의 문제, 인간의 주요 관심사에 관한 성경적 해답을 제시해 주는 야베스의 기도(대상 4:10)를 통해서 하나님의 뜻에 순종하고, 의지하고, 감사하는 자의 기도를 기뻐 받으신다는 것을 기억하고, 우리도 그렇게 살기 위해 더욱 노력해야 할 것입니다.

더욱 그리스도인답게,
더욱 성경적으로.

_____ 님께 드립니다.

하나님이 쓰시는 사람의 7가지 조건

1. 하나님은 자신의 연약함을
   깨닫는 사람을 사용하십니다.

2. 하나님은 충성스런 사람을 사용하십니다.

3. 하나님은 하나님의 말씀을 연구하고
   그 말씀대로 사는 사람을 사용하십니다.

4. 하나님은 하나님의 타이밍을 인내로써
   기다릴 줄 아는 사람을 사용하십니다.

5. 하나님은 잃어버린 영혼들에 대해
   염려하는 사람을 사용하십니다.

6. 하나님은 자신을 거룩하게 구별할 줄
   아는 사람을 사용하십니다.

7. 하나님은 타인과 함께 일할 줄
   아는 사람을 사용하십니다.

모든 것이 하나님의 은혜입니다.
지금까지 지내 온 모든 것
합력하여 선을 이루시는
하나님의 은혜가 아닌 것이 없습니다.

받은 은혜 만족하며 감사합니다.

추천사
오관석 목사 (하늘비전교회 원로목사)

주님께서는 제게 참 많은 만남의 축복을 주셨습니다. 그 만남의 복 가운데 제자이자 동역자인 이요한 목사님과의 만남을 주신 주님께 감사드립니다. 긴 세월 믿음으로 혹독한 인내의 계단을 통과하여 주님께서 귀하게 사용하는 종으로 준비된 목사님을 가슴을 열어 따사로이 보듬습니다. 부디 마지막까지 초심을 잃지 않고 주님 앞에 서는 날까지 첫 사랑으로 사역하기를 축복합니다.

참된 신앙은 예수님이 이 땅에서 살아가신 방식대로 사는 것입니다. 성경과 일상생활의 관련성을 더 풍성히, 더 충분하게 이해해야 할 필요성이 절실합니다. 본서 「영원에 이르는 길 1,2,3권」은 그리스도인이 반드시 알아야 할 내용을 오랜 기간(12년)에 걸쳐 철저히 성경적으로 준비함으로써 각 성장 단계별 70여 가지 핵심 주제별로 진리의 지식을 깊이 있으면서도 접근하기 쉽고, 진지하면서도 마음이 끌리고, 엄중하면서도 소망을 주는 성경적으로 안내해 줄 책으로 하나님이 우리와 어떻게 함께하시고, 우리가 어떻게 하나님과 함께하는지 보다 잘 인식할 수 있도록 해 줍니다.

「영원에 이르는 길 1,2,3권」은 그리스도인의 '영적 성장을 위한 필독서'로서 목회자, 신학생, 교회 지도자들을 비롯한 각 성도 자신의 소중한 책으로 적극 권합니다. 반드시 소장하셔서 두고두고 그 안에 담겨 있는 보석과 같은 진리의 지식들을 열고 은혜의 바다에 잠겨 거룩한 그분의 임재를 경험함으로써 영적으로 하나님의 뜻에 합당한 삶의 목적을 재조명 받는 큰 선물이 되시기를 바랍니다.

추천사
오영택 목사 (하늘비전교회 담임목사)

하나님의 은혜로 제가 담임하고 있는 하늘비전교회에서 신학을 공부하던 시기에 함께 사역하며 주님을 섬길 수 있도록 특별한 만남의 축복을 베풀어 주신 주님께 감사드립니다.

이요한 목사님의 저서 「영원에 이르는 길 1,2,3권」은 귀한 이 목사님의 신앙과 삶을 통하여 역사하신 우리 주 예수 그리스도의 진리의 말씀을 지면을 통하여 나누는 체험적인 고백이고 신앙 선포라고 감히 말하지 않을 수가 없습니다.

오랜 시간 이요한 목사님의 삶을 지켜본 저는 귀한 목사님에게 임재하신 하나님을 그의 가정과 사역에서 보았고, 특히 그 지울 수 없는 제 기억은 구리 극장과 시장 통 등의 사거리에서 혼자 서서 길 가는 수많은 행인들에게 예수를 전하며 복음을 말씀하고 계시는 목사님의 모습을 보고 초대 교회의 바울을 보는 것 같은 감동이 들었습니다.

그가 만난 예수님 그리고 그 「영원에 이르는 길 1,2,3권」이 여기에 기록되어 있습니다. 제가 자신 있게 이요한 목사님과 귀한 저서를 추천할 수 있는 영광을 갖게 된 일이 제게는 너무나 큰 은혜입니다.

추천사
최현서 교수 (침례신학대학교 전 대학원장)

하나님의 은혜로 신학대학원 과정을 통하여 스승과 제자의 만남의 축복을 주신 주님께 깊은 감사를 드립니다.

이요한 목사님은 열정과 충성의 사람입니다. 신학대학원을 다닐 때에도 하나님을 뜨겁게 사랑하는 헌신된 학생으로서 성실한 가운데 열심히 공부했고, 열정이 불타는 사람이었습니다. 그는 졸업하고도 성경묵상과 기도로 하나님과 깊은 교제를 나누며 성경을 가르치는 일에만 그치지 않고 마치 사도 바울처럼 복음전도자로 실제 삶의 현장에서 주님께 충성을 다하고 있습니다.

그의 저서 「영원에 이르는 길 1,2,3권」은 건전한 교리를 바탕으로 하나님의 말씀인 성경을 중심으로 그리스도인들이 반드시 알아야 할 70여 가지 핵심 주제들을 쉽고 간결하고 체계적으로 다루고, 실천적인 내용을 통해 그리스도인의 삶의 현장에 적용하게 하고 있습니다.

이 책은 하나님의 말씀을 귀 기울여 듣고자 하는 간절한 마음, 그리고 다른 하나는 그 말씀에 기꺼이 순종하려는 마음이 어떤 경우에라도 이 두 가지의 마음이 있어야 함을 힘주어 강조하고 있습니다.

「영원에 이르는 길 1,2,3권」은 진리에 목말라하고 은혜의 책임을 다하려는 그리스도인들에게 놀랍고 가슴이 두근거리는 책이 될 것이며, 독자 한 사람 한 사람에게 성령의 음성에 귀를 기울이고 순종하려는 간절한 마음을 갖도록 인도해 줄 것입니다.

하나님께서 택하신 그릇, 이요한 목사님의 저서를 통하여 더욱 하나님의 영광이 드러나길 소원합니다. 이 책이 '성도들의 필독서'로 주님의 사랑을 가득 담아 기쁘고 감사함으로 적극 추천하고자 합니다.

추천사
이요섭 목사 (기독교한국침례회 교회진흥원장)

이요한 목사님은 복음전파에 뜨거운 열정을 갖고 있습니다. 그 증거가 복음전도입니다. 매주 몇 차례씩 동서울 터미날 등 사람들이 많이 모이는 곳에서 혼자 서서 길 가는 많은 행인들을 향하여 열정적으로 복음을 전파하고 있는 모습을 저는 한참을 보았습니다. 그러한 놀라운 모습은 마치 사도 바울을 연상케 하였으며 저에게 강한 울림을 주었습니다.

그런데 어느 날 저에게 소식을 전해 왔습니다. 그의 저서 「영원에 이르는 길 1,2,3권」에 대한 내용을 모두 성경에 근거하여, 그 위에 핵심 주제별로 단계적 영적 성장이 가능하도록, 저자의 삶을 통하여 오랜 기간(12년 동안) 성령님께서 조명해 주시고, 저술할 수 있도록 역사하셨다는 말씀을 들었습니다.

바로 그 귀한 책이 이요한 목사님의 「영원에 이르는 길 1,2,3권」입니다. 짧은 삶을 위해 '영원'을 생각하지 않는 그리스도인의 삶은 참으로 어리석은 것입니다. 특별히 올해가 종교개혁 500주년을 맞는 이 때, 우리가 배우기를 멈출 때 우리의 신앙 성장도 멈출 것입니다. 이 책이 한국교회가 다시 성장하는 데 도움을 줄 수 있는 특별한 지침서가 되기를 기대합니다.

성령님께서 특별히 조명해 주신 이 책을 통해 독자들은 '영원에 이르는 길'에 대한 단계별로 선명한 그림을 그릴 수 있으며, 또한 궁금증을 풀어주는 동시에 성경적으로 영원을 사모하도록 안내합니다. 또한 신앙생활 네비게이션 역할을 통하여 성도들의 정체성이 분명해지고 신앙이 자라는데 꼭 필요한 책이라고 저는 분명하게 생각합니다. '영원을 준비하는 삶'과 관련한 모든 주제를 포함하는 책을 찾는다면, 바로 이 책을 적극 추천하고 싶습니다.

감사의 글
이영회 집사 (가천대학교 명예교수)

 그리스도인으로서 나는 이 땅에서 어떻게 살아야 하는가? 에 관심을 가진 이라면, 이 책의 진가를 알아볼 것이다. 신자라면 이 책을 놓쳐서는 안 된다. 그리고 비신자라도 반드시 읽어야 합니다. 저자는 성경을 통해서 영원을 준비하는 삶에 관한 하나님의 궁극적인 계획과 구속사적 목적을 볼 수 있도록 도와줍니다. 마치 바울처럼 강권적으로 택하신 그릇 이요한 목사님을 사용하여 영적으로 흔들리는 그리스도인들의 물음에 답해 주시기 위해 이 책을 이 세상에 보내 주셨음을 믿음의 눈으로 바라봅니다.
 「영원에 이르는 길 1,2,3권」은 진리의 지식에 목말라 하는 하나님의 자녀를 양육하도록 보내주신 '은혜에 책'임을 확신하며, 마침내 애타게 기다렸던 책을 소장할 수 있게 된 것을 주님께 거듭 감사드립니다.

 주님을 더욱 깊이, 좀 더 알고 싶어 여러 방면으로 참고서를 찾아보았으나 쉽지 않던 중, 복음을 통해 구원받아 영원에 이르는 그 성화의 과정에, 구원 받은 성도가 반드시 알아야 할 70여 가지 내용의 핵심들을, 주제별로 성경적이며, 체계적으로 잘 정리된 「영원에 이르는 길 1,2,3권」을 감사함과 떨리는 마음으로 완독하였습니다.
 그동안 애타게 갈망하던 성도들이 책장에 이 책을 맨 중앙에 소장하고 읽고 또 보아서 바로 알고 삶으로 실천하는 신앙생활은 하늘나라에 빛나는 보석이 될 것임을 확신해 봅니다. 생명 되신 주님을 기쁘시게 해 드리며 영광 돌리는 신앙으로 하나님의 보좌를 흔들기를 간구하며 예수님의 이름으로 이 땅의 모든 사람과 모든 성도의 '필독서'로 기쁘고 감사한 마음으로 여러분께 적극 권하며 주님의 놀라운 은혜에 감사드립니다.

차례
3권

추천사 7
감사의 글 11
머리말 19
프롤로그(Prologue) 23
독자들에게 드리는 글 31
시작하는 글
- 참된 개혁은 '나'로부터 37
- 믿음으로 아들을 지킨 어머니 59
- 아무도 보지 않을 때 당신은 어떤사람 입니까? 63

제 1부 하나님의 뜻

1장 하나님의 뜻은 무엇인가요? 73
2장 하나님의 뜻 발견하는 방법 83
3장 하나님의 뜻대로 시험을 이기는 삶 93

제 2부 그리스도인의 가정생활

4장 믿음의 가정을 세우는 일 111
5장 그리스도인 남편과 아내로서의 가정생활 129
6장 말씀을 듣고 배운 그리스도인의 자녀들 157

제 3부 그리스도인의 직업

7장 그리스도인의 직장 생활 171
8장 그리스도인의 자기 사업 187

제 4부 그리스도인의 경건

9장 바른 믿음과 바른 사명 209
10장 그리스도인의 말씀과 기도의 생활 229
11장 하나님과 함께하는 교제 237
12장 말씀과 기도의 생활을 위한 실천적 지침 243
13장 그리스도를 따라 살아가는 삶 255

제 5부 성령 충만

14장 그리스도인이 영적성장을 위해서 반드시 알아야 할 성령님 271
15장 성령의 열매 279
16장 성령 충만한 삶은 어떤 것입니까? 293
17장 성령 충만 받은 하나님의 헌신된 일꾼 303
18장 성령 충만을 통한 하나님의 위로 325
19장 성령 충만은 행복한 삶의 비결 341

제 6부 영원

20장 성경이 말씀하시는 보상 361
21장 예수 그리스도의 재림(휴거와 재림) 369
22장 하나님의 상속자들과 그리스도와 함께할 공동 상속자 383
23장 영원을 준비하는 삶 407

제 7부 하나님의 위대한 사람들

24장 영적거장 10인 421

제 8부 영원히 살게 될 천국(새 예루살렘)

25장 영원 467
26장 새 예루살렘(천국) 483

독자 후기 (감사와 추천의 글) 505
부록1 조지 가(街)의 복음 전도자 511
부록2 인생에서 위대한 선택이란 과연 무엇일까? 517

차례
1권 참고용

추천사
감사의 글
머리말
프롤로그(Prologue)
독자들에게 드리는 글
시작하는 글
- 참된 개혁은 '나'로부터
- 생각의 감옥에서 탈출해야 합니다
- 성경을 왜 날마다 읽어야 하는가?

제 1부 구원의 성경적 이해

1장 복음의 내용 19가지에 관하여
2장 성경에 나오는 믿음의 대표적 인물들
3장 그리스도인
4장 하나님의 말씀
5장 복음 전할 때 성경을 활용하는 법

제 2부 구원의 성경적 교리

6장 구원 받을 때 일어나는 12가지 중요한 변화는 무엇입니까?
7장 구원에 관한 아홉 가지 용어들

제 3부 죄

8장 죄에 대하여
9장 죄를 죽이고 일어나 피하십시오.

제 4부 교회

10장 교회란 무엇입니까?
11장 성경이 말씀하시는 지역교회
12장 신앙생활은 어떻게 해야 합니까?

제 5부 그리스도인의 예수님 닮아가기

13장 그리스도인의 더러운 성질
14장 더러운 의 와 거룩한 의
15장 고난의 성경적 의미
16장 감사하는 신앙생활
17장 행복한 인생을 사는 비법

독자 후기 (감사와 추천의 글)
부록1 조지 가(街)의 복음 전도자
부록2 인생에서 위대한 선택이란 과연 무엇일까?

차례
2권 참고용

추천사
감사의 글
머리말
프롤로그(Prologue)
독자들에게 드리는 글
시작하는 글
- 참된 개혁은 '나'로부터
- 성경을 통한 내면세계의 변화
- 성경은 명확한 삶의 방향을 제시해 줍니다.
- 성경과 링컨의 어머니

제 1부 성경 전체 66권 각 책별 주제 및 목적 전체내용 요약정리

1장 성경을 어떻게 공부할 것인가?
2장 하나님은 개개인과 어떻게 함께하시는가?
3장 성경 개관
4장 구약, 각 책별 주제, 목적, 전체내용 요약정리
5장 신약, 각 책별 주제, 목적, 전체내용 요약정리

제 2부 성경을 통해 알 수 있는 주요한 진리들

6장 창세기와 요한계시록의 비교
7장 신약과 구약의 차이
8장 하나님의 이름
9장 천국의 신비 11가지
10장 이스라엘을 상징하는 세 나무
11장 성경의 숫자들
12장 성경에 나오는 화폐단위와 무게 단위
13장 성경을 통해 기억해야 할 주요한 언약들

제 3부 그리스도인의 성장하는 신앙생활

14장 하나님의 뜻에 합당한 신앙생활의 네 가지 원칙
15장 예배
16장 기도
17장 찬양
18장 헌금(하나님께 대한 신앙고백)
19장 성도간의 교제
20장 성만찬
21장 세례(침례)
22장 주님의 12제자들
23장 하나님께로부터 힘을 얻어 충성된 일꾼으로 사는 법

독자 후기 (감사와 추천의 글)
부록1 조지 가(街)의 복음 전도자
부록2 인생에서 위대한 선택이란 과연 무엇일까?

하나님께 은혜를 받는 4가지 방법

첫째로, 은혜의 보좌로 나아가라.
무릎 꿇고 기도하는 것보다 더 중요한 것은 없다.

둘째로, 말씀에 이끌림을 받으라.
내가 말씀과 가까이 하며, 말씀이 나를 좌우하도록
말씀에 내 자신을 맡기는 것이다(행 20:32).

셋째로, 하나님의 섭리에 순종하라.
겸손과 순종으로 하나님의 섭리의 손길에 순복하는 자세는 은혜를
크게 받는 지름길이다(벧전 5:5-6).

넷째로, 서로에게 은혜의 채널이 되라.
내 주위에 성도들을 배치해 두시고, 그들을 통하여 은혜를 공급하신다
(고전 12: 25, 27).

머리말

　천지창조 이후 에덴동산에서부터 새 하늘과 새 땅에 이르기까지 「영원에 이르는 길 1,2,3권」은 복음을 듣고 믿음으로 구원받은 이후 '영원에 이르는 길'에 관한 기초와 뼈대를 모두 주님의 말씀에 두고 그 위에 하나씩 핵심 주제별로 단계적 영적 성장이 가능하도록 구성 되었습니다.
　하나님과 함께하는 삶의 내용을 70여 가지 주제별로 실제의 삶에 적용할 수 있도록 이 땅에 태어난 사람들 누구나 이 책을 공부함으로써 "구원에 이르게 되는 길"을 인내 받게 될 것입니다.
　또한 그리스도인으로서 필수적인 주요한 진리의 지식들을 나침반으로 삼아 우리를 한 걸음씩 영원을 준비하는 삶으로 인도해 줄 영적 성장의 확실한 자원으로서 그분의 생명, 그분의 뜻, 그분의 길을 성경적으로 바르게 알 수 있는 책을 드디어 소유할 수 있게 되었습니다.
　진리 되신 주님은 친히 인간의 몸으로 이 땅에 오셔서 진리가 무엇인가를 보여 주셨고, 이 땅에 진리를 심으셨습니다. 믿음은 주님의 말씀 안에 거하는 것이요, 진리와 함께함으로 우리의 행실이 변하고, 인간성이 변하고, 삶의 목적이 변하는 새 사람이 되어서 세상을 진리로 회복하는 것입니다.

바른 자세를 회복해야 합니다. 그래서 그리스도인은 주님 한 분만을 알아야 하고, 그분 한 분만을 그리워해야 하며, 오직 주님만을 소망하고, 주님 한 분만으로 마음을 가득 채울 수 있어야 합니다. 왜냐하면 그 분은 우리의 생명이시고 우리의 모든 것이기 때문입니다.

오늘날 수많은 사람들과 그리스도인들까지도 영적으로 또한 관계와 정서적으로 각양의 문제를 안고 그 상처로 인해 아파하며, 회복을 위해 몸부림을 치며 살아가고 있습니다. 성경이 인생의 지침서라고 고백하면서도 성경이 지닌 영적인 풍성함은 누리지 못한 채 많은 사람들이 영적 기근으로 죽어 가고 있습니다.

이 책은 이처럼 허덕이며 고통 받는 사람들에게 하나님의 말씀으로 그들의 회복을 촉진하고 주님 앞으로 인도하고자하는 사랑의 마음을 담았으며, 또한 영적으로 흔들리는 개인의 물음에 진지하게 답하기 위함입니다.

엄청난 고난을 겪어 보지 않거나, 깊은 타락 가운데 있어 보지 않고 위대한 성인이 된 사람은 단 한 명도 없습니다. 각 개인 안에 내재되어 있는 하나님을 아는 진리의 지식을 향한 뜨거운 요구에 실제적이고 효과적이며 구체적인 실천 방법을 제시함으로서 각 개인의 요구에 부응하고 결정적인 변화를 위해 하나의 대안이 되기를 간절히 소망해봅니다.

교회는 그 구성원들로 하여금 성경적인 신앙의 내용뿐만 아니라 사랑과 희망의 공동체를 경험하고 그 안에서 치유와 성장을 하도록 목회적 관심을 가져야 합니다.

교회는 무엇을 위해 존재하는 것일까요? 교회는 왜 가야하며 어떤 공동체여야 할까요? 교회는 영혼의 아픔과 상처를 회복하고, 돌보며, 서로의 사랑과 선행을 격려하는 가운데 그리스도의 장성한 분량에 이르도록 돕는 사랑의 공동체여야 합니다.

　우리들은 일상생활과 신앙생활이 일치되어 하나님과 동행하는 풍성한 삶을 누리기를 소망하며 진리의 지식의 말씀을 공부하기를 애타게 갈망하는 모든 성도들이 영적 기근에서 해방되어 건강한 개인으로서 가정을 세우고, 상처받은 이들을 돌보고 세우는 치유와 회복을 통해 하나님의 몸 된 교회가 바로 세워지고 회복된 각 개인이 하나님의 복을 누리며 살아가도록 적극 돕고자 함입니다.
　구원받은 성도는 이 땅의 것들로 만족하지 못하는 사람들입니다. 오직 천상에 있는 영적인 복들과 그 복들의 근원이신 주 예수 그리스도의 모습만을 갈망할 따름입니다.

　인생설계서에 대학, 자격증, 취업, 결혼, 자녀, 집, 자동차, 재테크, 여행 등의 계획들은 빼곡하게 차있는 반면, 하나님 앞에 받게 될 심판을 준비하기 위한 구체적인 계획들이 전무하다면 그것은 실패한 인생입니다. 반드시 영원의 관점에서 인생설계도를 그려야 합니다.
　오늘날 교회가 영향을 주지 못하는 것은 이 땅에 태어난 사람들에게 "구원에 이르게 되는 길"을 바르게 알려주지 못했기 때문입니다. 또한 성도들 모두가 믿음의 하ㅏ 됨과 하나님의 아들을 아는 지식의 하나 됨에 도달하게 되는 것 또한 성도들이 온전한 사람이 되어 그리스도의 충만하심의 장성한 분량에까지 이를 수 있도록 제대로 진리의 지식을 알고있지 못함이며 그로인해 성도들은 심각한 영적 기근 상태에 이르렀습니다.
　본서를 통해 주님을 바로 알도록 함으로써 옛 생활을 청산하고 정욕에 말려들어 썩어져가는 낡은 인간성을 주님의 도우심으로 과감히 벗어 버리고 마음과 생각이 새롭게 되어 우리가 이 세상을 왜 어떻게 살아야하는지를 알려주는 길잡이가 되길 바랍니다. 오랜 기간 동안 주님의 강력하신 인도하심 가운데 깊은 기도와 탐색과정을 통해 철저히 연구하고 주님께 깊이 조명 받은 진리의 지식들을 성경 중심적으로 세상에 내어놓는 첫 번째 메시지입니다.

이 책을 공부함으로써 "구원에 이르게 되는 길"을 안내 받게 될 것이며, 하나님의 말씀을 갈망하는 목회자들과 신학생, 그리고 모든 성도들이 마음을 진리의 지식에 쏟는다면 성경의 경이로움과 말씀의 능력으로 인해 마음은 늘 기쁨으로 가득할 것입니다(롬 15:14). 그 말씀이 우리를 생명의 길로 인도할 것을 간구하며 「영원에 이르는 길 1,2,3권」을 발간하게 되었습니다.

주님의 말씀의 시냇가에서 성령의 두레박이 넘치도록 따라 마실 때 속이 후련한 그 기쁨, 지혜롭고 슬기로운 삶, '영원에 이르는 길'을 발견하고 영혼까지 맑아오는 은혜의 감동의 풍성함을 마음껏 누리시게 되길 간구합니다. 무엇보다도 그분의 말씀 속에 있는 사랑의 언어들과 곧 회복을 열망하는 그리스도인으로 하여금 영적인 삶의 균형 잡힌 비전을 제시할 뿐 아니라 하나님과 함께하는 삶의 영적 성장과 부유함을 위한 실제적인 전략을 통해 우리 각 개인들이 하나님만을 바라보도록 하는데 최선의 노력을 다하였습니다.

프롤로그
(Prologue)

　그리스도인들에게 있어 아름다운 간증을 이야기하라면, 여러 가지가 있겠지만 그 중에서 참으로 소중하고 잊어버릴 수 없는 것은 바로 자신을 지옥의 형벌로부터 구원해 주신 진리이신 주 예수 그리스도를 만난 일일 것입니다.

　여러분께서도 주님을 처음 만났을 때의 열정이 넘친 첫사랑을 한번 돌이켜 보시고 하나님께 영광 돌리길 원합니다. 저는 초중고교를 지방에서 졸업하고 서울로 유학을 와서 가정을 일으켜 세워야겠다는 일념으로 열심히 공부했고, 그런 노력이 헛되지 않아 대학을 졸업하던 88올림픽 직전년도에 대졸공채로 대형증권사에 합격해 30대 후반에 최연소 압구정 지점장이 되었고, 이렇게 세상에서의 성공을 위한 삶을 살았습니다. 회사 업무에 몰두 하던 때에 아이 셋을 중국 북경 현지학교로 유학을 보내게 되었고, 기러기아빠 생활을 시작하게 되었습니다.

해가 거듭될수록 아이들이 보고싶고, 가족에 대한 그리움과 남모르는 외로움이 파도처럼 밀려들 무렵, 저와 가깝게 지내는 지인 장로님의 적극적인 인도로 교회에 출석하게 되었고, 그 후 얼마가 지난 때에 하루는 새벽시간에 성경을 읽어야겠다는 마음이 큰 파도처럼 밀려와 성경을 펼치고 계속해서 읽는 가운데 사도행전 1:8 말씀을 아주 큰소리로 읽고 있을 때, 갑자기 하나님 말씀에 사로잡힘과 동시에 하나님의 임재를 깊이 경험하게 되었습니다. 저는 지금 이 순간에도 그 때의 일을 너무나 생생하게 기억합니다.

주님의 임재를 느끼는 순간, 제가 얼마나 더러운 죄인인지 즉시 깨닫게 되어 참으로 두려운 마음에 부들부들 떨며 난생 처음으로 오랫 동안 통곡하며 죄를 회개하고 예수님께서 저를 위하여 십자가에서 피 흘려 돌아가셨다는 사실을 깨닫게 되었습니다. 그 순간 엉엉 울며 기도하는 약 5시간 가량의 은혜의 시간을 통하여 저는 180도로 완전히 변화된 새 사람으로 다시 태어나게 되었습니다.

주님께서 저의 죄를 없애 주시려고 저의 죄로 인하여 하나님이신 예수님이 십자가에서 피흘려 죽으시고 묻히시고 다시 살아나셨다는 것이 확실하게 믿어 졌으며, 그분을 저의 구세주로 믿고 마음으로 영접함으로 구원을 받게 되었습니다.(처음 교회에 나가 복음을 듣고 영접기도를 따라 했을 때, 구원받은 것이 아니었음을 비로소 깨달았습니다.)

저는 그 때 제 안에서 말씀하시는 강력한 주님의 음성을 아주 또렷하게 들었습니다. "너는 내 말을 전하는 자가 되어라, 너는 내 말을 전하는 자가 되어라. 너는 내 말을 전하는 자가 되어라."세 번에 걸쳐 하나님의 우렁찬 음성이 내 마음 속에서 뚜렷하게 들려왔습니다. '네, 알겠습니다. 전하겠습니다. 반드시 그 말씀만을 전하며 살겠습니다.' 라며 저는 대답했고 이 사건은 저 자신에게는 엄청난 충격이었고, 놀라움이었고, 이때에 저의 인생은 완전히 바뀌게 되었습니다.

제게는 다른 신앙인들처럼 믿음의 집안이라는 스펙도 없었고 단지 신실하신 장모님의 간절한 기도 덕분에 불교 집안에서 기적적으로 유일하게 저만 구원 받은 것이 전부였습니다. 그러던 어느 날, 구원받을 때 "너는 내 말을 전하는 자가 되어라." 라고 하나님께서 저에게 강력하게 하신 말씀이 떠올랐고, 주님께 드린 약속을 마음 가득 생각하며 하나님께 솔직한 심정으로 다음과 같이 기도하게 되었습니다.

하나님 아버지! 지난번 제가 구원받을 때, 주님께서 "너는 내 말을 전하는 자가 되어라. 너는 내 말을 전하는 자가 되어라. 너는 내 말을 전하는 자가 되어라." 저에게 세 번씩이나 물어 보셔서 제가 '네, 알겠습니다. 전하겠습니다. 반드시 그 말씀만을 전하며 살겠습니다.' 라고 대답했던 것을 기억하실 것입니다. 현재 공부할 시기가 이미 지난 불혹의 늦은 나이에 부양해야 할 처자식도 있는 처지입니다. 주일 설교를 통해 말씀하신 마태복음 6장 25-34절 말씀대로 주님의 뜻대로 살 때 모든 필요를 다 채워 주신다고 말씀하셨습니다.

이제 주님을 만난 이후 정말 세상 것은 다 배설물로 여겨져 더 이상은 이런 세상일로 시간을 낭비하고 싶지 않습니다. 오직 주님께 약속드린 것을 이행해야겠다는 마음만이 가득합니다. 이런 저를 불쌍히 여기사 하나님의 말씀을 공부할 수 있는 환경을 허락해 주시길 간절히 기도드립니다. 주 예수님의 이름으로 기도합니다, 아멘.

그렇게 기도드리고 난 후에 마 6:25-34절 말씀을 펼쳐 읽을 때, 주님께서 마음에 확신을 주시고 "아무것도 염려하지 마라" 하시며 빌립보서 4:6-7절 말씀으로 응답해 주셨습니다. 그 때 얼마나 기뻤는지 모릅니다. 즉각적으로 모든 세상적인 일들을 주님의 도우심 가운데 말끔히 정리할 수 있었습니다.

주님과의 약속을 어떻게 지킬 것인가? 하나님께서 나를 사용하시기 위해서는 내가 무엇을 해야 하는지 깊이 생각해 보았습니다. 이미 정답이 나와 있었습니다. 하나님 말씀을 전하는 자가 되려면 하나님 말씀을 잘 아는 자가 되어야 하는 것입니다.

저는 성경을 공부하기 시작했습니다. 그래, 내가 목사 될 사람인데 성경을 열심히 공부하여 잘 준비하자. "하나님께서 이 요한!, 내가 내 말을 전하는 자가 되라고 했더니 기특하게도 열심히 준비하고 있군. 이 요한!, 불교 집안에 스펙도 없고, 아무것도 없고 모자라지만, 내가 한 말을 믿고 죽어라고 공부해 잘 준비했으니 한 번은 써 줘야지." 하실 그 한 번만을 바라보고 죽어라고 공부했습니다.

신학교에 들어가서도 졸업해서도 지금까지 미친 듯이 공부했습니다. 오로지 성경만 깊이깊이 공부하며, 여러 성경을 참조하는 가운데 영적 심오한 진리의 말씀들이 깊은 기도와 찬양, 오랜 탐구과정을 통해 깨달아졌고, 밥 먹는 시간도 아까워서 책을 보며 밥을 먹을 정도로 몰입했습니다.

매일 저는 죽도록 공부하고 또 공부했고 도서관에 틀어박혀 잠자는 시간만 제외하고 아침부터 밤늦게까지 어깨가 아프도록 공부했습니다. 이제 저의 목표는 '어떻게 하면 성공할까?'에서 "어떻게 하면 내가 믿는 예수님을 더 잘 알아 그분의 기쁨이 될 수 있을까?"로 바뀌었습니다.

저는 기독교한국침례회 하늘비전교회(오영택담임목사, 오관석원로목사)에서 부사역자로 사역하며 목사 임직을 받았습니다. 인내의 계단을 한 층 한 층 쌓아가는 신앙생활을 몸소 체득해 가는 과정을 거쳐 지금은 하나님께서 은혜를 베풀어 주셔서 섬기는 교회에서 양 무리들에게 하나님 말씀을 전하며, 매일 성경을 공부하고, 기회 될 때마다 성경을 가르치며 거리에 나가 복음을 전파하는데 쓰임을 받고 있고, 하늘에 보물이 있는 것처럼 목표를 하늘에 두고 살며, 이 세상을 단지 타국인이요, 순례자로서 살아가고 있습니다.

주님, 세상의 지식이 아닌 말씀을 깨달아 순종하며 양육 받게 하시 오며, 많은 지식으로 머리만 큰 사람이 아니라 말씀에 순종하기 위해 자기의 뜻을 꺾을 줄도 알며, 자신의 때가 아닌 주님의 시간까지 인내함으로 기다릴 줄 아는 마음 허락 하옵소서! 주님, 다른 무엇이 아닌 오직 주님께만 순종하는 사람 되게 하시고, 주께로 오지 않은 것과 진리가 아닌 것을 거절하며, 세상과 구별되는 것을 두려워하지 않고, 믿음이 약해지지 않도록 도와주시 오며, 성령님과 함께 동행 하는 삶을 살 수 있도록 인도해주실 것을 믿습니다. 주 예수님의 이름으로 기도합니다. 아멘.

이런 저에게 어느 날 여느 때와 같이 도서관에 가려고 집을 나서는데 갑자기 앞이 캄캄해 지더니 몸이 흔들림과 동시에 가방을 떨어뜨리며 바닥에 주저앉게 되었습니다. 그 때 주님께서 즉시 간절히 기도하기를 원하신다는 것을 오랜 기도생활을 통해 알아차릴 수 있었습니다.

주님! 제가 무엇을 하기를 원하십니까? 주님께서 그동안 준비한 자료를 토대로 이제부터 영적 성장을 갈망하는 성도들의 성장을 위한 '성경공부 교재' 「영원에 이르는 길」 발간과 거리에 나가 복음을 전하기를 원하신다는 것을 알게 하셨습니다(막 16:15). 주님을 만난 이후에 그분에 대한 갈증이 솟구쳐 올라 공부를 시작한지 십 년을 훌쩍 지난 2015년 되던 해였습니다. 저는 계속하여 기도하는 가운데 주님의 뜻대로 거리에서 복음을 전할 준비에 박차를 기하기 시작했습니다.

이때부터 주님께서 감동을 주신 새 이름 이요한목사로 이름을 사용하며 (법적으로, 2016.12.23.) 거리설교(3분, 5분용)를 10여 편의 복음 설교와 전도지 1만부 등을 준비하는 중에 함께 복음을 전할 동역자들과 엠프(각각 소형, 중형)가 순식간에 하나님의 방법으로 준비가 되었습니다.

벌써 3년째 주 3-4회 거리에 나가 복음을 전파하고 있습니다. 하나님께서 부족한 저희들을 들어 사용하셔서 수 천 명을 지옥에서 구원하여 주시고 계십니다. 또한 수 백 만장을 배포한 전도지를 통해서도 수많은 영혼을 구원해 주실 줄로 믿습니다.

　이 책의 제목은 10년이 넘는 기간 동안 내용이 거의 완성되어 갈 무렵, 계속 기도하는 가운데 2017. 8.15. 오전 9시에 「영원에 이르는 길」로 할 것을 알려주셨습니다.

　왜 우리가 믿는 것인가? 본서의 내용들을 처음부터 끝까지 진지하게 공부함으로써 이 땅에 태어난 사람들 누구나 "구원에 이르게 되는 길"을 안내 받게 될 것이며 또한 그리스도인이라면 반드시 꼭 알고 있어야 할 진리의 지식들이 더 깊이, 더 충분하게 새겨지는 것을 통해 더욱 풍성해 지는 은혜가 임하길 간절히 바랍니다.

　우리가 믿는 것은 누구이며 무엇인가? 그 믿음을 통해 우리는 무엇을 기대할 수 있고, 믿음은 우리의 삶을 어떻게 변화시켜 줄 것인가? 이제는 깊이 생각해 보아야 합니다. 자신이 복음을 성경적으로 잘 이해하고 바르게 전할 수 있는가?

　자신이 영생을 얻고 나서 영생을 얻었다는 희열과 그 기쁨과 그 소중함을 모르는 사람이 어떻게 주 예수님을 증거 할 수 있겠습니까? 영원히 고통 당 할 지옥으로부터 구원을 받은 자가 그 구원을 자신의 개인의 생업보다도 값어치 없게 여긴다면, 그 사람이 어떻게 복음을 담대하게 전할 수 있겠습니까?

　수도꼭지를 틀면 물이 나오고, 장작을 패면 장작이 쪼개지고, 불을 붙이면 불이 붙듯이, 구원받은 사람의 입에서는 주님의 복음이, 그분의 말씀이, 입에서 터져 나와야 할 줄로 믿습니다. 그것이 바로 정상적인 그리스도인의 모습인 것입니다.

　미국 '맥라건 인터내셔널' CEO인 팻 맥라건 회장이 쓴 책 가운데 '바보들은 항상 결심만 한다.'가 있습니다. 제목에서 볼 수 있듯이 많은 사람이 결심만 하고 행함은 없습니다. 행함이 없으면 변화가 일어나지 않습니다. 성도들 역시 말씀을 듣고 삶으로 실천하지 않는다면, 이 역시 참된 경건으로 볼 수 없습니다. 아무리 많이 성경을 공부하고 설교를 들었어도, 오히려 타성에 젖어든 신앙이 될 수 있습니다. 마치 음식을 많이 먹고도 운동하지 않은 비만과 성인병으로 건강을 잃는 것과 마찬가지입니다.

성도들은 하나님의 말씀을 듣고 자신의 문제점을 발견하고 깨달으며, 결단해야 합니다. 주의 말씀 앞에 우리는 겸손해야 합니다. 말씀을 듣고 부대끼고 말씀대로 살기 위해 몸부림쳐야 합니다. 말씀을 깨달으면 삶의 발걸음으로 드러내야 합니다.

우리는 말씀을 얼마나 많이 알고 있느냐보다 삶으로 제대로 실천했느냐가 더 중요합니다. 무엇보다 참된 경건을 원한다면 나 자신의 문제점을 발견하는 것에서 출발해야 합니다. 내 안에 거룩하지 못한 부분을 발견하고 회개하는 일이 우선돼야 합니다. 참된 경건은 신앙생활의 연수나 겉모양에 의해 결정되지 않습니다. 경건한 삶을 살기 위해서는 말씀이 삶이 돼야 합니다.

우리가 어떻게 꿈을 가지느냐가 아니라 우리가 꿈을 가졌느냐 그리고 하나님이 그 꿈을 주실때 염두해 두신 뜻을 성취할 수 있도록 '우리가 하나님을 우리의 삶 가운데서 일하시게 끔 허용할 것이냐'는 중요한 것입니다. 꿈은 침묵에 의해 시험되어야만 하고, 시간에 의해 단련되어야 합니다.

우리의 꿈과 환상에는 시간이라는 중요한 요소가 있다는 것을 배울 필요가 있습니다. 우리가 그것이 참으로 하나님에게서 온 것임을 확신한 다음이라 할지라도 우리는 우리 자신이 하나님의 시간표에 달려 있다는 것을 확신해야 합니다. 꿈과 그 꿈의 일정들 모두가 하나님에게서 나와야 합니다. 타락한 피조물이 우리는 자만심과 자기 중심주의 그리고 조급히 서두르는 경향에 오염되어있습니다.

우리는 무엇을 한다는 것과(doing)과 내가 어떤 사람인 것(being)과 균형을 이루길 하나님은 원하시고 계십니다. 우리가 맨 마지막에 배우는 것들 중의 하나는 하나님이 우리의 상황을 이끌어 가신다는 것입니다. 게으른 마음은 악마의 쉼터이고, 꿈은 시련을 먹고 자란다고 합니다. 하나님의 늦어짐과 우회의 훈련이 우리의 삶 가운데 역사하는 하나님의 방식입니다.

무엇을 위해 사는가. '인생의 목적'이 무엇인가? 라고 물으면 뭐라고 대답할 것인가? 여러 가지의 답이 있겠지만, 예수님 믿는 사람들은 똑같은 고백을 하면 좋겠습니다. '나는 평생 앞에 계신 예수님을 따라 살거야, 하나님의 말씀(성경)을 바로 알고 그대로 행하려고 노력하면서 달려 갈거야. 왜냐하면 주님께서 내 인생길을 인도해 주실 것을 믿으니까'라고 고백해야 합니다.

또한 우리의 삶을 황폐하게 하는 분주함으로부터 과감하게 빠져나와 예수님처럼 살기 위해(빌 3:12-14) 실천에 옮길 때, 우리의 마음이 지속적으로 주 예수 그리스도에게로 향하며, 우리의 정신이 평온한 가운데 쉬며, 우리의 열정이 하나님의 열정을 닮아 가는 것을 발견할 수 있을 것임을 확신합니다.

하나님께 충성을 다하는 헌신된 한 개인의 삶이 작은 일이 계속되는 나날이라고 해서 멸시하지 말 것과(슥 4:10) 하나님께서 아직도 세상의 천한 것들과 멸시받는 것들을 택하여서 영광을 받기를 원하신다는 사실을 우리는 알 수 있습니다(고전 1:28-29). 「영원에 이르는 길 1,2,3권」을 믿음 생활의 나침반으로 삼으셔서 믿음의 발걸음을 떼어 놓을 때, 그리스도 안에서 새로운 피조물로서의 진정한 영적 성장의 출발이 되시길 주님의 사랑을 가득 담아 축복합니다.

독자들에게 드리는 글

주님께서 과정 과정마다(12년 동안) 하나님의 놀라운 방법으로 필요한 환경을 조성해 주셔서 「영원에 이르는 길1,2,3권」의 책 발간 관련 전 과정을 주관하셨습니다. 예수 믿는 것은 근본적으로 다른 삶을 요구합니다. 과거와 같은 마음으로는 결코 새로운 삶을 살아가지 못합니다. 역사의 주인이 하나님이시고, 새로운 시대 역시 하나님께서 주관하시는 시대이기 때문입니다. 비록 두려움과 가진 것들을 포기해야 하는 아픔, 미래에 대한 불안함, 많은 시행착오 등이 있을 지라도 분별하는 자세로 나아가야 합니다. 하나님 한 분만이 죄의 습관에 젖은 우리 각 사람의 영혼을 돌이켜 "성령 안에 있는 의와 평강과 희락"(롬 14:17) 가운데로 깊이 배어들게 하실 수 있습니다. 그러나 결코 우리 스스로 그렇게 할 수 없습니다.

스페인이 자랑하는 세계적인 화가가 있습니다. 20세기 천재화가로 불렸던 파블로 피카소(Pablo Picasso, 1881-1973)입니다. 이 사람은 워낙 유명한 사람이라 그가 그린 그림 한 점은 우리 돈으로 300억 원을 호가합니다.

엄청난 금액입니다. 그의 작품 중에 1943년에 만든 '황소머리(bull head)'라는 조형물이 있습니다. 피카소의 작품이기에 매우 값진 것임이 틀림없습니다. 50여년이 지난 런던의 한 경매장에서 이 작품이 경매에 붙여졌습니다. 그리고 자그마치 293억 원이라는 금액에 낙찰되었습니다.

하지만 그토록 비싼 가격에 비해 그 재료는 정말 형편없는 것입니다. 1943년 길을 가던 피카소가 우연히 버려진 자전거 한 대를 발견하고는 그 자전거에서 안장과 핸들을 떼어냈습니다. 그리고 그 안장에다가 핸들을 거꾸로 붙였습니다. 그게 다였습니다. 버려진 자전거 안장에 손잡이, 그리고 그 이름을 '황소머리'라고 붙인 것입니다. 사실 피카소가 그것을 택하여 만들기 전까지는 고물상에 버려질 중고 자전거에 지나지 않았습니다. 아무런 볼품도 없이 이미 녹이 슬고 없어질 것이었습니다. 그런데 버려졌던 자전거가 피카소의 손에 의해 작품으로 만들어졌을 때는 더 이상 고물상에 버려질 물건이 아니라 값비싼 작품이 되었습니다.

인간도 마찬가지입니다. 아무리 보잘 것 없고 쓸모없게 보이는 사람도, 누구를 만나느냐에 따라 값을 매길 수 없을 정도의 위대한 존재로 변할 수 있습니다. 그리스도인은 주님께 쓰임받기 전에 광야의 과정을 거칩니다. 이 광야를 믿음으로 통과하면 주님의 귀한 도구가 됩니다. 모세는 40년간 애굽 왕궁에서 최고의 교육을 받고 왕자의 권세를 누렸지만, 그 조건들은 하나님이 쓰시기에 도움이 되지 않았습니다. 하나님께 쓰임받기 위해 그에게는 영적인 훈련이 필요했습니다. 하나님께서는 광야의 훈련을 통해 모세를 빚으시고 나서 그를 사용하셨습니다. 광야의 의미는 무엇입니까? 적막한 곳이지만 하나님의 말씀을 들을 수 있는 곳입니다. 그곳은 외롭고 불편한 시간입니다. 하지만 하나님께서는 황량한 광야에서 우리에게 말씀하시며 우리와 대화하십니다. 하나님께서는 그곳에서 우리를 만나기를 원하십니다.

"여호와께서 그를 황무지에서, 짐승이 부르짖는 광야에서 만나시고 호위하시며 보호하시며 자기의 눈동자 같이 지키셨도다"(신 32:10). 모세도 광야에서 하나님을 대면했습니다. 모세가 하나님을 처음 만난 곳이 광야요, 하나님께 십계명을 받은 곳도 광야의 시내산이었습니다. 하나님께서 다윗을 만나신 곳도 광야입니다. 하나님께서 다윗을 처음 만나실 때 그는 보잘것없는 양치기였습니다. 그야말로 광야와 같은 시절이었습니다. 왕이 된 후에도 다윗은 광야에서 하나님을 만났습니다. 미디안 광야에서 양이나 치던 모세가 하나님을 만나자 출애굽의 위대한 지도자가 되었고, 소년 다윗이 하나님의 손에 들려지자 골리앗을 물리치고 이스라엘의 위대한 왕이 되었고, 그 후 메시아의 조상이 되었습니다. 바울 역시 광야에서 예수 그리스도를 만났습니다. 복음의 계시를 받은 곳도 아라바 광야였습니다(갈 1:17). 이처럼 하나님께서는 사랑하는 주의 백성을 광야로 이끄십니다.

별 볼일 없는 하찮은 존재라도 하나님을 만나면 하늘의 별과 같이 빛나는 존재가 됩니다. 하나님의 손에 붙들리기만 하면 누구라도 걸작품이 될 수 있습니다. 아무리 하찮은 인생도 위대한 인생이 될 수 있습니다. 하나님은 예술가보다도 더 예술성을 가지고 있습니다.

하나님이 쓰지 못할 사람이란 없습니다. 하나님께서 바꾸지 못할 사람이란 없습니다. 하나님은 당신을 변화시켜 위대한 하나님의 사람이 되길 원하십니다. 그분의 손에 붙잡히십시오. 위대한 미래가 열릴 것입니다. 겸손히 하나님의 손길에 나를 맡겨보십시오. 새롭고 귀하게 변화된 자신의 모습을 발견하게 될 것입니다.

예수 그리스도는 우리의 유일한 소망입니다. 우리는 그분만을 바라보아야 합니다. 이는 그분이 우리의 유일한 구주이시기 때문입니다. 우리는 그분의 말씀을 액면 그대로 받아들여야 하며, 그분을 전심으로 의지해야 합니다. 그분께서는 우리가 필요로 하는 바로 그 도움을 아시며, 주실 수 있는 분이시며, 우리는 안전한 보호하심과 인도하심을 받을 수 있습니다. 만일 우리가 단지 인간적 지혜를 의지하여 문제를 해결하거나 받고자 한다면, 우리는 오히려 손해 보는 편에 서 있음을 발견하게 될 것입니다. 우리는 직접적으로 주 예수님께 나아갈 수 있으니 이는 그분께서 이렇게 말씀하셨기 때문입니다.

"수고하고 무거운 짐 진 자들아 다 내게로 오라 내가 너희를 쉬게 하리라 나는 마음이 온유하고 겸손하니 나의 멍에를 메고 내게 배우라 그러면 너희 마음이 쉼을 얻으리라"(마 11:28-29).

"인자의 살을 먹지 아니하고 인자의 피를 마시지 아니하면 너희 속에 생명이 없느니라(요 6:53)고 말씀하신 분께 가르침을 받는 것은 우리의 큰 특권입니다.

성경은 거울과 같고 성경은 창문과 같습니다. 성경을 통하여 나를 보고 성경을 통하여 하나님을 보고 세상을 봅니다. 나는 오늘도 성경을 통해서 나를 보고, 하나님을 보고, 세상을 봅니다. 성경 안으로 깊이 파고 들지 아니하면 우리의 인생의 답을 얻지 못하는 문제들로 가득 차게 됩니다. 인생에 있어서 우리가 궁금하고 알아야 할 모든 내용들이 성경 안에 들어있습니다. 하나님의 말씀인 성경은 사람의 성품을 변화 시키며, 거룩하게 하는 능력입니다."주께서 눈을 여사 주의 법에서 나오는 놀라운 것들을 내가 보게 하소서"(시 119:18).

신앙이란 인간의 모든 희망이 무너지는 한계선에서, 십자가에 달리신 예수 그리스도의 부활로 열리는 경험입니다. 그럴 때 우리의 기다림은 담대한 확신이 되고, 인내가 되며, 가능한 것을 향한 열정이 됩니다. 그리스도인이 가져야 할 두 가지 마음은 하나님의 말씀에 귀 기울여 듣고자 하는 간절한 마음, 그리고 다른 하나는 그 말씀에 기꺼이 순종하려는 마음입니다. 사람의 눈으로 볼 수 없는 하나님께서 인도하시는 "영원에 이르는 길"은 가장 빠르고 가장 안전한 길입니다. 또한 그리스도인에게 있어서 가장 복된 영적인 축복의 길은 "영원을 준비하는 삶"입니다.

「영원에 이르는 길 1,2,3권」을 반복적으로 공부함으로써 오로지 하나님만이 우리 각 사람의 마음을 그분께로 향하게 하실 수 있음을 경험하며. 그리고 하나님은 우리를 자유롭게 은혜 가운데 이 변화의 과정으로 초대하시는 분이심을 깊이깊이 체험하시기 바랍니다.

「영원에 이르는 길1,2,3권」의 발간을 위한 하나님의 말씀과 기도 "하나님께서 세상의 미련한 것들을 택하사 지혜 있는 자들을 부끄럽게 하려 하시고 세상의 약한 것들을 택하사 강한 것들을 부끄럽게 하려 하시며 하나님께서 세상의 천한 것들과 멸시 받는 것들과 없는 것들을 택하사 있는 것들을 폐하려 하시나니 이는 아무 육체라도 하나님 앞에서 자랑하지 못하게 하려 하심이라"(고전 1:27-29).

위대하신 주님, 이 땅에 태어난 사람들 누구나 이 책을 공부함으로써 "구원에 이르게 되는 길"을 안내 받게 되는 사람들이 날로 더하게 하시고 그들 모두 구원에 이르도록 은총을 더하여 주옵소서.

주 예수 그리스도의 보혈로 구원받은 하나님의 자녀들이 하나님의 말씀으로 바르게 양육되어 날마다 하나님의 빛 안에 거하며 주님과 사랑의 친밀한 깊은 교제를 나누는 삶과 영적 성장을 갈망하는 모든 성도를 위한 '성경공부 교재'「영원에 이르는 길1,2,3권」을 준비하는 전 과정에 저를 온전히 장악하셔서 주님의 통제 아래 두시고 주님께서 저를 통해 이루시고자 하는 바, 그것을 이루어 주시옵소서!

인내로 우리 앞에 놓인 경주를 하며 우리의 믿음의 창시자시요 완성자이신 주 예수 그리스도를 바라보며 믿음의 선한 싸움에서 승리하도록 도와주시옵소서!

우리의 모든 삶과 모든 활동뿐 아니라 이해하고 생각하는 모든 것까지도 온전히 제물로 바치기를 원합니다. 모든 욕망을 하나님께 가까이 다가서는 삶 앞에 내려놓게 하시며 주님을 기쁘게 해드리는 일에 전적으로 매달리는 성도들이 되도록 해주시옵소서!

　주님, 우리 모두를 위대한 밀알 되신 주님과 일치시켜 주시고, 주 예수 그리스도에 관한 메시지뿐만 아니라 메시지를 제시하는 방법 자체를 통해서도 사람들에게 십자가에 못 박히신 그분과 일치시켜 주옵소서!
　세상과 적당히 양다리 걸치는 사랑과 주 예수 그리스도를 향한 계산된 사랑이야말로 교회의 수치요, 하늘의 슬픔이며, 지옥의 경멸임을 확실히 깨달아 신실하고 충성된 성도들로 삶 가운데 발견되어지게 하옵소서!
　자기 사랑과 교만으로 살폈던 속사람은 불로 태워지고, 물에 휩쓸리며 깎여지고 다듬어지고 부서지는 과정을 통하여 인내를 배움으로 주저 없는 복음전파자로 모든 성도가 쓰임 받게 하옵소서!
　우리 스스로 아무것도 아님과 아무짝에도 쓸모없음을 철저히 인정함으로 말씀의 무한한 능력을 충만히 받아서 아무것도 아닌 저희를 들어 사용하셔서(고전 1:26-29) 하나님의 강력한 군대가 되도록 인도해 주옵소서!
　주 예수 그리스도와 깊은 개인적인 관계를 발전시켜 나감으로써 그분의 사랑이 매일 매일의 삶 속에서 주님의 기쁨이 되고, 주님께만 영광을 돌리며(고전 10:31) 우리의 믿음이 다른 사람들을 향해 섬김의 모습으로 나타나게 하옵소서! 주 예수님의 이름으로 기도합니다. 아멘

참된 개혁은 '나'로부터 '내 교회'로부터 시작되어야 합니다.

하나님께서는 새 일을 행하실 때마다 새로운 일꾼을 부르셨습니다. 그러나 하나님의 방법은 특이 합니다. 우상장사의 아들 아브라함, 거짓말쟁이 야곱, 살인자 모세, 술주정꾼 노아, 목동 다윗, 노예 다니엘, 배신자 베드로, 겁쟁이 기도온, 주부 드보라, 장애인 에훗 등을 은혜로 선택합니다. 선택한 후에는 쓸 만한 그릇으로 철저히 훈련을 시킵니다. 무능력한 상태를 그대로 쓰시지 않습니다. 아브라함은 25년, 모세는 40년, 다윗은 17년 훈련을 받았습니다. 1517년 34세의 마르틴 루터는 비텐베르크에서 95개조 반박문을 발표해 종교개혁을 일으켰고, 청년 선교사 언더우드와 아펜젤러는 20대 중반의 나이에 한국 선교의 문을 열었습니다. 물론 새로움의 의미는 나이로 한정할 수 없습니다. 헤브론의 정복을 위해 하나님은 85세의 갈렙을 새로운 지도자로 사용하셨습니다. 새로운 사람은 성령 충만한 사람을 말합니다(욜 2:28).

은혜로 인재를 택합니다. "하나님께서 세상의 미련한 것들을 택하사 지혜 있는 자들을 부끄럽게 하려 하시고, 세상의 약한 것들을 택하사 강한 것들을 부끄럽게 하려 하시며 하나님께서 세상의 천한 것들과 멸시 받는 것들과 없는 것들을 택하사 있는 것들을 폐하려 하시나니 이는 아무 육체라도 하나님 앞에서 자랑하지 못하게 하려 하심이라(고전 1:27-29)라고 말씀하고 있습니다. 훈련과정을 통해 하나님을 철저히 신뢰하는 믿음을 만들어 주십니다. 훈련과정을 통해 능력 있는 깨끗한 하나님의 사람으로 만들어 한 시대를 움직이게 하십니다.

올해는 마틴 루터의 종교개혁 500주년이 되는 매우 뜻 깊은 해를 맞이하여 "오직 성경" 성도의 믿음과 삶의 기준은 '성경' 뿐임을 깊이 명심하고, 즉 근본, 본질로 돌아가는 것을 말합니다.

종교개혁의 위대한 사람들

1. 종교개혁의 선구자 존 위클리프(John Wycliffe, 1329~1384)

종교개혁의 새벽별이라고 불리 우는 존 위클리프(John Wycliffe, dir 1329-1384)는 1329년경 영국의 요크셔(Yorkshire)지방에서 태어났습니다. 그는 옥스퍼드 발리올(Balliol) 대학에서 수학하여 박사학위를 받았습니다. 그는 옥스퍼드 대학에서 공부할 때 다른 학문도 열심히 하였지만, 특히 성경을 열심히 연구함으로써 철학이나 교회의 가르침에서 얻지 못했던 깨달음을 얻게 되었습니다.

그의 마음속에 영광스러운 복음의 빛이 점차적으로 깊고 명쾌하게 비추기 시작하였습니다. 그는 하나님의 구원의 계획을 알고, 예수 그리스도만이 구원자임을 깨달았고 오직 성경만을 모든 믿음과 교회생활과 실천의 원리로 삼아야 함을 알게 되었습니다.

하나님의 말씀을 통하여 마음에 큰 변화를 받은 위클리프는 1348년 19세에 회심하게 되었습니다. 회심 후 그는 불쌍한 영혼들을 구원하기 위해 자기가 발견한 진리를 전파하기로 결심하면서 자신의 전 생애를 예수 그리스도의 사역을 위하여 바치기로 헌신하였습니다. 위클리프의 참된 회심과 성경연구는 수많은 영혼들을 말씀으로 깨우치게 된 원동력이 되었으며, 장래 종교개혁의 길을 걸어가게 하였습니다.

위클리프 시대 교회는 부자이고 힘이 강했습니다. 그 당시 교회는 매우 부요하여 영국 전 토지의 거의 3분의 1을 소유하고 있었으며 교회의 수입은 당시 정부, 나라의 수입보다 약 2-3배 많았습니다. 교회의 부가 많은 이유는 돈 많은 귀족들이 자기들의 죄를 용서해줄 뿐 아니라 죽은 사람의 혼령을 위해서까지 미사를 드려준 데 대한 대가와 연옥에 대한 교회의 잘못된 가르침 때문에 너무 많아서 나라도 교회를 함부로 건드리지 못했습니다. 이처럼 교회가 재정적으로 풍요해지자 성직자들은 세속주의에 빠져 소명도 망각한 채 놀기 좋아하고 게으르고 일터를 비우는 일이 많았습니다. 성직자 독신주의는 성적인 부도덕이 만연함과 축첩으로 나타났습니다.

위클리프는 부와 권력을 가지고 있었던 교회를 향해 성직자의 재산 소유를 반대하고 교회가 부를 축적해서는 안 된다고 말하였습니다. 위클리프는 영국 교회 사제들의 사치와 향락, 부끄러운 줄 모르는 탐욕, 돈 많고 안이하게 살아가는 생활들을 책망하였습니다. 이처럼 중세 영국교회는 부패와 세속화에 깊이 빠져 있었고 영적으로 암담하였습니다.

이러한 때에 위클리프는 종교개혁의 선두주자로써 어두운 시대 가운데서 잘못된 전통 속에서 허우적대며 심히 부패한 교회와 지도자들을 향하여 성경의 원리와 가르침으로 돌아갈 것을 외쳤습니다. 교회의 순전한 교리의 불이 완전히 꺼져 불씨까지 사라져 버린 것처럼 보이는 시기에 하나님의 섭리에 의해 존 위클리프가 일어났습니다.

위클리프는 성경을 사랑했고, 성경은 모든 그리스도인을 위한 신앙의 기준이라고 말하면서 성경의 권위를 최상으로 여겼습니다. 1378년 저술한

'성경의 진리'(The truth of Scripture)라는 책에서 위클리프는 오직 성경만이 권위의 유일한 원천이며 모든 진리는 성경 안에 포함되어 있으며, 그 안에 기록된 모든 것은 진리임을 강조하였습니다. 그는 성경이 하나님의 계시 전체와 구원에 필요한 모든 것을 담고 있기 때문에 교황이나 교회의 전통 혹은 기타 여러 자료를 통해 더 이상의 가르침을 보충할 필요가 없다고 말했습니다. 그는 전통이나 교황, 공의회, 교회법과 같은 기타의 권위들은 성경에 의해 테스트를 받아야 한다고 설교하였습니다. 또한 위클리프는 로마 교회가 사람의 유전을 받아들이기 위하여 하나님의 말씀을 버리는 것을 보고 성경을 저버린 신부들을 강하게 질책하였습니다.

더 나아가 위클리프는 성경을 백성들에게 돌려줄 것과 성경의 권위를 교회 안에서 다시한번 확립시킬 것을 요구하였습니다. 그는 성경의 중요성을 강조하면서 평신도들도 얼마든지 성경을 이해할 수 있다는 것을 주장하였습니다. 당시 사람들이 성경을 모르기에 미신적인 요소들에 빠져 있었는데 그는 이러한 미신적인 백성들을 하나님의 말씀으로 깨우치길 원했습니다.

위클리프는 성경을 알지 않고서는 기독교 신앙을 알 수 없으며, 모국어로 성경을 공부할 때 성경을 가장 잘 이해할 수 있다고 믿었습니다. 그리고 복음의 진리를 널리 전파하려면 성경이 반드시 있어야 한다고 확신하였습니다. 존 위클리프는 당시 부패와 세속화에 빠져있던 중세교회에 하나님의 말씀 선포와 성경적인 교리로 강력히 도전하였습니다.

존 위클리프가 종교개혁의 선구자로 불리는 데는 그만한 이유가 있습니다. 그가 14세기에 일으킨 운동이 200여 년에 걸쳐 전 유럽에 지각변동을 일으켰던 것입니다.

첫 번째 지각변동이 일어난 1381년, 쉰두 살의 위클리프는 영국 루터워스 지방에서 사경을 헤메고 있었습니다. 옥스퍼드에서 수학하고 뛰어난 철학자로 인정받았으며 에드워드 3세의 궁정 사제로 서임되기도 했습니다. 또 자신의 견해를 대담하게 피력하여 정교 분리와 성경의 최종 권위를 주장했고 가톨릭의 부패상을 고발했습니다. 교회는 하나님으로부터 선택된 사람들의 모임이므로 하나님과 관계를 맺기 위해 성직자가 중재할 필요는 없다고 했습니다. 성직자의 주요 임무는 설교이며 설교는 반드시 성경에 바탕을 두어야 한다고 가르쳤습니다. 이에 덧붙여 그는 성경이 누구나 알아들을 수 있는 언어로 기록되어야 한다고 강조했습니다.

바로 성경 전체를 영어로 번역하는 작업이었습니다. 그는 영어로 번역된 성경을 통해 영국 평신도들이 성직자의 라틴어 성경 풀이에 의존하지 않고 모국어로 성경을 읽기를 바랬습니다. '롤러드파'(Lollards)라고 불리는 사람들이 위클리프 뜻에 동참하여 모여들었습니다. 그들은 번역 작업을 돕고 성경 공부를 한 후 영국 전역으로 나아가 복음을 전했습니다.

두 번째 지각변동은 다음 세대에 일어났습니다. 얀 후스(Jan Hus)라는 체코인이 위클리프의 글을 읽고 프라하에서 종교개혁 운동을 시작한 것입니다.

세 번째 지각변동은 16세기에 찾아 왔습니다. 유럽 종교계를 뒤흔든 마르틴 루터(Martin Luther)는 위클리프와 후스(Hus)의 사상에 큰 영향을 받았습니다. 위클리프가 다져놓은 토대 위에서 츠빙글리(Zwingli), 칼뱅(Calvin), 멜란히톤(Melanchthon) 같은 1500년대 종교 개혁가들이 변혁을 일으켰습니다. 심지어 헨리 8세가 영국 국교회와 로마가톨릭의 분리를 결정한 것도 위클리프의 글을 읽고 나서였습니다.

위클리프의 번역 작업은 성경이 유럽 각국의 언어로 번역되게 된 계기를 마련해 주었습니다. 후에 윌리엄 틴테일(William Tyndale)은 영어 성경을 한 단계 발전 시켰고 루터는 성경을 독일어로 번역했습니다. '위클리프 성경 번역회'는 지금까지 성경을 수백 개 언어로 번역했습니다. 이 선교단체의 목표는 성경을 지구상의 모든 언어로 번역해 세계인이 자국어로 성경을 이해할 수 있도록 하는 것입니다.

"나는 죽지 않고 살 것이다"라고 한 위클리프, 그는 눈을 감기 전 몇 년 동안이라도 하나님의 일을 선포할 수 있었던 것에 감사했을 것입니다. 하지만 자신의 선포가 죽은 뒤에도 명맥을 이어가리라고 그는 짐작이나 했을까요?

하나님께서는 계속해서 하나님의 사람들을 통하여 일하십니다. 위클리프는 신약의 모든 성도들처럼 '성경'을 믿음과 실행의 모든 문제에 있어 절대적이고 최종적인 권위로 믿었던 '성경의 사람'이었습니다. 성경에 일치하는 것은 그것이 무엇이든 간에 옳으며, 성경에 배치되는 것은 그것이 어떤 것이든 간에 거짓이었습니다. 그러기에 그는 교황을 거스르는 물결에 앞장 설 수 있었습니다.

2. 지롤라모 사보나롤라(Girolamo Savonarola, 1452~1498)

사보나롤라는 정말 종교개혁의 불씨를 당긴 사람일까? 많은 역사학자들은 이 열정적인 설교자가 종교개혁에 도화선 역할을 했다고 평합니다. 루터는 그보다 백 년 앞서 살았던 사보나롤라의 업적에 큰 영향을 받았다고 말한 바 있습니다. 성경 말씀 하나에 사로잡히기 전까지 사보나롤라의 인생은 실패에 가까웠습니다. 그는 의사인 아버지의 반대를 무릎 쓰고 볼로냐의 도미니크 수도회에 들어가 성서학을 공부했습니다. 그리고 볼로냐에서 7년, 페라라 수도원에서 4년을 보낸 후 르네상스가 활짝 꽃피고 있던 피렌체로 향했습니다. 그는 피렌체 교회의 부패상을 보고 환멸을 느꼈습니다. 피렌체 시민 뿐 아니라 성직자조차도 영적 세계에 관심이 없는 것처럼 보였습니다. 사보나롤라의 설교를 들으러 오는 사람이 아무도 없었으니 그는 설교자로서 완전히 실패한 셈이었습니다.

어느 날 그는 기도하던 중 하늘이 열리는 느낌을 받았습니다. 그리고 나아가 회개를 촉구하라는 음성을 들었습니다. 이렇게 해서 사보나롤라는 침례 요한의 메시지 "회개하라 천국이 가까웠느니라"(마 3:2)를 전하게 되었습니다. 사보나롤라가 예상한 것과 달리 하나님은 그를 피렌체에서 멀리 떨어진 산속 작은 마을로 보냈습니다. 메시지를 전해야 할 곳이 피렌체라고 여겼던 그는 다시 한 번 실의에 빠졌습니다. 다행히도 이탈리아 북부의 소도시에서 설교를 하자 그의 명성이 날로 높아갔습니다. 이제 수많은 그리스도인이 그의 설교를 들으러 산골 마을까지 찾아왔습니다. 사보나롤라는 성직자들의 온갖 죄악과 자신이 속한 수도원 수도사들의 부패상을 낱낱이 들춰냈고 사람들은 그의 정직함을 높이 샀습니다.

피렌체에 돌아온 그는 부정부패가 만연한 그 도시가 곧 심판받게 될 것이라고 선포했습니다. 사보나롤라의 설교를 들으러 온 인파로 세인트 마크 교회는 미어질 듯했고 결국 웅장한 피렌체 두우모로 옮겨 설교를 해야 했습니다. 이탈리아의 최고 권력자인 로렌초 메디치(Lonenzo de'Medlici, 이탈리아 피렌체의 정치가이자 시인(1449~1492)도 죽음을 맞이할 때 저택으로 그를 불러 축복기도를 받았습니다. 사보나롤라는 회개하지 않으면 피렌체에 심판의 날이 닥칠 것이라고 거듭 경고했습니다. 그의 말대로 프랑스 국왕 샤를8세는 이탈리아를 침략하여 피렌체까지 진격해 왔고 사보나롤라는 프랑스 왕에게 나아가 피렌체를 함락시키지 말라고 호소했습니다. 함락시킬 경우 하나님의 진노를 사게 될 것이라는 경고도 덧붙였습니다.

프랑스군은 철수했고 사보나롤라는 대중으로부터 전보다 전폭적인 지지를 받게 되었습니다. 설교를 들으려는 시민이 더 몰리자 두우모로도 인원을 다 수용할 수 없었습니다. 사보나롤라는 피렌체의 시장이 되었고 피렌체 공화국, 정확히 말해 예수를 상좌에 둔 기독교 공화국을 이룩하고자 했습니다. 그래서 세금 제도와 사법 제도를 개혁하고 가난한 사람을 도왔으며 도박, 남색, 패륜행위를 금지했습니다. 쾌락과 광란에 휩싸인 도시가 하룻밤 사이 성지가 된 것입니다. 피렌체 시민은 사보나롤라를 칭송했지만 로마 교황청에서는 그의 과감하고 급진적인 개혁에 박수를 보내는 이가 아무도 없었습니다. 교황은 정치적 의도를 갖고 그에게 추기경 자리를 제안했지만 사보나롤라는 일언지하에 거절했습니다.

이를 괘씸하게 여긴 교황은 그에게 설교 금지령과 파문 처분을 내렸습니다. 피렌체 시에도 금지제재를 내리는 바람에 이를 계기로 수많은 피렌체 시민이 사보나롤라로부터 등을 돌렸습니다. 전부터 사보나롤라를 대적하던 정적들은 절호의 기회를 맞았습니다. 사보나롤라는 교황에 대한 비난을 공식적으로 철회하고 자신이 거짓 예언자였다는 점을 인정하라고 상부로부터 명령을 받았지만 이를 거절해 결국 종교재판에서 이단으로 판정받았습니다. 한 달 동안 고문을 받은 끝에 사보나롤라는 교수형을 선고받았습니다. 사형은 피렌체 광장에서 집행되었습니다. 교황 대리인이 "투쟁하는 교회, 승리하는 교회에서 그대를 추방하노라"는 판결문을 읽자 사보나롤라는 "투쟁하는 교회라면 몰라도 승리하는 교회에서 나를 추방할 순 없소"라는 말을 남겼습니다.

3. 마르틴 루터 (martin Luther, 1483~1546)

마르틴 루터는 종교 개혁을 단행했습니다. "오직 의인은 믿음으로 말미암아 살리라"(롬 1:17) 원래는 구약성경 하박국에 나왔던 말씀입니다. 하박국 선지자는 사악한 무리가 이기는 것에 대해 불만을 토로했지만 하나님은 의인이 오직 믿음으로 산다고 말하며 그를 달래십니다. 바울은 하박국에서 인용한 구절로 로마서 서두를 끝맺습니다. 바울은 로마서에서 우리가 믿음으로 의롭게 되는 것이지 율법을 통해서 의로워지진 않는다고 여러 차례 밝혔습니다.

수도사 복장을 한 루터는 계단을 하나씩 기어오르고 몸을 웅크리며 새 기도문을 읊조렸습니다. 루터는 다른 순례자처럼 예수 그리스도가 밟았던 계단을 오르며 기도를 드리는 중이었습니다. 전승에 의하면 이 계단은 기적과도 같이 예루살렘에서 로마로 옮겨졌습니다. 덕분에 독실한 그리스도인들은 속죄의 의미로 무릎을 꿇고 계단을 오를 수 있게 되었습니다. 마르틴 루터는 속죄할 죄가 많은 것처럼 느꼈고 늘 죄책감에 시달렸습니다.

「그렇게 계단을 오르던 어느 날, 운명처럼 성경말씀 하나가 귓가에 뚜렷이 들려왔다. 루터는 비텐베르크 대학의 성서학 교수이기도 했다. 그는 연구하면서 바울의 서신서, 특히 로마서를 탐독하게 되었다. 바울은 구약에 나온 하박국 선지자의 함축적인 말 "오직 의인은 믿음으로 말미암아 살리라"(롬 1:17)를 인용한다. 루터가 무릎을 꿇고 계단을 오르는 동안 이 간단명료한 진리가 마음에서 꿈틀거리고 있었다. "진실로 의로운 자는 믿음으로 말미암아 살 것이다 ... 의인은 믿음 속에서 삶을 찾는다 ... 믿음으로 의로운 자는 진실하게 산다" 라는 말은 로마서에 기록된 바울의 말과 일치한다. 모든 사람이 죄인이지만 예수 그리스도의 희생을 믿으면 죄에서 해방되어 의로워질 수 있다. 속죄는 종교적 행동으로 완성되는 것이 아니라 믿음으로 얻어졌다.」

전해지는 말에 따르면, 루터는 이 로마서의 말씀이 뇌리를 스치자 변명거리를 털어내고 몸을 일으켜 빌라도 계단을 걸어 내려왔다고 합니다. 이듬해부터 루터는 교회의 행태에 이의를 제기하고 사회적인 대변혁을 시도하고 인류사를 영원히 바꿔놓을 종교개혁을 단행하는 등 왕성한 활동을 시작했습니다. "오직 의인은 믿음으로 말미암아 살리라"(롬 1:17)는 간단한 성경 말씀을 진실로 여겼기에 가능한 일이었습니다.

루터 혼자만 진실을 간직할 수 도 있었습니다. 하지만 돈에 눈먼 사제 테첼(Tetzel)이 비텐베르크 근방까지 와서 면죄부를 팔자 루터는 교회의 폐단을 공론화하기로 했습니다. 교회는 로마의 성당 신축 비용을 얻기 위해 죄를 사하는 면죄부를 판매하기로 했습니다. 누구라도 사랑하는 사람이 지옥에 머무는 시간을 줄일 수 있다면 또 자신의 죄를 용서받을 수 있다면 면죄부를 샀을 것입니다. 이에 격노한 루터는 95개 반박문을 써서 1517년 10월 31일 비텐베르크 성교회 정문에 게시했습니다. 분쟁은 이때부터 시작되었습니다.

1520년 루터는 주장을 철회하라는 명령을 받았고 1521년에는 루터의 저작을 검열하는 황실 의회 앞에 출두했습니다. 주장을 철회하라는 주교의 요구에 루터는 "저는 여기 서 있습니다. 저는 달리 행동 할 수 없습니다." 라고 최종 답변을 했습니다. 루터의 마음을 돌릴 길은 없는 것 같습니다. 결국 그는 유죄 선고를 받았습니다. 하지만 정치 및 종교 개혁이 영국과 스위스 등지에 확산되면서 유럽에는 변화의 새바람이 일고 있었습니다. 그 후 25년 동안 마르틴 루터는 대격변기 속에서 성경 교사, 번역가, 작곡가로 활동했습니다.

오직 주의 은혜로

오 주님, 제가 세례(침례) 요한이었다 해도 주님 앞에 떳떳할 수 없었을 것입니다. 제가 제 자신을 경건하다고, 주님의 종이라고 여기는 이유는 제 삶이나 업적 때문이 아닙니다. 하나님이 예수 그리스도를 통해 제게 자비를 베푸시겠다고 약속하셨고 또 그렇게 하고 계시기 때문입니다. 저는 거룩하지 않지만 그분은 거룩하십니다. 저는 하나님의 종이라 할 수 없지만 그분은 하나님의 종이십니다.

저는 근심과 걱정에 눌려 있지만 그분은 아무런 근심도, 걱정도 없으십니다. 그러므로 제가 거룩해지는 것은 그분 안에서 그분을 통해서 되는 일입니다. 저는 이 일을 기뻐합니다. 주 하나님, 당신 보시기에 제가 이제 거룩하고 당신의 종으로서 합당하다는 것을 믿습니다. 제 자신의 공로 때문이 아닙니다. 저는 죄인입니다. 오직 저의 죄를 용서하시고 모든 것을 해결하신 예수 그리스도 때문입니다. 영원한 주님께 감사드립니다. / 마르틴 루터(Martin Luther)

루터는 세상을 떠나기 1년 전 자신의 저작을 모은 책 서문에서 젊은 시절을 다음과 같이 회상했습니다. "내가 수도자로 부끄럽지 않게 살아간다 하더라도, 하나님 앞에서는 죄인이기에 양심에 가책을 느꼈다. … 나는 밤낮으로 고민하다 '오직 의인은 믿음으로 말미암아 살리라'는 구절을 주목하게 되었다 하나님의 의란 의로운 사람이 하나님의 은혜로, 즉 믿음으로 사는 것을 의미한다. 나는 완전히 새로 태어나 천국으로 활짝 열린 문에 들어선 느낌이었다. 성경 전체가 내게 새로운 의미로 다가왔다. 바울이 쓴 이 구절은 진실로 나를 천국의 문으로 이끈다."

 오늘 날 이 위대한 종교개혁가 3인을 통해 우리는 무엇을 깨닫고 실천해야 하는가? 오늘날 우리의 교회는 어떤가? 복음을 말하고 믿음을 이야기 하지만 결국 믿음에 행위를 더해야 한다고 선포하고 있는 것은 아닐까? 여기서 행위는 돈일 수도, 권력일 수도, 성공일 수도, 쾌락일 수도 있습니다. 말로는 아니라고 하지만 예수 믿으면 돈 잘 벌고, 출세하고, 성공한다는 소위 예수님께 기도하면 잘 먹고 잘 살게 해준다는 기복신앙이 우리들의 교회를 지배하고 있지는 않습니까?
 종교개혁 500주년을 맞이하여 우리들이 깨달아야 할 교훈은 무엇인가?
 거창한 행사를 하는 것인가? 종교개혁가들이 서있던 지점으로 돌아가라는 것이 아닙니다. 그들이 시작했으나 아직 도달하지 못했던 그 개혁을 우리들이 계속해 낼 때 비로소 의미가 있는 것입니다.

하나, 오직 성경(Sola Scriptura)
 기독교인에게 있어서 삶의 기준은 하나님의 말씀입니다. 성경은 하나님의 영감 있고 권위 있는 말씀일 뿐만아니라 기독교 교리의 유일한 원천입니다. 교회는 하나님의 생명의 말씀이 풍성하여야 합니다.

둘, 오직 은혜(Sola Gratia)
 구원은 오직 하나님의 은혜로만 가능합니다. 사람은 스스로 구원에 이를 수 없는 죄인입니다. 그래서 하나님의 은혜를 깨닫는 자들은 자신의 공로나 행위를 자랑하지 않습니다. 오로지 하나님의 은혜만을 드러내며 자랑합니다.

셋, 오직 믿음(Sola Fide)

오직 믿음으로만 구원받을 수 있습니다. 예수님을 자신의 구세주로 믿고 고백할 때 그 믿음으로 죄 사함을 받게 되고, 하나님께서 의롭다고 여겨주십니다. 예수 그리스도의 이름 외에는 구원을 받을 수 있는 다른 이름이 없습니다.

넷, 오직 그리스도(Solus Christus)

모든 인간은 죄로 인해 참된 생명력을 잃고 죄의 종노릇을 하고 있습니다. 현세에서도 하나님의 진노를 받지만 사후의 심판에서 죄에 대한 대가로 영벌을 받습니다. 이러한 상태에서 구원의 유일한 길은 예수 그리스도의 피 공로를 덧입는 길 뿐입니다.

다섯, 오직 하나님께 영광(Soli Deo Gloria)

구원은 하나님께서 계획하셨고, 예수 그리스도의 삶과 죽음을 통해 성취되었으며, 성령님께서 확증을 시켜주셨습니다. 구원의 궁극적인 목표는 하나님의 영광입니다.

오늘 날 우리들의 교회 안에도 '오직 믿음'만으로는 부족하다고 하면서 행위와 지식을 추가하려는 사람들이 있다는 것입니다. 그러나 우리가 분명히 알아야 하는 것은 우리를 구원하는 것은 인간의 행위를 통한 의나 지식이 아니라 '오직 그리스도'와 '오직 은혜를 통해서', '오직 믿음'으로만 된다는 것입니다. 우리의 믿음도 실상은 하나님께서 은혜로 값없이 주신 선물(엡 2:8)이라는 것입니다. 그러므로 우리들의 신앙생활에서 참으로 중요한 것은 '오직 믿음으로' 구원을 받는다는 확신입니다. 이것이 성경이 가르치는 "복음"입니다. 만약에 '오직 믿음으로' 외에 다른 그 무엇을 더하려고 한다면 그는 그리스도께서 우리를 위하여 십자가에서 죽으셔야만 했던 대속의 신앙을 부인하는 결과가 되고 말 것입니다.

교회가 중세교회처럼 점점 부패와 세속화에 깊이 빠져 있어 세상 사람들의 조롱과 비웃음거리가 되어가고 있다고 말합니다. 그래서 교회가 생명력을 잃어버리고 영적 침체의 길을 걸어가고 있다고 한탄하며 주님 앞에 깨어있는 거룩한 지체들이 날마다 주님 앞에 눈물로 기도의 무릎을 꿇고 있습니다.

하나님의 몸 된 교회들이 다시 살아나기 위해서는 먼저 하나님의 말씀의 권위가 회복되어야 합니다. 특별히 강단에서 복음과 성경적 교리가 성경적으로 바르게 회복되어져야만 합니다. 우리 그리스도인들은 하나님의 말씀을 열심히 공부하여 성경대로 바르게 알고 믿음으로 더욱 힘써 말씀을 전하고, 주님 다시 오심을 사모하며 시대를 깨우쳐야만 할 것입니다.

종교개혁 시대와 너무나 닮은 오늘 날 우리들의 교회가 귀담아 듣고 회복해야 할 메시지는 바로 '오직 성경'입니다. '오직'이라는 칼날이 모든 인간적인 정욕을 과감하게 도려내어 버릴 때에만 우리들의 교회는 소망이 있게 될 것입니다. 결국 우리들의 교회는 역시 성경으로 돌아가는 길 외에는 다른 방법이 있을 수 없다는 것입니다.

성경으로 돌아간다는 말은 무슨 의미일까? 첫째, "성경으로 돌아가자!"라는 말은 곧 근원으로 돌아간다는 말이요. 초심으로 돌아간다는 의미입니다. 하나님 앞에 정직하고 순수했던 처음의 신앙으로 돌아가자는 뜻입니다. 그러기위해서는 반드시 우리의 모든 신앙과 삶을 성경말씀 앞에 비추어 검증하는 작업이 필요합니다. 우리는 모두 나름대로의 전통과 신념을 가지고 살아갑니다. 그것은 꼭 필요하고 중요한 일입니다. 그러나 내 신념, 내 전통이 전부가 아니며, 내 방식이 결코 절대적인 것이 아니라는 사실을 겸허하게 인정해야 합니다.

하나님을 믿는다는 것은 내 생각, 내 주장의 한 자리에 늘 '나도 틀릴 수 있다"라는 공간을 비워두는 것입니다. 내가 철석 같이 믿어 온 전통과 신념이라 할지라도, 그것이 하나님의 말씀과 부딪칠 때는 과감하게 바꿀 수 있는 용기가 필요합니다. 바로 이것이 종교개혁가들이 우리에게 분명하게 보여준 교훈입니다. 둘째로, '성경으로 돌아가자!'라는 말은 성경이 요구하는 목표에 도달해야 한다는 의미입니다. 성경이 추구하는 목표가 무엇인가? 그것은 성경을 읽고 듣는 것에 그치는 것이 아니라, 성경 말씀대로 살아내는 것입니다.

우리들은 어떤 사람들입니까? 성경의 사람입니까? 아니면 기독교 예식에 익숙해 있는 종교인입니까? 오래 믿으면서도 삶과 신앙의 유일 원천인 성경을 일독도 하지 않고, 단지 종교적 열심에 사로잡힌 사람은 아닙니까? 이제부터 성경을 읽어야 합니다. 성경의 사람이 됩시다. 그리하여 이제부터는 성경의 가르침대로 삶을 살아 갈 수 있기를 바랍니다.

요즈음 영성을 추구하는 사람들 중 깊은 의미의 신앙생활을 추구하는 사람들이 가장 많이 읽는 책 가운데 하나가 헨리 나우엔의 책들이 아닐까 생각합니다. 이분은 하버드와 예일 대학의 교수였습니다. 그의 경력(Caree)의 절정에서 그는 예일과 하버드 대학의 존경받는 교수의 자리에 있었습니다. 아마 학문의 길을 추구하는 사람이 세계 최고의 존경받는 상아탑의 교수가 된다면, 그것보다 더 커다란 기쁨과 명예는 없을 것입니다.

그러던 어느 날 1986년 8월, 그는 느닷없이 사표를 내고 떠나갑니다. 캐나다 토론토의 그 교외에 있는 장애인 공동체인 데이 브레이크 커뮤니티라는 장애인 몇 사람이 살고 있는 집에 자기가 그곳의 Chaplain, 사목 역할을 하기 위해서 그곳으로 떠나갑니다. 이해하기 쉽지 않은 일입니다. 미친 일이죠. 주변 사람들이 볼 때는 희한한 일입니다.

자기 Caree의 절정, 사람들에게 존경을 받고, 인정을 받는 교수직에서 어느 한 날, 그는 미련 없이 교수직을 사표 내고, 그는 몇 사람의 장애인을 섬기기 위해서 장애인 공동체 안에 들어섭니다. 그리고 장애인 공동체에 가서 그가 첫 번째로 쓴 책이 "탕자의 귀향"(The Return of Prodigal Son)이라는 책입니다. 거기서 그는 탕자였다고 고백을 합니다. 우리는 부도덕한 생활 속에 빠져있던 사람, 죄인만 탕자라고 생각합니다. 자기도 탕자였다고 고백을 합니다.

"허영을 찾아서, 욕망을 찾아서 그리고 사람들의 인정을 찾아서 저 먼 나라로 떠나갔던 자기는 탕자였다. 그리고 외로워하고, 춥고 어두운 밤을 지나가고 있었다. 그리고 이 몇 사람의 장애인 공동체에서 장애인을 섬기면서, 비로소 자기는 집에 돌아왔다고 말합니다. 고향에 돌아왔다. 자기의 참된 모습을 찾았다고 말합니다." 그래서 그는 탕자의 귀향이라고 말합니다.

그리고 얼마 되지 않아서 그는 또 하나 "아담"이라는 책을 씁니다. "아담". 이 아담은 그 장애인 공동체에 있었던 장애인 소년의 이름입니다. 장애인 한 사람, 환우의 이름이 아담이라는 이름이었습니다. 그 아담을 섬겨주고, 아담의 발을 씻겨주고, 한 장애인을 섬기면서 그는 이 아담 안에서 새로운 아담을 발견합니다. 그는 이 아담 안에서 예수님을 발견합니다.

그 순수한 영혼 속에서 사람들은 지체아라고 말하지만 사람들은 그를 놀리지만 그러나 이 순결한 영혼을 섬겨주고, 그의 육체를 매만져 주면서, 그의 손과 발이 되어 주면서, 그는 그 아담 안에 있었던 새로운 아담, 둘째 아담이신 예수 그리스도를 새롭게 만났다고 고백합니다.

어느 날 자기를 도와주는 헨리 나우엔 이 사목이, 이 신부가 너무 고마워서 이 아담이라는 사람이 더듬거리면서 이런 말을 합니다. "나...나는 당신이 너무 좋아요. 당신을 사랑합니다." 그 말을 듣는 순간 그는 하나님의 음성을 들었다고 고백합니다. 이 더듬거리는 말속에 고백되는 이 한 장애인의 음성 속에서 그는 "하늘의 음성" 을 들었다고 말을 합니다. "너는 내 사랑하는 아들이고, 내 기뻐하는 자라."

겉으로 보기에 아무리 믿음이 좋아 보여도 그것이 삶으로 입증되지 않는다면, 세상 어느 누구도 성경의 가치를 신뢰하지 않을 것입니다. 종교의 유구한 역사를 통해 하나님의 말씀으로부터 멀어졌을 때, 교회가 얼마나 타락하고 부패할 수 있는지를 잘 보여 주고 있습니다. 종교개혁은 새로운 것을 만들어 내는 것이 아니라 철저하게 기본으로, 즉 '성경'으로 돌아가는 것이었습니다. 그들처럼 우리도 성경을 통해 우리 자신을 정직하게 들여다 볼 수 있어야 합니다. 그리고 드러난 잘못에 대해서는 철저한 회개와 개혁을 단행해야 합니다.

중국의 유학자 오봉이 기독교인이 되어 대만의 아리산에 사는 원주민에게 복음을 전하였습니다. 그들은 식인종이었지만, 오봉 선생을 매우 존경했고 사랑하며 따랐습니다. 오봉 선생은 아리산 사람들에게 인육을 먹어서는 안 된다고 가르쳤습니다. 그렇지만 이들은 마지막으로 사람 고기를 딱 한 번만 먹게 해달라고 졸라댔습니다. 오봉 선생은 반대 의사를 밝혔지만 그들의 마음을 돌이킬 수 없었습니다. 그래서 딱 한 번뿐이라는 조건을 붙여서 허락하며 내일 빨간 망토를 입고 빨간 모자를 쓰고 이곳을 처음으로 지나가는 사람을 잡아먹으라고 했습니다.

다음날 이른 아침, 원주민들은 어떤 사람이 빨간 망토에 빨간 모자를 쓰고 길을 걸어가는 것을 보고 그를 잡아 죽여서 끌고 갔습니다. 그리고 먹기 위해 모자를 벗기는 순간 원주민들은 깜짝 놀랐습니다. 그 사람은 자신들이 그처럼 존경하고 따르던 오봉 선생이었습니다. 그들은 큰 충격을 받았습니다. 그리고 오봉 선생이 사람 잡아 먹는 것을 얼마나 싫어했는지를 알게 되고, 인육을 먹는 것이 큰 죄라는 것을 깨닫게 되었습니다. 오봉 선생은 식인종을 구원하기 위해 스스로 죽음의 길을 간 것입니다.

죽어야 삽니다. 사막의 개혁자라는 별명을 지녔던 수도사 텔레마쿠스는 A.D. 4세기경, 사막에서 은둔 생활을 하고 있었습니다. 어느 날 텔레마쿠스는 하나님의 음성을 들었습니다. "너는 로마로 가야 한다. 그곳이 네 일터이다. 그곳이 너를 부른다." 텔레마쿠스는 즉시 로마로 떠났습니다.

당시 로마는 기독교 국가가 되었는데도 불구하고 주말 이면 원형극장 안에서 포로로 잡혀온 검투사들이 칼싸움을 벌였습니다. 한 사람이 죽을 때까지 계속해서 싸워야 하는 잔인한 경기였습니다. 사람들은 그 잔인한 경기를 보면서 쾌감을 느꼈습니다. 텔레마쿠스가 로마에 도착했을 때에도 로마의 원형경기장 안에는 8만 명이 넘는 관중들이 검투사들의 칼싸움에 한창 열을 올리고 있었습니다. 경기장은 이미 피로 얼룩져 있었으며 피를 본 관중들은 흥분할 대로 흥분해 있었습니다. 텔레마쿠스는 그 모습을 보고 깨달았습니다. "이것을 막으라고 하나님께서 나를 로마로 보내셨구나!" 그는 경기장 안으로 뛰어 들어가 온힘을 다하여 외쳤습니다.

"예수 그리스도의 이름으로 명하노니 이 싸움을 즉시 멈춰라!" 처음에 사람들은 그것이 쇼인 줄 알고 웃기만 했습니다. 그러나 텔레마쿠스가 검투사들 사이에 들어가서 결사적으로 그 싸움을 막으려고 하자, 사람들의 입에서 야유가 터져 나오기 시작했습니다. 텔레마쿠스는 더 큰소리로 외쳤습니다. "예수 그리스도의 이름으로 명하노니 이 싸움을 멈춰라!" 급기야 경기를 진행시키던 지휘관이 검투사 한 명에게 텔레마쿠스를 먼저 처치하라는 손짓을 했습니다. 번쩍이는 칼과 함께 텔레마쿠스는 피를 흘리면서 그 자리에서 쓰러졌습니다. 그러나 그는 숨이 멎기 직전까지 계속해서 외쳤습니다. "예수 그리스도의 이름으로 명하노니 이 싸움을 멈춰라!"

 그 순간 경기장은 숙연해졌습니다. 황제 호노리우스는 그 자리에서 조용히 일어나 경기장 밖으로 나갔습니다. 그의 뒤를 따라서 구경꾼들이 자리를 떠났습니다. 결국 검투사들마저도 고개를 푹 숙인 채 퇴장했습니다. 주후 391년에 있었던 사건입니다. 이 사건을 계기로 로마에서는 더 이상 검투사들의 경기가 열리지 않았습니다.

 이 땅에 살고 있는 모든 사람들에게는 하나님께서 주신 사명이 있습니다. 사명에 대해 관심이 없는 사람들도 많지만, 어떤 사람은 그 사명을 위해 목숨을 겁니다. 그 사명을 감당하기 위해서는 반드시 희생을 치러야 합니다.

예수님은 당신에게 주어진 사명, 곧 십자가에 달려 모든 사람을 구원하라는 하나님의 위대한 구원 사명을 위하여 예루살렘으로 올라가십니다. 예수님은 예루살렘으로 올라가는 길이 장로들과 대제사장들과 서기관들에 의해 고난을 받고 결국은 십자가에 못 박혀 죽는 길임을 아셨습니다.

예루살렘으로 올라가는 길은 예수님 자신에게는 죽음과 부활을 향한 길이며, 모든 인류에게 구원을 주는 길이었습니다. 그 길은 주님만 가시기로 된 길이었고, 반드시 가셔야만 하는 길이었습니다. 예수님 스스로 선택하신 고난의 길이었습니다. 그 고난의 절정에 십자가가 있습니다. 십자가는 기독교 신앙의 핵심입니다. 십자가가 없는 기독교는 있을 수 없습니다. 예수님은 자원하여 인류를 구원하려고 십자가를 지셨습니다. 남을 구원하기 위하여 내가 고통을 당할 때에 그것이 십자가인 것입니다.

참된 십자가란 그리스도의 복음을 위해서 모든 것을 버리고 주님을 따라 나서는 것입니다. 오늘날 교회가 세상의 지탄을 받고 오히려 세상이 염려하는 존재가 되어버린 까닭은 무엇일까요? 그것은 십자가의 희생과 사랑이 식었기 때문입니다. 십자가의 희생과 사랑의 역사가 있어야 생명의 역사가 일어납니다. 모두들 부활의 생명의 능력과 권세는 원하면서, 십자가 없는 부활을 원합니다. 그것은 종교 행위일 뿐, 생명의 역사는 일어나지 않습니다. 종교 행위를 하면 할수록 영혼은 허기지고 목마름에 시달리게 됩니다.

십자가는 하나님의 위대하신 사랑을 우리에게 보여줍니다. 구레네 시몬은 로마 군인들에게 붙들려 예수님의 십자가를 강제로 져야 했습니다. 그러나 시몬은 잠깐 동안의 수고로 영원히 기억에 남는 인물이 되었습니다. 시몬이 진 십자가로 말미암아 나중에 그의 가족 모두가 주님을 섬기는 은총을 입게 되었습니다. 십자가를 진 자만이 십자가의 비밀을 알 수 있습니다. 그 누구보다 예수님을 사랑하게 됩니다. 십자가를 져본 사람만이 예수님의 고난을 이해하며 하나님의 사랑을 알게 됩니다. 십자가가 있는 곳에는 항상 구원의 역사가 있었습니다. 오늘을 살아가는 우리에게 진징으로 십자가를 지고자 하는 십자가의 도가 있는지요?

바울은 "십자가의 도가 멸망하는 자들에게는 미련한 것이요 구원을 얻는 우리에게는 하나님의 능력이라"(고전 1:18)고 말씀합니다. 십자가의 길 외에 다른 길이 없기에 그것을 감당하며 묵묵히 걸어가는 것입니다. 시몬이 지고 간 십자가는 오늘 우리들이 지고 가야 할 십자가입니다. 기독교에는 두 가지 기둥이 있습니다. 날마다 자기를 부인하고, 자기 십자가를 지고 예수님을 따르는 것입니다.

주를 따르는 기독교인은 저항하기 위하여 십자가를 따라가는 자들입니다. 지금까지 내가 넘지 못하고 넘어진 부분이며, 더 오르려고 하지 않았던 그 자리입니다. 두려움에 저항하는 것입니다. 나의 안일하고 편리한 생각에 저항하는 것입니다. 편안하고, 익숙하고, 힘든 것에 저항하는 것입니다. 세상에 익숙해져 있는 내 자신에 대하여 저항하는 것입니다. 오늘 날 우리도 종교개혁가와 같이 '오직 성경으로' 하나님의 말씀을 대적하는 모든 것들로부터 단호히 거부함으로써 이 세상에 빛과 소금이 되어야 할 것입니다.

결론적으로 이 시대에, 아니 모든 시대에 교회에 정말로 필요한 사람은 누구인가? 불굴의 신앙과 순수한 거룩함과 불타는 영적 열정으로 충만하여 뜨겁게 기도하고 열심히 실천하고 힘차게 사역함으로써 교회의 역사가 개인의 역사에서 절저힌 영적 혁명을 일으킬 사람이 필요합니다. 우리에게 필요한 사람은 신기한 수단이나 장치를 사용하여 사람들을 흥분시키고 들뜨게 만드는 사람들이 아닙니다. 연애오락 같은 것을 동원하여 사람들을 즐겁게 만들어주는 사람들도 아닙니다.

우리에게 필요한 것은 설교와 성령님의 능력에 힙 입어 사람들의 마음을 움직이고 혁명적인 변화를 일으키는 사람들입니다. 혁명적인 변화를 일으키는 데 결정적 변수로 작용하는 것은 선천적 능력과 교육적 배경이 아니라 강력한 신앙, 능력있는 기도, 철저한 헌신, 완전한 자기부정, 하나님의 영광을 위한 자신의 희생, 하나님으로 충만하기를 항상 갈망하고 추구하는 것입니다. 교회가 하나님을 위해 영적으로 활활 타오르도록 만드는 사람이 혁명적 변화를 몰고 올 수 있습니다. 그런데 이렇게 되려면 공연히 시끄럽게 하고 자기를 드러내는 방법은 필요 없고, 하나님을 위해 모든 것을 녹이고, 움직이게 만드는 강력하고 조용한 열정이 요구될 뿐입니다.

오늘날 모든 교회들에서 필요한 것은 하나님을 위해 사람들을 움직일 수 있는 사람들, 즉 영적 혁명을 일으켜 현실을 근본적으로 바꾸어 놓을 사람들입니다. 교회의 역사에서 이런 사람들은 늘 있었습니다. 그들 때문에 교회의 역사가 아름답게 빛났습니다. 그들이 행한 놀라운 일들은 교회가 하나님의 교회라는 것을 증명했습니다. 그들의 모범은 언제나 감동과 유익을 줍니다. 그러므로 우리는 그들 같은 사람들이 많이 생겨서 능력이 더욱 나타나기를 기도해야 합니다(요 14:12).

우리 모두는 부서짐과 겸손, 완전한 내려놓음이 일어나는 기도실로 들어가야 합니다. 하나님은 우리가 하나님의 말씀을 준비하기 이전에 먼저 하나님이 그분의 종을 준비시키십니다. 기도가 없다면 교회는 전투태세를 갖춘 군대가 아니라 묘지가 됩니다. 찬양과 기도는 사라지고, 예배의 생기도 나타나지 않습니다. 기도 없는 설교자와 설교 메시지는 죄를 격려하며, 거룩함을 찾아 볼 수 없습니다. 죽어 있는 설교는 바로 기도 없이 전하는 설교 메시지입니다.

"기도가 없다면, 설교자는 생명이 아닌 죽음을 만드는 것이다."(EM 바운드)
"진심어린 기도가 없다면, 그리스도의 몸은 시체가 된다. 교회는 무릎 꿇고 살지 않기 때문에 죽어간다."(앨 휘팅휠)

만약 목회자가 한 주 내내 세상적인 것들로 가득 찬 삶을 살고 주의 제단에 설 때 성령을 기대한다면 이것은 중대한 착각이 될 것이다. "죽은 자는 죽은 설교만 전할 뿐이다. 모든 것은 설교자의 영적 상태에 달려 있다."(EM 바운드) 한주 내내 목회자가 어떤 삶을 살았느냐가 단상에 섰을 때의 그를 결정한다. 목회자는 성령의 인도함을 받아 세속과 구별된 삶을 위해 부름을 받았습니다. 하나님께서 변화를 일으키실 때, 세상과의 구별과 기도는 중요한 촉매제의 역할을 합니다. 무기력하고 죽은 교회의 상태를 다시 성령으로 충만케 하실 것입니다.

하나님은 제대로 된 사람들을 원하십니다. 자신과 세상을 십자가에 못 박은 사람을 원하십니다. 이런 십자가와 영적 파산을 통해 오직 하나님께 온전한 마음을 드린 사람을 원하십니다. 하나님께서 우리가 구한 것 이상으로 풍성하게 응답하시기를 위해 뜨겁게 기도해야 합니다(마 16:24;대하 16:9;렘 29:13).

우리에게 요청되는 참된 개혁은 '나'로부터, '내 교회'로부터 시작되어야 한다는 말입니다. 그렇지 않다면 종교개혁을 수식하는 '500주년'이라는 숫자는 더 이상 아무런 의미가 없을 것입니다. 우리들은 '나'로부터 이 시대의 사상과 가치관을 본받는 것을 멈추고, 그것들을 삶에서 거부해야 합니다,「영원에 이르는 길1,2,3권」을 집중적으로 공부함으로서, 날마다 성경말씀을 통해 하나님의 뜻을 분별하고, 도덕적, 그리고 영적으로 흠 없는 삶을 살아가야 합니다.

종교개혁 500주년을 맞이하는 2017년 10월 31일.

믿음으로 아들을 지킨 어머니

일부러 아픔의 쓴잔을 마시는 사람이 없고 고통의 불속으로 들어가는 사람은 없습니다. 어려움을 딛고 선 사람이 크게 되며, 고통을 겪어 본 사람이 성공한다고 해서 일부러 그런 힘듦을 겪는 사람은 없습니다. 누구든지 순탄치가 않아서 수고를 하고 역경을 만나지만, 그때마다 이길 힘을 기르며 인내하는 것입니다. 어려운 처지에 처했을 때, 용기를 갖고, 기운을 차리라는 주위의 말은 포기하지 말고, 새롭게 정진하라는 말입니다. 누구든지 나약해질 수 있으며 절망의 나락으로 떨어질 수 있습니다. 문제는 사고이며, 마음입니다. 여기에 한 여인이 있습니다.

사라 델라노, 그녀는 무역업을 하는 부모에게서 태어나 어릴 때부터 부유한 가정에서 자라났습니다. 그러면서 훌륭한 교육을 받았고 교양 있는 여성으로 성장했습니다. 그러나 세상물정에는 어두운 여성이었습니다. 순진하게만 자라 이성과는 깊은 교제도 없었습니다. 결혼 적령기가 되었지만 인생을 함께 할 반려자를 쉽게 만나지 못했습니다. 그러던 어느 날 친구의 초청을 받게 되었습니다. 그곳에서 그녀는 자기보다 나이가 두 배나 많아 52세나 되는 턱수염을 기른 제임스라는 홀아비의 눈에 띄게 되었습니다. 제임스는 지속적으로 사라 델라노에게 청혼을 하게 되었습니다. 사라도 싫지 않았습니다. 왠지 마음에 끌려 결혼에 이르게 되었습니다. 사라는 델라노가 하나님이 만나게 해 주신 남편이었음을 믿고 존경과 순종의 미덕으로 남편과 함께 아름다운 가정을 이루며 아이도 낳아 기르며 살았습니다. 그러던 어느 날 믿고 의지하던 남편 제임스가 아내와 아들을 두고 일찍이 세상을 떠났습니다.

  델라노는 자녀를 양육하며 외롭게 세파를 헤쳐 나갔습니다. 세상에 시달린 그녀는 어느덧 어엿한 여성으로 황무지를 개척하는 자와 같이 강한 어머니가 되었습니다. 그런 그녀에게 또 다른 시련이 닥쳐왔습니다. 델라노는 그의 아들이 39살 되던 해에 소아마비에 걸려 두 다리를 완전히 쓸 수 없게 된 것입니다. 룻기에 나오는 나오미와 비슷한 처지가 된 것입니다. 그러나 델라노는 아들에 대한 소망을 버리지 않고 믿음으로 하나님이 쓰시는 사람이 되도록 관심을 가지고 용기를 북돋아 주었습니다. "하나님은 너를 사랑하셔, 너를 통해 이루고자 하시는 훌륭한 계획이 있는데, 언젠가는 꼭 쓰임 받게 될거야"라고 자주 권면하며 용기를 북돋아 주었습니다. 아들은 어머니의 신앙과 그 권면을 받으며 자랐습니다.

  이 아들이 바로 미국 역사상 유례없이 4번이나 대통령에 당선되는 루즈벨트 대통령입니다. 그가 두 발을 쓰지 못하지만 4번이나 대통령이 되는데 가장 큰 역할을 하게 된 배경에는 관심을 가지고 믿음으로 아들을 지킨 어머니 델라노의 헌신과 사랑이 있었습니다. 그래서 미국인들은 루즈벨트에 못지않게 그 어머니 사라 델라노 여사를 존경합니다.

  델라노는 시련과 역경의 엄청난 장벽이 있었지만 주안에서 오직 믿음으로 끊임없이 관심을 가지고 아들을 양육하였을 때 하나님께서 운행하셔서 모든 환경과 미국 시민의 마음까지도 움직였던 것입니다. 전적으로 하나님께만 소망을 두고 적극적으로 달려간 결과 아름다운 풍성한 열내를 맺도록 인도해 주신 것입니다. 결국은 하나님의 놀라운 은총을 입게 되었던 것입니다.

주님께서는 롬 8:28처럼 "하나님을 사랑하는 자"에게 선으로 인도해주시며 주의 백성들에게 끊임없이 관심을 가지고 계시는 분이십니다. 욥은 "주께서 내게서 눈을 돌이키지 아니하시며 나의 침 삼킬 동안도 나를 놓지 아니하신다(욥 7:19)"라고 말씀합니다. 다윗은 "여호와의 눈은 의인을 향하시고 그 귀는 저희 부르짖음에 기울이신다."(시 34:15)고 말씀합니다. **미국의 16대 대통령 아브라함 링컨** (Abraham Lincoln 1809-1865)이 대통령 취임식에서 이렇게 연설하였습니다.

"우리가 당하고 있는 여러 가지 고난을 극복해 나아가려면 지혜, 애국심, 기독교 정신 등이 절대 필요하거니와 무엇보다도 이 나라를 끝까지 버리지 않고 지켜 주실 하나님을 굳게 믿는 믿음입니다"라고 했습니다.

어떠한 환경 속에 처해 있다 할지라도 하나님께만 소망을 둘 때 찬송가 "주 안에 있는 나에게"가사처럼 결코 두렵지 않는 것입니다. 전능하신 하나님이신 그분께서 우리의 아버지이시기 때문입니다.

찬송가 "주 안에 있는 나에게"

주 안에 있는 나에게 딴 근심 있으랴 십자가 밑에 나아가 내 짐을 풀었네 그 두려움이 변하여 내 기도되었고 전 날에 한숨 변하여 내 노래 되었네 내 주는 자비하셔서 늘 함께 계시고 내 궁핍함을 아시고 늘 채워 주시네 내 주와 맺은 언약은 영 불변 하시니 그 나라가기 까지는 늘 보호 하시네

우리들이 진리를 바로 알고 그 말씀대로 이루어짐을 믿고 기다린 성경의 예가 참 많이 있습니다. 야곱의 가족 70명이 가나안 땅에 다시 돌아오기까지 430년, 또한 남유다가 B.C.586년에 바벨론에 망하고 다시 회복하는 데

70년이 차야 했습니다. 그리고 이사야 선지자를 통하여 약속하셨던 이스라엘을 구원할 다윗의 자손이신 구세주께서 자그마치 700년여 년 후에야 이 땅에 내려오셨습니다. 우리의 신앙은 진리를 바로 알고 믿고, 그 말씀대로 이루어짐을 기다리는 것입니다. 그리고 구세주로 오셨던 예수님께서 십자가에 죽으시고 사흘 만에 부활하신 후 승천하실 때 "너희들이 본 그대로 오리라"고 약속하시고 나서 오늘까지 무려 2000여 년이 흘렀습니다.

재림시 다시 오실 예수님을 믿는 성도들은 여전히 주님이 다시 오심을 손꼽아 기다리고 있습니다. 우리의 기다림은 막연한 기다림이 아니라 약속이 있는 기다림입니다. 이 기다림에는 실망과 좌절이 없습니다. 오히려 소망이 있고 은혜가 있습니다. 하나님께서는 성도들에게 확실하게 약속하시는 분이고, 그 약속은 변함이 없으시기 때문입니다(민 23:19). 하나님께서 주신 약속이 있기에 우리는 소망을 가지고 어떤 어려움이 있더라도 극복하며 달려갈 수 있습니다.

오직 주님만을 의지하며 믿음의 삶을 살아가는 가운데 예수 그리스도의 재림에 따른 천국 소망은 우리의 생애의 가치관이 세상 지향적인 데서 영원 지향적으로 바뀌게 되기 때문에, 변화된 자신의 삶과 그 가치관으로 인하여 다른 사람에게 복음을 전하게 됩니다.

주님께서는 반드시 다시 오시겠다고 하셨습니다. 주 예수 그리스도의 다시 오심이야말로 그리스도인의 실제적인 삶의 초점이 되어야 합니다. 많은 성경 말씀들이 우리가 주님의 재림에 초점을 맞출 때 얼마나 많은 영적 유익을 얻을 수 있는가를 알려주고 있습니다. 따라서 우리는 고난을 견뎌내며 주님의 재림을 소망하면서 그 분 앞에 설 준비를 해야 합니다. 지상에서 받는 상은 일시적이며 사라질 것들이지만, 주님께 받을 상은 영원하며 결코 사라지지 않을 것이기 때문입니다(고후 4:17).

아무도 보지 않을 때 당신은 어떤 사람입니까?

　스스로에게 이 질문을 해 보시기 바랍니다. "아무도 보는 사람이 없을 때 나는 누구입니까?" "아무도 보는 사람이 없을 때 나는 어떤 생각을 하며 어떤 행동을 하고 있습니까?"
　누구나 남의 시선을 의식할 때는 최선을 다합니다. 남이 보고 있으면 태도에 신중을 기합니다. 여기에 상호작용의 법칙이 적용되는 것입니다. 상호의식과 인식을 통하여 일의 상승효과를 가져오는 것입니다. 또 어떤 사람은 혼자 할 때는 잘 하다가도 남이 봐주었으면 하고 남 앞에서 할 때는 어김없이 실수하고 잘못해버리는 사람이 있습니다. 결과야 어떻든 누구나 남의 시선을 느낄 때는 꾸미게 되고 잘하려고 하고 좀 더 좋은 이미지를 남기려고 합니다.

　그러나 아무도 보는 사람이 없을 때는 어떠합니까? 사람들은 사람들의 평가에 관심을 갖습니다. 사람들이 보는가 보지 않는가가 관심거리입니다. 그러나 정작 우리가 관심을 가져야 하고 주의를 기울여야 하는 것은 하나님이 우리에 대해서 말씀하시는 것입니다. 하나님께서는 아무도 당신을 보고 있지 않을 때도 당신을 보고 계십니다.

1. 아무도 보지 않을 때 당신은 정직한 사람입니까?
2. 아무도 보지 않을 때 당신은 선한 일을 하십니까?
3. 아무도 보지 않을 때 주님을 위해서 헌신하십니까?

아무도 보지 않을 때 나타나는 모습이 진정한 그 사람의 모습입니다. 아름다운 사람은, 진짜 그리스도인은 홀로 머물 때 아무도 보는 사람이 없을 때 정직하고 선하고 헌신하는 사람입니다. 사람은 속여도 하나님은 속이지 못합니다.

큰 별을 따도록 노력하라 (Try to get a big star), 미국 미시간 주 잭슨에 있는 성 요셉 고아원에 불쌍한 형제가 있었습니다. 동생 타미와 형 지미였습니다. 중학생 나이가 되었을 때 그들은 양부모를 따라 헤어졌습니다. 타미는 양부모 밑에서 학교를 다녔는데 문제 아동으로서 여러 번 사고를 일으켜 퇴학 처분되었습니다. 교문을 나설 때 타미는 머리에 고아원에서 자기를 지도해 준 베라다 보모의 말씀이 울려왔습니다. 그녀는 고아원 아이들에게 "하나님은 너를 절대로 버리지 않으신다. 큰 별을 따도록 노력하라 (Strive for a great star)"라고 교훈을 하였습니다.

타미는 새로운 용기를 얻어 피자 가게에 취직하였으며 열심히 배워 피자 한 개를 11초에 반죽하는 놀라운 솜씨를 발휘했습니다. 오늘날 미국의 피자 연쇄점 중 둘째로 큰 도미노 피자(Domino Pizza)는 1,500여 점포를 소유하고 있는데 퇴학당한 고아 타미인 토머스 모나한(Thomas Monaghan)이 창업했습니다. 모나한은 디트로이트 프로야구단을 사서 어느 해 시즌에는 메이저리그의 정상, 월드 시리즈를 따내는 열정도 보였습니다. 그가 자주하는 말입니다. "청년들이여, 그대의 생애를 하나님께 맡기고 한 번 크게 승부를 걸라."

한 사람의 유언은 정직합니다. 유언은 사람이 살아온 여정을 요약하는 것과 같습니다. 독일의 음악가 베토벤의 유언은 이렇습니다. "천국에서는 들을 수 있겠지" 소리를 듣지 못하게 된 것이 그에게 깊은 상처였던 것 같습니다. 마더 테레사의 유언은 "예수님 당신을 사랑합니다." 였다고 합니다. 사랑으로 살아오신 분답습니다. 나치 정권에 사형당한 디트리히 본회퍼는 "이렇게 끝나지만 내 삶은 지금부터가 시작이다"를 유언으로 남겼습니다.

이스라엘의 영적 지도자 모세의 유언은 하나님의 종답습니다. 그의 유언은 신명기 33:29 말씀입니다. "이스라엘아, 너는 행복하다." 모세가 이스라엘을 향해 "너는 행복하다"고 선언하는 근거는 어디에 있을까요? 당시 이스라엘은 이집트 노예생활을 거쳐 40년 광야 생활을 했고 가나안 땅에 들어가서도 전쟁을 해야 하는 상황을 앞두고 있었습니다. 결코 행복하다고 말할 수 없는 상황입니다. 어떤 사람은 행복이란 고통이 없는 상태라고 믿는다고 합니다.

이 기준으로 보면 이스라엘은 행복하다고 말할 수 없습니다. "눈물로 씨를 뿌리는 자가 기쁨으로 단을 거둘 것이다"(시 126:5) 라는 말씀이 있습니다. 눈물 없이 뿌린 씨는 기쁨도 없을 것이라는 뜻입니다. 인생의 목표는 고통을 피하는 것이 아니라 고통을 멋지게 통과해 고통이 행복의 일부가 되게 하는 것입니다. 그저 즐겁게 살면 행복할 것 같지만 행복은 결코 즐거움 그 자체가 아니라 의미 없는 즐거움이란 때로 고통스러울 수 있다는 것입니다. 행복이란 즐거움은 일시적이지만 행복은 지속적이어야 합니다. 행복한 것 같다가도 타인과 비교하기 시작할 때 행복은 물거품처럼 사라지게 됩니다.

행복이란 환경이나 소유에 근거하지 않습니다. 심지어 고통이 없는 상태도 아닙니다. 행복은 누구와 함께 어떤 관계를 맺고 있는가에 달려 있습니다. 모세가 이스라엘에 "너는 행복하다"고 말하는 것은 이 두 가지 고백 때문입니다. 첫째는 신명기 33:26의 고백입니다. "여수룬이여 하나님과 같은 이가 없도다"라는 찬양을 할 수 있는 사람은 행복합니다.

둘째는 신명기 33:29고백입니다. "... 여호와의 구원을 너같이 얻은 백성이 누구냐..." 하나님께 대해서는 "하나님과 같은 분은 없습니다"하고 날마다 찬양과 영광과 기쁨을 드리고 자신에 대해서는 "하나님께서 구원하시는 나와 같은 이는 누구인가"라고 감격하며 고백하는 이는 행복합니다. 이를 함께 사는 배우자나 가족에 적용해 "당신 같은 사람은 없습니다"하고 칭찬하고, 자신에겐 "당신 같은 이를 곁에 둔 나 같은 이는 누구인가"하고 고백하는 사람은 행복합니다.

공동체에 대해서도 "당신과 함께 공동체를 이룬 나 같은 이는 누구인가" 하며 감사하는 이는 행복합니다. 이 시대의 불행은 환경과 물질과 성취에서 행복을 얻으려는 데 있습니다. 하나님과 가족 그리고 이웃과 올바른 관계를 맺는 것이 행복의 시작이며 전부입니다.

하나님께 인생을 맡기십시오. 우리의 인생에는 수고하고 무거운 짐이 있습니다. 나의 본의든, 아니든 인생에는 무거운 짐이 있는 것입니다. 이러한 우리에게 주님께서는 그분의 품 안에서 누릴 수 있는 참된 평안과 안식으로 초청하십니다(마 11:28). 우리가 쉼 없이 고통당하며 살아가는 것은 수고하고 무거운 인생의 짐 때문입니다. 이것 때문에 걱정하고 불안해하고 두려워하며 고통을 겪으며 살아갑니다. 그러나 이제 더 이상 내가 이것을 지고 해결하고자 몸부림치며 살지 말라는 것입니다. 왜냐하면 내가 애쓰고 수고한다고 해결될 수 있는 것이 아니기 때문입니다. 이제는 주님께 먼저 나아가야 합니다.

그런데 말세가 되어서 사람들은 주님 앞에 나아가려고 하지 않습니다. 우리를 시험하고 유혹하는 것들이 너무나 많기 때문입니다. 그러나 우리는 어떠한 시험과 유혹일지라도 모두 물리치고 믿음과 소망과 사랑을 안고 모여야 합니다. 그래서 "모이기를 폐하는 어떤 사람들의 습관과 같이 하지 말고 오직 권하여 그날이 가까움을 볼수록 더욱 그리하자(히 10:25)"고 증거하는 것입니다. 주님 앞에 갈 때 거기서 우리 인생의 모든 문제가 해결되고 응답되는 것입니다.

예수님께서는 십자가에서 우리 인생의 죄악과 상처와 질병의 멍에를 대신 지셨습니다. 하나님께서는 예수님 탄생 700여 년 전에 이사야 선지자를 통해 이 사실을 예언하셨고, 예수님께서는 이를 실천하셨습니다(사 53:5-7). 이제는 우리의 인생에 고통을 안겨주는 수많은 죄악과 상처와 질병까지도 주님의 십자가 밑에 다 내려놓아야 합니다. 그리고 우리도 주님의 멍에를 함께 질 때 주님께서 우리의 인생의 짐을 함께 지시기 때문에, 우리가 우려하고 두려워했던 것과는 달리 참으로 그 멍에가 쉽고 그 짐이 가벼운 것을 체험하게 될 것입니다(마 11:30). 주님 앞에 나아가 주님의 멍에를 함께 진다고 말하지만 주님의 온유와 겸손을 배우지 못해서 참된 힘을 얻지 못하는 사람들이 얼마나 많은지 모릅니다.

그 결과는 자신들도 평안을 누리지 못하고, 주위 사람들에게 온갖 상처와 고통을 안겨 줍니다. 그러나 이제는 주님의 온유와 겸손을 배우고 그 모습대로 살아가야 합니다. 그럴 때 나 자신의 마음이 평안할 뿐 아니라 모든 관계가 화평해지고 행복해지는 것입니다. "그러므로 주 안에서 갇힌 내가 너희를 권하노니 너희가 부르심을 받은 일에 합당하게 행하여 모든 겸손과 온유로 하고 오래 참음으로 사랑 가운데서 서로 용납하고 평안의 매는 줄로 성령이 하나 되게 하신 것을 힘써 지키라(엡 4:1)"고 명령하고 있습니다. 우리가 주님의 온유와 겸손을 배우고 인내하며 행할 때, 우리는 성령이 주시는 참된 평안과 안식을 누리게 될 것입니다.

인생을 두 배로 사는 아침형 인간 이란 책을 보면 일본인 의사 사이쇼 히로시가 일본에서 장수하고 성공한 사람들을 분석한 결과가 나옵니다. 그들의 공통점은 밤 11시 이전에 잠들고 새벽 5시 이전에 일어나는 아침형 인간이었다는 것입니다. 아침에 일찍 일어나 일했더니 낮이나 밤에 일한 것보다 집중력과 일의 능률, 그리고 그 효과도 세 배나 상승하였습니다. 이러한 결과를 통해 히로시는 독자들에게 '아침형 인간'이 될 것을 강력히 권하는 것입니다. 그리스도인인 우리는 여기서 더 나아가 '새벽형 그리스도인'이 되어야 합니다. 새벽에 일찍 일어나 주님과 나만의 시간을 갖는다는 것이 지난날 우리가 당면한 모든 상처의 문제를 극복하고 이웃을 사랑하는 데 큰 힘을 줍니다.

살아있는 사람은 생각하는 과정을 통해 삶의 의미와 가치를 찾을 수 있다는 것입니다. 그렇다면 예수 그리스도를 믿고 구원받은 감격으로 삶을 살아가는 성도들은 어떤 생각을 하며 살아야 할까요. 사도바울은 육신의 속한 생각에 대해 다음과 같이 설명합니다. 첫째, 육신의 생각은 하나님과 원수가 됩니다. 하나님 말씀보다 자기 생각대로 움직였던 사울 왕은 마침내 하나님과 원수가 돼 버림받고 말았습니다. 둘째, 육신의 생각은 하나님의 법을 따르지 않습니다. 요나는 니느웨로 가라하신 하나님의 말씀을 자기 판단으로 '다시스'로 가는 배를 타고 맙니다. 하나님의 말씀, 하나님의 법을 따르지 않은 것입니다. 셋째, 육신의 생각은 하나님을 기쁘시게 할 수 없습니다. 골 1:10에서 "주께 합당하게 행하는 것이 주님을 기쁘시게 하는 것"이라 하셨는데 육신의 생각에 매여서는 결국 주님을 기쁘시게 할 수 없는 것입니다.

영의 생각은 어떻습니까. 첫째, 영에 속한 생각은 생명입니다. 육체적 호흡으로서의 생명을 말하는 '프시케(Psyche)', 활동으로서의 생명을 말하는 '비오스(Bios)', 그리고 관계로서의 생명이자 하나님과의 영적관계가 회복된 자에게 주어지는 하나님의 생명 '조애(Zoe)'가 그것입니다. 영에 속한 생각을 하는 사람은 하나님과의 관계가 회복돼 얻는 생명, 조애를 누릴 수 있습니다. 둘째, 영에 속한 생각은 평안입니다. 주님 안에서 영에 속한 생각을 했던 이들은 모두가 세상이 줄 수 없는 평안을 누렸던 것입니다. 그러므로 우리는 영의 생각을 할 수 있어야 합니다.

그렇다면 영의 생각, **성령에 속한 생각**은 어떻게 할 수 있을까요. 첫째, 성령에 속한 생각을 하기 위해서는 성령 안에 있는 삶을 살아야 합니다. 오직 성령 충만함을 받고 성령 안에서의 삶을 살며 서로가 소통하고 하나님의 큰일을 이야기하는 삶을 통해 성령에 속한 생각을 할 수 있습니다.

둘째, 성령에 속한 생각을 하기 위해서는 그리스도의 사람으로서 삶을 살아야 합니다. 그리스도의 사람으로 산다는 것은 그리스도의 편지가 되어야 한다는 것입니다. 그리스도의 향기와 그리스도의 편지로 살아가는 삶을 통해 성령에 속한 생각을 할 수 있습니다.

셋째, 성령에 속한 생각을 하기 위해서는 몸은 죄로 인해 죽고 영은 의로 인해 생명을 얻은 자의 삶을 살아야 합니다. 성도는 자신의 몸이 죄에 지배받지 못하도록 말씀으로 무장하고 깨어 기도해야 합니다. 그리고 몸의 정욕에 굴복하지 말아야 합니다. 성령에 속한 삶, 그리스도의 사람으로서의 삶, 그리고 죄에 대해선 날마다 죽는 삶을 살아 성령에 속한 생각을 가득히 품고 날마다 삶에서 주님께서 허락하시는 생명과 평안을 누려야 합니다.

미국 네바다 주 사막 한 복판에서 낡은 트럭을 끌고 가던 '엘빈 다마'라는 한 젊은이가 허름한 차림의 노인을 발견하고 차를 세웠습니다. "어디까지 가십니까? 타시죠!" "고맙소! 라스베가스까지 태워다 줄 수 있겠소?" 어느덧 노인의 목적지에 다다르자 부랑자 노인이라고 생각한 젊은이는 25센트를 노인에게 주면서 "영감님! 차비에 보태세요." "참 친절한 젊은이로구먼. 명함 한 장 주게나." 젊은이는 무심코 명함을 건네 주었습니다. "엘빈 다마! 이 신세는 꼭 갚겠네. 나는 하워드 휴즈라고 하네." 얼마의 세월이 지나 이일을 까마득히 잊어버렸을 무렵 기상천외한 사건이 벌어졌습니다.

'세계적인 부호 하워드 휴즈 사망'이런 기사와 함께 유언장이 공개 되었는데 하워드 휴즈가 남긴 유산의 16분의1을 엘빈 다마에게 증여한다는 내용이었습니다. 엘빈 다마란 사람이 누구인가? 아는 사람은 아무도 없었습니다. 유언장 이면에 엘빈 다마는 하워드 휴즈가 일생동안 살아오면서 만났던 가장 친절한 사람으로 기록되어 있었습니다.

친절한 사람! 이것이 유산을 남겨주는 유일한 이유였다고 합니다. 하워드 휴즈의 유산 총액이 25억 달러 정도 였으니 유산의 16분의 1은 최소한 1억 5000달러, 우리 돈으로 대략 2000억원 가량되었다고 합니다. 무심코 베푼 25센트가 6억배가 되어서 되돌아온 것입니다. 지금 친절하십니까? 뿌려둔 복을 받을 얼마만한 그릇을 가지고 계십니까?

지혜의 왕 솔로몬은 교훈합니다. 무엇보다도 마음을 지키라고 말합니다. 생명의 근원이 마음으로부터 왔다고 지적합니다. 마음의 건강이 곧 건강의 전부입니다(잠 4:23). 에이브라함 링컨은 초등학교 1학년 밖에 다니지 못했지만 "나는 항상 배우는 사람이다(I'm always a learner)라고 말했습니다. 그렇습니다. 그리스도인이 성경을 읽기와 기도도 하지 않고 산다는 것은 지금보다 더 나은 삶을 살 수 있는 기회를 스스로 포기하는 것과 같습니다. 깊은 성경 묵상과 기도야말로 우리들을 죄악과 유혹의 구렁텅이에서 건져 올바르고 행복이 넘치는 가장 안전한 곳으로 인도해 줄 것입니다.

1부
하나님의 뜻

1장. 하나님의 뜻은 무엇인가요?

 해와 별이 뜨고 지는 것과 바람이 일고 구름이 떠가고 바다에 파도가 이는 것은 모두 하나님이 하시는 것입니다. 인간의 죄가 관영할 때 홍수를 통해 심판하셨지만 사랑의 하나님은 아담의 범죄로 말미암아 죽을 수밖에 없는 인간을 구원하시기 위해 독생자 예수 그리스도를 이 땅에 보내시고 십자가에서 모든 인류의 죄를 사하셨습니다. 그래서 예수를 그리스도로 믿는 자에게는 구원의 은총을 주셨습니다. 이것이 기이한 하나님의 능력이요 은총입니다. 구원받은 자는 매일 그를 찬양하며 하나님의.뜻을 행해야 합니다.

 하나님의 뜻은 하나님께서 원하시는 생각, 그분의 의도와 계획을 의미합니다. 하나님께서는 온 세상을 향한 그분의 뜻을 갖고 계십니다. 모든 그리스도인을 위한 일반적인 뜻이 있으시고 성도 개개인을 향한 특별한 계획도 갖고 계십니다. 그래서 거듭난 성도들이 그들을 부르신 "주님의 뜻"이 무엇인지를 알기 원하는 것입니다. "하나님께서 너를 택하여 그분의 뜻을 알게 하시고"(행 22:14).

"하나님의 뜻"에 따라 사도로 부르심을 받은 바울은 언제 무엇을 하든지 하나님의 뜻을 구했고 항상 주님의 인도하심을 기다렸던 사람입니다. 그래서 2차 선교여행 때에도 "아시아에서 말씀 전하는 것"을 성령께서 금하신다는 사실을 알았을 때 자신의 인간적인 뜻을 고집하지 않고 유럽으로 사역의 방향을 바꾸었던 것입니다.

이처럼 하나님께서는 구원받은 성도들 한 사람 한 사람을 위한 놀랍고 위대한 계획들을 갖고 계십니다. 각 성도들에게 걸 맞는 "인생설계도"를 갖고 계십니다. 이 설계도는 매우 구체적이고 분명합니다. 우주 만물을 설계하시고 창조하신 분의 계획이기 때문에 매우 완벽합니다. 그래서 우리는 이 설계도에 따라 삶을 계획하고 실행하기만 하면 됩니다. 그렇게 하면 실패하지 않습니다(시 32:8). 여러분은 하나님의 지시와 가르침을 받고 있습니까? 그분의 인도를 받고 있습니까?

그분만이 우리의 앞날을 아시며 우리가 걸어가야 할 방향과 앞으로 나아가야 할 진로와 직업을 정해 주실 수 있습니다. 비록 우리는 내일 일어날 일을 알 수 없지만 적어도 우리의 앞날을 붙들고 계신 분이 누구신지는 확실하게 알고 있습니다. 그렇기 때문에 반드시 하나님의 뜻을 알아야만 합니다.

하나님의 뜻을 발견하는 것은 모든 그리스도인들의 당면과제입니다. 수많은 성도들이 50, 60, 70세가 되어서야 하나님께서 원하셨던 삶을 살지 않고 자기들이 원했던 대로 살다가 낭비한 인생에 대해 막심한 후회를 하는 것을 종종 보게 됩니다. "그때 그렇게 했어야 했는데..."라고 아쉬움을 토로해 보지만 때는 이미 늦어 버린 것입니다. 이런 후회가 그분 앞에 설 때까지 이어 진다면 어떻게 되겠습니까? 생각만 해도 끔찍한 일입니다. 그래서 우리는 하나님의 뜻을 알아야 하는 것입니다.

여기에 하나님의 뜻을 알아야 하는 몇 가지 중요한 이유들이 있습니다.

첫째, 세상과 세상에 있는 것들은 모두 사라지지만 하나님의 뜻을 행하는 자는 영원히 거하기 때문입니다(요일 2:17). 하나님의 뜻은 모든 사람이 구원받는 것입니다. 그래서 예수님을 믿고 영원한 생명을 얻으라고 말씀하는 것입니다. 이것이 바로 하나님의 뜻이기 때문입니다(요 6:40). 그러나 이 뜻을 거절하는 자들은 사라져 버리는 세상과 함께 영원한 멸망의 형벌을 받게 됩니다.

둘째, 하나님의 뜻에 합당하게 살아 갈 때 모든 일에 있어서 주님을 기쁘시게 해 드리고 선한 일마다 열매를 맺을 수 있기 때문입니다(골 1:9-10). 바울은 데살로니가 성도들에게 "어떻게 행해야 하고 어떻게 하나님을 기쁘시게 해야 하는가"를 알고 이것을 넘치게 행하라고 권면했습니다(살전 4:1). 이것은 하나님의 뜻을 알 때에만 가능한 일입니다.

또한 주께서는 우리가 남은 생을 하나님의 뜻에 따라 살기를 원하십니다. 하나님의 뜻대로 살지 않고 자기 뜻대로 살았던 날들은 지난날의 생활로 충분합니다(벧전 4:3). 그럼에도 불구하고 계속해서 자신의 뜻을 고집한다면 하나님 앞에서 열매는 고사하고 죄만 짓게 될 것입니다. A.W. 토저(Tozer)는 "죄의 본질은 하나님의 뜻보다 자신의 뜻을 앞세우는 것"이라고 말했습니다.

셋째, 온전한 영적 분별력을 얻을 수 있기 때문입니다. 누구든지 하나님의 뜻이 무엇인지 알려고 하고 또 행하려고 하면, 진리와 거짓, 선과 악, 옳은 것과 그른 것을 구분하는데 별 어려움이 없을 것입니다.

넷째, 기도의 응답을 받을 수 있기 때문입니다. 요한일서 5;14에서는 "하나님의 뜻대로 구할 때 주님께서 들으신다."고 말씀합니다. 무조건 기도한다고 해서 들으시는 것이 아닙니다. 하나님의 뜻을 알고 실행할 때, 기도 응답을 받을 수 있는 것입니다(요일 3:22).

마지막으로, 하나님의 뜻을 알면 시간을 낭비하지 않을 수 있습니다(엡

5:15-17). 주의 뜻이 무엇인지 모르면 자기가 얼마나 정확히 행하고 있는지 모르게 됩니다. 결국 어리석은 자가 되어 시간을 낭비하게 되는 것입니다.

그런데 하나님께서는 아무에게나 그분의 뜻을 보여 주시지 않습니다. 성도라고 해서 다 하나님의 뜻을 알며 살아가는 것도 아닙니다. 기본적으로 하나님께서는 구원받은 사람에게 뜻을 보여 주십니다. 그래서 하나님의 뜻을 알려면 먼저 구원받아야 하는 것입니다. 영이신 하나님을 알려면 자신의 영이 살아 있어야 합니다. 그러나 구원받지 않은 사람은 영이 죽어 있기 때문에 하나님을 알 수도 없고 하나님과 교제할 수도 없습니다. 당연히 하나님의 뜻이 무엇인지 알 수 없습니다.

무덤 옆에서 죽은 시체를 앞에 두고 "이보게, 자네를 위한 좋은 계획이 있는데 이 계획대로 살아 보지 않겠나?"라고 말하는 사람은 아무도 없습니다. 말하자면 주께서는 영이 죽어 있는 사람들에게 뜻을 보여 주실 수 없는 것입니다. 여러분은 구원받았습니까? 그렇다면 하나님의 뜻을 알 수 있는 기본 단계에 들어와 있는 것입니다. 하지만 여기에서 멈춰서는 안 됩니다. 왜냐하면 헌신하지도 않고 성별하지도 않은 성도들에게는 그분의 뜻을 보여 주시지 않기 때문입니다.

마가렛 미첼 여사가 유명한 '바람과 함께 사라지다'를 완성하고 있을 때, 하루는 누군가가 책을 한 권 보내 왔는데, 그 당시 스테반 빈센트라는 사람이 남북 전쟁을 노래로 하여 쓴 '존 브라운의 시신'이라는 책이었습니다. 그 책을 읽은 미첼 여사는 그 작품의 훌륭함에 비하여 자신이 쓰고 있는 소설이 너무도 보잘 것 없다는 생각에 빠져, 쓰다만 자신의 원고를 옷장 안에 6개월 동안 쳐박아 두고 시름의 나날을 보냈습니다. 그러나 여사는 다음과 같은 충고를 듣고 다시 소설을 쓰기 시작하여 드디어 완성하게 된 것입니다.

"저런, 이것은 당신 자신을 남과 비교하기 때문에 성공은 당신이 당신 자신의 잠재력을 얼마나 발휘하느냐에 따라 진실로 측량되는 것입니다. 그런 생각 위에서 노력하시고 나머지는 잊어버리도록 하세요."

그렇습니다. 우리는 우리 자신이 갖고 있는 놀라운 잠재력을 가름하기 전에, 남이 갖고 있는 능력만을 먼저 보고 그 때문에 쉽게 실망하며 자신을 학대하는 경향이 있습니다. 주위를 보면 자녀들이 학교에서 공부를 조금 못하거나, 여러 가지 활동에서 부족함을 보이면 누구누구는 잘하는데 너는 못하니 하는 식으로 꾸지람을 하는 경우를 흔히 보게 됩니다. 그러나 이러한 말들은 그들에게 주어진 일들을 더 잘 할 수 있도록 고무하기보다는 위축하게 하거나 용기를 잃게 하기 쉽습니다. 이러한 것은 하나님의 뜻이 아닙니다. 남으로부터 타산지석의 교훈뿐만 아니라 좋은 장점을 본받는 것은 분명 바람직한 일입니다.

그러나 무조건 남과 자신을 비교만 하는 것은 자신의 성공요인을 스스로 무너뜨리는 일이 될 수도 있습니다. 이러한 재능을 발견하고자 하는 노력은 분명 자기 자신이 기울여야 할 것입니다. 성공은 참으로 가까운 곳에 있습니다.

우리는 베드로를 기억하고 있습니다. 그의 열심, 열심 ... 베드로는 예수님의 수제자로서 특별히 야고보와 요한과 함께 회당장 야이로의 죽었던 딸을 살리실 때에 예수님의 이적을 보았고, 산상에서 영광스러운 모습으로 변화되신 예수님께서 모세와 엘리야와 이야기하시는 모습도 목격했습니다. 그는 12제자 중에서도 요한과 야고보와 더불어 더 드러나보입니다.

오직 그는 예수님을 알아가기 위해 모든 것을 버렸고(포기) 열심히 주를 섬겼습니다. 예수님께서 최후의 성만찬에서 모두가 자신을 버릴 것을 예언하시자 완강히 부인합니다. "다 주를 위해 버릴지라도 나는 주를 버리지 않겠나이다." 여기서 우리는 베드로가 은근히 자신과 다른 제자들을 비교하고 있다는 생각을 할 수 있습니다. 누구보다도 열심히 모든 것을 버리고 충성했던 베드로, 그는 어쩌면 자신이 더 뛰어나다고 인정받고 있다고 주장하고자 했던 것이 아닐까요? 또 베드로는 예수님의 사랑하는 제자이며 동료인 요한을 보았을 때 슬며시 그와 자신을 비교하는 마음이 생겼습니다.

나 베드로는 주님의 명령을 따라 복음을 전파하다가 십자가에 팔을 벌리고 못 박혀 순교할 것이 분명하지만, 예수님의 사랑하는 제자인 요한은 어떻게 될 것인지 궁금하여 견딜 수가 없게 되었습니다. 그리하여 "주여 이 사람 요한은 어떻게 되겠습니까? 라고 질문을 하게 되었습니다. 그러나 예수님의 반응은 의외로 냉정합니다.

요한이 어찌되든 너 베드로와 무슨 관계가 있느냐. 너 베드로는 그런 일에 신경 쓰지 말고 너는 나를 따르라고 딱 잘라 말씀하셨습니다. 혹시 우리도 주께로부터 받은 사명을 잘 완수해야겠다고 열심을 다하여 뛰다가도 어느 날 갑자기 주위를 돌아보며 베드로와 같이 엉뚱한 질문을 한 경험이 없습니까? 우리가 하나님을 위해 무언가 선한 일을 계획할 때 혹은 직분을 맡을 때, 우리는 우리가 다른 사람보다 더 낫다고 더 열심히 일하고 있다고 생각하지는 않습니까? 그래서 우리는 교회에서 다른 교인들 보다 더 권위를 가져야하고 인정을 받아야 한다고 생각하지는 않습니까?

예수님께서 부활하시고 베드로에게 "요한의 아들 시몬아 네가 이 사람들보다 나를 더 사랑하느냐?" 하실 때 베드로는 "주여 그러하외다, 내가 주를 사랑하는 줄 주께서 아시나이다"라고 했습니다. 그는 이제 "내가 다른 사람들보다 더 주를 사랑합니다."하고 비교하거나 자랑하지 않았습니다.

깨어진 베드로의 모습입니다. 타인과의 비교에서 우월감을 느끼거나 열등감을 느끼지 않습니까? 주님의 뜻은 당신의 가치를 타인과의 비교에서 찾지 않으십니다. 당신은 주님께서 구속하신 주의 자녀입니다. 기억합시다. 우리의 가치는 상대적인 것이 아닙니다. 어느 날 갑자기 나만 홀로 외롭고 고달프게 숨이 차도록 힘든 고생을 하고 있다고 느껴지는 순간은 없었습니까?

주위를 둘러보며 비교의식에 쌓여 힘들어 하는 우리들에게 예수님께서는 지금도 역시 다른 사람은 어떠하든지 상관하지 말고 사명의 사람인 너는 주님의 뜻을 따르라고 단호하게 말씀하고 계십니다. 이것이 하나님의 뜻입니다. "나의 달려갈 길과 주 예수께 받은 사명 곧 하나님의 은혜의 복음을 증거하는 일을 마치려 함에는 나의 생명을 조금도 귀한 것으로 여기지 아니하노라"(행 20:24)고 한 사도 바울의 비장한 신앙고백에 귀를 기울여 볼 필요가 있습니다.

예루살렘으로 올라가면 결박을 당하고 환란을 겪게 되리라는 것을 분명히 알면서도 사도 바울은 하나님의 뜻(성령께서 지시하는) 대로 예루살렘으로 갈 것을 결심하면서 한 비장한 고백입니다. 사도 바울은 그의 고백대로 살았기에 그의 생의 마지막 순간에 "내가 선한 싸움을 싸우고 나의 달려갈 길을 마치고 믿음을 지켰다"(딤후 4:7)고 흐뭇한 평가를 자신에게 내릴 수 있었습니다.

우리도 쓸데없이 앞뒤좌우 바라보고 비교하느라 힘을 낭비하지 말고 우리 각자에게 주신 하나님의 뜻(고유한 사명)을 잘 감당함으로 주께서 부르실 때 사도 바울과 같이 "내가 선한 싸움을 싸우고 나의 달려갈 길을 마치고 믿음을 지켰다"고 자신 있게 고백할 수 있기를 바랍니다. "각각의 자기의 일을 살피라 그리하면 자랑할 것이 자기에게만 있고 남에게는 있지 아니하리니 각각 자기의 짐을 질 것임이니라"(갈 6:4-5).

로마서 12:1-2에서는 성도들이 "하나님의 선하시고 기뻐하시고 온전한 뜻"이 무엇인지 입증해야 한다고 말씀합니다. 마땅히 성도로서 해야 할 입증의 책무를 다하려면 하나님의 뜻을 알아야 합니다. 이를 위해서는 두 가지 전제 조건이 충족되어야 합니다. 우선 "몸"을 드려야 합니다. 또한 이 세상과 일치하지 않고 마음을 새롭게 함으로써 변화를 받아야 합니다.

헌신하지도 않고 진리의 말씀으로 마음을 변화 받지도 않으며 오직 세상의 쾌락 속에 살아가는 사람이 어떻게 하나님의 뜻을 알 수 있겠습니까? 반대 방향으로 점점 멀어져 가는 두 사람이 서로에게 어떤 이야기를 한다 해도 그들은 서로의 말을 알아들을 수 없습니다. 세상을 향해 하나님으로부터 멀어져 가는 사람에게 그것은 하나님의 뜻이 아니라고 아무리 소리친다 해도 그 사람은 하나님의 음성을 알아들을 수 없습니다. 이때 그 사람이 알아들을 수 있도록 하나님께서 취하실 수 있는 방법은 "몽둥이"밖에 없습니다. 그래서 어떤 성도는 하늘나라로 가면서도 만신창이가 되어 목덜미가 붙잡힌 채로 질질 끌려가는 것입니다.

25세 젊은 나이에 중국 땅을 밟아 평생을 선교사로 헌신했던 허드슨 테일러는 사람들로부터 다음과 같은 질문을 종종 받았습니다. "당신은 어떻게 일생을 선교사로 보낼 수 있었습니까?" 그러면서도 행복할 수 있었던 비결은 무엇입니까?" 그때마다 그는 이렇게 대답했다고 합니다.

"나의 헌신과 행복의 비결은 하루를 어떻게 시작하느냐에 달려있습니다. 연주자는 음악회가 시작되기 전에 악기를 조율합니다. 음악회가 끝난 뒤 조율한다면 어리석은 일이죠?

나는 아침에 일어나면 하나님 뜻에 나의 생각을 맞추는 일부터 시작합니다. 그러한 기도와 말씀에 대한 묵상이 이루어질 때 비로소 인생이 행복해 질 수 있습니다." 바이올린 연주자가 피아노 소리를 듣고 자신의 악기를 조율하듯이, 그리스도인은 아침에 눈을 뜨면 하나님의 음성을 들으면서 자기의 뜻을 주님의 뜻에 맞게 조율하는 것을 최우선의 임무로 삼아야 합니다. 그러면 그 사람의 모든 길들을 지도하시고 인도하실 것입니다(잠 3:5-6).

인간적인 계획을 버려야 합니다. "사람의 마음에는 많은 계획이 있어도 오직 여호와의 뜻만이 완전히 서리라"(잠19:21). 힘을 모아 잘 살아보겠다는 인간적인 계획으로 시작했지만, 결과는 반대로 온 지면에 흩어지고 말았던 사건, 바로 창세기 11장의 바벨탑 사건입니다. 하나님의 뜻과는 상관없이 자신들의 계획만 앞세웠던 인간은 결국 힘들게 쌓은 바벨탑의 완성을 보지 못했습니다. 게다가 여러 언어로 나뉘어져 서로 의사소통하기도 힘들어졌습니다. 이 모든 것이 하나님의 뜻을 무시하고 자신들의 생각을 앞세우며 섣불리 행동한 인간의 어리석음 때문입니다.

　오늘날 우리는 첨단 과학문명을 자랑하는 시대에 살고 있습니다. 우주과학의 발달로 지구 밖의 세상을 오갈 수 있게 되었고, 생명과학의 발달로 인간 복제의 가능성까지 열리게 되었습니다. 그런데 어느 순간부터 하나님의 뜻과 무관하게 인간적인 계획만을 앞세워 현대판 바벨탑을 쌓아가고 있는 것입니다. 우리 역시 하나님의 뜻과는 전혀 무관한 바벨탑을 쌓아가고 있는 것은 아닌지 돌아봐야 할 때입니다. 매일의 삶 속에서 하나님의 뜻을 알기 위해 힘쓰며, 허망한 인생의 바벨탑을 쌓는 어리석은 사람이 아닌 주님의 뜻 안에서 견고하게 세워지는 진리의 탑을 쌓는 지혜로운 사람이 되어야 합니다. 먼져 주님의 뜻을 구하여 허망한 인생의 바벨탑을 쌓지 않는 삶을 살아가는 것입니다. "너희는 누룩 없는 자인데 새 덩어리가 되기 위하여 묵은 누룩을 내버리라 우리의 유월절 양 곧 그리스도 께서 희생되셨느니라.이러므로 우리가 명절을 지키되 묵은 누룩으로도 말고 악하고 악의에 찬 누룩으로도 말고 누룩이 없이 오직 순전함과 진실함의 떡으로 하자"(고전5:7~8).

2장. 하나님의 뜻을 발견하는 방법

하나님의 모든 뜻 안에서 완전하고 온전하게 설수 있어야(골 4:12) 주님의 부르심에 합당하게 행할 수 있습니다. 또한 그분의 뜻을 아는 지식으로 충만하게 되고 마음으로부터 그 뜻을 행함으로써, 모든 일에 주님을 기쁘시게 해 드리며 풍성한 열매를 맺을 수 있어야 합니다.

현명한 그리스도인은 어떤 사람입니까?

자기 자신을 향한 하나님의 뜻이 무엇인지 알고, 그 뜻에 자신이 가진 모든 것을 거는 사람입니다. 몸이든, 마음이든, 또 지식, 은사, 재능, 물질, 시간, 그 무엇이라도 좋습니다. 그리스도인은 주님께서 그에게 주신 인생의 모든 것을 하나님의 뜻이 있는 곳에 쏟아 부을 수 있어야 합니다. 그래야 우리를 구속하신 주 예수 그리스도 안에서 의미 있는 인생을 살 수 있기 때문입니다.

저는 오랫동안 많은 분들로부터 사랑을 받아온 영화배우 차인표입니다. 저도 여러 팬들을 만날 때마다 저도 사랑한다고 말했습니다. 그때는 그게 진심인 줄 알았습니다. 하지만 거짓이었습니다. 제가 정말 저의 팬들을 사랑했다면 내가 믿고 있는 예수 그리스도에 대해서 말해야 하는 것이었습니다. 하지만 그렇게 말하는 것이 저에겐 여러 가지 두려움을 가져오는 것이었습니다. 첫 번째는 인기가 떨어질까봐. 두 번째는 절 이상하게 생각할까봐. 세 번째는 재미없다고 일어나서 나가버릴까봐. 예수 그리스도에 대하여 말하지 못했습니다. 하지만 더욱 근본적인 이유가 있었습니다. 40년간 예수님을 믿었던 저 조차도 예수님을 직접보거나, 만지거나, 그 음성을 들어 본 적이 없었기 때문이었습니다. 오랜 시간 동안 습관적으로 믿었던 예수를 다른 사람들에게까지 전할 수는 없었습니다.

그러던 2006년 봄이었습니다. 40년 동안 한 번도 경험하지 못했던 저에게 예수님이 찾아오셨습니다. 그 당시 저는 갑작스럽게 인도의 캘커다 지역으로 여행을 가게 되었습니다. 원래는 아내인 신애라씨에게 다른 사정이 생겨서 갈 수 없게 되자 저에게 요청이 들어왔습니다. 저는 가기가 싫었지만 아내의 설득을 못이겨 캘커다에 가기로 하였습니다. 세계에서 가장 가난한 아이들을 만나러 가면서 저는 1등석을 타고 갔습니다. 저는 그런 사람이었습니다. 비행기에서 내려, 버스를 갈아타고 세 시간정도 이동하게 되었습니다. 버스에 타자마자 저는 불평을 하기 시작했습니다.

"왜 버스는 이렇게 더워! 버스는 또 왜 이렇게 불편 한거야! 왜 이렇게 지루하고 모기는 또 왜 이렇게 많아! 모기가 나만 물어 … '이렇게 불평을 하고 있을 때, 그 팀을 인도하시던 목사님이 부탁을 해오셨습니다. '차인표씨 당신이 만나는 아이들은 전 세계에서 가장 가난한 아이들입니다. 먹을 것도 없고, 돈도 없고, 사랑을 받아 본 적도 없습니다. 이 아이들을 만나면 꼭 안아주세요. 고생했다고 위로해 주시고, 사랑한다고, 너는 사랑받기 위해 태어난 사람이라고 말해주세요.' 저는 그렇게 어렵지 않을 거라 생각했습니다. 버스가 작은 교회 앞에 멈추었습니다. 교회 앞에 많은 아이들이 나와 있었습니다. 그 앞줄에 7살쯤 되는 아이가 있었습니다. 제가 한 걸음 한 걸음 다가가자 그 아이가 먼저 웃어주었습니다. 너무나 빼빼 마르고, 더러운 모습이었습니다. 마음이 조금씩 위축되어 손을 내밀기가 선뜻 되지 않았는데, 그 아이가 먼저 손을 내밀었습니다. 저는 그 아이의 손을 잡았습니다.

바로 그 순간 제가 40년 동안 믿어왔지만 한 번도 보지 못했고, 듣지 못했고, 만질 수 없었던 예수님께서 찾아오셨습니다. 그 아이 손을 잡는 순간 예수님께서 제게 말씀하셨습니다. "인표야, 그동안 많이 힘들었지? 내가 너를 사랑한단다. 너는 사랑받기위해 태어났단다. 이제 내가 너를 위로해 줄게." 제가 40년 동안 기다렸던 예수님께서 그 아이를 통해 만나주셨습니다. 제가 그 아이에게 해주기 위해 준비했던 말들을 예수님께서 그 아이를 통해 저에게 말씀해 주셨습니다.

이제는 분명하게 말할 수 있습니다. 예수님은 살아계십니다. 어제나 오늘이나 예수님은 우리들이 당신 앞에 나오기만을 기다리고 계십니다. 예수님이 내밀고 계신 손을 잡을 때, 세상에서 가장 작고 연약한 아이를 통해 나를 만나 주신 예수님이 여러분도 반드시 만나주실 것입니다.

손 넓이만한 인생에서(시 39:5) 과연 자신에게 남아 있는 날들이 얼마나 될 것이라 생각하십니까? 우리나라 성인의 평균 손 넓이는 약 8㎝입니다. 강건한 사람의 년 수가 80세임을 감안할 때, 인생의 날들은 10년마다 1㎝씩 줄어들게 됩니다. 어떤 이는 그의 인생의 날들이 1㎝도 남아 있지 않을지도 모릅니다.

그러나 남아 있는 날들이 얼마가 되었든, 성경은 우리에게 하나님의 뜻에 따라 살아야 한다고 말씀합니다(벧전 4:2). 그래서 성경은 하나님의 뜻이 무엇인지 이해하고(엡 5:17) 입증하라(롬 12:2)고 권면하는 것입니다.

그렇다면 하나님의 뜻이 무엇인지 어떻게 알 수 있습니까? F.B.마이어 목사는 다음과 같이 말했습니다. 하나님의 말씀과 내 마음 속의 성령의 감동과 외적 환경이 조화될 때 나는 자신이 하나님의 뜻과 일치해서 행동하고 있다고 확신한다. 하나님께서는 "자유의지"를 주셨으므로 어느 누구에게도 어떤 일을 하라고 강제하시지 않는다. 그래서 주님께서는 그분의 뜻을 보여 주시되, 그 뜻을 실행하는 것은 우리 각자의 몫이 되는 것입니다.

그러나 한 가지 중요한 주의해야 할 사실이 있습니다. 그 뜻을 실행하든지 실행하지 않든지, 그 결과에 따른 책임은 스스로가 감당해야 한다는 것입니다. 즉 심은 대로 거둔다는 것입니다.

우선 하나님께서는 그분의 말씀을 통해 뜻을 보여 주십니다. 하나님의 뜻은 성경 안에 분명하게 제시되어 있습니다. 주님은 혼란의 창시자가 아니십니다. 질서와 규모를 가지고 일하시는 분이기 때문에 그분의 뜻을 단순하고 명확하게 제시해 주십니다. 따라서 정직한 마음으로 "자신의 삶을 향한 주님의 뜻이 무엇인지"를 찾는 성도들에게 하나님께서는 성경을 통해서 분명한 답을 보여 주십니다.

만일 어떤 성도가 하나님의 뜻을 몰라 혼란스러워 하고 있다면, 사탄의 미혹이나 육신의 정욕에 사로잡혀 있는 경우가 대부분입니다. 그래서 각자를 향한 개별적이고 세부적인 뜻을 발견하기 위해서는, 하나님께서 모든 성도들에게 공통적으로 원하시는 일반적인 뜻에 먼저 순종하는 것이 중요합니다. 이 기본적인 뜻조차 순종하지 않는 성도에게 그의 인생을 향한 구체적인 뜻을 보여 주실 리가 없는 것입니다.

그렇다면 하나님의 뜻은 무엇인가?

1) 거룩한 삶을 살면서 음행을 피하는 것(살전 4:3).
2) 모든 일에 감사 하는 것(살전 5:18).
3) 선을 행함으로써 어리석은 자들의 무지를 잠잠케 하는 것 (벧전 2:15; 3:16-17).

4) 구원을 받고 진리의 지식 안에서 자라는 것(딤전 2:4, 벧후 3:18).

이상 네 가지 기본적인 뜻을 실행하고 있다면, 이제는 세부적인 뜻도 보여 주리라고 주님께 간구하면 됩니다. 물론 지속적으로 하나님의 말씀을 읽고 묵상하는 가운데 주님의 인도하심을 받아야 합니다. 시편 37:23의 말씀을 굳게 붙들고 "선한 사람의 걸음은 주께서 정하시니 주께서 그의 길을 기뻐하시느니라." 주님은 막연하게 인도하시는 분이 아니십니다. 우리의 인생 한 걸음까지도 말씀의 빛을 비춰 주시며 구체적으로 인도하십니다. "내 발에 등이요 내 길에 빛이니이다"(시 119:105). 그래서 하나님의 뜻을 진심으로 알고 싶다면 주의 말씀에 몰입해야 하는 것입니다. 하나님의 뜻은 결코 성경과 상반되지 않습니다.

하나님의 말씀을 깊이 묵상함에 빠져야 합니다. 말씀 묵상을 하면 깊이 있는 사람이 됩니다. 리처드 포스터는 오늘날 절실히 요청되는 사람은 '지능이 높거나 혹은 재능이 많은 사람이 아니라 깊이가 있는 사람이다.'라고 말했습니다. 깊이가 있다는 것은 곧 생각이 깊다는 것입니다. 깊이 있는 사람만이 하나님의 깊은 것을 깨달을 수 있습니다. 깊이 있는 사람만이 사람의 깊은 마음을 이해할 수 있습니다.

말씀 묵상에 들어간다는 것은 깊은 바다로 항해하는 것과 같습니다. 마치 깊은 바다 속에 잠수하는 것입니다. "깊은 바다가 서로 부르며"(시 42:7)라는 말씀이 있습니다. 깊은 바다가 우리를 초청하고 있습니다. 깊은 바다로 들어가는 것이 바로 말씀 묵상입니다. 말씀이라는 깊은 바다에 자신을 내어 던지는 모험, 그것이 말씀 묵상입니다. 이것은 참으로 거룩한 모험입니다. 왜냐하면 이 말씀의 바다에 들어가기만 하면 모두 변화되어 나오기 때문입니다. 말씀을 붙잡기 위해 말씀의 바다에 뛰어들었다가 말씀에 붙잡힌 사람이 되기 때문입니다. 사도바울의 인생이 그러했습니다.

누가도 "바울이 하나님의 말씀에 붙잡혀 유대인들에게 예수는 그리스도라 밝히 증거하니"(행 18:5)라고 기록했습니다. 바울에게서 우리는 말씀을 깊이 묵상하는 사람에게 주어지는 영광스러운 모습을 보게 됩니다. 그는 말씀에 붙잡힌 말씀의 사람이 된 것입니다. 말씀은 보배입니다. 말씀 속에 감추어진 보배를 발견해 내서 자신의 소유로 삼는 것이 말씀 묵상입니다. 주님은 하나님의 나라를 밭에 감추인 보화에 비유하셨습니다. 보배는 항상 감추어져 있습니다. 보배는 바다 깊은 곳, 땅 깊은 곳에 감추어져 있습니다. 보화가 깊이 감추어져 있다는 것은 그것이 멀리 있다는 의미가 아닙니다. 사실 진리는 가까운데 있습니다. 그것은 이미 우리 안에 감추어져 있습니다.

주님을 우리 안에 모실 때 우리는 모든 진리를 소유하게 되었습니다. 예수님은 바로 진리이시기 때문입니다(요 14:6). 그 안에는 지혜와 지식의 모든 보화가 감취어 있느니라(골 2:3). 예수님을 마음에 모셔 들이는 것이 말씀 묵상에 들어가는 입문입니다. 예수님 없이는 말씀을 깨달을 수 없습니다. 예수님 없이는 성경이 풀리지 않습니다. 모든 성경은 예수님에 대해 증거하고 있기 때문입니다(요 5:39).

구약을 읽을 때 경험하게 되는 이해되지 않는 수건이 예수님 안에서 벗겨진다(고후 3:14-16)고 말씀합니다. 예수님은 말씀 묵상의 열쇠가 되십니다. '예수님과 함께 말씀을 묵상하라. 성령님의 조명 아래서 말씀을 묵상하라.' 감추어진 보화를 발견하게 될 것입니다. '예수님처럼, 바울처럼 온몸이 말씀으로 가득 차게 하라. 피 전체에 말씀이 흐르게 하라. 온 몸이 말씀 덩어리가 되게 하라. 말씀을 붙잡는 것으로 만족하지 말라. 말씀에 사로잡힐 때까지 묵상을 계속하라.' 그때 우리는 말씀의 사람이 되게 되어 하나님의 뜻을 발견하고 그 뜻대로 순종하며 살 수 있게 될 것입니다.

믿음의 생활에서 승리했던 '죠지 뮬러'가 하나님의 뜻을 알아가는 일곱 가지의 방법이 있었습니다.

첫째, 하나님의 말씀을 정기적으로 묵상하였습니다. 그는 하나님의 말씀을 읽고 묵상하는 가운데 하나님의 뜻을 발견하곤 했습니다. "하나님은 고아의 아버지시며 ... "(시 68:5) 그 말씀이 고아원 사역에 기둥이 되었고 그 길에 빛이 되었습니다.

둘째, 기도를 통하여 성령님의 내적 음성을 들었습니다. 하나님의 뜻을 알기 위하여 성급히 자기 주위에 있는 사람들을 찾아가 '주님의 뜻'인지를 묻는 대신에 언제나 먼저 성령님 앞에 나아가 무릎을 꿇고 기도로 물어 보았습니다. 아침에도 저녁에도 매순간 물어 보았습니다. 그리할 때 성령님은 가까이 임재하여 문제에 대한 해결책을 제시하셨습니다. 기도할수록 성령님의 도우심으로 더 많은 것을 깨닫게 되었습니다.

셋째, 성령님께서 주시는 내적 평강을 소중히 여겼습니다. 사람이 보기에 아무리 합당하고 좋은 일이라도 마음 깊은 곳에 성령님께서 주시는 평강이 임하지 않고 의심이나 불안이 발견되면 계획했던 일을 추진하지 않고 기다렸습니다. 그런 후 평강이 임하면 그 일을 추진했습니다.

넷째, 하나님 앞에서 자신의 동기를 면밀히 점검받았습니다. 어떤 일을 하고자 할 때 그 동기를 자주 기도 가운데 살펴보았습니다. 그 목적이 하나님 앞에 합당한가를 면밀히 검토해 보았습니다. 혹시 자신의 심중에 극히 작은 부분일지라도 욕심의 그림자가 있으면 그것을 먼저 제거한 후에 일을 추진하였습니다.

다섯 째, 주님 한 분만을 의뢰하며 바라보았습니다. 갑자기 곤궁에 처하는 위기를 만날 때에도 세상적인 방법을 포기하고 대신에 여호사밧처럼 주 하나님만 바라보았습니다. 역대하 20:12 "어떻게 할 줄도 알지 못하옵고 오직 주만 바라보나이다." 그리고 기도하면, 주님께서는 고아원에 필요한 물품을 기적처럼 공급해 주셨습니다.

여섯 째, 성령님 안에서 일을 진행해나갔습니다. 하나님의 뜻을 알고 일을 추진할 수 있는 것은 성령님 안에서 가능했습니다. 성령님을 매우 가까이하며 성령님의 지배를 받으며, 성령님 안에서 생각하고 말하고 행동했습니다. 그렇게 함으로써 하나님의 기쁘신 뜻을 이루어 드리는데 귀한 도구로 쓰임 받았습니다.

일곱 번 째, 하나님의 손길을 주의 깊게 바라보았습니다. 하나님께서는 때때로 인간이 처한 환경을 다스리고, 그 인생을 이끄시는 분이십니다. 때로 하나님의 뜻에 합당치 않을 때는 환경을 통하여 막으시는 경우도 있습니다. 환경을 변화시키고 선한 길로 인도하시는 하나님의 손길을 늘 바라보았습니다.

기도의 사람 죠지 뮬러는 "그의 거룩한 처소에 계신 하나님은 아비 없는 자들의 아버지시며 과부들의 재판관이시라"(시 68:5)는 말씀을 읽다가 자신의 인생을 향한 하나님의 뜻을 발견했습니다. 그리고 영국 브리스톨에 고아원을 세워 오직 말씀과 기도로 고아들을 양육했습니다. 그가 인생의 모든 것을 하나님의 뜻에 걸었을 때, 4백만 달러(약 45억원)이상을 모금했고, 평생 동안 하루에 단 한 끼도 거르지 않고 2천명 이상의 고아들을 먹였으며, 해외 선교 헌금으로 1백만 달러(약 11억원) 이상을 보냈습니다. 그는 자신을 향한 하나님의 뜻이 무엇인지 이해했고 또 입증했던 것입니다.

이처럼 하나님의 말씀은 주님의 뜻을 발견할 수 있는 초석입니다. 하나님의 뜻은 결코 어려운게 아닙니다. 성경에 분명히 나타나 있기 때문입니다. 또한 성령께서 주시는 내적 확신으로도 주님의 뜻을 보여 주십니다. 그러나 내적인 음성이나 확신을 무조건 하나님의 음성으로 받아들여서는 안 됩니다.

만일 전혀 성경적인 열매도 없고 성경대로 믿고 실행하지도 않는 누군가가 갑자기 예배 도중 눈물을 흘리면서 저더러 아프리카 선교를 가라고 하십니다"라고 말했다면, 그는 성령님의 인도하심을 받는 사람이 아닌 것입니다.

성령께서 주시는 내적 확신은 기록된 말씀에서 벗어나지 않습니다. 내적 확신의 진위 여부는 성경으로만 구별 될 수 있습니다. 성령께서는 단 한 번도 성경의 원칙에서 벗어나 일하신 적이 없기 때문입니다. "그러나 진리의 영이신 그분이 오시면 너희를 모든 진리로 인도하시리라"(요 16:13). 또한 성령께서 주시는 내적 확신은 온화하며 분명하고 지속적입니다. "어떤 것이 옳다."는 내적 강박 관념을 주실 때, 하나님의 화평이 수반되고 명확한 지시나 변화된 삶의 열매가 나타납니다.

진리의 말씀으로 성령의 인도하심을 받는 사람은 주님의 음성과 소위 "스팸"메일을 구분할 수 있습니다. 주께서는 주위 환경을 통해서도 그분의 뜻을 나타내십니다. 때때로 주께서는 인생의 "문"을 닫으십니다. 문이 닫혔을 때는 그것을 인간적인 방법으로 억지로 열려고 해서는 안되고 조용히 주님의 인도하심을 기다려야 합니다.

하나님께서 문을 다시 열어 주시거나 다른 문을 열어 주실 때까지 그분만을 신뢰하고 기다려야 합니다(시 37:7). 하나님의 자녀에게 일어나는 일에는 결코 우연이란 없습니다(롬 8:28). 우리가 구원받았고 하나님과 온전히 교제 가운데 있다면 우리 주변에서 일어나는 일에 관하여 예의 주시할 필요가 있는 것입니다.

그러나 환경 자체만을 신뢰해서는 안 됩니다. 그 환경이 하나님의 말씀에 부합하는지 또한 살펴야 하는 것입니다. 요나의 예를 보면, 그가 니느웨로 가라는 명령을 어기고 다시스로 도망하기 위해 욥바로 내려갔을 때 마침 그는 다시스로 가는 배를 만나게 되었습니다(욘 1:3). 이보다 더 적절한 타이밍이 어디 있겠는가! 그러나 "완벽하게만" 보였던 환경은 요나를 지옥의 뱃속으로 인도했습니다(욘 2:2). 그가 간과한 것은 다시스로 가는 것이 하나님의 뜻이 아니었다는 사실이었습니다.

주님께서는 때때로 주위 환경에 신실한 조언자를 붙여 주시기도 하십니다. 잠언 11:14에서는 "의논자가 많으면 안전하니라"고 말씀하십니다. 사도 바울은 예루살렘으로 올라가지 말라고 "조언자들"을 통해 주시는 하나님의 경고를 무시한 결과 2년 이상의 시간을 허비하고 말았습니다(행 21:4,10-14,24:27).

그리스도인이라면 반드시 하나님의 뜻이 무엇인지 알아야 합니다. 아무리 도덕적으로 선한 삶을 살고 있다고 해도 주님의 뜻에 무지하거나 온전히 순종하지 않는다면 죄를 짓고 있는 것입니다. 하나님의 계획을 망친 사람인 것입니다. 이렇게 되지 않으려면, 매일의 삶 속에서 하나님의 일반적인 뜻에 순종하고, 진리를 따라 구체적인 계획으로 인도하실 주님만을 신뢰하며 기다려야 합니다.

주님과 꾸준히 교제하면서 주님께서 원하시는 것이 무엇인지 알려 주실 것을 간구해야 합니다. 그리고 그 뜻에 하나씩 순종해 나가다 보면, 하나님께서는 당신이 남은 생애 동안 무엇을 해야 할 것인지를 보여 주실 것입니다. 보여 주셨다면 조금도 주저하지 말고 그 뜻에 인생의 모든 것을 걸어야 합니다.

3장. 하나님의 뜻대로 시험을 이기는 삶

 우리는 성령으로 충만할 때에 우리는 이 세상을 승리하며 살아갈 수 있습니다. 그러나 아무리 충만한 삶을 살아도 이 세상에서 육신을 입고 있는 한 완전히 죄가 없는 생활을 할 수는 없습니다. 때로는 수많은 갈등과 세상의 유혹이 있어 흔들리게 됩니다.
 또 하나님의 인도하심과 보호하심 안에 사는데도 생활 속에서 감당하기 힘든 예기치 않는 문제가 일어나기도 해 왜 이런 일들이 내게 일어나는지 쉽게 납득이 가지 않는 때도 있습니다. 우리는 이러한 일들을 시험이라고 말합니다. 과연 성도의 삶 속에 다가오는 시험이란 어떤 것이며, 또 그 시험을 이기기 위해서는 어떤 자세가 필요한지 함께 생각해 보기로 합니다.

 가전제품에 이상이 생기면 우리는 해당 회사에 에프터서비스를 신청해서 고장을 수리합니다. 하지만 사용설명서를 보면 에프터서비스 센터에 수리 신청을 하기 전에 해야 할 일이 있습니다. 무엇인지 아십니까? 전원이 연결되었는지를 확인하라는 것입니다. 세탁기나 텔레비전, 냉장고가 아무리 좋아도 전원과 연결되지 않으면 사용할 수 없습니다.

　이것은 우리의 신앙생활에서도 마찬가지입니다. 하나님과 연결되어 있지 않으면 아무것도 할 수 없는 것이 신앙생활이고 교회생활입니다. 하나님의 사랑과 은혜가 없는 신앙생활은 할 수 없습니다.

　야고보서에는 두 가지 종류의 시험이 나옵니다. 각각에 대해 알아봅니다 (약 1:2-4,1:13-14). 처음부터 시험과 시련 또는 인내라는 말들이 나오는데는 이유가 있습니다. 예루살렘 교회는 계속 부흥하는 교회였습니다. 그러나 받은 은혜를 즐기며 기뻐하기만 했지, 복음을 전하지 않았습니다. 그래서 예루살렘에 큰 핍박이 일어났습니다. 기독교인들을 보면 잡아 가두고 죽였습니다. 이 박해 때문에 성도들이 북아프리카와 유럽 각지로 흩어져서 살게 되었습니다. 야고보서는 이렇게 시험과 박해로 흩어진 기독교인들에게 주시는 위로와 권면의 말씀입니다.

　'시험'과 '시련'(약 1:2-3) 이라는 단어가 나옵니다. 그런데 2절의 시험과 3절에 나오는 시련은 그 뜻이 다릅니다. 하나님이 주시는 시련은 때로는 힘들고 고통스럽지만 우리를 연단시키시고 훈련시키셔서 믿음을 성숙하게 하는 시험이지만, 마귀가 주는 시험은 우리로 하여금 파멸에 이르게 하는 유혹입니다. 마귀가 주는 시험은 서서히 우리를 넘어지게 합니다. 모세는 하나님이 주신 영광 속에 살았지만, 교만해졌을 때에 자기도 모르게 넘어지고 말았습니다.

　하나님께서 다윗에게 주셨던 부귀영화와 권력을 솔로몬에게 주었을 때, 마귀는 인간의 교만한 마음을 이용하여 그의 자존심을 흔들고 명예욕과 물욕을 동원하여 넘어뜨리려고 했습니다. 축복을 받았을 때. 일이 잘되어 갈 때 마귀의 시험을 조심해야 합니다. 마귀는 우리의 약점을 잘 알고 이 모양, 저 모양으로 흔들어 우리를 넘어지게 합니다. 우리는 이 시험을 바로 보고 시험에 이기는 자가 되어야 합니다.

우리가 기억해야 할 사실은 여러 가지 시험을 만나더라도 온전히 기쁘게 여길 줄 알아야 한다는 것입니다. 우리에게는 여러 가지 시험이 있습니다. 경제적인 문제의 시험을 당해보지 않은 사람은 그 괴로움을 모릅니다. 인간관계의 시험 역시 억울하기 짝이 없습니다. 이러한 시험은 우리의 인생에 계속해서 찾아옵니다. 세상 사람들은 이러한 시험이 올 때 실의 와 좌절에 빠집니다. 불평과 불만을 늘어놓습니다.

그러나 하나님은 우리에게 그렇게 하라고 말씀하지 않으셨습니다. 기뻐하라고 하십니다. 물론 하나님은 우리의 아픔을 모르시는 분이 아닙니다. 하나님은 우리들의 마음이 찢어지는 것을 아십니다. 그럼에도 불구하고 기쁘게 여기라고 하십니다.

말씀을 자세히 보면, 시험을 만나거든 피하라고 하지 않았습니다. 시험이 없어지게 해 달라고 기도를 하지도 않았습니다. 오히려 시험을 기쁘게 맞이하라고 했습니다. 만일 주님께서 우리가 예수님을 믿으면 우리에게 시련과 환난과 곤고가 찾아오지 않을 것이라고 약속하셨다면, 우리가 그렇게 기도하고 기대하는 것이 마땅합니다. 그러나 성경은 우리에게 그렇게 말씀하지 않았습니다.

그리스도인의 삶에도 믿지 않는 사람과 마찬가지로 시련과 고통이 찾아온다고 말씀하고 있습니다. 그렇다면 믿는 사람은 믿지 않는 사람과 무엇이 다릅니까? 시편 23편을 보면 다윗은 "내가 사망의 음침한 골짜기를 다닐지라도 해를 두려워하지 않을 것은"이라고 고백합니다. 하나님을 믿는다고 장미꽃이 피어 있는 꽃밭만을 걷게 된다는 것이 아닙니다. 우리도 다윗처럼 "나도 사망의 음침한 골짜기를 가게 되지만 그 사망의 음침한 골짜기에서도 하나님이 함께하심으로 넘어지고 쓰러지지 않는다."는 신앙의 고백을 해야 합니다.

아브라함이 처음부터 믿음의 조상이었기 때문에 시험을 이긴 것이 아닙니다. 창세기를 읽다 보면 아브라함이 받는 시험이 갈수록 어려워지는 것을 알 수 있습니다. 시험마다 단계가 있습니다. 사랑하는 아들을 바치라는 마지막 시험에 이르기까지 인간이 감당할 수 없는 시험을 치렀습니다. 그러나 이 모든 시험을 다 치른 후, 아브라함은 믿음의 조상으로 우뚝 서게 되었습니다.

혹시 재물이나 명예나 건강을 잃고 나서 믿음을 가지게 된 분이 계십니까? 기뻐하시기 바랍니다! 야고보 사도는 "너희가 여러 가지 시험을 당할 때 기뻐할 수 있다면 그 사람은 이미 이기고 있는 사람입니다. 재산을 잃어버리고 가난해졌는데도 이로 인하여 믿음을 가지게 된 것을 기뻐한다면 그 사람은 위대한 믿음의 사람이 된 것입니다. 건강을 잃어버리고 병이 들었는데, 이로 인하여 믿음을 가지게 된 것을 기뻐한다면 이 사람은 승리한 것입니다.

우리에게 어려움이 왔을 때 가장 안 좋은 것은 낙심하며 의심하고 부정적인 생각을 하는 것입니다. 이로 인해 어려움은 더욱더 가중됩니다. 그뿐 아니라 믿음은 더욱 약해져서 잘못하면 스스로 멸망의 길로 나아가기가 쉽습니다. 그러므로 우리에게 시험이 올 때 "두려워하지 말고 기뻐하라."고 하십니다.

귀한 그릇은 더욱 뜨거운 불에 연단을 받는 법입니다. 바람의 저항을 이겨 내야 비행기가 하늘 높이 뜰 수 있듯이, 바람이 불어 겨를 날려 보낸 후에 알곡이 남듯이, 우리의 신앙은 시련을 거쳐 때가 이를 때 더 큰 영광을 얻게 됩니다. 시험은 오히려 위대한 축복의 기회가 됩니다. 이 믿음을 갖는 우리가 되시길 바랍니다.

시련에 대하여

1. 성경에 나온 인물 중 가장 큰 시련을 당했던 사람은 욥이었습니다. 욥은 어떠한 사람이었습니까? 욥은 하나님이 인정하실 정도의 신실한 신앙인이었고, 모든 면에서 부족함 없이 풍족하게 누리는 사람이었습니다. 그

러나 그런 그가 갑자기 엄청난 시련을 당합니다. 일순간에 모든 재산이 다 날라 가고, 모든 자녀들이 몰살당하고, 자신의 몸에는 악창이 듭니다. 그런 지경에서 더구나 아내는 욥을 저주하는 말을 하고 집을 나가버립니다(욥 1:1-3).

 2. 갑자기 몰아닥친 엄청난 시련의 폭풍 속에서도 욥은 흔들리지 않고 어떤 고백을 합니까? 욥이 엄청난 고난의 현장 속에서도 위대한 신앙 고백을 했던 것은 그의 평소 신앙관 때문입니다. 그는 하나님의 주권에 대한 강한 확신을 지녔고, 어떤 어려움도 마침내는 선으로 바꾸실 하나님을 분명하게 믿었던 것입니다(욥 1:20-22,23:10).

 3. 욥은 큰 고통 가운데 마침내 고난의 깊은 터널을 빠져 나왔습니다. 고난을 경험한 욥의 고백은 무엇입니까? (욥 42:5)

 4. 시험을 통과한 후에 욥은 하나님으로부터 어떤 축복을 받게 되었습니까? 엄청난 시련과 환난을 통하여 욥의 신앙은 체험적인 신앙으로 바뀌었으며, 마침내는 모든 어려움이 회복되고 그 삶 속에 갑절의 축복을 받았습니다(욥 42:10).

 5. 야고보서 1:2-4절을 읽고 다음 질문에 답해 봅시다.

 1) 큰 잘못이 없는데도 원인을 알 수 없이 다가오는 시련이 오면 어떻게 해야 함을 말씀합니까? (2절)

 2) 감당하기 힘든 시련을 만나도 기뻐해야할 이유는 하나님이 이러한 시련을 통하여 우리에게 원하시는 바가 있기 때문입니다, 그것이 무엇이라고 말씀합니까? (3-4절).

 이와 같이 원인을 알 수 없는 시련이 왔을 때에 절대 원망, 불평하지 말고 인내하며 하나님의 뜻을 이루어야 합니다. 또 만일 죄의 결과로 어려움이 닥쳐올 때면 그 죄를 빨리 회개하고 돌이켜야 합니다. 원인이 무엇이건 중요한 사실은 좋으신 하나님을 바라보고 능히 우리가 감당할 수 있기 때문에 온 것임을 믿고 좌절하지 말아야 한다는 것입니다(약 1:2-4).

유혹에 대하여

다음으로는 유혹으로 다가오는 시험이 있는데, 이러한 시험은 죄의 결과로, 혹은 사탄과 관련이 있기도 하고, 또 우리 자신의 연약함 때문에 와서 죄를 저지르게 합니다. 사탄은 시험에 들도록 우리 그리스도인들을 엄청난 힘으로 공격합니다.

이와 같은 마귀의 공격 뿐 아니라 자기 자신의 연약함 때문에도 시험에 듭니다. 우리들이 살아가는 이 세상은 구원받지 못한 사람들이 하나님의 뜻을 대적하여 이룩한 사회, 문화, 그리고 가치 체계들로 구성되었습니다. 그러므로 이렇게 세속적인 모든 주변 환경으로부터 성도들은 시험을 당하게 되는 것입니다.

1. 세상이 우리들의 욕심을 자극해서 유혹하는 세 가지 영역은 무엇이며, 이에 대한 구체적인 예는 어떤 것들이 있습니까? 육신의 정욕과 안목의 정욕과 인생의 자랑(요일 2:16).

2. 야고보서 1:14-15에는 결론적으로 무엇 때문에 시험을 받는다고 하였으며 그것의 결과는 어떻게 말합니까? 자기 자신의 욕심에 끌려 시험을 받으며, 욕심이 잉태한 즉 죄를 낳고 죄가 장성한 즉 사망을 낳는다고 말합니다. 우리가 육신을 입고 이 땅을 살아가는 이상 여러 경로로 다가오는 유혹을 피할 수는 없습니다. 그러나 그것을 우리는 이기고 성결한 삶을 살아야 합니다.

3. 다윗과 요셉은 모두 이성의 유혹을 받았습니다. 그러나 그들의 대응은 완전 달랐습니다. 어떻게 달랐습니까? 다윗보다 훨씬 더 강한 유혹을 받았던 요셉은 어떤 신앙 때문에 이길 수 있었습니까? 다윗의 경우(삼하 11:3-4), 요셉의 경우(창 39:8-9,10,12), 다윗과 요셉은 똑같이 이성의 유혹을 받았지만 다윗은 그것에 굴복함으로 말미암아 자신은 물론 가정과 자녀 대에까지 큰 어려움을 당했습니다. 반면 시험을 이긴 요셉은 비록 그 당시에는 감옥에 가게 되었지만, 마침내 애굽의 총리에 까지 오르게 되었습니다.

오늘날 믿음 좋은 성도들에게도 다양한 유혹과 시험은 다가옵니다. 그러므로 우리는 말씀과 기도 안에서 영적으로 무장하여 자신의 약점을 틈타 공격해오는 이러한 시험을 이겨야만 합니다.

4. 마귀는 금식 중이신 예수님에게 까지 유혹의 손길을 뻗어 시험했지만, 예수님은 어떻게 승리하셨습니까?(마 6:13;시 119:11;벧전 5:8-9).

시험을 이기려면 어떻게 해야 하는가?

1. 우리가 짓는 죄는 다른 사람이 아니라 우리 자신의 책임입니다.

자기가 지은 죄에 대한 자신의 책임을 인정해야 합니다.

그럴 때만 죄를 용서받고 죄의 문제를 해결할 수 있기 때문입니다(잠 28:13).

2. 죄 된 생각이 우리의 생각을 지배하지 않도록 해야 합니다(고후 10:5).

3. 육신을 위해 계획하지 말아야 합니다(롬 13;14).

4. 예수 그리스도 안에서 우리가 죽었음을 인지해야 합니다.

죽은 사람은 죄를 지을 수 없습니다(롬 6:6-13).

5. 자신이 지은 죄를 심판하십시오.

그것이 죄라는 사실에 대해 하나님께 동의 하십시오(고전 11:31-32).

6. 하나님께 죄들을 자백하십시오(요일 1:9).

7. 죄와 싸우기 위해서 하나님의 말씀을 마음에 간직하십시오.

1) 고린도전서 10:13에서 하나님께서는 시험으로부터 피할 길을 주신다고 말씀하셨습니다.

2) 피할 길은 시편 119:9-11에서 발견할 수 있습니다.

3) 예수 그리스도께서는 성경을 인용하심으로써 시험을 이기셨습니다.

4) 우리의 삶에서 죄를 극복하는 유일하고도 확실한 방법은 하나님의 말씀의 능력에 의지하는 것입니다. 마음에 간직한 하나님의 말씀을 당신의 삶에 적용하십시오.

5) 우리가 싸우는 싸움을 믿음으로 승리하게 해 주시고 우리에게 힘과 위로와 은혜를 주시겠다고 하신 하나님의 약속을 신뢰해야 합니다(고후 2:14;요일 5:4;히 4:15-16).

6) 성령님의 능력 가운데 행해야 합니다(갈 5:16-25;롬 8:1-8).

하나님을 높여드리는 삶으로 세례(침례) 요한은 예수님이 오시기 전 미리 이 땅에 왔던 선지자였습니다. 확신을 갖고 말씀을 선포했던 세례(침례) 요한에게는 늘 많은 사람들이 모여 들었습니다. 또한 그의 강력한 메시지는 당시 사람들에게 큰 영향력을 행사했었습니다. 그러나 예수라는 청년이 나타나자 주인공이 바뀌기 시작했습니다. 사람들이 모두 예수께로 가는 장면이 나옵니다. 사람들은 웅성거립니다. "이제 세례(침례) 요한의 시대는 끝났구나." 하지만 세례(침례) 요한은 단호하게 대답합니다. "그는 흥해야 하겠고 나는 쇠하여야 하리라." 세례(침례)요한의 고백(요 3:22-30)을 통해 우리도 성도로서 어떤 삶을 살아야 할지 지혜를 구해야 합니다.

성도의 본질은 하나님을 찬양하는 것입니다. 이것이 성도에겐 진정한 행복입니다. 세례(침례) 요한은 자신을 높이지 않았습니다. 겸손함을 취했습니다. 오직 받은 사명대로 오실 메시아만 높였습니다. 그렇기에 그는 위대한 선지자라고 할 수 있습니다. 우리 또한 내 삶의 주인공이 누구인지를 깨닫는 것이 우선입니다. 그것이 참된 신앙의 시작이라고 할 수 있습니다. 직분이 주는 권세를 남용해 연약한 자 위에 군림하는 것이 아니라 오직 하나님의 도구임을 깨닫는 것이 중요합니다. 주의 이름을 높이는 종의 모습으로 살아갈 때 비로소 행복한 신앙의 첫 단추를 끼우게 되는 것입니다. 또한 하나님이 주신 계명을 온전히 지켜야 합니다. 마태복음에 나오는 한 부자 청년은 예수님께 이렇게 질문합니다. "선한 일을 어떻게 해야 영생을 얻을 수 있습니까." 그는 이미 모든 계명을 지키며 살고 있다고 말했습니다.

하지만 부자 청년이 계명을 잘 지켰는지는 따져봐야 합니다. 당시 서기관이나 대제사장들도 계명을 지키기 위해 노력했습니다. 하지만 예수님은 그들에게 '회칠한 무덤'이라고 일갈하셨습니다. 이는 그들의 노력이 부족했다하기보다 율법을 바라보는 그들의 관점에 문제가 있었다는 것을 의미합니다. 성도가 육신의 관점으로 계명을 해석하고 지키는 것은 위험합니다. 뿐만 아니라 율법을 완벽하게 지킬 수도 없습니다. 그보다는 율법이 가리키는 영적 본질을 파악하고 지켜내야 합니다. 부자청년의 문제는 율법의 기본 정신인 하나님을 사랑하는 마음이 부족했다는 것입니다.

그는 하나님보다 재물을 더 사랑했습니다. 재물을 더 의지한 것입니다. 그러나 성도라면 자신을 부하게 하심도 망하게 하심도 오직 하나님께 달려 있음을 인정해야 합니다. "여호와는 가난하게도 하시고 부하게도 하시며 낮추기도 하시고 높이기도 하시는도다"(삼상 2:7). 주께 자신을 의탁하며 온전한 사랑으로 나아가야 합니다. 율법을 지키는 삶의 출발점은 아버지 하나님께서 우리를 위해 독생자를 내어주심 같이 우리 자신을 주께 드리는 것입니다. 이것이 바로 하나님을 향한 사랑이자 헌신의 삶인 것입니다.

성도는 예수 그리스도만 높이는 삶을 살아야 합니다. 세례요한의 고백처럼 예수님은 흥해야 하고 우리는 쇠해야 하는 것입니다. 우리를 낮추고 겸손하게 하는 것이 예수님을 높이는 것입니다. 사도 바울은 자신의 모든 지혜와 지식을 배설물과 같이 여겼다고 했습니다(빌 3:8). 나아만 장군은 자신의 자존심과 아집을 버린 뒤 회복되는 역사를 체험했습니다. 삶의 모든 상황 가운데 오직 십자가의 복음을 증거히는 전도자의 삶이야말로 예수 그리스도를 높이는 삶이며 하나님이 기뻐하시는 삶이 되는 것입니다. 어느 한 순간의 발작적 믿음으로 헌신했던 신앙의 추억으로는 안 됩니다. 계속적으로 은혜를 받고 계속 성령 충만함으로 헌신하며 생명력을 유지해야 합니다.

우리가 하나님의 관점 안에서 사는 것입니다. 그런 삶을 시작한다면 세례요한처럼 칭찬받는 성도가 될 것입니다.

그렇다면 무엇이 중요할까요. 성령 충만은 현재 시점입니다. 신앙은 더욱 그러합니다. "이르시되 내가 은혜 베풀 때에 너에게 듣고 구원의 날에 너를 도왔다 하셨으니 보라 지금은 은혜 받을 만한 때요 보라 지금은 구원의 날이로다"(고후6:2). 더불어 말씀에 순종하고 겸손하게 자신을 낮추는 성도가 된다면 하나님은 반드시 세상이 줄 수 없는 승리의 삶으로 우리를 인도하실 것입니다.

마지막으로 우리들에게 인내를 온전히 이루라고 말씀합니다. 그 이유는 너희로 온전하게 구비하여 조금도 부족함이 없게 하려 함이라고 말씀하고 있습니다. 믿음의 시련이 무엇을 만들어 냅니까? 인내를 만들어 낸다는 것을 알라고 말씀합니다. 우리는 실패할 수도 있습니다. 그러나 아주 실패하지는 않습니다.

믿음의 사람은 넘어지나 다시 일어납니다. 우리 모두는 시험이 와도 겁내지 마시기 바랍니다. 하나님께서는 우리가 이길 시험만 허락하십니다. 사탄 마귀가 성도를 넘어뜨릴 만한 시험을 하지 못하도록 다 막아 주시고, 피할 길도 예비해 두셨습니다. 그 시험을 이기고 하나님께 영광 돌리기를 기다리고 계십니다. 우리 모두의 건강의 시험, 물질의 시험, 사업의 시험, 가정의 시험, 신앙의 시험을 다 이기고 믿음으로 승리하는 성도가 되어야 합니다.

많은 사람들이 많이 힘들고 어려울 때는 날마다 하나님을 찾고 부르짖는데, 삶이 어느 정도 자리를 잡고 그다지 힘든 일이 없을 때에는 신앙생활도 비례해서 나태해지는 경향이 있습니다. 그러나 아브라함은 모든 것이 잘 풀리고 안전한 삶을 살고 있는 동안이라 할지라도 그의 신앙은 더욱더 깊어지고 있었음을 알 수 있습니다.

아마도 그는 하나님의 약속을 상기하면서 지금 머물고 있는 곳이 다가 아님을 알았고, 지속적으로 하나님의 약속을 바라보며 믿음과 소망을 키워

나갔음에 틀림없습니다. 그렇게 믿음과 소망을 키우는 동안 아브라함은 부활신앙에 대해서 분명히 깨닫게 되었을 것입니다. 바라는 것들의 실상이며 보지 못하는 것들의 증거인 믿음으로 아브라함은 하나님의 경영하시고 지으실 터가 있는 성을 바라보는 눈을 갖게 된 것입니다(히 11:10).

열국의 아비로 아브라함을 부르신 하나님은 여기까지 그를 단련시키셨고 드디어 마지막 점검을 해야 할 때라고 인정을 하신 것입니다. 하나님께서 얼마나 흥분을 하셨을까? 욥을 시험하기 위해 사탄과 티격태격했던 것처럼, "내가 택한 믿음의 사람을 보라"하시면서 하나님 스스로 사탄과 내기라도 걸었을 것 같습니다. 그래서 더 일부러 "네 아들 네 사랑하는 아들"이란 말을 강조하신 건 아닐까. 어쨌거나 아브라함은 하나님의 명령에 전혀 동요하거나 갈등함 없이 즉각적으로 순종의 길을 떠납니다.

아브라함은 분명히 알았습니다. "예, 하나님! 내 아들 내 사랑하는 아들이지만, 이삭은 하나님께서 약속의 자녀로 주신 당신의 아들입니다. 하나님께서 사랑하는 당신의 아들 이삭을 살리실 것을 확신합니다." 이렇게 대답하고, 타는 횃불 사이로 지나가시며 당신 스스로를 놓고 맹세하신 언약에 충실하신 하나님을 기억했을 것입니다. 결국 아브라함은 마지막 테스트를 멋지게 통과했습니다. 하나님까지 기겁하게 만드는 믿음으로 말입니다. 백세에 얻은 아들에 대한 남다른 사랑, 그것은 아브라함을 최고로 약하게 하는 부분이었을 것입니다.

그러나 그 부분까지도 하나님께 내어놓음으로 그는 최고로 강한 믿음의 거장이 되었습니다. 믿음은 절대로 쉽게 얻어지는 것이 아닙니다. 아브라함의 믿음도 그가 75세 때 순종의 길을 떠난 후, 수많은 시행착오를 거치며 약 40여년의 세월이 흘러서야 완성된 것입니다.

양을 키우는 목자는 염소를 함께 집어넣습니다. 양은 움직이는 것을 싫어하기 때문에 자기가 하고 싶은 대로 두면 병에 자주 걸립니다. 이런 양들 가운데 염소가 있으면 양들 사이를 헤집고 다닙니다. 이때 양들은 뿔 달린 염소를 피해 도망 다니며 저절로 운동을 해 건강해집니다. 우리의 목자되신 하나님께서도 자녀들을 강한 믿음으로 키우기 위해 이런 방법을 사용하십니다.

우리에게 시시각각 찾아오는 여러 시험이 바로 우리 삶 가운데 염소 역할을 하는 것입니다. 그 시험을 이겨내기 위해 애를 쓰다 보면 어느새 우리 믿음이 자라나는 것을 확인하게 됩니다. 욥은 말할 수 없는 고난 가운데서 그 고난이 하나님께서 자신의 믿음을 연단하는 은혜의 손길임을 고백했습니다. "그러나 내가 가는 길을 그가 아시나니 그가 나를 단련하신 후에 내가 순금같이 되어 나오리라."(욥 23:10).

사도 야고보도 같은 권면을 합니다. "내 형제들아 너희가 여러 가지 시험을 당하거든 온전히 기쁘게 여기라"(약 1:2). 하나님의 모든 시험은 우리의 믿음을 성장시키는 훈련을 위한 시험입니다. 첫째, 이런 시험이 오면 기쁘게 참고 감당해야 합니다. 믿음의 유익을 위한 시험이기 때문입니다.

둘째, 하나님께 지혜를 구하며 고난을 감당해야 합니다. 우리의 능력은 한계가 있기 때문에 하나님의 지혜를 구하지 않고는 감당할 수 없기 때문입니다. 그럴 때 도움 받을 사람도 만나게 하십니다.

셋째, 하나님께서 상 주실 것을 기대하며 감당해야 합니다. 하나님은 "시험을 참는 자는 복이 있나니 이른 시련을 견디어 낸 자가 주께서 자기를 사랑하는 자들에게 약속하신 생명의 면류관을 얻을 것이기 때문이라."(약 1:12)고 약속하셨습니다.

또 다른 종류의 시험은 우리로 하여금 죄를 짓게 하는 사탄의 유혹(약 1:13)입니다. 사탄의 유혹은 속지 말고 즉시 물리쳐야 합니다. 이런 유혹이 찾아 올 때는 시험에 들지 않도록 악에서 구해 달라고 기도하며 하나님 말씀에 순종하면 유혹을 물리칠 수 있습니다. "그런즉 너희는 하나님께 복종할지어다 마귀를 대적하라 그리하면 너희를 피하리라"(약 4:7).

성경에는 하나님의 자녀를 타락시키기 위해 사탄이 여러 가지 방법을 사용하는 장면이 나옵니다. 먼저 사탄은 그 사람에게 커다란 금덩이를 보여 줬습니다. 그가 눈도 깜짝하기 않자 다음에는 아름다운 여인을 보냈습니다. 역시 그는 흔들리지 않았습니다.

마지막 방법으로 그의 질투심을 자극했습니다. "당신의 경쟁자가 방금 자네보다 높은 자리에 올랐다네." 그는 그 말을 듣고 얼굴을 찌푸리고 화를 내면서 자기 믿음의 바닥을 드러내고 말았습니다. 하나님께서는 우리의 믿음을 강하게 성장시켜 결국에는 큰 상을 주시기 위해 인생길에서 여러 가지 염소를 만나게 하십니다. 그럴 때마다 하나님을 의지하고 더욱 굳센 믿음으로 나아가는 은혜로운 기회로 삼아야 합니다.

우리도 살면서 크고 작은 시험거리를 매일 만납니다. 어느 것은 쉽게 이겨내지만 어느 것은 힘에 버거움을 느끼며 질질 끌려가기도 합니다. 나를 힘들게 한다고 느껴지는 시험들을 어떻게 통과해야 하는가. 아브라함의 믿음을 통해 즉각 순종하는 믿음으로 하나님께서 친히 그 결과를 승리로 예비하신다는 확신을 갖는 것입니다.

이러한 믿음을 갖기 위해서는 역시 날마다 하나님의 말씀을 묵상하고 기도하며 하나님과 동행하는 가운데 하나님의 뜻에 순종함으로만이 가능할 것입니다. "시험을 참는 자는 복이 있도다. 이것에 옳다 인정하심을 받은 후에 주께서 자기를 사랑하는 자들에게 약속하신 생명의 면류관을 얻을 것임이니라"(약 1:12).

하나님이 우리에게 바라시는 신앙은 시험을 받을 때 감사하는 신앙입니다. 그러나 많은 사람들이 시험을 이기지 못하고 고통스러워하며 원망합니다. 종교 개혁의 기수인 마르틴 루터는 고통을 가리켜 크리스천 표라고 했습니다. 1945년 하인리히 힘물러에게 순교당한 본회퍼 또한 고난은 참된 제자의 배지라고 했습니다. 예수를 따르는 생활은 자기를 부인하고 십자가를 지고 가는 삶입니다.

사도바울은 너희 몸을 하나님이 기뻐하시는 거룩한 산 제물로 드리라고 말씀합니다(롬 12:1) 우리 몸을 하나님이 기뻐하시는 거룩한 산 제물로 드린다는 것은 100% 순종을 말합니다. 오늘날 그리스도인들의 잘못이 무엇입니까? 적당히 순종하고는 온전히 순종했다고 착각합니다. 90%만 순종하고 순종했다고 착각합니다. 95% 순종하고는 자기만큼 순종을 잘하는 사람도 없을 것이라고 자부심을 갖기도 합니다. 순종은 상황과 여건의 변화에도 불구하고 말씀 그대로 100% 따라가는 것을 말합니다.

하나님은 지금도 온전히 순종하는 사람을 찾으십니다. 하나님이 주신 천직은 내가 어떤 일을 할 때 기쁨으로 할 수 있느냐를 따져보면 알게 됩니다.

어떤 일을 할 때 그 일이 무거운 짐으로 느껴진다거나 감당할 수 없으면 천직이 아닙니다. 발명왕 에디슨은 하루에 4시간씩 자고 18시간을 일했습니다. 그러면서도 "나는 하루도 일한 적이 없다 그저 재미로 한 것뿐"이라고 말했습니다. 교회봉사 역시 은사에 맞아야 힘들지 않습니다. 하나님은 그의 자녀들에게 은사를 부어주시어 일을 하게 하십니다. 자신에게 주어진 일을 날마다 즐겁게, 그리고 재미있게 해냄으로써 그것이 성공으로 이끌게 될 것입니다.

또한 우리가 잊지 말아야 할 것은 모든 악의 근원은 사탄이라는 것입니다. 그러나 이 말은 사탄이 항상 개인적으로 우리를 공격한다는 뜻은 아닙니다. 사탄은 영적인 전투에 직접 참여하기도 하지만 자기가 이용할 수 있는 모든 것을 동원하여 우리를 공격하는 경우가 많습니다.

죄악으로 물든 세상 속에서 또한 사탄의 영향력에서 우리 자신을 지켜내야 합니다. 죄는 그 모양이라도 버리라고 하셨던 말씀을 기억하면서 세상 가운데서 그들의 죄에는 연루되거나 참여하지 말아야 합니다. 그리고 세상의 방법들을 따르는 데서 성별하여 주 예수 그리스도를 따라야 합니다.

믿음이 흔들리는 진짜 이유, 로마 황제 세베루스는 지독하게 기독교를 핍박했습니다. 그때 호테미아라는 예쁜 소녀가 예수님을 믿는 것 때문에 끌려와 화형을 당하게 되었습니다. 그 소녀가 얼마나 아름답고 순진해 보이는지, 집행관은 자기가 화형을 시켜야 하지만 마음이 너무 아파 소녀에게 친절히 대했습니다. 그런데 화형대에 선 소녀가 집행관에게 말했습니다. 아저씨, 기뻐하세요. 내가 오늘 주님께 가면 아저씨를 구원해 달라고 기도할게요. 아저씨는 구원받을 거예요. 기뻐하세요. 아저씨가 제게 잘 해주신 것 고마워요. 잊지 않을게요. 그리고 그 소녀가 화형을 당했습니다.

그런데 집행관이 그날 이후로 3일간 계속 같은 꿈을 꾸었습니다. 아름답고 깨끗하고 순박한 호테미아가 자기에게 면류관을 갖다가 씌워주는 것이었습니다. 그래서 그 집행관은 회개하고 예수님을 믿게 되었다고 합니다.

존 웨슬레와 함께 영국교회의 부흥운동을 주도하던 횟필드 목사님이 낙심하고 좌절할 때에 힘을 주는 사람이 있었습니다. 헌팅턴여사였습니다. 한번은 횟필드 목사님이 절망적인 어조로 "저는 모든 것을 다 잃었습니다"라고 말했습니다. 그 때 헌팅턴 여사는 "잃은 것에 대하여 감사하십시오"라고 말합니다. "왜 잃은 것에 대하여 감사해야 합니까?" 그 때 여사는 "예수님은 잃은 자를 구원하러 오셨기 때문입니다"라고 하였습니다.

혹시 무엇인가를 잃었습니까? 잃은 것 때문에 낙심하지 마십시오. 잃은 것을 구원하러 오시는 예수님 때문에 감사할 수 있기를 바랍니다. 만일 이 세상을 보면 우리는 절망할 것입니다. 만일 우리 내부를 들여다보면 낙담할 것입니다.

사람들은 믿음이 흔들리는 이유를 이렇게 설명합니다. 다른 사람에게 피해를 입었기 때문이라고, 상처의 말을 들었기 때문이라고, 어려운 환경 때문이라고, 누구누구 때문이라고, 바라던 시험에 통과하지 못했기 때문이라고, 원하는 바가 이루어지지 않았기 때문이라고… 그러나 충분한 이유로 보기 어렵습니다. 진짜 이유는 바로 여기에 있습니다.

첫째, 그리스도를 사랑하는 마음이 작아질 때

둘째, 성경말씀을 읽고 묵상하고 기도하는 시간이 없거나 줄어들 때

셋째, 주님과 일대일 진지한 교제가 없을 때
넷째, 말씀(설교)을 듣는 시간을 소홀히 다룰 때
다섯째, 진정한 믿음의 사람들과 교제하지 않을 때
여섯째, 죄를 짓고 회개하지 않을 때
일곱째, 사람(환경)만 바라보고 하나님을 바라보지 않을 때
바로 이럴 때 우리는 비로소 믿음이 흔들리게 되는 것입니다.

하지만 예수 그리스도를 바라보면 안식할 수 있습니다. 우리가 어두운 터널을 통과하고 있다면 차표를 가지고 뛰어내릴 것이 아니라 조용히 기다려야 합니다(코리텐 붐 여사). 하나님을 의지하고 살면 터널을 통과하게 되고 낙심과 불안은 물러가게 됩니다. 믿음의 선배들도 모델이 되지만 십자가를 참음으로 승리하신 예수 그리스도가 우리의 목표입니다. 힘들고 넘어질 때마다 믿음의 주요 또 온전하게 하시는 예수님을 바라보시기 바랍니다.

진실한 믿음을 찾아보기 어려운 때가 되었습니다. 하나님을 의지하지 아니하고 재물이나 인간의 능력을 더 의지합니다. 하나님을 사랑하지 아니하고 세상 쾌락을 더 좋아합니다. 신앙의 위기를 만날 수밖에 없고, 시험에 넘어질 수밖에 없습니다. 깨어 세속에 물들지 아니하고 영적 미혹에 빠지지 않도록 조심해야 합니다. 오직 예수 그리스도의 음성에 귀를 기울여야 합니다. 오직 주님만을 섬기고 믿음으로 살기로 결단해야 합니다.

낙심할 일이 생겼습니까? 그러나 낙심할 일이 있어도 결코 사람을 좇아가지 마시기 바랍니다. 결코 세상을 바라보지 마시기 바랍니다. 결코 육신을 생각하지 마시기 바랍니다. 오직 예수 그리스도만을 좇아가시기 바랍니다. 오직 예수 그리스도만을 바라보시기 바랍니다. 오직 예수 그리스도만을 생각하시기 바랍니다. 예수님 때문에 감사하며 기뻐할 수 있기를 바랍니다. 그리하여 온전케 하시는 하나님의 은혜와 평강을 날마다 경험하시기를 바랍니다.

2부
그리스도인의 가정생활

4장. 믿음의 가정을 세우는 일

 우리는 불신앙의 세상 속에서 우리 가정을 신앙과 약속의 교두보로 세워 나가야 합니다. 가정의 기본적인 구성 요소는 남편과 아내 그리고 부모와 자녀입니다. 그중에서 가장 중요한 두 기둥은 남편과 아내입니다. 남편과 아내의 관계가 바로 서면 부모와 자녀가 잘 연결됩니다. 반면에 부부 관계가 힘들면 부모와 자녀의 관계도 어려움을 겪게 됩니다.
 잠언 31장에는 현숙한 아내에 대한 이야기가 기록되어 있습니다. 아내가 하나님을 경외함으로 바로 설 때 가정에 얼마나 큰 복이 임하는지 알 수 있습니다. "누가 현숙한 여인을 찾아 얻겠느냐 그의 값은 진주보다 더 하니라… 고운 것도 거짓되고 아름다운 것도 헛되나 오직 여호와를 경외하는 여자는 칭찬을 받을 것이라 그 손의 열매가 그에게로 돌아갈 것이요 그 행한 일로 말미암아 성문에서 칭찬을 받으리라"(잠 31:10-31). 모두 현숙한 아내의 중요성에 관해 말씀하신 것입니다.

하나님께서는 가족 가운데 은혜를 계시하십니다. 아브라함 가족, 복의 근원이 됩니다. 성경에서 아내인 사라를 누이로 속이는 아브라함이나 형들에 의해 노예로 팔려 가는 요셉의 이야기를 읽다보면 우리는 어떻게 이런 이야기들이 '하나님과 함께하는 삶'의 전진적인 역사에 부합하는지 의아해집니다. 그러나 이 이야기들은 분명히 부합할 뿐만 아니라 매우 중요한 부분을 차지합니다. 하나님의 중재는 하나님과 소원해진 인간성을 되돌리며 예수 그리스도의 성육신을 통해 절정을 이루는 신적인 과정입니다.

창세기 12장에서 선택받은 한 가정이 세상을 향한 하나님의 중재의 교두보가 되었습니다. 실제로 창세기12-50장의 핵심 주제는 역사의 시작부터 영원까지 영향력을 미칠 한 가족을 향한 부르심입니다. 자기 뜻대로 사는 인간을 구원하시려는 성경의 중심 흐름은, 하나님이 부르신 가족이 한 나라를 이루고, 이들이 다른 모든 가족 및 여러 나라와 맺은 관계에 대한 이야기입니다.

이 가족을 통하여 모든 가족들이 복을 받게 되었습니다. "내 언약이 너와 함께 있으니 너는 여러 민족의 아버지가 될지라… 또 네 씨로 말미암아 천하 만민이 복을 받으리니 이는 네가 나의 말을 준행하였음이니라"(창 17:4; 22:17-18). 이런 형식의 중재는 하나님이 역사 속에서 행하시는, 다시 말해 변함없이 꾸준하게 땅에 굳게 서서 뿌리를 내리는 방식을 보여 줍니다.

하나님은 모든 인류를 아담과 하와를 창조하셨던 때처럼 복되고 행복한 상태로 인도하시를 원하십니다. 아브라함, 사라 그리고 그들의 후손들로 이루어진 가족과 더불어 하나님이 우리와 함께하시는 임재의 새로운 단계가 시작됩니다.

우리는 이미 하나님과 함께했던 사람들, 곧 에덴동산의 아담과 하와, 믿음 없는 세상 속에서 홀로 남았던 노아, 바벨에서 언어의 혼잡을 경험했던 사람들을 살펴보았습니다. 이런 사람들을 포함해 사랑하는 사람들의 공동체를 형성하시려고 했던 하나님의 모든 노력은 부분적으로 실패했다고 말할 수 있습니다. 하나님은 인간으로 하여금 강요해서 하나님을 믿고 순종하도록 하지 않으십니다. 인류의 반복되는 실수와 실패에도 불구하고 하나님은 계속해서 그분의 은혜를 보여 주시기 위한 방법을 찾으십니다.

그러나 인간들이 바벨에서 탑을 쌓아 "하늘에 닿게 하고", 자신들의 이름을 드러내기로 작정함으로써(창 11:4) 포괄적인 공동체를 세우시려는 하나님의 계획은 크게 무너지고 말았습니다. 그래서 이후에 하나님은 새로운 출발을 위해 아브라함을 택하시고 이들이 모든 인류를 향한 복이 되게 하기로 작정하십니다. "그로 그 자식과 권속에게 명하여 여호와의 도를 지켜 의와 공도를 행하게 하려고 그를 택하였나니"(창 18:19). 아브라함의 가족이 인류 최초의 가족은 아닙니다.

가족은 하와의 창조와 더불어 이미 자연스럽게 생성되어 있었습니다. 그러나 아담과 하와로부터 아브라함에 이르기까지의 모든 가족들은 제멋대로 죄에 빠져 살았습니다. 아브라함의 가족은 다른 모든 가족들을 구속하기 위해 하나님께 부름 받은 최초의 가족이었습니다.

그러나 한 가족이 여러 세대를 거쳐 많은 가족들에게 복이 되려면, 그 가족은 대를 이어 살아갈 수 있는 삶의 터전을 갖춘 다세대(multigenerational) 가족을 이루어야 합니다. 아브라함 시대의 가족들은 영구적인 정착지 없이도 한동안 생존할 수 있었지만 여러 세대를 이어 갈 생존을 보장받기 위해서는 베두인(Bedouin)족의 장막 그 이상으로 안정된 기반이 필요했습니다.

따라서 하나님은 그들에게 땅을 구별해 주고 가족을 구별해 주겠다고 약속하셨습니다. "내가 너와 네 후손에게 네가 거류하는 이 땅 곧 가나안 온 땅을 주어 영원한 기업이 되게 하고"(창 17:8). 자연적으로 이루어진 가정은 시간적, 공간적 상황에 의존하며, 구성원은 그 가정에 태어나거나 입양된 사람들로만 이루어집니다. 아브라함과 사라의 후손들은 자연적인 가정

그 이상입니다. 그들은 하나님의 복을 모든 인류에게 전달하도록 따로 구별된, 당시 하나님의 특별한 부르심을 받은 유일한 가정입니다. 하나님께서 그 가정을 부르신 이유는 어떤 공로가 있어서가 아니라 오직 그분의 은혜였습니다. 그 가정은 철저히 하나님의 부르심을 통해서 생겼습니다. 그 결과 그 가정의 혈연적 후손들을 통해 장차 오실 메시아의 혈통이 유지되었으며, 게다가 그 영적인 후손들은 하나님의 실존과 사랑을 증거 했습니다.

아브라함의 후손, 신뢰와 불신의 삶으로 '아브람'은 후에 하나님으로부터 '아브라함'이라는 새 이름을 얻습니다. 그는 하나님의 부르심에 믿음으로 반응하여 자신의 고향을 떠나 낯선 땅에서 극심한 기근을 견디면서도 하나님을 철저히 신뢰합니다(창 15:6). 또한 후사가 하늘의 별처럼 많을 것이라는 하나님의 약속을 믿음으로 아브라함은 의롭다 여김을 받습니다.

오직 하나님을 믿었다는 것으로 의롭게 된 것입니다. 나중에 아브라함은 더 많은 시련들, 곧 후사가 없음, 기근, 불화, 시험 등을 견뎌내지만 마침내 인간적인 한계에 부딪히고 맙니다. 자신에게 약속한 그 복이 이루어질지 의심하게 됩니다. 결국 불안한 마음에 여종 하갈을 통해 자식을 낳아 하나님의 약속을 자신의 힘으로 성취하려고 했습니다.

이 같은 실패에도 불구하고 아브라함은 여전히 하나님의 약속을 끝까지 믿음으로써 의롭게 되었다고 인정받고 있습니다. 그렇다면 아브라함의 직계 후손들은 강대한 나라를 이루게 해 주고 그들만의 땅을 주시겠다는 하나님의 약속에 대하여 어떻게 반응 했는가?

여러 가지 다양한 모습으로 반응했으나 대부분의 경우 잘못된 신뢰를 보여 주었습니다. 이삭은 기근이 들어 가나안을 떠났을 때 아내 리브가를 누이라고 속임으로써 하나님의 약속에 대한 부족한 믿음을 드러냈습니다. 나중에는 이삭 자신도 야곱을 에서로 오인하도록 한 속임에 넘어가고 맙니다. '탈취자'라는 뜻의 야곱은 속임수와 교활함의 명수였지만 후에 자신도 장인 라반에게 속임을 당합니다. 야곱은 두 아내와 모든 소유를 이끌고 라반을 피해 도망쳐 나와서 다시 복을 받을 때까지 하나님과 씨름을 합니다. "그가 이르되 네 이름을 다시는 야곱이라 부를 것이 아니요 이스라엘이라 부를 것이니 이는 네가 하나님과 및 사람들과 겨루어 이겼음이니라… 그 사람이…거기서 야곱에게 축복한지라"(창 32:28-29). 야곱의 아들들은 동생 요셉을 종으로 팔아 버렸습니다. 그럼에도 불구하고 요셉은 하나님을 온전히 신뢰하는 좋은 본보기가 되었습니다.

그는 애굽의 고위직에 올랐는데 그 직위를 통해서 아버지를 비롯한 온 가족을 기근에서 구합니다. 아브라함 후손들의 이야기에서 '신뢰'는 인간 성품이 하나님의 목적을 따르도록 변화되어 가는 중요한 표지(sign) 가운데 하나로 등장합니다. 계속 커져 가지만 제 기능을 발휘하지 못했던 이러한 가족 가운데서도 하나님은 여전히 그분의 언약을 세우시고 지켜 나가십니다.

악하고 미숙한 성품과 같은 인격적인 연약함으로 인해 그들은 하나님의 복을 자신들의 이익과 목적을 위해 이용하기도 합니다. 하지만 하나님은 변함이 없으십니다. 기근 때문에 애굽의 고센지방으로 옮겨 가기 전까지 야곱과 그의 가족들은 유목 생활을 하며 지냈습니다. 그곳에서 야곱의 아들들은 이스라엘 열두 지파의 조상이 되었으며, 예수 그리스도에 의해 앞으로 성취될 언약의 상속자들이 되었고, 하나님이 베푸시는 은혜의 산 모범이 되었습니다.

가족은 아름다운 복입니다. 오늘날 핵가족화로 인해 빚어지는 많은 문제들에 비추어 볼 때 하나님이 아담과 하와, 아벨, 에녹, 노아와 같은 개인뿐만 아니라 아브라함과 사라를 통해 확장된 모든 가족들과 함께 지내기로 작정하셨다는 사실은 참으로 놀랍습니다. 하나님은 한 가족의 지속적인 역사, 곧 어느 한 개인의 삶을 뛰어넘는 역사의 중요성을 인정하고 강조하십니다. 하나님께서는 역사적으로 계속되는 한 가족을 통해 모든 가족에게 복을 주시겠다는 그분의 약속을 보증하시려고 그 가족을 인간 역사에서 아주 중요한 위치에 두셨습니다.

이 가족은 이제 하나님께로부터 받은 가르침을 한 세대에서 다음 세대로 가르치고 전수하는 보고(repository)가 됩니다. 오늘날에도 우리는 부모로부터 믿음을 전수받고 다시 자녀들에게 전수해 줍니다. 마치 아브라함과 사라에게서 그 자녀들이 배우고, 그 다음에는 자녀들이 계속 배운 것과 같습니다. 하나님은 다른 모든 가족들에게 증인이 될 수 있는 특별한 한 가족에게 그분의 은혜를 나타내기로 작정하셨습니다. 하나님은 희망과 구속에 대한 메시지를 전할 한 가족을 선택하심으로써 자연적인 생식과정과 가족 관계를 승인하셨습니다.

만약 하나님이 인간 생활의 관습을 모두 무시한 채, 우리의 참여나 협력 없이 반역하는 인간을 구속할 계획을 실행에 옮기시려 했다면 그것은 식은 죽 먹기처럼 쉬웠을 것입니다. 하지만 하나님은 성관계를 통해 자녀가 태어나고, 신실함으로 가족의 생존이 보장되는, 가족의 사랑과 사회에 기초를 둔 유대관계를 통해 그분을 나타내 보이십니다. 가족의 본질을 통해 하나님의 사랑과 은혜를 보여 주시는 것입니다. 아브라함과 사라 그리고 그 후손의 모습을 통해 인간이 실수하고 믿음이 부족하더라도 하나님이 그분의 약속을 신실하게 지키신다는 것을 볼 수 있습니다.

우리는 사라의 요구에 힘없이 따라가는 아브라함처럼 우유부단하거나, 형제와 삼촌을 속인 야곱처럼 두 얼굴을 갖고 있지 않을 수도 있지만, 우리 개개인의 약점 때문에 하나님과 완전하고도 친밀한 관계를 갖지 못합니다. 그러나 이 약점이 '그의 날개 아래' 피난처를 제공해 주시고 우리를 건져 주시는 하나님의 사랑을 가로막지는 못합니다(시 91:4). 이 얼마나 측량할 수 없는 큰 복인가! 가정 안에서 하나님과 함께하는 삶은 믿음으로 살아가는 우리 인생의 전 영역에 견고한 지지대를 마련해 줍니다. 우리가 믿음으로 첫 걸음을 내디딜 때 우리를 위해 기도해 주시는 부모님이 계십니다. 또한 대가족이라면 일상생활에서 삼촌과 숙모들의 믿음도 본이 될 것입니다. 또한 자녀들과 그들의 부모님 신앙을 이야기할 때 그것이 사실인지 입증해 줄 수 있을 것입니다.

유혹으로는 가족 이기주의로서 하나님이 가족을 통해 그분의 임재를 중재하시는 것은 좋지만 그러한 중재가 완전한 것은 아닙니다. 하나님이 지속적으로 임재하시고 간섭하시는 은혜에도 불구하고 인간은 자신의 인격 성숙에는 무관심 한 채 불순종의 울타리 안에서 만족해합니다. 하나님의 임재를 통한 중재는 인간에게 보여 주시는 하나님의 점진적인 계시의 시작입니다.

우리는 수많은 가족들과 세대들을 더 거친 후에야 이 계시의 절정, 곧 우리가 예수 그리스도 안에서 그리스도를 닮아 가야 하는 부르심 안에 있다는 사실을 깨닫게 될 것입니다. 하나님이 가족이라는 상황 속에서 구속 사역을 시작하셨다는 사실 때문에 때로는 가족의 가치를 다른 어떤 기관들보다 높은 위치에 두고 싶은 유혹을 받기도 합니다. 가정은 신앙을 익히고 하나님을 향한 우리의 신앙을 옹호할 수 있는 훌륭한 곳입니다. 그렇다고 해서 이것이 가정을 숭배해야 할 이유가 되지는 않습니다.

인류 구속이라는 하나님의 목적을 정하는데 있어 가정은 목적이 아니라 그 목적을 달성하는 수단일 뿐입니다. 가정의 본질이 편협하고 자기중심적이며 인색하다면 하나님 나라의 메시지를 전달하는 도구가 될 수 없습니다. 가족들은 때로 싸우기도 하고 심지어 평생의 원수가 될 수도 있습니다. 서로에게 말 한마디 하지 않는 형제들이나 자신들의 신앙 공동체 안에는 어느 누구도 받아들이지 않는 형제들이나 자신들의 신앙 공동체 안에는 어느 누구도 받아들이지 않는 배타적인 가족들도 있습니다.

이러한 경향 때문에 모든 인류를 향한 하나님 나라의 복음이 '민족'이라는 작은 그릇에 갇히고 마는 것입니다. 하나님은 가족의 사랑과 사회에 기초를 둔 유대 관계를 통해 그분을 나타내 보이십니다. 가족의 본질을 통해 하나님의 사랑과 은혜를 보여 주는 것입니다.

아브라함과 그의 가족들은 하나님이 그들을 통해 어떤 일을 하고 계시는지 부분적으로만 알고 있었습니다. 그리고 때로는 편협한 이해력 때문에 하나님의 우주적인 사역을 더디게 인식하기도 했습니다. 아마도 아브라함은 고향을 떠나 하나님이 약속하신 그 어딘가로 가겠다고 자신의 부모를 설득했을 것입니다. 또한 야곱이 자신의 환도뼈가 위골된 것을 두고 "난 밤새 하나님과 씨름을 했소!"라고 주장하자 이를 듣던 라헬이 "설마 농담이시겠죠!"라고 대답했을 수도 있습니다. 우리 가운데 상당수는 구속의 역사에 대한 내용들을 꿰뚫어 알고 있습니다. 하지만 당시 아브라함과 그의 가족들은 지금 우리가 알고 있는 구속사적 지식을 전혀 알지 못했습니다.

내주하시는 성령의 도우심이나 당시 일어나는 사건에 대한 이해를 도와줄 말씀은 선포되지 않은 상태였습니다. 더욱이 아브라함의 가족들은 그들에게 영향을 줄 만한 폭넓은 신앙의 공동체를 가지고 있지도 않았습니다. 그들에겐 미래의 제사장직에 대한 그림자와 같은 멜기세덱 외에 제사장이라고는 전혀 없었습니다. 그들은 제단을 쌓긴 했지만 성전과 제사 의식 그리고 찬양 공동체를 통해 명백하게 나타나는 질서 정연한 사죄의 방법도 없었습니다.

그럼에도 불구하고 하나님은 아브라함과 그의 후손들에게 함께하셨습니다. 이런 가족이 과연 하나님의 약속을 지켜 나갈 수 있을까 하는 의심도 생기는 것도 사실입니다. 하지만 아브라함은 자신의 한계를 뛰어넘어서 당시의 '의로운 방랑자'로서 그 신앙을 지켜 나갔습니다.

가정은 신앙을 이어가는 보금자리입니다. 하나님이 택하신 가족을 향해 중재에 나서실 때, 사람들은 하나님으로 부르심에 각각 다르게 반응합니다. 아브라함의 경우에는 하나님의 언약을 신뢰하는 것이 최우선이었습니다. 값없이 주어지는 은혜를 믿지 못하는 사라의 웃음 속에서 하나님의 은혜 사역을 깨닫지 못하는 우리의 모습을 발견합니다. 희생 제물로 드려지기 위해 아버지를 따라 모리아 산으로 향하는 이삭의 모습에는 순종을 배웁니다. 에서의 경솔한 행동은 함부로 망령되이 행동하지 말라고 깨우쳐줍니다. 야곱을 통해서는 역경 가운데 인내해야 함을 배웁니다. 요셉을 통해서는 소망 가운데 참으며, 또 승리 가운데 너그러워야 한다는 것을 배웁니다. 우리가 얻은 교훈은 이루 헤아릴 수 없이 많습니다.

또한 소망 가운데 인내하여 하나님의 때를 기다려야 함을 배웁니다. "믿음으로 아브라함은 부르심을 받았을 때에 순종하여 장래의 유업으로 받을 땅에 나아갈 새… 약속의 땅에 거류하여 … 이는 그가 하나님이 계획하시고 지으실 터가 있는 성을 바랐음이라… 나이가 많아 단산하였으나 잉태할 수 있는 힘을 얻었으니"(히 11:8-11). 오늘날 아브라함과 사라처럼 인내할 수 있는 사람이 얼마나 될까? 하나님에 대한 믿음에도 불구하고 실패를 피할 수 없습니다.

창세기에서도 사기와 살인, 우상숭배와 왜곡된 욕망 그리고 불순종으로 인한 끔찍한 결과들이 나타납니다. 죄는 일시적이지만 하나님의 목적을 훼방합니다. 이러한 죄와 불순종의 한 가운데서도 신앙과 순종의 역사는 계속됩니다. 바울은 그리스도인들을 이삭에 비유하여 '약속의 자녀들', 곧 하나님의 약속의 유업을 이을 자들이라고 보았습니다(롬 9:7-8). 하나님은 실패와 죄와 시험 가운데서도 우리 연약함을 아시고 피할 길을 주실 것입니다(고전 10:13). 우리는 불가피한 실패를 인격 성장의 기회로 삼고, 이기주의를 극복하며, 하나님과 더욱 친밀히 교제하는 생활 태도를 가져야 합니다.

가정을 무너지게 하는 것들을 살펴보면

첫째, '**비교**'입니다. 잘못된 비교는 부부 자신에게 우울증과 무능함을 불러일으킵니다. 부정적인 비교에 빠지지 않도록 자신의 가족의 장점을 개발하고 계속 발전시키도록 부단히 노력해야 합니다.

둘째, '**이기주의**'입니다. 모든 사고가 자기중심으로 굳어지면 가정의 행복은 산산조각 날 위험성이 있습니다. 나의 생각, 판단, 소원, 편리, 이익, 행복만 생각하면 그 부부는 아무도 행복을 누리지 못합니다.

셋째, '**무관심**'입니다. 상대에 대한 무관심의 유형은 여러 가지입니다. 경제적, 육체적인 성, 대화, 외모, 수고, 격려, 취미나 재능, 스트레스, 성장, 영적인 성장에 대한 무관심 등 여러 가지가 있습니다.

넷째, '**무응답**'입니다. 무관심과 무응답은 서로 연결되어 있지만 무반응은 보통 문제가 아닙니다. 무반응이 결국 무관심으로 발전되는 것입니다. 즐거운 일, 고통스러운 일을 함께 반응해야 하는데 전혀 반응하지 않을 때 상대방은 큰 실망에 빠지게 됩니다. 무반응의 독버섯을 제거해야 합니다.

다섯째, '**좁은 마음**'입니다. 마음이 좁으면 상대를 이해할 수 없습니다. 상대를 이해하지 못하면 상대를 도와줄 수 없습니다. 도움을 받지 못한 상대의 마음속에는 억울함, 불만, 미움이 싹틉니다. 온갖 스트레스로 가득 차게 됩니다. 아주 사소한 일을 가지고도 다투게 되고 큰 싸움으로 번져서 서로에게 심각한 상처를 안겨다 주고 맙니다. 조금씩 마음을 넓혀가야 합니다. 마음을 넓히는 것이 집 평수를 넓히는 것보다 더 소중합니다.

여섯째, '**무절제**'입니다. 가정을 좀 먹는 독버섯 중의 하나가 무절제입니다. 무절제는 모든 부분에 다 해당됩니다. 먼저 사치, 즉 경제적인 무절제가 있습니다. 돈을 아낄 줄 모르는 것, 성에 대한 무절제입니다. 부부의 성생활에는 소홀히 하면서 밖으로 눈을 돌리려는 것입니다. 언어의 무절제입니다. 상대방을 무시하며 비인격적인 언어까지 마구 동원하는 것은 곧 가정을 무너뜨리는 것입니다. 음식에 대한 무절제입니다.

일곱 번째, **'불신과 원망'**입니다. 어려움을 함께 해결하려는 믿음의 자제를 가지면 문제가 속히 해결될 수 있음에도 불구하고 서로 남의 탓으로 돌리다가 더 큰 문제에 휩싸이게 됩니다. 원망 속에는 불평이 포함됩니다. 불평이 원망으로 자라는 것입니다. 매사에 서로를 신뢰하고 원망을 버려야 합니다. 항상 신뢰와 고마움으로 가정에 진을 치도록 해야 합니다.

불신앙의 세상 속에서 우리 가정을 신앙과 약속의 교두보로 세워 나가야 합니다. 후손을 위해 사랑과 신앙의 기초를 마련하고, 믿음의 후배들에게 인생과 그 의미에 대하여 말해 줄 수 있는 사람들이 되어야 합니다. 자녀들에게 신앙에 대하여 이야기 해줄 뿐만 아니라, 실제로 신앙의 본을 삶 속에서 보여 주어야 합니다. 그리고 형제자매들과 함께 최선을 다해 가정의 평화와 조화를 이루어 나가야 합니다.

모든 가족은 사랑 안에서 하나의 가정을 이루기 원하는 남녀 관계를 통해 이루어집니다. 우리 모두는 가정을 통해 이 땅에 태어났습니다. 창세기 12-50장에서 말하는 '하나님과 함께하는 삶'은 아브라함과 사라의 가족이 그 가족 안에서 그리고 세상의 다른 가족들 간의 관계 속에서 일어나는 문제와 역설과 혼란에 초점이 맞추어져 있습니다. 아브라함과 사라 가족을 향한 하나님의 선택과 하나님의 중재 계획을 살펴보십시오. 이 한 가족을 통해 하나님께서 다른 모든 가족들에게 복을 주시는 신비스런 계획의 시작을 함께 소망해 봅니다.

무슨 조직이든지 그 공동체를 잘 운영하기 위해서는 원리를 잘 알아야 합니다. 사징도 공동체요, 교회두 공동체입니다. 혼자가 아닌 둘 이상으로 구성되어 있는 조직으로, 구성원들 안에 서로의 위치가 있고, 각자의 역할에 따라 해야 할 일들이 주어집니다. 남편은 예수님 같고 아내는 교회 같은 것, 이것이 바로 가정입니다. 교회가 예수님께 순종하듯, 아내는 남편에게 사랑과 존경과 애정과 순종을 바쳐야 합니다. 남편은 예수님이 십자가에서 못 박혀 자기 몸을 찢어서 죽은 것처럼 교회인 아내를 사랑해야 합니다.

우리 자녀들에게 성경 중심의 삶, 교회 중심의 삶, 가정 중심의 삶이 얼마나 중요한지 모릅니다. 부모님들은 어디를 가든지 자녀들이 하나님의 말씀을 중심으로 살아가고, 교회를 높이고 교회에서 헌신하는 삶을 살며, 그리스도 안에서 가정을 중심으로 살아가도록 도와주어야 합니다. 부모님들이 저녁만 되면 성경을 펴는 모습을 자녀들에게 보여주십시오. 자녀가 어느 날 우연히 펼쳐 어머니의 성경에서 빨간 색연필로 밑줄을 그어놓고 목숨 걸고 지켜온 삶의 방향과 선명하게 새겨진 눈물 자국을 발견하게 하십시오.

가정의 구성원으로는 먼저, 부부가 있습니다. 그리고 자녀가 있습니다. 자녀들이 여러 명이면 위, 아래도 있습니다. 즉, 서열이 주어집니다. 자연적으로 각자가 감당해야 할 역할이 주어집니다. 가정이 화목하려면 이러한 질서가 정연하게 유지되어야 합니다. 그렇지 않으면 행복과는 점점 거리가 멀어집니다. 가족 구성원 모두가 서로 사랑 안에서 살면 행복한 가족이 됩니다. 자식은 부모님의 말씀에 순종하고 부모는 자녀들에게 믿음의 본이 되어 잘 가르치며 부모의 사명을 감당할 때에 행복한 가정이 됩니다.

그래서 교회 안에서 직분자를 세울 때도 우선은 가정을 잘 돌보고 잘 다스릴 줄 아는 자라야 한다고 말씀하고 있습니다. 하나님께서는 디모데전서 3장의 말씀을 통해 감독과 집사 등 교회의 직분자를 세울 때 고려해야 할 자격 요건을 가르쳐 주고 있습니다. 그중에서 가정 돌봄에 관한 내용입니다.

교회에 앞장서서 섬기는 감독자가 되려면 먼저 자기 집을 잘 다스려야 하는데 그중에서도 자녀들을 잘 양육하는 자여야 한다고 말씀합니다. 집사들도 한 아내의 남편이 되어 자녀와 자기 집을 잘 다스리는 자여야 한다고 말씀하고 있습니다. 자신이 남편으로서, 아버지로서의 역할도 제대로 하지 못하면서 어떻게 교회 성도들을 돌볼 수 있겠느냐는 것입니다.

그러면 믿음의 부모 된 자들은 자녀들을 어떻게 돌보아야 합니까? 자녀들이 공손한 모습으로 부모님께 순종, 복종하도록 양육해야 한다고 말씀하십니다. "자기 집을 잘 다스려 자녀들로 모든 공손함으로 복종하게 하는 자라야 할지며"(딤전 3:4). 디도서 1:6에도 보면, "책망할 것이 없고 한 아내의 남편이며 방탕하다는 비난을 받거나 불순종하는 일이 없는 믿는 자녀를 둔 자라야 할지라"라고 말씀합니다.

적어도 교회의 지도자가 되려면 우선은 가정에서부터 바람직한 부부 관계를 갖고 있어야 함을 말씀하고 있습니다. 그래서 책망할 것이 없어야 합니다. 아울러 방탕하다는 비난을 받거나 불순종하는 일이 없이 믿는 자녀를 둔 자를 세워야 한다고 합니다. 교회에서 어떤 일을 맡는 것보다 더욱 중요한 것은 먼저 가정을 잘 챙기는 일입니다.

가정을 행복하게 하는 것이 우선입니다. 직분자에 대한 말씀이 남성 위주로 되어 있는 것은 당시 교회의 감독은 남자 중심으로 세워졌고 집사도 마찬가지였기 때문입니다. 그래서 한 아내의 남편이어야 한다고 강조한 것입니다. 즉, 교회 직분자는 가정을 행복하게 잘 돌보는 자라야 한다는 것입니다. "사람이 자기 집을 잘 다스릴 줄 알지 못하면 어찌 하나님의 교회를 돌보리요."(딤전 3:5) 그렇습니다, 하나님께서 우리에게 가장 중요한 공동체를 허락하셨는데 그것이 곧 가정입니다. 교회는 물론, 사회와 국가의 모든 근간은 가정입니다. 그래서 사회적으로, 국가적으로 행복한 삶을 위해서도 반드시 가정을 행복하게 잘 돌볼 수 있는 정책을 세워야 합니다.

요즘의 우리 사회나 세계를 볼 때, 인간의 가장 근본이 되는 가정윤리가 무너지고 있습니다. 부모가 자녀를 책임지지 않고 제대로 돌보지 않는 무책임한 부모도 많이 발생하고 있어서 사회적 문제로 대두되고 있습니다. 이럴 때일수록 성도들은 가족공동체를 하나님의 뜻에 합당하게 세움으로 하나님께 영광을 돌리도록 노력해야 합니다.

그러기 위해서는 부모가 본이 되는 일이 가장 중요합니다. 모든 사람에게 본이 되는 신앙공동체로서의 가정이 되려면 하나님을 경외하는 믿음의 가족이 되어야 합니다. 믿음생활을 바르게 하는 자녀로 양육해야 합니다. 배우자는 서로를 즐겁게 해 주며 섬기고 사랑해야 할 사명을 감당해야 합니다.

자녀를 신앙으로 양육하지 못하여 결국 망하게 된 제사장 가문이 있습니다. 제사장 엘리의 가정입니다. 사무엘상 2-3장에 보면 두 아들 홉니와 비느하스가 아주 나쁜 짓을 하는데도 아버지 엘리 제사장은 그들의 잘못을 아버지로서 바로 잡지 않습니다. 그래서 두 아들에 대해서 이렇게 기록됩니다. "엘리의 아들들은 행실이 나빠 여호와를 알지 못하더라"(삼상 2:12). 그 행실은 구체적으로 다음과 같았습니다. 백성들이 제사를 드리기 위해 제물을 삶을 때 엘리 제사장 두 아들은 사람을 보내어 좋은 것은 먼저 다 건져 가 버립니다. 이것은 결국 여호와께 드리는 제사를 멸시한 것이 됩니다(삼상 2:17). 그래서 하나님께서는 사무엘을 불러 사사로 세우신 후에 사무엘을 통하여 엘리 제사장의 잘못을 지적하는 메시지를 전달하십니다(삼상 3:10-14). 내용을 정리해 보면, 엘리의 집을 영원히 심판하실 것이며, 이 죄는 제물로나 예물로 속죄함을 받지 못할 것이라고 분명히 말씀하셨습니다.

결국 하나님께서 예고하신 대로, 블레셋에 의해 나라가 어려움을 당할 때 두 아들이 전사하고, 두 아들이 전사했다는 소식을 들은 엘리 제사장도 의자에서 넘어져 목이 부러진 채 죽습니다. 대가 끊기게 되었습니다. 완전히 멸망한 것입니다. 더 이상 제사장직을 감당할 수 없게 되었습니다(사무엘상 4장).

우리 그리스도인들은 그 무엇보다도 하나님의 말씀 안에서 훌륭한 믿음의 가문을 이어 가는데 최선을 다하시기 바랍니다. 그리고 그 후에 하나님께서 교회 공동체 안에서도 사역을 맡겨 주실 때, 그 사역이 어떤 사역이든지 잘 감당함으로 성숙한 그리스도인의 삶을 살아야 하겠습니다.

가정에 없어야 할 것으로는 비난, 욕설, 원망, 속임, 폭력, 고집, 비밀, 시기, 편견, 계산이 없어야 합니다. 가족 간의 '비난'은 난파선의 밑창을 뚫는 것과 같으며, 가정에서의 '욕설'은 밥에 흙을 뿌리는 것과 같으며, 가족 간의 '원망'은 잘 끓인 국에다 찬물을 붓는 것과 같으며, 가족들 간의 '속임수'

를 쓰는 것은 자라는 나무의 뿌리를 자르는 것과 같으며, 가족들 간의 '폭력'은 윗물을 흐리게 하는 것과 같으며, 지나친 '고집'은 자신의 무덤을 스스로 파는 것과 같으며, 가족 간의 '비밀'은 가정을 파괴시킬 시한폭탄과 같으며, 가족 간의 '시기'는 야간에 등을 켜지 않고 달리는 자동차와 같으며, 가족 구성원 대한 '편견'은 도끼로 나무를 찍는 것과 같으며, 가족 간의 '계산'은 도배지에다 물을 붓는 것과 같습니다.

한 소녀가 산길을 가다가 나비 한 마리가 거미줄에 걸려 버둥대는 것을 발견했습니다. 소녀는 가시덤불을 제치고 들어가 거미줄에 걸려있는 나비를 구해 주었습니다. 나비는 춤을 추듯 훨훨 날아갔지만 소녀의 팔과 다리는 가시에 찔려 붉은 피가 흘러 내렸습니다. 그때 멀리 날아간 줄 알았던 나비가 순식간에 천사로 변하더니 소녀에게 다가 왔습니다. 천사는 자기를 구해준 은혜에 감사하며 무슨 소원이든 한 가지를 들어 주겠다고 했습니다.

'이 세상에서 가장 행복한 사람이 되게 해주세요. "천사는 소녀의 귀에 무슨 말인가 소근 거리고 사라져 버렸습니다. 소녀는 자라서 어른이 되고 결혼을 해서 엄마가 되고 할머니가 되도록 늘 행복하게 살았습니다. 그녀 곁에는 언제나 좋은 사람들이 있었고 행복하게 살아가는 그녀를 사람들은 부러운 눈빛으로 우러러 보았습니다. 사람들은 입을 모아 할머니가 죽기 전에 평생 행복하게 살 수 있었던 비결이 무엇인지 물었습니다.

할머니는 웃으시며 입을 열었습니다. "내가 소녀였을 때 나비 천사를 구해준 적이 있지 그 대가로 천사는 나를 평생 행복한 사람이 되게 해 주었어. 그때 천사가 내게 다가오더니 내 귀에 이렇게 속삭이는 거야 구해 주어서 고마워요 소원을 들어 드릴게요. 무슨 일을 당하든지 감사하다고 말하세요. 그러면 당신은 평생 행복하게 될거예요. 그때부터 무슨 일이든지 감사하다고 중얼거렸더니 정말 평생 행복 했던 거야. 사실은 천사가 내 소원을 들어준 게 아니야 누구든지 만족할 줄 알고 매사에 감사하면 하늘에서 우리에게 행복을 주는 거야"

행복한 그리스도인 가정의 십계명으로는 말씀 묵상, 기도, 사랑, 용서, 인정, 이해, 의, 소망, 대화, 안식이 있어야 합니다. 가정은 행복을 저축하는 곳이지 행복을 캐내는 곳이 아니다(우치무라 간조). 무언가를 얻기 위해 이루어진 가정은 반드시 무너지고 주기 위해 이루어진 가정은 행복하게 됩니다. 다른 사람이 나의 필요를 채워 주기를 바라지 말고, 서로가 서로에게 아무런 조건 없이 내가 상대의 필요를 채워 주기 위해서만 열심을 다할 때, 행복한 가정으로 나날이 활짝 꽃피우게 될 것입니다.

사람의 시선이 운명을 갈라놓습니다. 자동차 변속기를 전진에 놓으면 앞으로 후진에 놓으면 뒤로 달립니다. 그런데 차의 원동력인 엔진의 회전방향은 언제나 같다는 것입니다. 사람은 누구나 힘을 가지고 있지만 그 힘을 사용하는 방향에 따라 결과는 전혀 다르게 나타납니다. 없는 것을 생각할수록 불행지수가 올라가고 있는 것을 생각할수록 행복지수가 높아집니다. 금융기관은 대출 받고자 하는 사람이 오면 그 사람의 신용을 평가합니다. 그동안 신용 실적은 어떠한가. 담보물은 무엇인가. 대출할 돈은 회수가 가능한가. 등등 그러니까 금융기관이 한 개인에게 신용지수를 평가한 후 대출액을 결정하게 되는 것입니다.

그런데 신앙세계에서는 그와 정반대입니다. 그리스도인이 하나님 나라 자산을 가져다 쓰려고 하면 하나님은 우리가 얼마나 믿을 수 있는 존재인가를 보시는 것이 아니라 우리가 하나님을 얼마나 신뢰하고 있나를 보시고 능력을 베푸십니다. 그래서 바울 사도는 "믿음의 선한 싸움을 싸워서 지켜야만 할 가치로 이해했으며 믿음은 모든 사람의 것이 아니며 하나님의 특별한 은총임을 말합니다. 구원받을 만한 믿음, 파선한 믿음, 굳건한 믿음, 죽은 자를 살리는 믿음, 그리고 큰 믿음의 소유자들이 따로 있다고 분류했습니다."

그런 점에서 소경 바디매오는 주님의 관심을 한 몸에 받게 된 특별한 믿음의 소유자였습니다. 그는 자신에게 없는 것을 생각지 아니하고 자신에게 있는 것을 사용하여 주님을 만납니나. 그는 많은 사람들이 자신을 꾸짖어 주님 만나는 것을 방해했지만 그는 주님과만 상대하며 주의 자비만 바라봅니다. 숱한 사람들은 예수님을 "나사렛 예수!"라 생각없이 불렀지만 그만 홀로 "다윗의 자손 예수여!"라고 외치며 언약의 주님이신 메시야로 경외하고 있습니다.

이런 그에게 주님은 발걸음을 멈추시고 그를 불러 '무엇하여 주기를 원하느냐?' 물으셨고, 그는 '보기를 원하나이다.' 준비된 소원을 답합니다. '네 믿음이 너를 구원하였느니라!' 하시자 그가 눈을 떠 보게 되자, 길에서 주를 쫓습니다. 그는 천지개벽할 기적보다 기적을 만들 수 있는 주님을 원한 것입니다. 주님은 주님의 능력으로 고쳐 주시지만 주님에 대한 신용을 높게 가진 바디메오에게 하늘의 자산을 베풀어 주신 것입니다. 하늘의 자산은 믿음만큼 역사합니다.

우리들에게 하나님의 은혜가 우리 가족 가운데 함께하심을 믿으며 하루하루 살면서 우리는 많은 선택을 합니다. 그런데 과연 나는 어떤 선택을 했는지 생각해 볼 필요가 있습니다. 왜 기준이 중요할까요? 하루가 모여 일주일이 되고 일주일이 한 달, 일 년, 그리고 인생이 되기 때문입니다. 그래서 우리는 하루에도 수십 번 혹은 그 이상의 선택 앞에서 하나님의 기준이 어떤 것인지 알아야 합니다.

이스라엘 민족이 가나안 땅에 들어가 정복전쟁을 하던 후반기에 전쟁이 끝나갈 무렵 사람들은 안정과 편안함을 추구합니다. 그들은 점점 나태해지고 타협하기 시작합니다. 절박할 때엔 하나님을 찾다가, 이젠 하나님 없이도 살 수 있을 것 같은 마음이 그들의 하루하루를 점령한 것입니다. 그때 여호수아는 이스라엘이 어떤 은혜를 받고 애굽을 탈출해 가나안까지 올 수 있었는지, 그 사랑이 어떤 것인지 설명하고 오직 여호와 하나님만 섬겨야 한다고 선언합니다. 그리고 먼저 솔선수범해 자신의 선택을 선포합니다. "너희가 섬길 자를 오늘 택하라 오직 나와 내 집은 여호와를 섬기겠노라 하니"(수 24:15).

여호수아는 자신만이 아니라 내 집도 여호와를 선택했다고 선언합니다. 하나님을 만나 은혜만 누리는 게 아니라, 나의 집도 온전히 하나님 앞에 서겠다는 고백입니다. 나와 우리 집은 어떻습니까? 세상은 우리를 향해 계속 유혹하고 설득합니다. 사람은 하나님의 은혜로 사는 게 아니라 상식으로 사는 것이라 말합니다. 다른 모든 친구들이 세상의 법칙을 따라 살고 있으니 나도 그렇게 살아야 행복할 수 있다고 설득합니다. 하지만 믿음은 선택을 통해 증명됩니다.

내가 무엇을 선택하느냐가 내가 믿는 바입니다. 물론 하나님을 선택함으로 때로는 손해를 보거나 따돌림을 당하거나 성공에서 멀어지는 것처럼 느껴질 수도 있습니다. 그럴 때가 우리 그리스도인들에게 가장 큰 유혹이 될 수 있습니다. 그렇지만 꼭 기억해야 할 것이 있습니다. "비행기의 1등석을 타고 아우슈비츠 포로수용소로 갈 것이냐. 좁고 불편한 좌석에 앉아 멋진 세계적 휴양지로 갈 것이냐."가는 과정은 좀 불편하고 힘들어도 '종착지가 어디인가'가 훨씬 중요하다는 것을 반드시 기억해야 합니다.

오늘도 많은 선택이 앞에 있습니다. 하나님의 기준에 합당하여 그분을 기쁘시게 하고 그분께 영광을 돌리는 아름다운 믿음의 선택을 하시기를 간절히 바랍니다. 선택하기 전에 기도함으로 그리고 언제나 "나와 내 집은 하나님만을 섬기겠노라"고 선언할 수 있는 가정이 되길 바랍니다.

사랑의 하나님 아버지, 지난 세월 하나님께서 주셨던 크신 은혜를 자꾸 잊어버립니다. 그래서 세상이 더 좋아 보이고 세상의 모든 것을 가지고 싶은 욕심이 듭니다. 저희를 용서하소서. 그리고 이제 하나님 아버지의 은혜를 기억하고 감사하게 하소서. 그래서 모든 선택 앞에 당당하게 하나님의 뜻을 선택하는 우리 가정 삼아 주옵소서. 주님만이 우리 가정의 모든 선택의 주인이십니다. 주님만을 신뢰합니다. 주 예수님이름으로 기도합니다.

5장. 그리스도인 남편과 아내로서의 가정생활

하나님께서는 한 남자와 한 여자가 만나 이루는 가정에 복을 주셨습니다. 남자는 하나님을 위해 창조되었고, 여자는 남자를 위해 창조되었으며, 하나님께서는 남자와 여자 모두에게 복을 주셨습니다(창 1:28). 성경은 남자의 짝은 여자이며, 여자의 짝은 남자라고 말씀하셨습니다. 이외에 무엇도 남자나 여자의 짝이 될 수 없습니다(창 2:19-20). 우리 인간은 누구나 다 부족합니다. 그래서 그 부족함을 채우기 위해서 자기가 사랑하는 사람을 만나서 결혼을 하고 꿈을 이루어 갑니다.

수많은 이들에게 존경을 받는 목사님의 사모님께서 기자와 인터뷰를 하게 되었습니다. 기자가 물었습니다. "사모님, 사모님께서는 세계적으로 유명한 목사님의 아내로서 많이 힘드시겠습니다. 혹시 이혼하고 싶으신 적은 없었습니까?" "없었습니다." 사모님은 분명하게 말했습니다. 그리고 말을 이었습니다. "저는 이혼하고 싶었던 적은 없습니다. 그러나 남편이 없어졌으면 좋겠다 싶을 만큼 미웠던 적은 있습니다." 애틋하게 사랑하는 사이로 시작하여 평생을 살아온 부부지간에도, 하나님을 잘 믿는 가정에도 갈등이란 반드시 존재합니다. 하나님께서 말씀하시는 가정에 관하여 알아보도록 하겠습니다.

1. 하나님께서 세우신 가정의 원칙

그리스도인은 삶의 모든 영역에서 본을 보여야 합니다. 그러기 위해서는 우리의 옛 사람이 그리스도의 인격과 성품으로 변화되어야 합니다. 오늘날 그리스도인은 많지만 향기 나는 그리스도인은 보기가 드뭅니다. 아무리 신앙의 열심 있는 생활을 한다고 해도 그 인격과 성품, 삶의 모습에서 향기를 내지 못한다면 이는 생명 없는 조화와 다를 바가 없습니다.

교회와 가정은 유사합니다. 성경적인 교회가 없으면 성경적인 가정도 없습니다. 그래서 성경은 아내와 남편의 관계를 통해 교회와 그리스도와의 관계를 가르치고 있습니다. 또한 아이들에게 예수 그리스도를 가르칠 수 있는 가장 좋은 장소는 가정입니다. 아이들은 아버지를 통해 하나님을 배울 수 있고 어머니를 통해 하나님의 사랑을 배울 수 있습니다.

가정의 목적은 남자와 여자가 자녀를 낳아 사회 구성원에 속하게 합니다. 하나님께서는 남자와 여자가 함께 가정을 이루고 아이를 낳고 양육하여 주님을 위해 다음 세대를 길러내도록 하셨습니다. 남자 아이에게 필요한 것은 어머니의 사랑과 아버지의 훈계입니다. 여자 아이에게 필요한 것은 어머니의 인도와 아버지의 보호입니다.

가정의 또 다른 목적은 동행하는 것입니다. 하나님께서 가정이라는 것을 통해 우리가 서로를 도울 수 있도록 하셨습니다. 혼자 있으면 몸만 차가와지는 게 아니라(전 4:11) 하나님을 향한 열심도 식어버리기 쉽습니다. 혼자 뜨거운 신앙을 유지하기가 어렵기 때문입니다. 그래서 가정을 통해 하나님을 사랑하는 다른 사람과 함께 주님을 향한 뜨거운 마음을 유지할 수 있습니다.

또한 가정은 하나님의 희생적인 사랑을 보여 줄 수 있는 장소입니다(엡 5:23-32;빌 1:6). 어머니와 아버지를 통해 사랑을 보고 배운 사람들은 다른 사람들도 그렇게 사랑할 수 있습니다. 동시에 가정은 교육과 훈계를 받는 곳입니다(엡 6:4). 아이들은 가정에서 하나님을 두려워하고 존중하는 것을 배우고 무엇보다 성경을 배워야 합니다.

이런 가정이 되게 하소서, 아빠는… 믿음으로 가정을 보살피고, 엄마는… 사랑으로 자녀를 훈육하며, 자녀는… 순종으로 부모를 공경하여 화목한 가정으로 본이 되게 하소서. 아빠는 끌어주고, 엄마는 밀어주고, 자녀는 도와주고 형제는 협력하고, 온 가족 연합하여 큰 뜻을 이루므로 가정에 지상낙원 꽃피게 하소서.

참된 행복과 진정한 만족은 돈이나 물질에 있지 않고, 예수 그리스도 안에 있습니다. 교회와 가정의 인도자(목사와 아버지)는 이것을 가정의 구성원들에게 삶을 통해 본으로 보여줘야 합니다. 하나님께서 원하시는 것은 단순히 구원받은 남녀가 한 지붕아래서 사는 게 아니라 그리스도인 남자와 그리스도인 여자, 그리스도인 부모와 그리스도인 자녀가 주 예수 그리스도를 위해 함께 사는 것입니다.

희생이 없는 가정에는 만족이 없습니다. 예수님께서는 자신의 신부를 얻기 위해 자신의 목숨을 내어 주셨습니다(엡 5:25-33;요일 3:16). 하나님께서는 단지 말로만 우리를 사랑하신게 아니라 행동으로 자신의 사랑을 입증하셨습니다. 우리는 사랑한다는 말 이상의 것을 해야 합니다. 예수님께서 우리에게 본을 보여주시고 우리 안에서 일하시도록 내어 드림으로 우리는 하나님께로부터 받은 사랑을 우리의 가정과 이웃과 교회에 전해줄 수 있습니다.

자녀가 있다는 것은 하나님께 특별한 복을 받았음을 의미합니다. 어떤 사람의 자녀를 보면 그가 무엇을 중요하게 여기는지 알 수 있습니다. 부모가 중요하다고 생각하고 인도하는 길로 아이들이 따라갈 수밖에 없습니다. 아이들이 무엇을 하며 시간을 보내게 할 것인가의 문제는 대부분 부모의 선택에 달려 있습니다.

불행한 사실은 구원받은 사람이나 구원받지 못한 사람이나 같은 방식과 같은 생각으로 자녀를 양육하고 있다는 것입니다. 우리가 무엇을 위해 자녀를 양육하고 자녀에게 무엇을 가르치는지는 우리가 진정으로 믿고 있는 것이 무엇인지 모두 드러내 보여줍니다. 자녀들이 읽고 보고 듣는 것에 대한 책임이 부모들에게 있습니다. 아이들의 마음속이 무엇으로 가득 차게 되는지에 대한 책임이 부모들에게 있다는 것입니다.

만일 우리 자녀들이 하나님의 말씀에서 보화를 찾는지 배우고, 어떻게 기도하는지 배우고, 어떻게 다른 사람들에게 예수 그리스도에 대해 말해 주는지 배우고, 어떻게 영원을 소망하면서 사는지 배우고, 어떻게 주님의 명령에 순종하는지 배운다면 이 세상과 오는 세상을 위해 필요한 가장 중요한 것을 배운 것입니다.

2. 아름다운 가정을 위하여

인생에 있어서 가장 중요한 문제 3가지를 든다면, 첫째는 '사람이 죽은 후에 그 사람의 혼이 어디에서 영원을 보낼 것인가?' 둘째는 '영원한 거처가 정해진 그 사람이 어떤 생을 보낼 것인가?' 셋째는 '누구와 인생을 보낼 것인가?' 일 것입니다.

어떻게 하면 자신의 생을 가장 가치 있게 보낼 것인지를 아는 그리스도인일지라도 세 번째 문제에 당면하여 기도하는 분들이 많이 있을 것입니다. "누구와 가정을 이루어서 하나님의 뜻에 따라 살 것인가?" 참으로 중요한 문제가 아닐 수 없습니다. 하나님께서 이 지구상에 첫 번째 만든 기관은 가정이었습니다. 국가도(롬 13:1-2), 교회도(딤전 3:15), 하나님께서 인정하시는 기관이지만 모두 가정에서 비롯되는 것입니다. 이것은 하나님께서 시작하신 제도이며 성스럽고 정당하고 신비로운 것입니다(엡 5:321-32).

사탄도 왕성한 활동을 하는가요? 그런데 하나님의 위대한 섭리로 시작함과 동시에, 사탄도 한 가정에 대한 관심은 대단합니다. 사탄으로 불리는 마귀의 관심은 가정을 파괴하는 데 있습니다. 마귀는 파괴자입니다. 한 가정에 들어와 사랑을 식게 하고, 죄를 짓게 하며, 불화를 일으키며 결국 가정을 파괴하기에 이릅니다. 그러한 시도는 창세기 3장에서부터 시작되었음을 알 수 있습니다. 대표적으로 구약에서 욥의 가정이 파괴되는 것을 볼 수 있습니다. 우리 주 예수 그리스도께서도 일찍이 경고하셨습니다(마 12:25).

사탄은 이 세상 신이기 때문에(고후 4:4)이 세상에 일어나는 사탄의 영향력은 지대합니다. 특히 술과 마약, 폭력, 게임, 도박, 각종 불건전한 미디어 등이 가정에 침입하여 가정이 파괴되어 이혼하고, 거기에서 생겨나는 자녀들의 문제는 너무도 심각합니다. 이것이 하나님께서 가정을 통해 계획하신 처음 의도는 분명 아닙니다. 인간의 본성은 죄 덩어리입니다.

아무리 선하고 의롭게 살려 해도 죄짓지 않고 살 수는 없습니다. 특히 가정생활은 더욱 그렇습니다. 서로 다른 가정의 환경, 서로 다른 인생경험의 차이, 남녀 간 기본적인 체질, 기질적인 차이, 서로 다른 사람이 만나 한 가정을 이루며 살다 보면 분명 문제가 있을 수밖에 없습니다.

3. 가정생활의 성경적 기본원리

그래서 하나님께서는 성경을 통하여 가정생활에 대한 올바른 지침을 자세히 알려 주고 있습니다. 우리가 가정생활의 성경적 기본원리를 잘 이해한다면 그리스도 안에서 원만하고, 건전하며, 성경적인 그리스도인의 가정을 이루며 살아 갈수있습니다. 이런 가정이 실제적으로 교회의 기본 구성원이 되어 헌신하고, 섬기며 교회를 강성케 할 것입니다.

연약한 지체를 잘 세워주고, 자신의 달란트로 최선을 다해 주님의 사역에 헌신하는 지체를 아름다운 지체라 말씀하고 있듯이, 교회의 기본 구성원인 가정도 마찬가지로 아름다운 가정이 되어야 할 것입니다.

아름다운 가정은 어떤 가정일까요?

첫째로 가정에는 '협력의 힘'이 있습니다(전 4:9). 두 사람이 한 사람보다 나은 것은 두 사람이 연합하면 시너지 효과를 낼 수 있기 때문입니다. 신명기의 말씀은 성경의 원리에 대해서 잘 설명해 주고 있습니다. "그들의 반석이 그들을 팔지 아니하였고 여호와께서 그들을 내주지 아니하셨더라면 어찌 하나가 천을 쫓으며 둘이 만을 도망하게 하였으리요"(신 32:30). 이처럼 가족이, 성도들이 연합하면 엄청난 시너지 효과를 일으킬 수 있습니다. 우리 가정이 주님 안에서 하나가 되면 엄청난 일들도 감당할 수 있습니다.

둘째로 가정에는 '위로의 힘'이 있습니다. 살다보면 어려움에 처할 때도 있습니다. 그때 내 곁에서 위로해 주는 사람이 있다면 어려움 속에서도 힘을 낼 수 있습니다. 그러나 반대로 곁에 위로해 주는 사람이 없다면 조그마한 어려움에도 좌절할 수 있습니다.

어느 중학교 여학생이 백혈병에 걸려 항암치료를 받았습니다. 그래서 머리카락이 다 빠졌습니다. 그 여학생은 가발을 쓰고 학교를 다녔습니다. 그런데 친구들이 가발을 벗기며 놀려댔습니다. 가발을 벗기고, 또 벗겼습니다. 그 여학생은 학교 가기를 거부했고, 늘 자살할 생각만 했으며, 병은 더욱 깊어 갔습니다. 그런데 같은 학교 남학생 중에 뇌종양 걸린 아이가 있었습니다. 그 학생도 방사선 치료와 화학요법 때문에 머리카락이 모두 빠졌습니다. 한 친구가 친구의 아픔을 조금이라도 같이 나누고 싶었지만 방법이 없었습니다. 그래서 자기의 머리를 친구와 똑같이 완전히 밀어 버렸습니다. 한 명, 두 명, 세 명, 그 반 학생들은 앞을 다투어 머리카락을 깎았습니다. 며칠 후 뇌종양에 걸린 남학생 반은 한 사람도 남김없이 모두 머리를 깎았습니다. 뇌종양에 걸린 남학생은 의사가 놀랄 정도로 빠르게 회복되어 갔습니다.

혼자서는 느낄 수 없는 놀라운 힘이 가정에는 있습니다. 힘들고 어려울 때 우리의 위로가 되는 사랑하는 가족이 있기에 우리는 일어설 수 있고 담을 넘을 수 있습니다. "혹시 저희가 넘어지면 하나가 그 동무를 붙들어 일으키려니와 홀로 있어 넘어지고 붙들어 일으킬 자가 없는 자에게는 화가 있으리라"(전 4:10).

셋째로 가정에는 '의지의 힘'이 있습니다. "또 두 사람이 함께 누우면 따뜻하거니와 한 사람이면 어찌 따뜻하랴"(전 4:11). 가정은 서로 의지함으로 언제나 승리하고 기쁨이 넘치도록 해야 합니다.

넷째로 가정은 '보호의 힘'이 있습니다. 우리가 살다보면 외부로부터의 공격을 받을 때도 있고, 어려움을 만날 때도 있습니다. 그런데 만약 서로 힘을 모은다면, 서로가 보호를 받을 수 있습니다. "한 사람이면 패하겠거니와 두 사람이면 맞설 수 있나니 삼 겹줄은 쉽게 끊어지지 아니하느니라"(전 4:12). 삼 겹줄은 끊어지지 않습니다. 그래서 우리는 성경말씀을 통해서 서로 뭉치고 당기는 것, 합치는 것을 배워야 합니다. 합심해서 기도하면, 하나님께서 응답해 주십니다. 나 혼자 해결하지 못한다고, 시험에 들었다고, 문제가 있다고 낙심하고 절망할 것이 아니라 마음을 같이 해서 기도하고 협력하여 힘을 합치면 반드시 기대 이상의 응답으로 승리가 나타나게 될 것입니다.

아름다운 가정을 위하여 남편과 아내 그리고 자녀들이 해야 할 역할은 각각 다릅니다. 중요한 것은 성경이 제시하는 남편과 아내 그리고 자녀들에 대한 기대에 순종했을 때 비로소 아름다운 가정이 세워질 수 있는 것입니다. 아름다운 가정은 결코 하루아침에 세워질 수 없습니다. 시간과 노력 그리고 주님께 순종하는 마음의 자세를 갖추기 위한 오랜 기도와 말씀을 통한 훈련과정이 필요합니다.

미국의 심장부를 강타한 9.11 사건의 피해자들이 마지막 순간에 남긴 메시지는 사업이나 회사의 프로젝트 이야기가 아니었습니다. 그런 말은 한 마디도 없었습니다. 인생의 마지막 순간에 그들이 남긴 메시지는 하나같이 가족에게 남긴 사랑의 고백이었습니다.

"여보, 난 당신을 사랑했어. 당신을 다시 봤으면 좋겠어 부디 애들하고 행복하게 살아." 많은 사람들이 일에 치여 가족도 잊은 듯 바쁘게 살아가지만, 목숨이 1분도 채 남아 있지 않았을 때는 결국 가족을 찾는다는 것입니다.

"어머니, 아버지, 여보, 나의 아이들아.." 그렇습니다. 인생의 가장 본질적인 보람은 일이나 성공이 아니라 가족입니다. 우리가 하는 일들이 아무리 소중하고 가치가 있어도 가족보다 더 중요한 것은 없습니다.

소설가 신달자 씨가 어느 라디오 대담에서 이런 말을 했습니다. 9년간의 시부모 병수발과 24년 남편 병수발을 했고, 끝내 남편은 그렇게 죽었습니다. 일생 도움이 되지 않는 남편인 줄로만 알았다는 것입니다. 그러던 어느 날 창 밖에 비가 와서 "어머,비가 오네요" 하고 뒤돌아보니 그 일상적인 말을 들어줄 사람이 없더라는 것입니다.

그제야 남편의 존재가 자기에게 무엇을 해 주어서가 아니라 그냥 존재함으로 고마운 대상이라는 것입니다. 가족은 참으로 소중한 것입니다.

최선을 다했는데 실패했다. 사자와 소는 첫 눈에 반해 사랑에 빠졌다. 매일 만나고, 시간마다 사랑을 나누었다. 사자는 소에게 선물을 하고 싶었다. 소도 사랑하는 사자에게 선물을 하고 싶었다. 사자는 양을 사냥하여 선물을 하였고, 소는 부드러운 풀을 선물하였다. 그 다음 날도 사자는 토끼를 잡아 선물을 하였고, 소는 양질의 풀을 선물하였다. 서로 선물을 하며 사랑을 하였지만 만날수록 서로 관계가 멀어 지게 되었고, 급기야 헤어지기로 하였다.

사자와 소는 서로 난 잘못 없어, 난 최선을 다 했어, 서로 상대가 잘못하여 사랑이… 최선을 다하였지만 사랑했는데 왜 헤이지게 되었을까? 오늘 최선을 다하는 당신! 소에게 토끼 잡아 주고 있지는 않은지? 사자에게 양질의 풀을 주고 있지는 않은지? 하나님께 최선을 다하는 당신! 하나님 방법으로 최선을 다하고 있습니까? 당신 생각으로 최선을 다하고 있지는 않는지?

상대의 관심을 파악하는 가장 좋은 방법은 '진지한 경청'입니다. 상대방의 성향, 기호 등을 사전에 파악해 보는 것도 상대의 관심을 파악하는데 도움이 됩니다. '내가 만약 상대방의 관심이 무엇인지를 모르고 그의 흥미를 불러일으키지 않았다면 그가 그렇게 쉽게 우리에게 접근할 수가 없었을 것이다'(데일 카네기).

자, 하나님의 말씀이 제시하는 남편과 아내와 자녀들에 대한 기대가 무엇인지 알아봅니다.

1) 남편에 대한 기대

남편은 가정의 가장입니다. 하나님께서는 남편에게 가정에 대한 책임을 지게 하시고 권위를 주셨습니다, 남편이요 아버지로서 주어진 권위를 사랑으로 행사하며 하나님께서 원하시는 방향으로 이끌어 가야 할 것입니다. 그리고 가정 제반의 행정적, 경제적 책임자요, 영적 주도권을 가지고 있습니다. 이것은 하나님께서 정하신 이치입니다(고전 11:3).

성경에서는 남편에게 자신의 아내 사랑하기를 다음과 같이 권면하고 있습니다. 첫째로, 자기 아내를 사랑하되 그리스도께서 교회를 사랑하셔서 교회를 위하여 자신을 주신 것같이 사랑하라고 하십니다(고전 11:3). 예수 그리스도께서 우리의 죄악 때문에 갈보리 십자가에서 대신 죽으셨습니다. 이와 같이 남편도 자기 아내를 위해 대신 죽을 수 있을 만큼 사랑해야 합니다. 자신의 몸처럼 아내를 사랑하기란 실제로 쉽지가 않습니다. 그러나 이것은 성경의 원칙입니다.

그렇게 아내를 사랑할 때 비로소 아내는 남편에게 복종하며 순종할 수 있는 것입니다. 가정 문제를 상담해 보면 늘 반복되는 말을 들을 수가 있습니다. "나는 사랑이 식었습니다, 이제는 더 이상 사랑하지 않습니다. 처음 결혼 했을 때의 뜨거움이 없어졌습니다"라고 합니다. 그러나 남편이 아내를 사랑하는 것은 절대로 감정만이 아니라 희생적인 의지가 있어야 합니다. 희생적인 사랑과 의지가 없다면 그 가정을 가장으로서 잘 지킬 수가 없는 것입니다.

둘째로, 하나님께서 아내의 바람을 이루도록 끊임없이 도와주고 아끼기를 주께서 교회에게 하심같이 하라고 하셨습니다(엡 5:29) 이에 대한 말씀은 영어로 "nourisheth and cherisheth" 아주 귀중한 것을 다루듯이 조심스럽게 정성을 다하여 귀하게 여기라는 것입니다. 아내를 연약한 그릇이라고 하였습니다(벧전 5:29). 남편은 아내를 귀하게 여김으로 가정의 보호자가 되어야 합니다. 그럴 때 비로소 아내는 남편을 존경하게 되고 그 가치를 인정하며 최상의 반려자가 될 것입니다.

셋째로, 아내를 가혹하게 대하지 말아야 합니다. 말은 한 번 내 뱉으면 다시는 주워 담을 수 없습니다. 한 번의 분노를 참으면 백날의 근심을 면할 수 있습니다. 극단적인 말은 절대로 해서는 안 됩니다. 서로 다른 성격 때문에 의견 일치가 안 될 수도 있습니다. 그렇지만 정신적으로 육체적으로 어려운 일을 시키거나 폭력은 절대 있어서는 안 됩니다(골 3:19).

아내는 남편의 돕는 자이며 협력자입니다(창 2:20). 그렇다고 해서 남편이 독재자가 되어서는 안 될 것입니다. 혹 아내가 구원받지 않았거나 진리로 인해 갈등하고 영적 전쟁을 치르고 있다면, 남편에 대한 아내의 기대는 너무도 중요하다고 볼 수 있습니다. "주여, 제 아내(남편)을 변화시켜 주옵소서." 하는 기도는 응답이 늦어질 수 있지만, "나를 변화시켜 주옵소서." 하는 기도는 빨리 응답될 것입니다.

자신이 영적으로 변화되면 상대방도 목석이 아닌 이상 변화됩니다. 이것은 공식과도 같습니다. 먼저 나 자신의 미움과 시기, 인간적 감정을 버리고 하나님께 은혜를 구하십시오.

넷째로, 가장은 영적인 권위도 행사할 수 있어야 합니다. 자녀들에 대한 아버지의 역할은 너무도 중요합니다. 우리는 그동안 유교적 전통과 문화적 배경 때문에 예수 그리스도를 믿으면서도 성경적인 아버지, 남편보다는 가부장적인 아버지, 가부장적인 남편의 모습을 많이 보여 왔습니다. 그러한 문제 중 하나가 자녀들에 대한 성장, 교육에 관한 책임은 거의 모든 것을 아내에게 맡긴다는 것입니다. 그러면서 자연스럽게 아버지와 자녀 간에 거리가 생기고 대화가 없어지는 것입니다. 세대차이가 문제가 아니라 대화 부족이란 사실입니다.

가장은 자녀 훈련과 양육의 마지막 총책임자입니다. 아버지의 역할과 위치가 제대로 될 때 자녀들을 바르게 양육할 수 있습니다. 자녀 교육은 가급적 어릴 때부터 시작해야 한다고 말씀하고 있습니다(잠 19:18). 가정의 영적 권위자로서 하나님의 말씀을 훈육하며, 하나님을 두려워하는 자세와 예배의 중요성을 일깨워 주어야 합니다. 가정 예배는 이 모든 것을 가르칠 수 있는 좋은 본보기입니다. 그리고 늘 처해진 상황에서 감사하며, 말씀을 통해 예수 그리스도 안에서 비전을 심어 주어야 할 것입니다.

2) 아내에 대한 기대

아내는 자녀들의 어머니로서 남편의 협력자(helper)입니다. 하나님께서 주신 이 역할을 수용하고, 인정하며, 행복하고, 질서 있는 가정을 만들어야 합니다. 가정의 모든 재정과 가사를 관리하는 집행자로서 잠언에 나오는 현숙한 여인이 될 수 있도록 늘 기도해야 할 것입니다. 아내에 대한 기대는, 첫째로, 하나님께서 여자를 지으실 때 남자를 돕는 자(help meet)로 정하셨습니다(창 2:18-20). 아담에게는 에덴동산이라는 완벽한 환경과 여러 능력을 부여받고, 광범위한 책임을 위임받았습니다. 하나님과 완전한 교제가 있었으나 늘 혼자였습니다. 아담에게는 자기와 똑같은 또 한 사람의 아담이 아니라 돕는 자가 필요했습니다. 그러므로 여자인 하와는 남자를 돕는데 모든 필요한 요소가 들어 있도록 창조하신 것입니다(창 3:16). 아내는 늘 남편을 돕는 협력자임을 알아야 합니다.

둘째로, 그리스도께서 교회의 머리됨과 같이, 남편은 아내의 머리임을 알아야 합니다. 아내는 순종함으로 남편을 따라야 합니다. 하나님께서는 아내가 남편에게 권위를 행사하는 것을 허락하신 일이 없습니다(역기능 가정). 왜냐하면 한 가정에서 권위가 나뉠 수는 없으며, 남편은 아내를 사랑하므로 기꺼이 죽을 수 있기 때문입니다. 이것은 하나님의 말씀입니다. 교회가 그리스도께 복종하듯이 아내들도 남편에게 매사에 그렇게 해야 한다고 말씀하고 있습니다(딤전 5:24).

셋째로, 아내는 자녀들에게는 존경의 대상이며, 남편에게는 칭찬의 대상입니다. 남편의 약점, 외모, 부족한 점을 아내보다 잘 아는 사람은 없습니다. 그러한 것들을 다른데 가서 들추어서는 안 됩니다. 남편의 권위와 신뢰를 스스로 떨어뜨리는 결과입니다. 심지어 부부싸움에 관한 일들을 친정이나 가정 밖의 동조자에게 하소연해서도 안 됩니다. 유일한 심판관은 오직 주님이십니다. 아내의 남편에 대한 칭찬과 격려는 가장 큰 힘을 주고 훌륭한 남편으로 만듭니다.

한 마을에 벽돌공 3명이 나란히 살고 있었는데, 한 아내는 아침마다 피곤해 지쳐 있는 남편을 깨우면서 "여보! 돈 벌어 와야지!"라고 말했고, 또 한 아내는 "일하러 갈 시간이에요"하고 깨웠습니다. 마지막 한 아내는 "여보! 오늘도 도시를 건설하러 가야지요!"하고 깨웠습니다. 전자의 두 명은 노동자로 평생을 마쳤지만, 도시를 건설하라고 깨웠던 여자의 남편은 훌륭한 건축가가 되었다고 합니다.

아내는 남편의 영적 지도력이 떨어질 때에도 무시하지 말고 격려하고 순종함으로 자녀들에게 본을 보여야 합니다. 예를 들어서 "아빠가 기도하자고 하니까 같이 기도하자."라는 말로 남편의 영석 권위에 순종하는 모습을 보여 주어야 합니다. 혹 남편이 구원받지 않았거나 진리로 하나 되지 못한 가정에서의 아내의 역할은 힘겹고 어려운 일일 수 있습니다. 누구보다도 하나님께 자신의 사정을 눈물로 아뢰는 방법밖에 없습니다. 믿음과 신앙의 자세는 자신의 생각대로 될 수 없음을 알아야 하며, 아내의 말없는 행실로 인해, 말씀에 순종하지 않는 남편을 말씀에 순종하도록 할 수 있는 것입니다. 중요한 것은 내가 성령으로 충만하지 않고 변하지 않으면 상대는 변할 수 없다는 것을 알아야 합니다.

넷째로, 자녀들에 대한 어머니의 역할은 너무도 지대합니다. 먼저 자녀들에게 편애하지 말아야 합니다. 어린 자녀들은 민감하기 때문에 상처가 될 수 있습니다. 요셉은 아버지의 편애로 인해 형들에게 미움을 받아 이집트로 팔려간 것입니다. 또한 자녀들에게 교육과 훈육에 있어서 일관성이 있어야 합니다. 똑같이 잘못했을 때 오늘은 혼내고 내일은 봐주고 그냥 넘어가서는 안 됩니다. 그럼으로써 아이들에게 생활의 규칙들과 질서를 가르칠 수 있게 되는 것입니다.

그리고 늘 기도하는 습관으로 아이들에게 모범을 보여 주면서 늘 성경을 묵상하며, 섬기고, 다른 사람을 배려하는 마음을 기르도록 해야 할 것입니다. 자녀들의 재능과 특기 취미를 잘 파악해서 다양한 경험을 통해서 자신감을 갖게 하고 독립심을 기르도록 해야 할 것입니다.

무엇보다도 어머니의 헌신적인 사랑을 통해서, 예수 그리스도를 통한 하나님의 사랑의 위대하심과 자비로우심을 알게 해야 합니다. 이렇게 자녀들이 양육되지 않는다면, 세상(TV등)이 아이들을 기를 것입니다. 자녀들은 부모의 거울입니다. 아름다운 가정에서 아름다운 자녀들이 나오는 것입니다. 자녀들의 문제는 부모에게 문제가 있다는 증거입니다.

3) 자녀에 대한 기대와 징계

예수 그리스도로 인해 거듭난 자녀로서 부모를 사랑하고, 공경하며 순종하는 모습처럼 아름다운 모습은 없을 것입니다. 이것은 이 땅에서 형통하며 장수하는 비결이라고 하나님께서 약속하신 것입니다(출 20:12;엡 6:1-3).

부모에게 순종하고 복종하라고 해서 모든 의사 결정을 부모님께 맡겨서는 안 됩니다. 자녀는 적극적이고도 자발적이고 능동적으로 공경하고, 순종해야 합니다. 자녀들은 주의 유업이라고 말씀합니다(시 127:3). 아이들을 위한 성경적 징계 어떻게 해야 하나요? 아이들의 마음이 악을 행하려고 완전히 고정되기 전에 그 마음을 바로잡아야 합니다(전 8:11). 아이들을 바로 잡기 위해서는 아이들이 잘못했을 때 즉시 징계해야 합니다.

그렇지 않으면 이들은 나중에 하나님의 심판도 복음도 믿지 않을 것입니다. 아이들이 죄의 속임수에 빠지지 않도록 지켜주기 위해서는 반드시 징계해야 합니다(잠 1:10,20-23).

부모는 자녀의 친구가 아닙니다. 부모는 아이들을 죄인의 길에서 하나님의 길로 인도할 책임이 있습니다(잠 1:24-27). 부모가 아이를 바른 길로 인도하지 않으면 이 세상이 아이들을 자신의 길로 데려가 버릴 것입니다. 성경은 아이들의 마음에 있는 어리석음을 몰아내는 방법은 회초리로 징계하는 것이라고 말씀하고 있습니다(잠 22:15). 성경은 또한 아이의 뒤쪽을 때려야 한다고 말씀하고 있습니다(잠 10:13).

부모는 아이를 징계하기 위한 자신의 회초리를 가지고 있어야 합니다(잠 13:24). 아이를 징계하는 것은 부모의 책임이기 때문입니다. 아이가 잘못했을 때 회초리로 징계를 해야 아이가 구원 받을 수 있습니다((잠 23:13-14). 아이를 징계하지 않고 그대로 놔두면 아이는 풍성한 죄의 열매를 맺을 것이고, 그 아이를 낳고 기른 부모는 수치를 당하게 될 것입니다(잠 29:15).

또한 자녀들은 마치 화살 통에 가득한 화살 같다고 하였습니다. 자기 화살 통에 화살이 가득 있으면 얼마든지 화살을 쏠 수 있어 용사가 어디를 가도 든든함 같이, 주 안에서 잘 양육 받은 자녀들은 부모를 즐겁게 하고, 보람을 갖게 하는 것입니다. 훌륭하게 자란 자녀의 모습은 부모님의 헌신적인 사랑과 보살핌이라는 사실을 잊지 말아야 합니다.

4. 젊은 사람들에게 가르쳐야 할 것

학자요, 정치가요, 목사요, 주한 미국대사(1993-1997)였던 제임스 레이니는 임기를 마치고 귀국하여 에모리대학의 교수가 되었습니다. 그가 건강을 위해서 매일 걸어서 출퇴근하던 어느 날 쓸쓸하게 혼자 앉아 있는 한 노인을 만났습니다. 레이니교수는 노인에게 다가가 다정하게 인사를 나누고 말벗이 되어 주었습니다. 그 후 시간이 날 때마다 노인을 찾아가 잔디를 깎아 주었습니다. 그 후 그는 시간이 날 때마다 노인을 찾아가 잔디를 깎아주거나 커피를 함께 마시면서 2년여 동안 교제를 나누었습니다.

그러던 어느 날 출근길에서 노인을 만나지 못하자 그는 노인의 집을 방문하였고 노인이 전날 돌아가셨다는 것을 알게 되었습니다. 곧바로 장례식장을 찾아 조문하면서 노인이 바로 코카콜라 회장을 지낸 분임을 알고는 깜짝 놀랐습니다.

그때 한 사람이 다가와 회장님께서 당신에게 남긴 유서가 있습니다 라며 봉투를 건넸습니다. 유서의 내용을 보고 그는 너무나 놀랐습니다. "당신은 2년여 동안 내 집앞을 지나면서 나의 말벗이 되어준 친구였소. 우리 집 뜰의 잔디도 함께 깎아주고, 커피도 나누어 마셨던 나의 친구 레이니에게... 고마웠어요. 나는 당신에게 25억 달러와 코카콜라 주식 5%를 유산으로 남깁니다.

너무 뜻밖의 유산을 받은 레이니교수는 3가지 점에서 놀랐습니다. 첫째는, 전 세계적인 부자가 그렇게 검소하게 살았다는 것이고, 둘째는, 자신이 코카콜라회장이었음에도 자신의 신분을 밝히지 않았다는 것, 셋째는, 아무런 연고도 없는 사람, 지나가는 사람에게 그렇게 큰돈을 주었다는 사실입니다.

레이니교수는 받은 유산을 에모리대학 발전기금으로 내놓았습니다. 제임스 레이니가 노인에게 베푼 따뜻한 마음으로 엄청난 부가 굴러 들어왔지만, 그는 그 부에 도취되어 정신을 잃지 않았습니다. 오히려 그 부를 학생과 학교를 위한 발전기금으로 내놓았을 때, 그에게 에모리대학의 총장이라는 명예가 주어졌습니다.

성경은 자신보다 젊은 사람들에게 영적인 것들과 하나님에 대해 가르쳐야 한다고 말씀 합니다(딛 2:1-8). 언젠가 우리는 하늘과 땅을 창조하신 분 앞에 서게 될 것입니다. 물질적인 것도 필요한 것이지만 영적인 것이 훨씬 더 중요합니다. 모든 사람들은 자신보다 젊은 사람과 자신의 아이들을 가르쳐야 합니다. 하나님을 첫째로 두는 법을 가르쳐야 합니다. 자신보다 젊은 자매들에게 가르쳐야 할 것들은 다음과 같습니다. 첫째, 맑은 정신을 가지는 것. 둘째, 자기 남편을 사랑하는 것. 셋째, 자기 자녀들을 사랑하게 하라는 것.

기독교인이 좋은 배우자 선정 5가지 기준으로 1. 신앙의 코드를 맞출 것. 2. 정신적, 감성적 대화 수준이 맞는 사람을 찾을 것. 3. 상대방의 성품을 먼저 확인할 것. 4. 남자는 능력과 성실, 여성은 감성과 내면의 아름다움을 기준으로 삼을 것. 5. 스킨십을 쉽게 생각하는 사람을 피할 것. 결혼은 서로의 사랑의 결실이기도 하지만 함께 배워나가는 공간이기도 합니다.

젊은이들이 신중하고 정숙하도록 가르쳐야 합니다. 그래야 하나님의 말씀이 제대로 심겨질 수 있습니다. 우리가 말과 행동으로 본을 보이는 삶을 살면서 아이들이 하나님 앞에 서서 회계보고를 할 수 있도록 아이들을 가르쳐야 합니다.

5. 남편과 아내에게 주시는 명령

우리는 이 세상에서 독립적인 존재가 아닙니다. 출생하면서부터 가족과 관계를 맺게 되고 서로 영향을 주고받습니다. 구원받았다 해도 마찬가지입니다. 구원받은 사람은 그리스도의 몸 안으로 들어가게 됩니다. 다른 그리스도인과 영향을 주고받습니다. 결혼 했다면 더 이상 독립적인 존재가 아닙니다. 모든 사람이 다 같지 않다는 것을 말씀하고 있습니다(롬 14장). 보는 것도 다르고 중요하게 여기는 것도 다릅니다. 그러한 것은 핵심이 아닙니다. 중요한 것은 우리가 주님을 믿고 하나님의 말씀에 순종하려 한다는 점입니다. 우리가 하나님의 말씀에 순종하면 주님께서는 복을 주실 것입니다. 우리들의 생각이나 이 세상의 방식이 아닌 주님의 방법을 신뢰하는 게 중요합니다. 하나님께서 제시해주신 길은 좋은 길입니다.

1) 남편에게 주시는 명령은, (1) 가정의 머리가 되라는 것, (2) 아내를 사랑하라는 것, (3) 아내를 순수하게 지켜 주라는 것, (4) 아내를 자신과 같이 사랑하라는 것, (5) 아버지와 어머니를 떠나 아내와 연합하라는 것, (6) 각자 자신의 아내를 사랑하라는 것, (7) 아내를 모질게 대하지 말라는 것, (8) 아내와 자식 가운데 동거하라는 것, (9) 아내를 존중하라는 것, (10) 아내를 합당한 애정으로 대하라는 것, (11) 남편의 몸에 대한 아내의 권리를 인정하라는 것, (12) 아내를 버리지 말라는 것이었습니다.

2) 아내에게 주시는 명령은, (1) 남편에게 순종하라는 것, (2) 남편을 가정의 머리로 인정하라는 것, (3) 모든 일에서 남편에게 복종하라는 것, (4) 남편을 존경하라는 것, (5) 남편에게 순종하는 것이 합당하다는 것, (6) 하나님을 믿지 않는 남편에게도 말없는 행실로 순종하라는 것, (7) 내면의 아름다움으로 남편을 섬기라는 것, (8) 온유와 조용한 영으로 내면을 장식하라는 것, (9) 열망을 남편에게 두라는 것, (10) 남편을 존중하라는 것, (11) 아내의 몸에 대한 남편의 권리를 인정하라는 것, (12) 남편을 버리지 말라는 것입니다.

결혼 생활의 어려움 중에 배우자 가족과의 갈등을 해결하는 방법

첫째, 모든 가족들을 정중하고 친절하게 대하십시오. 좋은 사람, 싫은 사람 나누어 대하는 것은 결국 내 인품의 부족만 드러낼 뿐입니다.

둘째, 양쪽 부모님을 동일하게 대하도록 노력해야 합니다. 명절 때 방문이나 부모님을 대하는 태도에서 차별이 있어서는 안 됩니다. 물론 기계적으로 모든 면을 공평하게 하기는 어렵습니다. 그러나 부모님을 섬기고 사랑하는 마음에 차이가 없도록 노력할 수는 있습니다.

셋째, 늘 문안드리며 가까이 다가가십시오. 처음엔 쉽지 않습니다. 그러나 습관이 되면 이보다 더 좋은 관계개선 방법은 없습니다. 명절 때만 살갑게 대하는 가족보다 만나기는 어려워도 매일 소식을 알리는 가족이 더욱 가깝게 느껴질 수 있습니다.

넷째, 배우자의 가족을 배우자 앞에서 비난하지 마십시오. 가족에 대한 비난일지라도 배우자는 자신에 대한 비난으로 느껴집니다. 지속된 비난은 부끄러움을 넘어 분노하게 만듭니다. 그리고 무엇보다 항상 좋은 면을 보기 위해 노력해야 합니다. 단점보다는 장점에 초점을 맞추고 존경하지 않는다면 도움이 되지 못합니다. 무엇보다 부부가 한 마음으로 다가가는 것이 가족과 하나가 되는 최고의 방법임을 잊지 마십시오.

함께 산을 오르던 두 사람이 의견충돌로 다투고 있었습니다. 그때 두 마리의 염소가 매우 좁은 다리 위에서 서로를 노려보고 있는 것을 보았습니다. 염소들은 다리의 중간에서 오도 가도 못했습니다. 곧 한판 싸움이 붙을 것 같은 분위기였습니다. 그 순간 예상치 못한 일이 벌어졌습니다. 염소 한 마리가 다리 위에 납작하게 엎드리는 것이었습니다. 그러자 다른 한 마리가 이 염소의 등을 밟고 유유히 다리를 건너갔습니다. 이 두 사람은 이 광경을 보고 큰 충격을 받았습니다. 그리고 화해의 악수를 나누었습니다. 염소에게서 '겸손'과 '양보'를 배운 것입니다. 스스로를 낮추는 양보하는 부부가 사는 가정은 화해로 바꿀 수 있습니다.

행복한 가정생활을 이루기 위해 무엇이 필요합니까?

점점 파괴되어 가는 가정을 회복하기 위해 기독교 가정에서 지켜야 할 것들은 무엇입니까?

첫 번째 열쇠는 '주 예수 그리스도'입니다. 예수님이 없으면 가정이 제 기능을 발휘하지 못합니다. 가정이라는 배를 성공적으로 운행할 수 없습니다. 예수님이 가정의 배를 운영할 수 있도록 하는 것이 행복한 가정생활의 근본적이면서 첫 번째 열쇠입니다.

두 번째 열쇠는 '하나님의 말씀'(성경)입니다. 우리가 매일 가정에서 육의 양식을 섭취하듯 영의 양식인 성경말씀도 섭취해야 합니다. 하나님의 말씀으로 사는 가정은 형통하는 가정이 됩니다.

세 번째 열쇠는 '기도'입니다. 기도가 없는 가정은 지붕이 없는 집과 같습니다. 기도는 겸손의 표현이며 축복의 통로입니다. 하나님은 남편과 아내가 하나 되어 기도하는 가정을 찾고 계십니다. 기도는 행복한 가정을 이끌어 가는 아주 귀중한 힘입니다.

네 번째 열쇠는 '사랑'입니다. 하나님께서 남성을 흙으로 여성을 남성의 갈비뼈로 창조한 것은 남성이 여성을 소중한 존재로 여기도록 한 것입니다. 따라서 남편은 아내를 사랑할 의무가 있고 이 사랑은 말로만 하는 사랑이 아닌 실천적인 사랑이 필요하다는 말입니다. 남편과 아내의 사랑은 가장 사랑스럽지 못할 때, 지겹게 느껴질 때, 성경적 사랑의 결단(주님께서 나를 위해 죽기까지 사랑한 그 사랑)이 필요하다는 얘기입니다. 기도가 막히지 않기 위해(벧전 3:7) 아내는 생명의 은혜를 유업으로 받을 자이기 때문에 하나님께서 말씀하시는 것은 여성이 연약한 그릇이기 때문입니다.

다섯 번째 열쇠는 '대화'입니다. 최근 이혼사유 중 가장 큰 이유가 대화의 부족입니다. 대화는 혈액순환입니다. 혈액순환이 안 되면 신체의 기능이 마비될 수밖에 없습니다. 대화는 기술이 필요한데 먼저 듣는 기술이 필요합니다. 상대방에 귀 기울이는 자세가 우선되어야 합니다. 부부간에 대화를 아름답게 이끌어 가기 위한 천국언어 네 가지는 "미안해요, 괜찮아요, 고마워요, 사랑해요"입니다.

'미안해요'라는 말 속에는 '내 부족함을 너그러이 보아 주세요.' 라는 부탁의 의미가 있습니다. '괜찮아요'라는 말 속에는 용서와 화해의 뜻이 포함되어 있습니다. '고마워요'라는 말 속에는 '당신은 내 힘이고 도움에 감사합니다'라는 마음이 들어있습니다. '사랑해요'라는 말 속에는 '우리는 한 몸이며 당신은 나고 나는 당신이다'라는 함 몸의 고백입니다. 사랑은 명사가 아니고 동사입니다. 우리나라 부부들은 '사랑해요'라는 말에 매우 인색합니다. 아내는 작은 것에도 잘 감동하기 때문에 '사랑해요'라는 말 한마디가 부부간의 대화를 촉진시키는 큰 촉매제가 됩니다.

여섯 번째 열쇠는 '복종'입니다. 피차 복종하라는 것은 가장 근본적인 하나님의 명령입니다. 부부사이엔 아내가 남편에게 복종하고 남편이 주님이 죽기까지 우리를 사랑한 것처럼 아내를 사랑했을 때 행복한 가정생활을 누릴 수 있습니다. 이 복종은 남편이 꼭 잘나서가 아니라 남편이기 때문에 복종하는 것입니다. 아내가 남편에게 복종하지 못할 때 자녀가 부모에게 복종하지 않습니다.

일곱 번째는 '성숙'입니다. 남편과 아내가 육적으로는 성숙했으나 영적 인격적으로 성숙하지 못한다면 많은 문제가 생깁니다. 성경적으로 살펴보면 아담은 "이는 내 뼈중의 뼈요 살 중의 살이라"고 한 몸임을 고백하였으나, 죄를 범하고 나서는 "저 여자 때문이라"고 하와를 원망하게 됩니다. 오늘날 부부간에 서로에게 잘못을 전가함으로써 부부사이에 금이 가는 것을 자주 보게 됩니다. 미숙한 사람이 성숙해지기 위해선 하나님으로부터 오는 생명이 필요합니다. 하나님과 분리된 자는 죽은 자입니다.

6. 가족 구성원 모두의 책임과 의무

우리들이 평안하고 복된 그리스도인의 가정을 이루고 사탄의 공격을 막

아내기 위한 하나님의 말씀을 의지함으로 가족 구성원 모두가 자신에게 주어진 책임과 의무를 다하여 하나님의 말씀에 순종할 수 있는 그리스도인의 향기 나는 가정이 되길 바랍니다.

북미 인디언 오릴리아 부족의 성인식은 아주 특별합니다. 성인식이 있는 날, 아버지는 아들을 강가로 데려가 몸을 깨끗이 씻게 합니다. 해가 질 무렵 아버지는 아들과 함께 산속 깊은 곳으로 들어갑니다. 골짜기를 지나고 강을 건너 들어간 숲 속은 그야말로 사람의 손길이 닿지 않은 적막한 곳입니다. 아버지는 이런 곳에서 아들의 눈을 가립니다. 그리고 추위를 막아 줄 만한 조그만 모닥불을 켜 놓고 떠납니다. 깊은 밤 숲 속에서 아들 홀로 밤을 보내도록 하는 것입니다.

그 밤, 아들은 무섭고 두려운 시간 가운데 담력을 키우며 나름대로 많은 생각을 했을 것입니다. '그렇다! 이제 나는 어른이다! 앞으로 어떤 어려움이 와도 혼자서 이겨 낼 수 있는 당당하고 씩씩한 남자가 되어야 한다!'는 다짐을 몇 번이고 할 것입니다. 당시 인디언으로 살아간다는 것은 첩첩산중에서 맹수들과 적대적인 세력들을 이겨 내야 하는 것이었습니다. 이런 저런 생각을 하는 가운데 어두운 밤은 물러가고 새벽이 찾아옵니다. 희미하게나마 빛의 감촉을 느낀 아들은 눈을 가린 안대를 벗고 주변을 살핍니다. 그러다가 저만치 서서 화살을 겨누고 있는 희미한 그림자를 보게 됩니다. 곧 아들은 화살을 겨누고 있는 그 그림자가 다름아닌 자신의 아버지임을 알게 됩니다.

지난밤 아버지는 아들만 두고 떠난 것이 아니라 혹시 아들이 맹수의 습격이라도 받을까 하여 밤새 아들을 지키고 있었습니다. 아버지도 한잠을 못 자고 아들과 함께한 것입니다. 아들은 이런 아버지의 모습을 보고 기뻐합니다. 아버지는 두려운 밤을 이긴 아들을 대견스럽게 생각하며 함께 집으로 돌아옵니다. 이 하룻밤의 일은 죽을 때까지 비밀로 부쳐진다고 합니다. 아버지와 아들만이 알고 간직하는 성인식입니다. 성인이 된다는 것은 이 세상은 결코 혼자 사는 것이요, 아버지가 있어 아들이 있다는 것을 깨닫는 동시에 나도 아버지처럼 아들을 지켜 주는 자가 되어야 한다는 인식을 갖는 것입니다.

오릴리아 부족의 성인식에서 우리는 하나님과 우리와의 관계를 찾을 수 있습니다. 우리가 혼자라고 생각할 때에도 하나님께서는 언제나 우리와 함께하고 계시다는 것입니다.

하나님은 우리 한 사람 한 사람을 향한 목적을 두시고 우리를 이 땅에 보내셨습니다. 따라서 무엇이 하나님을 기쁘시게 하는 일인지, 그 꿈을 키우고 성취하는 자녀로 양육해야 합니다. 무엇보다도 가장 중요한 것은 무시로 기도하도록 함으로써 기도 습관이 몸에 배도록 해야 합니다. "그가 여호와 앞에 오래 기도하는 동안에 엘리가 그의 입을 주목한즉"(삼상 1:12)이라는 말씀이 나옵니다.

자녀를 위해 부모가 할 수 있는 가장 귀한 일 가운데 하나는 기도하는 모습을 평소에 자녀에게 삶으로 보여줌으로써 자녀도 자연스럽게 기도하는 습관을 들이도록 하는 것입니다. 기도의 자녀는 절대로 망하지 않습니다. 하나님은 우리의 기도를 들으십니다. 그리고 하나님의 방법으로, 하나님이 보시기에 가장 좋은 것으로 응답해 주십니다. 자녀는 하나님이 주신 축복입니다. 이 세상에 잠시 사는 동안 부모에게 맡기신 겁니다. 따라서 부모 마음대로, 부모 뜻대로, 자녀의 욕구를 채워주는 방식으로 양육해선 안 됩니다.

하나님의 말씀 안에서, 하나님께서 주신 꿈을 이루어가도록 키워야 합니다. 그렇게 키워낼 수 있도록 간절히 기도하는 부모가 되어야 하겠습니다. 복있는 자녀는 하나님의 말씀을 읽고 쓰고 듣고 지키는 데 관심을 갖는 것입니다. "훈계에 착심하며 지식의 말씀에 귀를 기울이라"(잠 23:12)고 했습니다.

자녀는 부모의 권위를 인정하고 그분의 아래에서 말씀을 귀담아 듣는 경청의 자세를 반드시 가져야 합니다. 이것이 바로 순종입니다. 공경은 헬라어로 '티마'인데, 이는 '가치 있게 여기다', '무겁게 생각하다' 라는 히브리어 '카보드'의 번역입니다. 그러므로 공경은 부모를 가치 있게 생각하는 마음에서 비롯됩니다. 순종이 소극적 태도의 효도라면, 공경은 적극적인 태도의 효도인 것입니다.

세상의 어느 종교, 윤리, 교육도 효도를 옳은 것이라고 가르치지 않는 일은 없습니다. 동서고금을 막론하고 효의 정당성은 무엇보다 우선적으로 강조되어 왔습니다. 그렇기 때문에 사람을 만드시고 은혜를 베푸신 하나님의 말씀에서 효의 강조가 있음은 당연한 것입니다. 십계명(출 20:12; 신 5:16) 중에서 부모 공경은 인간에 대한 계명 중 첫 번째 계명입니다. 이는 생명의 근원이 어디에서부터 비롯되었는가에 따라 결정된 순서입니다. 인간의 생명은 하나님, 그리고 부모, 다시 사랑하는 사람을 만나 그 생명을 전해주는 것입니다. 그렇기 때문에 5계명이 부모 공경, 7계명이 부부에 관한 간음의 계명인 것입니다. 그리고 이 계명은 땅에서 잘되고 장수하는 복을 약속하고 있는 계명입니다. 이것을 약속 있는 첫 계명이라고 말씀하고 있습니다(엡 6:2-3). 그렇다면 하나님은 어떤 약속을 하셨을까요?

효도하는 자에게 주시는 약속으로 '땅에서 잘되고 장수하는' 현실적인 복을 말씀하십니다. 우리가 궁극적으로 누리는 복은 천국에 가는 것이며, 영생의 복입니다. 그러나 효도에 대한 약속은 대단히 현실적입니다. 그것은 땅에서 잘되는 것과 장수하는 것입니다. 땅을 강조하고 있다는 것을 기억하십시오. 자녀가 잘되고 오래 살기를 원하십니까? 효도하십시오.

부모님의 은혜를 받고 자랐다는 것을 기억하고, 부모님을 함부로 가볍게 대하지 마십시오. 부모를 저주하는 것은 절대로 안 됩니다. 부모를 즐겁게 하고 기쁘게 해드리려고 노력하십시오. 부모님의 안부는 자주 물을수록 좋습니다. 외출할 때나 돌아와서는 꼭 소식을 알려 드리십시오. 부모님 출입에는 반드시 반갑게 맞이하시고, 중요한 일은 의논을 드리며 의견을 존중하십시오. 명절이나 기념일은 꼭 챙겨드리고 일정한 용돈을 드리지 못하면 필요한 것에 쓰실 것을 준비해 드려야 합니다. 하나님의 복을 받을 수 있게 준비하십시오. 성도 여러분, 하나님의 명령입니다. 부모님을 공경하십시오. 누구를 대하든지 부모 공경의 자세를 갖는 것이야말로 예수님의 삶의 자세이고, 그리스도인의 자세입니다. 하나님의 자녀들이 부모를 공경하듯이 공경의 자세를 가지고 사는 것을 기뻐하십니다.

자녀가 잘되고 장수하기를 바라지 않는 부모는 없습니다. 그렇다면 부모는 자녀가 잘되고 장수하도록 양육해야 합니다. 그 교육중의 하나가 효도 교육입니다. 조선 시대에는 효자 가문에 충신이 난다고 하여 효를 장려하였고, 효자를 국가에 등용하였습니다. 자녀에 대한 교육으로 두 가지를 해야 합니다. 그것은 '교양', '훈계'입니다. 교양은 예방이고 훈계는 치료입니다. 교양과 훈계, 이 두 가지를 병행해야 교육이 완성됩니다. 단 교양은 많이 하고 훈계는 적게 하는 편이 효과적이라고 합니다. '5.3.1 교육'이라는 교육방법이 있습니다. 다섯 번 가르치고, 세 번 칭찬하고, 한 번 책망하라는 것입니다.

가정은 지상의 하늘나라입니다. 특히 가정에서의 언어생활은 참으로 중요합니다. 한나의 아픈 마음을 위로하는 남편 엘가나의 말을 들어봅니다. 아브라함을 주라 순복했던 사라를 봅니다. 자녀들에게도 인격적으로 대우하고 속상할 때는 편지를 써서 도시락에나 책상 위에 말없이 넣어 보시고요. 부부간에도 서로 편지를 주고받으시길 바라고 서로 애정을 표현하면서 크고 작은 마음의 갈등과 고통을 해결해 나가기위해 하나님의 말씀으로 사랑이 넘치는 가정, 주님의 영광이 항상 머무는 멋진 가정으로 가꾸어 가시길 바랍니다. 생각을 심으면 행동을 거두고, 행동을 심으면 습관을 거두고, 습관을 심으면 인격을 거두고, 인격을 심으면 일생을 거둔다고 합니다.

오늘날 부모와 아이들의 관심은 세상 것들에 상당히 치우쳐 있습니다. 좋은 휴대전화, 유명 브랜드 옷이나 신발, 가방, 최신형 컴퓨터 ... 남들이 지닌 것들은 나도 갖는 게 당연한 것처럼 여겨집니다. 부모가 자식에게 좋은 걸 해주고 싶은 건 당연한 마음입니다. 우리 자녀들이 하나님의 말씀에 마음을 쏟고 그 말씀을 머리와 가슴에 깊이 새기는 일이 자녀들을 지켜주고 보호하고 이끌어 가는 것입니다. 또한 꿈을 품게 만들어야 합니다. "정녕히 네 장래가 있겠고 네 소망이 끊어지지 아니하리라"(잠 23:18)고 했습니다. 여기서 장래가 있고 소망이 있는 것은 하나님의 은혜와 축복입니다. 이 축복은 믿음 안에서 꿈을 갖고 키워가는 자에게 주어집니다. 그래서 자녀에게는 '하나님 중심의 삶'을 통한 꿈과 비전을 심어줘야 합니다.

믿음의 명문가정을 소개합니다.

미국 매사추세츠의 작은 도시 노드댐프턴에는 250년된 아주 오래된 교회가 있습니다. 그 교회 앞에는 250년 전 이곳에서 목회를 했던 한 목사님의 이름이 적혀 있습니다. 그 이름은 "조나단 에드워즈"입니다. 조나단 에드워즈 목사님은 순수한 복음을 강조하며 대각성 운동과 여성해방을 주장했고, 도덕과 박애라는 미국사회 특유의 가치를 만들어 냈던, 초기 미국 교회사에서 가장 위대한 인물입니다. 이 조나단 에드워즈로부터 8대에 내려오면서 미국을 움직이는 위대한 인물들이 줄줄이 태어났습니다. 다음은 몇 년 전 방송된 내용입니다.

미국의 개척사를 보면 18세기 초 두 명의 젊은이가 청운의 꿈을 안고, 배를 타고 신대륙인 미국에 내렸습니다. 그 두 사람은 마르크 슐츠와 에드워즈 조나단, 두 사람은 똑같이 새로운 땅에서 새로운 미래를 개척하기 위해서 이곳에 왔습니다.

마르크 슐츠는 '내가 이곳에서 큰 돈을 벌어 부자가 되어서 내 자손에게 가난이라는 것을 모르고 살도록 돈을 벌어야 하겠다'라고 생각하고 뉴욕에 술집을 차려서 열심히 일했습니다. 결국 그의 소원대로 엄청난 돈을 벌어서 당대에 큰 부자가 되었습니다. 조나단 에드워즈는 '내가 여기까지 온 것은 신앙의 자유를 찾아서 왔으니 바른 신앙생활을 해야 되겠다'생각했고 신학교에 들어가서 목사가 되었습니다. 그리고 세월이 흘렀습니다. 150년이 지나 5대 자손들이 태어난 후에 뉴욕시 교육위원회에서는 컴퓨터로 이 두 사람의 자손들을 추적해 어떻게 되었는지 조사해 보았습니다.

그랬더니 놀라운 결과가 나왔습니다. 돈을 벌어서 많은 재산을 남겨 자손들을 잘 살게 해주어야겠다고 생각한 마르크 슐츠의 자손은 5대를 내려가면서 1,062명의 자손을 두었습니다. 그런데 그 자손들은 어떻게 되었을까요? 교도소에서 5년 이상의 형을 살은 자손이 96명, 창녀가 된 자손이 65명, 정신이상, 알코올 중독자만 58명, 자신의 이름도 쓸 줄 모르는 문맹자가 460명이었습니다. 정부의 보조를 받아서 신앙을 찾아 미국에 왔던 에드워드 조나단은 유명한 프린스턴 대학을 당대에 설립하고 5대를 내려가면서 1,394명의 자손을 두었습니다. 자손들 중에 부통령 1명, 주지사 3명, 예일 대학교 총장을 비롯한 대학총장 13명, 교수 86명, 변호사 149명, 판, 검사 48명, 의사 68명, 교사 65명, 세계적인 기업가 75명, 뛰어난 발명가 25명, 군인이 76명, 문학가가 75명, 장로 집사가 286명, 그리고 목사도 116명이 탄생했습니다. 무엇이 이 가문을 이처럼 위대한 가문으로 만들었을까요?

방송기자는 그 이유를 찾기 위해 현 노드댐프턴 교회의 목사를 인터뷰했는데, 성경을 제대로 읽히기 위해서 10대 초반에 히브리어와 헬라어 그리고 라틴어를 완벽하게 구사하도록 가르쳤다고 합니다. 이 가문에서 예일대학교 총장도 나오고 교수도 나오고 수십명이 예일대를 졸업했습니다. 그래서 예일대학 내에서도 조나단 연구센터를 세워서 가문의 비밀을 연구했습니다.

예일대학에서 내 놓은 결과도 에드워즈 목사의 가문이 위대한 명문가가 된 것은 '신앙에 기초한 사랑' 때문이었습니다. 믿음으로 인한 가족의 사랑이 위대한 가문을 만들어 냈다는 것입니다. 부모가 자식에게 거액의 재물을 유산으로 남겨주려는 것은 잘못된 것임을 알 수가 있습니다. 그러나 문제는 그 유산을 제대로 관리할 능력이 있는지, 그 유산을 이웃과 나라와 사회를 위해 사용하여 복된 유산이 되게 할 것인지는 고민해 보고 전해주어야 된다는 말입니다.

오늘 한국 사람들의 대부분은 열심히 악착같이 돈을 벌어서 그것을 자손들에게 남겨 주려고 애쓰고 있습니다. 그런데 그 결과는 이 유산이 자식들을 망하게 하고 오히려 불행의 씨앗이 된다는 것입니다. 남부러울 것 없이 모든 걸 다 갖고 있는 듯한 사람들, 그러나 부와 명예도 한 순간이며 사실 아무것도 가질 수 없는 텅 빈 '상속자'들입니다. 그러기에 재물의 유산보다 더 중요하게 물려주어야 할 것이 있습니다. 그것은 믿음과 사랑을 유산으로 남겨 주는 것입니다. 여러분은 자녀에게 무엇을 물려주길 원하십니까? 큰 집, 고급 자동차, 재산, 기업을 상속하길 원하십니까?

오늘도 많은 선택이 앞에 있습니다. 하나님의 기준에 합당하여 그분을 기쁘시게 하고 그분께 영광을 돌리는 아름다운 믿음의 선택을 하시기를 간절히 바랍니다. 선택하기 전에 기도함으로 그리고 언제나 "나와 내 집은 하나님만을 섬기겠노라"고 선언할 수 있는 가정이 되길 바랍니다.

6장. 말씀을 듣고 배운 그리스도인의 자녀들

　오늘날 교회 사역자를 비롯한 가정의 부모는 다음세대들에게 성경을 부지런히 가르쳐야 합니다. 특히 자손 대대로 하나님과의 동행하는 삶을 살아가는 믿음의 가정이 되기 위해서는 자녀들을 말씀으로 양육해야 합니다.
　하나님은 우리가 구원받은 데서 머물기를 원하지 않으시며 계속해서 성숙하기를 원하고 계십니다. 그렇기 때문에 교회를 세우고 하나님의 종들을 통하여 계속 교육하게 하시며, 성령님의 간섭을 통하여 성숙된 그리스노인으로 자라게 하시는 것입니다. 이것을 구원의 단계로 설명하면 '칭의의 구원에서 성화의 구원으로 나아가 야 함'을 의미합니다.

　유대인의 교육법은 유명합니다. 어머니의 무릎 위에서 율법을 들려주고, 문 밖으로 출입할 때마다 보고 읽게 하였습니다. 그런 그들은 수백 년을 타문화 속에서 살아도 자신들의 민족성을 잃지 않았습니다. 성경 속에서도 야곱 때에 70여 명의 이스라엘 민족이 애굽의 고센 땅에 내려가 430년 동안을 살면서도 여호와를 경외하는 신앙을 간직했습니다. 그리고 주후 70년에 바벨론에 의해 멸망한 후 1948년에 독립할 때까지 1,878년을 전 세계에 흩어져 살았으나, 이들 유대인은 없어지지 않고 다시 그들의 나라를 세웠던 것입니다.

이와 같이 우리의 아이들이 소중한 믿음을 가진 아이들로 자라나게 하려면 그들이 살아가는 환경을 믿음의 환경으로 만들어 주어야 합니다. 거기에 가장 합당한 곳은 역시 교회입니다. 교회라는 환경이 어디를 둘러보아도 믿음의 흔적들이 곳곳에 스며있어야 합니다. 어른들의 말투와 의사결정 과정과 어려움을 극복해 가는 방법과 다음세대를 준비해 가는 모든 것이 믿음에 의해서 이루어져야 합니다. 그래야 그것을 보고 배우며 따라서 살아가는 아이들 역시 같은 믿음의 생각과 마음을 가지고 성장하게 될 것입니다. 우리도 하나님을 경외하는 믿음을 가진 부모로서 하나님의 말씀을 잘 가르쳐서, 우리의 다음 세대가 하나님의 자녀답게 살게 해야 할 의무가 있습니다. 어떻게 가르쳐야 할 것인지 성경을 통해 알아보도록 하겠습니다.

1. 성경을 낭독하여 듣게 해야 한다고 말씀합니다.

어릴 때는 아직 언어 독해능력이 갖추어지지 않았기 때문에 들려주는 교육이 반드시 필요합니다. 그래서 유대인 어머니들은 자녀들을 젖먹일 때 성경 이야기를 들려준다고 합니다. 우리도 자녀들에게 어릴 때부터 성경 이야기를 계속해서 들려주어야만 합니다(신 28:2). 성경의 다양한 사건이나 역사적 사실들을 이야기 형식으로 만들어서 재미있게 꾸며 들려주면, 자녀들이 정말 재미있게 듣는 것을 볼 수가 있을 것입니다. 주님께서는 "믿음은 들음에서 온다"고 말씀하셨습니다(롬 10:17).

우리는 하나님의 말씀인 "성경"을 아이들에게 들려주어야만 합니다. 읽는 것이 어려우면 듣게라도 해야 하기 때문입니다. 버스나 지하철을 타보면 많은 젊은이들이 귀에 이어폰을 꽂고 무엇인가를 열심히 듣는 것을 볼 수가 있습니다. 배워야 할 것도, 들어야 할 것도 너무나 많기 때문입니다.

하지만 그리스도인들과 우리의 자녀들은 항상 성경을 부지런히 읽어야 하며, 읽지 못하면 듣기라도 해야 합니다. 아직 글을 몰라도 부모님을 따라 교회에 가서 예배에 참석하여, 찬송하는 것을 듣거나 설교를 자꾸 들으면 자신들이 외워서 그것을 부르기도 하고, 그대로 흉내 내어 설교를 따라 하기도 합니다.

그 아이의 평생에 그 찬송가사가 힘과 능력이 될 것입니다. 자꾸 들으면 외워지게 되고 외우면 자신의 것이 됩니다. 그래서 성경을 어려서부터 열심히 들려주고, 또한 열심히 외울 수 있도록 교육하는 것이 소중한 자녀를 하나님의 말씀인 "성경"으로 양육하는 가장 좋은 방법입니다.

2. 하나님의 말씀인 "성경"을 가르쳐 배우게 해야 합니다.

1) '가르치고 기르는 것'이 교육입니다. 그리스도의 장성한 분량이 충만한 데까지 이르는 목표를 이루기 위해 우리의 교육과정에는 강조점이 있습니다. "하나님의 아들을 믿는 것과 아는 일에 하나가 되는"것입니다. 우리는 기독교 교육이 일반교육과 구별되는 교육입니다. 일반교육은 지식교육을 통하여 성숙한 사람을 이루고자 합니다. 그러난 기독교 교육은 하나님을 아는 지식 교육과 동시에 믿음 교육을 통하여 교육 목표를 이루어 가는 것입니다. 그런데 이 두 가지 모두 한쪽으로 치우쳐서는 안 됩니다. 믿음과 지식은 치우침 없이 하나를 이루어야 합니다.

이를 실천하기 위한 목표는 첫째는 사랑이며, 두 번째는 진실한 삶, 즉 정의입니다. 구약성경에서 호세아 선지자를 비롯한 여러 선지자들은 사랑을 강조했고, 아모스 선지자를 비롯한 여러 선지자들이 정의와 공의를 강조한 것은 기독교 교육의 실천목표를 잘 나타내고 있습니다. 우리는 사랑의 사람으로 부드러우면서도, 진리의 사람으로 강하게 서야 합니다. 공의와 사랑이 균형을 이룰 때 세상은 조화로운 아름다움이 있습니다. 하나님은 사랑의 하나님이시며 동시에 공의의 하나님이십니다. 그분의 사랑은 독생자 아들을 내어주시기까지 우리를 사랑하셨고, 동시에 죄인의 공의로운 심판을 위해 독생자 아들 예수 그리스도를 십자가에 내어 주셨던 것입니다. 기독교가 왕성한 나라에서 나타나는 중요한 특징의 하나는, 교육의 발전과 복지사회의 실현을 위해 나아간다는 것입니다. 뿐만 아니라 인권이 강조되고 경제정의가 실현되는 것을 볼 수 있습니다. 이것은 기독교교육의 특성 때문입니다. 기독교 교육을 한마디로 요약하면, 예수님을 닮은 사람으로 교육하는 것입니다. 이 교육목표가 이루어질 때에 앞에서 언급된 모든 이상적인 사회의 모습이 이루어질 것입니다.

하나님의 말씀은 쉽게 깨달을 수 있는 것이 아닙니다. 그래서 성령님의 도우심이 필요합니다. 하나님의 말씀에 대한 근본적인 이해와 하나님의 뜻을 알아서 말씀을 잘 깨달을 수 있도록 가르쳐야 합니다. 사실 예수님도 말씀을 가르칠 때 비유를 많이 하셨습니다. 왜냐하면 쉽게 배울 수 있도록 하기 위함입니다. 자녀들에게 맞는 언어의 표현과 그들만의 이해를 돕기 위한 비유를 들어서 말씀을 가르치면 보다 쉽게 배우게 됩니다.

2) 말씀 교육의 가장 좋은 방법으로 가정예배입니다.

현대인들은 너무나 바쁜 삶을 살아가기에 가정예배 드리기가 쉽지 않지만, 아이들이 어릴 때일수록 가정예배는 신앙교육으로 참으로 소중한 기회임이 분명합니다. 가정예배를 통해 기도하는 방법, 성경구절 찾기와 말씀을 읽는 방법 등을 배울 수 있기 때문입니다.

그리고 자녀들이 성장함에 따라 스스로 성경을 읽고 암송하며 말씀을 깊이 깨닫고 그 말씀대로 살아가는 훈련을 하나씩 하나씩 해나가도록 합니다. 또한 교회에서 시행하는 신앙교육과 훈련에 적극적으로 참여하여 세상교육 중심에서 신앙교육 중심의 삶으로 바꾸어줌으로써 어릴 때부터 하나님의 말씀인 성경을 통해 하나님과 동행하는 삶이 몸에 베이도록 이끌어 주어야 합니다.

3. 듣고 배운 것을 그 말씀대로 살아가도록 합니다.

아무리 하나님의 말씀을 많이 알고 있어도 행하지 않으면 아무런 소용이 없게 됩니다(약 2:26).

1) 하나님의 말씀은 몸으로 기억해야 합니다.

우리는 머리로만 말씀을 이해하는 데 그치는 것이 아니라 실제 생활 속에서 매일같이 반복적으로 말씀을 실천하는 훈련을 해야 합니다. 매일 주님께서 주시는 말씀을 삶 속에서 실천하는 경건의 훈련을 해야 합니다(신 28:9).

우리가 살아가는 매일의 삶에서 여러 가지 방해요소들이 수없이 있을지라도 하나님의 말씀대로 실제로 살아가려고 몸부림 칠 때, 그 말씀이 몸에 베 게 될 뿐만 아니라 그 말씀의 능력을 통하여 여러 어려운 순간들을 능히 극복할 수 있게 됩니다. 말씀은 머리로 생각하는 차원을 넘어서서 생활에서 행동으로 지킬 때 가치가 있고, 바로 그곳에 능력과 기적이 나타나게 될 것이기 때문입니다(신 28:13).

2) 말씀대로 살아 갈 때 복을 주십니다.

말씀을 듣고 가르치고 배우는 근본적인 이유는 그 말씀을 삶 속에서 실천하도록 하기 위함입니다. 모든 일에 하나님의 뜻이 있을 것이라고 믿는다면, 실제로 그 믿음을 따라 실천하는 행동을 취할 때 하나님께서 도움을 베푸시며 우리로 하여금 하나님의 복을 누리게 하십니다. 즉 말씀대로 행할 때 복을 주시기 위함입니다(신 28:1-14).

불신자와의 결혼에 관하여, 톰소여의 모험의 작가 마크 트웨인은 불신자인데 실은 무신론자였습니다. 그리고 올리비아 레인지던이라는 처녀는 신앙인이었는데 마크 트웨인을 사랑하게 되었습니다. 올리비아는 마크 트웨인에 대한 자신의 사랑은 지고한 것이고 어떤 난관도 헤쳐나갈 수 있으며 더욱이 마크 트웨인을 개종시킬 수 있다고까지 자신 만만하였던 것입니다.

그래서 그들은 결혼하였습니다. 그들의 결혼은 처음에는 그런대로 행복해 보였습니다. 그러나 한해가 가고 두 해가 가고 세월이 가면 갈수록 마크 트웨인은 올리비아의 신앙에 대해 적개심까지 갖게 되었습니다.
 올리비아가 성경책을 크게 읽을라치면 마크 트웨인은 '나는 성경 따윈 안 믿어. 시끄러우니까 집어치워'하고 소리를 버럭 지르는 것이었습니다. 그들 사이는 신앙으로 맺어진 것이 아닙니다. 그리고 올리비아는 마크 트웨인을 자기 신앙으로 끌어들이기는커녕 오히려 자기 신앙을 버려야만 하였던 것입니다. 올리비아는 그렇게 신앙생활을 포기한 채 슬픔 속에서 몇 년간을 더 그와 함께 보냈습니다. 마침내 마크 트웨인도 자기 아내를 위로할 양으로 '여보, 기독교 신앙이 그렇게도 좋으면 하고 싶은 대로 해'라고 마지못해 허락 했습니다. 올리비아는 다시 시작할 수가 없었습니다. 이제 그녀에게 남은 거라곤 아무것도 없을 정도로 절망적인 상태에까지 이르고야만 것입니다.
 비성경적인 불신자와 결혼은 기독교인에게 있어서는 신앙의 포기를 의미할 뿐만 아니고 하늘에 계신 아버지의 사랑마저도 잃고 만다는 것을 의미합니다. 하나님께서 인도하시는 길로 걷지 않으면, 하나님께 가까이 다가갈 수 없는 것입니다. 기독교인의 결혼은 마치 그리스도와 교회의 관계만큼이나 신성한 것입니다.

 레리 크랩이라고 하는 심리학자이자 복음주의 작가가 있습니다. 그는 프란시스 쉐퍼와 C.S루이스의 영향을 받아 신앙을 회복하면서 성경적 상담의 큰 토대를 이룬 사람입니다. 그는 자기 아들 캡이 말을 안 듣고 비뚤어지자 야단을 치고 벌을 세우며 회개를 하라고 다그쳤습니다. 그러나 캡은 점점 비뚤어졌고 결국 학교에서 퇴학을 당하게 되었습니다. 그러자 래리 크랩은 자신이 도저히 감당하지 못하겠다며 하나님 앞에 기도하면서 뜨겁게 울었습니다.
 그 후 아들은 하나님의 은혜를 경험하게 되면서 자신을 뉘우치고 돌아오게 되었습니다. 여기서 래리 크랩이 크게 깨닫게 되었습니다. 사람을 변화시키는 것은 어떤 규칙을 지키게 하고 거기에 따른 책망이 주어져서가 아니라 하나님의 은혜를 받아야 된다는 것을 알있습니까.

그렇습니다. 사람은 야단치고 벌을 세워서 돌아오는 게 아니라 하나님을 만나야 돌아오게 되는 것입니다. 법과 규율로 사람을 지키는 것이 아니라 은혜와 사랑으로 지키는 것입니다. 바리새인은 율법을 가지고 사람들에게 다가가자 전부 등을 돌렸습니다. 그러나 예수님은 사랑을 가지고 다가가자 모두가 모여들었습니다. 나는 교회와 가정과 직장과 학교 등 어떤 마음으로 사람들에게 다가가고 있는지 조용히 한번 생각해 보시기바랍니다.

"이 세상에서 가장 어려운 게 아이 키우는 일 같아요. 어떻게 해야 아이를 잘 키울 수 있죠?" 어떤 어머니가 하소연하자 이를 듣고 있던 그리스도인 교수가 그 비법을 가르쳐 주었습니다. "성경에 그 묘약"이 있지요. 세 살 버릇 여든까지 갑니다. 마땅히 걸어가야 할 그 길을 아이에게 가르치십시오.

그러면 늙어서도 그 길을 떠나지 않습니다(잠 22:6). 이 말씀을 깨끗한 요리쟁반에 올리고 골고루 잘 섞어 주세요. 미련한 아들은 아버지에게 화가 됩니다. 아내가 바가지를 긁으면 새는 천장에서 비가 새는 것 같습니다(잠 19:13).

이 말씀 두 컵을 요리쟁반에 부은 뒤 먼저 말씀과 골고루 혼합하세요. 아이를 꾸짖는 것을 금하지 마세요, 매질 좀 했다고 해서 아이가 죽지는 않습니다(잠 23:13). 이 말씀은 아주 소량만 준비하세요. 소량이라는 걸 잊지 마세요. 많이 넣으시면 큰일 납니다. 부작용이 크거든요. 마음을 다하여 여호와 하나님을 믿으십시오. 자신의 지혜를 의지하지 말고 무슨 일을 만나든지 하나님께 여쭈십시오. 하나님께서 당신의 앞길을 열어주실 것입니다(잠 3:5-6).

맛을 내려면 이 말씀을 꼭 첨가해야 합니다. 깊은 맛은 내 솜씨가 아니라 재료가 더 중요하거든요. 그대는 스스로 모든 일에 있어서 선한 행실의 모범이 되십시오. 가르치는데 있어서는 진지하고 위엄이 있어야합니다(딛 2:7).

자녀를 모든 사람에게 사랑받는 맛있는 요리가 되게 하려면 재료인 자녀도 중요하지만 요리를 만드는 부모가 더 중요하답니다. 먼저 부모가 마음도 정성도 태도도 신중한 장인이 되어야 합니다. 자, 여기에 세 컵의 인내와 두 컵의 사랑과 한 컵의 꿈을 첨가해서 끈기가 생길 때까지 잘 섞어 반죽해주세요. 그러나 이것으로 다 된 것이 아닙니다. 가장 중요한 것이 있지요. 바로 기도랍니다. 기도라는 불판에 잘 구워야 합니다. 그리고 아이와 함께 감사하며 드세요. 절대로 빠뜨리면 안되는 게 감사예요. 부모는 자녀에게, 자녀는 부모에게 온 가족은 하나님께 감사할 때, 요리는 행복의 잔칫상이 될 것입니다.

자녀 교육 십계명

1. **떠나보내라.** 나는 잠시 청지기의 사명을 받았을 뿐입니다.
자녀는 언젠가는 떠나며 부모는 이를 대비하고 준비시켜야 합니다.
2. **자녀는 내 것이 아니다.** 자녀는 인격체입니다. 내 소유물이 아니라 하나님의 자녀이며 인격적으로 대해야 합니다.
3. **명령보다는 모범을 보여라.** 자녀는 부모의 잔소리를 들으며 자라는 것이 아니라 부모의 그림자를 보고 자랍니다.
4. **기독교 세계관을 심으라.** 어렸을 때부터 하나님의 말씀을 부지런히 가르치라. 바른 신앙을 정립하면 세상의 어떤 파도도 넘을 수 있습니다.
5. **성공과 실패를 가르치라.** 성공했을 때보다 실패했을 때 더 격려하고 따뜻한 말로 용기를 북돋아 주십시오.
6. **여행은 미래를 보게 한다.** 특히 청소년 자녀와 단둘이 떠나는 여행은 사춘기를 극복하는 힘을 길러주고 유대감을 강화시켜 줍니다.
7. **Off TV, On Life**
습관적으로 켜던 TV를 끄고 10분만이라도 대화를 나누라.
하루 10분이 인생을 바꿉니다.
8. **집안일을 함께 하라.** 빨래와 청소는 엄마의 무한책임이 아닙니다.
함께 집안일을 하면 책임감과 봉사정신, 문제해결 능력을 배웁니다.
9. **축복을 선포하라.** 아브라함과 그의 아들 이삭, 야곱의 축복을 기억하라.
10. **기도를 가르치라.** 기도는 삶의 힘이자 원동력입니다.

어머니의 교육

조선 중엽 홍서봉의 어머니 유 씨는 어우야담을 쓴 유몽인의 누이이자 어깨너머로 글을 깨쳐 시문에도 능한 이른바 지식인이었습니다. 하지만, 젊은 나이에 남편을 잃은 그녀는 직접 어린 아들을 가르쳤는데 아들이 이따금 학업을 게을리하는 눈치가 보이면 엄하게 훈계하며 회초리를 들었습니다. "너는 불행하게도 어려서 아버지를 잃었다. 사람들은 아비 없이 자라며 버릇이 없다고 손가락질을 하기가 일쑤다. 나는 네가 그런 아들이 되는 것을 바라지 않는다." 그리고는 회초리를 비단보자기에 싸서 장롱 속에 간직하며 말했습니다. "이 회초리는 장차 우리 집안의 흥망을 좌우할 것이다. 나는 이 회초리를 들면서 피눈물을 흘렸지만, 네가 커서 이걸 보면 이 어미를 고맙게 여길 것이다." 부인은 또한 글을 가르칠 때마다 아들과의 사이에 병풍을 쳤습니다. 이를 본 마을 사람이 이상하게 여기자 이렇게 대답했습니다. "어미와 자식 사이는 아버지처럼 엄격할 수가 없는 법이오. 이 아이가 너무 영리해서 글을 잘 외는 것을 보면 나도 모르는 사이에 기쁨이 얼굴에 나타나게 된다오. 그래서 자칫하면 아이에게 교만과 자만심을 길러주겠기에 내 얼굴을 못 보게 하는 것이라오." 이런 비장하고도 엄한 어머니에게서 교육을 받은 홍서봉은 훗날 조선 중기의 문필에 뛰어난 문신이자, 영의정을 지내는 훌륭한 재상이 됩니다.

과거에도 그랬지만 요즘 부모님들 자녀교육에 대한 열정이 대단합니다. 하지만 자칫 훈계 없는 교육은 지식을 가르칠 수는 있어도 인성과 인품은 가르칠 수는 없습니다. 뛰어난 사람이기보다 따뜻한 사람으로 키워내는 것, 그것이 최고의 교육 아닐까요? 교육은 원래 가정에서 이루어져야 하는 것으로 부모보다 더 자연스럽고 호적한 교육자는 없을 것입니다.

미국 조지아 주 중서부에서 대부호로 명성을 떨친 레스터가 있었습니다. 레스터는 이곳에 담배농사를 지어 많은 재산을 모았습니다. 그는 주변의 농토들을 모두 사들여 담배농사를 지었습니다. 그의 땅을 밟지 않고는 주민들이 마을에 들어올 수 없을 정도였습니다. 사람들은 이 길을 토바코 로드(담뱃길)로 불렀습니다.

레스터는 후손들에게 엄청난 땅과 돈을 유산으로 남겨 주었습니다. 그런데 레스터의 3대 후손들은 그 엄청난 유산을 모조리 탕진하고 완전히 몰락하고 말았습니다. 3대손인 지이터가 소작농으로 전락해 유일하게 그 마을에서 살고 있었습니다. 그는 17명의 자녀를 두었는데 그 중 5명은 일찍 사망했고 9명은 가출했습니다.

이 부부는 고향을 지키며 외로운 삶을 살고 있었습니다. 그러던 어느날 지이터 부부가 잡초더미에 불을 놓았는데 그 불이 집에 옮겨 붙어 그만 목숨을 잃고 말았습니다. 땅과 돈만 유산으로 물려주고 좋은 습관을 물려주지 않음으로 저주를 부르고 만 것입니다. 대부호 가문의 불행한 종말이 아닐 수 없었습니다.

그래서 유대인들은 자녀에게 돈 대신 좋은 습관을 유산으로 남겨줍니다. 철학이 없는 많은 유산은 자녀를 불행한 늪으로 몰아넣습니다. 자녀에게 아무리 많은 유산을 남겨주어도 자녀가 신앙적으로, 인격적으로 성숙하지 못하면 그 재산은 헛된 곳에 사용하고 맙니다. 더 중요한 유산은 물질적인 것이 아닙니다. 가장 중요한 유산은 신앙의 유산이고 정신적 유산입니다. 자녀에게 더 중요한 유산을 물려줄 수 있도록 준비하십시오. 여러분은 자녀에게 귀한 믿음을 심어 주고 계십니까? 아니면 자식은 고생해선 안 된다고 유산을 물려주기 위해 뼈를 깎는 고통으로 일에 몰두하십니까? 자녀에게 재산을 물려주려고 하지 말고 더 귀한 것을 물려주려고 힘쓰십시오. 물려줄 믿음의 유산을 하루하루 쌓아나가기 바랍니다.

한강변 옛 나루터 '공암진 투금란'이란 곳에 얽힌 일화가 있습니다. 약 칠백 년 전, 고려시대 충렬왕 때에 '이조년', '이억년'이라는 형제가 살고 있었습니다. 이 둘은 조그마한 농토에서 농사를 지으며 소박하게 살아가는 사이좋은 형제였습니다. 어느 날 이 형제가 길을 가던 중, 동생이 금덩이를 줍게 되었습니다. 아우는 순간적으로 자신이 다 가지고 싶은 욕심이 솟는 것을 누르고 형과 반씩 나누어 갖기로 하였습니다. 이윽고 강가에 이르러 나룻배를 타고 건너가게 되었습니다. 그런데 배가 중간 지점 정도 왔을 때 동생이 갑자기 금덩어리를 형 앞에 내어놓더니 "형님, 제가 이 금덩이를 발견하기 전까지는 형님을 위하고 아끼는 마음에 조금도 흠이 없었는데, 이 금덩어리를 발견하고 나누어 가질 생각을 하니 욕심이 생기고 형님을 미워하는 마음까지 생겼습니다. 그래서 전 이 금덩어리를 저 강물에 던져 버리려고 합니다."그래, 네 말이 맞구나!" 대답이 끝나자마자 이 둘은 힘껏 금덩이를 강물 한가운데로 던져버렸습니다. 황금보다 '우애'에 가치를 둔 형제의 일화입니다. "그 얼마나 아름답고 즐거운가! 형제가 어울려서 함께 사는 모습!"

따라서 이러한 우애를 바탕으로 해서 그리스도인인 부모님들이 하나님의 말씀을 자녀들에게 들려주고 가르쳐 주어야 합니다. '부모인 나 자신부터' 하나님을 가장 최우선적으로 섬기는 모습을 통하여 자녀들에게 본을 보여 주는 삶이 중요합니다. 그렇게 함으로써 소중한 부모님의 성경적 가르침을 받고 살아가는 우리의 미래세대의 자녀들은 부모님이 가르쳐 주시는 말씀에 순종하여, 그대로 실천하는 성도가 될 수 있습니다.

우리 모두는 하나님께 영광 돌리며 평생을 통해 그분을 찬양하며, 그분의 기쁨을 위해 살아가도록 해야 합니다(신 28:8).

3부
그리스도인의 직업

7장. 그리스도인의 직장 생활

　우리가 교회생활을 중요하게 여긴다면, 당연히 직장생활도 중요하게 여겨야 합니다. 이제 우리들은 내가 하는 일 속에서 하나님의 부르심을 깨닫고, 그 속에서 하나님의 뜻을 이루어 가는 사명자가 되어야 합니다. 여기에는 가정을 귀하게 여기며, 결혼을 거룩하게 여겨야 한다는 뜻도 담겨있습니다. 우리의 가정을 아름답게 가꾸어야 합니다.

　사회가 고령화 사회로 접어들면서, 현대 직장인들은 노후를 위한 재테크에 많은 관심이 있습니다. 특히 투자와 재취업에 관련된 재테크가 인기를 끈다고 합니다. 그러나 가장 실속 있는 재테크는 이 땅에 쌓아 두는 재산이 아니라 도둑도 없고, 좀도 먹지 않는 하늘에 쌓아 두는 보물입니다. 결코 사라지지 않는 보물, 영원히 없어지지 않는 보물입니다.

　우리는 모두 행복 하고 싶고 잘 살고 싶어 합니다. 하나님 앞에서나 사람 앞에서 잘 살아가는 사람들이 되고 싶어 합니다. 어떤 시각으로 살아 갈 때 가장 잘 사는 것인가? 잘 산다는 진정한 뜻은 무엇일까? 요즘 웰 빙 족처럼 건강식으로 잘 먹고 잘 자고 규칙적으로 운동하면서 살면 잘사는 것일까? 아니면 돈 걱정 없이 맘껏 부를 누리며 살면 잘 사는 것일까? 명예를 얻어 만인의 존경을 받으면 잘 사는 것일까요?

어느 부잣집의 황소 한 마리와 노새 한 마리가 먹는 것도 같이 먹고, 쉬는 것도 같이 쉬며 늘 함께 일을 했습니다. 그러던 어느 날부터 황소는 꾀가 나기 시작했습니다. "아무래도 주인이 노새보다 나에게 더 힘든 일을 시키는 것 같아, 게다가 일도 더 많이 시키는 것 같단 말야." 황소는 앞으로 일을 안하겠다고 결심을 했고, 주인이 일을 하라고 끌어내도 외양간에서 꼼짝도 안하고 누워만 있었습니다.

그러기를 며칠, 황소에게 슬슬 궁금증이 생겼습니다. 그래서 일을 하고 돌아온 노새에게 물었습니다. "노새야, 내가 일을 하지 않고 놀고 있는 것에 대해 주인이 아무 말도 안하더냐?" "아니 아무 말도 없었어." "정말 아무 말도 없었어." "응, 그런데 오늘 집으로 돌아오는 길에 주인이 소를 잡는 백정하고 오랫동안 얘기하더라."

어느 기업에서 있었던 일입니다. 회사 건물에는 층마다 청소하는 미화원이 따로 있는데, 11층 할머니는 뭐가 그렇게 즐거운지 항상 싱글벙글 미소를 짓습니다. 11층 화장실에 가면 늘 꽃 향기가 가득합니다. 할머니가 꽃을 꽂아두기 때문입니다. 기업 특성상 행사가 많고, 행사 후 버려지는 꽃들이 많은데, 할머니가 그중에 싱싱한 꽃들을 잘 간추려서 화병에 꽂아 두는 것입니다. 화장실에 들어서는 사람들은 가장 먼저 꽃 향기를 맡고는 '아, 이게 무슨 향기지?' 하며 반가워 합니다. 삭막한 화장실 구석이 마치 갤러리처럼 변했습니다. 그동안 미화원이 숱하게 바뀌었지만, 하루 하루 바빠 지내는 회사 사람들은 어떤 직원이 바뀌는지 관심 조차 없었습니다. 그러나

이 힐머니가 바뀐다고 하니 모두 아쉬워 했습니다.

  그러던 중 11층 직원들과 사장이 점심을 같이 먹게 되었습니다. 사장이 "건의 할 것 있으면 말씀 하세요!" 라고 하자, 직원 한 사람이 손을 번쩍 들었습니다. "우리 11층 미화원은 바꾸지 말아 주십시오!" 옆에 있던 다른 직원도 "저도 같은 생각입니다. 11층 미화원 할머니 정말 좋습니다" 라고 많은 직원들은 사장님께 그렇게 건의를 하였고 미화원 할머니는 우수 직원으로 뽑혔습니다. 회의 때 전해 들은 할머니는 "누가 버린 꽃을 가져다 꽂은 것 뿐인데…"라며 눈물을 흘렸습니다.

  꼭 필요한 사람은 대단한 일을하는 사람이 아닙니다. 내가 있는 자리에서, 내가 할 수 있는 일을 하는 사람. 그 일을 즐겁게, 감사한 마음으로 하는 사람. 그런 사람이 꼭 필요한 사람, 없으면 안 되는 사람입니다.

  사소한 일에 충성하는 것이 성경이 알려주는 지혜입니다. 유다의 남은 자들은 바벨론 포로에서 예루살렘으로 바로 귀환했고 성전을 재건하길 간절히 원했습니다. 하지만 그들이 제단을 쌓고 새 성전을 위한 지대를 놓은 후, 외부의 압박으로 인해 그들의 정신은 약화되었고, 재건 사역은 완전히 탄력을 잃게 되었습니다. 성전의 지대는 약 20년간 방치되었습니다.

  바벨론에서 태어난 스가랴는 총독 스룹바벨과 함께 귀향길에 올랐습니다. 선지자이자 제사장인 젊은 스가랴는 재건을 독려하는 하나님의 목소리가 되었습니다. 백성은 이전에 하나님이 그들의 조상들에게 여러 차례 가르치신 것들을 곧 배우게 될 것입니다. 젊은 스가랴는 그들에게 하나님이 약속하신 모든 것을 성취하실 것임을 상기시켜 주었습니다. "여호와께서 말씀하시되 힘으로는 되지 아니하며 능력으로 되지 아니하고 오직 나의 영으로 되느니라"(슥 4:6).

  게다가 하나님은 스가랴를 통해서 백성에게 "작은 일의 날이라고 멸시하는 자 … 기뻐하리라"고(슥 4:10) 선언하셨습니다. 스룹바렐은 성전의 지대를 놓았고, 다윗이나 솔로몬만큼은 아니더라도 그는 하나님이 말씀하신 대로, 성취하실 모든 일의 시작과 같은 성전의 완성을 볼 것입니다. 실제로 하나님은 그분의 심중에 성전을 회복하는 것보다 더 많은 것을 갖고 계셨습니다. 곧 그분의 백성도 회복시키기를 원하셨던 것입니다.

이스라엘 백성은 그들의 과거로 인해 슬퍼하기 보다는 미래를 축하하며 하나님과 함께할 필요가 있었습니다. 예루살렘 멸망을 회상하는 금식 의식에 집중하기보다 매일 매일의 삶을 하나님을 위해 살며 그분의 선하심을 찬양해야 했습니다.

"이제 내가 다시 예루살렘과 유다 족속에게 은혜를 베풀기로 뜻하였나니 너희는 두려워하지 말지니라 너희가 행할 일은 이러하니라 너희는 이웃과 더불어 진리를 말하며 너희 성문에서 진실하고 화평한 재판을 베풀고 마음에 서로 해하기를 도모 하지 말며 거짓 맹세를 좋아하지 말라 이 모든 일은 내가 미워하는 것이니라"고(슥 8:15-17) 하나님은 말씀하셨습니다. 하나님께서 말씀하시는 예들은 일상생활의 평범한 것들이며, 일상의 대화에 나타나는 작은 부분들, 마음의 태도 그리고 약속들입니다.

19세기 초의 작가인 한나 모어(Hannah More)는 '작은 일들'이라는 주제에 대해 열의를 가지고 글을 썼습니다. 곧 '더 작은 덕을 훈련하는 것과 더 미세한 죄를 확실히 피하는 것 그리고 사소한 시련을 인내심 있게 참아 내는 것이 중요하다. 가장 작은 덕을 습득하는 것이 실제적으로는 정반대의 악을 정복하는 것이고, 우리의 윤리적 힘을 배가시키는 것이다.

영적 대적은 1명의 신하를 덜 갖게 되고, 정복자는 덕을 한 가지 더 얻게 된다. 우리가 작은 일들을 무시하는 것으로 인해 세상이 보는 앞에서 기독교를 얼마나 훼손하고 있는지 깨닫지 못하고 있다. 우리가 사소한 유혹도 참아내지 못하는 것을 사람들이 볼 때, 우리가 중대한 것들에 관하여는 진지하다고 그들이 믿어 주길 어떻게 바랄 수 있겠는가?'

'그러나 여전히 고려해 보아야 할 더 중요한 관점이 있다. 지속적으로 반복되는 작은 실수들이 항상 그 본래의 약점을 그대로 유지하는가? 짜증이 한 번도 억제되지 않은 채 수년 동안 방치된 후에는 처음 그 짜증을 다스릴 때보다 더 악화되지 않는가? ... 작은 실수들이 무해하다고 긍정적으로 판단하기에 앞서 우리는 그 실수들이 결코 초기의 양상 이상으로 발전하지 않으리라는 것을 증명해야만 할 것이다. 우리는 아기가 결코 거인이 되지 않으리라는 것을 확실히 해야만 한다.'

리처드 포스터는 스가랴와 모어의 논지를 다음과 같이 설명하면서 기독교인들이 '최대한 하찮은 영역에서 이기거나 지는 것이다. ... 마음을 하나님께 향하도록 훈련하는 데 가장 도움이 되는 것은 바로 작은 충성들이다. 수없이 쌓여진 성령 안에서의 의와 화평과 기쁨의 작은 행동들은 비록 느리다고 할지라도 확실하게 우리의 마음을 변화시킨다. 그 무엇보다도 삶의 작은 구석들이 진짜 우리가 누구인지를 보여 준다. 대부분 보다 큰 공적인 장소에서 나타난다. 또한 다른 사람들이 보고 있다는 것을 알고 있을 때는 그럴듯한 모습으로 행할 수 있다. 하지만 실제로 우리의 마음에 있는 것이 표면으로 드러나는 것은 아무도 보고 있지 않다고 방심하고 있는 순간이다. 그러므로 우리의 마음의 드러남이 하나님의 선하심 안에서 기뻐할 수 있는 이유가 되기를 바란다' 스가랴는, 만약 백성이 하나님께 돌아와 그들 삶의 작은 영역에서도 그분을 사랑한다면 기쁨의 이유를 발견할 수 있으리라는 것을 충실히 선포했습니다.

우리 그리스도인들은 직장생활에서 해서는 안 되는 것 중 하나가 험담입니다. 험담을 하게 되면 누군가를 미워하게 되고 험담의 대상이 되는 사람은 입에 담지도 못할 욕까지 먹게 됩니다. 그거 아십니까? 동료 험담도 명예훼손이 적용된다고 합니다. 피해자에게 치명적일 수 있다면 처벌 받을 수 있습니다.

청년들의 믿음을 검증해 볼 수 있는 계기

군대, 취업, 결혼이 될 수 있습니다. 가정과 교회에서 청소년 시절 잘 양육 받다가 영적으로 점차 독립해 가는 과정에 겪게 되는 일들입니다. 그것이 하나님께서 연단시키기 위한 귀한 계기가 되기도 하지만 동시에 마귀가 주저앉히는 시험의 때가 되기도 하기 때문입니다. 특히 중요한 시간을 보내야 하는 직장 생활은 하나님께서 원하시는 풍성한 열매를 맺기 위한 귀한 삶이 되기도 하지만, 어쩔 수 없이 마지못해 하는 연명의 기간으로 보내게 될 수도 있습니다.

직장 생활을 통해 나로 인하여 나의 주인이 복 받게 하십시오. 마치 요셉처럼 말입니다. 같은 일을 해도 내가 먹고 살기 위해서 일하는 사람이 있고 나를 고용한 주인에게 복이 되게 해야겠다고 일하는 사람이 있습니다. 이것을 우리는 '주인의식'이라고 합니다. 내가 주인인 것처럼 일하는 자세입니다.

할 일만 하고 시키는 일만 하면 된다는 종업원의 마음을 버리고 내가 주인인 것처럼 능동적이며 창의적으로 일하는 자세를 가지십시오. 결국 주인이 복 받는 것은 내가 복 받는 길입니다. 성경의 인물 중에 요셉이 그런 인물이었고 다니엘, 느헤미야가 그런 인물이었습니다. 종업원의 마인드를 벗고 주인의 마인드를 가지지 못하면 결단코 성숙의 자리로 나아가지 못합니다. 마인드와 자세는 곧 능력입니다.

그분을 따라가라

따를 수 있는 지도자가 누구인가? 요즘 젊은이들에게 유명한 젊은 CEO 안준희라는 청년이 있습니다. 그는 직원들에게 아주 파격적이고 인격적인 대우를 해주어 화제가 되었습니다. 그는 강의 중에 하버드대학교 총장을 지낸 나단 푸시의 말을 인용하는데, 나단 푸시가 말했습니다.

청년의 가슴을 이끌 수 있는 5가지 요소는 첫째가 흔들 수 있는 깃발, 둘째가 변하시 않는 신념, 셋째가 따를 수 있는 지도자, 넷째가 평생을 함께할 친구, 다섯째가 함께 부를 수 있는 노래라고 합니다.

그러면서 예수 안 믿는 청년들 앞에서 자기 이야기를 쭉 간증하듯이 전했는데, 자신이 크리스천이라고 당당히 밝히면서 자기 삶 자체가 흔들 수 있는 깃발이 있었기 때문에, 또 변하지 않는 신념이 있었기 때문에 오늘 이 자리까지 올 수 있었다고 고백했습니다.

그 고백을 듣고 있자니 그 청년이 이 정도로 자기 확신을 가지고 세상을 헤쳐나갈 수 있었던 것은 예수 그리스도가 그에게 '따를 수 있는 지도자'가 되어주셨기 때문이었습니다.

따를 수 있는 지도자

당신은 어떤가? 흔들 수 있는 깃발이 있는가? 지금 깃발이 풀이 다 죽어 있다면 흔들 수 있는 깃발로 만들어주시는 예수 그리스도를 다시 의지해야 한다. 하나님은 다시 한번 기회를 주십니다. 그 기회를 붙잡으십시오.

"이스라엘아 여호와를 의지하라 그는 너희의 도움이시요 너희의 방패시로다"(시 115: 9). "주께서 심지가 견고한 자를 평강하고 평강하도록 지키시리니 이는 그가 주를 신뢰함이니이다 너희는 여호와를 영원히 신뢰하라 주 여호와는 영원한 반석이심이로다"(사 26:3, 4).

"내가 달려갈 길과 주 예수께 받은 사명 곧 하나님의 은혜의 복음을 증언하는 일을 마치려 함에는 나의 생명조차 조금도 귀한 것으로 여기지 아니하노라"(행 20: 24).

하나님의 영광을 위한 '성경적 직장 생활'이 되기 위해서는 무엇을 어떻게 해야 하는가? 첫째, 하나님의 인도하심을 확신하는 가운데 직장 생활을 시작할 수 있어야 합니다. 우선 그리스도인의 삶에 대해 하나님의 말씀으로 삶의 목적을 분명하게 정해야 합니다. 직장 생활은 삶의 목적이 아닌 수단이기 때문입니다. 하나님께서는 하나님의 자녀가 열매 맺는 삶을 살기를 원하십니다. 또한 우리들이 열매 맺는 삶을 살아가기 위해 필요한 모든 것들을 간구하면 주시겠다고 약속하고 있습니다(요 15:7).

어떤 상황에서든지 하나님과의 관계와 그분을 섬기는 것이 영적 우선순위임을 입증해 드릴 수 있도록 해야만 합니다(마 6:33). 직장 생활에 집착하느라 영적인 삶이 피폐해지고 황폐해진다면 그야말로 앞뒤가 뒤바뀐 것입니다. 그야말로 본말이 전도된 것이며, 이런 현상이 지속될수록 영적 생활에는 점점 활력을 잃게 되며 영적인 능력이 고갈되어 지게 됩니다.

바쁘고 급할수록 더욱 하나님께서 기뻐하시는 하나님께 최우선 하는 섬김의 삶을 드리는 하루하루의 일과표를 세우고, 말씀과 기도의 시간을 절대로 놓치지 말아야 하는 것이 그리스도인이 지혜로운 삶을 사는 첩경입니다. 직장을 선택하는데 있어서도 정상적인 교회 생활에 방해를 받지 않는 직장을 구하기 위해서 오랜 기도와 철저한 준비가 필요한것입니다.

1) 구직의 조건으로는 예배, 기도 모임, 교제 모임 등 예수 그리스도의 이름으로 모이는 일이 방해받지 않는 곳이어야 합니다.

2) 세상의 기준으로부터 벗어나 하나님의 관점에서 직장을 선택할 수 있어야 합니다. 물질을 위해 직장을 선택하는 것이지만 그리스도인에게 있어서 무조건 돈만 많이 준다고 해서 좋은 직장은 아닌 것입니다. 특별한 경우가 아니라면 정상적인 생활을 할 수 없는 직장을 처음부터 선택하지 말아야 합니다. 예를 들어 처음부터 지역교회와 너무나 멀리 떨어져 신앙생활에 지장이 있다든지, 밤에도 일을 한다든지, 하는 직장은 합당하지 않습니다.

그리스도를 첫 자리에 모셔야 합니다(마 6:33). 하나님의 뜻을 분별해야 합니다(롬 12:2). 개인적으로 사회에서 인정을 받는 일이어야 하며, 윤리적으로 문제가 없어야 합니다.

3) 그리스도인은 가장 중요한 일을 결정하는 데 있어서 주님을 신뢰해야

합니다. 요즈음 온통 직장 생활에 대해 어렵다고들 합니다. '직장에 들어가기도, 직장 생활하기도, 승진하기도 어렵고…' 이렇게 눈에 보이는 현상에만 매달리면 주눅들 수밖에 없게 됩니다.

그럴수록 그 모든 환경을 주관하고 이끌고 계시는 하나님을 바라볼 수 있어야 합니다. 공중의 새들도 먹이시고, 들에 백합화도 입히시는(마 6:25-33) 하나님께서 지금도 여전히 나의 하나님이심을 확신해야 합니다. 상황이 어려울수록 맡겨 주신 영적인 일에 신실할 때, 주님은 그 성도에게 가장 합당한 직장을 주십니다.

둘째, 직장 생활하는 성경적 분명한 목표가 세워져 있어야 합니다. 직장 생활을 잘 할 수 있는 방법으로는 하나님의 도우심과 인도하심을 구해야 합니다(시 30:10). 업무 기술을 개발해야 하며, 최선을 다해 성실히 해야 하고, 성공이 아니라 성숙을 목표로 해야 합니다(롬 8:28-29). 주님께서 직장 생활을 통하여 성숙한 그리스도인으로 성장시킬 목적을 가지고 계심을 알아야 합니다. 그리스도인이 직장 생활에 푹 빠지는 것도 문제지만 "이중생활"도 문제입니다. 그리스도인은 교회에서 뿐만이 아니라 가정과 직장 생활을 통하여 성장합니다.

거듭나지 않은 사람들은 옛 자아뿐인지라, 자아실현의 대상이 옛 자아입니다. 그것은 세상에 대한 사랑의 동기가 되어 육신의 정욕과 안목의 정욕과 이생의 자랑을 실현시키고자 하는 것입니다. 그러나 그리스도인은 거듭난 사람으로, 세상에 대한 욕심과 세상으로부터 받고자 하는 인정을 이미 십자가에 못 박고, 이제는 성령께서 주시는 새 목표를 가지고 새 사람으로 새 인생을 사는 사람입니다(갈 5:24-25). 그리스도인의 삶은 새로운 자아인 새 사람을 하나님의 뜻 가운데 실현시키는 것인데 그리스도인에게는 이것이 진짜 자아실현입니다.

하나님께서는 직장 생활을 통하여 성령의 열매를 맺기를 원하십니다. 또한 하나님께서는 우리들을 다양한 사람들과 다양한 환경, 다양한 일들을 통하여 성숙한 인격의 그리스도인으로 성장하게 하실 것입니다. 말씀에 순종하는 그리스도인 직장인들은, 사람이 시킨 일이지만 하나님을 의식하며 일하게 하실 것이며(엡 6:7), 완수해야할 일을 위해 지혜와 능력을 주시도록 더욱 하나님께 의뢰하고 기도하게 하실 것입니다. 최선을 다해 열심히 일함으로써 능력을 계발하게 하실 것입니다.

세상이 마치 전쟁터와 같다고 말할 정도로 더욱 사나워져 가는 때에 상대하기가 까다로운 사람들을 만나더라도(벧전 2:18) 스트레스에 노출되는 것이 아니라 하나님을 의식하여 더욱 기도함으로 크고 작은 간증을 통하여 예수 그리스도의 성품으로 자라가 성령의 열매를 더 풍성히 맺게 하실 것입니다.

그리스도인의 직장 생활은 뱀처럼 지혜롭고 비둘기처럼 순수해야 합니다. 다른 사람들의 악행으로 순수한 믿음이 더럽혀져서는 안 되지만, 직장 생활에 필요한 전략, 상식, 재치, 대책, 민첩함 등을 사용하여 대비해야 합니다. 예를 들어 직장인이라면 회식자리를 어려워하는데 그것을 피할 수 없다면 잘 대비해야 합니다.

우선 직장 생활을 시작하는데 있어서 그리스도인의 능력은 예수 그리스도를 공개적으로 시인하는 데 있음을 믿어야 합니다. 자신이 그리스도인임과, 더 나아가 자신이 구령자라는 사실을 알게 하는 것은 큰 능력입니다(고전 4:1). 이를 위해 구원의 확신을 가지고 있음은 물론이고, 기회가 주어졌을 때 언제 어디서든지 어떻게 그리스도인이 되었는지에 대한 구원의 간증을 잘 준비하는 것은 최상의 방책입니다. 갓 입사한 경우에는 완전한 복음을 전할 기회를 찾기가 쉽지 않을 것이기에 적합한 전도지 등을 준비하여 전달하는 것이 좋은 방법입니다. 직장 생활을 위해 많은 조언을 듣고 구체적인 대비책을 세우도록 합니다. 그리스도인은 어디를 가든 무엇을 하든 "그리스도인"일 뿐입니다. 그리스도인의 간증은 교회 예배당뿐 아니라 삶의 현장에서도 나와야 합니다.

셋째, 자신이 직장인이기에 앞서 그리스도의 대사임을 확신할 수 있어야 합니다(고후 5:20). 지상의 각 나라에서 임명한 세상의 대사들이 있는 반면, 하나님께서 임명하신 대사들도 있습니다. 바로 예수 그리스도의 대사들입니다(고후 5:18,20). 인간들은 태어날 때 죄성을 가지고 태어나서(시 51:5), 죄를 짓고 사는(롬 3:23, 전 7:20) 마귀의 자식이었습니다(요 8:44). 그렇기 때문에 우리 인간들은 하나님과 원수지간이었고 죽어서 지옥에 갈 수 밖에 없는 존재였습니다. 그러나 예수 그리스도께서 친히 화목제물이 되셔서 십자가에서 피흘려 죽으심과 부활을 이루신 후에 승천하셨고, 이제 믿는 자들에게 복음을 전하는 직분을 맡겨 주신 것입니다(미 28:19-29, 막 16:15).

1. 행동을 통한 증거

1) 능동적으로 일하는 태도(마 5:16). 2) 상사들을 존경심을 갖고 대하며 진심으로 순종하는 태도(엡 6:5). 3) 정직한 태도(엡 4:28).

2. 인격을 통한 증거

3. 말을 통한 증거

1) 직장 동료들을 위해 기도할 것, 2) 업무 시간 중에는 피할 것, 3) 복음을 전 할 기회를 찾을 것, 4) 다른 직장 동료들을 주님의 사랑으로 섬길 것 등등.

어느 직장인의 기도문

매일 아침 기대와 설레임을 안고 시작하게 하여 주옵소서, 항상 미소를 잃지 않고 나로 이하여 남들이 얼굴 찡그리지 않게 하여 주옵소서.

상사와 선배를 존중하고 아울러 동료와 후배를 사랑할 수 있게 하시고, 아부와 질시를, 교만과 비굴함을 멀리하게 하여 주옵소서.

하루에 한 번쯤은 하늘을 쳐다보고 넓은 바다를 상상할 수 있는 마음의 여유를 주시고, 일주일에 몇 시간은 한 권의 책과 친구와 가족과 더불어 보낼 수 있는 오붓한 시간을 갖게 하여 주옵소서.

한 가지 이상의 취미를 갖게 하시어 한 달에 하루쯤은 지나온 나날들을 반성하고, 미래와 인생을 설계할 수 있는 시인인 동시에 철학자가 되게 하여 주옵소서.

작은 일에도 감동할 수 있는 순수함과 큰일에도 두려워하지 않는 대범함을 지니게 하시고, 적극적이고 치밀하면서도 다정다감한 사람이 되게 하여 주옵소서.

자기의 실수를 솔직히 시인할 수 있는 용기와 남의 허물을 따뜻이 감싸줄 수 있는 포용력과 고난을 끈기 있게 참을 수 있는 인내를 더욱 길러 주옵소서.

직장인 홍역의 날들을 무사히 넘기게 해주시고, 남보다 한발 앞서감이 영원한 앞서감이 아님을 인식하게 하시고 또한, 한 걸음 뒤처짐이 영원한 뒤처짐이 아님을 알게 하여 주옵소서.

자기반성을 위한 노력을 게을리 하지 않게 하시고, 늘 창의력과 상상력이 풍부한 사람이 되게 하시고, 매사에 충실하여 무사안일에 빠지지 않게 해주시고, 매일 보람과 즐거움으로 충만함 하루를 마감할 수 있게 하여 주옵소서.

그리하여 이 직장을 그만 두는 날 또한 생을 마감하는 날에 과거는 전부 아름다웠던 것처럼 내가 거기서 만나고 헤어지고 혹은 다투고 이야기 나눈 모든 사람들이 살며시 미소 짓게 하여 주옵소서.

하나님께서 예수님을 이 땅에 보내셨듯이, 예수님께서도 제자들을 세상에 보내셨고, 지금도 보내시는데 현재의 "직장"이 바로 그 곳입니다. 그리스도인들이 만나는 사람들은 모두 예수 그리스도를 전하라고 하나님께서 보내 주신 사람들입니다. 직장 생활의 목적이 생활의 필요를 채우는 데에만 있다면 그처럼 아쉬운 일도 없습니다. 그리스도인으로서의 사명감이 성도의 본질이 되어야 하는 것입니다. 그리스도의 대사로서 삶을 살아가는 한, 직업에는 귀천이 없습니다. 직장인이기에 앞서 그리스도의 대사들이기 때문입니다.

구원받은 사람의 직장 생활과 구원받지 못한 사람의 직장 생활에서의 차이는 무엇입니까? 똑같이 직장 상사에게 잘못을 지적받습니다. 또한 불쾌한 날을 보낼 때가 있습니다. 그러다가 해고 될 수 있습니다. 도대체 차이가 무엇입니까? 우리는 그 차이가 무엇인지 이미 알고 있습니다. 아무리 직장에서 해고되고 병들고 나쁜 일이 닥쳐와도 이 모든 일들이 지나면 선을 이루는 일이 기다리고 있다는 사실을 알고 있습니다.

아내가 싸준 도시락과 편지, 불우한 환경 때문에 끝내 배움을 포기하고, 공장에 취직해 말단 직공으로 있던 한 청년이 있었습니다. 그는 일을 하며, 늘 흉하게 기름때 묻은 자신의 모습을 혐오하다가 끝 모를 열등감으로 매일 술만 마시며 방탕한 생활을 했습니다.

그러던 중, 마음 착한 여자를 사랑하게 되었고, 마침내 그녀와 결혼을 했습니다. 그의 아내는 진정으로 그를 사랑했습니다. 그가 하는 일이 비록 보잘것 없는 일이었지만, 유난히 정이 많은 남편의 사람 됨됨이를 늘 자랑스럽게 생각했습니다.

그러나 그는 착한 아내에게 적은 월급과 기름때에 찌든 작업복을 내놓을 때마다 부끄러운 표정을 지어 보였습니다. 그런 남편의 모습을 보고 아내는 마음이 많이 아팠습니다. 아내는 매일 아침 남편의 가방에 넣어주는 도시락과 함께 편지를 써 보냈습니다.

"나는 당신이 너무 자랑스러워요". 아내로부터 매일 같이 이렇게 쓰여진 편지를 받은 남편은 처음 얼마간은 아내가 자신에게 용기를 주려고 보낸 편지라고 생각해 그저 고맙기만 했습니다. 그런데 몇 달이 지나도 아내의 편지는 그칠 줄 몰랐습니다. 그는 정말로 아내가 자기에 대해 자랑스러움을 느낄 수 있도록 무엇인가를 해야겠다고 생각했습니다.

그래서 그는 평소보다 두시간 일찍 공장에 출근해서, 미처 사람들의 손이 닿지 않는 어두운 창고를 청소하기 시작했습니다. 아무도 모르게 일부러 이른 시간을 선택했고, 사람들이 출근하기 전에 모든 일을 보이지 않게 끝마쳤습니다. 그는 아내에게 이런 사실을 자세히 말하지 않았습니다. 단지 그 일이 아내와 그 사이에 보이지 않는 기쁨으로 남아 있기를 바랐습니다. 그렇게 매일 아침 청소를 하며 보람 있는 나날이 계속됐습니다. 그리고 많은 세월이 흘렀습니다. 그날 아침도 역시 아내가 싸준 도시락에는 편지가 들어 있었습니다. 그는 서둘러 공장으로 가서 여느 때와 다름없이 공장 청소를 기쁜 마음으로 했습니다. 바로 그날 아내의 편지를 읽고 점심 도시락을 먹고 나니, 사장실로부터 급히 오라는 연락을 받았습니다.

'내가 무슨 잘못한 것도 없는데, 사장님이 왜 나를 부르는 걸까?' 그는 영문을 모른채 서둘러 사장실로 올라갔습니다. 올라가 보니 사장님은 뜻밖의 말을 했습니다. "나는 20년전부터 당신을 지켜보았습니다. 아무도 보지 않는 곳에서 당신이 아니라면, 그 누구도 할 수 없는 일을 하루도 빠짐없이 묵묵히 해온 당신께 온 마음으로 경의를 표합니다." 사장은 그를 부사장으로 승진시켰습니다. 부사장이 되어서도 공장 청소만큼은 변함없이 자신이 했습니다.

"나는 당신이 너무 자랑스러워요." 20년을 한결같이 말해준 아내의 이 말은, 이 사랑은, 무력감과 열등감으로 지쳐있는 남편을 세상에서 가장 아름답게 세워놓은 힘이 되었습니다. 자칫 무시당하기 쉬운 남편의 무능함에 그토록 오랫동안 한결같이, 따뜻한 시선을 주는 것은 결코 쉬운 일이 아닙니다.

빛을 원하는 사람에게 다가가 그의 어두운 뒷모습이 되어 말없이 감당하고, 끝내는 한 줄기 맑고 투명한 빛을 던져주는 사랑이란 얼마나 위대한가! 사랑은 어떠한 꿈보다 더 아름다운 꿈을 꾸게 할 수 있습니다. 아내가 매일 매일 적어준 도시락 편지는 진정한 사랑이었습니다. 또한 아내가 해 준 격려는 그에게 크나큰 힘이 되었습니다. 그렇기 때문에 그토록 긴 시간을 오직 한마음으로 기나긴 꿈을 꾸게 했던 것입니다. 위로와 격려, 칭찬의 말 한마디가 한사람의 인생을 바꿀 수 있습니다.

8장. 그리스도인의 자기 사업

옛날 어느 富者가 회갑을 맞았습니다. 아침을 먹은 후 시아버지가 세 명의 며느리를 불러 앉혀놓고, 한줌의 쌀을 나누어 주면서 '꼭 10년 후면 나의 고희가 되겠구나. 지금 나누어준 쌀로 고희잔치 선물을 마련하도록 해라'고 말했습니다. 방에서 나온 첫째 며느리는 '아버님이 노망(치매)을 당겨 하시나봐' 하고는 마당에 있는 닭에게 주었습니다. 둘째는 집으로 가지고 가서 쌀독에 도로 넣었습니다. 셋째는 집으로 돌아와 한줌의 쌀을 꼭 쥐고 한없이 깊은 생각에 잠겼습니다.

10년이 지났습니다. 고희 잔치를 맞은 富者는 온가족을 한방에 모이게 했습니다. '내가 10년 전에 세 며느리에게 쌀을 한줌을 주면서 오늘 고희 잔칫날 선물을 준비하라고 했었다. 준비한 것을 가져오너라.' 첫째는 언제 그런 일이 있었느냐고 반문했습니다. 둘째는 아버님이 농담을 하시는 것으로 알았다고 말했습니다. 셋째는 장부 하나를 가만히 내밀었습니다. 장

부를 읽어보던 시아버님은 눈이 휘둥그래지면서 '소가 5마리, 돼지가 10마리, 염소가 20마리, 그리고 닭이 100마리.' 셋째를 바라보았다. '그래 막내야! 너는 어떻게 한줌의 쌀로 10년 만에 이렇게 많은 선물을 마련했는지 자세히 이야기를 해보아라' 하였습니다.

셋째는 조용히 말했습니다. '아버님이 쌀 주신 뜻을 오랫동안 생각해보았습니다. 그래서 뒷집으로 가서 한줌의 쌀과 병아리 한 마리를 바꿨습니다. 1년이 지나자 병아리가 알을 낳고, 그 알을 팔아서 또 병아리를 사고, 3년이 되니 닭이 100마리가 넘었습니다. 닭을 몇 마리 팔아서 염소를 사니, 닭은 계속 알을 낳고, 염소는 또 염소를 낳고, 그 다음은 돼지를 샀고, 그 다음은 송아지를 사서 이렇게 되었습니다. 처음에는 조금씩 불어났지만 다음부터는 모든 것이 2배로 늘어 난 것입니다. 아버님! 생일선물로 부족하지만 받아주세요!' 모든 사람이 감탄하고 있었습니다.

'내 모든 재산을 막내에게 맡기겠다. 네가 맡아서 가문을 크게 일으키거라!' 성경 마태복음 25장, '달란트 비유의 말씀'을 꼭 참조하시기 바랍니다 (마 25:14-30).

"지혜는 명철한 자 앞에 있거늘 미련한 자는 눈을 땅 끝에 두느니라"(잠 17:24) 승리의 비결에 관한 이야기입니다. 그래프트는 마차에 치즈를 싣고 다니며 팔았습니다. 그는 매일 치즈를 팔러가기 전 하나님께 기도했습니다. 그 기도의 응답으로 판매 전략에 대한 지혜를 얻게 되었습니다.

점점 사업이 번창하여 나중에는 수많은 트럭으로 치즈를 공급하는 큰 사업가가 되었습니다. 그때부터 사람들은 그를 '치즈 왕'이라고 부르기 시작했습니다. 누군가 성공비결을 묻자 크레프트는 이렇게 대답했습니다. "하나님께 지혜를 구하는 기도를 드리자 지혜를 주셨고, 그대로 실천하자 이렇게 사업이 번창했습니다."

지혜를 구하는 믿음과 그것을 실천하는 믿음이 큰 성공을 이루어낸 것입니다. 명철한 사람은 지혜의 소중함을 잘 알기에 지혜이신 예수님께 모든 관심을 집중합니다. 그리고 지혜와 늘 가까이 있어 그것을 따라 행하며 살아갑니다. "내 아버지께서 이제까지 일하시니 나도 일한다"(요 5:17)고 말씀하신 예수님은 일하시기 전에 언제나 한적한 곳을 찾아 기도하셨습니다. 아버지와 대면하고 교제하는 시간을 통해 아버지의 뜻을 이해하고 그것을 이루어갈 지혜를 구하신 것입니다. 예수님의 승리하는 삶의 비결은 바로 여기에 있었습니다. 여호와를 경외함이 지혜의 근본임을 알고 주님을 경외하는 삶을 살기 바랍니다.

지식의 탄생

노벨경제학상을 받은 10명의 학자들과의 인터뷰를 정리해 놓은 책입니다. 이 책을 읽으면서 세계를 움직인 석학들이 어떻게 해서 그들의 길을 갈 수 있었는지를 알 수 있습니다.

첫째로, 이들에게는 매우 공통된 것이 있었는데 그것은 그들 대부분이 대공황을 겪었다는 것입니다. 그런데 그런 어려움이 이들에게 오히려 경제에 대하여 생각하게 되는 계기가 되었다는 것입니다. 그러니 지금 경험하는 어려움은 어쩌면 미래의 우리의 밥이 될줄 누가 알겠는가.

둘째로 이들이 경제학자가 되는 결정이 어려서부터 경제학자가 되어야겠다는 것보다는 그들의 환경에 의해서 혹은 만난 사람(아내이나 교수)이나 환경에 의해서 결정되었다는 것이다. 우연한 기회에 그들이 경제학을 택한 경우가 많다는 것은 흥미로운 사실입니다. 그러니 아직 자신의 미래를 결정하지 못한 대학생들이라고 해서 포기하지 말고 계속해서 자신의 미래에 대한 계획을 세우는 것은 중요한 일이라 생각합니다.

셋째로 그들은 좋은 사람들을 만납니다. 그리고 그들이 운명을 움직입니다. 그러니 사람을 만나는 것은 너무나 중요한 것이라 말할 수 있습니다. 사람은 누구를 만나느냐가 중요합니다. 누군가를 만날 수 있기를 기도하고 기대하는 하루가 되길 소망해봅니다.

넷째로 집안 배경이 위대한 학자를 만든 것은 아닙니다. 그들중 많은 경우가 장학금을 받고 간 경우가 많았습니다.

다섯째로 가족안에서의 대화가 많았다는 것은 흥미있는 일입니다. 어머니나 아버지에게 혹은 가족에게 영향을 받은 경우가 많습니다. 그런거 보면 모든 것의 시작에는 가족이 있다는 것입니다. 그러니 좋은 가족을 만들기 위해 우리는 노력해야 합니다.

여섯째로 혼자 작업을 하는 경우보다는 공동연구를 통하여 혹은 친구들과의 연구를 통하여 그들의 지적 연구가 결실을 맺었다는 것입니다. 그런거 보면 경제학은 혼자하기 보다는 함께 연구하는 경향이 많다는 것을 알 수 있습니다. 그런데 그게 과연 경제학만 그런 것이겠는가? 그렇지 않습니다. 우리는 누군가 함께하는 친구가 필요한 것입니다. 심지어 그것이 학문에서조차 말입니다.

일곱째로 그들의 아이디어는 대체적으로 우연히 혹은 예상하지 않게 찾아옵니다. 그러니 너무 조급하게 인생을 대하지 말고 최선을 다하면 어느날 중요한 것들이 우리의 삶에 노크할 것입니다. 그리고 그것을 놓치지 말고 연구한다면 좋은 결과를 얻을 수 있을 것입니다.

여덟째로 이들은 주류에서 움직이기 보다는 오히려 아웃사이드였으나 그들의 아이디어를 통해 선구자적인 역할을 합니다. 그러니 우리의 삶에 있는 우리의 생각을 너무 기존의 틀에 맞추려 하지 말고 자신의 창조적 생각을 존중하는 삶도 중요한 것입니다.

마지막으로 결정이 된 후로는 창조적으로 그들의 일을 해 나갔다는 것입니다. 창조성이 중요합니다. 우리는 하나님의 자녀답게 무언가를 창조할 수 있는 힘을 가지고 있습니다. 단지 그것을 발견하지 못하고 사용하지 못하는 경우가 많을 뿐이다. 창조성을 찾으라 그리고 개발하라. / 카렌 로른, 와이

한 가지 일을 싫증내지 않고 묵묵히 노력하는 힘, 그것은 바로 오늘 하루

를 열심히 살아가는 힘에 있다고 합니다. 또한 그 하루를 쌓아가는 지속적인 힘이 비범함의 원동력이 된다고 합니다. 작은 발전의 하루하루가 모여서 노하우가 되고 지속적으로 실행한다면, 비범한 사람이 될 수 있습니다. 어떤 환경에서도 묵묵히 나의 길을 걸어가는 그러한 그리스도인 사업가가 되어야 하겠습니다.

어렸을 적에 시냇가, 강, 바다에서 물수제비를 한 적이 여러 번 있었을 것입니다. 특히 바다에서의 물수제비는 쉽지 않습니다. 물수제비를 잘하려면, 얇고 넓적한 돌을 잘 찾아야 합니다. 자기 손으로 잡을 수 있는 적당한 돌을 찾아야 합니다. 서툰 목수가 연장 탓한다는 속담이 있지만, 연장은 중요합니다.

던지기 좋고 얇고 넓적한 돌을 찾았으면, 돌을 던질 때 팔이 수면과 수평이 되도록 움직여야 합니다. 수면으로 날아가는 돌이 수평으로 날아가야 멀리 그리고 많이 물 위를 튕길 수 있습니다. 물의 저항을 덜 받기 위해서 돌을 던질 때, 최대한 회전이 되도록 해야 합니다. 특별히 바다에서는 파도가 친 후 잔잔해진 틈을 타서 던져야 합니다. 이런 기술을 뒷받침 해주는 것은 힘입니다. 요령을 배워도 힘이 없으면, 물수제비를 잘 할 수 없습니다.

오늘날 사회는 정보와 기술과 요령을 배워, 빨리 활용 하는 것을 미덕으로 가르칩니다. 그러나 기본을 무시하면, 계속해서 성장할 수 없습니다. 기술만 익혀 활용하려고 하면 어느 정도는 할 수 있지만, 자기분야에서 역사를 바꿀 수는 없습니다.

성경에 나오는 다윗은 물맷돌로 역사를 바꾸었습니다. 삶 속에서 목동의 역할을 잘 감당하기 위해 꾸준히 기초체력과 기술을 익힌 다윗은 결정적일 때, 하나님의 도우심으로 역사를 바꾸는 주인공이 되었습니다. 눈에 보이는 변화가 없을지라도, 삶 속에서 최선을 다함으로, 하나님께서 허락하신 때에 자기분야에서 역사를 바꾸는 도구로 쓰임 받기를 바랍니다.

"사랑하는 자들아 서로 사랑하자 사랑은 하나님께 속한 것이니 사랑하는 자마다 하나님으로부터 나서 하나님을 알고 사랑하지 아니하는 자는 하나님을 알지 못하나니 이는 하나님은 사랑이심이라"(요일 4:7-8). '인간에게는 하나님만이 채울 수 있는 빈자리가 있는데, 이 자리가 채워지기 전까지는 결코 행복할 수 없다'라고 말했습니다. 세상 재물이나 명예가 행복을 주지 못합니다.

　하나님의 사랑이 우리 속에 넘쳐날 때 참 행복을 누리게 됩니다. 하나님께서 나를 지으시고 나를 사랑하신다는 사실, 온 천하보다 나 한 사람을 더 귀하게 여기신다는 사실은 나에게 큰 힘과 용기를 주는 것입니다. 예수님이 나를 사랑하신다는 사실을 알게 되면 자존감을 회복하고 자신감을 가지고 살 수 있습니다. 예수님의 십자가 사랑을 깨달을 때 우리는 새로운 삶을 살 수 있는 힘을 얻게 됩니다.

　인생은 60부터 라는 말이 있습니다. 65세라는 나이에 제2의 인생을 시작해 세계적인 성공을 이룬 사람, 세계 최대의 체인점 KFC 창업주 커널 샌더스 입니다. 할랜드 샌더스는 6살에 아버지를 잃고, 극심한 생활고에 10살의 나이에 농장에서 일을 해야만 했습니다. 페인트공, 타이어 영업, 유람선, 주유소 등 닥치는 대로 일을 했습니다. 어린시절부터 묵묵히 땀흘려 모은 돈으로 그는 마침내 40세에 미국 켄터키 주의 코빈이라는 작은 도시에 주유소를 차리게 됩니다.

　요리에 자신이 있었던 커넬은 자신이 경영하는 주유소 뒤에 작은 창고를 개조해 자신만의 조리법으로 만든 닭튀김을 만들어 팔기 시작하면서 번창하게 되자 주유소를 없애고 요식업에 뛰어 들게 됩니다. 사업은 날로 번창했지만 그것도 잠깐, 식당에 화재가 발생하여 힘겹게 만든 모든 것들을 한 순간에 잃게 됩니다. 하지만 좌절도 잠시, 이러한 실패에도 불구하고 다시 닭튀김 조리법을 개발해 도로변에 '샌더스 카페'를 열며, 또 다시 인기를 얻기 시작합니다.

　59세가 되던 해, 그만의 비법이 담긴 치킨 요리로 유명세를 얻자 켄터키 주지사로부터 켄터키 커널이라는 호칭을 수여받습니다. 그러던 중 그가 경영하는 식당 옆으로 고속도로가 놓이게 됩니다. 마을은 고속도로 반대편으로 옮겨가고 결국 식당을 찾는 손님은 아무도 없게 됩니다. 미처 손 써 볼 틈도 없이 식당은 경매에 넘어가고 커넬 샌더스는 또다시 수중에 돈 한 푼 없는 알거지가 됩니다.

그때 나이 65세였습니다. 그리고 그와 함께 남은 돈은 사회보장금 105불을 가지고 무엇을 시작할 수 있단 말인가? 그러나 낡아빠진 자신의 트럭에 남은 돈을 몽땅 털어 다시 길을 떠납니다. 그 동안 레스토랑을 운영하며 꾸준히 개발해온 독특한 조리법을 팔아보기로 한 것입니다. 트럭에서 잠을 자고, 주유소 화장실에서 면도를 하며 미국전역을 돕니다. "다 늙어서 무슨 ..." 주변의 냉랭한 시선들, 하지만 그는 개의치 않았습니다. 다만, 극복해야할 시련은 있었습니다. 그가 믿었던 소중한 꿈이 사람들에게 외면당한다는 것이었습니다.

영업을 위해 찾아가는 식당마다 그의 소스를 반기는 사람은 없었습니다. 쉽지 않은 도전이었습니다. 할 때까지 ... 될 때까지 ... 이룰 때까지 ... 무려 1008번이나 거절을 당하고, 마침내 1009번째 자신의 조리법을 받아들인 식당을 찾아냈습니다. 그것이 바로 KFC 1호점이 탄생한 순간이었습니다!

65세 나이 ... 105달러라는 턱없는 사업자금, 그리고 1008번의 거절 속에서도 이렇게 그의 1009번째의 기적은 이루어졌습니다. 그가 그렇게 다닌 지 2년만에 5개의 체인점을 모집했고, 4년뒤에는 200개를 넘게 되었습니다. 커다란 성공을 거둔 사람들에게는 한 가지 공통점이 있습니다. 그것은 웬만한 시련에 결코 물러서지 않는다는 점입니다.

또 하나의 비결은 자신감입니다. 커넬 샌더스가 위기를 극복할 수 있던 것은 자신감입니다. 막연한 자신감이 아니라 자기의 핵심역량인 요리법에 대한 확고한 믿음에서 비롯된 자신감이었습니다. 그리고 그러한 신념이 결국 식당주인들을 움직이기 시작한 것입니다.

그는 우리에게 말합니다. "훌륭한 생각을 하는 사람은 많지만 행동으로 옮기는 사람은 드물다. 나는 65세가 넘도록 포기하지 않았다. 대신 무언가를 할 때마다 그 경험에서 배우고 다음번에는 더 잘할 수 있는 방법을 찾아냈다." "나는 녹이 슬어 사라지기보다 다 닳아 빠진 후 없어지리라"

65세가 넘은 나이에 거의 무일푼의 처지에서도 용기를 잃지 않고 시작한 파란만장한 인생역전기는 마치 영화와 같은 감동과 큰 교훈을 남겨주며 실패와 좌절에 빠진 중년에게 새로운 용기를 불어넣어 줍니다. 그가 세상을 떠난 지 30년이 흐른 현재, 전 세계 kFC매장은 13,000개가 넘습니다. 그리고 그 매장 앞에는 힌 양복을 깨끗하게 차려입은 그가 어김없이 웃고 있습니다.

장사는 마치 스님에게 빗을 팔듯이 해야 합니다. 빗을 생산하는 공장에 3명의 영업사원이 있었습니다. 하루는 사장님께서 그들에게 엉뚱한 과제를 주었습니다. 절에 가서 빗을 팔라는 것이었습니다. 첫 번째 다녀온 영업사원은 빈손으로 돌아왔습니다. 그런데 두 번째 다녀온 영업사원은 놀랍게도 빗 수십 자루를 팔고 돌아와 보고하였습니다. 절에 가서 스님들에게 절하고 "스님들! 얼굴을 보니 정좌를 하시며 너무 오랫동안 앉아 계셔서 혈액순환에 큰 문제가 생긴 것 같습니다. 만일 이 빗을 가지고 자주 머리를 지압해 주면 혈액 순환도 잘 되고 여러 합병증도 억제할 수 있습니다"라고 말하니 많이들 구입하더라는 것이었습니다. 그런데 세 번째 절에 다녀온 영업사원은 더 놀랍게도 빗을 무려 수 백 자루를 팔고 주문도 많이 받아왔습니다. 그는 절에 가서 빗을 판 비법을 설명했습니다. "스님, 참 많은 신도들이 예불을 하고 있네요. 그런데 신도들이 향을 태우다보면 신도들 머리에 재가 많이 묻게 되지 않습니까? 그 때 절에서 이 빗을 준비하였다가 신도들에게 선물하면 너무 고맙게 생각하고 앞으로 더 많이 찾아올 것이 분명합니다. 뭐 제가 장사하려는 것이 아니라 스님을 조금이라도 돕고 싶은 충정입니다. 10개 사시면 1개는 보너스로 드리겠습니다."

필요에 만족 시키는 것을 넘어서서 필요를 창조하는 것입니다. 필요를 만족시키는 것은 조금만 깊이 생각하면 되지만, 필요를 창조하는 일은 역발상의 지혜가 필요합니다. 역발상의 지혜는 삶에 대한 깊은 통찰과 하나님의 말씀을 깊이 묵상하며 기도할 때 얻을 수 있는 것입니다.

호주에는 이뮤라는 큰 새가 있습니다. 타조와 같은 모양이나 크기가 조금 작습니다. 호주가 지형학적으로 따뜻하고 먹을 것이 풍부하다 보니 이뮤는 멀리까지 날아다닐 필요가 없었습니다. 그래서 날개가 몸집에 비해 턱없이 작아져 날지 못하게 됐다고 합니다.

사람의 능력은 위기나 고난의 때 용량이 커진다고 합니다. 보통사람들은 고통을 겁냅니다. 하지만 자신이 겁내고 있는 이유들을 가만히 들여다보면 마음만 굳게 먹으면 실은 별것 아닌 것들입니다. 불편할까, 욕먹을까, 자존심이 상할까, 알아주지 않을까 하는 것들이 고작 고통을 겁내는 이유인 것입니다. 값있고 아름다운 것들은 대부분 고통을 수반합니다. 심지어 사랑과 소망, 섬김 새 출발도 고통을 수반합니다. 1kg의 쇠를 그대로 두면 1달러의 값이 나가지만 불 속에 넣었다가 두들겨서 칼을 만들면 10달러의 값이 나가고, 더 뜨거운 불 속에 넣었다가 두들겨서 칼을 만들면 10달러의 값이 나가고, 더 뜨거운 불 속에서 연단을 받아 에어 체인(인공위성에 쓰는 사슬)을 만들면 1만 달러의 값이 나간다고 합니다. 기억해야만 합니다. 자신이 고난의 불 속에 들어갔다가 나온 횟수가 바로 자신의 값이라는 것을 말해주고 있습니다.

카를 힐티는 '위대한 사상은 반드시 커다란 고통이라는 밭을 갈아서 이루어진다. 갈지 않고 그냥 둔 밭은 잡초만이 무성할 뿐이다. 사람도 고통을 겪지 않고서는 언제까지나 평범함과 천박함에서 벗어나지 못한다. 모든 고통은 차라리 인생의 벗이다.'

어릴 적에 등불을 켤 때 깜빡이는 등불이 꺼지지 않도록 손을 그늘로 감쌌던 기억이 납니다. 촛불을 켜거나, 장작에 불을 지필 때도 마찬가지입니다. 성경은 "하나님은 상한 갈대를 꺾지 아니하시고 꺼져가는 등불을 끄지 아니하신다"(사 42:3)고 말씀합니다. 우리는 상한 갈대와 같고, 꺼져가는 등불과 같은 존재입니다. 가끔 우리는 꺼져가는 등불처럼 희미해져 갈 때가 있습니다. 조심스럽게 감싸시고, 보듬으셔서 우리의 등불이 꺼지지 않게 하십니다. 등불이 활활 타오르기까지 우리를 보호하십니다. 하나님은 우리에게 햇빛만 필요한 것이 아니라 그늘도 필요함을 아십니다.

조지 모리슨은 "신앙의 위대한 역할 중 하나는 인생에서 그늘진 때를 만날 때, 그 그늘이 바로 하나님의 손 그늘이라는 것을 알게 해 주는 것이다"고 말했습니다. 하나님은 우리에게 그늘이 필요할 때 그 그늘을 서둘러 사라지게 하지 않으십니다. 등불의 심지가 온전히 타오르기까지, 온전히 힘을 얻기 까지, 하나님의 손 그늘을 거두지 않으십니다. 하나님의 사람들은 그분의 손 그늘에서 성장했습니다. 하나님의 손 그늘에서 미래를 준비했습니다.

요셉이 보디발의 아내의 유혹을 물리쳤을 때, 그가 가야했던 곳은 감옥이었습니다. 그는 2년 동안 그늘진 감옥에서 지냈습니다. 그는 이해할 수가 없었습니다. 그는 감옥이 두려웠습니다. 오래 머무는 것이 싫었습니다. 그래서 술 맡은 관원장의 꿈을 해석해주고 그에게 그가 득의하면 바로에게 부탁해서 자신을 건져내 줄 것을 부탁했습니다. 그러나 하나님은 요셉을 속히 건져내 주지 않으셨습니다. 2년 이란 세월을 기다리게 하셨습니다. 2년 동안 그를 준비시키셨고, 그 기간 동안 하나님은 요셉을 위해 역사의 무대를 예비하셨습니다. 요셉이 하나님의 손 그늘아래 거했던 감옥생활은 그를 더욱 무르익게 만들었던 기간이었습니다.

하나님은 때로 우리 삶을 더욱 풍성하게 하시기 위해 그늘 아래 두십니다. 우리에게 더욱 중요한 일을 맡기시기 위해 우리가 하던 일을 멈추게 하십니다. 지금 누리고 있던 곳에 어둠을 허락하십니다.

허드슨 테일러가 병약해져서 런던 외각에 머물러야 했던 5년의 기간은 그의 생애 가장 그늘진 기간이었습니다. 그는 너무 쇠약해져서 많은 날들을 침대에 누워 있어야 했습니다. 그가 할 수 있는 것은 기도뿐이었습니다. 그런데 그 그늘진 기간에 중국내지 선교회가 탄생했습니다. 바울의 위대한 옥중서신은 그늘진 감옥에서 탄생했습니다. 존 번연의 천로역정도 마찬가지입니다.

세계 최고 사업가들의 성공 습관

빌게이츠, 다른 사람의 좋은 습관을 내 습관으로 만든다. 세계 최고 부자로 손꼽히는 빌 게이츠 마이크로 소프트 회장은 오픈 마인드의 소유자. 언제나 새로운 생각, 새로운 도전의식을 가진 사람들의 말과 습관을 귀담아 듣고 그것을 자기의 것으로 만든다.

故정주영회장, 해보기나 했어? 방송에 따르면 故정주영회장은 생전에 부정적인 의견을 접할 때마다 "해보기나 했어?" 하는 말을 입에 달고 살았다고 한다. 끊임없이 도전하고 성취했던 정회장의 삶과 가치관을 엿볼 수 있는 대목 ...

워렌 버핏, 책을 보통 사람보다 평균 5배정도 더 읽는 것 같다. 온전히 자력으로만 세계 부자 2위에 오른 워렌 버핏은 독서광으로 유명하다. 정보 싸움이 곧 투자의 성공인 주식 시장에서 워렌 버핏이 마이더스의 손으로 불릴 수 있었던 것은 바로 이같은 지독한 독서 습관을 지니고 있기 때문이다.

오프라 윈프리, 사람들과 쉽게 포옹하라. 오프라 윈프리는 "나는 교황과도 쉽게 포옹할 수 있다"는 말을 했다. 사회적으로 지위가 높건 낮건 쉽게 다가가 편하게 해주는 탁월한 능력이 그녀를 토크쇼의 여왕으로 만들었다.

하워드 슐츠, 매일 다른 사람들과 점심 식사를 한다. 전 세계에 매장 1만

2천여개를 보유한 세계 최대의 커피 체인점의 주인공 ... 그가 무엇보다 중시했던 것은 바로 인간 중심의 경영 철학이었다. 늘 다른 사람과 점심 식사를 하면서 다양한 사람들을 접하는 습관이 바로 그의 성공 신화를 뒷받침하는 성공 습관이었다.

자신이 돈을 벌고, 일을 하고, 회사에 다닌다고 해서 그것이 다 나로부터 시작되었다는 것을 버리고, 사업을 하면서 얻은 수익만큼 다 하나님의 은혜임을 우리가 기억하는 것이 중요합니다. 물질의 주인은 오직 하나님 밖에 없습니다. 그 사실을 우리는 기억하며 주님께 지혜를 구함으로 사업을 해야 하겠습니다.

세계적인 부호 록펠러는 어머니의 신앙적인 가르침에 따라 주일성수와 십일조 등 어려서부터 믿음으로 살았습니다. 가난에 한을 품고 무섭게 일을 하는 야심 찬 사업가가 되어 미국 석유업의 90% 이상을 차지하는 세계적인 대부호가 되었습니다. 하지만 그 과정에서 노동자들을 심하게 착취했다는 비난을 받았습니다.

이런 록펠러는 쉰셋의 나이에 심한 노이로제와 소화불량, 무력감과 악몽에 빠진 시한부 인생이 되었습니다. 하나님 앞에서 자신을 돌아본 록펠러는 회개하고, 하나님과 이웃을 위해 살기로 인생관을 바꾸었습니다. 거액을 쾌척해 시카고 대학을 설립하여 많은 인재를 양성하고, 리버사이드 교회도 세워 하나님께 영광을 돌렸습니다. 자신의 증언이 아니라 예수님의 증인으로 여생을 교육과 선교와 사랑 실천에 쏟았을 때 하나님께서는 그를 죽음에서 생명으로 인도하심으로 98세까지 장수하는 삶을 살게 되었습니다.

"나는 어릴 때, 가난 속에서 자랐기 때문에 온갖 고생을 참으며 살았다. 겨울이 되어도 팔 굽이 노출되는 헌 옷을 입었고, 발가락이 나오는 헌 구두를 신었다. 그러나 소년시절의 고생은 용기와 희망과 근면을 배우는 하늘의 은총이라 생각하지 않으면 안 된다. 영웅과 위인은 모두 가난 속에 태어났다. 성실 근면하며, 자신의 일에 최선을 다한다는 정신만 있으면, 가난한 집 아이들은 반드시 큰 꿈을 이룰 수 있다. 헛되이 빈고를 슬퍼하고, 역경을 맞아 울기만 하지 말고, 미래의 밝은 빛을 향해 분투노력하며 성공을 쟁취하지 않으면 안 된다." / 에브라함 링컨.

벽을 뛰어넘으면서 인간은 성장을 합니다. 일을 하다가 벽이 나타났을 때 '벽이 나타났습니다. 안 됩니다.' 그렇게 말하는 사람들이 있습니다. '그 벽을 한번 뛰어넘어 봐라, 아니면 옆으로 돌아가 봐라, 아니면 땅을 파고 터널을 만들어라, 아니면 그냥 한번 밀어봐라 이렇게 말합니다.' 온갖 시도를 하다보면 안 되는 일은 없습니다. 사람들은 도전하면서 성장해 나가는 것입니다. 다양한 시도와 문제해결 방법에 대한 끊임없는 고민을 통해서 창의력이 왕성해지고 해답도 찾을 수 있습니다.

가끔 우리의 인생에 나타나는 골짜기는 큰 봉우리를 가지게 합니다. 골짜기 없는 봉우리는 없습니다. 높은 산은 다 깊은 골짜기를 가지고 있습니다. 영적거인들은 모두 이 깊은 골짜기의 시간을 믿음으로 보낸 자들입니다. 영적거인들은 그늘 아래서 성장합니다. 그래서 영적 거인들은 사람들이 인식할 수 있는 그늘을 제공할 수 있습니다. 우리의 인생에 깊은 골짜기가 다가 왔습니까? 햇빛 하나 들어오지 않는 그늘 속에 있습니까?

그 그늘에 하나님의 손길이 있습니다. 그 그늘에 하나님의 계획이 있습니다. 우리가 지금 인생의 그늘 아래 있다고 낙심하지 마십시오. 그때가 가장 큰 보물을 키울 수 있는 기회입니다. 그늘 속에 있다고 낙심하지 말고 오히려 그 그늘 속에서 감사하십시오. 그 그늘 속에서 희망을 가지십시오. 하나님의 손 그늘 아래서 희망찬 미래를 준비하도록 하십시오. 그늘이 있기에 찬란한 빛이 더욱 아름답다는 사실을 기억하십시오. 하나님은 우리의 고난을 낭비하지 않으십니다. 그늘 속에서 지낸 자만이 태양의 소중함을 알 것입니다.

하나님은 말씀으로 역사하시는 분이십니다. 하나님은 사람을 하나님의 형상대로 창조하셨습니다. 사람이 하나님의 형상대로 지음 받았다는 것은 모양뿐만이 아니라 인격, 언어, 성품, 능력이 하나님을 닮았다는 것을 의미합니다. 그 귀한 존재를 더 귀하게 하는 것이 바로 말입니다. 그 말은 하나님과 교통할 수 있는 최고의 수단입니다. 내 입에서 나오는 말은 나의 믿음이요, 신용이요, 인격입니다. 나의 근본을 보여주는 나의 창문입니다. "네 말로 의롭다 함을 받고 네 말로 정죄함을 받으리라"(마 12:37).

하나님은 우리의 입에서 나오는 말대로 역사하십니다. 하나님은 입술의 열매를 창조하시는 분이십니다. 거룩한 말을, 믿음의 말을, 긍정의 말을, 감사의 말을 해야 하는 이유입니다.

프랑스 소설가 지오노의 '희망을 심고 행복을 가꾼 사람'이라는 소설 얘기입니다. 알프스 어느 불모의 땅에 엘레아르 부피에라는 노인이 살고 있었습니다. 그는 아내와 외아들을 잃고 외롭게 지내고 있었습니다. 그가 하는 유일한 일은 황무지에 구멍을 파고 도토리 씨를 심는 것이었습니다. 자신의 땅은 아니지만 나무가 없고 땅이 죽어가니 사람들 마음까지 강퍅해진다며 그렇게 씨를 심었던 것입니다.

10년이 지난 뒤 황량하던 땅은 울창한 도토리나무 숲이 되었습니다. 골짜기에는 물이 흐르고, 사람들이 돌아오고, 아이들의 웃음소리가 들리는 행복한 마을이 되었습니다. 사소하게 보였던 그의 행동은 지금의 아름다운 알프스를 만든 계기가 되었습니다.

우리가 사업을 하면서 가끔 만나는 사람에게 전도지 한 장 나눠주다가 이게 무슨 효과가 있겠는가 하는 생각이 들 때도 있지만, 부피에의 삶을 생각하며 위로를 얻습니다. 이 땅에 그리스도의 푸른 계절이 오기까지 사람들의 마음에 우리의 사업의 현장에서 복음의 도토리 씨앗을 열심히 심어야 합니다.

영국군대의 한 장성 한 분이 인도로 전임되어 가족과 함께 항해를 하다 큰 풍랑을 만났습니다. 배가 요동치며 흔들리자 승객들은 모두 두려움에 떨었습니다. 장성의 아내도 두려움에 떨며 얼굴이 창백하게 변하였습니다. 그러나 장성은 조금도 변하지 않고 가족들을 안심시켰습니다. 얼마 지나지 않아 폭풍은 가라앉았습니다. 안정을 되찾은 부인이 남편에게 말했습니다.

가족이 다 죽을지도 모르는데 어쩌면 그렇게 태연할 수 있죠? 그러자 장성은 칼을 빼어 부인의 목을 겨누고 말했습니다. 이 칼로 당신을 찌를 수도 있소 두렵지 않소? 부인이 대답했습니다. 칼이 사랑하는 남편에 손에 있는데 어찌 두려워하겠어요? 당신이 강도 같으면 겁내지만 남편이기에 겁이 안나요. 나를 절대로 안찌를 것이라 믿기 때문이지요. 장성은 말했습니다. 나도 그렇소. 우리는 사랑하시는 하나님의 손에 있는데 풍랑이 어찌 두렵겠소?

마귀 손에 있으면 두려워해야 하지만, 하나님의 손에 있기에 두렵지 않아요. 하나님의 손에 있는 폭풍우가 아무리 사나워도 하나님이 우리 아버지 이시기에 절대로 죽게 하시지 않아요. 그러니 이제 폭풍우를 보지 말고 하나님이 아버지 되심을 믿읍시다. 그리하면 하나님께서 우리의 마음을 평강으로 지켜주셔요.

그렇습니다. 우리를 사랑하시는 하나님은 절대 주권을 가지시고 우주를 섭리하시며, 인류의 역사를 주관하시고 인간의 생사화복을 주장하시는 전능하신 하나님이시기 때문입니다. 그 하나님께서 우리와 함께하십니다. 그리고 하나님께서는 자신의 자녀들을 반드시 지켜 주십니다

혹시 고난과 시련의 풍랑, 패배와 부채의 풍랑, 질병의 풍랑 가운데서 고통당하고 계시지 않습니까? 사업과 직장에서 실패하여 낙심하고 계십니까? 하지만 결코 두려워하거나 좌절하지 마십시오. 그 시련과 패배까지도 우리를 사랑하시는 하나님의 손에 있기 때문입니다. 그러기에 평안을 주시는 것입니다. 이미 우리 예수님께서는 우리들에게 이렇게 말씀하셨습니다. "이것을 너희에게 이름은 너희로 내 안에서 평안을 누리게 하려 함이

라. 세상에서는 너희가 환난을 당하나 담대하라 내가 세상을 이기었노라 하시니라"(요 16:33).

'하늘나라에는 되돌아온 소포가 많다'는 말이 있습니다. 조금만 더 참고 기도했으면 응답받았을 텐데 기다리지 못하고 자리를 떠났기 때문에 응답이 되돌아 왔다는 뜻입니다. 에머슨은 "사람이 영웅이 되는 것은 남보다 용감해서가 아니라 남보다 1분 더 참는 인내가 있었다"라고 말했습니다. 캘빈 쿨리지는 "세상의 그 무엇도 인내를 대신할 수 없다. 재능은 인내를 대신할 수 없다. 재능이 있지만 성공하지 못한 사람들이 수두룩하다. 교육도 아니다. 세상은 교육받은 노숙자들로 넘쳐난다. 인내와 의지만이 모든 것을 가능케 한다"라고 말했습니다. 프랑스의 희극작가인 F 라블레 역시 "기다릴 수 있는 자에게 모든 것이 돌아온다"라고 말했습니다. 그러므로 믿었으면 절대로 낙심하지 말고 하나님의 응답을 기다려야 합니다. 따라서 기다림의 승리하는 삶을 위해서는 태산을 옮기는 겨자씨 믿음이 꼭 필요합니다.

사람들은 일이 잘 풀리고 형통해야 그것이 하나님의 능력이라고 생각합니다. 돈도 잘 벌고 자녀들이 사회적으로 성공하고 뭐든지 남들보다 더 잘 되면 그것만이 복이라 생각하는데 그것은 오해입니다.

고난 중에도 하나님을 묵상하고 환란 가운데서도 하나님을 노래하고, 고독과 쓸쓸함 속에서도 하나님을 사모하며 살아가는 사람이 참 복 있는 사람인 것입니다. 자신도 모르게 세속적인 생각에 빠져 있지 않은지 반성해 보길 원합니다. 주님의 손은 '돌봄의 손'이기도 하면서 어떤 때는 '제어의 손'이기도 합니다." 보라 이제 주의 손이 네 위에 있으니 네가 맹인이 되어 얼마 동안 해를 보지 못하리라 하니 즉시 안개와 어둠이 그를 덮어 인도할 사람을 두루 구하는지라"(행 13:11). '주의 손'이란 표현이 또 나옵니다. 복음 전하는 일을 방해하는 사람을 하나님이 제어하시는 내용입니다. 우리가 때로 하나님이 싫어하시는 일을 할 때 하나님은 우리를 사랑하시기에 그의 손을 펴서 제지해 주십니다.

자동차에는 가속 페달만 필요한 것이 아니라 브레이크도 반드시 필요합니다. 가속 페달이 잘 작동되어 움직이는 차도 멈춰야 할 때 멈추지 못한다면 사고를 당합니다. 사랑이 가득한 손을 펴서 우리를 돌보시고 인도하시며 때로는 제지해주시는 좋으신 하나님과 항상 함께 할 수 있어야 합니다.

복음 사역을 특별한 사람만 하는 사역으로 오해하지 마십시오. 하나님은 지금 나의 직업을 통해서 '사람을 낚고' 싶으신 것입니다. 우리는 내가 모르는 다른 것을 통해서가 아니라 나에게 가장 익숙한 내 일, 내 직장, 내 가족, 내 생각을 가지고 복음을 전할 수 있습니다. 내게 주어진 환경에서 내가 가장 잘하는 재주(은사)를 가지고 주님의 복음을 위하여 주님의 영광을 위하여 주님을 기쁘시게 하는데 쓰여 지는 어부가 되어야 합니다.

수영을 잘 하면서 바다의 생리를 잘 아는 사람은 배가 암초에 부딪쳤을 때 무거운 모든 짐을 버리고 자신의 목숨을 구합니다. 반면에 다른 사람들은 자신의 허리에 금을 묶어두었기 때문에 바다 밑으로 곧장 빠져 버립니다. 금은 납과 마찬가지로 틀림없이 사람을 가라앉게 합니다. 교만, 신분에 대한 욕심, 재물 축적에 대한 탐심을 과감하게 물리치십시오. 이런 것들은 주님을 섬기는 데 방해가 됩니다. 재물은 사람들을 의기양양하게 만들어서 허리를 굽혀 정말로 귀한 진주를 찾지 못하게 합니다. 가난한 사람은 그리스도가 전파되는 허름한 마을의 교회에 들어가 영생을 찾습니다.

성공으로 이끄는 생각

알베르트 아인슈타인은 "이 세상에서 가장 큰 바보는 다른 결과를 바라면서 같은 방법을 계속 쓰는 사람"이라고 말했습니다. 토머스 에디슨은 백열전구의 핵심인 필라멘트 재료를 찾기 위해 전 세계를 돌아다녔습니다. 그리고 수백 가지 넘는 다양한 재료로 실험을 반복했습니다. 그는 2000번 넘는 실패 끝에 백열전구를 발명했습니다. 그러나 그는 한순간도 실패했다고 좌절하지 않았습니다. 한 번 실패해도 그는 "이런 방법이 효과가 없는 것"이라고만 생각했다 합니다. 생각이 완전히 변해야 상황이 변하고, 삶이 변화됩니다.

  독일의 역사학자였던 랑케가 산책하던 중 동네 골목에서 한 소년이 울고 있는 것을 발견하였습니다. 우유배달을 하는 소년이었는데 실수로 넘어지는 바람에 우유병을 통째로 깨뜨린 것이었습니다. 소년은 깨진 우유병들을 배상해야 한다는 걱정에 그 자리에 털썩 주저앉아 엉엉 울고 있었던 것입니다.

  랑케는 울고 있는 소년에게 다가가 말했습니다. "얘야, 걱정하지 말아라. 지금은 내가 돈을 안 가져와서 줄 수 없다만 내일 이 시간에 여기 나오면 내가 대신 배상해주마." 집으로 돌아온 랑케는 한 자선사업가가 보낸 편지를 받았습니다. 편지 내용은 역사학 연구비로 거액을 후원하고 싶으니 내일 당장 만나자는 것이었습니다. 랑케는 너무 기뻐서 어쩔 줄 몰랐지만, 순간 소년과의 약속을 떠올렸습니다. 그 자선사업가를 만나기 위해서는 지금 당장 먼 길을 떠나야 했기 때문에 소년과의 약속을 지킬 수 없는 상황이었습니다.

  랑케는 망설임 없이 자선사업가에게 다른 중요한 약속이 있어 만날 수 없다며 편지를 써서 보냈습니다. 랑케는 큰 손해를 감수하면서 소년과의 약속을 지켰습니다.

  랑케의 편지를 받은 자선사업가는 순간 상당히 불쾌했지만 전후 사정을 알게 된 후에는 더욱 랑케를 신뢰하게 되었고, 그에게 처음 제안했던 후원금 액수보다 몇 배나 더 많은 후원금을 보냈습니다. 랑케에게는 역사학 연구보다 한 소년과의 약속을 지키는 것이 어느 것보다 더 소중했던 것입니다.

  눈앞의 커다란 이익을 저버리면서 까지 약속을 소중히 지켰기에 소년은 절망 속에서 희망을 품었을 것입니다. 그리고 자선사업가는 랑케의 더욱 든든한 후원자가 되었던 것입니다.

출애굽한 이스라엘 백성들은 생각이 변하지 않아 광야에서 멸망했습니다. 그들은 어려움을 만날 때마다 원망하고 불평했을 뿐, 열재앙의 기적으로 구원하신 하나님을 생각하지 않았습니다. 가나안을 정탐한 사람들의 말을 듣고, 장대한 가나안 사람들과 그곳의 견고한 성읍만을 생각하고 낙심했습니다. 결코 가나안 땅을 주신다는 하나님의 약속을 생각하지 않았습니다.

하나님의 말씀은 인간의 완고한 생각을 깨뜨리는 방망이입니다(렘 23:29). 하나님의 말씀은 잘못된 생각을 찍어내는 도끼입니다. 하나님 말씀을 통해 생각이 변해야 새 삶을 살 수 있습니다. 생각이 변해야 성공한 후에도 올바른 일을 하는 참된 성공자가 됩니다.

타국인과 순례자인 우리에게 이 세상은 우리가 세상을 떠나기 전에 죄인들을 구령해야할 선교 현장입니다. 하나님께서 주시는 자존감을 가지고, 세상이 어떻게 변하든지 상관없이, 보내주신 곳에서 담대한 그리스도의 대사로서 하나님 보시기에 가장 귀한 일을 행하는 것이 사업하는 하나님의 사람에게 주어진 그리스도인의 사명입니다. "먹든지 마시든지 무엇을 하든지 다 하나님의 영광을 위하여 하라"(고전 10:31).

4부
그리스도인의 경건

9장. 바른 믿음과 바른 사명

　인생은 긴 여행과도 같습니다. 생명이 탄생하여 죽음으로 끝이 나는 약 8~90년의 유한한 여행, 그것이 우리의 인생입니다. 내가 살고 있는 집은 나의 영원한 집이 아닙니다. 얼마동안 머무르다가 언젠가는 떠나야 하는 한때의 아주 잠시 머무는 곳입니다.

　내가 쓰고 있는 이 육체의 장막은 나의 영원한 몸이 아닙니다. 얼마 후에는 벗어 놓아야 할 일시의 육의 옷이요. 죽으면 썩어버리는 물질의 그릇에 불과 합니다. 우리는 지상의 나그네라는 사실을 잊어서는 안 됩니다.

　순례의 길에 산다는 것은 "영원에 이르는 길"을 가는 것입니다. 그리스도인은 가는 길이 따로 정해져 있습니다. 우리는 모든 것이 계속 반복될 것처럼 의미 없고 무미건조하게 흘려보내는 경우가 많습니다. 똑같은 두 날은 없습니다. 주께서 허락하신 하루하루가 다시 오지 않는 소중한 보물입니다.

　그런데 세상사람들은 육신의 일만 생각합니다. 즉 어떻게 하면 부자가 될 수 있을까? 어떻게 하면 높은 지위를 차지할까? 어떻게 하면 육신을 즐겁게 할까? 만을 생각합니다.

그리스도인은 이 세상에 존재했던 그 어떤 사람과도 다른, 그리고 두 번 다시 없을 하나님의 특별한 걸작품입니다. 그러므로 우리는 아름답습니다. 나라는 존재보다 경이로운 일은 없습니다. 이 감격 속에 사는 것이 신앙생활입니다. 그렇습니다. '신앙인으로 산다'는 것은 두 번 살지 않는 것입니다.

우리가 삶을 뜻있게 살아가려면 그에 걸맞은 '사명'이 있어야 합니다. 사명이 있을 때에야 우리 삶은 존재 가치, 열정, 성취, 보람, 감사, 행복 등을 느낄 수 있는 것입니다. 그렇다면 어떻게 나만의 사명을 찾을 수 있을까요. 다음 질문이 도움이 될 것입니다. 재능, 나는 무엇을 즐겁게 잘하는가. 축복, 내가 받은 남다른 복은 무엇인가. 부담, 무엇이 내게 긍휼과 감동을 주는가. 고통, 내가 이겨낸 큰 아픔은 무엇인가. 이를 성찰하고 기도하다 보면 어느새 사명을 발견하게 될 것입니다. 만일 그럼에도 사명을 발견하지 못했다면 오늘 나에게 주어진 일을 사명처럼 여기십시오.

하루는 영국의 대문호 셰익스피어가 어느 식당에 들어갔습니다. 당연히 모두가 그를 알아보고 깍듯이 예우했습니다. 그 모습을 보며 현관 청소를 하던 한 청년이 투덜댑니다. 그러자 그는 그 청년을 감싸 안으며 말했다고 합니다. "여보게 젊은이, 나는 펜으로 하나님이 지으신 우주의 한 부분을 표현하지만 자네는 지금 하나님이 지으신 우주의 한 귀퉁이를 아름답게 가꾸고 있지 않은가? 결국 우린 같은 일을 하고 있다네." 참 멋진 말 아닙니까?

인생에서 가장 중요한 일은 나만의 사명을 찾는 것입니다. 사명이란 무엇입니까. 바로 나의 존재 목적이자 살아야 할 이유이고, 내 인생 최고의 가치이자 행복이며, 일평생 이루어야 할 과업입니다.

성도는 어떻게 하면 하나님을 기쁘시게 할까? 어떻게 하면 하나님께 영광을 돌릴까? 어떻게 하면 기도와 전도를 많이 할 수 있을까를 생각합니다. "육신을 좇는 자는 육신의 일을, 영을 좇는 자는 영의 일을 생각하나니 육신

의 생각은 사망이요 영의 생각은 생명과 평안이니라"(롬8:5-6)

　일생을 사명으로 살았던 대표적인 한 사람을 꼽자면 영국의 정치가 윌리엄 윌버포스가 있습니다. 그는 젊은 날 기도하던 중에 필생의 사명을 발견합니다. 바로 노예제도를 폐지하는 것입니다. 당시 영국의 노예무역은 국가 재정의 40%에 이를 정도였습니다. 당연히 쉽지 않은 길이었습니다. 그를 향한 비난·모욕·위협이 그치지 않았고, 오랜 활동으로 재산을 다 잃었으며 본인의 건강 또한 악화되었습니다. 그럼에도 그는 끊임없이 노력했고 마침내 1833년 7월 26일 영국의 모든 노예를 1년 내에 해방한다는 결정이 내려졌습니다. 병상에서 이 소식을 듣게 된 그는 이렇게 감격해했다고 합니다. "오 하나님, 이 날을 눈으로 보고 죽게 하시니 그저 하나님께 감사할 뿐입니다."

　이처럼 사명을 발견하고 사명을 위해 살다가 사명을 성취하고 사명과 함께 죽는 사람은 가장 행복한 사람입니다. 그렇다면 당신의 사명은 무엇입니까. 오늘 당신은 무엇을 이루고 계십니까. "성공하는 인간이 되기보다 가치 있는 인간이 되기 위해 우리는 사명을 깨달아야 한다."(알베르트 아인슈타인) "나의 달려갈 길과 주 예수께 받은 사명 곧 하나님의 은혜의 복음 증거하는 일을 마치려 함에는 나의 생명을 조금도 귀한 것으로 여기지 아니하노라"(행 20:24).

　우리의 사명을 생각합니다. 주님이 주신 사명으로 인해 내 생명도 아끼지 않을 만큼 집중하고 열심을 다하고 있는지 생각합니다. 아주 작은 일일지라도 오늘 하루 최상의 주님께 우리의 최선을 드리기 원합니다. 주님의 말씀이 우리를 능히 든든히 세워 가시고 기업을 주실것을 믿습니다! 포기하지 않고 전진합니다.끊임없이 주님과 주파수를 맞추고 하나님의 음성을 듣고 순종하기 원합니다. 자유하며 땅에 발을 딛고 있지만 하늘에 사는 성령의 사람이되기 원합니다.

이는 오늘 내게 주어진 모든 일이 하나님께서 베푸신 성직이요, 사명일 수 있다는 것입니다. 그러니 오늘 당신에게 주어진 일을 소홀히 하지 마십시오. 그것이 곧 사명입니다. "지금 내가 너희를 주와 및 그 은혜의 말씀께 부탁하노니 그 말씀이 너희를 능히 든든히 세우사 거룩케 하심을 입은 모든 자 가운데 기업이 있게 하시리라"(행20:32). 위대한 믿음의 사람들은 사명을 따라 살아간 사람들입니다. 욥이 그랬고 요셉과 다니엘과 사드락과 메삭과 아벳느고가 그랬습니다.

누구나 다음의 세 가지 질문에 답할 수 있어야 결코 무너지지 않는 든든한 인생이라 말할 수 있습니다. 하나, 나는 누구인가. 둘, 나의 사명은 무엇인가. 셋, 나의 최종 목적지는 어디인가. 감사하게도 우리 그리스도인에게는 이 물음에 대한 분명한 해답이 있습니다. 곧 주의 자녀라는 확신이요, 주의 뜻을 행하는 사명이요, 주의 나라에 거할 것이라는 희망입니다. 어떤 상황에서든 이 세 가지만 붙들고 산다면 결코 무너지지 않는 인생을 살게 될 것입니다.

기도

우리의 마음과 생각을 감찰하시는 주님, 우리의 마음과 생각이 하나님 보시기에 아름답게 하소서. 더러운 생각, 허탄한 생각, 육신의 생각을 버리고 나의 마음과 생각을 아름답게 유지토록 지켜주시옵소서. 하나님이 쓰시기에 합당한 깨끗한 그릇으로 쓰임받게 하소서. 겸손과 온유와 순종의 모범이 되신 예수 그리스도의 마음을 품고 살게 하옵소서. 우리 주 예수 그리스도를 통하여 주님께서 허락하시는 모든 일들을 감사하며 찬양하게 하소서. 우리 구주 예수님의 이름으로 기도드립니다. 아멘.

바른 믿음 중 아주 중요한 것은 주님 앞에 자백(요일 1:9)하고 회개하는 것입니다. 내가 회개하고 돌아설 때에 가정에 화평이 임하고 우리 사회와 국가가 화평을 이루게 됩니다. 하나님께서는 회개하는 자의 죄를 기억하지 않으시는 은혜로우신 분이십니다. 예수님은 사형 선고를 받아 십자가에 달린 강도에게도 그가 회개할 때에 "오늘 네가 나와 함께 낙원에 있으리라"고 말씀하셨습니다. 가정의 행복을 위하여 바른 믿음인 회개가 실천될 때 하나님의 은혜를 받게 됩니다. 또한 사회와 국가가 건전해질 것입니다.

안타깝게도 지금의 현실, 지금의 사회는 회개할 줄 모른다고 합니다. 잘못을 범했으면서도 책임을 전가하고 부인하고 속이는 사회입니다. 그러나 그리스도인인 우리는 달라야 합니다. 우리의 가정부터 회개를 실천하여 하나님의 은혜를 누리는 복된 가정이 되어야 하기 때문입니다. 그리고 회개의 중요성을 자녀들에게 교육하여 회개의 생활화로 이 사회를 복되게 해야 합니다.

인생의 참된 기쁨은 가지고 싶은 것, 하고 싶은 것을 모두 할 때 얻을 수 있는 것이 아닙니다. 우리 삶에 가장 의미 있고 가치 있는 것을 붙잡기 위해 해야 할 일은 가장 빠른 때에 하나님을 기억하고, 그분을 사랑하며, 그분을 섬기는 일입니다. 누군가는 하고 싶은 것을 하고 살고, 누군가는 그런 삶을 살지 못합니다. 그래도 괜찮습니다. 우리 인생은 가치 있고 의미 있는 참된 삶을 사는 것입니다.

우리가 예수님께 시선을 고정하면 우리에게 능력이 나타납니다. 성령이 충만해 질 때, 우리의 모든 문제가 녹고 불타서 사라지게 될 것입니다. 우리를 묶고 있던 근심의 사슬이 풀어지고, 염려와 두려움이 불살라질 것입니다. 절망의 고리가 끊어지며, 희망의 노래를 부르게 될 것입니다. 어떻게 하면 그렇게 될 수 있겠습니까? 성경은 우리에게 무엇이라고 말씀하는지 살펴보도록 하겠습니다.

"너희가 내 말에 거하면 참으로 내 제자가 된다. 그리고 진리를 알게 되고, 나아가 진리가 너희를 자유롭게 할 것이다"(요 8:31-32). 이 말씀은 우리들에게 얼마나 깊은 뜻을 담고 있는지 알게 해 주고 있습니다. 단어 하나하나에 우리가 깊이 고백할 신앙의 본질과 신앙의 사명이 담겨 있습니다. 그렇습니다. 예수님을 닮는 삶을 살아야 합니다. 말씀에 헌신하는 삶을 살아야 합니다. 그리고 진리의 삶을 살아감으로 맡겨진 사명을 감당해 내야 합니다. 요 8:31-32에서 세 가지 중요한 단어를 대하게 됩니다. "믿음", "진리", "자유"라는 단어입니다. 주님께서 이러한 단어를 쓰신 것은 성도들의 바른 믿음과 바른 사명을 위해서입니다.

참으로 내 제자가 되고(요 8:31).

가장 먼저 주님께서는 우리가 믿음을 갖는 것은 주님의 제자가 되는 것이라 말씀하셨습니다. 예수님을 믿는다는 것은 예수님의 참 제자가 되는 것입니다. 당시 사람들에게 가장 귀한 관계는 바로 선생과 제자의 관계였습니다. 이 관계에서만이 진리가 다루어졌기 때문입니다. 이를 주님께서 사용하셨습니다. "참으로 내 제자가 되리라!" 선생과 제자라는 표현은 성도들이 예수님과 깊은 하나 됨이 있어야 함을 전제합니다.

생각의 하나 됨, 감정의 하나 됨, 소망의 하나 됨, 사명의 하나 됨을 말합니다. 선생이 말하는 바를 제자들은 온전히 받아들이도록 힘써야 하고 온전히 실천하도록 힘써야 하며 온전히 전파하도록 해야 합니다. 제자들은 주님의 대사들입니다. '참 제자'라는 표현을 사용하신 것도 바로 이런 의미입니다. 예수 믿고 복 받는 것도 귀하지만, 우리에게 더 근본적인 것은 주님과 하나가 되는 것입니다. 그래야 다른 것들도 의미가 있게 되는 것입니다. 교회가 세상 사람들로부터 존경과 신뢰를 잃은 것이 예수님과 하나 됨의 근본을 잃어버렸기 때문이 아니겠습니까? 먼저 예수님과 하나 됨을 이루시기 바랍니다. 그리고 나서 그 외의 것을 생각해야 합니다.

내 말에 거하면"(요 8:31).

우리는 '말'과 '거한다'는 단어에 깊은 관심을 가져야 합니다. 우리가 믿는 하나님은 말씀하시는 하나님이십니다. 이것은 하나님의 본질이라고 할 수 있습니다. 말씀하시는 하나님은 인간과 관계를 하시고, 인간처럼 인격을 가지신 분입니다. 인간과 대화하시는 분이십니다.

말은 그 사람의 생각과 가치, 소망과 사명을 드러냅니다. 또한 무엇보다 인격을 드러냅니다. 그러므로 말은 한 사람을 드러내는 가장 대표적인 통로입니다. 제자가 된다는 뜻은 선생의 말씀을 온전히 따른다는 뜻입니다.

우리 모두는 하나님의 말씀에 헌신해야 합니다. 하나님과 성도들 사이에는 말씀을 통한 교통이 있어야 합니다. 그러므로 우리가 주님을 닮는다는 것은 곧 말씀에 헌신한다는 뜻입니다. 당시 유대인들에게 신앙이란 것은 법을 지키는 것이 되어 버렸습니다. 그 안에는 항상 긴장과 판단이 있었습니다. 무엇보다 외적인 관계만 존재합니다. 법만 지키면 됩니다. 이런 관계가 우리가 믿는 하나님과의 관계는 아닙니다. 주님께서 원하시는 관계는 서로를 존중하고 신뢰하며 헌신이 있는 인격적인 관계입니다. 이것이 바로 말씀의 관계입니다.

말씀에 거하라

중요한 단서가 붙어 있습니다. 거한다는 말은 그 집에 들어가서 산다는 뜻입니다. 아예 그 집의 종이나 자식처럼 되어서 함께 살면서 배우고, 훈련하고, 실천한다는 뜻입니다. 내 삶 전체가 변한다는 뜻입니다. 인격까지도 선생을 닮는다는 말입니다. 살면서 선생의 모든 것을 배운다는 뜻입니다. 여기에는 선생의 헌신도 있습니다.

주님께서는 '내 제자'라고 말씀하셨습니다. 이 말씀 속에는 깊은 헌신과 책임을 다하시겠다는 뜻입니다. 이 말이 바로 '거한다'라는 뜻입니다. 예수 그리스도를 믿는다는 것은 예수님의 모든 것을 삶으로 배운다는 것을 말합니다. 말씀에 거하는 믿음의 삶을 사시기 바랍니다.

진리를 알지니 진리가 너희를 자유롭게 하리라"(요 8:32). 진리가 무엇인가? 신앙과 진리가 무슨 관계인가?

우리는 참된 진리와 유사 진리를 구별할 수 있어야 합니다. 진리의 삶으로 사명을 감당하시기 바랍니다. 주님께서 우리를 제자로 삼으신 것은 진리를 알도록 하기 위함이요, 진리가 우리를 자유롭게 하도록 하기 위함입니다. 함께 진리를 위해 헌신하자는 뜻입니다. 제자들이 진리를 알고 그들에게 진리가 가져다주는 자유를 갖도록 함이 목적입니다.

진리가 너희를 자유롭게 하리라 무슨 말입니까? 진리는 물건이나 지식 혹은 원리가 아닙니다. 진리는 인격입니다. 인격이기에 우리에게 다가오고 우리와 대화하고 우리와 함께 합니다. 내가 진리에게로 나아갈 때 진리는 내게로 다가오고 나를 자유롭게 합니다. 그러면 도대체 진리는 무엇입니까? 성경은 놀라운 선포를 합니다.

예수님이 곧 진리이십니다! 그렇습니다. 예수님을 믿는 다는 것은 바로 진리인 그분을 알고, 그 진리에 머무르는 것입니다. 우리가 그 진리를 배워 진리가 우리 속에 자리 잡게 되면 우리는 그분의 제자가 됩니다. 그 진리는 우리를 자유하게 합니다. 우리의 행실이 변하고, 인간성이 변하고, 삶의 목적이 변하는 새 사람이 됩니다. 여기서 우리는 왜 오늘도 사람들이 진리를 찾지 못해서 고통당하거나 왜 진리를 가졌다는 사람들이 도리어 진리를 어렵게 하는지를 알 수 있습니다. 참 진리를 몰랐기 때문입니다. 우리는 오랫동안 진리에 대한 '지식'을 가지려고 온 힘을 다했습니다.

그러다 보니 지식을 가질수록 교만해지고, 법을 가질수록 더 판단하고, 원리를 가질수록 더 정복했습니다. 또한 교리를 가질수록 교회가 분열되었고 인간을 높였습니다. 하나님을 멀리했습니다. 내가 했다고 생각했습니다. 이러한 진리에는 사랑도, 용서도, 생명도, 공동체도, 하나님도 없습니다.

바울서신의 인사는 "은혜와 평강이 있기를 원하노라"라는 말씀으로 시작합니다. 여기서 은혜와 평강의 관계를 볼 수 있는데, 간단히 말하면 은혜는 원인이요 평강(샬롬)은 결과입니다. 은혜를 받은 자에게 평강이 주어지는

데, 그것은 예수 그리스도가 우리의 화평이시기 때문입니다(엡 2:14). 그러므로 화평(샬롬)은 주님과의 바른 믿음(관계)으로 이루어지는 것입니다.

'화평하게 하는 자'의 헬라어를 번역하면 '평화를 만드는 사람들(peace marker)로 해석할 수 있습니다. 주님과의 바른 관계가 형성되어 하나님과의 화평이 이루어졌다면 이제 우리는 사람들과의 관계에서도 화평을 만드는 자가 되어야 합니다.

주님은 율법을 요약하면서, 첫째로 하나님을 사랑하라고 하셨고, "둘째는 이것이니 네 이웃을 네 자신과 같이 사랑하라"(막 12:31)고 하셨습니다. 이웃을 사랑할 때에도 하나님을 사랑하는 것과 같은 원리로 사랑하라는 것입니다. 그러므로 하나님과 바른 관계를 맺어 화평하게 되었다면, 이 원리로 이웃을 내 몸과 같이 사랑하여 화평을 이루라는 것입니다.

'화평하게 하는 자'가 하나님의 아들이라 일컬음을 받을 것이라(마 5:9)는 말의 의미는, 우리가 하나님과의 관계가 회복되고 화평하게 되어, 하나님과 다른 사람, 또한 사람과의 사이에서 주님의 사랑과 희생정신을 통하여 화평을 만드는 사람으로 살아갈 때, 사람들에게 하나님의 아들답다는 말입니다. 안디옥 교회가 성령으로 충만하고 복음 전파에 열심을 다하였을 때에 사람들은 그들을 '그리스도인(크리스천)이라고 부르기 시작했습니다. 우리가 하나님의 자녀로 살아갈 때 그중 가장 중요한 것이 화평하게 하는 자로서의 삶입니다. 이러한 삶을 통해 전도가 되는 것이며, 하나님의 영광을 나타내기 때문입니다.

성경적으로 살펴보는 바른 믿음에 관한 내용입니다.

열왕기하 5장은 두 부분으로 나눌 수 있습니다. 첫 번째는 하나님의 은혜로 나아만 장군의 나병을 고치는 내용입니다. 두 번째는 나아만 장군이 걸렸던 나병이 엘리사 사환 게하시와 그의 자손들에게 발병했다는 부분입니다. 나아만 장군과 사환 게하시의 공통적인 부분은 자신의 상황을 망각하고 보이는 것과 경험을 의지했다는 것입니다. "나아만이 노하여 물러가며 이르되 내 생각에는 ... 몸을 돌려 분노하며 떠나니."(왕하 5:11-12) 나아만 장군은 자신을 인정해 주지 않는 엘리사의 행동을 보고 자존심이 상해 그 자리를 떠나려 합니다. 자존심 때문에 자신의 현재 상황을 망각했던 것입니다. 그리고 그의 잘못된 생각이 마음을 지배함으로 자신이 하고 있는 일에 대해 알지 못합니다.

게하시도 마찬가지입니다. "하나님의 사람 엘리사의 사환 게하시가 스스로 이르되 ... 무엇이든지 그에게서 받으리라 하고"(왕하 5:20) 지금 게하시는 은혜의 자리에 있습니다. 나아만의 병고침을 받고 엘리사에게 예물을 드리려 할 때 엘리사는 오직 영광은 하나님께 돌려야 한다는 것을 말하고 있습니다. 그러나 은혜의 자리에서 게하시는 자신의 생각으로 말미암아 하나님의 역사를 보지 못하고 사람을 바라봄으로써 마음이 무뎌져 자신이 하고 있는 일에 대해 알지 못합니다.

이들의 공통점은 마음이 무뎌져 무엇이 중요한지를 깨닫지 못했다는 것입니다. 그런데 눈여겨 볼 점은 그 공통적인 부분에서 전혀 다른 방향으로 결론을 내리고 있다는 것입니다. 나아만 장군과 게하시에게는 무엇이 중요한지를 깨달을 수 있는 기회가 주어집니다. 그러나 애석하게도 결과는 극명하게 달랐습니다.

나아만은 문제를 해결 받았습니다. 그의 고백에서 알 수 있듯이 문제 해결에 집중한 것이 아니라 하나님을 알게 됐고, 그를 예배하는 삶, 즉 하나님께만 온전히 집중하게 됩니다. 나아만은 무엇이 중요한지를 알게 된 것입니다.

하지만 게하시는 그렇지 않았습니다. 무엇이 중요한지를 알게 될 기회를 받았지만 그는 하나님 보다 사람을 봤고 탐욕의 욕심으로 인해 죄를 짓게 되고 결국 죽음에 이르게 됩니다. 엘리사가 말합니다. "... 받을 때이냐 그러므로 ... 나병이 발하여 눈같이 되었더라"(왕하 5:26-27).

신앙은 내 경험과 내 지식으로 할 수 있는 것이 아닙니다. 내가 하려고 할 때 하나님을 향한 마음과 생각이 세상으로 향하는 것처럼 마음이 무뎌질 때 우린 무엇이 중요한지를 모르게 됩니다. 이 세대에 보이는 것, 경험할 수 있는 것, 만질 수 있는 것만 믿습니다. 안타깝게도 그리스도인 역시 세상 사람들과 비슷할 때가 많이 있습니다.

세상은 자신만 봅니다. 먼 미래는 보지 못하고 근시안적으로 당장의 이익, 물질적 충족에 삶의 목적을 둡니다. 그리스도인은 그러면 안 됩니다. 우리는 하나님의 자녀입니다. 내가 아닌 내 삶을 주관하시는 하나님만을 바라봐야 합니다. 여러분은 지금 무엇을 바라보고 계십니까? 여러분의 모습은 나아만 입니까? 아니면 게하시입니까?

성경적으로 살펴보는 바른 사명에 관한 내용입니다.

요한은 '예수님이 사랑하는 제자'라고 알려져 있습니다. 또 많은 사람들이 그를 계시록의 환상적인 비전을 연 사람이라고 말합니다. 그럼에도 그는 초기 제자 시절, 그의 형 야고보와 함께 예수님으로부터 '우레의 아들'이라는 별명을 받았습니다(막 3:17). 하루는 어떤 사람이 예수님의 이름으로 귀신 쫓는 것을 "우리와 함께 따르지 아니하므로"(눅 9:49) 요한이 중지시키려고 했습니다. 또 한 번은 사마리아를 거쳐 여행할 때, 사마리아 사람들이 예수님과 제자들에게 쉴 자리를 제공하려 하지 않자 요한과 야고보는 "우리가 불로 명하여 하늘로부터 내려 저들을 멸하라 하기를 원하시나이까"라고 물어보기도 했습니다(눅 9:51-55). 또 이후에는 이 형제들의 어머니가 예수님께 와서 다가올 예수님의 왕국에서 예수님 옆에 앉는 권위 있는 지위를 아들들에게 허락해 달라고 요청하기도 했습니다(마 20:20,28). 요한은 예수님으로부터 큰 사랑을 받았다고 말합니다. 그렇지만 이 세 장면에는 예수님의 깊은 이해심과 사랑이 나타나지 않습니다. 요한은 예수님을 지상의 지배자로 보았던 것 같습니다.

그러나 말년에 에베소 교회를 지도하던 요한의 모습은 크게 변화돼 있습니다. 이제 그는 예수님의 사랑처럼 단순하고 이기심 없는 사랑에 대해 말합니다. 초대 교회 전통에 의하면 노년의 요한은 아주 약해지고 걸을 수 없어서 교회 모임에도 들것에 실려 왔는데, 언제나 "소자들아 서로 사랑하라"는 말을 계속해서 속삭이곤 했다고 전합니다.

예수님과 함께 많은 시간을 보내고, 또 초대교회 지도자로서 여러 해를 지낸 요한은 초대교회 성도들에게 기본적인 중심 메시지만을 전했습니다. "너희는 서로 사랑하라." 그는 이렇게 당부하고 또 당부했습니다. 예수님과 하나님 아버지의 본질을 이해하게 된 것입니다.

그는 왜 예수님이 이 땅에 오셨는지, 왜 죽으시고 다시 살아나셨는지, 또 왜 자신에게 놀라운 약속을 주셨는지 이해했습니다. 예수님은 다른 사람에게는 없는 사랑을 소유하고 계십니다. 이 사랑은 하나님만이 주실 수 있는 사랑이며, 예수님을 아는 사람들은 그 동일한 사랑을 나타내는 것 말고는 다른 어떤 것도 할 수 없습니다. 복음의 메시지는, 하나님을 사랑하며 네 이웃을 사랑하라는(마 22:37-40)이 단순한 사실에 기초하고 있습니다.

무엇이 요한을 이처럼 변화시켰는가? 예수님의 죽으심과 부활 사건입니다. 이것이 천둥처럼 요한의 영혼을 바꾸었고 그의 공격성과 교만을 예수 그리스도와 다른 사람을 사랑하는 것으로 변화시켰습니다. 요한은 부활하신 예수 그리스도의 능력을 통해 변화되었으며 나이가 들수록 주님을 향한 열정이 더해갔습니다.

"하나님을 사랑하며 네 이웃을 사랑하라" 시에나의 캐더린은 말합니다. "나의(여기서 '나'는 하나님을 가리킴) 선함이 다른 방법으로는 너희와 가까워질 수 없음을 보았을 때, 나는 그를 십자가의 나무 위로 들어 올렸다. 나는 그 십자가를 모루로 삼아 이 인자(사람의 아들)를 망치질하여 인류를 죽음으로부터 풀어 주고, 은혜의 삶으로 회복시킬 수 있는 도구로 만들었다." 이런 식으로 그분은 모든 것을 자신에게로 이끌었다. 그분은 말로 다

할 수 없는 사랑을 증명해 보이셨고, 그 결과 인간의 마음은 언제나 사랑에 끌려오고 있다. 그분은 당신을 위해서 그분 자신의 생명을 주는 것보다 더 큰 사랑에 끌려오고 있다. 그분은 당신을 위해서 그분 자신의 생명을 주는 것보다 더 큰 사랑은 보일 수 없었다(요 15:13). ... "내가 땅에서 들리면 모든 사람을 내게로 이끌겠노라 하시니"(요 12:32) 라는 말씀은 두 가지 면에서 사실이다. 우선, 내가 말한 대로 인간의 마음은 사랑과 모든 사랑의 능력에 끌린다. 만일 '기억', '이해', '의지', 이 세 가지 능력이 내 이름과 조화롭게 연합하면, 네가 하는 그밖에 모든 일들은 실제로 행하거나 또는 생각에 머물러 있거나, 사랑의 운동을 통해 평화 속에서 나와 연합할 것이다. 왜냐하면 모든 것이 십자가에서 죽으신 분의 사랑을 추구함으로써 들림을 받게 될 것이기 때문이다.

캐더린은 마음의 능력을 '기억'과 '이해', '의지'로 나눕니다. 요한의 생애에서 그의 마음을 이루는 이 요소들이 예수님의 사랑에 끌려가고 있음을 볼 수 있습니다. 그리스도에 대한 기억이 그를 바꾸어, 다른 복음서에는 없는 많은 예수님의 말씀과 가르침을 요한복음에 기록하고 있습니다. 그의 복음서에는 '믿는다'라는 단어가 90회 이상 나옵니다. 요한은 자신이 알고 있는 예수님께로 다른 사람을 인도하려는 것입니다.

요한은 예수님의 사랑을 이해함으로써 예수님을 이해하기 시작했습니다. 그의 서신들은 오직 사랑에 머물러 있으며 그리스도인들에게 동일한 사랑을 실천하라고 당부합니다. 요한의 복음서에서는 "믿으라"고 강하게 말합니다. 그리고 요한의 서신서에서는 "그가 행하시는 대로 자기도 행할지니라"고(요일 2:6) 말하며 "하나님을 사랑하는 자는 또한 그 형제를 사랑할지니라"고(요일 4:21)권면합니다.

요한은 계시록에서 만세에 영원하신 왕을 만났을 때 "이 예언의 말씀을 읽는 자와 듣는 자와 그 가운데에 기록한 것을 지키는 자는 복이 있나니"라고(계 1:3)기록했습니다. 요한의 의지는 온전히 예수님께 의탁되었습니다. 그가 유일하게 관심을 가졌던 일은, 자신과 동료 그리스도인들이 사랑하며 예수님의 길을 따라 행하는 것입니다.

아마 예수님은 제자 가운데 요한을 특별히 사랑하신 것 같습니다. 확실히 요한은 예수님과 특별한 경험을 나누었던 야고보, 베드로와 함께 핵심 구성원 가운데 한 사람입니다. 요한은 선택된 것은 물론 십자가 사건 이후에 마리아의 아들로서 예수님의 자리를 대신했습니다(요 19:25-27). 그렇지만 예수님은 우리들을 포함해서 그분을 따르는 누구라도 동일한 사랑으로 사랑하셨을 것입니다. 누구나 이런 놀랍고 끝이 없는 우리 구세주의 사랑을 진실로 경험할 수 있습니다.

성경은 말씀합니다. 진리는 예수 그리스도입니다! 주 예수 그리스도, 그분이 진리인 것입니다. 그분이 바로 진리의 성육신입니다. 그분은 이 땅의 모든 진리의 근본입니다. 그분이 사람의 모습으로 이 땅에 오시자 우주의 원리가 드러났고, 하나님이 어떤 분인가가 드러났습니다. 사람이 살아가야 할 길이 드러났습니다. 사람으로 다가오셨기에 예수님의 삶에는 인간을 향한 하나님의 거룩한 사랑이 담겨 있습니다. 사람으로 오셨기에 예수님의 가르침에는 이 땅의 역사가 나아갈 방향과 살아 계신 하나님의 소망과 헌신이 담겨 있습니다. 사람으로 오셨기에 그분의 행하심에는 죄로부터 생명을 구원하시는 하나님의 능력이 담겨 있습니다. 주님의 인격적인 진리는 이 땅에서 행하신 일들입니다.

예수님께 나타난 진리는 생명을 사랑하며, 구원하고, 자유롭게 하는 하나님의 뜻과 능력, 그리고 사랑이 담겨 있습니다. 무엇보다 하나님을 영화롭게 합니다. 이것이 참 진리입니다. 이제 진리이신 예수님은 우리를 자유롭게 하십니다. 죄에서, 거짓에서, 억압에서, 편견에서, 아집에서, 잘못된 전통에서 자유롭게 하십니다.

우리는 진리의 삶을 살아감으로 이 땅을 회복하는 사명을 잘 감당해 나가야 합니다. 배움의 자세와 기도의 자세를 가지십시오. 배움의 자세는 진리가 내게 다가올 때 그 음성에 귀를 기울이고, 진리의 요구에 순종할 줄 알며, 진리의 부르심에 응답할 줄 아는 것을 말합니다. 일평생 배움의 자세를 가지시기 바랍니다.

예수님을 믿는 사람의 독선과 폐쇄적 자세, 거짓을 옹호하고 감추며 방어하는 것은 진리와 전혀 관계없는 모습입니다. 아울러 기도하는 자세를 가져야 합니다. 기도한다는 것은 나의 소망을 기도할 뿐 아니라 진리의 음성에 나 자신을 개방하고 순종한다는 뜻입니다.

기도가 깊어질수록 내 말이 적어지고 듣는 깊이가 더해집니다. 믿음이란 진리 되신 예수님의 음성을 듣고 예수님과 대화하는 것이기 때문입니다. 무엇보다 기도는 우리로 하여금 모든 인간은 하나님과 연결되어 있고, 모든 만물들이 서로 연결되어 있고, 사람들이 서로 연결되어있음을 고백하게 합니다.

주님은 말씀하십니다. 우리가 신앙을 갖는 것은 진리를 알고 그 진리에 머무르는 것입니다. 우리가 그 진리를 배워 진리가 우리 속에 자리 잡게 되면 우리는 그분의 제자가 됩니다. 그리고 진리가 말하는 바를 따라 사는 것입니다. 우리가 하나님의 말씀을 배우는 것은 바로 이것을 말합니다.

하나님의 말씀 안에 진리가 담겨 있습니다. 하나님의 말씀에 헌신하시기 바랍니다. 우리는 진리가 상실된 시대에 살고 있습니다. 더 이상 진리는 사람들의 관심도 아니고, 추구의 대상도 아닙니다. 진리를 사랑한다고 하는 사람들에게까지 진리는 그저 이용할 대상일 뿐입니다. 그렇게 우리는 진리를 추구한다고 하면서도 이기적인 욕심에 묶여 있고, 탐욕에 묶여 있고, 정복에 묶여 있습니다.

진리 되신 주님은 친히 인간의 몸으로 이 땅에 오셔서 진리가 무엇인가를 보여 주셨고, 이 땅에 진리를 심으셨습니다. 믿음은 주님의 말씀 안에 거하는 것이요, 진리와 함께하는 것입니다. 그리고 세상을 진리로 회복하는 것입니다. 우리가 진리를 바르게 이해함으로, 바른 자세를 회복해야 합니다. 그 진리는 우리를 자유하게 합니다.

그리스도 예수 안에는 오직 진리가 있을 뿐입니다. 우리는 예수님의 제자들이 되어야 하고 그분의 가르침을 올바르게 듣고 배움으로서 온통 자기만을 생각하는 착각 속에서 깨어나야 합니다. 욕망의 끝에는 예고된 불행이 도사리고 밝은 삶이 아닌 어두운 삶으로 변해 버리게 됩니다. 사람의 욕망은 작은 쾌락이 온갖 고통을 동반합니다. 사람들의 욕망은 하늘에서 황금이 소나기처럼 쏟아질지라도 결코 다 채워지지는 않습니다.

옛 자아의 유혹으로 인한 생활을 청산하고 쾌락에 말려들어 썩어져가는 낡은 인간성을 벗어 버려야 합니다. 그리하여 마음과 생각이 새롭게 되어 하나님의 형상대로 창조된 새 사람으로 갈아입어야 합니다. 새 사람은 올바르고, 거룩한 진리의 생활을 하는 사람입니다(엡 4:21-24).

백선행의 삶

여성 사회사업가로 유명한 백선행(1848~1933)은 7세 때 아버지를 여의고 홀어머니 밑에서 자랐습니다. 16세에 결혼했으나 1년 만에 과부가 됐습니다. 크리스천인 그는 삯바느질과 길쌈 등 고된 일을 마다하지 않으며 일해 부자가 됐습니다. 1917년 땅 거래꾼이 '좋은 땅이 있으니 사라'며 끈질기게 매달렸습니다. 백씨는 현지답사도 하지 않고 대동강 건너편 만달산을 거액에 샀습니다. 그런데 알고 보니 풀 한 포기 없는 돌산이었습니다. 평양 시내엔 백 과부가 망했다는 소문이 퍼졌습니다.

백씨는 자기 탓으로 여기고 늘 하던 대로 콩나물 장사, 누에치기, 명주옷 만들기를 했습니다. 그런데 얼마 후 땅 거래꾼이 '좋은 값을 줄 테니 돌산을 되팔라'고 했습니다. "사기당한 것은 나로 족하지, 다른 사람까지 손해 입히고 싶지 않습니다."

어느 날 돌산을 사려는 또 다른 사람이 왔습니다. 시멘트 사업가인 일본인 오노다였습니다. 시멘트 제조에 필요한 석회석이 돌산에 풍부했던 것입니다. 오노다의 간청에 그는 20배 넘는 가격으로 돌산을 되팔았습니다. 사람들은 "믿음으로 사는 백 과부를 하나님이 도왔다"고 말했습니다. 그곳엔 우리나라 최초의 시멘트 공장이 세워졌습니다. 남에게 손해 끼치지 않으려는 정직한 자에게 주시는 하나님의 위로였습니다.

평양 과부였지만 모범적인 크리스천의 삶을 살았던 백선행은 나눔을 적극 실천했습니다. 사재를 털어 교회당과 학교를 세웠으며, 장학재단을 설립했습니다. 1908년 다리가 없어서 주민들이 불편해하는 것을 보고 평안남도 대동군에 백선교를 세웠습니다. 1923~1924년 조만식 장로의 자문을 받아 광성학교 창덕학교 숭인상업학교에 후원금을 기부했습니다.

땅이 없어 어려움에 처한 평양 숭현학교에 토지 2만6000평을 기부했습니다. 그가 평생 사회에 기부한 돈은 현재 가치로 316억원이 넘는다고 합니다. 그래서 사람들은 그를 과부 대신 '선행'으로 불렀습니다. 그는 이렇게 말했습니다. "돈이란 써야 돈값을 한다. 쓰지 않는 돈을 모아서 무엇에 쓰려는가." 85세의 나이로 세상을 떠날 때 그는 돈 한 푼 남기지 않았다고 합니다.

백선행의 장례식은 한국 여성 최초로 '사회장'으로 치러졌습니다. 장례식에는 1만여명이 운집해 한 과부의 죽음을 추모했습니다. 300개의 화환과 만장이 들어선 장례행렬은 2㎞나 됐습니다. 평양시민의 3분의 2인 10만명이 거리로 나와 장례를 지켜봤습니다. 열여섯에 과부가 된 그에게는 자식이 없었습니다. 하지만 그를 어머니로 섬기는 청년들이 수없이 많았다고 합니다. 자본가이자 기독교 신자였음에도 2006년 7월 평양에는 그녀의 기념비가 복원됐다고 합니다.

제시카 조이스라는 12살 된 소녀가 있었습니다. 뇌종양 환자였습니다. 수술이 불가능한 희귀 종양이어서, 화학 치료와 방사능 치료 외에는 다른 치료를 할 수 없었습니다. 그래서 늘 극심한 고통 속에 살아야 했습니다. 그런데 이 소녀가 자신과 비슷한 처지에 있는 소아암 환자들을 돕는 비영리 단체를 세우고, 자신의 인터넷 블로그에 투병 과정을 기록하며, 소아암에 걸린 아이들이 얼마나 힘겨운 생활을 하고 있는지 다른 사람들에게 알리는 일에 앞장섰습니다. 그리고 그들을 돕는 일을 하기 시작했습니다. 그녀가 올린 블로그 글의 마지막에는 늘 이런 글귀를 남겼습니다.

N.E.G.U(Never Ever Give Up) (절대 포기하지 마세요). 뇌종양과 힘겹게 싸우고 있는 12살 소녀가 소아암 환자들을 돕는 일을 했던 것은 그 일이 사명이라고 생각했기 때문이었습니다. 제시카는 자신에게 주어진 사명이 희망과 기쁨, 사랑을 퍼뜨려 암과 싸우는 어린이들에게 절대 포기하지 않는 용기를 주는 일이라고 했습니다.

바이올린 연주가이자 낭만주의 작곡가로 알려진 프리츠 크라이슬러가 연주를 마치자, 한 젊은 음악도가 그의 손을 붙잡고 극찬하며 이렇게 말했습니다. 저도 선생님처럼만 연주할 수 있다면 제 자신을 기꺼이 바칠 것입니다. 그러자 프리츠 크라이슬러가 이렇게 말했습니다. 오늘의 제 연주는 지금까지 제 자신을 바친 결과입니다. 그렇지만 형제님, 당신이 음악을 위해 당신을 바칠 때, 왜, 무엇을 위해, 당신 자신을 바치려는지 그 이유와 목적을 잊지 않기를 바랍니다.

이 땅을 사는 사람들은 크게 두 종류로 나뉩니다. 목적없이 사는 사람 그리고 뚜렷한 목적을 갖고 사는 사람입니다. 그런데 뚜렷한 목적을 갖고 사는 사람들은 다시 두 종류로 나뉩니다. 사명에 기인한 목적을 가진 사람과 자신의 욕심을 채우기 위한 목적을 가진 사람입니다. 전자의 경우, 자신을 희생함으로써 목적한 바를 성취하는 사람들이고, 후자는 희생보다 이득에 더 많은 기대를 갖고 행동하는 사람들입니다. 앞에서 열거한 모든 이야기들의 공통점은 사명입니다. 사명이 얼마나 중요하며 놀라운 결과를 만들어내는지에 대한 이야기였습니다.

예수님께서 하늘로 가시면서 모든 그리스도인들에게 주신 분명한 명령이 있습니다: 땅끝까지 가서 예수님의 제자를 만들고 성부, 성자, 성령의 이름으로 세례(침례)를 베푸는 일입니다(마28:19). 다른 말로 하면 예수님은 모든 그리스도인들에게 분명한 사명을 주셨습니다. 따라서 이 땅을 살아가는 모든 그리스도인들은 사명의 사람들입니다. 다시 말하면, 자신을 희생하며 예수님의 명령을 이루어 드리는 목적을 가진 사명자들입니다.

아이오와 주의 제일침례교회에 다니는 린퀴스트라는 사람이 있었습니다. 이 사람은 88년간 한 교회에만 출석했습니다. 천국에 갈 때까지 그녀는 주일을 비롯한 모든 절기예배에 한 번도 빠지지 않았습니다. 그녀가 교회에 다니는 동안 담임목사님은 15번 바뀌었고, 그녀가 들었던 설교는 총 8,000번 이상이었습니다. 그녀는 4,000번 이상의 기도회에 참석했으며, 29,000번 이상 다른 사람을 위해 기도했습니다. 뿐만 아니라, 50년이상 주일학교 교사로 헌신했으며, 이 기간 동안 많은 어린이들을 교회로 인도했고, 그녀를 통해 배운 아이들은 목사님이 되거나
성공한 사업가가 되었습니다. 린퀴스트의 삶은 매우 평범했습니다. 그러나 신실했습니다. 충실했습니다. 그녀의 삶은 특별한 헌신과 결단이 요구되는 삶이 아니라, 맡은 자리에서 꾸준히 최선을 다하는 삶이었습니다.

우리는 어떤 모습으로 예수님의 사명을 감당하고 있습니까? 당신에게 주어진 사명이 무엇인지를 얼마나 인지하고 있으며, 그 사명을 실천하기 위해 얼마나 애쓰고 있습니까? 그 열매는 또한 무엇입니까?

"내가 달려갈 길과 주 예수께 받은 사명 곧 하나님의 은혜의 복음을 증언하는 일을 마치려 함에는 나의 생명조차 조금도 귀한 것으로 여기지 아니하노라"(행 20:24).

믿는 자들이 추구해야 할 삶은 성령 충만한 삶입니다. 믿는 사람들이 바라보며 걸어가야 할 길, 기대하며 걸어가야 할 길이 있다면 주님을 닮아 가는 삶을 살아가는 것입니다. 우리는 예수 그리스도께 시선을 떼지 않고 말씀을 깊이 묵상하며 날마다 오랜 기도로 주님과 대화하며 예수님만 바라보며 주저하지 않고 걸어가면 예수님이 열어 주신 길을 걷고 있는 자신을 보게 될 것입니다. 우리 앞에 통과해야 할 문이 막혀 있다고 절망하지 말고 「영원에 이르는 길1,2,3권」을 통해 예수님을 적극적으로 찾으시기 바랍니다. 막혀 있는 문 맞은편에서 문을 활짝 열고 웃음으로 맞아주시는 예수님을 뵙게 될 것입니다.

10장. 그리스도인의 말씀과 기도의 생활

하나님과 관계를 우선순위로 만드는 방법

첫째, 하나님과 나의 관계가 우선이 되어야 한다는 것을 나의 의지로 결정합니다. 우리가 누군가를 사랑하게 될 때는 그 사람과 더 함께 있고 싶어 하는 것처럼 하나님과의 관계도 마찬가지입니다. 여러 방해 요소가 있겠지만 사랑하는 하나님과 만나는 시간에 우선순위를 두도록 합니다.

둘째, 그분의 말씀을 통해 하나님께서 나에게 매일 말씀하시도록 합니다. 날마다 하나님의 말씀을 묵상하고 적용하므로 나는 하나님의 자녀로서 나의 삶 속에 하나님의 계획하심과 말씀하시는 것을 듣고 나아갈 수 있습니다.

셋째, 매일 기도를 통해 정직한 마음으로 하나님과 대화합니다. 기도는 하나님과 대화하는 것입니다. 우리가 기도할 때 다른 사람들의 생애를 변화시키는 특권을 가지게 될 것입니다. 정직한 마음으로 하나님과 대화하여 위대한 일들을 이루어야 합니다.

넷째, 하나님께서 일하시기를 원하시는 일을 무엇이든지 하도록 힘을 다합니다. 예를 들어 그분의 말씀이 제자육성과 전도의 사역을 발전시키는

데 순종하라 명령하십니다. 그분이 내게 최대의 유익이 없는 것은 요청하지 않으실 것입니다. 주님의 뜻을 알았을 때 온힘을 다해야 합니다.

다섯째, 매일 성령의 능력 안에서 행합니다. 성령 충만함으로써 하나님과 교제하는 가운데 매일 생활하는 것이 승리하는 그리스도인의 생활의 비결입니다. 성령께서 지배하시지 않으시면 그리스도인의 생활을 하기란 불가능합니다.

하나님과 밀접해있고, 친밀하고, 하나님께 우선순위를 두고 있는 사람이라면 어떤 진로에의 문제나 선택의 문제에 있어서 하나님께서 반드시 개입하시고 인도하신다고 믿습니다. 진로에의 문제나 어떤 선택의 기로에 놓여 있을 때 걱정하고, 고민하고, 생각하기보다 기도 가운데에만 있다면 현재의 하고 있는 일을 열심히 해 나갈 때, 하나님께서 예비하신 길로, 기뻐하실 길로 어떤 방법으로든지 선하게 인도하실 것입니다.

그리스도인에게 있어서 말씀과 기도 ⇒ 경건에 이르는 길

1. 우리를 교제로 부르신 하나님

하나님께서 그리스도인 한 사람 한 사람을 개별적으로 만나 교제하기 원하셔서 초대 하셨다는 사실을 알게 된다면 이 얼마나 기쁘고 영광스러운 일이겠습니까?

성경에 따르면 하나님께서 "수시로"모세와 만나셨는데, 만나는 장소도 따로 있었습니다(출 30:36;민 17:4). 그리고 그곳에서 하나님께서는 모세와 교제하셨습니다(출 25:22). 하나님과의 교제는 하나님께서 원하시는 경우에 이루어졌습니다. 하나님께서 먼저 우리를 사랑하시고, 그 사랑을 보여 주셨습니다. 예수 그리스도를 통해 나타난 그 사랑을 우리 마음이 믿음으로 받아들여 영접함으로써 구원받았던 것입니다. 마찬가지로 하나님께서 교제로 우리를 부르셨다는 사실을 알고 우리는 그 교제 안으로 들어가야 합니다.

대제사장들은 일 년에 한 번 하나님과 만났는데, 이 만남은 하나님의 임재로 나아가는 것이었습니다(히 9:7). 그 장소는 지성소였으며, 대제사장은 희생제물의 피를 가지고 들어가야 했습니다. 이것은 하나님과 극히 제한적인 만남이었습니다. 그런데 교회 시대의 그리스도인들은 언제든지 하나님과 만날 수 있게 되었습니다. 우리의 대제사장이신 예수 그리스도의 피로 인하여 우리 구원받은 하나님의 자녀들은 담대하게 주님께(지성소)로 나아갈 수 있게 되었습니다. 우리는 마음의 온전한 확신 가운데서 진실한 마음으로 다가가야 합니다(히 10:19-22).

1) 우리를 구원하신 하나님께서는 우리 각 사람과의 교제를 원하십니다.
"너희를 그의 아들 예수 그리스도 우리 주의 교제 안으로 부르신 하나님께서는 신실하시도다"(고전 1:9). 우리의 영이 거듭남으로써(요 3:3,5) 새로운 피조물이 되어(고후 5:17) 영적 교제를 할 수 있는 대상이 되었기에 가능한 것입니다. 우리의 교제는 바로 하나님 아버지와 그의 아들 예수 그리스도와 함께하는 것입니다(요일 1:3).

2) 우리의 교제의 대상은 바로 우리를 부르신 하나님이십니다.
우리 안에는 하나님께서 거하시며, 우리 마음의 생각과 의도를 아십니다. 그러나 하나님께서는 우리의 필요를 구하라고, 기도하라고 하셨습니다. 그래서 우리는 반드시 하나님 앞에서 기도해야 합니다. 우리는 늘 하나님과 함께 지내고 있다고 생각할 수 있습니다. 그러나 그것만으로는 안 됩니다. 우리는 한 사무실에서, 한 교실에서, 한 집에서 누군가와 함께 하루 종일 보낼 수도 있습니다. 그렇다고 해서 얼굴과 얼굴을 마주하고 개별적인 대화를 나누기 전에는 서로를 깊이 알지 못하며, 그 관계 또한 깊어질 수 없다는 것을 압니다. 주안에서 형제와 자매인 성도와 마주하며 친밀한 교제를 나눔으로써 그 관계를 더욱 풍성하게 해나갈 수 있습니다.

2. 말씀과 기도를 통한 하나님과의 교제

삼위일체 하나님께서 우리 그리스도인과 교제하시는 다양한 방법들 중에서 가장 기본적으로 중요한 것은 바로 "말씀과 기도"를 통한 교제입니다. 이것은 하나님께서 말씀하시는 것을 듣고, 즉 성경을 읽고 묵상하는 것이며, 우리가 하나님께 말씀드리는 기도를 하는 것입니다. '듣고 말하는 것'은 의사소통과 교제의 필수적인 사항입니다.

1) 말씀을 통한 교제

말씀을 통해서 우리 그리스도인들이 해야 할 것을 일곱 가지로 정리하면 다음과 같습니다. 말씀을 (1) 듣고(롬 10:17), (2) 믿고(살전 2:13), (3) 읽고(계 1:3), (4) 묵상하고(수1:8), (5) 공부하고(딤후 2:15), (6) 암송하고(119:11), (7) 전파하는 것(딤후 4:2)입니다. 특히 말씀을 통한 교제에서 읽고, 묵상하는 것은 "말씀의 생활"에서 아주 중요합니다. 말씀으로 거듭난 그리스도인들에게는 영적 생명의 양식이 필요합니다(벧전 1:23,2:2;요 6:63).

영적 양식은 영적 생명을 유지시키고, 성장시키며, 영적 열매를 맺게 합니다. 이 세 가지 일을 지속하는 방법은 날마다 꾸준히 영적 양식(하나님의 말씀과 기도의 생활화)을 먹는 것입니다. 물가에 심겨진 나무가 강가에 그 뿌리를 뻗어 물을 빨아들이듯이 하나님의 말씀을 주야로 읽고, 묵상해야 합니다(렘 17:7-8;시 1:1-2).

우리 주님께서는 자신의 말씀에 관해 말씀하십니다(요 5:39). 주님을 사랑하는 그리스도인이라면 당연히 주님의 말씀을 읽고, 듣고, 지키게 됩니다(요 14:21,23:2-4). 성경은 우리에게 하나님의 말씀을 옆에 두고 평생 동안 읽어야 한다고 강조하고 있습니다(신 17:18-20).

또한 성경은 성숙한 사람이 하나님의 말씀을 귀히 여기고, 기뻐하며 즐거워한다고 말씀합니다(욥 23:12;렘 15:16). 우리가 구원받고 그리스도인이 되어 이 땅에 살아가는 동안 얼마나 성경을 읽고 묵상해야 하는지를 깊이 깨닫게 해줍니다.

2) 기도를 통한 교제

하나님께서 우리에게 꾸준히 기도하고 감사함으로 깨어 있으라고 말씀하시며(골 4:2), 쉬지 말고 기도하라고 말씀하십니다(살전 5:17). 하나님께서는 우리에게서 듣기를 원하십니다. 우리의 기도는 주 앞에 향처럼 놓이며 주 하나님께서 희생제를 받으시듯이 그 기도가 하나님께 이르게 됩니다(시 141:2;계 8:4).

비록 우리 모두는 부족하고 연약하여 하나님 앞에서 함량 미달이 될 때가 많지만, 그리스도 안에서 우리 주 예수 그리스도의 믿음으로 담대함과 확신을 가지고 아버지 하나님께 나아갈 수 있게 되었습니다(엡 3:12). 기도로 하나님께 나아갈 때(히 4:16).

우리는 먼저 하나님을 찬양하고 경배하며, 그리고 자신의 죄들을 자백하고, 하나님께서 베풀어 주신 것들에 감사하며, 교회와 성도들의 기도 제목들을 기억하여 기도하고, 또 자신의 기도제목들을 간구해야 합니다. 이렇게 함으로써 우리는 하나님께 우리의 영 깊은 데서부터 삶의 실제적인 모든 것들에 이르기까지 말씀드리게 되는 것입니다.

그러면 하나님께서는 들으시고, 우리의 모든 필요를 채워 주시며, 우리는 감사와 영광을 돌리게 되는 것입니다. 이렇게 우리는 하나님과의 교제의 폭과 깊이를 더 넓고 깊게 해야 할 것입니다.

3. 말씀과 기도를 통해 하나님께서 우리에게 주신 것

개인적으로 성경 말씀을 읽지 않고서는 우리의 영적 변화나 마음의 변화는 기대할 수 없습니다. 기도할 때 우리는 하나님 앞에서 가장 솔직하고 진지하게 됩니다. 이 시간이 우리의 마음을 새롭게 하는 계기가 되는 것입니다. 우리를 경건과 거룩함에 이르게 하는 능력은 오직 하나님께로부터 오는 것임을 믿는다면(빌 4:13;골 1:29;고후 3:5) 당연히 기도의 생활에 전념해야 합니다.

1) 그리스도인들을 향한 하나님의 뜻은 그들의 경건과 거룩함입니다.

경건(godlliness)은 '하나님 같음'입니다. 경건은 죄와 관계없고, 의롭고 흠이 없으며, 만족할 줄 알고, 거룩한 행실과 서로 연관이 있습니다. 하나님께서는 우리에게 경건에 이르도록 우리 자신을 훈련하라고 말씀하셨습니다(딤전 4:7). 경건은 우리가 추구하고 이루어야 할 목표인 것입니다(딤전 6:11;벧후 3:11). 이와 함께 우리의 거룩함은 하나님의 분명한 뜻입니다(살전 4:3). 우리를 부르신 하나님께서는 우리를 거룩함에 이르게 하려는 목적을 가지고 계셨고, "내가 거룩하니 너희도 거룩 하라"(벧전 1:16)고 말씀하시기 까지 하셨습니다. 따라서 우리는 거룩함을 추구하고 모든 행실에서 거룩해야 합니다(히 12:14;벧전 1:15). 성경은 경건과 거룩함이 하나님과의 긴밀한 교제를 통해서 이루어진다고 말씀합니다. 바로 말씀과 기도의 생활이 이것을 가능하게 합니다.

2) 하나님의 뜻을 알 수 있습니다.

그리스도인이 말씀과 기도를 통해 하나님과 교제하면, 하나님의 뜻을 알게 되고, 그 뜻대로 실행하고자 헌신하게 되기 때문에 이 땅의 삶을 사는 동안 우리는 자신의 죄를 깨닫고 자백하게 됩니다(잠 28:13;요일 1:9;시 66:18-20). 성령께서는 결코 우리의 일상적인 죄들을 놓치지 않고 찔림을 주시고 해결하게 하십니다.

따라서 우리가 빛 가운데 행하게 되며, 이 과정 중에 충만한 기쁨을 얻게 됩니다(요일 1:5-7;렘 5:16;요 16:24). 찬송가 가사처럼 "주가 나와 동행을 하면서 나를 친구 삼으셨네, 우리 서로 받은 그 기쁨은 알 사람이 없도다"는 간증이 우리의 것이 될 수 있습니다.

3) 우리의 마음을 새롭게 하는 계기가 됩니다.

말씀과 기도의 생활을 통해 우리 자신이 영적인 변화를 경험하게 되고(출 34:29-30;고후 2:14-15), 마음을 새롭게 함으로써 변화를 받을 수 있습니다(롬 12:2). 이렇게 할 수 있는 영적인 힘은 하나님을 대면하여 그분과 교제함으로써 얻게 됩니다. 모세는 하나님을 대면한 이후에 얼굴에서 빛이 나서 이스라엘 백성 모두가 그것을 보고 알 수 있었습니다. 우리가 말씀과 기도로 하나님과 교제 할 때도 모세와 같이 할 수 있습니다. 말씀과 기도로 하나님과 교제하는 성도는 얼굴과 생활에 증거를 가지고 있으며, 그리스도의 향기를 내게 됩니다.

4. 하나님과의 교제는 세상으로부터 우리 자신을 분리하게 하며, 영적인 쉼을 얻게 합니다.

실제로 물리적인 시간과 공간에 있어서도 분리하여 말씀과 기도에 가장 적합한 시간과 장소를 찾아 하나님께로부터 영적인 능력을 공급받기 때문에 영적 충전을 이룰 수 있습니다.

우리에게 필요한 위로(시 27:4), 우리에게 고난을 이겨내게 하는 소망(딛 2:11-14) 역시 우리는 말씀과 기도를 통한 하나님과의 교제에서 얻게 됩니다. 누구든지 성령의 인도함을 받는 그리스도인이라면 결코 이 모든 유익을 주는 하나님과의 교제에 실패하지 않을 것입니다.

11장. 하나님과 함께하는 교제

예수님의 피로 구속받은 성도라면 마땅히 하나님과 교제해야 합니다.

성도인 당신은 주님과 교제하고 있습니까?

하루 중 주님과 교제하는 시간은 얼마나 됩니까?

주님과 긴밀하게 교제하는 둘만의 장소가 있습니까?

교제를 위한 간절한 열망이 있습니까?

앤드류 머레이는 이렇게 말했습니다. "그리스도인의 삶에서 첫 번째 가장 필요한 것은 하나님과의 교제이다. 호흡하기 위해서 매 순간 신선한 공기가 필요하듯이, 또 태양이 매 순간 빛을 내듯이, 우리의 영과 혼이 강해질 수 있는 것은 오직 주님과의 직접적이며 살아 있는 교제를 통해서이며, 반드시 날마다 주님으로부터 신선한 은혜를 받아야 한다. 그것은 오직 주를 바라볼 때 얻어진다. 날마다 하나님 앞에서 주를 기다림으로 하루를 시작하고, 시간을 드려 하나님을 만나라."

성경은, 주님께서 우리를 교제 안으로 부르셨다고 말씀합니다(고전 1:9). 성도는 구원받을 때, 그리스도의 몸 안으로 들어오고 하나님의 아들로서 "주의 교제"안으로 부름 받습니다. "주의 교제"는 "성령의 교제"(고후 13:14;빌 2:1)로, "아버지와 아들이 함께하는 것"입니다(요일 1:3).

하나님과 함께하는 교제

첫째, 하나님과 대화하는 것입니다. 교제의 기본은 서로 주고받는 말에 있습니다. "교제", 곧 "communication"은 기본적으로 두 사람 이상이 말을 주고받는 것을 의미합니다(빌레몬서 1:6). 이처럼 교제는 하나님과 대화하는 것입니다. 주님은 성도들과 대화하기를 원하십니다(출 25:22). 교회 시대 성도들 역시 "진리의 말씀"을 통해 하나님과 대면합니다.

둘째, "하나님과 동행"하는 것입니다. 구약에는 하나님과 동행했던 두 사람, 에녹과 노아가 나옵니다(창 5:22,24,6:9). "동행하는 것"은 "함께 걷는 것"(to walk with)을 말합니다. 함께 걸으려면 방향도, 마음도 같아야 합니다(암 3:3). 즉 하나님의 생각과 뜻에 우리의 생각과 뜻을 일치시켜야만 주님과 동행할 수 있는 것입니다. 따라서 하나님과 교제하는 것은 주님과 "일치하는 삶", 곧 "경건(godliness)의 생활"과 밀접한 연관이 있습니다.

셋째, "빛 가운데 행하는" 것입니다(요일 1:7). 하나님과 교제한다는 것은 어두움 가운데 행하지 않고 진리를 행하는 것입니다. 즉 세상과 결별하는 것입니다. "세상과 친구 되는 것이 하나님과 원수 되는 것"(약 4:4)이라고 성경은 말씀합니다. 언제 죄악에 쉽게 빠져 드는지 아십니까? 마귀의 미혹에 언제 쉽게 걸려드십니까? 그것은 하나님과의 교제가 끊어져 있거나 느슨해져 있을 때입니다. 그러나 주님과 교제하며 하루를 시작한 성도는 죄와 유혹을 쉽게 이겨냅니다. 아침을 하나님과 진지한 교제로 시작한 성도가 죄의 유혹에 쉽게 걸려들 수는 없습니다. 말씀과 기도로 하루를 시작한 성도는 눈앞의 세상의 더러운 것들을 아무 생각 없이 받아들이지는 않기 때문입니다.

넷째, "주님을 온전히 알아가는" 것입니다(빌 3:10). 주님과 고난의 교제와 부활의 능력에 동참해 본 그리스도인만이 주님을 온전히 알아가는 성도라고 말할 수 있습니다.

다섯 째, "새로운 힘을 얻는" 것입니다(요일 1:3-4). 성도라면 어떤 상황에서도 기뻐해야 하는데, 이 기쁨은 주님과의 교제를 통해 얻을 수 있습니다. 기쁨과 새로운 힘, 용기와 담대함은 주님과 함께할 때만 얻을 수 있습니다(행 4:13).

그렇다면 어떻게 해야 위대하신 하나님과 온전히 교제할 수 있습니까?

첫째, "말씀"을 통해 교제할 수 있습니다. 그리스도인은 "하나님의 말씀"을 통해 거듭난 사람이기에 하나님의 말씀을 통해 영적인 양식을 공급받아야 합니다(벧전 1:23,2:2).

조지 뮬러는 이렇게 말했습니다. "내가 매일 하는 일 중 으뜸가는 일은 주님과 교제하는 일입니다. 나는 믿지 않는 사람들에게 복음의 진리를 전할 수도 있고, 성도의 믿음을 북돋아 줄 수도 있으며, 실의에 빠진 사람을 위로해 줄 수도 있습니다. 그러나 정작 나 자신이 주 안에서 기뻐하지 않고 나의 속사람이 매일 같이 영적인 양식과 힘을 공급받지 못한다면, 내가 하고 있는 사역을 그릇된 마음으로 이끌어 갈 수 도 있는 것입니다. 내가 했던 일 가운데 가장 중요한 것은 주님의 말씀을 읽고 묵상하는 일이었습니다. 그것을 통해 나의 마음이 주님으로부터 위로와 격려를 받으며, 때로는 경고와 채찍질도 받게 되는 것입니다."

주께서는 그분의 생각과 의도들을 성경을 통해 말씀하십니다. 성도는 말씀을 통해 주님의 음성을 들을 수 있어야 합니다. 때로는 엄중한 경고를, 때로는 사랑의 위로나 격려를, 말씀을 통해 들어야 하는 것입니다.

둘째, "기도"를 통해 교제할 수 있습니다. 말씀을 통한 교제가 주님으로부터 음성을 듣는 방법이라면, 기도를 통한 교제는 우리가 주님께 말씀드리는 방법입니다. 성도의 담대한 확신을 가지고 하나님의 은혜의 보좌 앞으로 나갈 수 있는 특권이 주어져 있습니다(엡 3:12). 기도로 나아가 주님을 찬양하고, 죄들을 자백하며, 하나님께 감사하고, 자신이 필요한 것들을 아뢰어야 합니다. 성도는 하나님께 필요들을 아뢸 때 모든 필요들을 공급받고 모든 감사와 영광을 주님께 돌려 드립니다.

내 기도하는 그 시간 그 때가 가장 즐겁다. 이 세상 근심 걱정에 얽매인 나를 부르사, 내 진정 소원 주 앞에 낱낱이 바로 고하여 큰 불행 당해 슬플 때나 위로 받게 하시네" 내 기도하는 그 시간"(Sweet Hour of Prayer). 기도를 통해 주님과 교제할 때가 가장 행복하고 즐거운 시간입니다. 비록 자신의 죄가 많을지라도, 주님께 있는 그대로 다 아뢰고 주님 안에서 쉴 때 우리 마음은 기쁨으로 충만할 수 있습니다. 여기에 어떤 가식도, 위선도 필요 없습니다. 우리 마음을 다 아시는 하나님께 있는 그대로 나아가면 됩니다.

주님과의 효과적인 교제를 위해 몇 가지 실제적인 지침들

우선, 하나님과의 교제를 하루 일과 중 최우선에 두십시오. 이것은 중요한 일 정도가 아니라, "가장 중요한 일"이 되어야 합니다. 무슨 일이 있어도 이것만은 해야 한다는 자세로 임해야 합니다. 다른 일로 분주하여 이것을 제쳐 두지 마십시오. 누군가가 말했듯이, "하루의 일과표는 빽빽하게 채우고 마음은 텅 비우는 일이 없도록 하십시오. 많은 일을 하지만 정작 왕이신 그분을 잠잠히 기다리는 데 아주 적은 시간을 보내도록 만드는 유혹을 뿌리쳐야 합니다."

하나님과 교제할 수 있는 가장 안정적인 시간을 정해야 합니다. 흔히 가장 집중이 잘 되는 아침이 좋습니다. 성경에는 아침 일찍 하나님의 말씀을 받는 사례들이 종종 나옵니다(출 34:2,4;사 50:4;겔 12:8). 아침 일찍 혹은 하루 세 번 정해진 시간에 기도한 사례도 있습니다(막 1:35;시 5:3,88:1, 90:14;단 6:10). 몸이 피곤하기 쉬운 너무 이른 아침이나 밤늦은 시간은 피하도록 합니다. 아침이 아니더라도 자신에게 "가장 안정적인 시간"을 찾아야 합니다. 가장 안정적인 장소도 중요합니다. 조용히 주님과의 교제에 집중할 수 있는 장소를 찾아야 합니다(마 6:6).

또한 하나님과의 교제하기에 합당한 마음도 가져야 합니다. "경건한"마음을 갖춥니다. 하나님께 최고의 사랑을 표현함과 동시에 두렵고 떨리는 마음으로 다가서도록 합니다. 교제는 기도로 시작하고 기도로 마쳐야 합니다. 말씀을 묵상할 때는 충분한 시간을 드리십시오. 단순히 성경을 읽는 것이 아니라, 그 의미를 천천히 깊게 묵상하고 마음에 새기면서 읽어야 합니다.

기억해야 할 중요 구절이나 영적 생활에 필요한 구절이 있으면 메모해 두십시오. 깨달은 말씀과 묵상한 말씀을 기록하는 것은 매우 유익한 일입니다. 그러나 기록 자체가 목적이 되어서는 안 됩니다. 기도 노트도 함께 효과적으로 활용하십시오. 또한 자신에게 가장 적합한 자세를 찾아야 합니다. 무릎 꿇고 할 수도 있으나 꼭 그렇게 할 필요는 없습니다. 그러나 결코 누워서는 안 되겠지요. 쉽게 잠들고 또한 하나님 앞에 취할 자세가 아니기 때문입니다.

교제하는 중에 마음이 분산되거나 엉뚱한 생각들에 사로잡히지 않도록 주의해야 합니다. 이를 위해 방해 요소들을 사전에 차단할 필요가 있습니다. T.V나 인터넷, 지나친 운동, 친구들, 기타 활동들, 그리고 잡다한 일들을 정리해야 합니다.

아도니람 저드슨은, "가능한 한 당신의 잡다한 일들을 정리하라. 그러면 경건한 행위뿐 아니라, 은밀히 기도하고 하나님과 교제하는 일에 매일 두세 시간을 쉽게 낼 수 있을 것이다"라고 했습니다. 주님과의 교제의 깊이와 넓이도 확장해 나가십시오. 이것은 교제 시간 자체를 늘리는 것은 물론,

영적 교제의 질을 높이는 것을 말합니다. 하나님과 꾸준히 교제하는 사람만이 그것을 가능하게 할 수 있습니다. 또한 주님과 함께하는 교제는 결코 중단하지 말고 지속해야 합니다. 중단했다가 다시 시작하려면 그만큼 몇 배의 힘이 들기 때문입니다.

주님과의 교제의 맛을 안다는 말은 진리의 깊은 경지에 도달했다는 말입니다. 주님의 사랑에 푹 빠져 안식을 한다는 의미입니다. 죄로부터 해방을 받고 자유함을 만끽하는 환희입니다. 사랑을 하며 그저 무덤덤한 사람은 사랑의 맛을 아는 사람이라 할 수 없습니다. 사랑의 열병을 앓고 그 사랑에 용해되어 녹아버릴 때 비로소 사랑한다 할 수 있습니다. 주님의 십자가 보혈에서 우러나오는 맛을 경험하지 않고는 아직 자신이 신앙인이라 말하지 말아야 합니다. 주님이 자신을 위해 죽으신 그 희생의 피맺힌 사랑을 감격하고 눈물을 쏟아보지 못한 사람이 어찌 감히 우리 주님의 사랑을 논할 수 있습니까?

신앙은 이론이 아닙니다. 먹어본 사람이 맛을 알고 삶의 체험으로 경험하고 느껴본 사람만이 하나님의 사랑을 누리는 맛을 아는 신앙인입니다. 뜨겁지도 아니하고 차지도 아니한 미지근한 믿음은 살아있다고 하지만 죽은 믿음입니다. 맛을 아는 신앙인은 그 자신이 이미 다른 사람들에게 성숙된 맛을 지닌 사람이 되어있는 사람입니다. 자신이 가정에서나 직장에서나 사회의 현장에 인격적으로 주님을 닮아 기쁨의 맛을 내는 사람이 될 때 우리 주님은 그러한 사람을 참 제자로 인정해 주실 것입니다.

예수 그리스도께서 이 땅에 오신 목적은 "양들로 생명을 얻게 하고 더 풍성하게 얻게 하는 것"(요 10:10)입니다. 성도가 풍성한 삶을 살지 못하는 가장 큰 이유는 "주님과 교제하는 삶"이 원만히 이루어지지 않기 때문입니다. 그러나 지금부터라도 하나님과의 지속된 교제를 통해 그리스도인으로서 누려야 할 풍성한 삶을 마음껏 누리도록 하시기 바랍니다.

12장. 말씀과 기도의 생활을 위한 실천적 지침

　제2차 세계대전 당시 프랑스에서 가장 위험한 지역에 살고 있던 그리스도인 노부부에게 한 종군기자가 찾아와 이렇게 물었다고 합니다. "이 무서운 밤에도 어떻게 이곳에서 잠을 잘 수 있습니까?" 그러자 그들은 다음과 같이 대답했습니다. "성경에 그분의 백성을 지키시는 분이 졸지도 주무시지도 않는다고 써있는데 무슨 염려를 할 필요가 있겠습니까?"(시 121:4). 하나님의 영원하신 팔은 능력의 팔입니다. 구속의 팔이고, 구원의 팔이며, 영원토록 우리를 보호하는 팔입니다. 바로 이 팔 안에서 염려를 걷어내고 평안을 누릴 수 있는 것입니다(신 33:27).
　하나님의 말씀을 통해 주님의 뜻을 이해하며 매일 묵상하는 하나님의 말씀들이 우리의 삶에 이루어지기를 위해서 다음과 같이 주님과 교제하길 바랍니다.

첫째, 알람에 맞춰 성경 읽기, 맥스 루케이도는 "당신 일정의 한 토막과 당신 세계의 한 구석을 정하여 하나님을 떼어 놓으라"고 말합니다. 요즘처럼 바쁘게 돌아가는 세상이 과거에 또 있었을까요? 직업과 나라를 막론하고 바쁜 일상에 쫓겨 정신없이 지내다보니 '하루에 한 번은 꼭 말씀을 읽어야지' 했던 결심조차 깜박하기 십상입니다. 그렇다면 고정적인 시간을 정해 알람을 맞춰두고 성경을 읽어보는 것은 어떨까요? 휴대하기 편한 알람시계보다는 일정한 공간에 고정시켜 놓는다면 더욱 좋습니다. 나도 모르게 깜빡하고 지나칠 수 있었던 시간, 어디선가 울리는 알람소리에 잊지 않고 성경책을 펼치게 될 것입니다. "… 이 말씀은 곧 하나님이시니라"(요 1:1) 하나님을 만나는 소중한 시간을 지금 바로 예약해 봅니다.

둘째, 다이어리에 전도 집회 표시하기, 새해 첫 날, 1년 동안 진행될 전도 집회를 다이어리에 표시해 둡니다. 그리고 매달, 매주 새로 알게 된 전도 집회를 차곡차곡 쌓아 나가는 겁니다. 해외 곳곳에서 진행될 선교일정도 그때그때 다이어리에 담아둡니다. 집회나 선교일정을 기록할 때마다 전도를 미리 계획하고 준비할 수 있습니다. 주위의 잃어버린 영혼들을 미리 돌아보며 챙길 수 있고, 간절히 기도할 수 있다는 장점도 있습니다. 또한 복음이 전해지는 현장을 기억하고 기도로 동참할 수 있습니다. 하나님을 기쁘시게 하는 일입니다.

셋째, 알록달록 내 성경책, 설교를 들으면서 성경책에 짤막한 메모와 함께 색연필로 밑줄을 그어보는 겁니다. 훗날 다시 그 말씀을 읽게 되었을 때, 당시에 깨달았던 하나님의 사랑과 은혜를 다시금 곱씹을 수도 있습니다. 힘겨운 상황 속에서 나에게 역사하신 하나님을 떠올리며 새 힘을 얻을 것입니다. 보기 좋게 표시되어 있는 성경 구절은 바로 나의 개인적이고 체험적인 신앙의 증표이기 때문입니다.

넷째, 하루 5분 엄지족 되기, '서로 사랑하라'는 예수님 말씀을 매일매일 실천할 수 있는 '하루 5분 엄지족 되기' 작전! 사랑의 첫걸음은 작은 관심에서부터가 아닐까요? 하루 5분씩 엄지족이 되어 형제자매님들에게 보낼 문자메시지를 작성해 봅니다. 백 마디 위로보다 힘이 되고 어떤 미사여구보다 마음을 울리는 하나님의 말씀으로 말입니다. 다른 형제자매님들도 챙기고, 나의 신앙도 한 계단 껑충! 이것이 바로 하나님과 가까워지는 일석이조의 방법이 아닐까요?

다섯째, 소곤소곤, 하나님께 속삭이기, 자칫 무의미하게 흘러 보낼 수 있는 자투리 시간들을 하나님과의 대화로 채워봅니다. 일상에서 하나님이 나와 함께하신다는 기쁨을 느낄 수 있습니다. 사소한 일도 하나님께 아뢰는 기도의 습관은 우리의 기도 횟수뿐 아니라, 그 깊이와 넓이를 변화시킵니다.

여섯째, Dear 하나님, 하나님께 드리고 싶은 말은 많은데 어떤 말부터 해야 할지 모를 때, 수많은 염려들로 인해 기도에 집중할 수 없을 때, 하얀 종이와 연필 한 자루를 손에 쥐고 하나님께 편지를 써보는 것은 어떨까요? 나의 진솔한 마음을 글로 하나님 앞에 내어놓는 겁니다. 이렇게 쓰여 진 여러 장의 편지를 돌아보면, 하나님께서 나의 작은 부르짖음에도 응답하시고 도움을 주셨다는 것을 발견하게 됩니다.

일곱 번째, 5박 6일 교제하기, 하나님의 행하시는 놀라운 구원의 역사, 수많은 영혼이 거듭나고 또 회복되는 귀한 현장, 바로 수양회(수련회)입니다. 계절마다 진행되는 수양회에 모두 참석할 수 있다면 더없이 좋겠지만, 그중 하계수양? 동계수양회는 그 진면목을 느낄 수 있는 절호의 기회입니다. 1년 365일 가운데 하계수양회(3박4일)와 동계수양회(2박3일)로 5박 6일 동안 온전히 하나님과 함께해 보십시오. 존 맥아더는 그의 저서 「자족 연습」에서 '우리는 여전히 타락한 세상에서 살고 있기 때문에 새로워진 마음이라 할지라도 계속해서 닦고 새롭게 해줄 필요가 있다'라고 말하고 있습니다. 수양회(수련회)에서의 5박6일은 우리의 마음을 새롭게 해줄 하나님의 말씀과 능력이 함께하기에 세상에서 가장 놀라운 시간입니다.

여덟 번째, 말씀 메모지, 마귀는 끊임없이 그리스도인과 하나님 사이를 멀어지게 합니다. 은밀한 죄의 유혹을 던지거나, 한치 앞도 보이지 않는 상황을 펼쳐놓아 낙심하게 만들기 일쑤입니다. 이러한 장애물을 가뿐히 뛰어넘기 위해서는 항상 하나님을 의식하는 것이 필요합니다. 설교를 듣는 가운데 한 주간 푯대로 삼은 말씀, 혹은 이른 아침에 묵상한 말씀을 포스트잇에 담아 수시로 볼 수 있는 곳에 붙여둡니다. 현관문이나 거울, 책상 앞, 냉장고 등 어디든지 좋습니다. 하나님이 항상 나와 함께 하신다는 것을 잊지 마십시오. 오늘 하루, 포스트잇 한 장이면 신앙생활의 영양가가 달라진답니다.

아홉 번째, 하나님이 다스리는 교회 한 모퉁이, 저명한 물리학자이자 크리스천이었던 아이작 뉴턴에 관한 흥미로운 일화가 있습니다. 뉴턴의 연구실을 청소하는 한 청년이 "선생님은 그렇게 위대한 일을 하시는데 나는 매일 바닥만 쓸고, 언제 선생님처럼 위대한 일을 하죠?"라고 투덜거리자, 뉴턴은 "당신은 지금 하나님이 창조하신 지구의 한 모퉁이를 쓸고 있다는 것을 모르십니까? 당신이 하고 있는 일이 작은 일입니까?"라고 꾸짖었다고 합니다.

하나님의 이름으로 행하는 '작은 일'이란 결코 없습니다. 냉수 한 그릇조차 상급으로 여겨 주시는 하나님이십니다. 하나님의 이름으로 행하는 우리의 수고가 필요합니다. 바로 봉사입니다. 하나님이 다스리는 교회의 한 모퉁이를 맡는 셈입니다. 하나님이 부어 주시는 힘으로 봉사하며, 스스로의 믿음을 행함으로 나타낼 수 있습니다. 신앙의 도약은 물론, 하나님 앞에 상급도 쌓이는 봉사를 통해 하나님과 더욱 가까워질 시간을 만들어 봅시다.

대부분의 그리스도인들은 성경 말씀을 읽고 기도하는 생활의 중요성을 알기 때문에 말씀과 기도의 열매를 풍성히 맺기 원합니다. 하지만 늘 원하는 만큼 잘되지 않아 고민하는 주제이기도 합니다. 따라서 말씀과 기도 생활을 통한 하나님과의 교제가 그리스도인에게 어떤 의미인가를 되새기며 보다 효과적인 실천을 위한 몇 가지 사항들을 함께 살펴보고자 합니다.

1. 말씀을 읽고 공부하는 것과 묵상하는 것을 구분해야 합니다.

1) 말씀을 문자적으로 읽고 이해하되, 역사적, 교리적, 영적 적용을 해야 합니다. "한 단어" 하나하나를 바로 읽음으로써 각 단어와 문장의 의미를 분명히 깨달으며 읽어야 합니다. 문자적으로 읽고 이해하되, 역사적 적용을 먼저 해야 합니다. 그리고 교리적 적용을 하고, 마지막에 영적 적용을 해야 합니다.

이것을 순차적으로 하지 않으면, 성경을 읽고 묵상한다는 것은 하나님과 상관이 없는 일이 될 수 있습니다. 특히 영적 적용을 할 때, 자신에게 구체적으로 적용하는 것이 필요합니다. 실제로 이 영적 적용이 우리 생활에 영적인 변화를 가져오는 것입니다. 묵상(mediation)이란 '무엇을 생각하다'라는 뜻입니다. 세속 종교들은 묵상을 명상하며 자신을 비우는 것으로 가르치지만 그리스도인에게 묵상은 하나님의 말씀으로 생각을 채우는 것입니다.

2) 성경에서 말씀하시는 묵상은 하나님의 말씀으로 우리 생각을 채우고 그 말씀이 우리를 주관하게 하는 것입니다. 또한 그 말씀을 통해 하나님을 알아 가는 것입니다(수 1:8;시 119:15,23,48,78,148,143:5;딤전 4:15). 그런데 주의할 점이 있습니다. 말씀을 읽고 묵상하는 시간과 기도하는 시간을 균형 있게 배분하는 것이 필요합니다. 한 쪽으로 치우치는 것은 바람직하지 못합니다.

우리는 묵상을 통해 영적 교훈을 얻게 됩니다. 읽은 말씀 중에 이해가 안 되거나 모르는 내용이 있다면, 다음 구절로 넘어가야 합니다. 공부를 위한 시간이 아니기에 성경을 읽는 시간에 문제를 해결하려고 집착하지 않는 것이 바람직합니다. 매일 말씀을 읽고 묵상할 때는 마음을 은혜로 채워야 하며, 이상한 교리들에 집착해서는 안 됩니다 (히 13:9).

2. 경건에 이르도록 훈련하는 것이 필요합니다.

좋은 습관을 가져야 합니다. 훈련은 무엇인가를 습관적으로 할 수 있게 해 주는 것입니다. 무엇인가를 습관적으로 하는 것이 모두 율법적이거나 형식적인 것은 아닙니다. 하나님께서는 분명히 우리에게 훈련할 것을 말씀하셨습니다. "...경건에 이르도록 네 자신을 훈련하라"(딤전 4:7). "훈련된 자들에게는 화평한 의의 열매를 맺느니라"(히 12:11).

1) 성경은 우리에게 좋은 습관이 있음을 말씀합니다. 바울은 "습관대로" 말씀을 전파했고(행 17:2), 다니엘은 "전에 하던 대로" 하루에 세 번씩 무릎꿇고 기도했으며(단 6:10), 예수 그리스도께서는 "늘 하시던 대로" 올리브 산으로 가셨고 제자들도 따랐습니다(눅 22:39).

2) 말씀과 기도의 생활을 반복적으로 실행하는 훈련을 해야 합니다. 기도회나 주일 오후 예배에 참석하지 않는 나쁜 습관으로 자리 잡은 사람들이 있는데(히 10:25), 이것의 반대는 참석하는 좋은 습관입니다. 우리는 좋은 습관이 뜨거운 감사와 영적 활력을 주는 계기가 될 수 있는 반면, 하나님의 일에 열정을 다해 임해야 하는데 그렇지 못할 때가 있습니다. 따라서 말씀을 읽고 묵상하며 기도하는 것이 습관이 되도록 해야 합니다.

3. '중요한 일이 아니라 '가장 중요한 일' 이 되어야 합니다.

1) 무엇보다도 그리스도인의 생활 중에 말씀과 기도가 최우선 순위가 되어야 합니다. 누구나 중요하다고 생각하는 일에 시간을 내기 마련인데, 우리는 말씀과 기도에 시간을 내고 있습니까? 회사나 학교에 늦지 않으려고 식사를 거르거나 택시를 타는 등 노력을 하는데, 말씀을 읽고 기도하는 시간을 지키기 위해 어떤 노력을 하고 있으며, 어떤 희생을 감수하고 있습니까?

2) 우리는 하나님과의 교제 시간을 따로 떼어놓고 그 시간을 소중히 여기며, 기다리고 또 가치 있게 사용해야 합니다. "내 혼이 주를 더욱 기다리오니 내가 말씀을 바라나이다. 파수하는 자들이 아침을 기다리는 것보다 더하나이다"(시 130:5-6). 이렇게 사모 하십니까?

4.'가장 안정적인 시간'을 정해야 합니다.

1) 성경은 하나님의 말씀을 받고 기도하는 시간에 대해 다양한 예시들을 기록하고 있습니다. 하나님의 사람들이 아침에 말씀을 받고(출 34:2,4;사 50:4;겔 12:8), 아침 일찍 그리고 하루 세 번 정해진 시간에 기도하고(막 1:35;시 5:3,88:1,90:14;단 6:10), 하루 중에 한밤중이든지, 아침 동터오기 전이든지, 밤의 경점들 전이든지, 하루에 일곱 번씩이든지 어느 때든지 필요한 때에 하나님을 만났습니다(시 119:62,147-148, 164).

한 가지 주의할 점은 너무나 이른 아침 혹은 밤늦은 시간에 성경을 읽고 기도하려고 정함으로써 피곤하여 졸게 되는 상황이 없도록 해야 합니다. 맑은 정신으로 깨어 있을 수 있는 시간이어야 합니다. 또한 아침에 면도나 화장을 다하고 출근이나 외출 준비를 다하기까지 시간을 보내는 것은 바람직하지 않습니다. 이런 것들을 하기 전에 하나님께 하루를 의뢰하는 기도로 시작해야 합니다. 하지만 반드시 아침의 첫 시간이 아니라도 하루에 자신이 '가장 안정적으로 시간을 사용할 수 있는 때'를 정해야 합니다. 최대한 다른 일로 방해 받지 않는 최선의 시간을 선정해야 합니다.

2) 가정에서 남편과 아내와 자녀가 함께하면 더욱 좋지만 그럴 수 없다면 서로가 이 시간을 반드시 보장해 주어야 합니다. 서로의 영적인 생활에 도움을 주는 것이 사랑하는 것이며, 그것은 동시에 자신의 유익이 되는 것입니다. 시간에 관하여 한 가지 부언하면, 짧은 시간으로 시작해서 꾸준히 시간을 늘려 가는 것이 좋습니다. 처음 시작하는 것이어도 적어도 10-20분 정도는 필요합니다. 성경을 읽고 기도하는데 있어서 최소한의 시간입니다. 익숙해지면 이 시간도 효과적으로 사용할 수 있는 긴 시간이 됩니다.

5. '가장 안정적인 장소'를 정해야 합니다.

1) 가능하면 말씀과 기도를 위한 정해진 장소가 따로 있는 것이 좋습니다. 이것은 새로운 환경에 신경 쓰지 않고 집중하는 데도 좋은 방법입니다. 가

능하면 한적한 곳, 혼자서 말씀과 기도에 전념할 수 있는 곳이어야 합니다 (마 6:6) 그러나 우리의 환경은 그렇게 이상적이고 좋지만은 않습니다. 따라서 다양한 장소에서 하나님과 교제를 갖게 되며, 때로는 직장 주차장의 자기 차 안에서, 부엌의 식탁에서, 그 외의 적합한 어느 곳이든지 정해진 장소를 갖는 것은 지속적인 하나님과의 교제를 위해 필요한 조치입니다.

2) 요한 웨슬리 어머니 수산나 웨슬리는 19명의 아이들을 키우면서 혼자만의 조용한 시간을 갖는 것이 힘든 일이었는데, 혼자 있어야 할 필요가 있을 다른 장소를 찾지 못해서 앞치마를 뒤집어쓰고 성경을 읽고 기도했다고 합니다. 이렇게 한다고 아이들이 조용해지는 것은 아니지만, 자녀들이 최소한 그 시간만큼은 방해해서는 안 된다는 표시였고, 그 시간 동안은 큰 아이들이 동생들을 돌보았다고 합니다. 우리의 환경이 열악해도 각자에게 맞는 장소가 있기 마련입니다.

6. 성경은 규칙적으로 계획된 순서에 따라 통독하는 것이 바람직합니다.

성경을 읽을 때 순간적으로 펴서 그때그때 무작위로 읽는 구절에서 하나님의 뜻을 발견하려고 하는 것은 미신적인 행동입니다. 먼저 매일 적당한 장수를 정해놓고 지속적으로 읽습니다(잠 1장, 구약 5장 신약5장). 우리 각자에게 필요한 말씀은 통독하는 중에 반드시 드러나게 됩니다. 보통 10장 이하의 성경책은 한 번에 전체를 다 읽는 것이 내용을 깨닫는데 보다 효과적이며, 통독할 때 성경 읽기 표에 읽은 책과 장을 표시하면 성경읽기를 지속하는 데 도움이 됩니다.

7. 성경을 읽고 기도하는 데 자신에게 가장 잘 맞는 자세를 취하도록 합니다.

외적인 몸의 자세는 내적인 마음의 자세를 반영합니다. 말씀을 읽고 기도하는 자세를 잘 갖추어야 합니다. 잠자리에서 누운 채로 말씀을 읽거나 기도하는 것은 바람직하지 않습니다. 바르게 앉아 말씀을 읽고, 무릎을 꿇고 기도하는 것은 좋은 자세입니다. 그러나 무릎을 꿇고 오래 기도할 수 없다면 잘 집중하여 앉아서 하는 것도 좋습니다. 자신에게 가장 잘 맞는 자세를 찾는 것이 중요합니다.

8. 기도로 시작하고 기도로 끝냅니다.

우리 자신을 하나님께 집중하여 하나님을 찬양하고, 감사하는 기도로 시작해야 하며, 또 말씀을 일깨워 주시고, 하나님의 말씀을 자신의 삶에 적합하게 적용할 수 있게 해달라고 기도해야 합니다. 또한 마음이 분산되거나 엉뚱한 생각들에 사로잡히지 않도록 하고 이를 위해 기도해야 합니다. 처음 기도할 때에 말씀과 기도에 집중하도록, 또 방해받지 않도록 기도하는 것이 필요합니다. 기도하는 중에도 사탄은 공격하기 때문입니다.

9. 말씀과 기도의 방해 요소들을 효과적으로 제거합니다.

뉴스와 신문, T.V, 인터넷, 지나친 운동이나 기타 활동, 친구나 동료 등에 대한 대처가 필요합니다. 하나님의 말씀을 읽고 기도하는 것 보다 더 많은 시간을 할애하는 것이 있어서는 안 됩니다. 물론 가족을 돌보기 위해 직장에서, 사업장에서 일하는 것에 많은 시간을 내야 합니다. 그러나 자신이 마땅히 해야 할 일 외에 자신의 권한으로 사용할 수 있는 시간 중에서 말씀과 기도보다 앞서거나 더 많은 시간을 내는 것이 있다면 바람직하지 않습니다.

방해요소들은 다양합니다. 외적인 것도 있고, 내적인 것도 있습니다. 누가복음 8:14에서 "씨가 가시떨기 사이에 떨어져 열매를 맺지 못하는 것"이라고 말씀하셨는데, 이러한 것들과 함께 분주함, 미루기, 게으름, 피로, 불경건한 생각 등을 단호하게 제거해야 합니다(롬 12:11).

10. 묵상을 충분히 합니다.

빠르게 통독하는 것으로 끝내지 말고, 의미를 새기며 천천히, 그리고 잠시 읽는 것을 멈추고 묵상에 집중합니다. 성경을 읽는 중에 각자의 마음에 다가온 구절은 한 단어 한 단어에 강조점을 두고 읽어 보는 것이 필요합니다. 그러면 깨닫게 되는 진리와 교훈이 있습니다(수 1:8). 묵상을 통해 보다 더 영적인 생각과 행동을 실생활에 적용하게 됩니다.

11. 기도제목과 기도노트를 활용합니다.

성경을 읽을 때 기억해야 할 필요가 있는 중요한 구절이나 적용하기에 적합한 구절들과 단어들을 성경에 표시하고 또 기록합니다. 교회 기도제목의 주제 구분에 따라 기도해야 할 제목들을 기억하는 것은 효과적인 기도를 위해 필요합니다. 또 개별적인 기도노트는 응답하시는 하나님의 역사하심을 선명하게 볼 수 있게 해줍니다. 말씀을 읽으며 메모하거나 노트와 병행하여 사용해도 좋습니다.

기록은 생각을 분명히 해주는 역할을 합니다. 우리의 다이어리나 비망록에는 무엇이 기록되어 있습니까? 생일과 기념일, 누군가와의 약속, 해야 할 일들 등 다양합니다. 그런데 하나님께서 우리에게 주신 말씀들을 어디에 기록하고 있습니까? 우리가 잊지 않고 기억해야 할 기도제목들은 어디에 기록되어 있습니까? 메모의 중요성은 강조하지 않아도 우리들은 분명히 잘 알고 있습니다. 말씀을 읽고 묵상하면서 자신이 따라야 할 어떤 모범이 있습니까? 순종해야 할 명령이 있습니까? 버려야 할 죄가 있습니까? 새롭게 깨달은 말씀은 무엇입니까? 등을 생각하고 간략하게 기록해 두는 것이 좋습니다.

깨달은 말씀과 묵상의 내용을 기록하되, 기록하는 것 자체보다 읽고 묵상하며 기도하는 것이 더 중요함을 잊지 말아야 합니다. 노트에 적기 위해 묵상하고 기도하는 것이 아닙니다. 잘 정리하기보다 실제적으로 필요한 것을 자유롭게 기록하는 것이 더 유익합니다.

12. 말씀과 기도에 만족하고, 그 기쁨을 나타내 보입니다.

　말씀과 기도의 생활은 영적인 풍성함을 제공해 줄 것입니다. 하나님께로 받은 영적인 복들로 인해 기뻐하고 감사하며 하나님의 선하신 손길과 사랑을 나타내 보여야 합니다. 하나님과의 교제를 다른 그리스도인들과 공유하여 성도들을 세워줌으로써 섬기는 일을 해야 합니다. 이 일은 하나님께 기쁨과 영광이 됩니다.

　자, 언제부터 말씀과 기도의 생활을 시작합니까? 지금 자신의 상황이 매우 분주하고 경황이 없다고 생각할 수 있습니다. 그러나 지금 하지 않으면 하나님과 교제할 수 없을 수도 있습니다. 학생은 입시 준비와 공부로, 가장은 생업 전선에서 분주하고, 주부는 집안일과 아이들을 돌보고, 또는 함께 직장에 나간다면 더욱더 어렵다고 생각할 것입니다.

　모든 사람에게는 문제가 있으며, 어려움이 다 있기 마련입니다. 이런 가운데 하나님과의 교제가 실제로 빛을 발하게 됩니다. 지금 과감하게 시간을 내서 무릎 꿇어야 합니다. 그동안 하나님과의 교제를 소홀히 하여 말씀을 읽고 기도하는 데 전념하지 못한 것을 자백해야 합니다. 그리고 성경을 펼쳐 주 하나님의 말씀을 경청하고, 자신의 마음을 하나님께 아뢰면 됩니다. 이런 말씀과 기도의 생활이 시작되고, 또 지속되며 우리에게 놀라운 영적 변화가 생기고 하나님께서 주시는 풍성한 삶을 누리게 될 것입니다.

13장. 그리스도를 따라 살아가는 삶

세월이 빠르게 지나갑니다. 시간이 쏜살같이 흘러갑니다. 생각해보면 우리는 늘 눈에 보이는 현실과 실제로서 '오늘'을 삽니다. 과거는 지금 내가 기억하는 것으로만 존재합니다. 미래는 지금 내가 기대하는 것으로만 존재합니다. 과거와 미래는 과거의 형태와 미래의 형태로 있는 것이 아니라 현재라는 형태로 존재합니다. 그렇습니다. 우리는 늘 현재를 사는 것입니다.

미국의 로저 밥슨 기자에게 아르헨티나의 한 존경받는 한 정치 지도자가 질문을 던졌다. '유럽의 백인들이 먼저 정착한 곳은 북미가 아니라 남미 였네, 지하자원도 물도 북미에 비해 부족하지 않고 기후도 좋아 그럼에도 왜 북미가 남미보다 잘 살게 되었는지 생각하는가?' 대답을 못하는 기자에게 지도자가 웃으며 설명해 주었다. '분명한 이유가 있네 남미는 스페인 사람들이 황금을 구하러 온 땅이었어 그러나 북미는 영국의 청교도들이 신앙

을 위해 찾아온 땅이었지 여기에 근본적인 차이가 있었었네'

 우주 만물을 창조하시고 생사화복의 주권자이신 하나님의 눈에 띄기를 사모해야 합니다. 그러기 위해서는 깨끗한 자가 되어야 합니다. 그러면 시온의 대로가 열리고 하나님이 존귀하게 사용하시고 주님의 마음에 합당한 자가 된다고 말씀하십니다. 마지막 때 자기를 깨끗하게 하는 자는 주님의 눈에 띕니다. "그러나 사데에 그 옷을 더럽히지 아니한 자 몇 명이 네게 있다"(계 3:4)고 말씀하십니다. 이 말씀은 소아시아 지방에 있는 사데 교회에 세속에 물들지 않은 몇 사람이 주님의 눈에 띄었다는 말입니다. "그들은 합당한 자의 연고라"(계 3:4)고 했습니다. 자기를 지켜 영육 간에 죄악과 타협하지 않고 깨끗하게 하는 성도들을 향해 주님은 "내 마음에 합당한 자들"이라고 하십니다. 이 말씀은 주님이 보실 때 옳다는 말씀입니다. 자기를 깨끗하게 하는 성도들을 예수님께서 인정해 주신다는 뜻입니다. 마지막 때 자기를 깨끗하게 하면 주님께서 동행해 주시겠다고 약속하십니다. "옷을 더럽히지 아니한 자 몇 명이 힌옷을 입고 나와 함께 다니리니"(계 3:4)라고 했습니다. 자기를 지키고 깨끗하게 한 자들에게 주님께서 힌옷을 입혀주고 저들과 함께 다니겠다고 하십니다. 주님이 내 곁에서 나와 평생 동행하는 것만큼 안전한 삶은 없습니다. 이 마지막 때, 거룩함과 성결함을 힘써 지켜 나가야 합니다. 그리하여 주님께서 인정해주시고, 동행해주시고, 축복하시는 사람으로 든든하게 서야 하겠습니다.

 깨끗한 그릇이 되어 귀하고 아름다운 직분을 얻게 된 사도 바울입니다. 그는 훼방자요 핍박자요 폭행자였습니다. 그랬던 그는 사도가 된 것에 대해 말할 수 없는 감사와 감격을 고백하고 있습니다. 예수를 공격하는 자가 예수 그리스도를 증거하는, 고귀한 직분을 얻게 된 것입니다. "나를 능하게 하신 주께서 내게 직분을 맡기심이니"(딤전 1:12)라고 기록하고 있습니다. 사도바울의 분명한 신앙고백 가운데 가장 중요하고 확실한 고백은 하나님의 뜻을 따라 주님께서 자신에게 사도의 직분을 맡기셨다는 것입니다. "우리 구주 하나님과 우리 소망이신 그리스도 예수의 명령을 따라 사도된 바울은"이라고 했습니다. 이 말씀은 예수의 명령을 따라 사도의 직분을 받았다는 것입니다. 더 중요한 것은 "직분은 여러 가지나 주는 같으며"(고전 12:5)라고 했습니다. 사도뿐만 아니라 모든 직분은 하나님의 뜻에 따라 예수님께서 우리 모두에게 주신 것입니다. 그래서 우리가 받은 직분은 아름답고 귀한 것입니다.

  귀하고 아름다운 직분은 주님이 우리를 충성되이 여기셔서 주시는 것입다. "예수님께서 나를 충성되이 여겨 내게 직분을 맡기셨다"(딤전1:12)고 말씀하고 있습니다. 주님을 만나기 전까지 바울은 예수 믿는 성도들을 잡아들이고 옥에 가뒀습니다. 뿐만 아니라 돌로 쳐서 죽이고 심지어 교회를 파괴하는 일까지 마다하지 않았습니다. 그럼에도 불구하고 주님께서는 바울을 사도로 택하셨습니다. 주님께서 보시기에 바울 마음속에 충성된 그 무엇인가가 있었다는 것입니다. 여러분, 우리 자신을 보십시오.

  어느 것 하나 잘나고 뛰어나고 특출한 것이 있습니까? 주님께서 저와 여러분 속에 그 무엇인가 충성된 부분을 분명히 보고 계십니다. 그래서 자신에게 맞는 직분을 주신 것입니다. 귀하고 아름다운 직분은 믿음과 사랑으로 더불어 감당해야 합니다. "우리 주의 은혜가 그리스도 예수 안에 있는 믿음과 사랑과 함께 넘치도록 풍성하였도다"(딤전 1:14)라고 말씀합니다.

  모든 직분을 맡은 자가 주님을 위해 봉사 할 때 믿음과 사랑, 은혜로 감당해야 된다는 것입니다. "집사는 깨끗한 양심에 믿음의 비밀를 가진 자라야 한다"(딤전 3:9)고 말씀하고 있습니다. "믿음이 없이는 하나님을 기쁘시게 못한다"(히 11:6)고 했습니다. 은혜 없이, 믿음 없이, 사랑 없이 감당할 수 없는 직분이기에 너무나 귀하고 아름다운 것입니다. 일평생 귀하고 아름다운 직분을 충성되고 신실하게 감당해야만 할 것입니다.

깨끗한 그릇이 되어 예수 그리스도를 따라 살아간 바울입니다. 바울은 수수께끼 같은 인물입니다. 그는 칭찬할 만한 인물이지만, 그가 실천했던 다양한 영적 훈련들을 실행하면서 그의 삶을 본받는 것은 어렵기 때문입니다. 바울은 회심하기 전에 금식, 십일조, 연구 등 그 이상을 포함하는 조상의 유전들(traditions)을 다른 유대인들보다 더 열심히 따랐습니다(행 1:14). 그는 헌신된 훈련의 삶을 알았고, 예수님을 만나자마자 그가 행해 오던 훈련들은 이내 새로운 의미와 목적을 갖게 되었습니다.

바울은 어떻게 살았을까? 다메섹 도상에서 그리스도를 만난 후 3일 동안 기도하고 금식했습니다. 그리고 3년 동안 아라비아 사막에서 고독한 삶을 살았습니다. 혼자서, 또는 동역자들과 함께 사역하며 금식하고 기도했습니다. 그는 자기희생과 단순성, 검소함 그리고 봉사의 모범을 지속적으로 보여 주었습니다. 그는 사역을 꾸려 나가기 위해 일을 했으며 투옥과 매 맞음까지도 잘 견디었습니다. 그는 종종 먹지도 못하고 자지도 못하고 옷도 제대로 갖추어 입지 못했습니다. 그러면서도 자신의 가치를 인정하지 않는 사람들을 사랑과 인내로 대했습니다.

바울은 그의 동료 그리스도인들에게 자신을 본받으며 자신이 하는 것처럼 몸을 단련하는 것과 유사한 방법으로 "경건에 이르도록 네 자신을 연단"하라고(딤전 4:7) 요청했습니다. 달라스 윌라드(Dallas Willard)는 "육체적인 것과 마찬가지로 우리의 영적인 힘을 세우고, 유지하고, 강화하기 위해 해야만 하는 일련의 특별한 활동 들이 있다. 우리는 시도할 뿐만 아니라 훈련해야 한다"고 했습니다. 바울은 모든 약함과 실패와 인격적 결함을 갖고서도 주님과 같이 되기 위해 전념했습니다. 바울은 주님이 가르치시고 행하셨던 것들을 삶으로 실천했습니다. 그는 모든 것을 포기하는 삶을 살았습니다. 그리고 이러한 삶의 방식에 대한 확신, 곧 그리스도와의 풍성한 연합을 통해 능력 있는 삶을 살 수 있다는 확신이 있기에 다른 사람들에게도 그와 같은 삶을 요청할 수 있었습니다. '바울이 삶으로 예수님을 따랐기에' 그의 행동, 그의 인격, 그의 동기 그리고 그의 초라한 삶에서 세상을 변화시키는 놀라운 능력이 발휘되었던 것입니다.

바울은 어떻게 그렇게 할 수 있었을까? 그것은 예수 그리스도가 아버지를 의지하는 훈련을 하셨던 것처럼 바울이 부활하신 주님을 의지하도록 '훈련'하고, 또 그대로 실천했기 때문입니다. 달라스 윌라드는 이렇게 말했습니다. "바울과 예수님은 세상 사람들이 당연하다고 여기는 방식이 명백하게 정도에서 벗어난 것이라고 보았다. 그들은 차분한 사색과 보다 심오한 질서에 대한 분명한 비전을 가지고, 복음서에 반복해서 언급된 '먼저 될 나중 된 자들' 가운데 확고히 서 있었다. 하나님의 질서에 발을 깊이 담근 채 완전한 자기희생과 자기 포기의 삶을 살았다. 그 이유는 그런 삶 가운데서 가장 높은 자아 성취를 발견했기 때문이다." 우리는 바울이 그의 서신서들에서 자주 사용했던 여러 가지 구절들에 친숙합니다.

그러나 우리가 바울과 같은 삶을 살지 않고서 어떻게 그가 기록한 것들을 진정으로 공유했다고 할 수 있겠는가? 우리는 어디서부터 시작해야 하는가? 또한 바울이 행했고 가르쳤던 삶을 살기 위해 실제로 어떻게 시도하여 지속적으로 성장할 수 있겠는가? 우리의 삶을 황폐하게 하는 분주함으로부터 어떻게 빠져 나올 것인지가 문제이며 바울이 실천한 훈련들을 실행할 수 있도록 우선 '여유'를 가짐으로써 바울이 살아왔던 삶, 나아가 예수 그리스도의 삶까지 공유하는 삶을 시작할 수 있습니다. 예수님처럼 살기 위해 하는 모든 활동이 바로 영적 성장의 훈련입니다. 그것들을 실천에 옮길 때 우리 마음이 지속적으로 그리스도에게로 향하며, 우리의 정신이 평온한 가운데 쉬며, 우리의 열정이 하나님의 열정을 닮아 가는 것을 발견할 수 있습니다. 실로 경건의 훈련(training in godliness)을 함으로써 그리스도 안에서 새로운 피조물로서의 삶을 시작할 수 있을 것입니다.

성경은 자기를 깨끗하게 하면 하나님께서 갖가지 축복을 약속으로 주십니다. 음란과 방탕한 문화가 세상 깊숙이 침투한 때를 살고 있습니다. 우리 사회의 윤리 도덕이 어디까지 무너져 내려야 할까요? "그러므로 누구든지 이런 것에서 자기를 깨끗하게 하면 귀히 쓰는 그릇이 되어 거룩하고 주인의 쓰심에 합당하며 모든 선한 일에 준비함이 되리라"(딤후 2:21).

하나님께서 우리를 향해 '깨끗하고, 거룩하며 성결하게 살라'고 말씀하십니다. 마지막 때 자기를 깨끗이 하면 하나님이 쓰시는 그릇으로 준비된다고 약속하십니다. 우리는 범죄하고 타락할 수 있는 여지가 너무 많습니다. 이런 상황에서 죄를 범하지 않으려고 애쓰고 노력하는 사람, 가슴을 치고 회개하는 사람을 하나님께서 기뻐하십니다. 그 가운데 헌신하고 봉사하는 이들을 쓰시겠다고 주님은 말씀하십니다.

살아가면서 피해야 할 마음 자세가 2가지 있습니다.

바로 체념과 자만입니다. 구체적으로 말하면 '나는 재주도 없고 그릇도 작아 별 볼 일 없어'라고 여기는 마음, 또 하나는 '나는 많이 배우고 똑똑하고 재주도 많고 부자야'라고 여기는 마음입니다. 성경적으로 예수님을 알고 믿음 안에서 일하는 일꾼이 가져야 할 올바른 자세에 대하여 알아보도록 하겠습니다.

우선 누구든지 하나님이 주시는 분량이 있음을 인정해야 합니다. "큰집에는 금 그릇과 은그릇뿐 아니라 나무그릇과 질그릇도 있어 귀하게 쓰는 것도 있고 천하게 쓰는 것도 있나니"(딤후 2:20) 라고 말씀하고 있습니다. "각각 그 재능대로 한 사람에게는 금 다섯 달란트를, 한 사람에게는 두 달란트를, 한 사람에게는 한 달란트를 주고 떠났더니'(마 25:15) 라고 말씀하고 있습니다. 또 "성령께서 각자에게 다른 은사를 주신다는(고전 12:4) 말씀도 볼 수 있습니다.

사람마다 그릇이 다르고, 받은 재능이 다르고, 받은 은사가 다르고, 주님이 주시는 직분이 다른 것을 알고 그것을 인정하고 수용해야 한다는 말씀입니다.

그리고 누구든지 하나님이 주신 분량대로 귀하게 쓰임 받을 수 있음을 알아야 합니다. 제각기 그릇은 다를지라도 자기를 깨끗하게 만들어 놓으면 어떤 그릇이라도 귀하게 쓰임 받게 됩니다(딤후 2:21). 옛날 시골에서는 아무리 큰 그릇일지라도 구멍이 나거나 더러워지면 소나 돼지에게 먹이를 퍼주는 바가지로 사용합니다.

반면 국그릇이든 밥그릇이든 임금님 수라상에 오르면 귀한 그릇이 됩니다. 각자가 깨끗한 그릇으로 준비해 주님께 귀하게 쓰임 받는 그릇이 되어야 할 것입니다.

누구든지 하나님이 주신 분량을 모르기 때문에 각자가 최선을 다해야 합니다. "나는 선한 싸움을 싸우고 나의 달려갈 길을 마치고 믿음을 지켰으니"(딤후 4:7) 라고 했습니다. 이 말씀은 사도바울이 주님의 부르심을 받고 난 뒤 주님 앞에 서기 직전까지 복음을 위해 진력을 다했다는 말입니다.

하지만 우리는 어떻습니까? 주님의 몸 된 교회에서 일군이 되었지만 하나님이 정하신 그릇의 분량이 어디까지인지, 또는 하나님이 내게 주실 직분이 어디까지인지 아는 사람은 얼마나 될까요. 아마 잘 모르는 이들이 적지 않을 것입니다. 그래서 예수를 믿고 은혜를 체험하고 직분을 받게 된다면, 내 그릇을 키울 수 있는 데까지 최선을 다해 키우는 것이 중요합니다. 이 과정에서 체념하거나 자만하는 건 금물입니다. 겸손한 자세로 자신을 키우고 다듬어서 주님 앞에서 귀하게 쓰임 받는 일군이 되어야 하겠습니다.

두 여자가 있습니다. 한 여자는 거의 완벽에 가깝고 한 여자는 부족함이 참 많았습니다. 이 두 여자가 비슷한 시기에 결혼을 했습니다. 거의 완벽한 여자와 살게 된 남자는 복이 터졌다고 생각했습니다. 그런데 결혼하고 보니 완벽함 속에 부족함이 보였습니다. 단점만 보완한다면, 정말 최고의 아내가 될 것 같았습니다. 그래서 다음날부터 지적하기 시작했습니다. 여보, 내가 그거 좀 고치라고 했지. 완벽한 여자로 만들기 위해 매일 지적하기 시작했고, 급기야 스트레스로 우울증에 걸렸고 인생 살 맛을 잃었습니다.

반면 부족함이 많은 여자와 결혼한 남자는 여자를 보니 한두 가지 고친다고 될 문제가 아니었습니다. 그래서 웬만하면 넘어가고 칭찬했습니다. 여보, 참 잘했네. 여보, 당신도 생각보다 센스가 있네. 늘 칭찬하기 시작했고, 칭찬받은 아내는 자신감이 생기고, 얼굴에 생기가 돌고, 살맛이 났습니다. 부족함이 많은 이 아내는 점점 아름답고 완벽해져 갔습니다. 누가 이렇게 만들었습니까? 지금 내 주변을 보십시오. 부족함이 많은 사람들이 있습니까? 완벽함이 많은 분들이 있습니까?

화단에 심겨진 꽃도 가꾸어 주어야 하듯, 부족해도 기다려주고, 인정해주고, 칭찬해주면서 잘 가꿔주면, 가장 빛나는 보석이 될 것입니다. 내 주변의 사람들을 주님께서 내게 원석으로 주셨습니다. 내가 잘 다듬으면 진귀한 보석으로 새로워 질것입니다. 부족한 사람을 나같이 부족한 사람에게 주신 것은 나로 하여금 보석되게 하기 위해 맡겨 주신 것입니다.

더욱이 나 또한 다른 사람 보기에 아주 아주 부족한 사람임을 잊지 말아야 하겠습니다. 나도 부족한 원석이지만, 서로의 사랑 안에서 보배롭고 존귀한 보석이 될 것입니다.

시편 23편은 유대인들이 매일같이 암송하는 시요, 해결하기 어려운 일이 닥칠 때 기도로 사용하는 시입니다. 독일의 한 대학에서 라틴어를 가르치는 한 교수님은 라틴어뿐 아니라, 히브리어도 잘 하시는데, 히브리어를 잘 하게 된 동기를 간증하였습니다.

2차 세계대전 당시 독일대학에서 같이 공부하던 한 유대인 친구가 두 시간 정도 수업을 한 후에 쉬는 시간이면 항상 알아들을 수 없는 시 한편을 소리 내어 암송하곤 하였습니다. 그 시는 성경의 시편 23편이었습니다. 그 친구의 말은 이 시편을 외우면 마음이 평안해지고 상쾌해져서 공부가 잘 된다는 것이었습니다.

그러던 어느 날 두 사람에게 불행이 찾아왔습니다. 나치의 핍박을 피해

은신처에 숨어 있던 유대인 친구가 나치의 비밀경찰에 붙잡혀 끌려간다는 소식을 독일인 친구가 듣게 되었습니다. 그가 자전거를 타고 급히 그곳으로 달려갔을 때, 유대인 친구와 그의 가족들은 이미 트럭에 실려서 어디론가 떠나고 있었습니다.

독일 친구가 미친 듯이 페달을 밟아 친구의 얼굴이라도 보려고 눈물범벅이 된 채로 트럭을 따라갔는데, 갑자기 트럭 밖으로 친구가 고개를 내미는 것이었습니다. 눈물이 앞을 가려 잘 보이지 않았지만, 친구는 뜻밖에 웃는 얼굴로 갑자기 소리를 높이 무엇인가를 외치기 시작했는데, 다름 아닌 시편 23편이었습니다. 그는 죽음의 가스실로 끌려가면서도 미소를 지으며 시편 23편을 외우고 있었던 것입니다.

유대인 친구가 잡혀간 후에 독일은 최후의 발악을 하면서 더 많은 학생들까지 징집을 하였습니다. 그때 독일인 친구도 군대에 들어가, 최전선에 투입되었고 러시아에서 연합군에게 포로로 잡히게 되었습니다. 얼마 후 독일인 포로들을 총살하는데 그도 끌려가게 되었습니다. 그는 전에 가스실로 끌려가면서 시편 23편을 암송하던 친구를 생각하며 담담히 죽음을 맞이하자고 다짐하였습니다. 함께 포로된 독일 병사들이 한 사람씩 총알에 쓰러지는데 드디어 자신의 차례가 되었습니다.

마지막으로 할 말이 있으면 말하라고 했습니다. 그래서 사랑하는 친구가 떠나면서 암송하던 시편 23편을 히브리어로 천천히 소리내어 암송하기 시작했습니다. '미즈모리 레다워드 아도나이 로이 로 에호살' 여호와는 나의 목자시니 내게 부족함이 없으리로다"(시 23:1) '비네오토 데쉐 얄비체니 알 메 메누호트 예나할레니' 그가 나를 푸른 풀밭에 누이시며, 쉴 만한 물 가로 인도하시는도다(시 23:2) '나프쉬 예쇼베브 얀헤니 베마겔레 체데크 레마안 쉐모' 내 영혼을 소생시키시고, 자기 이름을 위하여 의의 길로 인도하시는도다(시 23:3)

그러자 죽음의 공포와 두려움이 사라져가고 자신도 알 수 없는 힘과 용기와 평안이 파도처럼 밀려오는 것을 느꼈습니다. 그때 사형을 집행하던 연합군 장교가 자리에서 벌떡 일어서더니 큰 목소리로 같은 히브리어로 시편 23편을 외우기 시작하였습니다. 연합군 장교는 러시아계 유대인이었습니다. 그 장교는 독일친구를 풀어주라고 하면서, 어안이 벙벙하여 쳐다보는 사람들에게 '하나님의 백성은 그가 비록 악마의 제복을 입은 독일군이어도 하나님의 백성이다'라고 외쳤다고 합니다. 장교는 곧바로 교수님을 풀어주라고 명령했고 사형중지 서류에 사인을 했습니다.

 이 교수님이 하신 말씀 가운데 잊을 수 없는 것은 '내가 그때 살아 날 수 있었던 것은 형장에서 죽더라도 하나님의 백성으로 죽고 싶었다. 그래서 하나님의 백성임을 나타낼 때 하나님을 섬기고 사는 은혜를 주셨다.'라는 것입니다.

 영국 정부가 국가적으로 크게 수훈을 세운 고든 장군을 치하하려 했습니다. 동상을 세우고 기념비를 건립하려 했지만 장군은 수락하지 않았고 작위를 수여하고 포상금을 지급하겠다는 제의도 사양했습니다. 중국과 아프리카에서 혁혁한 전공을 세운 그를 정부는 어떻게든 기념하고 싶어서 결국 조그마한 금메달에 그 공을 기록하여 증정했습니다.

 장군이 세상을 떠난 뒤 유품을 정리하는데, 당연히 간직했어야 할 메달이 보이지 않았습니다. 금메달의 행방이 궁금해진 사람들이 수소문을 해보았더니 가슴 뭉클한 곡절이 숨어있었습니다. 맨테스터에 대흉년이 들었던 해에 장군은 그 메달을 녹여 팔아 굶주리는 사람들을 구제하였던 것입니다. 장군의 일기장에는 그 사실에 관해 단지 이렇게만 적혀 있었습니다.'나는 이 세상에서 가장 귀하게 여기던 선물을 그리스도께 바쳤다.'

 가장 귀한 것을 이웃을 위해 구제함으로써 하나님께 바친 그의 행복을 누가 알 수 있을까?

요한 크리소스톰이라는 아주 유명한 설교자이자 성직자였던 사람이 있습니다. 그는 교회역사 가운데 진정으로 위대한 인물이었고 주님의 사랑을 몸으로 실천했던 사람이었기 때문입니다. 그가 법으로 금한 기독교의 복음을 증거 한다고 체포당하여 감옥에 갔을 때입니다. 그는 이렇게 기도 했습니다. "주님, 감옥에 갇힌 죄수들을 복음화 하라고 이곳에 저를 파송해주셨군요 감사합니다." 그는 감옥 에서도 쉬지 않고 복음을 전했습니다. 결국 그는 사형을 당하게 되었습니다.

그때의 기도는 "주님, 감사합니다. 성도의 가장 아름다운 죽음이 순교라고 했는데, 저 같은 사람을 순교의 반열에 동참케 하시니 감사합니다. 그는 사형장으로 끌려갑니다. 그러나 그에게 교수형이 집행되려고 할 때 갑자기 사형중지 명령이 내렸습니다. 그때도 그는 눈물로 감사를 드립니다. "하나님, 감사합니다. 아직도 종에게 할 일이 더 남았다는 것입니까? 죽도록 충성할 수 있도록 도와 주소서" 라는 기도를 드렸다고 합니다.

그가 자신을 유배 보내는 황제와 황후에게 한 마지막 설교는 이것입니다. 황제든 황후이든 누구이든지 저에게 어떤 핍박을 한다고 해도 저는 상관치 않습니다. 나를 감옥에 넣으십시오 나는 요셉과 같이 될 것입니다. 그들이 저를 쫓아내면 저는 엘리야 같이 될 것이고, 구덩이에 던지면 예레미야 같이 될 것이고, 나를 사자 굴에 넣으십시오. 나는 다니엘이 될 것입니다. 바다에 던지면 요나가 될 것이고, 돌로 치면 스데반 같이 될 것이며, 목 베임을 당하면 세례 요한 같이 될 것입니다. 매로 때리면 사도 바울 같이 될 것입니다. 나를 십자가에 못 박으십시오. 그러면 나는 예수님과 같이 될 것입니다.

하나님의 영광을 아는 사람 그 영광을 위해 사는 사람은 하나님 외에는 그 무엇도 두렵지 않습니다. 그의 삶은 오직 하나님께만 집중되어 있습니다. 참으로 크리소스톰은 하나님의 백성들은 답답한 일을 당하여도 낙심하지 아니하며 거꾸러뜨림을 당하여도 망하지 않는다는 사실을 삶을 통해 증거한 진정한 하나님의 용사요 증인으로서의 삶을 살다간 인물이었습니다.

150cm도 되지 않는 작은 체구에 그는 오직 하나님만 두려워하면서 그 어떤 세속적 부귀와 편의주의에 결코 굴복하지 않고 교회와 복음의 진리를 지켜나갔던 위대한 신앙의 인물이었으며 청빈과 진리 그리고 이웃사랑의 실천자로서, 또 황금의 입을 가진 열정의 설교자로서 요한 크리소스톰은 오늘도 교회와 성직자들에게 그 길이 어떠해야 하는지를 일러주며 하나님의 자녀들이 어떤 자세로 세상 속에서 살아야 하는지를 일깨워주고 있습니다. 주님을 위해서 사는 삶은 절대로 후회하지 않습니다. 사나 죽으나 주님의 것이기 때문입니다. 살아도, 옥에 갇혀도, 죽게 되어도 감사하는 마음 이러한 마음이 주님을 진심으로 사랑하는 마음인 것입니다. 그런 사람을 통해서 하나님의 역사를 이루어 나가십니다.

자, '영원을 준비'하는 참된 사명자는 사명을 위한 헌신을 수고로 여기지 않고 특권으로 여깁니다. 아프리카를 가슴에 품고 아프리카 대륙을 동서로 세 차례 이상 횡단하며 목숨 바쳐 헌신한 데이비드 리빙스턴(David Livingstone, 1813-1873) 선교사님이 있습니다. 그는 영국 스코틀랜드 출신으로 집안이 가난해서 10세 때부터 면화공장 직공으로 일을 해야만 했습니다.

하지만 공부에 대한 열의를 갖고 일이 끝나면 피곤한 몸을 이끌고 밤 10시까지 회사가 세운 야간학교에서 공부했고, 새벽까지 독서를 했습니다. 그리고 어려서부터 철저한 신앙교육을 받은 그는 10대 때 주님을 만나고, 중국 의료선교사의 꿈을 품었습니다. 이후 약 2년간 헬라어, 신학 및 의학 등을 공부했고, 의사 정식 자격증을 취득했으며 런던선교회로부터 의료선교사로 인정받았습니다. 그러나 1839년에 영국과 중국 사이에 일어난 아편전쟁 때문에 중국 선교의 꿈을 포기해야 됐습니다. 그런데 하나님께서 바울을 아시아에서 유럽으로 사역의 방향을 바꾸신 깃처럼 리빙스턴선교사의 사역지를 중국에서 아프리카로 바꾸셨습니다.

　리빙스턴 선교사는 1840년 아프리카를 향해 떠나 케이프타운에 도착했습니다. 이후 15년 동안 아프리카 내륙을 여행했습니다. 또 아프리카인들에게 복음을 전했을 뿐 아니라, 처참한 노예무역의 실상을 영국 사회에 알리는 역할에도 힘썼습니다. 게다가 의사였던 그는 무엇보다 원주민 진료에 힘쓰며 34년 동안 그들과 똑같이 생활하며 질병에 걸려가면서 치료법을 발견하기도 했습니다.

　또한 잠베지 강, 빅토리아 폭포 등을 발견했고, 관련 기록을 책으로 출판했습니다. 아프리카 동서를 횡단하며 복음전파에 일생을 바쳤습니다. 그런데 말년에 잠비아의 깊은 밀림에서 연락이 끊어졌습니다. 이에 1871년에 뉴욕 헤럴드 신문은 생사 확인을 위해 헨리 스탠리(Henry Morton Stanley, 1841-1904) 기자를 특파했습니다. 수개월 찾아 헤맨 끝에 식료품과 의약품이 거의 떨어진 채 밀림 속에서 심한 열병을 앓고 있는 리빙스턴을 만났고, 스탠리는 그에게 간절히 권면했습니다.

　"선교사님, 아프리카의 복음 사역을 위해서 30년간 헌신해 오셨으니까 이제 그만 하시고 저와 함께 본국으로 돌아가시는 것이 어떻겠습니까?" 그러나 리빙스턴은 이렇게 대답했습니다. "아닙니다. 제게 있어서 아프리카 선교 사역은 헌신이 아니고 오히려 하나님께서 제게 주신 특권입니다. 현재의 고난은 장차 나타날 영광과 비교할 때 아무것도 아닙니다. 저는 하나님께서 내게 맡겨주신 이 영광스러운 일을 생각할 때마다 가슴이 벅차서 견딜 수가 없습니다!" 그로부터 약 1년이 지난 1873년 5월 1일, 리빙스턴 선교사는 침대 곁에서 무릎을 꿇고 두 손을 깍지 낀 채, 하나님께 기도하는 모습으로 고요히 숨을 거뒀습니다.

　한편, 스탠리는 리빙스턴 사후 아프리카 대륙 횡단 및 저술활동을 통해 많은 사람들을 선교사로 헌신하게 만들었습니다. 그는 리빙스턴을 만났던 당시를 이렇게 고백했습니다. "넉 달 하고도 나흘 동안 그와 한 오두막에서 살았으며, 같은 배를 탔고, 한 텐트 속에서 잠을 잤으나, 그에게서 어떠한 결점도 찾을 수 없었다. 나는 런던에서 가장 신앙심이 없는 사람이었으며, 기독교에 대하여 비뚤어진 편견을 가지고 아프리카로 갔다. 그런데 그와 몇 개월 같이 지내는 동안 나는 나 자신이 그에게 빨려 들어가고 있는 것을 느꼈다. 그의 경건과 친절과 열정과 정직과 아무도 알아주지 않아도 묵묵히 그의 일을 해 나가는 것을 보고, 나는 그가 나를 전도하려 하지 않았지만, 조금씩 조금씩 회심하고 있었다."

사명을 위한 헌신은 수고가 아니라 특권입니다. 영원을 준비하는 사명자는 사명을 위한 자신의 헌신을 무거운 짐이 아니라, 놀라운 은혜의 기회로 생각합니다. "내가 그리스도와 함께 못 박혔나니 그런즉 이제는 내가 산 것이 아니요 오직 내안에 그리스도께서 사신 것이라"(갈 2:20).

사명의 길에 서 있습니까? 우리들은 지금 하나님을 위해 수고하고 있는 것이 아니라, 하나님의 은혜로 그 분이 마련해주신 놀라운 특권에 참여하고 있는 것입니다.

5부
성령 충만

14장. 그리스도인이 영적 성장을 위해서 반드시 알아야 할 성령님

하나님의 영이신 성령님은 약속대로 우리에게 임했습니다. 하늘로 승천하시는 부활의 예수님의 약속을 믿고 마가 요한의 다락방에 모여 기도하던 120문도가 약속하신 성령을 사모하며 기도할 때 성령이 임하셨습니다. 성령이 임하심으로 전혀 새로운 일이 벌어졌습니다. 우리가 꿈꾸는 천국이 이 땅에 예루살렘 교회라는 이름으로 모이게 된 것입니다. 성령이 임하시면 어떤 일이 일어납니까?

1907년 평양 대부흥운동의 시작은 '작은 일들의 회개'입니다. 아내를 구박한 일, 첩을 둔 일, 남을 속여 폭리를 취한 일, 도둑질한 일, 처자와 부모를 미워한 일, 거짓말, 달걀 값을 속여 선교사의 돈을 갈취한 일 등 당시의 사회 관습으로는 당연하게 행하던 일들이었습니다. 육신의 눈으로 보고 판단하며 남들도 하니까 나도 해도 된다고 생각하며 행하던 일들이, 성령이 임하심으로 영적인 눈이 떠짐으로 죄를 깨닫게 함으로 그들을 회개하게 한 것입니다. 성령이 임하심으로 주신 권능의 역사는 하나님 앞에서 자신들의 죄의 모습을 새롭게 발견하는 시간이 되었던 것입니다.

보혜사 성령을 보내 주실 것을 약속하시고 보내 주셨습니다. 여기서 보혜사란 말은 '부르다', '초청하다', '위로하다'라는 뜻이 있는 '파라칼레오'에서 유래된 말로서 '위로자', '대언자', '옹호자', '중매자', '조력자' 등을 의미합니다. 예수님이 십자가에 달려 돌아가실 때가 가까이 오자, 덩그러니 세상에 남겨질 것이 두려워 떠는 제자들에게 예수님께서 성령님을 알려 주십니다. 성령님이 어떠한 분이신지, 성령님께서 어떤 역할을 하시는 분이신지에 대한 설명을 제자들에게 자세히 해 주셨습니다.

우리가 갖는 성령님에 대한 몇몇 오해가 있습니다. 하나는 성령님을 어떤 물건 취급하는 것입니다. 특별한 어떤 사람이 많이 소유하고, 주고 받을 수 있는 물건으로 생각하는 것입니다. 그러나 성령님은 물건이 아니고, 아무나 원하는 대로 나눠 받을 수 있는 그런 존재가 아닙니다. 이는 하나님을 모욕하는 것입니다. 성령님은 인격적인 하나님이십니다. 구원받은 사람들과 교제하기를 원하시는 인격의 하나님이십니다. 성령님은 사람들이 사용하는 물건일 수 없으며, 오히려 우리를 사용하시는 존재이십니다.

또한 사람들의 생각 중에는 특별히 기도를 많이 하는 사람들이나, 방언을 하는 사람에게만 성령님이 임하신다는 착각을 하는 사람들이 있습니다. 그러나 성령님은 예수님을 주님으로 고백하고, 하나님을 아버지라 고백하는 이들 모두의 마음속에 계십니다. 특별한 분에게만 관계하는 분이 아니라는 것입니다. 성령님은 교회 공동체 안에 내주하고 계십니다. 내주란 성령님이 안에 계신다는 것입니다. "너희 몸은 너희가 하나님께로부터 받은바 너희 가운데 계신 성령의 전인 줄을 알지 못하느냐"(고전 6:19). 우리 몸이 성령이 계시는 곳이라는 것입니다. 이렇게 우리 안에 계셔야 우리가 예수 그리스도를 주님이라 고백할 수 있고, 하나님을 아버지라 부를 수 있습니다.

성령님께서는 구원받은 그리스도인 안에서 어떻게 일하실까요? 성령님에 관해 그리스도인이 알아야 할 것은 무엇일까요? 그리스도인은 꼭 이 질문에 답변할 수 있어야 합니다. 그리스도인이 영적 성장을 하기 위해서는 성령님의 인도를 잘 알아야 하고 또 그분의 인도하심을 잘 따라야 하기 때문입니다.

죄인이 주 예수 그리스도를 영접한 순간 성령님께서는 그 사람의 몸 안에 들어가셔서 그 안에 거하십니다. 삼위일체 하나님의 한 인격체이신 성령님, 곧 구원받은 사람 안에 거하시는 성령님에 대한 지식은 대다수 그리스도인들이 가장 많이 오해하거나 무지한 분야라고 말할 수 있습니다. 성령님께서는 단지 어떤 영향력이라든지 하나님께서 우리에게 나누어 주시는 어떤 능력이 아니라 하나님이시며 완전한 인격체이십니다. 이제 우리는 그리스도인의 삶 속에서 성령님께서 하시는 일이 무엇인지를 공부함으로써 이 문제를 해결할 것입니다.

1. 성령님께서는 어디에 계십니까?

성령님께서는 "구원받은 그리스도인의 몸" 안에 거하십니다. 이 땅에서 성령님의 유일한 거처는 어떤 눈에 보이는 장소나 건물이 아니라 구원받은 그리스도인의 몸입니다. 그분께서는 죄인이 예수 그리스도를 믿고 영접하는 순간 그 사람 안에 오셔서 그 사람을 영원한 거처로 삼으십니다(요 14:16-17;고전 6:19-20;갈 4:6;요일 4:13).

2. 성령님께서 하시는 일은 무엇입니까?

1) 성령님께서는 죄에 대해 찔림을 주십니다((요 16:7-9). 성령님께서 구원받지 못한 사람에게는 그를 구원에 이르게 하기 위해 죄에 대한 찔림을 주십니다. 또 구원받은 사람에게는 그를 죄로부터 깨끗한 상태로 유지시키며 예수 그리스도를 위해 사는 방법을 알려주기 위해 죄에 대한 찔림

을 주십니다. 그런데 반드시 알아야 할 사실은, "죄에 대한 찔림"과 "죄책감"은 분명히 다르다는 것입니다.

죄에 대한 찔림은 하나님께서 인간에게 어떤 것이 잘못되었는지를 지적하셔서 그 사람이 그것을 고칠 수 있도록 하는 것입니다. 반면 죄책감이나 죄의식은 마귀가 "당신"이 하나님의 복을 받기에는 부족하고 적합하지 않은 존재라고 비난하는 것입니다. 이것은 분명히 성령의 역사가 아니라 마귀의 역사입니다. 마귀는 구원받은 그리스도인을 다시 자기 소유로 삼을 수는 없습니다. 그러나 그리스도인이 구원의 확신을 갖지 못하게 하고, 또 "자책"하게 만들어 그를 "무기력한 사람"이 되게 하고, 주님을 위해 살 수 없도록 합니다. 마귀에게 휘둘려서는 안 됩니다.

2) 성령님께서는 죄인을 거듭나게 하십니다. 우리 그리스도인은 성령님에 의해 거듭났으며, 주 예수 그리스도 안에서 새로운 피조물이 되었습니다(요 3:3-8).

3) 성령님께서는 죄인이 구원받는 순간에 그를 인치십니다(엡 1:13-14, 4:30).

4) 성령님께서는 성도가 구원받았음을 일깨워 주십니다(롬 8:14-16).

5) 성령님께서는 성도가 성경을 깨달을 수 있도록 일깨워 주십니다(요 14:26; 16:13-15;고전 2:9-10).

6) 성령님께서는 성도가 기도할 때 중보하십니다(롬 8:26-27).

7) 성령님께서는 성도에게 위로를 주십니다(요 14:15-18,26;행 9:31).

우리는 세상의 그 어떤 두려움과 염려와 걱정 앞에서도 담대해야 합니다. 그 이유는 바로 성령님이 함께 계시기 때문입니다. 예수님은 이 상태를 '평안'이라고 말씀하십니다.

8) 성령님께서는 성도가 하나님을 섬길 수 있는 능력을 주십니다(행 1:8; 롬 15:13;엡 3:16-21;고후 4:7;슥 4:6).

아프리카의 선교사였던 리빙스턴은 의사라는 직업을 통해 원주민들의 병을 고쳐 주며 복음을 전했습니다. 그의 사역에는 성령의 강한 역사가 나타났는데 친구였던 베네트 목사에게 보낸 편지에 보면 이런 상황이 잘 나타나 있습니다. "나는 이곳에 와서 많은 일을 겪었네. 지금은 20km나 떨어진 먼 곳에서 온 병자까지 치료하고 있지. 여기 사람들은 수술할 때 아주 잘 참네. 부인들도 직경 1센티 반이나 되는 상처를 칼로 째도 전혀 울지 않지. 하지만 이들도 성령의 역사 앞에서 만큼은 견디지 못하네. 어떤 사람은 아이처럼 소리쳐 울기도 하고 양심의 가책을 이기지 못하고 교회 밖으로 뛰쳐나가 도망가듯 울면서 질주하기도 하네. 그런데 신기한 것은 다시는 안 올 것처럼 도망간 사람들이 다음 집회에 또 출석한다는 사실일세. 그리고 이런 과정을 몇 번 거친 사람들은 순순히 예수님을 구주로 영접하지."

성령의 강한 바람이 양심 깊은 곳까지 파고 들어가 죄의 문제를 건드리기 때문에 사람들이 가책을 받아 괴로워 견디지 못했던 것입니다. 오순절 마가 다락방에 임한 강한 성령의 바람은 주위의 3천 명의 유대인들의 마음 속에 있던 불신의 세력을 몰아내고 주님 앞으로 나오게 만들었습니다.

3. 성령님께서 성도 안에서 역사하신 결과는 무엇입니까?

1) 성령의 열매, 성령님께 자신을 내어드리고 성령님의 능력 안에서 행할 때, 그 성도는 성령님을 통해 "성령의 열매"라고 하는 내적인 열매를 맺게 됩니다(갈 5:22-23). 갈라디아서에서 성령의 "열매"를 "단수"로 지칭하는 이유는 그것들이 모두 성령님과 밀접한 관계를 맺음으로 인해 동시에 맺히기 때문입니다. 성령의 열매는 "사랑, 기쁨, 화평, 오래 참음, 부드러움, 선함, 믿음, 온유, 절제"입니다.

2) 성령 충만, 성령으로 충만하라는 것은 주님의 명령입니다. "술 취하지 말라, 그것은 방탕한 것이니 오직 성령으로 충만하라."(엡 5:18-19).

성령으로 충만하려면, 첫째, 성령 충만을 위해 하나님께 구하고 믿어야 합니다(눅 11:13). 둘째, 그 뒤 삶 속에서 하나님께, 즉 하나님의 말씀에 복종해야 합니다(성령 충만의 유지). 엡 5:18-19과 골 3:16의 두 구절의 말씀을 비교해 보면, 하나님의 말씀을 열심히 공부하고 그 말씀 안에 거하게 한 결과와 성령 충만할 때의 결과가 같음을 알 수 있으며 술 취하지 말라. 그것은 방탕한 것이니, (1) 오직 성령으로 충만하라. (2) 시와 찬송과 영적인 노래들로 너희에게 말하고, 너희 마음으로 주께 노래하며, 곡조를 만들고(엡 5:18-19).

 (1) 그리스도의 말씀이 모든 지체로 너희 안에 풍성히 거하게 하되 (2) 시와 찬송과 영적인 노래로 서로 가르치고 권면하며 너희 마음속에서 은혜로 주께 노래하고(골 3:16).

 우리가 하나님의 말씀에 자신의 생각을 흠뻑 적시면 적실수록 성령님과의 관계는 더욱더 가까워질 것입니다. 구원받은 사람은 누구나 구원받는 순간 성령님 전부를 소유합니다. 하지만 성령님께서 우리를 온전히 관장하시는 일은 하룻밤 사이에 일어나는 일이 아닙니다. 그것은 영적 성장에 따른 일생의 과정이므로 성도는 성경을 공부하는데 평생을 써야 합니다.

 또한 우리는 성령으로 충만해야 성령의 열매와 구령의 열매를 맺을 수 있습니다. 성령 충만하지 않은 것은 하나님의 명령에 복종하지 않은 죄입니다. 따라서 우리는 늘 성령님께서 우리 안에 충만해 주실 것을 구하고 말씀에 순종하는데 자신을 온전히 드려서 열매를 맺는 삶을 살아야 합니다.

 결론적으로 세상 술에 술 취해 있는 것도 문제이지만, 교회의 더 큰 문제는 성령에 취해 있지 않다는 데에 있습니다. 우리는 어떻습니까? 여전히 세상에 취해 살고 있습니까? 성령에 취해 살고 있습니까? 성경은 "술 취하지 말고 성령 충만함을 받으라"고 말씀하십니다(엡5:18). 술 취하면 성령 충만받지 못합니다. 믿음으로 살기 어렵습니다.

 술에 취해서 살면 영적으로 병들기 딱 좋습니다. 죄에 빠질 위험성에 많이 노출됩니다. 술 취하면 세상 유혹에, 마귀 유혹에 쉽게 넘어집니다. 술 취하면 술 취한 말을 합니다. 세상에 취하면 세상에 취한 말을 합니다.

돈에 취해 있는 사람은 돈 생각만 합니다. 그래서 이야기를 하다보면 무슨 이야기를 해도 돈 이야기로 끝나는 사람이 있습니다. 이익이 얼마고 어떻게 해야 돈을 벌수 있다는 것만 말합니다. 술 취하면 엉뚱한 소릴 합니다. 세상에 취해 있으면 세상말 만 합니다. 성령으로 은혜가 충만하지 못하면 내가 하고 싶은 것도 할 수 없습니다.

교회의 생명력과 성도의 생명력은 성령의 역사에서 나타납니다. 성령이 떠난 교회는 살았다 하는 이름은 있지만 실상은 죽은 교회입니다. 성도들도 마찬가지입니다. 이름뿐인 성도는 바른 성도가 아닙니다. 성도 안에 성령께서 임재하시고 살아 역사할 때 바른 성도입니다.

성령충만을 받지 못한 기독교인처럼 불쌍한 사람은 없습니다. 왜냐하면 그는 세상의 것을 가지지 못했을 뿐만 아니라 하늘나라의 상급도 가지지 못했기 때문입니다. 세상이 그를 업신여겨도 그는 세상을 이길 힘이 없으며, 깨끗하게 되기를 힘써도 그는 결코 깨끗해질 수 없습니다. 그는 성령충만함을 받아야 합니다. 그렇지 않으면 그는 불신자들의 조롱거리로 전락하고 말 것입니다.

술에 취한 세상, 돈에 취한 세상, 음란에 취한 세상, 권력에 취한 세상에서 승리할 수 있는 방법은 성령에 취하는 것뿐입니다. 이렇게 성령으로 충만할 때, 성도와 연합해 하나님께 예배하고 찬송하며 감사하는 일이 열매로 나타납니다. 또한 성도간에 서로 복종하는 일이 일어납니다.

세상은 술에 취해 고성방가를 하며 주먹다짐을 하지만, 성도는 성령에 취해 아름다운 찬양으로 하나님을 높이고 서로를 섬김으로 화평의 열매를 맺습니다.

나는 세상에 취한 사람입니까, 성령에 취한 사람입니까? 성령에 취한 사람이 될 수 있기를 바랍니다. 그래서 성령 충만하여 찬송이 있고 감사가 있고 그리스도를 경외함으로 피차 복종이 있어 가정에서, 교회에서, 학교에서, 직장에서, 사회에서 좋은 인간관계가 형성되어 하나님 보시기에 아름다운 삶을 하나님의 뜻을 이루어가는 멋지고 축복된 삶을 살아가야 합니다.

15장. 성령의 열매

　우리 안에 있는 성령의 열매는 그 어떤 영적인 은사보다 훨씬 더 중요합니다. 많은 사람들이 성령님의 권능, 나타나심 그리고 은사들을 구합니다. 하지만 그들은 거룩한 삶을 사는 것에는 그렇게 우선권을 두지 않습니다. 우리의 갈망은 마땅히 그 은사를 주시는 분을 찾는 것이 되어야 하지 그 은사를 찾는 것이 되어서는 안 됩니다. 성령의 열매는 사실 우리에게 작은 씨앗 같이 옵니다. 이 씨앗은 기도와 말씀을 읽는 것 또 믿음을 행동으로 옮기는 일을 통하여 우리 삶 가운데 배양되어져야만 하고 개발되어져야만 합니다.
　성경은 열매에 관하여 이야기하는 것으로 시작하여 끝납니다 (창 2:15-16, 계 22:1-2). 그리고 우리의 삶을 위한 하나님의 목적은 예수 그리스도와의 관계를 통하여 영적인 열매를 맺는 것입니다. 이것이 성경에는 포도나무 되신 그리스도와 가지가 된 우리들로 묘사되어 있습니다. 우리는 열매를 맺도록 부름을 받았습니다. 하나님은 정원을 가꾸는 분이시며, 열매를 맺는다는 것은 초자연적인 과정입니다. 요한복음 15: 1-2절 말씀입니다. "나는 참 포도나무요 내 아버지는 농부시니 내 안에서 열매를 맺지 아니하는 모든 가지는 그분께서 제거하시고 열매를 맺는 모든 가지는 깨끗하게 하사 (혹은 정결하게 하사 혹은 정련케 하사) 그것이 더 많은 열매를 맺게 하시느니라.

우리는 죄를 거절하고 우리 삶 가운데 하나님께로부터 오는 정결케 하는 일을 허락해 드리도록 부름 받습니다. 누가복음 13:6-9말씀입니다. "어떤 사람이 자기 포도원에 무화과나무 한 그루를 심게 하고 와서 그것의 열매를 구하였으나 하나도 찾지 못하니라 이게 그가 자기의 포도원지기에게 이르되 보라 내가 이 삼 년 동안 와서 이 무화과나무에서 열매를 구하되 하나도 찾지 못하였으니 그것을 베어 버리라 어찌하여 그것이 땅을 버리게 하겠느냐? 하매 그가 대답하여 그에게 이르되 금년에도 그것을 그대로 두소서. 만일 그것이 열매를 맺으면 좋으려니와 그렇지 않으면 그 뒤에 그것을 베어 버리소서, 하였느니라 하시니라."

하나님이 우리를 부르신 이유는, 우리로 하여금 이 세상 가운데 하나님께서 모든 창조세계에 기대하시는 화해를 가시적으로 이루어 가도록 하시기 위함입니다. 이 소명의 일부가 바로 이 세상에 하나님이 지금도 살아 계시고, 일하고 계심을 증언하는 일의 일환으로 성령의 열매를 맺는 일입니다. 그러므로 성령의 열매를 맺는 일은 세상을 향해 만물을 화목하게 하시는 하나님의 현존을 구체적으로 증언하는 일이라고 말할 수 있습니다.

우리들 안에 성령의 열매가 맺히는 것은 예수님에 의해서 이루어지게 되는데 내가 맺는 것이 아닙니다. 내 자신을 주님께 내어 드리면 주님께서 내 안에서 맺으시는 것입니다.

성령의 열매가 우리의 삶 속에서 어떤 의미를 가지고 있는지, 또한 성령의 열매가 우리의 삶 속에서 어떤 모습으로 나타나야 하는지를 살펴 보고자 합니다. 이를 통해 우리들의 삶이 하나님이 원하시는 성령의 열매를 맺어 가는 삶이 되도록 해야 할 것입니다.

성령의 아홉 가지 열매

그러나 성령의 아홉 가지 열매는 사랑과 기쁨과 화평과 오래 참음과 부드러움과 선함과 믿음과 온유와 절제니 이 같은 것을 대적할 법이 없느니라(갈 5:22-23). 첫째로는 사랑, 기쁨 그리고 화평은 하나님과 누리는 당신의 관계에 초점을 맞춥니다. 둘째로는 오래 참음, 부드러움 그리고 선함은 다른 사람들과 누리는 당신의 관계에 초점을 맞춥니다. 셋째로는 믿음, 온유 그리고 절제는 직접적으로 개인에 초점을 맞춥니다.

1. 사랑

사랑이라는 영적인 열매는 단순한 느낌이나 감정이 아닙니다. 오히려 이것은 결정입니다. 성령의 열매는 우리로 하여금 우리가 그런 느낌이 없을 때에도 사랑하도록 하게 합니다. 바울은 빌립보서 1:9에서 다음과 같이 기록합니다. "내가 이것을 기도하노니 곧 너희의 사랑이 더욱더 풍성해지고" 풍성하다는 단어는 "성장하다"를 뜻합니다. 우리가 하나님의 사랑 안에서 걸어갈 때, 다른 모든 것들은 제자리로 돌아가게 될 것입니다.

전통적으로 사랑에는 네 종류가 있다고 말합니다. 남녀 사이의 육체적이고 관능적인 사랑을 뜻하는 '에로스'의 사랑이 있습니다. 친구 사이의 우정을 말하는 '필리아'의 사랑이 있습니다. 가족 상호간의 사랑을 말하는 '스톨게'가 있습니다. 그리고 마지막으로 신적인 사랑을 뜻하는 '아가페'가 있습니다.

오늘 성령의 열매로서 언급된 사랑은 '아가페'의 사랑을 말합니다. 아가페는 본질적으로 무조건적이고 헌신적인, 하나님의 한없는 사랑을 나타냅니다. 하나님의 아가페 사랑으로 우리는 하나님께 사랑받고 구원을 받았습니다. 요한복음 3:16은 하나님의 아가페 사랑이 온 세상에 대한 하나님의 사랑임을 말씀하고 있습니다. "하나님이 세상을 이처럼 사랑하사 독생자를 주셨으니 이는 그를 믿는 자는 멸망하지 않고 영생을 얻게 하려 하심이라 "로마서 5:8은 하나님의 아가페 사랑이 우리를 구원하신다고 선언합니다. "우리가 아직 죄인 되었을 때에 그리스도께서 우리를 위하여 죽으심으로 하나님께서 우리에 대한 자기의 사랑을 확증하셨느니라"

성령의 열매가 사랑이라는 사실은, 이러한 아가페 사랑을 받은 우리가 이런 사랑을 본받아 교회 공동체 안에 있는 서로서로를 사랑해야 한다고 말해주는 것입니다. 요한 1서 4:7-8은 우리가 하나님께 받은 아가페 사랑을 본받아 우리가 서로 사랑해야 할 책임이 있다고 말씀하고 있습니다. "사랑(아가페)하는 자들아 우리가 서로 사랑(아가페)하자 사랑(아가페)은 하나님께 속한 것이니 사랑(아가페)하는 자마다 하나님으로부터 나서 하나님을 알고 사랑(아가페)하지 아니하는 자는 하나님을 알지 못하나니 이는 하나님은 사랑(아가페)이심이라"

사랑은 겸손하고 섬기는 마음입니다. 이익에 눈먼 사람은 사랑을 꽃피울 수 없습니다. 나를 좋아하는 대상만 사랑하면 동물도 그러합니다. 시기와 질투를 내려놓고 미움까지 이해할 때 비로소 사랑의 의미가 보입니다. 원수까지 녹여내는 용서의 용광로 그 뜨거운 사랑 속에 그리스도인의 사랑의 깊이는 무르익어 갑니다. 즉 사랑은 완전히 자기를 버리고 희생하는 것입니다. 자기의 모든 것을 내어 버리는 것을 의미합니다. 성령의 열매로서 아가페 사랑은 하나님을 향한 우리의 사랑이 되어야 할 뿐만 아니라 다른 그리스도인들을 향한 우리의 사랑도 되어야 합니다.

2. 희락(기쁨)

기쁨은 활기참 혹은 고요한 즐거움으로 정의 됩니다. 기쁨은 우리의 감정과 아무런 관련이 없습니다. 기쁨은 역경의 상황에서조차 힘을 주는 성령의 열매입니다. 시편기자와 이사야 선지자는 둘 다 이것을 구원의 기쁨으로 언급합니다(시 51:12; 사 12:3; 느 8:10).

희락은 헬라어로 '카라'인데 그 뜻은 기쁨입니다. 희락은 저급한 간적 욕망이나 욕심을 채우는 데서 갖는 육적인 기쁨을 가리키는 것이 아닙니다. 우리를 향하신 하나님의 사랑을 전폭적으로 믿음으로 말미암아 생기는 그리스도 안에 거하는 자들에게 약속된 마음의 기쁨을 의미합니다. "하나님의 나라는 먹는 것과 마시는 것이 아니요 오직 성령 안에 있는 의와 평강과 희락이라"(롬 14:47). 이 말씀에서 알 수 있듯이 구원받은 자의 거룩한 기쁨이 바로 카라, 희락입니다.

이런 희락의 모습은 사도행전 8장에서 빌립이 사마리아 성에서 복음을 전하고, 그가 행하는 치유 사역이 '그 성에 큰 기쁨을 가져왔다'고 하는 기록에서 알 수 있습니다(행 8:8). 또한 사도행전 8:39에서 에디오피아 내시는 빌립과 만남에서 복음을 듣고 세례(침례)를 받은 후 기쁘게 길을 갔다고 했습니다. 이렇게 회심한 이들의 기쁨이 바로 희락입니다. 기쁨은 또한 우리와 다른 그리스도인의 관계를 특징짓기도 합니다. 특히 우리가 주 안에서 성장하도록 돕는 형제와 자매와의 관계가 그렇습니다. 바울은 데살로니가 교인들에게 "우리의 소망이나 기쁨이나 자랑의 면류관이 무엇이냐 그가 강림하실 때 우리 주 예수 앞에 너희가 아니냐 너희는 우리의 영광이요 기쁨이니라"(살전 2:19-20)라고 말합니다.

하지만 가장 중요한 사실은, 기쁨이 바로 하나님의 성품이라는 사실입니다. 누가복음 15장에 나오는 잃은 양, 잃은 드라크마 비유, 잃은 아들의 비유는 잃어버린 자를 찾았을 때 하나님도 기뻐하신다는 사실을 분명하게 말씀하고 있습니다. 그러므로 우리들은 우리와 다른 그리스도인과의 관계 속에서 거룩한 기쁨을 맛보아야 할 뿐만 아니라 하나님의 성품을 재현하도록 부름 받은 우리의 삶도 기쁨으로 충만하도록 해야 합니다.

3. 화평

화평은 세 가지 중요한 관계들에서 반드시 유지되어야 합니다. 첫째로 하나님과의 화평, 우리는 믿음과 그분을 신뢰함으로 하나님과의 화평을 유지합니다. 둘째로 동료들과의 화평, 우리는 다른 사람들과 누리는 우리의 관계에 어떤 부분이 되고자 투쟁을 허락하지 않음으로서 동료와의 화평을 유지합니다.

화평은 헬라어로 '에이레네'입니다. 에이레네는 성경에서 '평안', '평강'. '평화'로 다양하게 번역되어 나타납니다. 화평은 하나님과의 관계, 그리고 사람들 상호 간의 관계가 완전한 상태를 의미합니다. 로마서 5:1에서 보듯이 에이레네는 우선적으로 중보자이신 예수 그리스도가 십자가 위에서 이루신 화해로 말미암아 얻게 된 하나님과의 화평을 뜻합니다. "그러므로 우리가 믿음으로 의롭다 하심을 받았으니 우리 주 예수 그리스도로 말미암아 하나님과 화평을 누리자" 또한 에베소서 2:14에서는 그리스도로 말미암아 이방인과 유대인들 사이를 갈라놓고 있던 담이 허물어졌음을 선포합니다. "그는 우리의 화평이신지라 둘로 하나를 만드사 원수 된 것 곧 중간에 막힌 담을 자기 육체로 허시고" 이처럼 화평이란 모든 관계, 즉 하나님과 나의 관계, 나와 이웃과의 관계가 완전한 상태를 말합니다. 그러므로 하나님과의 화평이 우리 자신의 내면적인 평화와 외면적인 평화를 가능하게 합니다. 내적인 평강과 외적인 평강은 상호의존적입니다. "이 모든 것 위에 사랑을 더하라 이는 너희의 평강을 위하여 한 몸으로 부르심을 받았나니 너희는 또한 감사하는 자가 되라"(골 3:14-15).

하나님의 평강이 우리의 마음을 주장하게 되면, 그리스도의 몸으로 부르심을 받은 우리도 평강을 이루어 가게 됩니다. 하나님의 평강은 우리의 마음과 생각을 지켜 주시기 때문입니다. "그리하면 모든 지각에 뛰어난 하나님의 평강이 그리스도 예수 안에서 너희 마음과 생각을 지키시리라"(빌 4:7).

4. 오래 참음

오래 참음은 시험 때 보이는 사랑입니다. 이것은 우리로 하여금 참고 다른 사람을 용서하게 하는 인내입니다. 인내를 시험하는 진짜 테스트는 기다리는 것에 있지 않고 우리가 기다리는 동안 어떻게 행동하는지로 나타납니다. 오래 참음은 헬라어로 '마크로뒤미아' 인데, '인내', '참을성', '끈기', '확고부동함' 등으로 번역됩니다. 오래 참음은 어떤 상황 속에서도 계속하여 참음으로써 다른 사람을 관용할 줄 아는 성품을 뜻하는 말입니다. 오래 참음은 나 자신의 성장이나 성숙에 대해 인내심을 가질 것을 권할 때도 사용됩니다.

그런데 중요한 사실은, 성령의 열매로서의 오래 참음은 하나님의 오래 참음에 그 근거를 두고 있다는 것입니다. 우리는 여러 성경 구절에서 하나님의 오래 참으시는 성품을 발견할 수 있습니다. "여호와는 긍휼이 많으시고 은혜로우시며 노하기를 더디 하시고 인자하심이 풍부하시도다"(시 103:8). "혹 네가 하나님의 인자하심이 너를 인도하여 회개하게 하심을 알지 못하여 그의 인자하심과 용납하심과 같이 참으심이 풍성함을 멸시하느냐"(롬 2:4). "주의 약속은 어떤 이들이 더디다고 생각하는 것같이 더딘 것이 아니라 오직 주께서 너희를 대하여 오래 참으사 아무도 멸망하지 아니하고 다 회개하기에 이르기를 원하시느니라"(벧후 3:9).

이런 하나님의 오래 참음의 성품을 본받아 우리 그리스도인들은 다른 사람들과의 관계 가운데 오래 참음의 열매들을 맺어야 합니다. 성령의 열매로서 오래 참음은 타인을 위한 오래 참음입니다. 때때로 우리의 이웃들이 우리에게 실수를 하거나 이유 없이 핍박하는 경우가 있을 것입니다. 그때 우리는 우리의 인생을 하나님의 오래 참으심과 인내를 보여 주는 본보기로 생각하고 참고 인내할 줄 알아야 합니다.

이런 의미에서 오래 참음은 평화를 이루는데 필요한 선결 조건입니다. 기꺼이 손해 보겠다는 자세, 보복하지 않고 악을 견디겠다는 태도는 복수의 순환 고리를 끊고 치유와 평화의 가능성을 열어 줍니다. 오래 참음이나 인내를 떠난 용서는 생각할 수 없습니다. 이 사실을 가장 뚜렷이 보여주는 것이 마태복음 18장에 등장하는 무자비한 종의 비유입니다. 이 비유에서 하나님이 기대하시는 공동체는 우리가 인내로써 서로 용서하는 공동체임을 말씀해 주고 계십니다.

이런 인내, 즉 오래 참음이 우리의 신앙생활에 필요한 이유는, 우리가 하나님의 약속을 받기 위해 필요한 것이기 때문입니다. "너희에게 인내가 필요함은 너희가 하나님의 뜻을 행한 후에 약속하신 것을 받기 위함이라"(히 10:36). 또한 인내를 온전하게 합니다. "인내를 온전히 이루라 이는 너희로 온전히 구비하여 조금도 부족함이 없게 하려 함이라"(약 1:4) 인내를 통해 우리는 하나님의 약속을 받고, 온전한 그리스도인이 됩니다.

5. 자비

부드러움은 우리를 하나님의 눈앞에서 위대한 자로 보이도록 하는 것입니다(삼하 22:36). 사도 바울은 이 부드러움을 자녀를 돌보는 어머니의 예로 그림을 그리듯 표현했습니다(살전 2:7)

자비는 헬라어로 '크레스토테스'인데, 흔히 성경에서는 '인자'로 번역되기도 합니다. 자비는 기본적으로 '친절한 성품', '다른 사람에게 기꺼이 봉사하려는 마음'을 뜻합니다. 즉 자비는 '다른 사람에게 고통을 주지 않고 편하게 해주려는 특성을 가진 동정적 친절 혹은 상냥함을 뜻합니다. 이 자비는 도움이 필요한 사람들을 돕는 방식으로 그 모습을 드러냅니다. 이런 모습은 무엇보다도 그리스도인이 늘 기억하고 기대하는 하나님의 도우심에 그 이유가 있습니다. 즉 그리스도인은 하나님의 도우심의 손길에서 예수 그리스도를 발견하고, 그 도우심에서 예수 그리스도의 살아 계심을 경험합니다. 그 결과로 그리스도인들은 남을 도우려고 손을 뻗는 것입니다.

신약성경에서 하나님의 자비하심은 죄인을 구원하시려는 하나님의 무한한 친절을 묘사하는 데 사용됩니다. 마태복음 5:45은 이런 하나님의 자비가 보편적이고 무차별적이며, 무조건적임을 말씀해 주고 있습니다. "이 같이 한즉 하늘에 계신 너희 아버지의 아들이 되리니 이는 하나님이 그 해를 악인과 선인에게 비추시며 비를 의로운 자와 불의한 자에게 내려 주심이라"

이 세상에서 하나님의 자비와 인자와 친절을 경험하지 않고 살아가는 사람은 아무도 없습니다. 사람들이 햇빛과 비의 혜택을 누릴 자격이 있어서가 아니라 그것이 하나님께서 무조건 베풀어 주시는 은혜이기 때문입니다. 이것은 우리가 구원의 선물을 받는 데 있어서도 마찬가지 입니다.

로마서 11:22의 "그러므로 하나님의 인자하심과 준엄하심을 보라 넘어지는 자들에게는 준엄하심이 있으니 너희가 만일 하나님의 인자하심에 머물러 있으면 그 인자가 너희에게 있으리라"는 말씀과 에베소서 2:7의 "이는 그리스도 예수 안에서 우리에게 자비하심으로써 그 은혜의 지극히 풍성함을 오는 여러 세대에 나타내려 하심이라"라는 말씀에서 알 수 있듯이, 우리에게 구원을 선물해 주신 하나님은 자비롭고 인자하신 분입니다. 성령의 열매로서의 자비는 바로 이러한 하나님의 성품을 구원받은 우리가 닮아가야 함을 말씀하고 있습니다.

6. 양선(선함)

선함은 실행으로 옮기는 거룩함이며 하나님을 아는 것으로 인해 나오는 것입니다. 선함은 우리로 하여금 하나님을 사랑하게 하며 악을 미워하게 합니다.

양선에 해당하는 헬라어는 '아가도쉬네'로 성경에서 '선함' 혹은 '착함'으로 번역되어 있습니다. 양선은 선한 성품이나 자질만이 아니라 도덕적, 윤리적 탁월함, 곧 선한 행실을 포함하는 말입니다. 그래서 선함 혹은 착함은 빛의 열매가 되는 것입니다. "빛의 열매는 모든 착함과 의로움과 진실함에 있느니라"(엡 5:9).

이러한 의미에서 성령 받은 성도가 맺어야 할 열매인 양선은 성도의 삶이 어떠해야 하는지를 잘 드러내 주는 인격의 열매입니다. 양선과 성령 충만함과의 관계를 잘 드러내는 성경의 인물은 바로 바나바입니다. 사도행전

11:24에서 바나바가 어떤 사람인지를 설명할 때, "바나바는 착한 사람이요 성령과 믿음이 충만한 사람"이라고 했는데, '착한'이라는 단어는 바로 '선한'으로 바뀔 수 있는 말입니다.

양선의 열매를 맺는 성도는 언제 어디서든 선한 일을 추구하며 살아가는 사람입니다. 이런 성도는 사랑이 필요한 곳에 사랑을 베풀고, 불의와 죄악으로 가득 찬 삶을 사는 사람들을 돌이켜 의의 길, 진리의 길을 가도록 도우며, 거짓된 삶을 사는 사람들에게 진리의 삶을 살도록 권면합니다.

7. 충성(믿음)

믿음은 은사이며 성령의 열매가 나타난 것입니다. 믿음의 은사는 말씀을 통하여 하나님께로부터 온 것이지만, 이것은 또한 성령님께서 만들어내시는 믿음의 은사이기도 합니다. 믿음의 은사는 산을 움직이게 합니다. 그러나 믿음의 열매는 매일의 삶을 위해 요구되는 것입니다. 믿음의 열매는 우리로 하여금 믿음으로 걷고 살게 합니다. 이러한 믿음 없이는, 하나님을 기쁘시게 하는 것이 불가능합니다.

충성에 해당하는 헬라어는 '피스티스'는 신약성경에 매우 자주 사용된 명사로 거의 대부분 '믿음'이란 말로 번역되어 있습니다. 그러므로 피스티스는 충성과 믿음 둘 다를 뜻합니다. 이런 의미에서 충성은 '믿을 만한 분에게 보이는 믿음직함'이라고 말할 수 있습니다. 즉 충성은 하나님께서 미쁘시고 신실하신 분이며, 그렇기 때문에 성도가 그 믿을 만한 하나님께 보이게 되는 믿음직함, 하나님께 대한 확신이나 신앙을 의미합니다.

우리가 하나님께 충성할 수 있는 이유는 무엇입니까? 그것은 바로 하나님이 진실로 신실한 분이시기 때문입니다. 믿을 만함, 확고부동함, 신뢰할 만함, 믿음직함의 성품과 가장 잘 어울리는 분이 바로 하나님이십니다. 하나님은 실로 진실하고 거짓이 없는 분이십니다. 또한 자신의 말씀에도 신실하고, 진실하며 거짓이 없으십니다. 하나님은 상황과 환경에 따라 변덕을 부리는 분이 아닙니다. 그분은 변함이 없으신 분입니다. "우리는 미쁨이 없을지라도 주는 항상 미쁘시니 자기를 부인하실 수 없으시리라"(딤후 2:13).

이런 하나님의 신실하심은 또한 하나님은 자신이 하신 약속을 반드시 이루고야 마는 분이심을 증거합니다. 하나님이 아브라함에게 이삭을 주신 일이 그 대표적인 사건입니다. 아브라함과 사라가 자신들조차 아이를 갖기에 불가능한 나이라고 생각했을 때에 하나님은 아들이삭을 약속하셨고, 그 약속을 지키셨습니다. 하나님의 신실하심은 우리에게 주신 하나님의 약속을 이루어 가시는 하나님의 역사 속에서 분명히 드러납니다.

8. 온유

온유는 약함을 뜻하지 않습니다. 이것은 통제된 힘 혹은 노예와 같이 하나님께 순복하는 것을 뜻합니다. 온유함 혹은 겸손은 "자랑과 교만으로부터의 자유, 우리 자신의 가치에 대한 온전한 척도"로 정의됩니다. 온유 혹은 겸손은 교만의 반대입니다. 하나님께서 교만한 자는 물리치시고 겸손한 자에게 은혜를 주시며, 온유한 자는 땅을 유업으로 받게 된다고 말씀하셨습니다.

온유는 헬라어 '프라우테스'를 번역한 말로서, 그 뜻은 '유순함', '겸손함'을 뜻합니다. 온유는 이웃을 향한 윤리적 관용을 나타냅니다. "거역하는 자를 온유함으로 훈계할지니 혹 하나님이 그들에게 회개함을 주사 진리를 알게 하실까 하며"라는 디모데후서 2:25의 말씀처럼, 온유는 우리에게 어떤 해를 가하는 사람에게 위협적인 보복을 가하거나 분개하지 않는 미덕과 관련됩니다. 다른 사람이 나에게 잘못을 했을 때에도 대항하지 않으며 자신의 의와 권리를 주장하지 않는 사람이 바로 온유한 사람입니다.

온유함은 그리스도인들이 지녀야 할 제일가는 성품 중 하나입니다. 왜냐하면 우리가 믿고 따르는 주님이 바로 온유한 분이시기 때문입니다. "나는 마음이 온유하고 겸손하니 나의 멍에를 메고 내게 배우라 그리하면 너희 마음이 쉼을 얻으리니"(마 11:29).

　그러나 예수님의 온유함은 불의와 부정 앞에서 노여워할 줄 아는 온유함입니다. 마태복음 20장에 기록된 성전 정화 사건은, 예수님께서 불의를 향해 의로운 분노를 내는 것이 온유한 자의 모습임을 보여 주고 있습니다. 그러므로 온유는 자기 자신에게 잘못한 사람을 너그러이 용서하며 자신의 유익을 위해 강포함을 부리지 않는 성품이면서, 동시에 불의와 부정 앞에서 노여워할 줄 아는 성품입니다. 그러므로 그리스도인으로서 우리는 온유함의 열매를 맺어야 합니다. 힘과 권력을 숭배하는 세상에서 살아가는 우리가 온유함을 기르는 일은 결코 쉽지 않습니다. 이런 세상에서 온유라는 열매를 기르기 위해서는, 무엇보다도 우리의 부족함과 무가치함을 절실히 느끼고 고백하며 겸허한 마음으로 기도하면서 하나님의 존전으로 나아가야 합니다. 이런 자세로 하나님께 나아갈 때 우리는 우리 이웃의 부족함을 받아들이고, 다른 사람과 같지 않다고 하나님께 감사하는, 그런 독선적인 태도를 버릴 수 있습니다.

9. 절제

　절제는 자기통제를 뜻합니다. 이것은 전 인격에 대한 통제입니다(영, 혼 그리고 몸). 이것은 우리로 하여금 승리하는 삶을 살게 합니다. 자기 통제를 지닌 사람은 부드럽고 고요하며, 극단적인 행동을 피합니다. 또 행동과 말에 있어서 자기 제어를 실행합니다. 이러한 제어와 자기 통제가 쉽지는 않습니다. 만약 누군가가 성령의 열매 안에서 움직이고 싶어한다면 이것들은 정말 필요합니다.

　절제는 헬라어로 '엥코라테이야'인데, 이 단어를 통해 바울은 절제가 하나님을 향한 것도 아니요, 다른 사람을 향한 것도 아니요, 자기 자신을 향한 미덕임을 가장 분명하게 보여 주는 성령의 열매라는 사실을 말하고 있습니다. 우리에게 이 절제의 열매가 필요한 이유는 타락으로 말미암아 우리 안에 여러 가지 비뚤어진 욕망과 본능이 자리 잡고 있기 때문입니다. 우리의 욕망과 본능이 우리로 하여금 온갖 유혹과 시험에 걸리도록 할 뿐만 아니라 넘어지게 만들어 갈라디아서 5:19-21에서 말하는 '육체의 일'들을 서슴없이 행하게 됩니다. "육체의 일은 분명하니 곧 음행과 더러운 것과 호색과 우상 숭배와 주술과 원수 맺는 것과 분쟁과 시기와 분 냄과 당 짓는 것과 분열함과 이단과 투기와 술 취함과 방탕함과 또 그와 같은 것들이라 전에 너희에게 경계한 것같이 경계하노니 이런 일을 하는 자들은 하나님의 나라를 유업으로 받지 못할 것이요" 육체의 일을 따라 행하지 않기 위해서는 우리가 우리 자신의 본능과 욕망을 조절하고 다스릴 줄 알아야 합니다.

그렇다면 이와 같이 우리 안에 있는 여러 가지 비뚤어진 욕망과 본능을 조절하고 다스려 나가야 하는 근본적인 이유, 우리가 절제해야 하는 근본적인 이유가 무엇입니까? 그것은 썩지 않을 면류관을 받기 위해서라고 바울은 대답합니다. "이기기를 다투는 자마다 모든 일에 절제하나니 그들은 썩을 승리자의 관을 얻고자 하되 우리는 썩지 아니할 것을 얻고자 하노라"(고전 9:25).

우리 안에 온유와 절제의 성령의 열매를 맺을 때, 우리는 우리 자신만을 위한 삶이 아니라 타인을 위한 삶을 살 수 있습니다.

성령의 아홉 가지 열매 가운데 첫 세 열매인 "사랑과 희락과 화평"은 하나님을 향한 우리의 태도와 관련됩니다. 그러나 이 성령의 세 열매는 우리의 이웃의 관계와도 관련됩니다. 하나님께 대한 사랑은 그리스도인의 사랑의 기초가 됩니다. 하나님 안에서 맛보는 희락은 잃은 자를 찾아 구원하시는 하나님의 기쁨이자 그 하나님으로부터 구원받은 자의 기쁨입니다. 하나님과의 화평은 이웃과의 화평과 분리될 수 없습니다. 그러므로 우리는 사랑과 기쁨과 화평은 수직적인 차원과 수평적인 차원 모두를 온전히 회복해야 합니다.

"오래 참음과 자비와 양선"은 그리스도인이 삶에서 맺어야 할 성령의 열매들입니다. 교회 공동체가 더 건강하고 아름다운 공동체가 되기 위해서는 오래 참음과 자비와 양선과 같은 성령의 열매들이 필요합니다. 이런 성령의 열매들이 없다면, 교회공동체는 열방의 빛이 되기 위해 부르심을 받은 그 고유한 사명을 제대로 감당할 수 없습니다.

그리스도인의 삶의 목표는 그리스도의 형상을 본받는 일입니다. 하나님은 우리 자신만을 위해 우리를 어둠에서 불러내신 것이 아닙니다. 하나님은 우리로 하여금 열방을 비추는 빛이 되게 하려고 우리를 불러내셨습니다. 하나님은 한 백성을 불러내어, 그 공동체의 삶을 통해 세상에 하나님의 성품을 드러내고 그분의 화목하게 하는 선교를 증언하기로 작정하셨습니다. 그 성품과 임무는 오직 주 예수 그리스도 안에서만 구현되었고, 지금은 비록 불완전하게나마 성령에 의해 움직이는 교회 공동체의 삶을 통해 계속 나타나고 있습니다. 왜냐하면 하나님은 성령을 통해 자신의 성품과 사역을 보여 주는 열매들을 맺고 싶어 하시기 때문입니다.

그리스도의 몸 된 교회가 하나님의 마음에 합한 공동체가 되려면 어떻게 해야 할까요? 이 질문에 대한 중요한 한 가지 답변은, 교회 공동체가 자신이 경배하고 예배하는 그 하나님의 성품과 그분의 임재를 드러낼 때 하나님의 마음에 합한 공동체가 될 수 있다는 사실입니다.

갈라디아서 5:22-23에 기록된 성령의 아홉 가지 열매는 우리 공동체가 성령께서 우리 가운데 일하시도록 허락할 때 공동체의 삶을 통해 맺히는 열매입니다. 다시 말해, 성령의 열매들은 다가오는 하나님의 나라에서 이루어질 공동체의 모습을 반영합니다. 그러므로 하나님 나라로서의 교회 공동체가 되어 가기 위해서는 성령의 열매를 맺는 공동체가 되어야 합니다.

16장. 성령 충만한 삶은 어떤 것입니까?

성령님은 어떤 분이실까요?

많은 사람들은 성령에 대해 단순히 힘이나 능력 그 자체로 알고 있거나, 또는 그러한 것들을 주는 어떤 막연한 존재로 알고 있습니다. 그러나 우리들이 공부했듯이 성령은 인격을 지니신 하나님이십니다(사 40:13-14;시 104:30,139:7-10;히 9:14;고전 2:11;엡 4:30;행 8:29).

성경이 증거하는 성령의 명칭은 진리의 영, 거룩한 영, 하나님의 영, 그리스도의 영 등으로 나와 있는데, 요한복음 14:16에서 예수께서 말씀하신 성령의 또 다른 명칭은 무엇입니까?

보혜사(Counselor, Helper)란 문자적으로 '곁에서 함께 있으며 도와주는 자'를 말합니다. 하나님이신 성령은 성부 하나님이 한 인격이고, 성자 예수님도 한 인격인 것처럼 동일한 의미에서 역시 인격체이십니다.

그러면 성령님이 우리를 향하여 하시는 일에 대하여 알아보기로 합니다.

우리가 예수 그리스도를 믿을 때 성령은 어떤 일을 하십니까?(갈 12:3,4:6).
구원받은 성도들을 위해 성령께서 하시는 일은 무엇입니까?(요 14:26, 16:13-14;마 10:19-20). 성령은 우리를 거듭나게 하시며, 또 우리 가운데 와 거하시며 연약한 우리가 그리스도 중심의 삶을 살 수 있도록 능력과 힘을 공급하여 주십니다. 그러므로 신앙생활은 성령과 분리되어서는 지속될 수 없습니다. 그러나 아무리 성령이 내주하셔서 도와주시지만 전적인 다스리심을 받지는 않기 때문에 능력 있는 신앙인의 삶을 살지 못하고 쉽게 넘어집니다.

그러므로 우리는 성령의 전적인 다스리심을 받아야 하는데, 이를 '성령 충만'이라합니다. '충만'이라는 말은 '가득하게 차서 흘러넘친다.'는 의미로 성령께서 우리를 지배하여 능력 있는 신앙생활을 하도록 도와주는 것을 의미합니다.

예수님이 승천하시기 전 무엇을 약속하셨습니까? 또 그 약속을 받기 위해 어떻게 해야 할 것을 말씀하셨습니까?(행 1:4-5). 예수님의 약속대로 성령이 임하였던 사도행전 2장을 보며 초대교회에 성령이 충만하게 임하셨던 모습을 알 수가 있습니다(행 2:1,1:14,2:4,2:14,32). 성령 충만은 일시적인 현상이 아니라 그 삶의 변화에 있습니다. 성령 충만을 받은 초대교회 성도들은 어떤 삶을 살았습니까?(행 2:42-47)

성령 충만은 믿는 모든 자들에게 예수님께서 약속하신 것인가요? 그렇습니다. 거듭난 모든 성도들에게 주시겠다고 약속하셨습니다. 그러나 이는 개인의 유익을 위해 주어지는 것이 아니라 하나님이 원하시는 일을 위해 능력으로 입혀지는 것입니다. 그러므로 우리는 거룩한 소망을 갖고 성령 충만을 받아야 합니다.

초대교회 성도들은 로마의 대 핍박으로 인해 그리스도인이란 신분을 드러낼 수가 없었지만 그래도 지체들간 서로의 신분을 드러내야 할 때는 은밀히 서로를 확인하는 방법으로 물고기를 표시했습니다. 헬라어로 물고기는 '익투스'로서 스펠링의 뜻은 '예수 그리스도는 하나님의 아들'이라는 단어의 첫 자들만 딴 약자입니다. 그런데도 때로는 신분이 노출되어 순교를 당하면서도 초대교회 성도들은 성령이 충만하여 신앙을 지켰습니다.

　그런데 성령 충만이란 말처럼 오해가 많은 말도 없는 듯합니다. 충만이라는 단어가 어떤 물량적인 뉘앙스가 풍겨서 그럴 것입니다. 그러나 성령님은 엄연한 인격체이십니다. 아버지 하나님, 아들 하나님, 성령 하나님, 이렇게 세 분이 한 분이시기에 삼위일체라고 합니다. 마가요한 다락방에 오순절 날 약 일백이십명 가량 모인 자리에 성령께서 오셨습니다. 마치 말구유에 예수님께서 오신 것처럼... 그런데 오신 모습이 좀 특이 합니다. 그 모습을 통해 성령님에 대한 올바른 지식이 있어야 그분을 바르게 영접하여 성경적 반듯한 개념을 가지게 될 수 있습니다.

　성령 충만은 채우는 것이 아니라 하나님의 말씀과 기도를 통해 그분과 깊은 관계를 맺음으로 더 깊은 신뢰 관계를 쌓아 감으로 그분의 영향력이 커지는 것만큼 소위 성령 충만이 되는 것입니다.

　불처럼, 불의 혀같이 갈라지는 것이 저희에게 보이더니... 성령께서 또한 불처럼 이 땅에 오셨습니다. 불은 죄를 불사르고 태우는 정화의 기능이 있습니다. 거룩한 영이신 성령님과 관계가 깊어 질수록 내 속에 더러운 죄를 그대로 둘 수가 없게 되기에 회개에 이를 수밖에 없습니다. 불은 에너지입니다. 성령의 능력을 받는 다는 말은 그 분의 힘으로 사는 것을 의미합니다.

　다른 방언으로, 성령이 말하게 하심에 따라 다른 방언으로 말하기 시작하니라... 성령의 역사가 매우 다양해서 다 표현키 어렵지만, 여기서 다른 방언은 두 가지의 의미가 있습니다.

　첫째는 독일어의 Predigen 설교란 단어를 사용했습니다. 성령님을 영접한 사람은 마치 목사님이 강단에서 설교하듯 언어가 바뀐다는 의미입니다. 누구를 만나든 강단에서 설교하듯 말하는 그리스도인이 진정한 성령을 받은 자입니다. 말은 생각에서 나오는 창이기에 거듭난 영은 언어를 통해 세상을 정화시키며 영혼을 살리는 말을 합니다.

둘째는 각 나라 방언입니다. 구음이 하나였으나 각 방언으로 갈리게 했던 바벨탑 사건의 심판을 넘어 언어의 혼잡을 극복하여 성령의 하나 되게 하심의 강제된 역사가 나타난 방언입니다. 결국엔 성령께 사로잡힌 초대교회 성도들은 자신의 의지와 상관없이 그분의 의지대로 말하며 살아가게 됩니다.

힘든 삶의 여정에서 즐거움을 누리고 자발적인 생산력을 지니기 위한 유일한 방법은 성령 충만입니다. 성령 충만하지 않으면 제자로 훈련되지 않습니다. 은사는 받으면 바로 나타나지만 성령의 열매를 맺는 데는 시간이 걸립니다. 인격의 변화는 하루아침에 이루어지지 않기 때문입니다. 성령으로 충만한 것은 쉽고도 어렵습니다. 그 충만함은 마치 환경이 오염되지 않은 계곡과 같습니다. 환경이 오염되지 않은 산골에서 맑은 물과 고기, 이끼는 당연합니다. 그러나 환경이 오염되기 시작하면 이것들이 순식간에 사라집니다. 생태계가 한번 오염되면 회복은 아주 어려운 일입니다. 파괴된 생태계는 새로운 질서로 재편됩니다. 악조건에서도 살아남을 수 있는 생물들로 대체됩니다.

충만함을 잃어버리면 나의 마음과 삶은 온갖 잘못된 가치들과 마음의 내용으로 가득하게 됩니다. 그 마음과 삶에서 나오는 것은 열매가 아니라 잡초입니다. 자연스러움이나 즐거움이 아니라 악조건에서 살아남기 위해 지탱해온 마음과 삶의 내용인 것입니다. 그걸로는 사람을 변화시킬 수 없습니다. 변화는 자연스러운 영향력으로 가능합니다. 맑은 물과 깨끗한 환경에서 쉬어야 아픈 사람이 회복되듯이 나의 마음과 삶이 성령으로 충만해야 자연스럽게 즐거움이 흘러가고 다른 사람의 회복도 도울 수 있습니다.

   그리스도인은 아무리 어려워도 성령으로 충만하며 작은 일상에서 느끼는 소소한 즐거움으로 자신을 지킬 수 있습니다. 어려움으로 삶이 파괴된 사람은 즐거움이 없습니다. 마음의 어려움이 마음과 삶을 붙잡아서 즐거움을 잃어버리게 만드는 것입니다. 영혼이 풍성하고 즐거워야 삶이 풍성하고 즐거워집니다. "마른 떡 한 조각만 있어도 화목하는 것이 제육이 집에 가득하고도 다투는 것보다 나으니라"(잠 17:1). 마른 떡 한 조각으로도 화목할 수 있는 것은 하나님이 주신 은혜가 충만할 때 가능합니다. 사람은 당장 눈에 보이지 않고 입을 만족시켜주지 않으면 불평과 불만을 나타내는 존재입니다. 그런 사람이 만약 마른 떡 한 조각으로 화목할 수 있다면 성령으로 충만한 것입니다.

   성격이 좋든 나쁘든 예수님을 믿고 성령으로 충만한 사람은 자신의 성품이 아닌 하나님의 성품이 임합니다. 그래서 베드로 사도는 우리가 신성한 성품, 신의 성품, 신의 본성에 참여하는 사람들이라고 했습니다(벧후 1:3-4). 어려울 때 어렵고, 좋을 때 좋은 것은 충만한 삶이 아닙니다. 상황이 어렵든 좋든 하나님으로 말미암아 즐거울 수 있는 것이 성령으로 충만한 삶입니다. 상황이 어려워서 즐거움을 잃어버린 것을 당연하다고 생각해서는 안 됩니다. 상황이 어려운 것이 문제가 아니라 내 안에 즐거움이 사라진 것이 문제입니다. 마음과 삶에 즐거움이 없는데 어찌 믿음이 있겠는가? 삶이 어려워도 성령으로 충만하여 즐거움을 잃지 않는다면 훈련이 끝난 것입니다. 열매가 풍성한 삶입니다.

   해링턴 존 브라운은 하나님에 대해 고백하기를 "내 영혼은 창조 이후로 사물 안에서 발견할 수 있었던 모든 즐거움 보다 말로 형언할 수 없을 만큼 더 달콤하고 만족스러운 것을 발견하였다. 이것은 나의 하나님과 너의 하나님이라는 두 마디로 표현될 수 있다"라고 말했습니다.

스펄전 목사님은 세상을 떠나기 전 사랑하는 아내의 손을 잡고 "여보 나는 참 좋으신 하나님과 함께 그토록 행복한 세월을 보냈다오"라는 마지막 유언을 남겼습니다. 이와 같이 믿음의 선진들은 성경이 말씀하시는 좋으신 하나님 사랑의 하나님을 섬기며 살았습니다. "하나님은 구하고 생각하는 것에 넘치게 역사하십니다"(엡 3:20). 없는 것을 있는 것 같이 바라보고, 꿈을 꾸게 하시고, 우리에게 소원을 주시며, 이루게 하시는 하나님이십니다(롬 4:17-18). 하나님의 약속의 말씀과 성령님을 의지하고 꿈을 꾸면 그것은 현실로 그 믿음대로 이루어 질 수 있습니다(빌 2:13).

"비록 무화과나무가 무성하지 못하며 포도나무에 열매가 없으며 감람나무에 소출이 없으며 밭에 먹을 것이 없으며 우리에 양이 없으며 외양간에 소가 없을지라도 나는 여호와로 말미암아 즐거워하며 나의 구원의 하나님으로 말미암아 기뻐하리로다 주 여호와는 나의 힘이시라 나의 발을 사슴과 같게 하사 나를 높은 곳으로 다니게 하시리로다"(합 3:17-19).

"너희는 이 세대를 본받지 말고 오직 마음을 새롭게 함으로 변화를 받아 하나님의 선하시고 기뻐하시고 온전하신 뜻이 무엇인지 분별하도록 하라"(롬 12:2). 예수님은 우리에게 성령을 주신다고 약속하셨습니다. 그러기에 성령님은 사모하는 사람에게 충만히 임하십니다. 문제는 성령이 역사하셔서 이루실 놀라운 변화를 우리가 두려워한다는데 있습니다.

성령님은 우리에게 이 세대를 본받지 않게 하시고 하나님의 거룩한 뜻 가운데로 나아가도록 우리를 이끄십니다. 성령 충만하면 하고 싶어도 하지 못하고, 하기 싫어도 해야 하는 삶으로 우리를 이끄십니다.

죄를 이기고, 주님의 말씀에 온전히 순종하며, 원수도 용서하고, 아골 골짝 빈들에도 복음 들고 나아가도록 강렬한 열망을 주십니다. 그 뜻에 온전히 순종할 수 있는 삶이 성령 충만한 삶입니다. 성령이 역사하시는 참된 부흥은 능력 받아서 기도 응답받고, 내 팔자나 고치겠다는 생각 위에 임하는 것이 아니라 전적으로 주님 뜻에 순종하겠다는 결단 위에 부어 주시는 부흥입니다.

"우리는 이 일에 증인이요 하나님이 자기에게 순종하는 사람들에게 주신 성령도 그러하니라 하더라"(행 5:32). 성령 충만은 단순히 신비체험이나 은사를 받는 것이 아닙니다. 성령 충만은 성령께서 우리를 강권하시고 변화시키실 때 순종하겠다는 결단 위에 부어주시는 은혜입니다.

성령께서 우리 마음에 죄를 자백하고 회개하고 싶은 열망을 주십니다. 성령의 빛으로 조명하게 되면 죄가 드러나기 때문입니다. 그 때 순종하고 회개하면 성령의 기름 부으심이 넘쳐흐릅니다.

우리에게 하기 어려운 도전을 주시기도 하십니다. 때로는 우리의 삶의 모든 것이 주님의 것임을 고백하고 그대로 드릴 수 있는지, 순종할 수 있는지 시험하기도 하십니다. 그 때 성령의 역사에 완전히 순종하면 강물같이 넘쳐흐르는 참 성령의 역사를 경험하게 됩니다. 성령 충만은 하나님의 사랑하는 자녀들에게 주신 최고의 선물입니다. 그 은혜에 완전히 순종함으로 놀라운 성령 충만의 역사를 경험하게 됩니다.

성령 충만 받은 사람의 변화된 삶의 모습은 "육체의 소욕은 성령을 거스르나니 이 둘이 서로 대적함으로 너희가 원하는 것을 하지 못하게 하려함이니라 너희가 만일 성령의 인도하시는 바가 되면 율법 아래에 있지 아니하니라"(갈 5:17-18). "그리스도의 예수의 사람들은 육체와 함께 그 정욕과 탐심을 십자가에 못 박았느니라 만일 우리가 성령으로 살면 또한 성령으로 행할 지니 헛된 영광을 구하여 서로 노엽게 하거나 서로 투기하지 말지니라"(갈 5:24-26).

예수 그리스도 안에 있는 우리는 하나님의 성령으로 인치심을 받은 사람은 새 사람으로 거듭난 삶을 살아갑니다. 정한 마음과 정직한 마음으로 살아가며, 나쁜 버릇이 고쳐지며. 자기를 조정할 줄 알고, 창조적 생각을 하며, 영적 가치를 소중히 여기고, 화평을 나눌 수 있는 사람이 되며, 영적 설득력이 있으며 반대의견과 다른 의견도 수용하며, 믿음의 삶에 동반자들이 생기고, 주님의 뜻대로 살고자 노력하며, 주위 사람들에게 평안을 주고, 이웃에게 진정으로 관심을 갖게 되고, 자기의 모든 재능을 하나님의 영광을 나타나는데 사용하며, 강력한 힘과 끈기가 생기고, 마음의 원한을 품지 않으며, 모든 면에 믿음을 근거로 한 긍정적인 마음의 낙관주의자가 되며, 남을 위하여 희생할 줄 아는 사람이 되며, 땅 위의 것보다 하늘나라에 대한 것을 더 사모함으로 살며, 어떤 고통과 괴로움 속에서도 주님의 십자가를 생각하면서 참고 감사하며 승리하는 삶을 살아가고, 남을 나보다 낫게 여기는 겸손함으로 살며, 생명의 씨를 뿌리기 위하여 전도자가 되고, 하나님의 비밀을 맡은 자로 생명을 다하여 충성하고, 항상 영광스런 소망 가운데 기뻐하며 살고, 무시로 성령 안에서 기도와 간구와 도고를 하며, 범사에 감사하며 살고, 자신의 죄와 허물을 온전히 고백하며 회개하고, 거듭난 새 사람으로 주님과 동행하며 나아가고, 날마다 새 하늘과 새 땅을 사모하며 살아가며, 다시 오실 주님을 기다리며 준비하며 살고, 천국 시민권을 받은 자로서 긍지를 갖고 살며, 주께서 언제나 나와 함께 계심을 확신하며 살고, 말씀을 사모하며 그 말씀 따라 순종하고, 자신을 희생하여 남을 유익케 하며, 어떤 상황에서도 남을 돌로 치지 않으며, 말을 조심하고 은혜로운 말을 합니다. 새 사람을 입은 자는 유혹의 욕심과 썩어져가는 구습을 벗어버리고 진리의 거룩함을 입어 새 사람으로 살아갑니다. "너희는 유혹의 욕심을 따라 썩어져 가는 구습을 좇는 옛 사람을 벗어 버리고 오직 성령으로 새롭게 되어 하나님을 따라 의와 진리의 거룩함으로 지으심을 받은 새 사람을 입으라(엡 4:22-23).

성령 충만은 채우는 것이 아니라 성령님과 더 깊은 관계를 맺어 그 분의 속성을 따라 그 분의 영향력 곧 그분의 힘으로 사는 것을 의미합니다. 따라서 하나님의 말씀에 따라 사는 삶을 성령 충만 이라고 합니다.

어떻게 성령 충만을 받을 수 있습니까? (1) 죄를 회개하고 자신을 깨끗이 해야 합니다. (2) 하나님께 자신의 생활을 전적으로 의탁해야 합니다.

(3) 성령 충만의 필요를 느끼고 열망해야 합니다. (4) 성령 충만을 위한 확실한 제목을 가지고 기도합니다. (5) 약속하신 말씀을 믿어야 합니다.

성령은 거룩한 영이시고, 인격체이시기 때문에 우리가 회개하고 간절한 마음으로 사모하고 간구할 때에 우리 안에 충만히 임하십니다.

성령 충만한 성도들에게는 각종 은사가 나타나 하나님의 교회에서 맡겨진 사명을 감당하며 헌신할 수 있게 합니다(롬 12:6-8, 고전 12:4-11). 은사를 받은 자들은 어떻게 할 것을 말씀합니다(고전 12:4-7, 벧전 4:10).

은사는 하나님을 섬기기 위해 주시는 선물입니다. 성령 충만한 성도는, 즉 십자가에 못 박혀서 자신은 온전히 죽고 주님만 살아 있는 사람은 주님에 의해 성령의 열매를 맺게 되는 것입니다.

힘든 삶의 여정에서 즐거움을 누리고 자발적인 생산력을 지니기 위한 유일한 방법은 성령 충만 입니다. 성령 충만하지 않으면 제자로 훈련되지 않습니다. 은사는 받으면 바로 나타나지만 성령의 열매는 맺는데 시간이 걸리며 내가 맺는 것이 아니라 주님께서 순종한 나를 통해 맺어 주시는 것이기 때문에 시간이 많이 걸립니다. 인격의 변화는 하루 아침에 이루어지지 않기 때문입니다. 성령으로 충만한 것은 믿음이 아니고는 쉽고도 어렵습니다. 그 충만함은 마치 환경이 오염되지 않은 계곡과 같습니다.

생태계가 한번 오염되면 회복은 아주 어려운 일입니다. 파괴된 생태계는 새로운 질서로 재편됩니다. 악조건에서도 살아남을 수 있는 생물들로 대체됩니다. 충만함을 잃어버리면 나의 마음과 삶은 온갖 잘못된 가치들과 마음의 내용으로 가득하게 됩니다. 그 마음과 삶에서 나오는 것은 열매가 아니라 잡초입니다.

그 걸로는 사람을 변화시킬 수 없습니다. 변화는 자연스러운 영향력으로 가능합니다. 맑은 물과 깨끗한 환경에서 쉬어야 아픈 사람이 회복되듯이 나의 마음과 삶이 성령으로 충만해야 자연스럽게 즐거움이 흘러가고 다른 사람의 회복도 도울 수 있습니다. 그리스도인은 아무리 어려워도 성령으로 충만하면 작은 일상에서 느끼는 소소한 즐거움으로 자신을 지킬 수 있습니다. 어려움으로 삶이 파괴된 사람은 즐거움이 없습니다. 마음의 어려움이 마음과 삶을 붙잡아서 즐거움을 잃어버리게 만드는 것입니다.

영혼이 풍성하고 즐거워야 삶이 풍성하고 즐거워집니다. "마른 떡 한 조각만 있어도 화목하는 것이 제육이 집에 가득하고도 다투는 것보다 나으니라"(잠 17:1). 마른 떡 한 조각으로도 화목할 수 있는 것은 하나님이 주신 은혜가 충만할 때 가능합니다. 사람은 당장 눈에 보이지 않고 입을 만족시켜주지 않으면 불평과 불만을 나타내는 존재입니다. 그런 사람이 만약 마른 떡 한 조각으로 화목할 수 있다면 성령으로 충만한 것입니다.

성격이 좋든 나쁘든 예수님을 믿고 성령으로 충만한 사람은 자신의 성품이 아닌 하나님의 성품이 임합니다. 그래서 베드로 사도는 우리가 신성한 성품, 신의 성품, 신의 본성에 참여하는 사람들이라고 했습니다(벧후 1:3-4). 어려울 때 어렵고, 좋을 때 좋은 것은 충만한 삶이 아닙니다. 상황이 어렵든 좋든 하나님으로 말미암아 즐거울 수 있는 것이 성령으로 충만한 삶입니다. 상황이 어려워서 즐거움을 잃어버린 것을 당연하다고 생각해서는 안 됩니다. 상황이 문제가 아니라 내 안에 즐거움이 사라진 것이 더 문제입니다. 마음과 삶에 즐거움이 없는데 어찌 믿음이 있겠는가? 삶이 어려워도 성령으로 충만하여 즐거움을 잃지 않는다면 훈련이 끝난 것입니다. 주님께서 맺어 주실 열매가 풍성한 삶이 될 것입니다.

17장. 성령 충만 받은 하나님의 헌신된 일꾼

하나님께서 인정해 주는 사람은 누구입니까?

세상을 변화시키는 것은 위대한 사람이 아니라 위대하신 하나님의 손에 붙들린 그분이 인정해 주는 약한 사람입니다. 삶의 지혜가 있어서 내가 부지런히 걸으면 없던 길도 생기지만, 내가 걸음을 멈추면 있던 길도 없어집니다. 가지치기를 잘하면 실한 열매가 열리지만 가지치기를 잘못하면 열매 키울 힘을 빼앗깁니다.

우리는 하나님께 붙들린 약한 사람이 되어 성도에게 꼭 필요한 훈련과정인 광야를 통과할 때 '나의 나 된것은 하나님 은혜라'고백하는 그리스도인이 될 수 있습니다. "너희 믿음의 시련이 불로 연단하여도 없어질 금보다 더 귀하여 예수 그리스도의 나타나실 때에 칭찬과 영광과 존귀를 얻게 하려 함이라"(벧전 1:17).

하나님께서 인정해 주는 그분의 손에 붙들린 약한 사람이 되어 성도의 교육장소인 광야를 통한 네가지 훈련을 통과해야 합니다.

첫째는 낮아짐의 훈련입니다. 이제까지 모세는 애굽의 모든 사람들로부터 주목받는 일에 익숙했었습니다. 그런데 광야에서는 아무도 그를 알아주는 사람이 없습니다. 사막의 들짐승과 양떼가 유일한 그의 친구입니다. 모세는 광야에서 40년 동안 낮아지는 삶과 내가 대단한 것이 아니라 나를 통해 일하시는 하나님이 위대하시다는 것을 깨닫습니다.

둘째는 기다림의 훈련입니다. 모세는 광야에서 기다리는 것을 배웠으며, 성급하면 되는 일이 없다는 것을 깨닫습니다. 기다림의 미학은 광야에서 배울 수 있습니다. 하나님의 때를 기다리는 것이 지혜입니다.

셋째는 고독함의 훈련입니다. 모세는 광야에서 침묵의 고요와 고독의 깊이를 배웠습니다. 분주함이 아닌 묵상의 능력을 배웁니다. 광야는 이를 가르치는 은혜의 보고였습니다.

넷째는 불편함의 훈련입니다. 광야의 거친 환경은 영적으로나 육적으로 모세를 연단시켰습니다. 만약 광야 40년간 '불편'이라는 훈련을 받지 않았다면 모세는 이후 광야에서 40년 동안 살지 못했을 것입니다.

우리는 반드시 사람에게 인정받으려 말고 예수님의 인정을 받아야만 합니다. 인간은 주님을 통하지 않고서는 결코 행복과 만족을 얻을 수 없는 존재로 태어났기 때문입니다(전 3:11;롬 1:19). 어떤 사람이 작은 습관을 하나 만들었습니다. 그는 그것을 늘 끌고 다녔습니다. 그 습관이 자라서 큰 습관이 되었습니다. 지금은 그 큰 습관에게 끌려다닙니다.

광야가 필요 없다는 어리석은 말도, 지쳤다는 말도 하지 마십시오. 광야는 꼭 필요한 곳이며 성도들에게 필요한 훈련장소입니다. 그곳에서 훈련을 마쳐야만 모세와 같은 사역자가 될 수 있습니다. 하나님이 주신 비전, 그 비전에 이르는 과정의 올바름, 그 비전을 향해 함께하는 배려. 이 세 가지의 조화 속에 우리들은 거룩하고 행복해질 수 있습니다. 하나님의 훈련을 기뻐 하시기 바랍니다.

어둠은 빛을 이긴 상태를 말하는 것이 아니라 빛이 없는 상태를 말하는 것입니다. 빛은 생명과 진리, 또는 희망을 상징하는네, 하나님은 빛이십니다. 빛은 말씀이십니다. "나는 세상의 빛이니 나를 따르는 자는 어둠에 다니지 아니하고 생명의 빛을 얻으리라"(요 8:12). "내가 세상에 있는 동안에는 세상의 빛이로라"(요 9:5).

스스로 빛을 끄지 않는 한 빛이 우리를 지킬 것입니다. 빛이있는 한 기회는 있는 것입니다. 오직 그 빛은 예수 그리스도이시며, 길이요 진리요 생명이심을 믿는 것입니다. 그렇다면 오늘 나는 무엇으로 살고 있습니까? "오직 의인은 믿음으로 살리라 함과 같으니라."

광야를 이겨내는 비결이 있습니다. 하나님의 말씀입니다. 하나님은 광야에서 율법을 주셨습니다. 우리는 광야에서 사람이 떡으로만 사는 것이 아니라 하나님의 말씀으로 산다는 것을 배워야 합니다(신 8:3). 광야에서 누리는 최고의 축복은 하나님의 말씀을 깨닫는 것입니다. 오직 하나님의 말씀입니다. 말씀이 없으면 우리는 땅에 취해서 살다 죽게 됩니다. 다른 길이 없습니다. 하나님의 말씀만이 우리를 땅의 유혹에서 건져줍니다.

우리는 광야의 훈련을 통해 성장해야 하며 인생의 광야라고 느껴지는 때에 성장케 해주심을 감사드려야 합니다. 따라서 주 예수 그리스도의 십자가 외에는 아무 것도 자랑할 것이 없다고 고백하는 신실한 그리스도인이 되어야 합니다.

"그러나 나의 나 된 것은 하나님의 은혜로 된 것이니 내게 주신 그의 은혜가 헛되지 아니하여 내가 모든 사도보다 더 많이 수고하였으나 내가 아니요 오직 나와 함께하신 하나님의 은혜로라"(고전 15:10).

"성령 충만을 받으라"

성령을 충만히 받고 있습니까? 성령으로 거듭난 하나님의 자녀의 삶을 살고 있습니까?

교회를 오래도록 다닌 사람이라도 그리스도의 영을 받지 않은 사람은 그리스도의 사람이 아닙니다. 그를 가르켜 육신의 사람이라고 합니다. "육신의 생각은 하나님과 원수가 되나니 이는 하나님의 법에 굴복하지 아니할 뿐 아니라 할 수도 없음이라 육신에 있는 자들은 하나님을 기쁘시게 할 수 없느니라. 만일 너희 속에 하나님의 영이 거하시면 너희가 육신에 있지 아니하고 누구든지 그리스도의 영이 없으면 그리스도의 사람이 아니라 또 그리스도께서 너희 안에 거하시면 몸은 죄로 말미암아 죽은 것이나 영은 의로 말미암아 살아있는 것이라 예수를 죽은 자 가운데서 살리신 이가 너희 안에 거하시는 그의 영으로 말미암아 너희 죽을 몸도 살리시리라"(롬 1:5-11).

하나님의 영, 그리스도의 영, 보혜사 성령을 충만히 받은 자여! 성령님은 우리에게 예수님의 약속의 말씀을 생각나게 하시고 근심과 두려움이 없는 참 평안을 주십니다. 보혜사 곧 아버지께서 내 이름으로 보내실 성령 그가 너희에게 모든 것을 가르치고 내가 너희에게 말한 모든 것을 생각나게 하리라. 너 성령의 인침 받아 거듭난 자여 날마다 때마다 순간마다 정한 마음과 정직한 영으로 새롭게 살며 구원의 즐거움을 회복 받아 자원하는 마음으로 복음을 전하며, 어떤 상황 속에서도 말씀에 순종하며 주의 다시 오심을 준비하며 충성스럽게 살아야 합니다.

구원받은 성도는 하나님의 부르심에 참여하는 하나님의 일꾼이자 그리스도의 복음을 증거하는 그리스도의 일꾼입니다. 일꾼은 첫째, 능력이 있어야 되고(고후 3:6), 둘째, 신실해야 하며(엡 6;21;골 4:7), 셋째, 진리의 지식과 말씀을 공부하여 잘 준비한 선한 그리스도인이 되어야 합니다(딤전 4:6).

그런데 하나님의 일꾼이라고 해서 모두가 똑같은 일만 하는 것은 아닙니다. 어떤 성도는 심고, 어떤 성도는 물을 줍니다. 밭을 갈고 씨를 뿌리는 사람도 있습니다. 이 중에서 더 훌륭하고 덜 소중한 일이 있는 것은 아닙니다. 왜냐하면 심는 자나 물을 주는 자, 뿌리는 자나 거두는 자는 아무것도 아니지만, 자라게 하시는 분은 하나님이시기 때문입니다. 주께서 자라게 하시지 않으시면 좋은 농사를 기대할 수 없습니다. 각 성도는 어떤 일을 하든지 자기의 수고에 따라 자신의 상을 받을 뿐입니다(고전 3:7-9).

사도 바울에게는 동역자들이 있었습니다. 그들은 영적 전쟁을 함께 싸우는 전우들이었고, 하나님의 사역을 함께 수행해 나가는 동료 일꾼들이었습니다. 주님의 일은 결코 혼자 힘으로 해나갈 수 없습니다. 영적 전쟁 역시 마찬가지입니다. 그래서 다윗에게는 함께 싸울 수 있는 여러 용사들이 필요했는데, 이들은 전쟁의 "조력자들"로 불렸습니다(대상 12:1). 이처럼 하나님께서는 어떤 일을 이루시기 위해 한 사람을 세우실 때, 반드시 그와 함께 일할 수 있는 신실한 일꾼들을 붙여 주심으로써 그 사역을 완성하게 하십니다.

우리 모두는 동역자인 것입니다. 무엇을 위한 동역자인가? 골로새서 4:11에 따르면 "하나님의 나라를 위한" 동역자입니다. 십자가 보혈을 통해 마련된 은혜의 일꾼인 것입니다. 또한 요한삼서 1:8에 의하면 '진리를 위한' 동역자입니다. 성경적인 바른 교리를 지키고 진리의 가치를 드높이기 위한 사람들인 것입니다. 거듭난 성도라면 누구나 동역자로서의 역할을 적극적으로 감당해야 합니다. 결코 방관자가 되어서는 안 됩니다.

하나님과 함께 일하는 동역자라고 할 때, 이것은 주님께서 지금 쉬시지 않고 일을 하고 계신다는 사실을 의미합니다. 하나님께서 일하신다면 그분의 일꾼인 우리가 느긋하게 앉아 쉬고 있을 수는 없습니다. 주인은 일을 하는데, 종이 놀고 있는 경우는 없습니다. 마태복음 20장에서 예수님은 포도원을 위해 일꾼을 구하러 아침 일찍 나간 집주인으로 묘사되십니다. 이것이 사실이라면 더 이상 서성대지 말고 그분의 부르심에 적극적으로 응하여 함께 일할 수 있어야 합니다.

주인에게 "일할 의사"(느 4:6)를 보이십시오! 지금은 일할 때이지 느긋하게 앉아 있을 때가 아닙니다. 일하고 싶어도 더 이상 일할 수 없는 밤이 오고 있음을 기억해야 합니다. 지금 깨어나 있을 때이지 잠잘 때가 아닙니다.

주님을 위해 열정을 쏟아야 할 이때에, 세상일에 분주할 때가 아니고, 하나님의 일을 넘치게 해야 할 때입니다. 우리에게는 육신을 위해 계획할 겨를이 없습니다.

이는 우리의 몸이 구속될 날이 처음 믿었던 때보다 훨씬 더 가까워졌기 때문입니다. 지금은 주의 뜻이 무엇인지 이해하고 그 뜻에 맞게 정확히 일을 해야 할 때입니다. 어떤 사람은 일도 하지 않으면서 일에 대한 보수부터 받으려고 합니다. 회계와 결산은 하나님 앞에 섰을 때 하며, 지금은 그때를 대비하여 주의 일을 넘치게 할 수 있어야 합니다(고전 15:58).

동역자로서 넘치게 일하되, 항상 같은 생각을 가지고 일해야 합니다. 에베소서 4:3에서는 "성령의 하나 됨을 지키도록 열심히 노력하라!"고 말씀합니다. 하나님과 같은 생각을 가지는 것은 물론, 주님을 신실하게 따르는 목자 및 일꾼들과도 동일한 생각을 견지해야 합니다. 그래야만 하나 된 몸을 온전히 지킬 수 있고 일체감 있는 사역을 이룰 수 있습니다. 하나님께서 맡겨주신 사역을 역동적으로 추진할 수 있는 것입니다.

바울에게는 바울과 "같은 생각"을 가지고 함께 일했던 신실한 동역자가 여러 명 있었습니다.

대표적인 인물이 디모데입니다(빌 2:19-21). 그는 바울이 복음으로 낳은 영적 아들로서 복음 안에서 신실하게 섬겼습니다. 바울이 "가르친 대로" 사역하고 권면했으며(고전 4:17), 그가 "했던 대로" 주님의 일에 수고했습니다(고전 16:10). 심지어 성도들을 위로하는 일에도 신실했습니다. 구원받은 지 얼마 안 된 초년병들과 같은 데살로니가 교회의 성도들이 진리로 인해 받는 고난을 잘 견뎌내고 있는지 상황을 알아보기 위해 디모데가 보내졌을 때, 그는 그들을 굳게 세우고 믿음을 격려함으로써 사역의 한 부분을 온전히 감당했던 것입니다(살전 3:2).

이처럼 지역 교회 안에는 디모데와 같은 동역자들이 절대적으로 필요합니다. 이들은 서로 위로를 주고받을 수 있는 동역자들이며(롬 1:11-12), 함께 기도로 분투할 수 있는 동료들입니다(롬 15:30). 또한 복음에 동참하는 일꾼들이기도 한데, 대표적인 경우가 빌립보 교회의 성도들입니다. 바울은 그들에 대해 "첫날부터 지금까지 너희가 복음에 동참함이라"(빌 1:5)고 했습니다. 말하자면 그들은 바울로부터 복음을 들었던 A.D. 52년경부터 빌립보서가 기록된 A.D.64년경까지 약 12년 동안 지속적으로 복음에 동참해 왔던 것입니다.

구체적으로 말해서, 그들은 바울이 전파했던 복음과 진리를 온전히 믿었던 동역자들이었습니다. 뿐만 아니라 그 메시지를 함께 증거 했으며, 바울이 전파할 때는 재정적인 지원도 아끼지 않았습니다(빌 4:15-16). 또한 대적들 앞에서는 그들의 담대한 증언으로써 바울을 적극적으로 지지했고, 그의 복음 전파가 잘 이루어지도록 기도로 협력했습니다(고후 1:11). 무언가 상황이 잘못되어 갈 때에는 바울의 사역을 진심으로 염려하기까지 했습니다(빌 1:12-18).

또한 동역자들은 고난과 어려움도 함께 감수하는 사람들입니다. 이것을 두려워하면 사역은 완성될 수 없습니다. 그리스도께서 본으로 남기신 고난의 발자취를 함께 따라가는 것은 하나님과 함께 일하는 동역자의 당연한 의무입니다(벧전 2: 21). 실제로 바울은 그렇게 했습니다(행 20;23-24).

그의 동역자들도 마찬가지였습니다. 그리스도 예수 안에서 브리스길라와 아굴라 부부는 바울의 생명을 위해 자기들의 목숨을 내어 놓은 사람들이었습니다(롬 16:3-4). 안드로니고와 유니아는 바울과 함께 감옥에 갇힌 사람들이었고(롬 16:7), 디모데, 에바브로, 아리스다고 역시 그와 함께 감옥에 갇혔던 일꾼들입니다. 그들은 자신의 생명을 조금도 아끼지 않았던 것입니다.

반면에 "다른 생각"으로 가득 찬 성도들이 곳곳에 포진해 있으면, 사역과 지역 교회가 붕괴되는 것은 시간문제입니다. 하나님의 명령을 무시한 채 여리고의 저주받은 물건을 취했던 아간의 "다른 생각" 하나가 아이 성 1차 전투의 패배를 가져왔고, 이스라엘 전 백성을 낙심시켰습니다. 죽지 않아도 되었을 36명의 전사자도 생겼습니다.

바울의 1차 선교 여행 때 밤빌리아에서 사역을 중도에 포기해 버린 마가로 인해서는 어떤 일이 벌어졌습니까? 그의 "다른 생각" 하나로 2차 선교 여행에서 바울과 바나바 사이에 심한 의견 대립이 초래되었습니다(행 15:36-40). "같은 생각"에서 이탈해 버린 데마는 결국 세상을 사랑하여 바울을 떠났습니다(딤후 4:10). 말하자면 데마가 동역자로서 차지했던 사역의 한 부분이 망가진 것입니다. "같은 생각"을 저버린 디오트레베는 스스로 교만해져 교회를 망가뜨렸습니다. 그는 교회 안에서 자신에게 주어진 영적 위치를 벗어나 주제넘게 행함으로써 으뜸이 되기를 원했는데, 그로 인해 교회가 어려움을 겪었던 것입니다(요삼 1:9-10).

주님 앞에 우리 그리스도인들은 어떠해야 할까요? '자신의 인생을 무엇에 드리느냐'에 따라 인생의 항로는 바뀌게 됩니다(롬 6:13).

영국에 "롤랜드 힐"(Rowland Hill, 1744-1833)이라는 설교자가 있었습니다. 그는 그의 설교를 듣기 위해 몰려드는 수많은 청중 때문에, 종종 야외에서 설교를 하곤 했습니다. 한 번은 빅토리아 여왕이 앞뒤로 수행원들을 대동한 채 그가 설교하는 곳을 지나가고 있었습니다. 그는 잠시 마차를 멈추고 그의 설교에 귀를 기울였습니다. 그때 힐 목사는 이렇게 외쳤습니다.

"여러분, 내가 지금 한 사람의 혼을 경매하겠습니다. 가장 높은 값을 내는 사람에게 그 사람의 혼을 주겠습니다. 자, 한쪽에서 마귀가 값을 제시합니다. '나는 부귀영화로 그 혼을 사겠소. 내가 그에게 재물을 주어 평생토록 부족함 없이 먹게 해주고, 세상에서 가장 큰 왕이 되게 하겠소. 단 그가 죽

은 후에는 그의 혼을 반드시 내게 돌려줘야 하오.'

다른 한쪽에서는 주 예수 그리스도께서 값을 내놓으시고 그 혼을 사겠다며 이렇게 말씀하십니다. "나는 내 자신의 피로 그의 혼을 사겠소, 그의 죄를 제거하고 그를 대신하여 십자가에서 죽겠소. 그가 세상에 살면서 사람들로부터는 수치를 당하고 학대를 받을 것이오. 또 넉넉한 생활도 할 수 없을지 모르오. 그러나 나는 반드시 그를 인도하여 하늘에 계신 아버지를 뵙게 하고 그분의 집에 영원히 거하도록 하겠소."

이 말을 마친 힐 목사는 여왕을 쳐다보며 이렇게 물었다. "당신은 당신의 혼을 누구에게 팔기를 원하십니까?" 빅토리아는 즉시 "나는 내 혼을 위해 피를 흘리신 주 예수께 팔기 원합니다!"라고 대답했습니다. 그때 그녀는 예수님을 믿고 구원받았습니다. 특히 모든 문제에 대한 해답을 성경을 통해 찾으려 함으로써, 영국을 "해가지지 않는 나라"로 굳건히 서게 했습니다.

헌신이란? 말 그대로 "몸을 바치는 것"을 의미합니다. 자신의 몸을 주님께 내어 주어 맡기는 것입니다. 예수님께서는 우리의 죄 때문에 십자가에서 피를 흘리심으로써 자신의 몸을 하나님께 바치셨습니다. 그렇게 값을 지불하심으로써 우리를 사신 것입니다. 우리 자신은 더 이상 우리의 것이 아니라, 하나님의 것입니다(고전 6:20). 따라서 그리스도인이 자기 몸을 하나님께 드리는 것은 당연한 의무입니다.

그럼에도 불구하고 몸을 드리지 않는다면, 하나님께서는 그 사람을 하나님의 계획안에서 그분의 목적대로 빚으실 수 없습니다. 헌신하지 않으면 결국 하나님의 계획 밖에 있게 되어 보장 없는 삶을 살게 되고, 자신을 향한 하나님의 뜻도 발견하지 못한 채 인생을 낭비하게 됩니다. 그래서 헌신하기 위해서는 인생의 주도권을 주님께 얼른 내드리는 것이 가장 현명한 선택입니다. 왕(King)이시며 주인(Lord)이신 그리스도의 권위 아래 자신을 내어 놓아야 하는 것입니다. 토기장이의 완벽한 손길에(렘 18:6) 아무

것도 아닌 자신을 의탁해야 합니다.

성경은 헌신에 관해 다음과 같이 말씀하십니다(롬 12:1). 하나님께 헌신할 수 있는 자격은 아무에게나 주어지는 것이 아닙니다. 오직 예수 그리스도의 보혈로 구원받은 사람에게만 주어집니다. 거듭나지 못한 교인들은 아무리 몸을 드린다 해도 결코 헌신할 수 없습니다. 그래서 "성경적인 헌신"은 교회의 각종행사, 경배와 찬양, 문화사역, 사회정치참여, 국가조찬기도회, 불우이웃돕기 등과 아무런 관계가 없는 것입니다. 그렇다고 능력이 많고 은사와 재능이 많은 성도들만 헌신할 수 있는 것도 아닙니다. 구원받은 성도라면 누구나 할 수 있는 것이 헌신이며, 모든 그리스도인이 헌신해야만 하는 것입니다.

이처럼 헌신은 의무이지만, 그렇다고 어떤 강압적인 힘이나 두려움 때문에 해서는 안 됩니다. 구원받은 것부터 해서 지금의 모습에 이르기까지 모든 것들이 하나님의 은혜와 자비하심으로 이루어졌기 때문에(고전 15:10) 그에 대한 응답으로 헌신할 수 있어야 하는 것입니다. 그리고 헌신은 몸을 드리되 "희생적"으로 드릴 수 있어야 합니다. 이것은 마치 우리의 생명을 제단 위에 놓는 것과 같습니다. 이렇게 살아 있는 제물로 드리는 희생적인 헌신이야말로 최상의 경배라 할 수 있습니다(창 22:5).

인도의 선교사 알렉산더 더프(Alexander Duff, 1806-1878)는 죽을 때가 임박했을 무렵, 모국인 스코틀랜드로 돌아와 인도를 향한 주님의 필요를 역설했으나 아무도 그의 간청에 호응하지 않았습니다. 그는 강단에 올라가 다음과 같이 말했습니다. "국가가 인도를 침공하기 위해 지원자를 모집했을 때, 수백 명의 젊은이들이 몰려들었습니다. 그러나 지금 왕이신 예수님께서 부르시는데 가겠다는 사람이 아무도 없습니다." 그는 잠시 말을 멈췄고 침묵이 흘렀습니다.

"스코틀랜드의 아버지와 어머니들이여, 이제는 더 이상 인도를 위해 보낸 우리의 아들들이 없다는 것이 사실입니까?" 그는 다시 말을 멈췄습니다. 그러나 여전히 침묵이 흘렀습니다. 마침내 그는 단호하게 말했습니다. "좋습니다. 그렇다면 내가 비록 나이가 많아 늙었을지라도, 다시 인도로 돌아가겠습니다. 나는 갠지스 강둑에 누울 수밖에 없습니다. 그러다가 나는 그곳에서 죽을 것입니다. 그렇게 함으로써 인도 국민들로 하여금 스코틀랜드의 한 사람이 인도 사람들을 사랑하므로 목숨을 바치기까지 헌신했다는 사실을 알도록 하겠습니다."

그 순간 그의 말에 감동을 받은 젊은이들이 자리를 박차고 일어나 눈물을 흘리며, "제가 가겠습니다! 제가 가겠습니다!"라고 외치기 시작했습니다. 비록 나이 많은 이 "역전의 용사"는 눈을 감고 영원한 안식으로 들어갔지만, 이후에 수많은 젊은이들이 주 예수 그리스도를 위하여 미개한 인도로 떠나게 되었습니다. 한사람의 "희생적인 헌신"이 많은 사람들의 헌신을 낳았던 것입니다.

어떤 성도는 헌신은 아무나 할 수 있는 일이 아니라고, 너무나 힘든 일이라고 푸념을 늘어놓기도 합니다. 아브라함도 이삭을 제물로 드리는 것이 쉬운 일은 아니었을 것입니다. 모세도 잠시 동안 누릴 수 있는 죄의 낙을 포기하고 파라오 궁전의 부귀와 안락함을 떠나는 것이 어려운 일이었을 것입니다. 바울 역시 삶의 절망에까지 이르게 하는 극심한 압박 속에서도 지속적으로 자신의 몸을 드려 복음과 진리를 전파하는 일이 결코 쉬운 일은 아니었을 것입니다. 물론 헌신이 말처럼 쉬운 일만은 아닙니다. 그러나 그것은 하나님의 뜻이었기에 그들 모두는 순종했습니다.

빌리 선데이는 이렇게 말했습니다. "하나님께 드리는 예배에 못마땅한 것이란 없다. 다만 양식을 갖추어 하면 되는 것입니다. "헌신"은 성도가 드려야 할 "합당한 예배"입니다(롬 12:1). 그렇다면 성도가 기꺼이 드리는 "산 제물"을 하나님께서 거부 하실 리가 없습니다(고후 8:12). 문제는 자신의 몸을 드릴 의향이 전혀 없다는 데 있습니다.

드와이트 무디(Dwight L, Moody, 1837~1899), 하나님의 말씀: 이사야 53:1-6, 19세기 복음전도자이며 웨슬리와 휫필드 이후로 가장 위대한 부흥가 드와이트 무디는 미국 매사추세추 주 벽돌 직공의 7남2녀 중 6남으로 1837년 2월에 태어났습니다. 그의 가정은 갑작스러운 아버지의 죽음 때문에 생활이 극히 빈한하여 무디는 어릴 때부터 가지니 고역과 노동을 해야 했습니다. 그에게는 의지할 것도, 교육받을 기회도 전혀 없었습니다. 그러나 원래 하나님을 경외하는 어진 어머니의 아름다운 인격과 경건한 신앙심을 본받아 그는 영원한 하늘나라의 일꾼으로 열매 맺기에 충분하도록 양육되었습니다. 그는 영원한 남북전쟁과 스페인전쟁 동안 기독청년회 간부로 부상병을 돌보며 전도했습니다. 1867년에는 영국, 스코틀랜드, 아일랜드에서 부흥사로 활약하였습니다.

그는 17세 되었을 때, 보스턴에서 양화점을 경영하는 삼촌의 집에서 점원으로 있었습니다. 19세 되던 해에 첫 영적 체험을 하였는데, 그것은 주일학교에서 에드워드 킴볼 선생의 감화를 받아 그의 몸 전체를 그리스도께 바치기로 결심했던 일이었습니다. 그 후 몇 달이 지나서 그는 더 좋은 일자리를 찾아 시카고로 갔습니다. 그는 어디에 가든 늘 "나는 아무 교육도 받지 못했으나 주 예수 그리스도를 모시고 있으며 또한 그를 위하여 무슨 일이든지 하기를 원한다"라고 고백하며 주님을 섬겼습니다.

이러한 주님을 향한 사랑으로 시카고의 주일학교에서 한 명도 없는 반을 맡아 스스로 학생을 모집하여 말씀을 가르치고 기도하며 전도하여 그의 나이 22세 때 이미 수천 명의 학생을 인도하게 되었습니다. 그는 학생들을 가르칠 때도 항상 그리스도를 개인의 구주로 고백하며, 체험을 간증으로 실제적인 사역에 참여하는 것이 중요하다는 사실을 가르쳐 주었습니다. 마침내 이 모임은 1857년에서 1858년 사이에 더욱 부흥하여 시카고에서 YWCA 조직의 계기가 되었다. 그 도시 전체에 새로운 바람을 불러일으키는 모체가 되었던 것입니다.

  1860년, 그는 자기의 모든 세속적인 사업을 포기하고 모든 시간을 그리스도를 위하여 사용하기로 결심하였습니다. 그렇게 함으로 뒤따르는 고생과 희생은 이루 말할 수 없이 많았으나, 그는 절대로 하나님을 의심하지 않았다. 그는 유식한 사람이 아니었기에 문법에 틀리는 말을 많이 하고, 예술, 과학, 문학, 역사에서 매우 무지했습니다. 그렇지만 그 중심에 자리 잡은 예수 그리스도에 대한 사랑의 열정은 잃은 영혼들을 구원하기를 간절히 소망하고 있었습니다. 그는 기도의 능력을 절대적으로 그리고 단순하게 믿었습니다. 그는 기도하면 반드시 응답될 줄 믿었습니다. 그는 그가 집회에서 뭇 영혼들을 구원해 주십사고 기도할 때에도 하나님께서 응답해 주실 줄 믿었으며, 그 밖의 어떤 경우, 어떤 처지, 어떤 일을 위한 기도든지 하나님께서 들어주실 줄로 믿었습니다. 그는 과연 기도의 사람이었습니다.

  무디는 기도뿐만 아니라 성경 말씀도 하나님의 영감으로 기록된 권위있는 메시지로 믿었다. 그는 아무 꾸밈없이 솔직하게 이 메시지를 전했습니다. 이러한 기도의 확신과 깊은 말씀의 묵상은 마치 화강암과도 같이 굳은 것이었습니다. 그는 회오리바람과도 같은 저항할 수 없는 추진력으로 능력 있게 활동하였습니다. 그는 자기 자신이 그리스도로 말미암아 구원을 받았음을 믿었고, 또 자기의 구세주 예수 그리스도를 다른 사람에게 알리기를 원했습니다. 이것이 바로 무디 신앙 부흥의 원인이며 시카고 빈민굴에 주일학교를 시작한 동기이며 YWCA를 조직한 이유였습니다. 무디는 오직 예수 그리스도 한 분만을 위하여 그의 동역자들이 쓰다가 버린 헛간에서 40여 년 동안 피곤한 줄도 모른 채 일하였습니다.

  1870년 무디는 세계적인 성악가 생키와 만나게 되었습니다. 두 사람은 서로 협력하여 사역을 하였는데, 무디는 능력 있는 말씀으로, 생키는 영혼을 울리는 노래로 복된 소식을 전하였습니다. 그러나 1871년 시카고의 대화재로 무디의 생애에 위기가 닥쳐왔습니다. 모든 재산이 일순간에 사라졌고 그는 빈털터리의 몸이 되었습니다. 그렇지만 그는 낙심하지 않고 주님을 의지하면서 계속하여 말씀을 전하였고, 생키는 노래로써 복음을 사람들의 심령 속에 전했다. 그들은 진정 믿음의 용사들이었습니다. 그 후 무디는 1873년부터 1875년 사이에 생키와 함께 영국에서 전도집회를 개최하였습니다. 이 집회는 2년간 계속하여 열리는 종교사상 가장 특이한 것이었습니다. 그 후 4개월 동안의 런던 집회도 사회적 정치적 지도자들이 회심과 놀라운 열매를 거두게 되었습니다 무디 일행은 미국 각처에서도 70여 곳을 순회하면서 전도하였습니다. 그는 항상 집회 전에 고개 숙여 깊은 기도의 시간을 가졌습니다. 그의 기도시간은 엄숙하고도 진지한 시간이었고, 기도가 끝날 무렵 무디가 부르는 찬송은 커다란 동요를 일으키곤 했습니다. 그리고 그가 받은 천부적인 유머와 성경 해석은 하나님의 놀라운 산물이었습니다. 그의 일생은 이사야 53장의 말씀을 신조로 하여 이루어졌습니다. 그리고 기도와 말씀 묵상과 감사하는 삶으로 집약될 수 있습니다.

 그의 나이 62세, 1899년 12월 22일, 그날은 세상 사람들에게 있어서 가장 짧은 하루였습니다. 그날 새벽 한 세기의 전도자 무디는 밤을 모르는 낮의 세계로 영원히 인도되었습니다. 그는 44년 동안 하나님의 일에 참여하였으며, 많은 영혼을 보이지 않는 세계로 이끌었습니다. 그는 마지막 혼미한 정신 가운데 나직하고 고른 목소리로 다음과 같이 말했습니다. "이 땅은 물러가고 하늘나라가 내 앞에 열리고 있구나. 끝내 승리하고야 말았습니다. 오늘은 내가 내가 면류관을 쓰는 날이야! 나는 수년 동안 그 면류관을 쓰기를 고대하고 있었지. 여보, 당신은 내게 훌륭한 아내였소." 잠시 후 그는 자신이 그토록 신실하게 사랑하고 섬겼던 주님의 면전에서 쉼을 얻는 복을 받았습니다. 동부 노스필드 라운드 탑 위에 있는 무디의 묘비에는 간단한 성경말씀이 기록되어 있습니다. "하나님의 뜻을 행하는 사람은 영원히 사느니라."

헌신은 몸을 드리는 것입니다. 자신의 "몸"을 드림으로써 하나님께서 원하시는 대로 사용하시게 해야 합니다. 성도의 몸의 모든 "지체들" 각각은 주님께서 사용하시는 "의의 병기"가 될 수 있습니다(롬 6:13). 그것을 하나님께 드리기만 하면 됩니다. 우선 육체적인 힘을 드려야 합니다. 건강을 주심에 감사하고, 그 건강을 하나님을 위해 써야 합니다. 눈도 흐려지고, 귀도 잘 안 들리고, 건강이 사라져가고, 병들고 나이 들면 드리고 싶어도 드리지 못할 때가옵니다.

육체적인 힘을 어떻게 드릴 수 있을까요? 내가 가진 힘으로 교회 안의 궂은일을 마다하지 말고 솔선수범하여 청소도 하고 설거지도 하며 짐도 나르십시오. 그것이 바로 헌신의 시작입니다. 발을 드려야 합니다. 우리의 발로 죄인들에게 복음을 전하는 심부름꾼이 되게 해야 합니다. 손도 드려서 타락한 죄인들에게 전도지를 건네주는 것뿐만 아니라, 쓰러진 성도들을 일으켜 세우는 힘이 되어야 합니다. 눈을 드림으로써 진리의 말씀을 부지런히 읽고 공부하며 지옥을 향해 가는 죄인들을 찾아 나서야 합니다. 우리의 귀를 드려 죄인들의 절규와 고난 받는 성도들의 신음을 듣게 하고, 입과 목소리를 드려 하나님을 찬양하고 복음과 진리를 외치는 의의 병기가 되도록 해야 합니다.

시간도 드리고 자신의 소유도 기꺼이 드리십시오. 자신이 가진 재능이 어떤 것이든 하나님께 드리며 그것이 한 가지든, 두 가지든, 다섯 가지든, 그 이상이든 주님께서 원하신다면 모두 드려서 쓰시도록 해야 합니다. 헌신은 자기가 가진 모든 것을 드리는 것입니다. 따라서 가장 먼저 드릴 것은 바로 우리자신의 몸입니다(고후 8:5).

허드슨 테일러는 하나님께서 자신을 중국 선교사로서 사용하길 원하신다는 것을 확신했을 때, 그 사역을 준비하는데 "자신의 모든 것"을 집약시켰고 자신의 "온몸"을 드려 준비했습니다. 그래서 그는 날마다 중국 영혼들을 생각하며 기도하면서 사역을 위한 구체적인 준비를 시작 했습니다. 우선 그는 필생의 사역을 위해 자신을 준비시킬 목적으로 "헐"이란 곳에서 어떤 의사의 조수로 일했으며 그 후에는 런던병원에서 의학을 공부했습니다.

올바른 정신자세와 생활태도 그리고 건강한 몸을 위해 맑은 공기를 마시면서 운동도 시작했습니다. 잠과 음식을 절제하는 훈련도 했습니다. 영국에서의 편안한 생활을 버리고 고생스러운 생활을 견디는 법을 배우기 위해 침대도 없애고 딱딱한 바닥에서 생활을 하기도 했습니다. 식사비용도 줄였고 때로는 매일 사과 한 개와 빵만 먹기도 했습니다. 교회에서의 생활과 말씀을 공부하고 구령하는 생활도 충실히 했습니다.

중국어도 익혔습니다. 문법책이 없었기에 만다린어로 된 누가복음을 가지고 영어성경과 대조해 가면서 한자를 익히고 사전을 만들어 나갔습니다. 또한 "중국에 가면 내가 필요하다고 해서 아무에게나 얻을 수 없을 것이다. 내가 의지할 수 있는 분은 오직 하나님뿐이다"라는 생각으로, 영국을 떠나기 전에 오직 하나님께만 기도함으로써 사람들의 마음을 움직이는 법을 배우기도 했습니다. 말하자면 허드슨 테일러는 자신의 모든 것을 드린 것입니다.

헌신은 하나의 과정입니다. 주님께서 성도들 각자를 향해 가지신 뜻을 이루기 위하여, 성도들이 매일매일 드려야 할 하나의 과정인 것입니다. 매일의 헌신이 이뤄질 때, 하나님께서 그 성도를 통해 의도하신 목적이 이뤄질 수 있습니다. 물론 그것을 방해하는 사탄의 공격도 있기 마련입니다. 그러나 날마다 직면하는 위기 속에서 매일 매순간마다 자신을 드릴 수 있어야 합니다.

그럴 때에만이 하나님의 계획안에서 하나님의 뜻을 올바로 분별할 수 있고 그분의 목적대로 빚어져서 그분의 용도대로 쓰임 받을 수 있는 것입니다. 그것은 바로 헌신에서 시작된다는 사실을 기억하도록 하십시오.

젊은 청년들에게 말씀드립니다. 여러분이 "예수님께서 사랑하시는 그 제자"가 되고자 한다면 지금 시작하십시오! 요한이 회개하였을 때 나이가 20~25세였다고 추측합니다. 어쨌든 그는 아주 젊었을 때 회개하였습니다. 젊은이의 경건은 훌륭한 경건이 될 가능성이 아주 높습니다. 젊은 청년의 때부터 그리스도와 동행하기 시작한다면 여러분의 발걸음은 개선될 것이며, 습관은 향상될 것입니다. 영적인 것에 마음을 최대한 드리며, 거룩한 열심을 품고, 온유하고 친절한 성품을 갖는다면 양지바른 옥토 밭에 심겨져서 반드시 성숙함으로 주님의 사랑하는 제자가 될 것입니다.

많은 그리스도인들이 정직하게 신앙을 고백하지 아니함으로 말미암아 큰 어려움에 빠진다고 합니다. 예를 들면 사람이 직장에 들어가거나 혹은 군인이 되어 막사에 들어갔을 때 처음부터 자신의 신앙의 깃발을 올리지 않는다면 나중에 슬슬 올리는 것은 아주 어려워질 것입니다.

그러나 만일 그가 즉시 담대하게 "나는 그리스도인입니다. 그러므로 여러분의 마음에 들지 않는 어떤 부분이 있을 것이며, 또 경우에 따라서는 여러분이 좋아하지 않아도 내가 어쩔 수 없이 해야 하는 그런 일들도 있을 것입니다"라고 모든 사람들에게 알린다면, 사람들은 여러분의 입장을 분명히 이해할 것이며, 잠시 후에 그는 따돌림을 당하지 않고 더 이상 방해를 받지 않게 될 것입니다.

그러나 그가 만일 자신의 입장을 숨기고 세상도 그리스도도 모두 기쁘게 하리라고 생각한다면, 그는 힘든 시간을 맞이해야 할 것입니다. 그렇게 되면 그가 설령 타협을 하려고 할지라도 개밥에 도토리 신세가 될 것입니다.

결코 그렇게 되어서는 안 될 것입니다. 담대하게 주님 편에 서십시오. 자신의 색깔을 밝히세요. 자신이 누구인지, 어떠한 사람인지 알리세요. 비록 자신이 길이 순탄하지는 않겠지만 이편저편에 다 좋게 하는 것보다는 분명히 힘들지 않을 것입니다. 양다리 걸치는 것이야말로 너무나 힘든 일입니다.

착한 수도사가 마틴 루터(Martin Luther)에게 "네 독방에 가서 계속 침묵하라" 하였을 때 마틴이 어찌하여 그 충고를 받아들이지 않았을까요? 참으로 그 이유가 무엇입니까? "젊은 사람이 나서는 것은 아주 나쁜 것이야. 너는 큰 해를 끼치게 될 거야. 그러니깐 마틴, 침묵하게. 네가 누구기에 그 큰 권위를 가지고 간섭한단 말인가? 자신을 위하여 거룩해지게. 다른 사람들을 어지럽히지 말게. 개혁을 선동하면 수많은 사람들이 자네로 인하여 화형당하고 말거야. 침묵하게." 하나님을 찬송합시다. 마틴은 집으로 가지 않았고, 침묵하지도 않았습니다. 그는 자기 주님의 일을 시작하였고, 용감히 증거함으로써 온 세상을 깨웠습니다. 오늘날, 마틴, 그대는 어디에 있나요? 여러분 모두가 제 2의 마틴으로 불러달라고 하나님께 기도드립니다. 우리가 주님의 이름을 고백하였고 지금 주님의 종이라면, 우리로 하여금 주님을 공공연히 증거하게 하시며, 구세주의 보혈의 구원하는 능력을 전하게 해달라고 기도드립니다.

이 시대에 업적을 남긴 사람들, 이 시대를 변화시킨 사람들, 인류에게 희망을 준 사람들, 사람들에게 편리와 유익을 주는 사람들, 사람들에게 감동을 준 사람들의 공통점이 있다면 열정을 가진 사람들이라는 것입니다. 끓는 물이 증기 기관차를 움직일 수 있듯이 열정 있는 사람이 있을 때 어떤 모임이든 활력을 주게 됩니다.

종교계의 노벨상이라고 하는 '템플턴 상'을 제정한 존 템플턴은 "열정, 행복한 변화로 이끄는 내 삶의 기관차"라는 책에서 "열정 없이는 아무것도 이룰 수 없다. 나의 열정을 주위로 전염시켜라. 위대한 열정의 씨앗은 이미 내 안에 있다. 당신의 삶을 열정으로 변화시켜라"라고 말하고 있습니다. 에머슨은 "열정 없이 성취된 위대함은 없다"고 했습니다. 베토벤은 청각장애를 앓고 있으면서도 정열적으로 작곡했다고 합니다. 그는 최소한 하나의 곡을 열 두 번 이상 다시 썼다고 합니다. 하이든은 숱한 역경을 겪으

먼서도 8백 개 이상의 곡을 작곡했다고 합니다. 불후의 명곡 "천지장조"는 66세 때 발표한 곡입니다. 레오나르도 다빈치는 그의 걸작 "최후의 만찬"을 무려 10년에 걸쳐 그렸는데 그림에 너무 열중해 하루 종일 먹는 것조차 잊을 때가 종종 있었다고 합니다. 코카콜라 사장은 내 혈관에 흐르는 것은 피가 아니고 코카콜라라고 했다고 합니다. 발명왕 에디슨은 축전기를 만들기 위해 무려 2만 번의 실험을 했답니다. 열정입니다. 열정이 만들어 낸 산물입니다.

신앙생활을 하든, 예술을 하든, 기업을 하든, 공부를 하든, 운동을 하든 열정이 있어야 무엇인가 작품을 만들어 낼 수 있습니다. 열정이 있으면 작은 불꽃같지만 그 불꽃들이 모이면 큰 불을 일으키게 됩니다.

우리는 각자의 자리에서 인격과 모범으로, 친절과 예의와 사랑으로, 예수님을 위하여 이 자리에서 복음으로 승리하여야 할 것입니다. 하나님께서 섭리 가운데 각자의 보내신 곳에서 예수님을 위하여 일어나 끝까지 인내해야 합니다.

우리의 직업이 죄스러운 일이 아니고 주변의 유혹이 너무 크지만 않다면 우리는 보루를 지켜야 하며 결코 포기할 생각을 꿈에도 하지 말아야 합니다. 회개한 이후에 한동안 허송세월을 한 우리 젊은 그리스도인들은 주님께 얼마나 빚을 지고 있는지요.

회개한 이후에 우리 모두는 이제라도 우리 주님을 힘써 섬겨야 하지 않겠습니까? 지금까지 잠을 잤다면 이제 일어납시다! 우리가 거의 죽어 있었다면 이제 살아납시다. 하나님의 성령께서 우리를 사용하시기를 바랍니다. 우리가 살아 있는 동안 주님과 함께 일한다면, 주님의 나라가 임할 때 우리는 주님과 함께 영광을 누리는 복을 받을 것입니다(약 1:12).

미국교회가 처음으로 파송했던 선교사가 아도니람 저드슨(Adorniram Judson)선교사입니다. 그는 탁월한 수재였기에 25세 나이에 모교로부터 교수 초빙을 받았습니다. 같은 해 보스톤에 있는 큰 교회로부터 담임목사 청빙을 받았습니다. 그런데도 두 곳을 다 거절했습니다.

선교사가 되기를 원했기 때문입니다. 결혼한 지 보름 만에 아내와 함께 인도로 가는 배를 탔습니다. 인도에 도착한 지 얼마 지나지 않아 선교사라는 이유로 쫓겨났습니다. 다시 배를 타고 미얀마(버마)로 떠났습니다. 긴 항해 도중에 아내는 유산을 했고 너무 허약한 나머지 랑군에 도착했을 때 들것에 실려 배에서 내려야 했습니다. 그곳에서 저드슨 부부는 복음을 위해 수고를 아끼지 않았습니다. 두 번째 아이를 낳았는데 몇 달되지 않아 열병으로 죽었습니다. 그러나 저드슨은 낙심하지 않고 사역에 최선을 다하다가 그만 감옥에 끌려 들어갔습니다. 그는 창문이 하나도 없는 캄캄하고 더러운 감방에서 일년 반 동안이나 고생을 했습니다. 그가 감옥에 있는 동안 그의 아내는 밖에서 얼마나 어려움을 많이 당했는지 모릅니다. 그 길로 아내는 건강을 해쳐 남편이 출감한 직후에 37세의 나이로 숨을 거두고 말았습니다. 그래도 저드슨은 낙심하지 않고 복음을 위해서 일했는데 결국에는 자신도 병이 들어 더 이상 견딜 수 없는 처지가 되었습니다. 그는 요양을 하려고 고국으로 가는 배를 탔는데 그의 건강이 너무 악화되어 고국 땅을 밟아보기 전에 선상에서 숨지고 말았습니다. 저드슨의 생을 한번 보십시오. 그가 세상적으로 받은 복이 무엇입니까? 이국만리에서 아내와 자녀를 잃고 자신도 차디찬 바다에 수장되는 운명을 보면서 무엇을 느끼십니까? 차라리 대학교수로 갔더라면, 차라리 큰 교회 목회자가 되었다면 얼마나 행복한 생을 살았을까요?

그러나 그 부부는 진짜 축복을 놓치고 싶지 않아 세상 복을 포기해 버렸던 것입니다. 어떻게 보면 저드슨 가정은 예수 때문에 망한 가정처럼 보입니다. 그러나 실상은 진짜 복을 받은 가정이었습니다. 1850년 그는 한 알의 밀알이 되어 죽어갔으나 100년 후 그 땅에는 20만 명이 넘는 많은 알곡의 결실을 보았습니다. 또 그의 부인은 오늘날 선교사 부인 중에서 가장 귀감이 되는 인물이라는 평가를 받고 있습니다.

그렇습니다. 지금 그를 이야기하는 사람 어느 누구도 그를 실패한 인생이라고 이야기를 하지 않습니다. 저드슨 부부가 하늘나라에 가서 누릴 영광을 생각해 보십시오. 그것은 세상의 어떤 고난과도 비교가 되지 않는 것입니다. "생각건대 현재의 고난은 장차 우리에게 나타날 영광과 족히 비교할 수 없도다"(롬 8:18).

우리는 세상적인 축복도 있어야 이 힘든 세파를 헤쳐 나갈 수 있습니다. 그러나 중요한 것은 세상에서 누리는 축복에 연연하지 말아야 한다는 것입니다. 우리는 하나님이 주시는 분수대로 만족하며 살아야 합니다.

그러므로 얼마를 가졌느냐? 얼마나 건강하냐? 얼마나 오래 사느냐? 하고 복을 따지는 것은 세상 사람의 관점이라는 것을 우리가 명심해야 합니다. 우리는 한 번밖에 없는 인생입니다. 이 세상의 망할 나라를 위해 헌신하겠습니까? 지금이라도 늦지 않습니다. 나중에 후회하지 말고 지금부터라도 하나님께서 기뻐하시는 그 일을 시작하십시오. 우리의 남은 인생과 지식, 재물, 시간 이 모든 것을 세상을 구원하는 일을 위해 사용하시기 바랍니다.

그리할 때 우리의 삶이 하나님 보시기에 아름답고 복된 삶이 될 것입니다. 수많은 영혼들을 하나님 앞으로 인도하는 빛나는 삶이 될 것입니다.

우리가 누구입니까? 가장 영광스러운 일에 부름 받은 예수의 제자들입니다. 자신의 신분을 한시도 잊지 마십시오. 함부로 살다가 그만 둘 인생이 아닙니다.

예수를 따르는 제자로서 그 신분에 걸 맞는 인생을 살다가 주 앞에 서야 합니다. 주 앞에 섰을 때 "잘 하였도다 착하고 충성된 종아!"라고 하시는 주님의 칭찬을 꼭 들을 수 있는 우리 모두가 되어야 할 것입니다.

하나님께서는 새 일을 행하실 때마다 새로운 일꾼을 부르셨습니다. 1517년 34세의 마르틴 루터는 비텐베르크에서 95개조 반박문을 발표해 종교개혁을 일으켰고 청년 선교사 언더우드와 아펜젤러는 20대 중반의 나이에 한국 선교의 문을 열었습니다. 물론 새로움의 의미는 나이로 한정할 수 없습니다. 헤브론의 정복을 위해 하나님은 85세의 갈렙을 새로운 지도자로 사용하셨습니다. 새로운 사람은 성령 충만한 사람을 말합니다(욜 2:28).

18장. 성령 충만을 통한 하나님의 위로

인생의 바다에서 잔잔하든, 높고 거친 물결이든, 파도를 경험해 보지 않은 성도는 한 명도 없습니다. 가난이든지, 질병과 고통, 시련, 절망 그리고 낙심은 "언제나" 있었고 "어디에서나" 존재했으며, "누구에게"나 있었습니다. 이 세상에서 시련과 낙심으로부터 자유로운 사람은 단 한 명도 없습니다. 사람이 고생하려고 태어난 존재라고 말씀합니다. "불티가 위로 날아가는 것 같이 사람은 고생하려고 태어나느니라"(욥 5:7).

노아가 태어났을 때, 그의 부모는 그의 이름을 "노아"라 이름 지으며 이렇게 말했습니다(창 5:29). 이것은 성경에서 "위로"라는 구절이 처음 등장하는 구절입니다. 노아의 부모는 세상이 어떤 곳인지 잘 알고 있었습니다. 이 땅이 죄로 인해 하나님의 저주를 받았다는 것과 그 때문에 하나님의 "위로"가 필요하다는 사실을 분명하게 인식했던 것입니다.

우리가 살고 있는 현실은 어떻습니까? 우울증은 소리 없이 많은 사람을 죽음으로 몰아넣습니다. 한 해 동안 우울증으로 인해 죽은 사람이 5천명이나 되는데, 이들 대부분이 자살이라는 방법으로 삶을 마감합니다. 통계청 자료에 의하면 한해에만 20대부터 50대까지 무려 1천여 명이 자살을 한다고 합니다. 이들 중에는 대학교수, 교장 등 사회적으로 성공한 사람들도 있습니다. 영국의 시인 밀턴은 "마음은 천국도 만들고 지옥도 만든다"라고 했습니다.

미국 시사 주간지 타임의 '마음으로 몸을 치유하기'라는 기사에 의하면 우울증에 걸린 사람은 골다공증, 심장병, 당뇨, 암과 치매까지 걸리기 쉽다고 합니다. 펜실베니아 대학의 정신과 전문의사인 드와이트 에반스 교수 또한 우울증이 암, 에이즈(AIDS), 심장병, 당뇨, 골다공증, 간질, 알츠하이머 파킨스병과 같은 질병과 직접적인 연관이 있다는 연구결과를 발표했습니다. 아담의 범죄로 타락한 인간은 이와 같이 갖가지 질병으로 가득한 환경 속에서 살아가고 있습니다.

인간에게는 위로가 필요합니다. 특히 예수 그리스도의 피로 구속받은 그리스도인에게는 더욱 위로가 필요합니다. 왜냐하면 하늘나라 시민권을 가진 타국인이요 순례자로 살아가는 성도에게는 이 세상이 결코 살 만한 데가 못되기 때문입니다(히 11:38). 성도는 인간이라면 누구나 겪을 수 있는 고통들뿐만 아니라 그리스도인이기 때문에 당해야 하는 고난도 있으므로, 그 어떤 이들보다도 위로가 필요한 사람들입니다.

그런데 진정한 위로는 오직 하나님으로부터만 얻을 수 있습니다. 주께서는 "위로의 하나님"(고후 1:3)이십니다. 로마서 15:5에서도 "인내와 위로의 하나님"이라고 말씀하고 있으며, 고린도후서 7:6에서는 "낙심한 자들을 위로하시는 하나님"이라고 말씀합니다.

생각해 보십시오. 사랑하는 가족을 땅에 묻어야만 했던 성도들, 가정 파탄이나 실직을 경험한 이들, 질병으로 인해 견디기 힘든 고통 속에서 하루하루를 힘겹게 보내야 하는 성도들, 진리를 믿고 실행한다는 이유로 비난과 박해를 감수하고 피를 나눈 친족들과 영적 전쟁을 치러야만 하는 그리스도인들, 여러 가지 이유로 큰 실의와 낙담에 빠진 성도들을 말입니다.

과연 누가 이들의 마음을 위로해 줄 수 있단 말입니까!

이 땅 에서는 참된 위로자는 찾을 수 없습니다(시 69:20). 모두 다 욥의 세 친구들처럼 헛되이 위로하는 형편없는 위로자들뿐입니다(욥 21:34; 16:2). 그렇다고 인간적인 방법으로 스스로를 위로할 수도 없습니다. 이는 그것이 낙심만 가중시키기 때문입니다(렘 8:18).

실패는 내가 실패자임을 의미하는 것이 아닙니다. 아직 성공하지 못했지만 조금 더 힘쓰라는 격려입니다. 내가 아무것도 성취하지 못했다는 것을 의미하는 것이 아닙니다. 무엇인가 새로 배웠으니 경험을 살려보라는 응원일 뿐입니다. 내가 바보였음을 의미하는 것이 아닙니다. 당신이 많은 신념을 가졌으니 다시 도전해 보라는 디딤돌입니다. 내가 체면이 손상되었음을 의미하는 것이 아닙니다. 뭔가 시도하려고 연습했으니 본격적으로 다시 시작하라는 명령입니다. 내가 소유하지 못한 빈털터리를 의미하는 것이 아닙니다. 이 길은 별 수익이 없으니 다른 노다지 길로 돌아가라는 권고입니다. 내가 인생을 낭비했음을 의미하는 것이 아닙니다. 새 출발할 힘과 대응능력을 준비한 저축통장일 뿐입니다. 내가 포기해야 함을 의미하는 것이 아닙니다. 방법이 잘못되었으니 새로운 발판으로 도약하라는 사랑입니다.

예수 예수 믿는 것은 받은 증거 많도다. 이 찬송가 가사를 지은 스테드 여사는 1850년 영국에서 태어나 선교사의 꿈을 갖고 21살에 미국으로 건너와 오하이오주 신시내티에서 살았습니다. 그는 어느 날 urbana에서 열린 영적 부흥에 참석하여 "선교사가 되라"는 주님의 음성을 듣고 중국선교로 가기로 결심을 하고 준비를 하였습니다. 그러나 건강이 악화되어서 주위에서 도무지 선교지에 보낼 수가 없었습니다. 결국 그는 건강상의 이유로 선교지에 가지 못하고 지극히 평범한 삶을 살게 되었고, 청년 스테드와 만나 결혼하여 큰 탈 없이 행복한 가정을 이루게 되었습니다.

그런데 1879년 그녀의 가족이 뉴욕주 롱아일랜드로 여행을 가게 되었는데, 한가롭게 일광욕을 즐기며 점심을 먹던 그들은 갑자기 비명소리를 듣자, 남편이 달려가 물에 빠진 소년을 구하려다가 물에 빠진 사람은 살고자 남편의 머리를 붙잡고 놓지를 않아 결국 서로를 끌어안은 채 물에서 발버둥을 치던 두 사람은 모두 익사하고 말았습니다. 눈앞에서 남편의 죽음을 보게 된 스테드 여사는 충격에서 헤어 나올 수가 없었습니다.

"왜 내게 이런 일이 일어나는 건가요?" 원망과 슬픔에 빠진 그녀는 하나님께 부르짖기 시작했습니다. 그런데 며칠 동안 눈물로 기도하던 그녀의 마음속에 뚜렷한 문장이 떠올랐습니다.

'예수님을 신뢰할 때 큰 기쁨이 있다.' 이해할 수 없는 현실의 고통 속에서 하나님을 신뢰하고 의지하는 것은 어려운 일이지만, 그녀는 기도 중에 떠오른 그 문장을 하나님이 주신 약속으로 믿고 붙들었습니다. 그후 스테드 여사는 어린 시절 자신이 선교사가 되기로 꿈을 꾸던 기억을 떠올리며 소망을 품었고, 결국 30세가 된 1880년 남아프리카로 파송되어 온 정성을 다해 15년 동안 선교사로 헌신하였습니다.

그는 남편을 잃고 오지로 가서, 낯선 얼굴들과의 만남을 통해 또 다른 하나님의 역사하심을 접하게 되었고, 그간에 일어났던 일과 그곳에 보낸 하나님의 목적을 생각하게 되었습니다. 그리고 그 감정을 그대로 담아서 쓴 찬송시가 '구주 예수 의지함이'입니다. 1절에 '구주 예수 의지함이 심히 기쁜 일일세, 영생 허락 받았으니 의심 아주 없도다.' 이것은 그녀가 선교지에 가서 느꼈던 감사함과 선교에 대한 굳은 의지가 담겨져 있습니다. 그간의 그녀가 겪은 모든 어려움과 부르심을 통해 받은 은혜가 담긴 후렴구는 '예수, 예수, 믿는 것은 받은 증거 많도다.' 모든 기쁨과 슬픔, 그 모든 것이 다 그녀에게는 은혜였다는 것입니다.

    1917년 그녀가 선교지에서 세상을 떠났을 때 그녀의 동료 선교사들은 이렇게 말했다고 합니다. "우리 모두가 그녀가 떠났다는 사실이 믿기지 않고 지금도 그녀를 너무나 그리워하고 있습니다. 그러나 이곳의 원주민들이 그녀가 남긴 찬송을 그들의 모국어로 부르고 있는 것을 보면 여전히 그녀의 흔적은 많이 남아 있습니다. 고난 중에 예수님을 의지하여 큰 은혜를 구했던 그녀의 고백은 기쁨으로 변하여 선교지의 영혼을 살리는 수많은 이들을 일으키는 찬양이 되었던 것입니다.

    실패는 내가 결코 할 수 없음을 의미하는 것이 아닙니다. 방향을 바꾸어 새로운 시도를 해야 할 기회일 뿐입니다. 하나님께서 나를 외면했음을 의미하는 것이 아닙니다. 하나님께서 더 좋은 것으로 바꾸어 주시려고 준비한 은혜일뿐입니다. 걸림돌이 아닙니다. 더 높이, 더 멀리 도약할 수 있는 디딤돌입니다. 나를 실패자로 만드는 것이 아닙니다. 포기하고 중단하는 것이 실패자로 만들뿐입니다. 하나님께서 나에게 어렵고 힘든 고통을 줄때에는 다 그럴만한 이유가 있어서 준다는 말을 믿으면 어떤 어려움이나 실패도 긍정적으로 받아들이게 되고, 나를 객관화 하면서 바라보게 됩니다.

    중요한 것은 지금 내 형편이 조금 낫다고 해서 교만해서도 안 되고, 지금 내 형편이 조금 어렵나고 해서 실망할 필요도 없다는 것입니다. 하나님은 참으로 공평하셔서 한 가지를 주실 때는 꼭 한 가지를 포기하게 만드시고, 한 가지를 잃어야 할 때는 꼭 다른 한 가지를 주신다는 것입니다. 결국 내가 잃은 것을 바라보고 계속 슬퍼할지, 나에게 새로 주어진 것에 대해 감사하게 생각할지는 각자의 선택일 것입니다. 하나님의 뜻 밖에서 성공이란 없고 하나님의 뜻 안에서 실패란 없습니다.

전 세계가 알아주는 3대 성악가 중의 한 사람인 호세 카레라스(Josep Maria Carrerasi Coll, 1946년 12월 5일~)는 스페인의 성악가로서 루치아노 파바로티, 플라시도 도밍고와 함께 3대 테너로 알려져 있습니다.

카레라스는 1970년 데뷔 후 '베르디 국제음악콩쿠르'에서 1위를 차지하면서 주목을 받기 시작해 '밀라노라 스칼라 극장' '뉴욕 메트로폴리탄 오페라' '샌프란시스코 오페라' '빈 국립오페라' '바이에른 국립 오페라' 등을 누비며 세계 정상급 테너로 인정받았습니다.

그도 한 때는 불치의 병을 앓은 적이 있었습니다. 성악가로서 그의 명성이 최고조에 달했던 1987년, 그의 나이 41세 되던 해 7월 이었습니다. 유명한 오페라 '라보엠'에서 주인공 역을 맡아서 한참 신나게 연습을 하고 있던 중에 쓰러져 병원으로 옮겨졌습니다. 그는 병원에서 백혈병에 걸렸다는 사실을 알게 되었습니다. 급성 림프구성 백혈병이었습니다. 그 후 그의 몸은 극도로 쇠약해졌고 그 고통은 극에 달했습니다. 아직 포기하기에 아까운 나이로 이 세상을 떠나기에는 억울한 나이였습니다.

그런데 그는 하나님을 아는 사람이었습니다. 그는 하나님이 어떤 하나님이신지를 아는 사람이었습니다. 그는 히스기야왕의 이야기를 떠올리며 하나님께 눈물로서 기도하며 매달리기 시작했습니다. "사랑의 하나님, 저에게 생명을 조금만 더 연장시켜 주시면 남은 생애는 하나님의 영광을 위해 살겠습니다"라고 구약시대의 히스기야처럼 기도하기 시작했습니다.

또한 그는 강인한 정신력으로 투병 생활을 시작했습니다. 머리카락이 빠지고 손톱과 발톱이 떨어져 나가는데도 찬송과 기도를 멈추지 않았습니다. 골수 이식 수술과 힘든 화학 치료도 믿음으로 잘 받았습니다. 히스기야의 하나님은 호세의 하나님이었습니다. 1년 반 만에 다시 무대에 서게 되었습니다. 이때부터 그의 삶은 그의 것이 아니었습니다. 그의 노래는 과거와 달랐고, 그의 노래를 듣는 모든 사람들은 기쁨과 감격으로 가득 차게 되었습니다. 영혼 깊은 곳에서 우러나오는 깊은 감동이 있었습니다. 그는 청중 앞에서 "실병도 축복이고 하나님의 은혜입니다"라고 간증했습니다. 그는 질병을 통해서 하나님의 큰 사랑을 깨달은 것입니다.

그는 두 가지 결심을 했습니다. 하나는 '자기 자신보다 하나님의 영광을 위하여 사는 사람이 되어야 겠다'라는 것과 '자기 자신보다 남을 생각하는 사람이 되어야 겠다'라는 것이었습니다. 자신이 다시 살게 된 것은 전적으로 하나님으로부터 새 생명을 부여받은 것임을 믿고, 전 재산을 팔아서 바로셀로나에 '호세 카레라스 백혈병 재단'을 세우고 백혈병 환자들을 돌보기 시작했습니다. 그는 이 일을 위해 공연에서 얻은 수익금의 절반을 쓴다고 했습니다.

그는 고백합니다. "나는 이제 단순한 노래만 부르는 것이 아닙니다. 나에게 생명을 연장시켜 주신 하나님께 감사하며 하나님을 증거하고 절망에 빠진 사람에게 소망을 주는 인생이 되기를 원합니다. 살아있는 것을 기뻐하고 축하하기 위해 노래를 부르고 있습니다." 호세 카레라스가 겪은 백혈병의 경험은 그의 삶을 주님을 좇고 기쁘게 하는 삶으로 변화된 것입니다. 그가 백혈병 환자들에게 베푸는 사랑과 관심은 그의 성악 못지않게 큰 감동을 우리에게 주고 있습니다. 그의 말대로 그는 이제 단순히 노래만 부르는 것이 아니라 생명을 연장시켜 주신 하나님께 대한 감사와 살아있음에 대한 기쁨을 노래하며 백혈병 환자들에게 새 희망과 삶을 전하는 전도사로 살아가고 있습니다.

오늘 우리도 감사함으로 믿음으로 기도하면 하나님께서 질병, 고통, 문제, 아픔을 해결해 주십니다. 하나님께서 평강을 주시고 가장 좋게 응답해 주십니다. 고난 없이 주님을 만나지 못하는 인생보다 고난을 통해 주님을 만나는 사람들은 축복을 받은 사람들입니다.

삶 속에서 뭔가를 잃었습니까? 낙망하지 마십시오. 실패했습니까? 포기하지 마십시오. 원치 않는 상황에 처했습니까? 희망을 버리지 마십시오. 그리고 주님을 붙잡으시기를 바랍니다. 물이 변하여 포도주 된 것 같이 실패가 변하여 성공이 될 것이고, 주님께 전적으로 의지하면 아름다운 열매를 맺는 삶을 살 수 있습니다.

지금 다시 시작하세요. 많이 넘어진 사람이 더 쉽게 일어납니다. 살다보면 넘어질 일이 더 자주 생길지도 모릅니다. 갈피를 잡지 못하고 마음이 흔들릴지도 모릅니다. 그렇다고 그냥 주저앉지 마세요. 다시 일어나세요. 넘어진 그 자리가 끝이 아닙니다.

넘어진 그 자리가 새로 시작할 자리입니다. 시작만 하면 모든게 가능합니다. 당신이니까, 당신이니까 뭐든지 해낼 수 있습니다. 넘어진 그 자리에서 툭툭 털고 다시 일어나는 당신을 격려합니다. 주님 안에서 건강과 행복한 믿음의 자녀가 되어야 겠습니다. "하나님께로부터 난 자마다 세상을 이기느니라 세상을 이기는 승리는 이것이니 우리의 믿음이니라"(요일 5:4).

모든 것을 아시고 모든 사람을 위로하실 수 있는 주님의 위로를 거절하는 것은 교만이고 무지이며 불신이자 어리석은 행동입니다. 따라서 고난에 처한 성도는 마땅히 하나님의 위로를 구해야 하고, 그것을 기다려야 하며, 그 위로 안에서 평안히 쉴 수 있어야 합니다. 마치 어머니의 품속에 안겨 잠든 어린 아기처럼, 모든 짐을 주님께 맡겨 드림으로써 힘과 위로를 주시는 하나님 아버지의 품 안에서 위로와 안식을 얻을 수 있어야 하는 것입니다.

코리 텐 붐 여사는 나치 수용소에서 무려 40일 동안이나 독방에 갇힌 적이 있었습니다. 당시 죄수들이 가장 무서워하는 형벌이 바로 독방에 형벌이었는데 평범한 사람도 독방에만 들어가면 얼마 지나지 않아 미쳐서 나왔기 때문입니다. 코리 텐 붐 여사 역시 독방에서 참으로 고통스러웠습니다. 얼마나 힘이 들던지 나중에는 믿음도 인내도 다 사라졌습니다.

그녀는 벽에 기대어 하나님께 기도했습니다. 하나님 이제 제게는 믿음도 없습니다. 힘도 없습니다. 버틸 인내도 없습니다. 어떻게 하면 좋겠습니까? 그런데 그때 눈앞에 개미 한 마리가 기어가다가 조그마한 틈으로 들어가는 것이 보였습니다. 그때 하나님의 음성이 들렸습니다. "코리아, 저 개미 보이느냐? 개미가 지금 어디로 가고 있느냐? 네 하나님! 작은 틈으로 들어가고 있어요. 그래 너는 지금 피할 곳이 없다고 생각하지만 내가 바로 너의 피난처니라 이제 나를 향해 오너라 내가 너를 품어주마 너는 내속에서 안전하게 보호받을 수 있으니 나를 바라보라 그래서 그녀는 하나님을 바라보며 하나님을 피난처로 삼기로 선택했습니다.

그러자 독방의 두려움과 공포는 사라지고 무사히 40일을 견딜 수 있었습니다." 하나님이 내 편이 되어 주신다는 것을 알고 하나님을 믿고 의지하는 사람은 그 어떤 두려움도 이길 수 있습니다. 하나님이 내편이 되신다는 것은 어떠한 역경도 이길 수 있는 힘을 주신다는 것을 믿어야 합니다.

왜냐하면 주 하나님께서는 "모든 환난 가운데서" 위로하실 수 있고(고후 1:4), "영원한" 위로(살후 2:16)를 주실 수 있는 "유일한" 분이시기 때문입니다. 주님은 우리가 구속받은 이래로 단 한 번도 자비와 은혜를 거두신 적이 없으시고, 그분의 자녀들을 고난 가운데 사생아처럼 내버려 두신 적이 없으십니다.

쉽사리 낙심하고 언제나 부정적인 생각과 말을 하고 행동을 하는 사람은 좌절감이 꽉 들어찬 사람입니다. 좌절감을 가진 사람은 자기의 현실적 처지에서 창조적인 삶을 갖기 보다는 스스로에 대하여 실망과 패배적인 이미지를 가지고 비관하기 쉽습니다. 우리말을 사용하는 것을 가만히 살펴보면 너무도 끔찍한 말을 태연하게 하고 있음을 알 수 있습니다. 걸핏하면 우리들은 '죽겠다'는 말을 하루에 몇 번씩이나 하며 마음으로 죽어가고 있는지 모릅니다. 배고파 죽겠다, 배불러 죽겠다, 좋아 죽겠다, 기분 나빠 죽겠다, 더러워서 죽겠다, 더워서 죽겠다, 추워서 죽겠다, 이뻐 죽겠다 등등 좋으면 좋은 것이지 죽기는 왜 죽습니까?

그뿐만이 아닙니다. 우리 가요에도 보면 비관적이고 좌절의 내용을 담은 가사가 참 많습니다. 하나님께서는 성경을 통해 "네 입에 말로 네가 얽혔으며 네 입의 말로 인하여 잡히게 되었느니라"(잠 6:25)하는 말씀은 말이 우리 삶에 있어서 얼마나 중요한가를 말해 주고 있습니다. 그러므로 좌절감에 빠져 부정적인 말만 한다면 언제나 어두운 좌절감의 그늘 아래서 살게 되는 것입니다.

세상에서 성공한 사람과 실패한 사람의 차이점이 무엇인지 아십니까? 성공한 사람들은 실패를 해도 좌절감에 빠지지 않고 다시 일어나지만 실패한 사람은 실패하면 낙심하고 좌절감 속에 그대로 눌러 앉습니다. 바로 이것이 차이점입니다. 그러므로 좌절하지 않고 용기를 갖는 것이 우리의 삶을 성공으로 이끌어 가는 비결입니다.

미국에 살고 있는 카놀 산도스씨는 60세 때 수백 달러의 빚을 지고 파산했습니다. 그 충격이 너무 커 병원에 입원했으나 병원에서도 잠못 이루며 괴로워했습니다. 어느 날 이른 새벽에 "너 근심걱정 말아라 주 너를 지키리 주 날개 밑에 거하라 주 너를 지키리..."라는 찬송가가 바람소리에 끊어지곤 하면서 들렸습니다. 그는 찬송가가 들려오는 곳을 향하여 몽유병자처럼 걸어갔습니다. 찬송가는 조그마한 교회에서 흘러나왔는데 안에 들어가 보니 한 늙은 부인이 강단 밑에 엎드려서 찬송을 부르고 있었습니다. 부인이 부르는 찬송가는 마치 천사가 부르는 것 같았습니다.

그 자리에서 그는 통곡을 하면서 회개하고 자기의 인생을 주님께 맡겼습니다. 그러자 그 마음이 한 없이 평온해지는 것을 느꼈습니다. 주님과 동행하게 된 사람에게 찾아오는 평안함이었습니다. 그는 파산하기 전에는 사장이었지만 과거를 모두 잊고 넝마주이로 새로운 출발을 시작했습니다. 그것도 넝마주이로 시작한다는 것은 쉬운 일이 아닙니다. 그러나 그는 그 일을 해냈습니다.

그가 주님을 의지하고 용기를 갖자 성령님의 인도로 통닭구이 장사를 시작하게 되었고 이로 인해 지금은 전 세계에 이름이 알려진 수백억대의 부자가 되었습니다. 바로 산도스 치킨입니다. 우리도 이렇게 각자의 인생을 패배케 하는 좌절감을 오직 주님만을 의지함으로 모두 제거해야 합니다.

왜 믿는 이가 주를 떠나고 죄를 짓고 실패하게 됩니까? 가장 큰 이유는 분수를 못 지키기 때문입니다. 그 뿌리는 욕심과 탐욕에 있습니다. 욕심과 탐욕이 지켜야 할 분수를 흔들어 놓습니다. 결국 믿음의 중심을 잃게 만드는 것입니다.

감당하지 못할 소유, 감당하지 못할 빚, 감당하지 못할 자리는 죄의 근원입니다. 하나님을 떠나게 만듭니다. 악인은 그의 마음의 욕심을 뽐내며 탐욕을 부리는 자는 여호와를 배반하여 멸시합니다(시 10:3). 나만은 예외라고 생각하지 마십시오.

믿음의 분수를 지키는 이여야 지혜도 받습니다. "... 믿은 이들은 마땅히 생각할 그 이상의 생각을 품지 말고, 오직 하나님께서 각 사람에게 나누어 주신 믿음의 분량대로 지혜롭게 생각하라"(롬 12:3).

또한 어떤 특정한 상황에서만 혹은 특정한 사람들만 위로해 주시는 분이 아니라, "모든 위로"의 하나님이십니다. 성도들에게 고난을 허락하신 주님께서는 반드시 그 고난을 넉넉하게 이길 수 있도록 위로도 주신다는 사실을 결코 의심치 마십시오. 진정한 위로 자이신 하나님이 없으셨다면 우리의 인생은 실로 눈물과 슬픔으로만 얼룩졌을 것입니다.

그런데 인생의 문제는 고난이 길어 질 때 더욱 복잡해집니다. 우리의 생각대로 또는 예상했던 시기에 고난과 문제가 해결되지 않는다는 생각이 드는 순간, 저 마음 깊은 곳에서는 불편한 생각들이 고개를 치켜드는 것입니다. 이런 생각들은 하나님을 향한 원망이요 불평이자 불신이며, 허공을 향해 부르짖는 헛된 푸념이자 부질없는 항변입니다. "하나님은 살아 계시지 않아! 하나님은 나를 버리셨어! 능력도 없으신 분! 하나님은 나를 사랑하지 않아! 하나님의 위로가 내게 너무 작은 것 아닌가!(욥 15:11).

이처럼 고난이 길어지면 그동안 받았던 위로의 말씀조차 온데간데없이 사라져 버리고 맙니다. 사실 자신이 직면하고 있는 고난이 "잠시 받는 것"이라고 생각하는 사람은 거의 없습니다. 대부분 "너무 길다"고 생각하는 것입니다. 하지만 하나님의 시간표와 인간의 시간표는 다르다는 사실입니다. 또한 하나님의 생각은 인간의 생각과 같지 않습니다(사 55:8).

바닥에서 베푸시는 은혜의 하나님입니다. 파나소닉, 내쇼날 상표를 만들어낸 일본 재계의 거목으로 불리 우는 마쓰시다 고노스케는 '감옥 안에서도 감사하면 천국이고, 천국에서도 불평하면 감옥이다.'라는 말을 남겼습니다. 그는 집이 찢어지게 가난해서 어릴 적부터 구두닦이, 신문팔이를 하며 낮은 곳에서 고생을 했기 때문에 오히려 세상을 살아가는 데 필요한 많은 경험을 쌓을 수 있었다고 합니다.

태어났을 때부터 몸이 몹시 약해서 운동에 힘쓰지 않을 수 없었고, 그 덕분에 건강하게 105세의 장수를 누렸습니다. 또 초등학교도 못 다녔기 때문에 모든 사람을 자신의 스승으로 여기는 겸손함이 자연스럽게 몸에 배어서 누구에게나 물으며 배우는 일을 게을리 하지 않았다는 것입니다. 많은 사람들이 자신의 가난과 질병과 무학의 배경을 인생 실패의 이유로 삼고 불평하고 있을 때에 그는 이 세 가지를 하늘이 자신에게 준 시험이라고 생각하고 오히려 감사의 태도로 극복함으로 더 큰 성공을 이룬 것이었습니다.

요즘 우리 주변에서 자주 듣는 단어 중에 하나가 '바닥'입니다. 전 세계 경기가 침체를 겪으면서 바닥이란 단어가 자주 매스컴에 오르내립니다. '경기가 바닥을 치고 있다. 주식의 바닥이 끝이 보이지 않는다. 집값 하락의 바닥이 보이지 않는다'등 주로 경제와 관련해서 바닥이란 단어가 쓰이고 있습니다. 그리고 경제석으로 어려움으로 인한 생활고를 표현할 때 '밑바닥 인생'이란 표현을 쓰기도 합니다. 아무튼 '바닥'이란 단어는 부정적인 의미로 주로 쓰이고 있습니다.

그러나 반대로 생각해보면 지금이 가장 힘들고 어려운 바닥상태라면 우리는 새로운 희망과 꿈을 가질 수 있습니다. 그 이유는 바닥은 다시 올라갈 수 있는 새로운 출발점이 되기 때문입니다. 바닥은 새로운 기대와 꿈을 가지고 도전할 수 있는 기회이기 때문입니다. 바닥은 절망의 자리, 포기의 자리, 실패의 자리가 아닙니다. 바닥은 다시 새로운 미래를 향해 솟구쳐 오를 수 있는 기회요 축복의 자리입니다. 새로운 하나님의 은혜를 바라보는 자리입니다.

우리는 성경에서 인생의 가장 밑바닥을 경험한 한 사람을 만날 수 있습니다. 바로 요셉입니다. 우리는 종종 요셉의 인생의 결과만을 집중 조명합니다. 노예로 팔려간 소년이 국무총리라는 입지전적인 인물이 되었다고 소개합니다. 그래서 요셉같은 믿음의 인물이 되게 해달라고 기도하기도 합니다. 그러나 그것은 결과일 뿐 그 과정은 너무나 힘들고 고통스럽습니다.

요셉은 형들의 미움을 받아 물 없는 웅덩이에 던져집니다. 다시 애굽의 노예로 팔려갑니다. 감옥에서 억울하게 옥살이를 합니다. 어쩌면 가장 불행한 인생 밑바닥을 경험한 자입니다. 그러나 요셉은 밑바닥에서 원망하지 않습니다. 절망하거나 좌절하지 않습니다. 바로 살아계신 하나님을 붙잡았기 때문입니다. 언제나 하나님이 함께 하심으로 승리할 것을 믿었기 때문입니다.

중요한 것은 밑바닥 환경이 아닙니다. 그 인생의 바닥에 동행하시는 살아계신 주님을 바라보는 것입니다. 그 주님의 능력을 신뢰하고, 순종하는 것입니다. 마침내 때가 되면 하나님께서 높여주십니다. 새로운 인생의 길을 여십니다.

혹시 인생의 밑바닥 경험을 하고 있지는 않습니까? 지금이 바로 예수님을 붙잡고 위로 올라올 수 있는 절호의 기회입니다. 우리 인생의 바닥에서 동행하시는 주님을 디딤돌로 삼아 일어나십시오. 제 2의 기회를 주십니다. 더 놀라운 은혜와 축복을 베풀어 주십니다. 우리의 삶을 바닥에서 베푸시는 주님의 은혜를 깊이 체험하시기를 바랍니다.

문제는 어떤 일에도 서두르지 않으시는 하나님과 항상 성미가 급한 우리 사이에서 발생합니다. 하나님께서는 자기 뜻대로 되지 않아 안절부절 못하는 우리의 스케줄에 맞추어 움직이는 분이 아니십니다. 그러니까 주님께서는 가장 합당한 때가 되기를 기다리셨다가 모든 일을 완벽하게 이루시는 것입니다. 그러므로 거듭난 성도는 로마서 8:28과 8:32의 말씀을 믿음으로 붙들고 인내로 기다리면서 하나님의 위로를 얻을 수 있어야 합니다. 우선 자신의 아들을 아끼지 아니하시고 내어주신 하나님께서는 그 아들과 함께 "모든 것을 값없이 주신다"는 사실을 믿어야 합니다(롬 8:32).

그러면 그것을 값없이 주시는 "시점"은 언제입니까? 언제 이 문제와 고난을 해결해 주시는 것입니까? 그에 대한 답이 로마서 8:28에 있으니, 곧 "모든 일이 합력하여 선을 이루는 바로 그 순간"입니다. 자, 주님께서는 결코 실수하지 않으시며, 그분께서 하시는 모든 일이 옳다는 것에 대해 추호도 의심하지 말아야 할 것입니다.

하나님께서는 이에 관한 확실한 증거들을 극심한 압박과 삶의 절망에까지 이르렀으나 믿음으로 이겨 낸 신실한 성도들을 통해 보여주셨습니다. 그래서 위로가 필요할 때면 그런 믿음의 사람들이 어떠한 위로로 고난들을 이겨 냈는지 잠시 생각해 볼 필요가 있습니다. 욥의 고난과 인내가 어떠했는지, 그리고 사도 바울이 겪었던 삶의 절망이 어느 정도였을지 성경을 통해 확인해 보십시오.

버마 땅에 열병에 걸린 아내와 자녀들을 묻을 수밖에 없었던 아도니람 저드슨이라든지, 인도에서 말라리아로 한 아들을 잃을 수밖에 없었고 우울

중에 걸린 아내마저 그 땅에 묻을 수밖에 없었던 윌리엄 캐리와 같은 선교사들의 심정을 한 번 헤아려 보아야 합니다. 그리고 그들이 어떻게 위로를 받았는지 숙고해 보십시오.

 윌리엄 캐리는 말라리아로 아들이 죽던 날, 자신의 일기장에 이렇게 기록했습니다. "하나님은 부요하신 분이시며 신실하신 분이십니다. 내가 주님을 바라보았을 때, 모든 근심을 내어 맡길 수 있었습니다. 내가 이곳에서 생명을 잃어버린다 할지라도 내게 이 고귀한 사명이 맡겨진 사실만으로도 기뻐하고 또 기뻐하겠습니다."

 무엇보다도 우리는 하나님의 말씀을 통해 가장 큰 위로를 얻을 수 있다는 사실을 잊어서는 안 됩니다(시 119:50). 누군가에게 위로가 필요하다면 하나님의 말씀으로 돌아가 현 상황에 맞는 위로의 말씀을 찾을 수 있어야 합니다. 윌리엄 틴데일은 "가서 성경을 읽고 가르침과 위로를 얻으라, 그리고 당신의 눈앞에서 이루어진 모든 일을 보라... 당신이 하나님께로 돌아서기만 한다면 성경에 기록된 모든 자비하심은 당신을 위한 약속이 된다"라고 말했습니다.

 특히 이 위대한 약속들 가운데 주어진 가장 큰 위로가 여기에 있으니, 곧 "휴거에 대한 소망"입니다. 바울은 데살로니가전서 4:13-18에서 이 소망에 대해 설명한 후 다음과 같은 말씀으로 결론을 내립니다. "그러므로 이러한 말로 서로 위로하라"(18절).

 "휴거"는 성도들이 이 세상에서 받는 모든 고난의 종지부이자, 모든 위로의 절정입니다. 주님께서는 소망을 붙잡기 위해 피난처를 찾아 나온 성도들에게 반드시 든든한 위로로 갚아 주십니다(히 6:18).

19장. 성령 충만은 행복한 삶의 비결

어떻게 하면 행복하게 살 수 있을까?

　사람들은 모두 행복하게 살기를 원합니다. 모든 사람들이 찾고 갈구하는 것입니다. 행복이 저 멀리 산 너머에 있을 것 같아서 산을 넘으면 행복은 보이지 않습니다. 저 바다만 건너면 행복을 찾을 수 있을 것 같아서 바다를 건너면 행복은 사라지고 보이질 않습니다. 또 다시 산을 넘고 바다를 건너도 또 다시 행복은 저 멀리 사라져 버립니다. 평생을 살아가도 잡을 수 없는 것이 행복이라고 체념하기도 합니다.

　행복 찾기를 포기하시렵니까? 당신이 그리스도인이라면 행복해야만 한다는 사실을 아시나요? 그리스도인은 불행하고 싶어도 불행해질 수 없다는 사실을 아시나요? 행복은 아주 가까운 곳에 있다는 사실을 아시나요?

행복의 비결은 매우 쉽고 간단하다는 사실을 아실 수 있게 될 것입니다. 그리스도인은 행복할 수밖에 없는 사람들입니다. 그리스도인은 스스로 불행을 찾아 나서지만 않는다면 불행하려고 해도 불행할 수 없는 존재입니다. 행복한 삶이란, 일반적으로 "풍부하고 넉넉하며 부족함이 없는 삶"을 의미합니다. 요한복음 10:10에서는 이에 관해 "내가 온 것은 양들로 생명을 얻고 더 풍성히 얻게 하려 함이라"고 말씀합니다. 여기에서 예수님께서는 이 땅에 오신 목적을 두 가지로 제시하십니다. 첫 번째는 죄인에게 생명을 주는 것이고, 두 번째는 생명을 얻은 사람으로 하여금 풍성하게 살도록 하는 것입니다. 이 풍성함은 끝없이 펼쳐질 영원한 시대에서 누리게 될 미래의 영광뿐 아니라 "현재" 매일의 삶 속에서 누리는 풍성한 삶까지도 의미하고 있습니다.

죄로부터 구원받은 것도, 복음이라는 하나님의 말씀을 믿는 것(belive)을 통해서 하나님께서 대신 일(work)하심으로써 값없이 쉽게 이뤄진 것입니다. 구원받은 그리스도인들의 생활 역시 그리스도인들이 하나님의 말씀을 마음으로 믿으면, 죽어 있는 그리스도인의 몸을 사용하셔서 하나님께서 이 세상에서 대신 살아 주시며, 대신 일하십니다. 그러는 동안 그리스도인들은 쉼을 누리는 행복한 사람입니다(빌 2:12-13). 그리스도인들 안에서 일하시는(work) 분은 하나님이십니다. 하나님 자신이 기뻐하시는 것을 그리스도인도 원하게도 하시며 자신이 기뻐하는 것을 행하게도(work)하시는 이는 하나님 자신이십니다. 그리스도인들은 내가 살려고 노력할 필요가 전혀 없습니다. 다만 하나님의 말씀을 마음으로 믿으면 믿은 하나님의 말씀 그대로 그리스도인들의 생활에 실체로, 증거로 나타내는 일(work)을 그분께서 대신 하십니다.

"네 이웃을 네 몸과 같이 사랑하라"(마22:39)고 하신 하나님의 말씀에 순종하기 위해서는 성경에 나온 황금률을 철저히 지키는 것입니다. 그것은 우리 그리스도인 모두의 철칙이 되어야 합니다. 나의 처지를 남의 처지와 바꾸어 생각할 줄 아는 역지사지의 마음입니다(마 7:12).

여섯 가지 이야기를 소개합니다.

첫번째로, 한 외과 의사가 젊은 여인의 뺨에 난 종양을 제거하기 위해 수술을 하게 됐습니다. 환자의 얼굴 곡선을 살리려고 필사적으로 노력했지만 안타깝게도 입 근육으로 이어지는 작은 신경 줄기를 절단해야 했습니다. 이 때문에 입이 마비돼 뒤틀리고 말았습니다. 환자가 힘겹게 입을 움직여 물었답니다. "제 입이 앞으로도 계속 이럴까요?" "네, 그럴 겁니다. 신경을 잘라냈거든요." 의사는 죄인이 죄를 고백하듯 맥없이 대답했습니다. 여인은 고개를 돌린 채 말이 없었습니다. 그때 젊은 남편이 가만히 미소를 짓고는 "난 좋아, 귀여워" 하며 부인에게 입을 맞췄습니다. 그 순간 의사는 거룩한 임재 앞에 선 듯 감동과 충격으로 숨을 쉴 수조차 없었답니다. 남편이 다정하게 몸을 굽혀 입을 맞추는데, 아내의 뒤틀린 입에 입맞춤을 하기 위해 자기의 온전한 입술까지 비트는 것을 보았던 것입니다.

두번 째로, 오래 전 시외버스 안에서 벌어진 일로 그것은 불과 10여 분 안팎의 일이었습니다. 만원버스도 아니었고 정류장마다 멈추는 시간이 그리 철저히 지켜지던 때도 아니었습니다. 버스 기사가 엔진 시동을 걸고 막 출발하려는데 승객 중 한 사람이 버스를 타려는 사람을 발견하고 말 했습니다.
"저기 웬 할머니가 오십니다." 버스 기사가 바라보니 제법 떨어진 거리에서 한 할머니가 무언가 머리에 인 채 버스를 향해 종종걸음으로 걸어오고 있었습니다 "어서 출발합시다!" "언제까지 기다릴거요?" 버스에 타고 있던 어떤 승객이 바쁘다면서 서둘러 떠나기를 재촉 했습니다. 그러자 버스 기사가 차분한 목소리로 말했습니다. "저기, 우리 어머니가 오십니다. 조금 기다렸다가 같이 가시지요?"

승객은 할 말을 잃고 더 이상 아무 말도 하지 않았습니다. 그때 창가에 앉았던 한 청년이 벌떡 일어나 버스에서 내려 할머니를 향해 달려갔습니다. 승객들의 시선은

자연스레 버스 밖으로 모아졌습니다. 머리 위의 짐을 받아든 청년은 할머니의 손을 부축하여 잰걸음으로 버스로 돌아왔습니다. 할머니와 청년이 버스에 오르는 순간 승객 중 누군가가 박수를 치자 마치 전염된 듯 너나없이 박수가 이어졌습니다. 물론 그 할머니는 버스 기사의 어머니도 청년의 어머니도 아니었습니다.

사람들에게 살아오면서 가장 후회가 되고 회한으로 남는 것이 무엇이냐고 물으면 돌아가신 부모님께 특히 어머니께 효도를 하지 못한 것이라고 합니다. 우리들 대부분의 자녀들도 엄마 생각을 하면 마음이 아려옵니다. 눈물이 날 때도 많습니다.

철없던 시절 어린마음에 "엄마는 그래도 되는 줄 알았습니다." 하루 종일 밭에서 죽어라 힘들게 일해도 엄마는 그래도 되는 줄 알았습니다. 찬밥 한 덩어리로 대충 부뚜막에 앉아 점심을 때워도 엄마는 그래도 되는 줄 알았고, 한겨울 냇물에서 맨손으로 방망이질해도 엄마는 그래도 되는 줄 알았고, 배부르다, 생각 없다 식구들 다 먹이고 굶어도 엄마는 그래도 되는 줄 알았고, 발뒤꿈치가 다 헤져 갈라져도 엄마는 그래도 되는 줄 알았고, 손톱이 깎을 수조차 없이 닳고, 문드러져도 엄마는 그래도 되는줄 알았고, 아버지가 화내고 자식들이 속썩여도 끄떡없는 엄마는 그래도 되는 줄 알았고, 그것이 그냥 넋두리 인줄만 알았는데... 한밤중 자다 깨어 방구석에서 한없이 소리죽여 울고 계시던 엄마를 본 후로는 아!

엄마도 그러면 안 된 다는 것을 알았습니다. 우리 어머니... 우리 주위의 나이 드신 모든 분이 우리 어머니 아닐까요?

세번째로, 일본의 어느 일류대 졸업생이 한 회사에 이력서를 냈다. 사장

이 면접 자리에서 의외의 질문을 던졌다. "부모님을 목욕시켜드리거나 닦아드린 적이 있습니까?" "한 번도 없습니다." "그러면, 부모님의 등을 긁어드린 적은 있나요?" "네, 제가 초등학교에 다닐 때 등을 긁어드리면 어머니께서 용돈을 주셨죠." 청년은 혹시 입사를 못하게 되는 것은 아닐까 걱정되기 시작했습니다. 그러나 잠시 후 사장은 청년의 마음을 읽은 듯 실망하지 말고 희망을 가지라고 위로해주었습니다. 정해진 면접시간이 끝나고 청년이 자리에서 일어나 인사를 하자 사장이 이렇게 말했다.

"내일 이 시간에 다시 오세요! 하지만 한 가지 조건이 있습니다. 부모님을 닦아드린 적이 없다고 했죠? 내일 여기 오기 전에 꼭 한 번 닦아드렸으면 좋겠네요. 할 수 있겠어요?" 청년은 꼭 그러겠다고 대답했습니다.

그는 반드시 취업을 해야하는 형편이었습니다. 아버지는 그가 태어난 지 얼마 안 돼 돌아가셨고 어머니가 품을 팔아 그의 학비를 댔습니다. 어머니의 바람대로 그는 도쿄의 명문대학에 합격했습니다. 학비가 어마어마했지만 어머니는 한 번도 힘들다는 말을 한 적이 없었습니다. 이제 그가 돈을 벌어 어머니의 은혜에 보답해야 할 차례였습니다.

청년이 집에 갔을 때 어머니는 일터에서 아직 돌아오지 않으셨습니다. 청년은 곰곰이 생각했습니다. 어머니는 하루 종일 밖에서 일하시니까 틀림없이 발이 가장 더러울 거야. 그러니 발을 닦아 드리는 게 좋을 거야. 집에 돌아온 어머니는 아들이 발을 씻겨드리겠다고 하자 의아하게 생각했습니다. "왜~ 발을 닦아준다는 거니? 마음은 고맙지만 내가 닦으마!" 어머니는 힌사코 발을 내밀지 않았습니다.

청년은 어쩔 수 없이 어머니를 닦아드려야 하는 이유를 말씀드렸습니다. "어머니, 오늘 입사 면접을 봤는데요, 사장님이 어머니를 씻겨드리고 다시 오라고 했어요. 그래서 꼭 발을 닦아드려야 해요" 그러자 어머니의 태도가 금세 바뀌었습니다. 두말 없이 문턱에 걸터앉아 세숫대야에 발을 담갔습니다. 청년은 오른손으로 조심스레 어머니의 발등을 잡았습니다. 태어나 처음으로 가까이서 살펴보는 어머니의 발이었습니다. 자신의 하얀 발과 다르게 느껴졌습니다. 앙상한 발등이 나무껍질처럼 보였습니다.

"어머니! 그동안 저를 키우시느라 고생 많으셨죠.이제 제가 은혜를 갚을게요." "아니다 고생은 무슨..." "오늘 면접을 본 회사가 유명한 곳이거든요. 제가 취직이 되면 더 이상 고된 일은 하지 마시고 집에서 편히 쉬세요."

손에 발바닥이 닿았다. 그 순간 청년은 숨이 멎는 것 같았다. 아들은 말문이 막혔다. 어머니의 발바닥은

시멘트처럼 딱딱하게 굳어 있었습니다. 도저히 사람의피부라고 할 수 없을 정도였습니다. 어머니는 아들의 손이 발바닥에 닿았는지조차 느끼지 못하는 것 같았습니다. 발바닥의 굳은살 때문에 아무런 감각도 없었던 것입니다.

청년의 손이 가늘게 떨렸습니다. 그는 고개를 더 숙였습니다. 그리고 울음을 참으려고 이를 악물었습니다. 새어 나오는 울음을 간신히 삼키고 또 삼켰습니다. 하지만 어깨가 들썩이는 것은 어찌할 수 없었습니다. 한쪽 어깨에 어머니의 부드러운 손길이 느껴졌습니다. 청년은 어머니의 발을 끌어안고 목을 놓아 구슬피 울기 시작했습니다.

다음날 청년은 다시 만난 회사 사장에게 말했습니다. "어머니가 저 때문에 얼마나 고생하셨는지 이제야 알았습니다. 사장님은 학교에서 배우지 못했던 것을 깨닫게 해주셨어요. 정말 감사드립니다. 만약 사장님이 아니었다면 저는 어머니의 발을 살펴보거나 만질 생각을 평생 하지 못했을 거예요. 저에게는 어머니 한 분 밖에는 안 계십니다. 이제 정말 어머니를 잘 모실 겁니다."

사장은 미소를 지으며 고개를 끄덕이더니 조용히 말했다. "지금, 바로 인사부로 가서 입사 수속을 밟도록 하게"

"부모님께 꼭 해드려야 할 10가지로는 첫번째, 사랑한다는 고백을 자주해라. 두번째, 늙음을 이해해야 한다. 세번째, 웃음을 선물해라. 네번째, 용

돈을 꼭 챙겨 드려라. 다섯번째, 부모님에게 일거리를 드려라. 여섯번째, 이야기를 자주 해드려라. 일곱번째, 밝은 표정은 부모에게 가장 큰 선물이다. 여덟번째, 작은 일도 상의하고 문안 인사를 잘 드려라. 아홉번째, 부모의 인생을 잘 정리해 드려라. 열번째, 가장 큰 효는 부모님의 방식을 인정해 드리는 일이다."

"자녀들아 주 안에서 너희 부모에게 순종하라 이것이 옳으니라 네 아버지와 어머니를 공경하라 이것은 약속이 있는 첫 계명이니 이로써 네가 잘되고 땅에서 장수하리라"(엡6:1-3).

네 번째로, 집이 시골이었던 저는 고등학교 삼 년 내내 자취를 했습니다. 월말 쯤, 집에서 보내 준 돈이 떨어지면, 라면으로 저녁을 해결하곤 했어요. 그러다 지겨우면, 학교 앞에 있는 밥할매집'에서 밥을 사 먹었죠. 밥할매집에는 언제나 시커먼 가마솥에 누룽지가 부글부글 끓고 있었습니다. 할머니는 이렇게 말씀 하시곤 했어요. "오늘도 밥을 태워 누룽지가 많네. 밥 먹고 배가 안 차면 실컷 퍼다 먹거래이. 이 놈의 밥은 왜 이리도 잘 타누."

저는 돈을 아끼기 위해 늘 친구와 밥 한 공기를 달랑 시켜놓고, 누룽지 두 그릇을 거뜬히 비웠어요. 그때 어린 나이에 먹고 잠시 뒤돌아서면 또 배고플 나이잖아요.

그런데, 하루는 깜짝 놀랐습니다. 할머니가 너무 늙으신 탓인지, 거스름돈을 원래 드린 돈보다 더 많이 내 주시는 거였어요. '돈도 없는데 잘 됐다. 이번 한 번만 그냥 눈감고 넘어가는 거야. 할머니는 나보다 돈이 많으니까...' 그렇게 한 번 두 번을 미루고, 할머니의 서툰 셈이 계속되자 저 역시 당연한 것처럼 주머니에 잔돈을 받아 넣게 되었습니다.

그러기를 몇 달, 어느 날 밥할매 집엔 셔터가 내려졌고, 내려진 셔터는 좀처럼 다시 올라가지 않았어요. 며칠 후 조회 시간이었습니다. 선생님이 심각한 얼굴로 단상에 오르시더니, 단호한 목소리로 말씀하셨어요. "모두 눈감어라. 학교 앞 밥할매 집에서 음식 먹고, 거스름돈 잘못 받은 사람 손 들어라. "순간 나는 뜨끔했어요. 우리는 서로를 바라보다 부스럭거리며 손을 들었습니다. "많기도 많다. 반이 훨씬 넘네."

선생님은 침울한 목소리로 말씀하셨죠. "밥할매집 할머니가 돌아가셨다. 할머니께서 아들에게 남기신 유언장에 의하면 할머니 전 재산을 학교 장학금에 쓰시겠다고 하셨단다. 그리고..." 선생님은 잠시 뜸을 들이셨어요. "그 아들한테 들은 얘긴데, 거스름돈은 자취를 하거나 돈이 없어 보이는 학생들에게 일부러 더 주셨다더라.

그리고 새벽부터 일어나 그날 끓일 누룽지를 위해 밥을 일부러 태우셨다는구나. 그래야 어린 애들이 마음 편히 먹는다고..."

그날 학교를 마치고 나오는데, 유난히 '밥할매 집'이라는 간판이 크게 들어왔어요. 나는 굳게 닫힌 셔터 앞에서 엉엉 울고 말았습니다. 할머니 죄송해요. 정말 죄송해요. 할머니가 만드신 누룽지가 세상에서 최고였어요.

다섯 번째로, 저는 서울에서 중고 컴퓨터 장사를 합니다. 얼마 전 저녁때 전화를 한 통 받았습니다. 여기는 칠곡이라고 지방인데요. 6학년 딸애가 있는데 서울에서 할머니랑 같이 있구요...(중략)....사정이 넉넉치 못해서 중고라도 있으면 ... 통화 내내 말끝을 자신 없이 흐리셨습니다. 열흘이 지나서 쓸만한 게 생겼습니다. 전화 드려서 22만원 이라고 했습니다. 3일 후에 들고 찾아 갔습니다. 전화를 드리자, 다세대 건물 옆 귀퉁이 샷시 문에서 할머니 한 분이 손짓을 하십니다. 들어서자 지방에서 엄마가 보내준 생활비로 꾸려가는 살림이 넉넉히 보이지는 않았습니다. 설치 하고 테스트 하고 있는데 밖에서 소리가 들리더니 "어 컴퓨터다!" 하며 딸아이가 들어옵니다. "너 공부 잘하라고 엄마가 사온거여, 학원 다녀와서 실컷 해. 어여 갔다와."

설치가 끝나고 골목길 지나고 대로변에 들어서는데 아까 그 아이가 정류장에 서있습니다. "어디루 가니? 아저씨가 태워줄게. "보통 이렇게 말하면 안탄다 그러거나 망설이기 마련인데 "하계역이요" 그러길래 제 방향과는 반대쪽이지만 태워 주기로 하였습니다. 한 10분 갔을까 아이가 갑자기 화장실이 너무 급하다고 합니다.

"쫌만 더 가면 되는데 참으면 안돼?" "그냥 세워 주시면 안돼요?" 패스트 푸드점 건물이 보이길래 차를 세웠습니다. "아저씨 그냥 먼저 가세요."

여기까지 온 거 기다리자 하고 담배 한대 물고 라이터를 집는 순간 가슴 속에서 '쿵~~' 하는 소리가 들렸습니다. 보조석 시트에 검빨갛게 피가 있는 것입니다. "아차..." 첫 생리라고 생각이 들었습니다. 담뱃재가 반이 타들어갈 정도로 속에서 어쩌나 어쩌나 그러고만 있었습니다. 바지에 묻었고, 당장 처리할 물건도 없을 것이고, 아이가 화장실에서 할 수 있는 것이 없을 텐데, 아까 사정 봐서는 핸드폰도 분명 없을텐데, 차에 비상등을 켜고 내려서 속옷가게를 찾았습니다.

버스 중앙차로로 달렸습니다. 마음이 너무 급했습니다. 마음은 조급한데 별별 생각이 다 났습니다. 집사람한테 전화 했습니다. "어디야?" "나 광진구청" "너 지금 택시타고 빨리 청량리역 아니 그냥 오면서 전화해. 내가 택시 찾아 갈게" "왜? 뭔 일인데" 집사람에게 이차 저차 얘기 다 했습니다. 온답니다. 아, 집사람이 구세주 같습니다.

"생리대 샀어?" "속옷은?" "사러 갈라고" "바지도 하나 있어야 될꺼 같은데" "근처에서 치마 하나 사오고 편의점 가서 아기물티슈두 하나 사와" "애 이름이 뭐야?" "아, 애 이름을 모른다. 들어가서 일단 찾아봐..." 집사람이 들어가니 화장실 세 간 중에 한 칸이 닫혀 있더랍니다. "얘, 있니? 애기야. 아까 컴퓨터 아저씨 부인 언니야."

뭐라 뭐라 몇 마디 더 하자 안에서 기어들어가는 목소리로 "네" 하더랍니다. 그때까지 그 안에서 혼자 소리 없이 울면서 낑낑대고 있었던 겁니다. 혼자 그 좁은 곳에서 어린애가 얼마나 외롭고 힘들었을까요 차에서 기다리는데 문자가 왔습니다. "5분 이따 나갈께 잽싸게 꽃 한 다발 사와" 이럴 때 뭘 의미하는지 몰라서 아무거나 이쁜 거 골라서 한 다발 사왔습니다. 둘이 나오는데 아이 눈이 팅팅 부어 있더군요. 집사람을 첨에 보고선 멋쩍게 웃더니 챙겨 간 것 보고 그때부터 막 울더랍니다. 집사람도 눈물 자국이 보였습니다. 저녁도 먹이려고 했는데 아이가 그냥 집에 가고 싶다고 합니다. 집에 돌아가는 도중 우리는 다시 돌아가 봉투에 10만원 넣어서 물건값 계산 잘못 됐다고 하고 할머니 드리고 왔습니다. 나와서 차에 타자 집사람이 제 머리를 헝클이며 "짜식" 그랬습니다. 밤 11시 무렵 전화가 왔습니다. 아이 엄마 입니다. "네, 여기 칠곡인데요. 컴퓨터 구입한" 이 첫마디 빼고 계속 아무 말씀도 하지 않으시고 그냥 흐느껴 우셨습니다. 저 역시 아무말도 답하지 않고 그냥 전화기를 귀에 대고 눈시울만 붉힙니다.

여섯 번째로, 막노동으로 생활비와 검정고시 학원비를 벌던 시절. 밥값이 없어 저녁은 거의 굶을 때가 많았습니다. 어느날 저녁 학원에서 집으로 돌아가는데, 주머니에 400원 밖에 없었습니다. 오뎅 한 개 사 먹고, 국물만 열번 떠 먹었습니다. 그런 내가 안쓰러웠던지 아주머니가 오뎅을 열 개나 주었습니다. "어차피 퉁퉁 불어서 팔지도 못하니까 그냥 먹어요." 허겁지겁 먹는데 눈물이 그렁그렁해졌습니다. 그 후에도 퉁퉁 불어버린 오뎅을 거저 얻어 먹곤 했습니다. 그때 저는 아주머니께 나중에 능력이 생기면 꼭 갚아드린다고 말했습니다. 이후 군대를 제대하고 대학교도 졸업하고, 운 좋게도 대기업 인사과에 취직이 되었습니다. 아직도 그 포장마차가 그 곳에 있을까 싶어 찾아가 보았습니다. 6년 만이었습니다. 여전히 장사를 하고 계셨습니다. 그런데 아주머니 옆에 아들이 함께 있었는데, 다리를 심하게 저는 뇌성마비 장애인이었습니다. 장애인이라 마땅한 취직 자리가 없어서 안타까워하는 아주머니가 안쓰러웠습니다. 우리 회사는 장애인을 전문으로 채용하는 사회적 기업이었습니다. 급여는 많지 않지만, 58세까지 정년이 보장되고 학자금노 보장되는 회사, 당장 회사 부장님께 찾아가 자초지종을 이야기했습니다. 얘기를 다 듣고 난 부장님은 흔쾌히 승낙해 주었습니다. 아들이 채용되자 아주머니는 눈물을 흘리며 기뻐하셨습니다. "이 은혜를 어떻게 갚죠?" 나는 대답했습니다. "제가 먼저 빚 졌잖아요. 그걸 갚았을 뿐인걸요." 나에게는 어렵지 않은 일이 그 분에게는 절실한 일이었고, 나에게는 꼭 필요한 게 그 분이 필요하지 않기도 합니다. 당신의 도움이 누군가에게는 몇 백배의 가치를 가집니다. 그 사람에게는 진정한 오뎅국물 한컵이라도 큰 고마움을 느낄 수 있는 따뜻한 이웃사랑을 우리 하나님의 자녀들이 만들어 갔으면 좋겠습니다.

"사람이 사는 동안에 기뻐하는 것과 선을 행하는 것 외에 그들 안에 다른 선한 것이 없는 줄을 내가 알며" (전 3:12). "그러므로 무엇이든지 남에게 대접을 받고자 하는대로 너희도 남을 대접하라 이것이 율법이요 선지자니라"(마 7:12).

이러한 이야기도 있습니다. 수년전, 미국 최대 경제 일간지인 〈월스트리트저널〉이 발표한 "밀레니엄 거부 50인"에, 남북전쟁 이후 대 호황기에 최고의 부자로 알려졌던 헤티 그린(Hetty Green, 1834-1916) 여사가 선정된 적이 있었습니다. 그녀는 "최고의 구두쇠 여성"으로, 강인한 사업 괴상한 옷차림 때문에 "월스트리트의 마녀"로 불렸습니다. 얼마나 구두쇠였든지, 돈이 아무리 많아도 겨울에 난방 스위치를 켜거나 따뜻한 물을 사용하는 법이 없었습니다. 물을 아끼기 위해서라면 손도 씻지 않았습니다. 평소 들고 다니던 가방은 본래 검은색이었는데, 너무 오랫동안 사용해서 주변 색이 하얗게 바랠 정도로 닳았습니다. 외출복으로는 검은 드레스 한 벌로 평생을 버텼고, 빨래도 자주 하면 닳을까봐서 가장 안쪽의 속옷만 세탁해서 입었다고 합니다. 심지어 열네 살 난 아들이 교통사고로 다리가 부러졌을 때에도 병원비를 아끼기 위해 집이 없는 사람으로 가장하여 무료진료소를 찾아갔다가 신분이 들통 나자 집에서 치료하려 했는데 결국 다리를 절단시키고 말

있습니다. 뿐만 아니라 자기 자신도 탈장 수술을 받아야 했을 때 150달러의 수술비용이 아까워 수술을 받지 않기도 했습니다. 결국 헤티 그린은 81세에 숨을 거뒀는데, 죽었을 당시 그녀의 침대 밑에는 거액의 부동산 채권이 들어 있었고, 녹슨 깡통 속에는 현금 1억 달러가 들어 있었다고 합니다.

그리스도인이 누리는 풍성함은 세상이 추구하는 것과는 근본적으로 다릅니다. 에베소서 3:8에서는 성도들이 누리는 풍요함에 대해 "헤아릴 수 없는 그리스도의 풍요함"이라고 말씀합니다. 시편 34:10에 의하면 주를 찾는 자들에게는 모든 좋은 것에 부족함이 없다. 신명기 28:12에 따르면, 하나님께는 풍성한 보물창고가 있습니다. 주께서는 언제든지 이 창고를 여시어 성도들에게 풍성한 복을 부어 주시길 원하십니다.

다윗은 "주께서 행하신 경이로운 일들과 우리를 향하신 놀라운 일들과 우리를 향하신 주의 생각들이 너무 많아서, 그러한 것들을 정연하게 헤아릴 수 도 없다"고 고백 했습니다(시 40:5). 실제로 하나님께서는 성도들이 누릴 수 있도록 많은 풍요한 것들을 예비해 주셨습니다. 헤아릴 수 없는 하나님의 위대하심(시 145:3), 모든 지각을 초월하시는 평강(빌 4:7), 말로 표현할 수 없는 하나님의 선물(고후 9:15), 많은 물들로도 끌 수 없는 사랑(전 8:7), 말할 수 없는 영광으로 가득 찬 기쁨(벧전 1:8-9), 말로 다 설명할 수 없는 영원한 하나님의 말씀(고후 12:4;시 119:89), 천상의 모든 영적인 복(엡 1:3), 풍성한 자비(엡 2:4), 지극히 풍요한 은혜(엡 2:7), 선하심과 관용 그리고 오래 참으심의 풍성함(롬 2:4) 등의 것들을 값없이 누릴 수 있도록 주신 것입니다(롬 8:32;요 10:10).

주님께서 "자기 아들을 아끼지 아니하신 것"은 "생명을 얻게 하려고 오신" 첫 번째 목적이며, "그 아들과 함께 모든 것을 값없이 주셨다는 것"은 "더 풍성히 얻게 하시려는" 두 번째 목적이 됨을 알 수가 있습니다. 그리스도인은 이런 풍성함을 매일의 삶 속에서 누릴 수 있어야 합니다.

모든 그리스도인들은 쉽고, 평안하게, 자유롭고, 행복하게 살도록 하려고 만드신 그분의 작품입니다(엡 2:10). 모든 그리스도인들은 "그분의 작품으로 선한 행위(good work)를 하도록 창조된 자들"입니다(엡 2:10). 선한 행위(good work)는 그리스도인의 행위(work)가 아닙니다. 선한 행위(good work- 선한 일)는 오직 한 분만 하실 수 있는 일, 즉 행위(work)이기 때문입니다. 모든 그리스도인의 몸은 죽은 상태이기 때문에 어떤 일(행위-work)도 할 수 없습니다. 그래서 이것을 죽은 행위(dead work)라고 합니다(히 6:1,9:14). 사람은 모두 거짓말쟁이요, 사람의 모든 의는 더러운 누더기와 같습니다.(롬 3:4;사 64:6) 그러므로 사람은 선한 행위(good work-선한 일)를 할 수 없습니다. "한 분 곧 하나님 외에는 선한 이가 없느니라"(마 19:17)고 기록되어 있습니다. 선한 이(good)가 하나님 한분 외에는 없다면 선한 행위(good work)는 당연히 하나님 그분의 행위(his work)입니다.

선한 행위(good work)는 다시 말하면 하나님 그분의 행위(his work), 즉 하나님의 일(the work of God)입니다. 에베소서 2:10에서 말씀하시는 "선한 행위를 하도록 창조된 자들"에게 "선한 행위를 미리 정하셨고 그 행위 가운데 걷게 하시는 것"은 하나님의 말씀을 그리스도인이 마음으로 믿으면 하나님께서 일하시는 선한 행위(good work)는 저절로 그리스도인의 삶에서 실체가 된다는 말씀과 같습니다. 모든 그리스도인들이 하나님의 말씀대로 사는 것은 매우 쉽습니다. 모든 그리스도인들이 선한 행위, 선한 일(good work)을 하며 사는 방법은 간단합니다. 모든 그리스도인들이 하나님의 말씀을 마음으로 믿기만 하면 하나님의 말씀은 실체가 되어서 선한 일(good work)이 나타나기 때문입니다. 그리스도인이라고 말하면서 평안이 없고, 근심 걱정 가운데 자유를 박탈당하고 산다면, 지금 바로 하나님의 말씀을 마음으로 믿으십시오.

나는 십자가에 못 박혀 죽어 있는 시체에 불과함을 믿으십시오. 그리스도인이 십자가에 못 박혀 죽어 있지 않으면 하나님께서는 일하실 수 없음을 잊지 마십시오. 내 안에 계신 하나님께서 일하실 수 있도록 하나님의 말씀을 믿으십시오. 앞에서 일(work)의 정의를 살펴보았듯이 내 안에 계신 하나님께서 일하시면 그 일은 완벽하고 쉼이 있습니다. 하나님께서 그리스도인 대신 완벽하게 일하시려면 그리스도인의 몸이 십자가에 못 박혀 죽어 있어야 합니다. 그리스도인이 십자가에 못 박혀 죽어 있으면 그리스도인 안에 계신 하나님께서 그리스도인의 손과 발, 표정과 감정, 머릿속에 든 성경 지식과 모든 것을 사용하셔서 그리스도인 대신 일하십니다. 하나님께서 그리스도인 대신 일하시면 그리스도인에게는 평안과 쉼과 행복이 있습니다(딛 2:14).

주님은 이 땅에서 인간으로 거룩하고 죄 없는 완벽한 삶을 사셨으며, 죄와 허물과 더러운 가운데서 살던 우리의 생명을 위해 자신을 주셨습니다. 우리의 삶과 주님의 삶을 맞바꾸신 것입니다. 우리는 그런 삶을 살 수도 없고, 살지도 않았지만 주님의 자비와 은혜와 사랑으로 인해 그냥 값없이 주어졌습니다. 그리스도인들은 주 예수 그리스도의 의를 옷 입고, 하나님은 우리를 보실 때 그리스도인 안에 있는 의롭고 숨겨진 사람을 완벽하다고 보시는 것입니다(요일 3:5-6, 4:17).

고대 페르시아의 관습에 의하면, 전쟁에서 승리한 페르시아인은 잘생긴 노예를 골라 3일 동안 왕으로 세운 뒤 그가 하고 싶은 일을 다 할 수 있도록 해줍니다. 그동안 비참한 생활만 해 왔던 노예는 잠시나마 왕이 되어서 인간으로서 누릴 수 있는 모든 쾌락, 곧 "성적 쾌락", "좋은 음식", "권력의 남용"을 추구합니다. 그리고 예정된 3일이 지난 뒤에는 모든 사람이 보는 앞에서 처형을 당합니다.

이것이 바로 세상의 모든 사람들이 어리석게 추구하는 "풍성한 삶"이며, 그 끝은 죽음과 지옥으로 마감됩니다. 오늘날과 같이 물질주의가 팽배한 시대의 사람들은 "양적으로 많은 것을 소유한 사람이 승자이다." 라는 잘못된 신념 속에서 살고 있습니다.

한 번은 어떤 부자가 죽었을 때 이렇게 질문한 사람이 있었습니다. "그래서 그 부자가 죽으면서 뭘 남기고 갔죠?" 네, 그 부자는 하나도 빠짐없이 다 남기고 갔습니다. 과연 이것이 풍성한 삶일까요?

1900년대 초 한 부유한 석유 재벌이 개인 비서와 함께 식당에서 식사를 하고 있었습니다. 마침 건너편 자리에서 한 젊은이가 스테이크를 맛있게 먹고 있었습니다. 이 재벌은 심한 위궤양에 시달리고 있던 터라 간단한 식사 정도만 할 수 있었습니다.

그는 비서에게 이렇게 말했습니다. "내가 저 젊은이처럼 음식을 즐길 수 있다면 내가 가지고 있는 돈 전부를 줄 수 있을 텐데." 그러니까 이 부자는 돈이 많았어도 그것으로는 식사 한 끼조차 맛있게 즐길 수 없었던 것입니다. "자기의 생명이 자기가 소유한 것의 풍부함에 있지 않음이라"(눅 12:15).

그리스도인의 풍성한 삶의 비결은 다른 데 있지 않고 "만족할 줄 아는 경건에" 있습니다(빌 4:11-12,18). 예수 그리스도께서 우리의 더럽고, 썩고, 오염된 모든 죄들을 대신 청산하시고, 대신 우리는 그분의 깨끗하고 완벽한 의를 받았다는 것을 아는 것은 그리스도인들을 위한 하나님의 말씀의 교리 가운데 가장 영광스럽고도 놀라운 것입니다. 이것이 하나님의 말씀을 믿기만 하면 내 몸을 사용하여 선한 일(good work)을 하시는 분과 동행하는 행복한 그리스도인의 생활입니다. 간음, 음행, 색욕, 우상숭배, 미움, 증오, 살인, 불화, 경쟁, 욕심, 걱정과 근심이 넘쳐나는 세상에 살고 있지만 어떤 상황, 어떤 처지에서도 행복을 누리는 그리스도인은 하나님을 위한 특별한 백성입니다. "당신은 지금 행복한 삶을 살고 있습니까? 바울은 즉시 "그렇습니다"라고 답했습니다. 이는 그가 하나님께서 그리스도 예수를 통하여 언제든지 그분의 풍요함을 따라 모든 필요들을 채워 주실 것을 믿었기 때문입니다(빌 4:19). 그는 언제나 모든 풍요함의 근원이 되시는 주 예수 그리스도 한 분만으로 만족했다는 것을 의미합니다. 사도 바울은 "헤아릴 수 없는 그리스도의 풍요함을 전파하기 위해 세우심을 받은 사도"였습니다. 성도가 누려야 할 풍성한 삶은 바로 이 "헤아릴 수 없는 그리스도의 풍요함"에서 나옵니다. 따라서 주님 한 분만으로도 충분히 만족할 수 있는 것입니다. 다윗도 "내가 …주의 모습으로 만족 하리이다" 역시 그렇게 고백했습니다(시 17:15). 조지 휫필드도 1720년 임종 직전에 "내가 … 만족 하리이다"고 고백했던 것입니다.

미국 힐튼 호텔 창업자 "콘레드 힐튼"(Conrad N. Hilton)은 "주님을 믿는 사람을 끝까지 지켜 주시는 주님"을 신뢰했을 때 풍성해질 수 있었습니다. 콜게이트 치약으로 유명한 윌리엄 콜게이트(William Colgate)는 하나님의 것(헌금)을 온전히 섬겼을 때에야 비로소 풍성한 삶을 살 수 있었습니다. 미국 대규모 소매업 회사를 창업한 J.C. 페니(Penney)는 모든 근심과 무거운 짐을 맡길 수 있는 주님을 만났을 때에야 비로소 의 삶이 풍요해졌습니다.

우리는 어떻습니까? 행복한 삶을 살고 있습니까?

그렇지 못하다면 자신이 지금 주님 한 분으로 만족하고 있는지 돌아보시기 바랍니다. 성경은 만족할 줄 아는 경건이 "큰 이익"이 된다고 말씀하시기 때문입니다(딤전 6:6) 그리스도인들보다 더 행복한 사람이 있을까요? 있다면 누구입니까?

신학자 에케르트가 '하나님이 주시는 기쁨'에 대해 강의를 하고 있었습니다. "하나님이 주시는 기쁨은 세상의 쾌락과 욕심을 비워내야 합니다. 마음의 그릇을 깨끗이 비워내고 은혜를 담을 때 기쁨은 넘칠 것입니다." 한 학생이 손을 들고 질문을 했습니다. 선생님! 하나님이 주시는 기쁨을 어떻게 느낄 수가 있습니까? 저는 세상의 즐거움을 포기하는 일이 너무나 힘들게 느껴집니다. 에케르트는 그 학생을 향해 되물었습니다. 하나님이 주시는 기쁨을 체험해보았습니까? 학생이 잠시 고민을 한 뒤에 고개를 끄덕였습니다. 그런 것 같습니다. 그러나 그 기쁨은 너무 짧게 지나가고 말았습니다.

그러자 에케르트가 말했습니다. "하나님이 주시는 기쁨을 느껴본 사람은 절대로 형제님과 같은 고민을 하지 않습니다. 우리의 몸은 물을 담는 항아리 같아서 두 가지를 동시에 담을 수는 없습니다. 물이 담겨 있는 항아리에 포도주를 담기 위해서는 먼저 물을 다 버려야 합니다. 물에다 포도주를 그냥 붓는다면 그것은 물도 버리고 포도주도 버리는 일이 됩니다." 에케르트는 여기까지 말하고는 강의를 듣고 있는 학생들을 한번 둘러보았습니다. "형제자매여러분! 여러분에게 하나님이 주시는 기쁨을 사모하는 마음이 분명하게 있다면 자신의 항아리에 세상의 기쁨을 담으려고 하지는 않을 것입니다. 그러니 먼저 여러분을 기쁘게 하는 세상 것들을 모두 버린 후에 하나님이 주시는 기쁨과 평안을 담아보는 것은 어떻겠습니까?"

그렇습니다. 우리는 하나님이 기쁨을 주시지 않아 만족하지 못하는 것이 아니라 하나님이 주시는 기쁨을 담지 못하고 다 흘려버려서 만족하지 못하는 것입니다.

마음이 힘들고 어려울 때, 고난과 환란이 닥쳐 올 시기야 말로 하나님과 동행이 더욱 필요할 때입니다. 어려울수록 더욱 주님께 더 가까이 나아감으로 하나님의 능력과 위로를 받으시기 바랍니다. 모든 그리스도인들이 행복할 수밖에 없는 존재들입니다. 모든 그리스도인들은 근심, 걱정으로부터 자유로운 사람들입니다. 그리스도인들보다 더 쉽게 더 행복하게 살 수 있는 사람들은 없습니다.(요 8:32;갈 5:1) 그리스도인은 스스로 불행을 찾아 나서지만 않는다면 불행하려고 해도 불행할 수 없는 존재입니다.

6부
영원

20장. 성경이 말씀하시는 보상(Rewards)

주님께서는 믿는 사람들에게 하늘에 보물을 쌓을 기회를 주셨습니다(마 6:20). 그리하여 믿는 사람들은 하나님의 영원한 왕국에 풍성한 들어감을 얻게 될 것입니다. 그리스도께서는 오셔서 믿는 사람들이 행한 일들을 심판하시고(고후 5:10) 보상(고전 9:24;계 22:12)을 나누어 주실 것입니다.

삶에는 얼마나 어려운 일들이 많은지요.
하루에도 수십 번의 한숨을 내쉽니다. 하지만 이 걸음을 멈출 수는 없습니다. 광야에서 견디지 못한다는 것은 죽음을 의미하니까요. 세상은 많은 길이 있는 것처럼 말하지만 그것은 사실이 아닙니다. 믿음의 길을 시작한 이상 광야에서 쓰러져 죽거나 광야를 통과하거나 둘 중 하나인 것입니다. 그래서 우리는 목자의 돌봄이 절실합니다. 낯선 광야에서 스스로 생명을 지킬 수 없으니까요. 우리는 목자 옆에 딱 붙어 광야를 통과하기로 마음을 굳게 다잡아야만 합니다.

나의 목자 예수님은 아무것도 없는 것 같은 이 광야에 길을 내시고, 사막에 강을 내시는 분입니다. 이 광야는 예수님으로 말미암아 생명의 푸르름으로 가득한 초원이 될 것입니다. 우리는 목자님 옆에 붙어 이 기적을 목격하고, 초원을 걸어 가나안에 이를 것입니다. 그곳에서도 찬양할 수 있습니다. 찬양의 근거는 단 하나입니다. 나를 사랑하여, 나를 놓치지 않을 목자의 사랑 때문입니다.

그곳은 복잡하지 않고 단순합니다. 광야에서는 스케줄이 필요 없습니다. 해가 뜨면 일어나고 해가지면 잠을 자면 됩니다. 광야에는 모든 것이 멈춰 있는 듯합니다. 아무것도 움직이는 것이 없습니다. 거기에서는 바쁠 이유가 하나도 없습니다. 그래서 광야는 하나님의 음성이 가장 크게 들리고 하나님을 가장 분명하게 볼 수 있는 곳입니다. 그래서 우리는 그곳으로 들어가야 합니다.

거기에서 하나님의 음성을 듣고 하나님을 만나는 경험이 있어야 합니다. 헨리 나우엔은 광야의 영성을 "하나님과 함께 그리고 그분하고만 혼자 있을 수 있는 시간과 장소를 따로 마련하라"고 말합니다. 하나님과의 만남의 장소를 갖고 하나님과의 만남의 시간을 가지라는 것입니다. 굳이 광야 특정한 장소에 들어가지 않아도 우리의 삶 한 가운데서 광야와 같은 장소와 시간을 가질 수 있습니다. "예수는 물러 가사 한적한 곳에서 기도하시니라"(눅 5:16).

양들은 광야에 삽니다. 그런데 양이 할 수 있는 것이 아무것도 없습니다. 정말 혼자서 스스로 할 수 있는 것이 하나도 없습니다. 자기 스스로 꿀을 찾지 못합니다. 길도 잘 못 찾고, 다른 동물들과 맞서 싸우지도 못합니다.

심지어 잘 도망가지도 못합니다. 스스로 살아 갈 능력이 하나도 없습니다. 그래서 동물학자들은 하나님이 만드신 것 가운데 인간이 돌봐주지 않았으면 지구상에서 가장 먼저 사라졌을 피조물로 양을 꼽습니다. 양에게는 하나부터 열까지 모든 것이 다 문제입니다. 그런데 그들은 아무 문제없이 광야에서 잘 살아갑니다.

어떻게 아무것도 자기 혼자 할 수 없는 양들이 그 험한 광야에서 살아갈 수 있는 것일까요? 바로 "목자" 때문입니다. 목자만 있으면 모든 문제가 해결됩니다. 목자가 100퍼센트 다 책임져주기 때문입니다. 그렇기 때문에 그들은 광야에서 살아도 "여호와는 나의 목자시니 내가 부족함이 없으리로다(시 23편)"라고 고백할 수 있는 것입니다. 뉴질랜드 양처럼 좋은 환경 가운데서 남부러울 것이 없이 살아가는 이들이 있습니다. 그들은 목자가 필요 없습니다. 하나님의 은혜가 아니어도 잘 살 수 있기 때문입니다.

그러나 아이러니하게도 뉴질랜드 양들이 두려워하는 것이 한 가지 있습니다. 어느 날 갑자기 보이지 않는 목자가 나타나는 것입니다. 그날은 다 긴장을 합니다. 바로 도살장에 끌려가는 날이기 때문입니다(요 10:11-15).

믿는 사람들은 자신의 죄들에 대해서는 심판 받지 않을 것입니다(요 5:24). 그리스도께서 우리를 대신하여 십자가에서 그 심판을 받으신 덕분에(고후 5:21), 우리는 그리스도께서 재림하실 때 이 죄들에 대해 회계보고하려고 불려 나갈 일은 없을 것입니다. 그러나 믿는 사람들은 이 생애 동안 자신이 지은 죄들에 대해 징계를 받습니다(히 12:7-11).

1. 하늘에서의 보상(Rewards)은 '무엇에 대해' 받게 될까요?

(1) 하나님에게서 받은 달란트와 므나와 기회를 우리가 신실하게 사용하면 보상을 받을 것입니다. 이것은 사역을 신실하게 수행한 데 따른 보상입니다. 우리가 인색하게 뿌리면 인색하게 거둘 것이나 풍성하게 뿌리면 풍성하게 거두게 될 것입니다(고전 4:2). (2) 예수 그리스도를 위한 혼

들의 수확에 대해서도 보상받게 될 것입니다(요 4:35-39). (3) 인내함으로 고난과 고통을 견디면 이에 대해서도 하늘에서 보상이 있게 됩니다(고후 4:17). (4) 많은 사람들을 의로 돌아서게 하면(단 12:3), (5) 하나님의 명령을 지키면(시 19:11), (6) 의로 인하여 핍박을 받으면(마 5:10-12), (7) 은밀히 구제하면(마 6:4), (8) 은밀히 기도하면(마 6:6), (9) 은밀히 금식하면(마 6:18), (10) 친절한 대접에 대해서도(마 10:41), 만약 하나님의 말씀을 전하는 자, 의로운 자를 받아들이거나 도우면 그들의 보상을 받게 됩니다.(11) 제자에게 찬물(냉수) 한 잔을 줄지라도(마 10:42), (12) 누가복음 6장 22-23에 나와 있는 대로 하면, (13) 누가복음 6:27-31,35에 나와 있는 대로 하면 보상이 클 것입니다.

a) 원수를 사랑하라. b) 자신을 미워하는 자들에게 선을 행하라. c) 저주하는 자를 축복하라. d) 악의를 품고 대하는 자들을 위해 기도하라. e) 뺨을 치는 자에게 다른 뺨을 내 주라. f) 겉옷을 빼앗는 자에게 덧옷을 주라. g) 구하는 모든 자에게 주라. h) 물건을 빼앗는 자에게 다시 달라고 하지 말라, I) 해주기를 바라는 대로 그와 같이 하라. j) 아무것도 바라지 말고 빌려주라. 우리는 악한 세상에서 고난을 겪는 자로서. 인내에 대해 보상을 받게 될 것입니다(딤후 2:12).

(14) 우리가 복음을 심고 사람들의 삶 안에 물을 주면(고전 3:8), (15) 우리가 영원히 가치 있는 일을 하면, 즉 우리가 그리스도를 기초로 삼아 그 위에 금과 은과 보석과 같이 영원한 가치가 있는 일(우리의 인생 동안 행한 일들의 품질에 따라)을 하면 보상을 받을 것입니다(고전 3:15). (16) 복음을 자원하여 선포한다면(고전 9:16-17), (17) 그리스도를 섬기면서 온유하면(마 5:5), 보상은 천년왕국에서 토지 소유권입니다. (18) "너희의 확신을 버리지 말라"(히 10:35), (19) 우리가 어떻게 다른 믿는 사람을 대하는가에 따라(히 6:10), (20) 우리가 어떻게 목회적 사역을 다른 사람들에게 실행하는 가에 따라(히 13:17), (21) 우리가 하나님께서 주신 능력을 어떻

게 사용하는가에 따라(눅 19:17), (22) 우리가 우리의 돈을 어떻게 사용하는가에 따라(딤전 6:17,19;고후 9:6-7), (23) 우리가 그리스도를 위해 얼마나 고난을 당하는가에 따라(고후 4:17;롬 8:18;벧전 4:12-13;딤후 2:12), (24) 하나님께서 우리에게 지정해 주신 경주를 어떻게 달리는가에 따라(고전 9:24), (25) 우리가 죄를 얼마나 잘 통제하는가에 따라(고전 9:25-27), (26) 우리가 시험에 어떻게 반응하느냐에 따라(계 2:10), (27) 우리가 주님의 다시 오심(재림)을 얼마나 많이 사모하며 기다리는가에 따라(딤후 4:8), (28) 우리가 하나님의 말씀에 얼마나 신실하여 하나님의 양떼를 잘 먹이는가에 따라(벧전 5:2-4), (29) 모든 일을 주께 하듯 진심으로 하면 보상을 받을 것입니다(골 3:23-24).

2. 우리의 보상은 무엇이 될 것인가?

그리스도인이 받을 보상(Rewards)은 때로는 "상"(prize)으로(고전 9:24), 때로는 "왕관"으로(고전 9:25) 언급되고 있습니다.

왕관은 다섯 종류가 있습니다.

(1) 썩지 아니할 관: 이는 자신의 몸을 훈련(절제)하여 경주자로서 하나님을 위해 큰일을 성취한 자들에게 주어집니다.(고전 9:25-27)

(2) 기쁨(환희)의 관: 그리스도께로 사람을 얻어 오는(win, 이겨오는)사람에게 주어집니다(살전 2:19-20).

(3) 생명의 관: 시험을 견뎌낼 만큼 그리스도를 사랑하는 자들에게 주어십니다(딤후 4:8).

(4) 의의 관: 주님의 재림을 사모하는 자들에게 주어집니다(딤후 4:8).

(5) 영광의 관: 하나님의 양떼를 신실하게 먹이는 목사들과 교사들에게 주어집니다(벧전 5:2-4).

우리가 얻을 수 있는 다른 보상들은 다음과 같습니다.

(1) 주님의 인정(마 25:21)

(2) 많은 것을 다스리게 됨(딤후 2:12;계 22:5)

(3) 열 도시, 다섯 도시 등을 통치하게 됨(눅 19:17)

(4) 모든 것을 상속 받음(계 21:7,3:21,5:10)

(5) 그분의 종들은 그분을 섬길 것임(계 22:3-4)

3. 어떻게 우리는 우리의 보상을 잃어버릴 수 있는가?

보상을 받은 사람이 죄악 된 삶으로 인해 그것을 잃어버릴 가능성이 있을까요? 다음의 구절이 "그럴 수 있다"고 답합니다.

(1) 가지고 있는 것을 굳게 붙들지 않고 타락하면 보상을 잃게 됩니다(계 3:11). (2) 속이는 자들을 따름으로써 보상을 잃을 수 있습니다(요이 7). (3) 자신의 행실을 점검하고 자신을 살피지 않음으로써 보상을 잃을 수 있습니다(요이 8). (4) 천사들을 경배함으로써 보상을 잃을 수 있습니다(골 2:18-19). (5) 그리스도의 재림을 기다리지 않으면 보상을 잃을 수 있습니다(마 24:48). (6) 잘못 행함으로써 보상을 잃어버릴 수 있습니다(골 3:25). (7) 그리스도 안에 거하지 않음으로써 보상을 잃을 수 있습니다(요일 2:28).

어떤 회계사가 비록 가난하지만 아주 진실한 교인의 세금보고서를 대신 작성해주려고 찾아갔습니다. 그 회계사는 "소유하고 계신 재산에 대해서 말씀해 주시겠습니까? 하고 부탁했습니다. 글쎄요. 나는 너무 많은 것들을 가지고 있거든요. 첫째, 나에게는 영생이 있습니다. 둘째, 크고 아름다운 천국이 있습니다. 셋째, 다른 사람들은 감히 생각조차 할 수 없는 평화를 소유하고 있습니다. 넷째, 말로 다할 수 없는 즐거움이 있고요. 다섯째, 영원히 변하지 않을 사랑을 받았습니다. 여섯째, 현숙하고 신실한 아내가 있고. 일곱째, 건강하고 부모에게 순종하는 자녀들이 있습니다. 여덟째, 진실하고 변힘없는 친구들이 있습니다. 아홉째, 김김한 밤중에도 찬송을 부를 수 있습니다. 열 번째, 생명의 면류관이 있습니다. 열한 번째, 나의 필요한 모든 것을 풍족하게 채워주시는 나의 구세주 예수 그리스도를 모시고 살아갑니다.

그러자 그 회계사는 장부를 조용히 덮으면서 '당신은 이 세상에서 가장 많은 것을 소유하고 있습니다. 그러나 아무도 당신의 재산에 세금을 부과할 수는 없습니다'라고 말했다고 합니다.

이 이야기는 우리가 하나님으로부터 받은 축복의 재산이 무엇인지, 또한 앞으로 하나님 앞에서 회계할 때 보고해야 할 내용들이 무엇인지 깨우쳐 주고 있습니다. 눈에 보이는 재산목록도 중요하지만 그보다 더 '영원에 이르는 길'이 무엇인지 그것을 바로 알고 남은 여생을 통해 귀중한 하늘나라 재산목록이 풍성한 사람이 되기 위해 행동해야만 합니다.

이 땅에서 주 예수 그리스도를 신실하게 섬기면 영원에서 섬기는 특권을 누리게 됩니다. 우리가 구원받은 후부터 죽을 때까지 행한 일들은 그림처럼 쭉 펼쳐져서 모든 성도들과 천사들이 우리가 평생 그리스도를 위해 행한 일의 결과가 무엇인지 볼 수 있게 됩니다.

우리를 향한 하나님의 뜻이 무엇인지 알기를 바랍니다. 그리고 그 뜻을 행하시기 바랍니다. 행하되 완전하게 행하시기 바랍니다. 어떤 일이 일어나도 좌절하거나 그만 두어서는 안 됩니다. 어떤 일을 하든지 하나님의 관점으로 보시기 바랍니다. 그 일이 하나님의 관점에서 보면 선하고 받으실 만하고 완전한 것인지 생각해 보시기 바랍니다.

우리 모두 조용히 눈을 감고 스스로 자신에게(본인 이름으로) 직접 질문을 해 보실까요?

(본인 이름으로) 주님께서 오실 때 확신(Confidence)을 갖게 될까요? 아니면 부끄러움을 당하게 될까요?

21장. 예수 그리스도 재림(휴거와 재림)

 교회는 천국행 버스입니다. 버스승객인 그리스도인들은 목적지인 "하늘나라"에 도착하기 까지 집중해야합니다. 천국행 버스에는 가능한 한 "많은 사람들을 초대"해야 합니다. 하지만 버스에 사탄의 무리인 "이단들은 절대 탑승금지 표지판"을 붙여야 합니다. 버스를 운전하시는 분은 오직 "예수 그리스도"이십니다. 모든 승객들은 운전자이신 주님과 목적지를 향한 "열망과 비전"을 공유합니다.

 버스의 모든 매뉴얼은 "하나님의 말씀"인 성경입니다. 버스를 올바른 방향으로 이끄는 네비게이션은 "성령님의 인도하심"입니다. 버스의 연료통에는 "아멘"이라는 에너지로 가득 채워야합니다. 버스를 타고 가는 동안 모르는 사람들도 모두 "한 가족"이 됩니다. 버스에탄 모든 승객들은 한 몸이 되어 서로를 자신처럼 "사랑"합니다.

 세상의 "헛된 욕심"을 위해서는 한 방울의 에너지를 낭비해서는 안 됩니다. 그리고 모든 승객들은 도착할 때까지 "하나님의 은혜"를 즐기며 찬양합니다. 버스는 행복으로 충만할 것입니다.

그분께서 올리브 산 위에 앉으셨을 때에 제자들이 은밀히 그분께 나아와 이르되, 우리에게 말씀해 주소서. 어느 때에 이런 일들이 있으리이까? 또 주께서 오시는 때의 표적과 세상 끝의 표적이 무엇이리이까? 하니(3절) 예수님께서 그들에게 대답하여 이르시되, 아무도 너희를 속이지 못하도록 주의하라.(4절) 그때에 많은 사람이 실족하고 서로 배반하여 넘겨주며 서로 미워하고(10절) 불법이 성행하므로 많은 사람의 사랑이 식어지리라.(12절) 그러나 끝까지 견디는 자 곧 그는 구원을 받으리라.(13절) 왕국의 이 복음이 모든 민족들에게 증언되기 위해 온 세상에 선포되리니 그제야 끝이 오리라.(14절) 그런즉 대언자 다니엘을 통해 말씀하신바 황폐하게 하는 가증한 것이 거룩한 곳에 선 것을 너희가 보거든 (누구든지 읽는 자는 깨달을지어다.)(15절) 그때에 유대에 있는 자들은 산들로 도망할지어다.(16절) 그러나 너희의 도피하는 일이 겨울이나 안식일에 일어나지 않도록 너희는 기도하라.(20절) 그때에 사람의 [아들]의 표적이 하늘에 나타나고 그때에 땅의 모든 지파가 애곡하며 사람의 [아들]이 권능과 큰 영광을 가지고 하늘의 구름들 가운데서 오는 것을 보리라(30절) / 마태복음 24장.

예수님께서는 세상 끝에 이루어질 일에 대해 말씀하고 계십니다. 따라서 위의 말씀은 아직 이루어지지 않았고 장래에 이루어질 것이며, 예수님께서 너희라고 지칭하는 사람들은 물론 유대인들입니다. 세상 끝까지 전파될 복음은 지금 이 시간에 우리가 전하는 은혜의 복음이 아니라 " 회개하라 하늘의 왕국이 가까이 왔노라"고 예수님이 선포하신 왕국의 복음으로(14절), 세상 끝에 유대인들에게 다시 전하게 될 것입니다.

위의 말씀은 분명히 유대에 있는 자들은 산속으로 도망하라고 말하며 분명한 장소를 언급하고 있습니다. 유대는 이스라엘입니다. 한국도 아니고 미국도 아닙니다. 따라서 대환란이 유대 땅에 임하게 될 때 유대인들은 산 속으로 피신해야만 합니다. 이렇게 산으로 피신하려면 임신하여 아이를 가진 자들과 젖먹이는 자들은 자연히 화를 받게 됩니다. 또한 안식일이 되면 유대인들은 여행할 수 없으므로 죽게 되고, 역시 겨울에는 추워서 움직이기가 어렵습니다. 따라서 그렇게 되지 않도록 기도하라는 것입니다. 만일 위의 말씀이 교회의 성도들을 위한 것이었다면, 유대는 북반구에 있으므로 그곳이 겨울이면 호주는 여름이 되므로 아마도 호주의 그리스도인들에게는 그날이 여름이 되지 않도록 기도하라고 했어야 할 것입니다. 우리 성도들은 이런 일이 임하기 전에 이미 공중으로 들림을 받아 어린양의 혼인 잔치에 참여하게 됩니다. 우리는 이것을 "휴거"라고 부르며, 성경은 복된 소망이라고 부릅니다(딛 2:13).

지진은 근본이 흔들리는 두려운 일입니다 그 피해 결과는 예측할 수 없을 정도로 크게 나타날 것입니다. 땅이 흔들리듯 우리 인생도 터전이 흔들릴 때가 많습니다. 뜻하지 않은 위기를 당할 때, 사랑하는 사람과 헤어질 때, 원하던 바가 이뤄지지 않을 때, 우리는 삶의 기초가 흔들리는 체험을 하게 됩니다.

그러기에 우리에게는 든든한 기초가 필요합니다. 현세를 흔들리는 터전으로 규정했던 폴 틸리히는 하나님을 '존재의 근거'라고 설명했습니다. 인생의 근본을 흔드는 사건이 찾아 올 때도 예수 그리스도는 우리 인생의 흔들리지 않는 기초가 되어주십니다. 굳건한 반석이시니 그 위에 내가 서리라'(찬송가 488장)는 찬송이 우리의 고백이 되어야 합니다.

종말을 준비하는 마음의 태도

만물의 마지막이 가까이 왔으니 그러므로 너희는 정신을 차리고 근신하여 기도하라(7절) 무엇보다도 열심히 서로 사랑할찌니 사랑은 허다한 죄를 덮느니라(8절) 서로 대접하기를 원망 없이하고(9절) 각각 은사를 받은 대로 하나님의 각양 은혜를 맡은 선한 청지기 같이 서로 봉사하라(10절)만일 누가 말하려면 하나님의 말씀을 하는 것같이 하고 누가 봉사하려면 하나님이 공급하시는 힘으로 하는 것 같이 하라 이는 범사에 예수 그리스도로 말미암아 하나님이 영광을 받으시게 하려 함이니 그에게 영광과 권능이 세세에 무궁토록 있느니라(11절) / (벧전 4:7-11).

성경은 오늘날 우리 교회와 성도들을 향해 '종말론적 삶'을 회복하라고 말씀합니다. 종말론적 삶이란 세상의 마지막을 맞이하는 심정으로 주님의 심판대 앞에 선다는 마음으로 주님 앞에 책임 있고 성실하게 살아가는 삶의 태도를 말합니다. 성경적 종말은 우주적인 종말과 개인적인 종말로 구분됩니다.

우주적 종말이란

우리 믿음의 사람들의 복된 소망인 예수 그리스도께서 이 땅에 재림하시는 날, 인류의 역사의 마지막일 뿐만 아니라 전 우주적인 역사가 최후의 막을 내리는 그날을 의미합니다. 개인적인 종말은 개인의 죽음을 의미합니다. 이 땅에서 생을 다해서 이 땅을 떠나는 날, 우리가 죽어서 우리의 영혼이 육체를 떠나 하늘로 올라가는 것입니다 개인적 종말은 질병, 불의의 사고, 수명이 다해서 죽습니다. 개인적 종말의 종류에 관계없이 백년 안에 대다수의 사람들이 이 땅을 떠나게 될 것입니다. 생일과 마지막 날은 내 마음대로 정할 수가 없으며 그 날은 가까이 다가오고 있습니다. 우주적 종말이나 개인적 종말의 공통점은 하나님 외에는 '그 때와 시를 알 수가 없다'라는 것입니다. 종말은 예고 없이 '도적같이, 갑작스럽게' 온다고 성경은 여러 곳에서 말씀하고 있습니다.

첫째로 기도로 종말을 준비해야 하며 둘째로 사랑으로 그 날을 준비해야 하고 세번째로 서로 봉사하며 준비해야 합니다.

아무리 멋진 건축자재도 재료상에 진열되어 있기만 하면, 아무런 의미가 없으나, 재료 하나하나가 각기 필요에 따라 잘맞추어져서 건물로 만들어지듯이, 하나님께서는 우리 역시 예수그리스도의 몸으로 세워져가기를 원하십니다(엡2:21-22).

성경안으로 깊이 파고들지 아니하면 우리의 인생이 답을 얻지 못하는 문제들로 가득하게 됩니다. 인생에 있어서 우리가 궁금하고 알아야 할 모든 내용들이 성경안에 들어 있습니다.

지식이란 아는 것이고, 지혜란 아는 것을 적용할 줄 아는 것이며, 명철이란 어떤 것과 하나님과의 관계를 이해하는 것을 말합니다.

우리는 영원을 계산에 넣지 않는 어리석은 성도가 되어서는 안 됩니다 오직 하나님께 마음을 드리며 말씀과 기도로 사는 삶을 선택해 실천하며 살아가야 합니다. 의의 태양으로 오실, 우리 주 예수 그리스도이신 하나님께서 찬란한 자기의 영광으로 오실 그 영광의 아침이 너무나 가까운 때입니다.

"반드시 속히 오리라, 하시니라" 아멘, 그러하옵니다. 주 예수여, 오시옵소서 (계 22:20).

이제 빛의 자녀로 빛의 갑옷을 입고 정신을 차리고 깨어 있어야 할 때입니다. 조금만 더 힘을 내고 자신 앞에 놓인 믿음의 경주를 인내하며 주님만을 바라보고 달려가야 할 때입니다 우리의 돈과 소유로 지금 행하는 모든 일들이 주님의 심판대 앞에 섰을 때에 중대한 영향을 끼칩니다.

하나님의 말씀을 통해 진리되신 예수님께서 우리에게 다가오고, 대화하고, 함께하심으로 그분께서 인도하시는 "영원에 이르는 길"은 가장 **빠르고** 안전한 길입니다 하나님과 성도들 사이에는 말씀을 통한 진솔한 대화로 내 삶 전체가 변해야 합니다. 인격까지도 주님을 닮아 그분과 온전히 하나

됨을 통해 영원한 것을 얻기 위해 영원하지 않은 것을 버리는 의의 종이 되어 하나님의 간절함을 쫓아 마지막 때에 깨어 "영원을 준비하는 삶"을 살아가야 합니다. "저 복된 소망과 위대하신 하나님 곧 우리의 구원자 예수 그리스도의 영광스러운 나타나심을 기다리게 하셨느니라(딛2: 13).

해 아래서 구원받은 성도가 누릴 수 있는 가장 위대한 축복이자 특권은 어느 때나 신뢰할 수 있는 주 하나님께서 항상 함께 계시고, 또 가까이 계신다는 사실입니다(신 4:7). 성경의 예언대로 예수 그리스도께서는 반드시 다시 오십니다!

주 예수 그리스도께서 어느 날 다시 오셔서 모든 것을 바로잡으신다는 사실이 성경에 미리 기록되어 있음을 아는 것은 매우 중요합니다. 예수 그리스도의 재림은 가시적이고 문자적이며 실제로 일어날 일로서 성경에는 이것에 대해 1000여 차례에 걸쳐 예언하고 있습니다. 성경에서 이 정도로 강조하고 있는 것은 우리들에게 아주 중요한 것임은 두 말할 필요가 없을 것입니다.

예수 그리스도의 재림은 두 부분으로 이루어져 있으며 이 두 부분은 7년의 시간을 두고 일어나게 됩니다. 휴거와 재림입니다.

휴거는 그리스도께서 "자신의 성도들을 위해" 공중으로 오십니다(공중재림). 재림은 그리스도께서 "자신의 성도들과 함께" 공중으로 오십니다.

지상 재림
휴거
주께서 오신다, 우리를 위해 오신다.

아침을 알리는 샛별의 다정한 빛이 깨어 기다리는 파수꾼들을 기쁘게 하듯이, 아침이 오기 직전 어두운 지평선 위에 뜬빛나는 새벽 별 같은 주님의 빛을 이제 보리라. 밤이 우리를 둘러싸고 있는 지금아침의 서광을 소망하는 것은 얼마나 큰 기쁨인가! 아침이 오기 직전 주께서 우리를 데리러 오시리라.

주께서 오신다, 우리를 데리러 오신다. 이제 곧 높은 곳에서 주님의 음성이 들려오면 죽은 자와 산 자가 일어나고 변화되어 눈 깜짝하는 순간에 모두 끌려올라 가 공중에서 만나리라. 주께서 호령과 함께 친히 내려오셔서 공중에서 우리를 맞으시리라. 공중에서 모두 함께 모여 주님과 만나는 것은 얼마나 큰 기쁨의 약속인가! 주께서 우리를 데리러 오시리라.

신랑 되실 주께서 오신다. 오셔서 주의 계획의 위대한 비밀과 지나간 시대에는 신비였던 일들을 밝히 보이시리라. "나는 그의 것이요, 그는 나의 것이라." 신비로운 주의 사랑으로 연합하는 이 혼인식은 얼마나 큰 기쁨인가! 이 모든 충만함 가운데 기쁨으로 노래하리라. "나는 그의 것이요, 그는 나의 것이라."

휴거(그리스도의 나타나심)

주님께서는 공중으로 오셔서 자신의 백성들을 이 세상에서 불러 모아 데리고 하늘로 올라가실 것입니다.

1. 주님의 다시 오신다는 약속

1) 천사들이 주님의 다시 오심을 선포하심(행 1:10-11).
2) 예수님께서 자신이 다시 오심을 선포하심(요 14:3;계 22:20).
3) 사도들이 주님의 다시 오심을 선포하심(고전 1:7,4:5,11:26;요일 2:28; 살전 2:1;살후 2:1;약 5:7-8 등).

2. 주님의 다시 오심의 목적

1) 먼저 그리스도 안에서 죽은 자들을 부활시키고 나서 살아있는 자들을 함께 모아 그들의 몸을 변화시켜 공중으로 들어 올리실 것입니다. 하나

님께서 에녹을 데려가신 것처럼 데려가실 것입니다(히 11:5;고전 15:51-52;살전 4:13-17).

 a. 휴거는 눈 깜짝하는 순간에 일어날 것임(살전 5:1-8).

 b. 오직 구원받은 사람들만이 하늘로 올라가 구름 속으로 들어갈 것임(살전 4:17;계 4:1-2).

 2) 하나님의 진노가 시작되기 전에 하나님의 진노로부터 구원받은 사람들을 데려가기 위해 오실 것입니다. 이 진노는 하나님께서 문자 그대로 이 세상과 그 안에 살고 있는 악한 자들 위에 쏟아 부으실 것입니다(롬 5:9, 살전 1:10, 계 6:1-7,15:1;사 13:9-13;슥 1:14-18;살전 2:6-7).

3. 주님의 다시 오심은 우리를 정결하게 하는 소망

휴거가 언제라도 일어날 수 있다는 사실을 안다면,

 1) 우리는 이 세상에서 하나님의 말씀대로 바르게 살 것임(요일 3:2-3).

 2) 우리는 다음의 태도로 살아갈 것입니다.

 a. 우리는 날마다 주님을 기다리고 바라보며 살아 감(빌 3:20-21;딛 2:13;마 24:42;히 9:28;벧전 4:7;롬 13:11;막 13:33-37;살전 5:1-11;벧전 4:7).

 b. 우리는 인내를 가지고 주님을 기다림(살전 1:10;살후 3:5;약 5:7-8).

 c. 우리는 주님의 다시 오심을 사랑함(딤후 4:8).

 d. 우리는 시간을 되찾아야 함(엡 5:16;요 9:4,눅 19:13).

우리가 하늘나라로 가고 나면 이 세상에서는 더 이상 주님을 섬길 수 있는 기회가 없습니다. 그러므로 우리는 주님께서 오실 때까지 신실하게 주님을 섬겨야 하며 맡겨 주신 것들을 잘 관리하여야 합니다.

4. 주님의 다시 오심을 위한 기도

 1) 다윗이 권면 함(시 122:6)

평화의 왕이신 예수님께서 오시면 예루살렘에 참된 평화가 있을 것임.
  2) 예수님께서 본을 보이심(마 6:10).
  3) 성경에 기록된 마지막 기도는 예수님께서 오시기를 구하는 기도임(계 22:20;벧전 3:12).

우리는 어디를 바라보아야 할까요? 나팔소리를 기다리고 있습니까?
  만약 오늘 주님께서 당신을 세상으로부터 데려가시기 위해 오신다면, 주님 만날 준비가 다 되어 있습니까? 주님께서 오시기 전에 해야 할 일들이 많이 남아 있는지요. 너무 늦기 전에 가까운 가족과 꼭 전해야 할 전도 대상자들의 얼굴이 떠오르십니까? 더 늦기 전에 구원받아야 할 사람들이 있습니다. 서두르십시오. 왜냐하면 오늘이 바로 예수님께서 오시는 그 날이 될 수 있기 때문입니다.

깨어 있으라   워렌 M 스미스
승천의 기쁨 아침, 그 영광의 순간이 곧 오리라.
깨어 기다리던 종들이 순식간에 주님의 품에 안기리니
남겨진 자들은 헛되이 우리를 찾겠지만
우리는 죄인들을 위해 죽임 당하셨던 어린 양께 가 있으리라.
공중에 들려 올라가 주님 만날 때, 그 완전한 기쁨의 높이와 깊음은,
모든 것을 초월하는 주님의 놀라우신 사랑의 길이와 넓이는 얼마나 클까.
지금은 어두움 가운데서 보지만, 그때는 얼굴과 얼굴을 대하여 그분을 보리. 그리고 끝없이 끝없이 그분의 은혜의 영광을 찬양하리라.
두 사람이 함께 맷돌을 갈다가 한 사람은 들림 받고 한 사람은 남을 것이요, 두 사람이 함께 자다가 한 사람은 사라지고 한 사람만 남으리라.
땅에 남은 사람들은 놀라움과 혼돈 가운데서 환란과 고통과 슬픔과 고난을 당하게 되리라.

주님과 함께 영원히 살리라, 주의 사랑의 빛 가운데서. 저 하늘 올라가 천군 천사들과 만나 영원히 함께 살리라. 거기서 아버지께서 우리를 맞으시리니, 한 사람 한 사람 이름을 부르시며 신실한 종아, 잘 하였도다" 칭찬해 주리라.

잠들 수 없는 것은 잠들었을 때 오실지도 모르기 때문이니 그러면 문은 닫히리라. 그러므로 깨어 있으라. 등불을 밝히고, 혼인 예복을 입고, "내가 왔노라" 말씀하시는 주님 음성 들을 때까지.

우리들 모두 하늘나라로 여행갈 준비가 되어있습니까? 다른 사람들에게 예수 그리스도께서 다시 오신다는 사실을 적극적으로 알려 주시겠습니까?

재림(Revelation)

"재림"도 휴거처럼 갑작스럽고 예기치 못하게 일어날 것입니다.

그 날에도 태양은 떠오르며, 사람들은 사고팔며, 집을 짓고, 먹고 마시며, 시집가고 장가갈 것입니다. 정치가들은 더 좋은 세상을 만들기 위하여 새로운 계획을 곰곰이 구상하고 있을 것이고, 박애주의자들은 사람들을 도울 수 있는 새로운 방안을 강구하고 있을 것입니다. 또한 쾌락을 사랑하는 자들은 쾌락의 원천을 찾을 것이고, 사악한 자들은 어둠의 행동을 계획할 것입니다.

무신론자들은 하나님도, 천국도, 지옥도, 다가올 심판도 없다고 하면서 스스로 만족 해 하고 있을 것입니다. 그 때 갑자기 한 변화가 생길 것입니다. 먼 하늘에 태양을 능가하는 한 점의 빛이 나타나 지상을 향해 내려오는 것이 보일 것입니다. 그 빛이 내려올 때 맑은 구름에서 눈부신 광선과 번개가 새어나올 것입니다. 그 빛은 마치 돌풍의 날개를 가지고 내려오는 것 같으며, 그 목적지인 올리브 산에 도착하게 될 때에 두려움에 떨며 오금을 펴지 못하고 있는 목격자들에게 멈추어 서서 본래의 모습을 펼쳐 보일 것입니다.

그 때 흰 말 위에 앉아 계신 예수님(계 19:11-16)께서는 그분의 성도들과 하늘의 군대와 함께 자신을 나타내실 것입니다. 그리고 나서 예수님께서는 올리브 산 설교에서 예언하셨던 것을 성취하실 것입니다. 그 후에 하늘에 계신 인자의 표적이 나타날 것이며, 세상 모든 족속들이 통곡할 것입니다(마 24:30).

1. 예수 그리스도의 천 년간 통치하신 후에는 다음의 일들이 있을 것입니다.

1) 천년 왕국이 끝나면 사탄이 잠시 놓임을 받아 많은 사람들을 미혹하여 곡과 마곡의 마지막 전쟁이 있게 됩니다. 구원받지 못한 사람들은 모두 지옥(불 호수)로 던져질 것입니다(계 20:11-15).

2) 새 하늘과 새 땅이 열리게 됩니다(계 21:2). 드디어 영원이 시작됩니다. 시간도, 죄도, 죽음도 없을 것입니다. 주 하나님께서는 모든 시대에 구원받은 모든 사람들과 영원히 충만한 기쁨 가운데 거하실 것입니다(계 22:20;벧전 5:10-11).

어느 마을에 한 부자가 살았습니다. 그런데 그는 욕심이 많고 구두쇠로 소문이 나서 마을 사람들 사이에 평판이 좋지 않았습니다. 어느 날, 부자가 지혜롭기로 소문난 랍비를 찾아가 물었습니다. "랍비님! 마을 사람들에게 제가 죽은 뒤에 전 재산을 불쌍한 이웃들에게 나눠주겠다고 약속을 했는데도 아직도 저를 구두쇠라고 욕하며 미워합니다. 어떤 좋은 방법이 없겠습니까?

랍비는 긴 수염을 한 번 쓸어내리고는 부자의 물음에 다음과 같은 비유를 들려주었습니다. 어느 날 젖소와 돼지가 대화를 나누고 있었단다. "야, 젖소야! 나는 왜 사람들이 나보다 너를 더 좋아하는지 이해가 되지 않는다. 너는 늘 우유를 공급한다. 그러나 나도 햄과 베이컨을 공급하여 주고 있지 않니? 그런데 왜 사람들은 너만 더 좋아하니?" 젖소가 말했습니다. "그래

돼지야, 네 말이 맞다. 그러나 한 가지 다른 것이 있단다. 우리는 우리가 살아 있을 때 우리가 가진 것을 다 사람들에게 주지 그러나 너는 평생 아무 것도 안 주다가 죽을 때에나 준다." 랍비는 이야기를 듣고 있던 부자를 바라본 다음 계속 이야기를 이어 나갔습니다. "여보시게 부자양반! 돼지처럼 평생 욕심만 부리다가 죽어서 모든 것을 다 준들 그게 무슨 소용인가? 지금 작은 일을 하는 것이, 나중에 큰일을 하는 것보다 더 소중하다네. 작고 하찮은 일이라도, 지금부터 하나씩 해 나가는 사람만이 나중에 큰일을 할 수 있는 것이라네."

  인생에서 중요한 과제를 "나중"으로 미루는 사람들이 있습니다. "나중에 돈 많이 벌면 부모님께 효도할 거야." 나중에 집 사고 차도 구매하면 그때 자녀한테 잘하려고, 하지만 지금 행동 하지 않으면, 나중에는 더 어렵습니다. 백번 말하기는 쉽지만 한 번 실천하기는 어렵기 때문입니다.
  말 만 내세우고 행동을 나중으로 미루지 마세요. 지금 작은 것부터 하나씩 행동해야 나중에 더 큰 일도 할 수 있습니다! 우리 하나님의 자녀들인 그리스도인들도 동일합니다. 돈 많이 벌어놓고? 건강이 좋아지면? 자녀를 키워놓고? 헌신, 봉사, 섬김, 등등 주님의 일을 열심히 할거야. 아닙니다. 예수 그리스도의 재림의 날이 오늘일지 내일일지 모릅니다. 지금 현재 나의 믿음의 모습을 돌아보고, 나의 지금 환경과 상관없이 지금 예배하고, 찬양하고, 성경공부하며, 기도하고, 섬기고 순종하여 주님이 기뻐하시는 삶을 살아가야 합니다.

주님의 발자국 소리
붉게 물든 아침 하늘에서, 한낮의 흰 빛 속에서,
  해질 무렵의 찬란한 영광 속에서,
  한 밤을 감싸는 어둠 속에서, 어슴푸레한 달빛 속에서,

나는 주님의 발자국 소리를 듣는다.
갈릴리 해변 모래밭을, 성전을 향해 난 대리석 거리를 다니시는
주님의 지친 발걸음 소리를 나는 들었다.
슬픔의 무게를 홀로 지고 갈보리 언덕을 비틀거리며 오르시는
주님의 슬픈 발자국 소리를 들었다.
영화로운 하늘 성전, 두 그룹 사이에서
기이히 여기는 무리를 헤치고 빠르게 오시는
승리자의 힘찬 발소리가 저 멀리서 희미한 음악 소리와 함께 들려온다.
나는 주님의 발자국 소리의 음악을 듣는다.
은신도 신지 않으시고, 금띠도 두르지 않으시고,
빛나는 보석이나 향료도 없지만,
힌 날개 입으시고 옛 영광으로 옷 입으신
주님이 오시는 영광의 발걸음 소리를 나는 듣는다.
오 내 혼이여, 주께서 오신다! 영원한 평화를 가지고,
결코 사라지지 않는 복을 가지고 오신다.
오 내 혼이여, 주께서 오신다! 주의 오심은 나의 구원이니
주님의 발걸음 소리를 듣기 위해 살리라.

예수님께서는 제자들을 비롯한 갈릴리 사람들이 지켜보는 가운데 승천하셨는데, 구름이 가리어 더 이상 보이지 않게 되었습니다. 그때 예수님의 승천을 지켜보던 갈릴리 사람들에게 힌 옷 입은 두 사람이 "갈릴리 사람들아 어찌하여 서서 하늘을 쳐다보느냐 너희 가운데서 하늘로 올려지신 이 예수는 하늘로 가심을 본 그대로 오시리라"(행 1:11)하고 말하고 있습니다. 힌 옷 입은 두 사람은 승천하시는 예수님의 모습이 구름으로 가리어져 더 이상 보이지 않게 되었음에도 불구하고 갈릴리 사람들이 여전히 눈을 들어 하늘을 쳐다보고 있었기에 "어찌하여 하늘을 쳐다보느냐?" 라고 말했던 것입니다. 여기에는 막연히 하늘을 쳐다보며 재림의 주님만을 기다

리지만 말고, 복음을 알지 못하는 사람들에게 주님께서 재림하시기 전까지 세월을 아끼며 복음을 전하라는 의미가 있습니다.

우리는 주님의 재림을 소극적인 신앙의 자세로 기다릴 것이 아니라 아직도 복음을 듣지 못하고, 다시 오실 주님을 믿지 않는 사람들에게 남은 시간 동안 최선을 다하여 복음을 전해야 합니다. 복음도 구원의 문이 활짝 열려 있는 동안에 가능하기 때문입니다. 구원의 문이 닫히고 나면 복음을 전하고 싶어도 할 수 없습니다.

인생은 잠시보이다 사라져 버리는 안개와 같다는 사실을 기억하는 것이 중요하며, 또한 이 땅에서의 삶은 타국인이요, 나그네의 삶이란 사실을 정확히 아는 것이 우리 모두에게 유익합니다.

이런 사실을 망각함으로써 세상 사람들은 편안히 지내며 그리스도인들도 태평하게 살아가는 것입니다. 우리가 주님의 재림을 기다리지 않는 한, 세속적인 것이 곧 벌레처럼 우리의 심령을 파먹을 것입니다. 우리 그리스도인들이 이 세상의 재물을 누린다 할지라도 이것이 우리들의 진정한 평안이 아니라는 사실을 기억하며, 세상이 주는 위로를 그다지 중요하게 여기지 마시기 바랍니다.

반대로 우리들이 곤경에 처해 있고, 가난의 짐을 지고 있더라도 그 때문에 크게 슬퍼하지 마시기 바랍니다. 왜냐하면 이런 가벼운 고난은 잠시 뿐이며, 우리에게 나타날 영광에 족히 비교할 수 없을 것이기 때문입니다. 마치 없었던 것처럼 보이는 것들을 곰곰이 생각해 보시기 바랍니다. 우리 모두는 가장 복된 움직이는 행렬의 한 부분이라는 사실을 기억하시기 바랍니다. 우리의 의무는 신랑이 오실 때를 대비하여 등불을 손질하는 것입니다.

과연 당신은 주님이 오실 때, 공중에서 주님을 맞이하기 위하여 휴거됨으로써 지상에 임할 무서운 고난의 때를 피할 수 있겠는가?

22장. 하나님의 상속자들과 그리스도와 함께한 공동상속자들

주 예수 그리스도의 보혈을 믿고 그분을 영접한 사람들은 그 순간부터 하나님의 아들이 됩니다(요 1:12). 하나님과 원수였던 관계에서 이제 하나님의 자녀로서의 특권을 누릴 수 있게 된 것입니다.

하나님의 자녀의 특권이란?

하나님께 예배를 드릴 수 있는 자격이 부여된 것이며(요 4:24), 하나님께 기도할 때 하나님께서 그의 기도에 경청하시며 그분의 뜻 가운데서 응답해 주신다는 것입니다(시 34:15;요일 5:14-15).

또한 하나님의 자녀가 되었으면 유업을 상속받을 수 있는 자격이 부여된 것입니다. 그런데 하나님께서 주시는 유업을 상속받는 자들이 한 가지 유형이 아니라 두 가지 유형의 상속자들로 제시되는데, 바로 하나님의 상속자들과 그리스도와 함께한 공동상속자들입니다(롬 8:17). 우리가 성경을 제대로 공부하지 않게 되면 이러한 상속자들의 유형을 구분할 수 없게 됩니다.

하나님의 말씀을 공부하지 않는다면 어떻게 그리스도를 섬겨야 하는지 알 수 없으며, 미래에 받을 상속이 무엇인지에 대해서도 알 수 없습니다. 많은 그리스도인이 30-40년씩이나 주일학교에 참석하지만 성경이 언급하는 위대한 상속과 귀한 교리들에 대해서 거의 알지 못합니다.

요나와 고래이야기, 요셉, 야곱과 에서와 같은 기본적인 성경이야기에 대해서만 알 뿐 그리스도를 어떻게 섬겨야 하는지 전혀 알지 못합니다. 너무나 슬프고 애석한 일이지만 많은 그리스도인들이 하나님 앞에 섰을 때, 주님을 위해서 자신들의 삶을 드린 것을 찾아볼 수 없을 것입니다. 이는 남의 탓을 할 수 없는 그들 자신의 책임입니다. 성경이 있고 깨달음을 주시는 성령이 계셨기 때문입니다.

하나님과 자기 자신에게 아무것도 남기지 못한 그런 삶을 살아감으로써 손해 보는 장사를 하지 마십시오. 야고보가 말한 것처럼 "너희는 말씀을 행하는 자가 되고 듣기만 하여 자신을 속이는 자가 되지 말라"(약 1:22)라고 하신 말씀에 귀 기울이시기 바랍니다.

하나님의 상속자들은 예수 그리스도를 믿고 영접하여 하나님의 자녀들이 된 사람들이라면 누구나 해당되지만, 그리스도와 함께한 공동상속자들은 그렇지 않습니다. 그리스도와 함께 공동상속자들로서 영광을 받기에 앞서 그분과 함께 고난을 받아야 한다고 말씀하고 있습니다(롬 8:17). 즉 공동상속자들은 단순히 하나님의 자녀가 된 것뿐만이 아니라 그리스도인으로서 주님의 이름으로 고난과 박해를 받고 믿음 안에서 승리하며 신실하게 그분을 섬길 때, 그분과 함께 공동상속자로서 유업을 받을 수 있다는 것입니다.

1. 하나님의 상속자들 - 아들의 자격으로 유업을 받을 수 있습니다.

하나님의 상속자들이 되는 조건은 바로 구원받아 하나님의 아들들이 되는 것입니다. 재산을 상속 받으려면 당연히 아버지의 아들이 되어야 하듯이 하나님의 상속자가 되려면 하나님의 자녀가 되어야 유업을 상속 받을 수 있는 자격이 주어지는 것입니다.

억만장자의 마지막 유언을 생각해 보십시오. 마음먹기에 따라 자신의 유언장에서 자녀들을 제외할 수도 있고 몫을 나눠주지 않을 수도 있습니다. 유산을 주지 않는다고 해서 아들 자격을 상실 하는 것은 아닙니다. 아들이란 사실을 바꿀 수 있는 것은 아무것도 없기 때문입니다.

아버지와 아들의 관계는 출생으로 말미암은 것입니다. 하나님과 신자의 관계도 마찬가지입니다. 하나님의 가족으로 태어난 이상 우리는 하나님의 아들들입니다. 죄를 지었다고 해서 그 관계는 깨어질 수 없습니다. 하나님은 우리가 받을 상속을 부인하실 수 있지만 우리가 그분의 자녀란 사실을 부정할 수는 없습니다.

심지어 그리스도인으로서 당할 박해와 고난을 견뎌내지 않겠다고 결심한다 해도, 세상으로 가 버리겠다고 결심한다 해도, 데마처럼 세상을 사랑해서 떠나 버려도, 더 이상 주님을 믿지 않겠다고 해도, 구세주이신 주님께 신실하지 않는다 할지라도 그리스도께서는 신실하셔서 자신을 부인하실 수 없다고 말씀합니다.

주님께서 얼마나 놀라우신 분입니까? 자신에게 속한 사람들이 신실하지 못해도 부인하지 않으시는 바로 그런 분이십니다(요 10:27-28). 영생을 선물로 받은 사람들은 멸망하지 않을 것입니다. 우리는 주님의 몸 안에 있습니다(엡 5:30-32). 우리의 구원은 우리 자신이 그리스도께 얼마나 신실했느냐에 달려 있는 것이 아닙니다. 오히려 우리를 향한 그분의 신실하심에 근거합니다. 우리가 거듭났고, 그분이 영원히 신실하다면 두려워해야 할 필요가 없습니다. 그분이 우리 안에 우리가 그분 안에 있기 때문에 구원은 영원히 안전한 것입니다. 주님은 자신을 부인할 수 없기 때문에 그분의 능력이 영원하신 것과 마찬가지로 구원도 영원히 안전합니다(요일 4:17).

그렇다면 하나님의 상속자인 아들로서 받을 수 있는 유업이 무엇일까요? 예수 그리스도를 믿지 않는 사람들은 마귀의 자식으로서 그의 아비와 천사들을 보내기 위해 만든 지옥에서(마 25:41) 고통 받으며 살아야 합니다. 그러나 예수 그리스도께서 십자가에서 흘리신 보혈을 믿고 구원받은 사람들은 이제 마귀의 자식에서 하나님의 자녀로 입양되며 그분과 영원히 살게 됩니다.

그러면 그분과 함께 살 수 있는 곳이 있지 않습니까?

이 땅은 예언의 말씀에 따라 불타 없어질 것이며(벧후 3:10;계 21:1), 하나님께서는 새 하늘과 새 땅을 창조하시고 이후에 하늘로부터 새 예루살렘이 내려오는데, 그곳이 바로 예수 그리스도의 신부인 그리스도인들이 영원히 기거할 곳이며 그곳에 살게 해주시는 것이 아들로서 우리가 받는 유업인 것입니다.

우리가 믿음으로 말미암아 은혜로 구원을 받듯이 이 유업도 어떤 행위 없이 오직 은혜로 받게 되는 것입니다. 예수님께서는 우리 믿는 자들을 위해서 하늘에 처소를 마련하러 가신다고 말씀하셨습니다. 그래서 예수님께서는 우리를 위한 처소를 마련하면 다시 오셔서 우리를 영접하여 주님과 함께 영원히 있게 해주신다고 약속하신 것입니다(요 14:2-3).

주님께서는 바로 썩지 않고, 더럽지 않으며, 쇠잔하지 않는 유업을 주시려고 간직해 주신 것입니다(벧전 1:4). 그렇기 때문에 구원받은 그리스도인은 절대로 구원을 잃어버림으로 인해 다시 지옥의 형벌을 받을 것이라는 쓸데없는 두려움에 사로잡힐 필요가 전혀 없습니다(벧전 1:5).

그러면 우리가 상속받은 영원한 거처인 새 예루살렘은 어떻게 묘사할 수 있을까요? 새 예루살렘의 형태 및 구조는 요한계시록 21장에 자세히 제시되어 있습니다(계 21:11;16-21). 하나님의 말씀 그대로입니다. 얼마나 휘황찬란하고, 아름다우며, 말로 형용할 수 없는 처소입니까? 이 도성은 수정같이 반짝반짝 빛나면서 하늘로부터 내려올 것입니다.

이 도성은 반듯한 형태로 지어져서 길이와 너비와 높이가 모두 같고 규모가 대략 1,500마일이 됩니다. 도성 자체는 맑은 유리 같은 정금으로 되어 있고 기초석은 12가지의 각양 보석으로 장식되어 있습니다. 도성의 규모와 형체가 상상할 수 없을 정도이기 때문에 바울은 자신의 삶을 온전히 하나님께 헌신하고, 속히 몸을 떠나 주와 함께 있기를 간절히 원했던 것입니다(빌 1:23;고후 5:8). 바울처럼 이 땅이 아닌 영원히 거할 새 예루살렘을 소망하며 살아야 할것입니다.

이러한 유업을 받고 싶지 않습니까? 이 유업은 하나님의 상속자라면 누구나 은혜로 받을 수 있습니다. 자신의 죄 문제를 예수 그리스도의 보혈을 믿어 구속받은 사람들은 이 처소에서 영원히 살 수 있습니다. 그러나 아직도 구원받지 못한 사람들, 행위로 의롭게 되려고 하는 사람들, 교회 제직만 자랑하며 하나님의 이름만 부르는 종교인들은 이러한 유업은커녕 영원한 지옥(불못)을 거처로 삼고 산다는 것을 알아야 합니다.

2. 그리스도와 함께한 공동상속자들 - 주님을 향한 섬김으로 유업을 받습니다.

그리스도인들은 하나님의 상속자로서 우리가 거할 처소를 받을 뿐만 아니라 그리스도와 함께한 공동상속자로서의 유업도 받을 수 있습니다.

"공동상속자"란 무엇인가? 함께 재산을 물려받는다는 말입니다. 즉 그리스도인들은 예수 그리스도와 함께 하나님께로부터 유업을 상속받을 수 있습니다. 단 여기에 조건이 있습니다. 아들로서 유업은 순전히 은혜로 받지만, 그리스도와 함께 받는 유업은 그분을 섬기다가 고난을 참고 견뎌내며 온전히 주님을 섬긴 사람만이 받을 수 있습니다. "우리가 그와 함께 고난을 받은 것은 함께 영광도 받게 하려 함이라"(롬 8:17).

그렇다면 예수 그리스도와 함께 받는 유업이 무엇일까요? 예수 그리스도께서 다시 이 땅에 오셔서 그분의 왕국을 수립하실 때 우리가 그분과 함께 통치하는 것입니다. 즉 공동상속자로서 받는 유업은 다름 아닌 "왕으로서의 통치권"입니다. 이제 주님께서 공중에 오시면 그리스도인들은 눈 깜짝할 사이에 휴거되고(고전 15:55;살전 4:15-17), 그 이후에 그리스도인들은 하늘에서 주님의 심판석에 나아가 그동안 주님을 향한 섬김을 평가받게 됩니다(롬 14:10;고후 5:10).

이 땅에서 주님을 신실하게 섬긴 성도들은 금, 은, 보석을 상급으로 받고 주님을 위한 섬김을 전혀 하지 아니한 자들은 불에 탄 나무, 짚, 그루터기만 남고 주님께 심한 책망을 들을 것입니다(고전 3:12-15). 그리고 나서 상급을 받은 그리스도인은 주님으로부터 면류관을 받게 됩니다. 주님의 심판석이 있은 후에 주님께서 재림하셔서 이 땅에 천년왕국을 세우실 때, 면류관을 받은 그리스도인은 통치할 땅을 할당받아 주님과 함께 천 년간 통치하게 되는 것입니다.

이것이 바로 그리스도인이 섬김으로 받을 수 있는 유업이요. 그리스도와 함께 공동상속자가 될 수 있는 것입니다(골 3:24). 그리스도인이 왕으로 다스릴 수 있는 조건은 바로 "고난"을 인내하는 것입니다. 실로 그리스도 예수 안에서 경건하게 살고자 하는 사람들은 누구나 박해를 받게 되어 있습니다(딤후 3:12).

우리의 믿음의 선배인 사도바울은 어떠했습니까? 주님을 사랑하는 뜨거운 열정으로 그리스도를 섬기며 복음을 전하러 다녔을 때 그가 받은 고난의 참혹함을 성경에서 말씀하고 있습니다(고후 11:23-29). 심지어 바울과 동역자들은 고난이 극심하여 삶의 절망에 까지 이른다고 고백했지만, 하나님만을 신뢰하며 그 고난을 이겨낸 것입니다(고후 1:8-9). 이것이 그리스도와 함께한 공동상속자의 자격의 한 모범 사례라고 할 수 있습니다.

그리스도를 섬긴다면, 경건한 삶을 살기 위해 최선을 다하는 과정에서 반드시 박해를 받게 될 것입니다. 세상은 분명히 박해합니다(고후 3:12). 바울 사도는 이런 경험을 많이 했습니다. 주 예수 그리스도의 종으로서의 삶을 살았기 때문입니다(딤후 3:12).

누구라도 그리스도 예수 안에서 하나님의 뜻대로 살고자 한다면 박해를 받는다는 것이 하나님의 약속입니다. 장차 받게 될 상속의 일부는 바로 박해를 통해서입니다. 오늘날 우리가 약간의 육신적인 고초를 겪을 수 있겠지만 초대 교회 시대의 그리스도인들은 로마에 의해 엄청난 고문과 죽임을 당했습니다(행 5:40-42).

우리가 지금 당하는 고난이 바울과 비교하여 깊이는 다를지라도 열정을 다하여 주님을 신실하게 섬기면, 노상에서 설교를 하거나 전도지를 나누어 주거나 가가호호 방문하거나, 그리스도를 증거 할 때, 죄에 대해 책망할 때 이런 고통을 당할 수 있습니다. 육신을 부정하고 성령께 순종한다면 박해는 필연적으로 겪게 되지만 주님의 기쁨이 되고자 하는 그리스도인이라면 누구나 고난을 감당할 수 있으며 주님과 함께 다스릴 수 있는 유업을 상속받게 되는 것입니다.

또한 우리는 육신의 정욕을 부인해야 합니다. '탐욕'은 우리가 갖고 있지 않은 것들을 갖고 싶어하는 강력한 욕구를 말합니다(골 3:2,5). 탐심은 곧 우상숭배란 사실을 알 수 있습니다(엡 5:5;골 3:5). 우상의 정의는 "하나님이 아닌 사람에서 나온 어떤 것들을 경배하는 것, 하나님보다 더 지나치게 집착하는 것"입니다. 탐심이 문제가 있다면 그것은 바로 상속을 잃어버리게 하는 것입니다(구원이 아니라 상속이며, 주님과 함께 다스릴 권세를 말합니다)

이 세상에서 소유를 갖는 것은 나쁜 것이 아닙니다. 하지만 거기에 집착하는 것은 잘못입니다. 그런 것들이 있다면 주님 앞에 다 내려놓아야 합니다. 세상에서 가지고 있는 소유는 그리스도를 향한 사랑과 그분을 섬기는 것과 비교할 때 완전히 쓰레기에 불과합니다. 육신의 욕구가 삶을 지배하거나 거기에 돈과 시간과 열정을 낭비한다면, 성령의 욕구를 따라 행하지 못할 것입니다. 성령의 욕구가 삶을 지배하게 하십시오. 그리고 하나님의 뜻을 따르십시오(롬 6: 11-13). 우리의 옛 사람을 죽은 것이라고 여긴다면, 아무런 문제가 없을 것입니다. 갈등은 항상 육신의 욕구에 눈길이 갈 때, 그리고 그것을 따를 때 생기는 법입니다.

단순히 입으로만 하나님을 믿는다고 하면서 교회만 다니는 사람들은 결코 하나님의 상속자가 될 수 없습니다. 교회의 종교 생활과 자신의 의로운 행실과 자신의 지혜나 지식을 내세우고, 예수 그리스도를 영접하여 입으로 고백한 사실이 없다면 그런 사람은 하나님께로부터 받을 것이 아무것도 없을 뿐만 아니라 지옥의 영원한 형벌만이 기다리고 있을 뿐이라는 것을 알아야 할 것입니다(살후 1:8-9).

또한 예수 그리스도와 함께 고난 받기를 거절하고 세상 친구들과 어울리며 교회에 단순히 출석 도장만 찍는 사람들, 복음과 진리와 무관하게 사는 사람들, 사람들을 의식해서 그들의 비위를 맞춰가며 주님을 섬기려 하는 사람들과 "육신의 일들"은 통치권의 유업을 상속받지 못하여 천년왕국 때 할 일이 없는 사람으로 살게 됨을 알아야 합니다.

"육신의 일들"이란 무엇을 말하는가? "이제 육신의 행위들은 명백하니..."(갈 5:19-21). 명백하다는 말은 증거가 있거나 확실하며 쉽게 파악될 수 있는 것을 말합니다. 다른 그리스도인들을 바라보면서 육신의 일들을 쉽게 볼 수 있습니다. 마찬가지로 우리의 삶 또한 그렇게 분명하게 보인다는 사실도 기억해야 할 것입니다. 가리거나 부정하는 것은 아무런 도움이 되지 못합니다. 성령께서 그런 것들을 지적하시고 우리의 삶에서 그런 것들을 제거해 주시도록 해야 합니다.

육신의 일들, 갈라디아서 5: 19-21 (간음, 음행, 부정함, 색욕, 우상숭배, 탐욕, 마법, 증오, 불화, 경쟁, 분노, 다툼, 폭동, 파당, 시기, 살인, 술 취함, 흥청됨)은 다음과 같습니다.

1. 간음, 간음이 무엇인지 모르는 사람은 거의 없습니다. 결혼한 남자 또는 여자가 자신의 배우자 또는 여자가 자신의 배우자에게 신실하지 못한 것입니다. 결혼한 두 사람이 자발적으로(최소한 한 명은 기혼자) 성적 관계를 갖는 것입니다(몸과 몸의 결합).

2. 음행, 글자 그대로 법적 하자가 있기 때문에 합법적이지 못한 행위로써 영적인 것과 육체적인 것을 모두 포함합니다. 결혼이란 테두리 내에서 하나님께서 정하신 방법이 아닌 다른 방법으로 맺어진 성적 행위, 불결한 성행위 등을 말합니다.

현 세대는 간음과 음행을 정상적이고 합법적인 것으로 여기지만 하나님은 여전히 받아들이시지 않습니다. 이는 하나님의 거룩함을 정면으로 거스르는 것들입니다. 혼외정사에 참여하는 그리스도인들은 자신들의 육신의 뿌린 대로(갈 6:8) 자신의 육신에서 거두게 될 것입니다. 간증을 잃어버릴 것이며, 순결을 잃어버리며, 양심을 잃어버리며, 상속을 잃어버리게 됩니다.

3. 부정함(불결), 이는 더러운 것, 외설, 추잡한 모든 것을 포함해서 도덕적 성적 불결을 말합니다. 더러운 생각, 더러운 말, 선정적인 옷차림 등 이런 모든 것들이 불결함의 목록에 기재됩니다. 여자는 입는 옷으로 남자들은 마음 가운데 간음을 유발할 수 있습니다(벧후 2:14;욥 31:11;마 5:27-28) 둘 다 유죄입니다.

많은 그리스도인 자매들이 하나님 앞에 설 때 이 죄 때문에 자신들 상속의 많은 부분들이 없어지는 것을 보고 놀랄 것입니다. 노소를 불문하고 오늘날 여자(자매)들은 공히 자신들의 여자다움, 성적 매력을 살려 주는 옷을 입고 싶어 합니다. 그렇게 함으로써 남자들에게 죄를 짓도록 유혹하여 함께 간음하는 것입니다. 여자들이 자신들의 신체(몸)를 강조하여 정욕을 유발시켰기 때문입니다.

4. 색욕, 성적으로 정도를 넘어 무절제하고 과도한 것을 말합니다. 이제

더 이상 이런 말을 듣지도 못할 것입니다. 요즘 이 단어는 야성적이며 자유분방한 삶이란 뜻으로 사용되고 있습니다. 육신의 성욕을 유발시키고 자극하는 것을 섹시하다고 좋아하는 세상입니다.

5. 우상 숭배, 사람이나 사물에 필요 이상으로 애착을 갖거나 헌신하는 것. 우상 숭배란 말은 광범위하게 적용되는 죄입니다. 성경을 통해 이미 살펴보았듯이 탐욕은 우상 숭배입니다. 어떤 것을 하나님 앞에 두는 것은 우상 숭배라 할 수 있습니다. 다음에 열거하는 사항들을 통해 우상 숭배에 대한 의미를 좀 더 분명하게 이해할 수 있을 것입니다.

탐욕: 부 또는 소유에 대한 강렬한 욕구

숭배: 어떤 사람이나 물건에 대해 정도를 넘어서는 존경심과 애착

우상: 옛날 영어 사전의 정의에 따르면 유대인이나 기독교에서 사용되는 말로서 어떤 대상에 신성을 부여하는 형상, 물체, 하나님을 대신해서 인간의 애정과 경배를 차지하는 대상 행위.

우상 숭배자: 우상이나 형상을 섬기는 자, 어떤 사람이나 물건을 헌신적으로 섬기고 경배하는 자.

6. 마법, 악한 영들로부터 얻은 힘을 사용하는 자들, 흔히 마약을 사용함. 약이란 뜻으로 사용되는 PHARMACTY란 단어는 그리스어 'pharmakeia'에서 유래한 단어로써 계시록 18:23에 사용되는 'sorceries'(마법)를 번역한 말입니다. 점판(Ouija), 점성술, 운명가, 강신술, 접신 등이 모두 여기에 해당합니다. 사무엘상 15:23 에서는 "거역하는 것은 마술 죄와 같고"라고 말씀합니다.

7. 증오, 이 말은 극한 적대감이란 뜻입니다. 나쁜 감정이 지속하여 어떤 대상을 반사적으로 싫어하는 현상도 여기에 해당합니다. 어떤 사람에 대해 오랫동안 쌓여온 감정으로 그냥 싫어하는 것도 증오라 할 수 있습니다. 원수 또는 적대감도 마찬가지입니다. 사람의 악한 행동을 미워할 수 있습니다만 죄인 그 사람을 증오하는 것은 바람직하지 못합니다(롬 12:18-21; 살전 5:15;갈 6:10).

죄인들이 하는 그 악행에 대해서는 당연히 미워하며, 그런 죄악들을 증오하는 것은 지극히 정상입니다. 하지만 그 사람을 증오하는 것은 바람직하지 않습니다. 왜냐하면 그들의 혼은 주님께 귀한 것이기 때문입니다. 주님께서는 그들을 위해 피 흘려 죽으셨습니다. 그런 죄인들을 향해 연민을 가지고 그들을 향한 사랑을 나타내 보여 주어야 합니다(마 18:21-35;눅 10:30-37;유 15-25).

우리는 그들을 대적하거나 복수하려고 해서도 안 됩니다(롬 12:19). 우리는 그들을 위해 기도해 주어야 하며, 그들과 함께 하기 위해 노력하며, 그들을 그리스도께로 돌아올 수 있도록 최선을 다해야 합니다. 주님께서 이 땅에 계셨다면 그들을 어떻게 대하셨을까 생각하고 그에 합당한 자세로 그들을 대해 주어야 할 것입니다.

8. 불화, 이 단어는 의견이 일치하지 않거나 조화를 이루지 못하여 심한 논쟁을 일으키거나 쓴 뿌리를 갖게 되는 일련의 일들을 말합니다. 우리의 말과 행동이 하나님의 말씀에 비추어 옳고, 다른 사람이 틀리다면 우리는 그 문제를 내려놓고 주님께서 친히 다루시도록 해야 합니다. 우리가 가진 확신에 대해서 타협할 필요는 없습니다. 문제는 흘러가게 내버려두고 다시한번 그 문제에 대해 토의할 기회가 주어지도록 기다리면 됩니다. 논점에 대해서는 너무 과민하게 흥분하여 논쟁을 벌이며, 불신자들 앞에서 좋지 못한 간증을 보여 줍니다.

9. 경쟁, 남보다 뛰어나려는 시기와 질투, 라이벌 간의 말다툼, 싸움, 육신적인 명성을 얻기 위해 다른 사람을 따라잡거나 그보다 앞서려는 욕심에서 비롯됨. 기독교인들은 흔히 다른 형제들보다 자신이 좀 더 영적이라고 생각하는 데서 이런 죄악을 범합니다. 우리는 이 세상에서 얻을 수 있는 영적 성숙에 대해 절대로 자랑하거나 허풍을 떨어서는 안 됩니다. 이런 자세는 하나님을 기쁘게 할 수 없습니다(벧전 5:5-6;빌 2:3;롬 12:10;갈 5:26;마 23:12). 하나님은 우리가 영광을 취하는 것을 원치 않으십니다. 영광은

하나님 한 분만 취하실 수 있기 때문입니다(골 3:23).

10. 분노, 과도한 성냄, 성질을 낼 때(약 1:20), 우리는 세상과 천사들과 다른 믿는 자들 앞에서 간증을 잃어버립니다. 성경은 말하기를 우리는 화를 낼 수 있다고 합니다. 하지만 죄를 짓지 말라고 하십니다(엡 4:26). 화를 내는 것은 분노하는 것과 아무 상관이 없습니다. 주 예수 그리스도께서도 예루살렘 성전에서 환전상들을 내 쫓으시며 화를 내셨습니다(요 2;13-17). 어떤 때는 죄와 불의를 보고 화를 내지 않는 것이 죄가 될 수 있습니다. 그러나 의로운 분노는 충분히 통제될 수 있어야지 정도를 넘어서는 안 됩니다.

11. 다툼, 서로 잘났다고 부딪치는 것을 말하며, 파벌과 당파도 다툼으로 여겨짐. 경쟁과 이웃사촌. 오늘날 너무나 흔한 죄 가운데 하나입니다. 하지만 하나님께서는 다툼을 싫어하시며, 교회 내에서 말다툼은 합당하지 않습니다. 다음 구절들에서 성경이 이미 강력히 말씀하고 있는데 저희가 더 이상 무슨 말을 더 할 필요가 있겠습니까?(잠 13:10,15:18,20:3;눅 22:24;롬 13:13;고전 3:3;딤전 6:4;약 3:16).

12. 폭동, 합법적인 권위에 대해 선동하거나 저항하는 것. 반역과 밀접한 관련이 있습니다. 교회 내에도 무질서와 작은 조직을 만들어 분란을 일으키는 문제아들(trouble marker)이 있습니다. 이들은 모두 폭동의 죄를 짓고 있는 것입니다.

13. 파당, 그리스도의 몸 안에는 분열이 있을 수 없다고 합니다(고전 1:10). 진정한 그리스도인들이라면 작은 파당을 만들어 서로 분열을 일삼지 않을 것입니다. 하나님 말씀에 있는 것과는 상반되게 가르치는 모든 가르침을 일컫습니다. 비록 온전히 구원을 받았다 해도, 그리스도인들의 잘못된 가르침은 상속을 잃어버리게 합니다. 이단들은 문맥과 상관없이 구절을 뽑아내는 것을 주저하지 않으며 성경의 말씀에 더하거나 빼는 일을 태연스레 합니다. 하나님의 말씀의 권위를 부인하는 것은 자신들을 하나님의 말씀 위에 두는 것입니다. 비록 하나님의 왕국에는 가겠지만 하나님의 자녀

들을 오류로 이끈 그들의 죄에 대한 상속의 상실은 필연적인 것입니다. 성경을 가르치는 자가 되려면 하나님의 말씀을 다루는 일이 너무나 귀하고 중요하여 절대 사소하게 다룰 수 없다는 사실을 깊이 명심해야 할 것입니다.(약 3;1;벧후 2:1;딤후 4:3).

14. 시기, 남이 잘되는 것에 대해 고통스러워하고 분개하는 마음이 생기면서도 자신이 그렇게 되고 싶어 하는 마음이 드는 것. 질투, 남의 소유에 대해 탐욕이 드는 것 따위. 그리스도의 몸 안에 우리 자신의 위치를 바로 알아 하나님께서 주신 것들에 만족할 줄 알아야 합니다.

15. 살인, 미리 마음에 품고 불법적으로 사람을 죽이는 것. 구원의 영원한 보장에 관한 가르침을 거부하는 사람들은 이런 질문을 매우 즐겨 합니다. 그리스도인이 사람을 죽이면 천당에 갈 수 있습니까? 물론 저는 그 사람이 진정으로 거듭난 사람인지 확실하게 말할 수 없지만 그가 진정으로 그리스도인이었다면 "천당에 간다"가 저의 대답입니다. 물론 저의 이런 답변은 하나님의 은혜와 사람의 두 가지 성품, 혼의 영적인 할례 등을 이해하지 못하는 많은 신자들은 당혹스럽게 합니다.

살인은 분명히 죄입니다. 하지만 그리스도 안에 있다면 영원히 그대로 있게 됩니다. 비록 용서를 받지 못하고 죽었다 해도 그가 받은 구원은 잃어버리지 않습니다. 그가 잃어버리는 것은 구원이 아니라 신자로서 받을 상속입니다. 어떤 사람이 그리스도의 보혈 아래 있지 않다면, 살인이 아니라 사소한 거짓말의 죄라 해도 그를 지옥으로 보내 버릴 것입니다. 성경은 살인이나 거짓말이나 똑같이 지옥으로 갈 죄라고 말합니다. 하나님께 감사하십시오. 모든 신자의 죄는 그리스도의 보혈 아래 있습니다. 구원받고 나서 지은 모든 죄는 육신의 일이며, 하나님의 가족이 되기 이전의 과거로 우리를 돌아가게 하지 못합니다(계 21:8).

구원받고 난 후 거짓말을 한 번도 하지 않은 사람을 한 명이라도 제시해 보십시오.(진리에서 벗어난 것은 아무리 작은 일탈이라 할지라도 거짓말입니다. 비록 선의의 거짓말이라 해도 거짓말은 거짓말입니다). 거짓말하는 모든 자들은 살인자들과 음행자들과 마찬가지로 불과 유황이 타는 못에 떨어지게 될 것이라고 말합니다. 미워하는 자들은 어떻습니까? 여러분 가운데 한 순간이라도 어떤 것을 미워해 보지 않은 사람이 있습니까?

성경은 우리 마음 가운데 누구를 미워하면 살인의 죄라고 합니다(요일 3:15). 모세가 사람을 죽였다는 사실을 기억하십니까? 다윗은 사람을 죽였고, 그 죄는 속죄 헌물이 없는 죄였습니다. 여러분은 그들이 지금 어디에 있다고 생각하십니까? 그들이 한 행동은 분명히 잘못이었고 그에 대한 응당한 대가가 지불되었지만 그들의 죄가 하나님을 믿었다는 사실과 그들의 구원을 이루신 하나님의 역사를 바꿀 수는 없습니다.

16. 술 취함, 알코올의 과도한 사용, 술의 독성에 압도되는 것. "포도주는 조롱하게 하는 것이요, 독주는 날뛰게 하는 것이라. 누구든지 이것들에 속는 자는 지혜롭지 못하니라"(잠 20:1) 라고 말합니다. 수많은 신자들이 이로 인해 속고 상속의 일부를 잃어버립니다.

17. 흥청 됨, 연회나 잔치에서 시끄럽게 하며 즐거움을 깨는 것. 절제나 통제가 되지 않는 연회, 잔치. 우리가 함께할 때, 그 모임은 주 예수 그리스도께 선하고 정결하고 즐거우면서도 영광이 돌아가는 모임이어야지 단지 유흥이나 수치가 되어서는 안 될 것입니다. 우리가 지금 그러하다면, 또는 구원받은 후 그렇게 해왔다면 주님께 고백해야 할 필요가 있습니다. 우리는 모임이나 연회를 할 때면 주님께서 이 일을 돌보아 주시도록 기도해야 하며 주님의 보혈 아래 우리의 모든 죄를 내려놓아야 할 것입니다. 그런 후에 모든 일을 해 나가야 할 것입니다. 이런 일을 할 때 우리가 따라야 할 수칙이 잘 드러나 있습니다(요일 1:7-10).

육신의 일들, 갈 5:19-21에 기록된 17가지의 내용을 살펴보았습니다. 우리는 죄를 고백하는 것 이상의 일을 할 수 없습니다. 모든 것을 뒤에 두고 그것들에 대해서는 잊어버리고 오직 주님께로 달려가십시오(빌 3:13-14).

부르심의 상은 아직 그대로 있으며 얻을 수 있습니다.

　반드시 믿음으로 예수 그리스도를 영접해야 그 사람은 하나님의 상속자로서 새 예루살렘을 상속받을 수 있습니다. 그리스도께서 영원한 영광 이전에 고난과 수치와 모욕을 받으셨듯이 그리스도인도 주님과 함께 왕으로서 영광스럽게 통치할 수 있는 유업을 받으려면 먼저 그분을 섬기면서 받는 고난, 박해를 감당하며 이겨내야 할 것입니다. 십자가 없이는 결코 면류관이 있을 수 없는 것입니다.

　우리의 하나님은 왕들 중의 왕이며, 하나님의 상속은 결코 작은 것이 아닙니다. 이는 땅에서 생각할 수 있는 그 어떤 것도 훨씬 넘어서는 것입니다(고전 2:9). 아무리 상상해도 닿을 수 없을 만큼 큰 것이라면 어떻게 해야 할까요?

　미래에 받게 될 상속은, 구원받은 후 주의 인도하심에 순종하여 신실하게 수고한 수고의 댓가로 하늘의 하나님에게서 받게 되기 때문에 그것들을 보상이라고 합니다(롬 4:4-5). 로마서 4:4은 보상을 받기 위해서 열심히 일해야 한다고 말씀합니다. 이는 은혜로 주어지는 것이 아니라 보상이기 때문에, 주어지지 않는다면 일한 자에게 빚진 것이 됩니다. 이는 매우 간단하지만, 반드시 파악해야 할 매우 중요한 진리입니다.

　⇒ 보상으로 얻게 될 하늘의 상속과, 값없이 주어지는 영생이란 선물은 서로 절대 혼동해서는 안 될 매우 중요한 개념입니다(엡 2:8-9;요일 5:12-13).

　구원이 값없는 선물이란 사실은 하나님의 놀라운 은혜입니다. 이는 다른 방법으로 구할 수 있는 것이 아닙니다. 단지 우리의 사랑하시는 구주로부터 얻는 선물입니다. 왜냐하면 주님께서 이루신 사역으로만 모든 값이 지불되었기 때문입니다. 성경은 우리가 일함으로 얻게 될 보상과 혼이 구원받는 일과는 아무런 상관이 없음을 명확하게 가르치고 있습니다.

하늘의 왕국과 하나님의 나라의 차이에 대해 알아봅니다.

하늘의 왕국(The kingdom of Heaven), 이것은 문자적으로 눈에 보이는 물질적인 왕국으로서 그리스도께서 왕으로서 문자적으로 보좌에 앉으셔서 이 땅위에서 다스리실 실제적인 왕국(천년왕국)입니다. 이 왕국은 1000년간 지속할 것입니다(단 2:44,7:27;눅 1:30-33;계 11:15,20:1-6).

하나님의 나라(The Kingdom of God), 이는 영적이고 눈에 보이지 않으며, 도덕적인 의의 나라입니다. 우리는 거듭남으로써 이 왕국에 참여하며 그리스도를 우리의 구주로서 영접할 때 그렇게 됩니다. 이 영적인 나라는 보이지 않습니다. 바울이 쓴 로마서에는 물질적인 왕국에 대한 언급이 없습니다. 누가는 이를 두고 밖에 보이는 왕국이 아니라 우리 안에 있는 나라라고 말했습니다(롬 14:17;눅 17:21). 이는 영적인 나라를 말하고 있음이 분명합니다. 마태복음에서는 이 나라가 하나님의 의와 연결되어 있음을 말해 줍니다(마 6:33).

그리스도께서는 믿는 자들이 영적인 출생을 통해 영적인 나라로 들어갈 때 이들에게 하나님의 의를 전가해 줍니다(요 3:5). 영적인 출생을 하는 순간 성령은 우리를 그의 몸 안으로 넣습니다(고전 12:13). 그리고 우리를 그리스도 안에서 하늘의 처소에 앉히십니다(엡 2:6) 이 모든 일은 영적인 나라와 연관이 있습니다. 우리는 그 속에 속해있지만 지금 현재는 그것을 볼 수 없습니다. 현재는 영적인 지각으로써 그 나라에 들어감을 알 수 있을 뿐입니다(요 3:5). 그리스도께서 이 땅을 다스리기 위해 돌아오실 때, 하나님의 나라는 문자적이며, 눈에 보이는, 물리적인 왕국이 될 것입니다(눅 19:11).

요한복음 3:3에서는 '하나님의 나라를 본다'고 말했으나 3:5에서는 '하나님의 나라에 들어간다'고 말합니다. 여기서 두 가지 차이점이 있습니다. 영적으로 말해서, 우리는 거듭날 때 하나님의 왕국에 들어갑니다. 그리고 후에 주님이 오실 때 천국과 하나님의 나라는 지상에서 우리가 볼 수 있는 물질적인 왕국으로서 땅 위에 나타나게 될 것입니다. 영생은 현재적 소유로서 지금 당장 소유하고 있는 반면(요 3:18,36,5:24;요일 5:12-13), 상속은 영광스런 새 몸을 입을 때까지 받을 수 없습니다(고전 15:50).

현재 우리는 하나님의 왕국을 상속받을 수 없는 혈과 육의 몸 안에 갇혀 있지만, 주님께서 문자적으로 이 땅에 지상 왕국을 세우실 때 우리는 구주와 같은 피 없는 영광스런 새 몸을 입게 될 것입니다. 고린도전서 15:30은 분명히 "혈과 육(살과 피)"은 영적인 것 즉 하나님의 나라를 상속받을 수 없다고 말합니다. 누가복음 24:39은 주님께서 부활하신 후 '살과 뼈들'을 가지셨다고 합니다. 이로써 살과 뼈는 혈과 육으로 들어갈 수 없는 나라에 들어갈 수 있음을 보게 됩니다. 육(살)은 들어갑니다. 뼈도 들어갑니다. 하지만 피는 들어가지 못합니다. 영광스런 새 몸을 입기 전에 상속을 받을 수 없다는 사실을 이로서 더욱 분명해 졌습니다.

하나님께로부터 받을 상속은 무엇인가? 이 상속은 무엇으로 구성되어 있는가? 믿는 신자에겐 상속의 두 가지 측면이 있습니다. 한 가지 면은 이미 확정되어 있으며 불변적인 것입니다. 반면 다른 한 가지는 우리의 행실에 따라 얻을 수 있는 가변적인 것입니다.

I. 이미 확정된 것

이미 확정된 것은 하늘에 준비되어 있으며, 영원히 안전한 것입니다. 하나님을 찬양합니다. 절대로 잃어버리지 않습니다(엡 1;11;벧전 1:3-5).

우리를 위해 하늘에 예비 되어 있는 상속은 확실한 두 가지가 있습니다.

영광스런 몸(주 예수 그리스도의 몸과 동일): 롬 8:29;빌 3:20;요일 3:1-3)

하늘에 있는 집(처소): 요 14:1-3과 계21장 전체는 하늘에서 내려오게 될 새 예루살렘에 관한 것입니다. 이는 성도들이 살게 될 새 도시입니다.

II. 다양한 상속

지금 말하고자 하는 상속은 미래에 얻어야 할 것들입니다. 그러므로 이 땅에서는 우리가 받게 될 상속에 대해서 확실히 알지 못합니다. 그날이 되어야 우리가 받게 될 다양한 상속에 대해서 알 수 있을 것이며, 그 영광스런 날을 기다려야 합니다.

하나님은 아브라함에게 그와 그의 씨가 이 세상을 상속받게 될 것(갈 3:29)이라고 말씀하시기 때문입니다. 신자들은 하나님의 양자로 입양될 때 영적인 유대인(롬 2:28-29)이 되었습니다. 그러므로 우리가 받게 될 상속의 일부는 그리스도와 함께 이 땅을 다스리는 것에 동참하는 것입니다. 이 일은 주님께서 이 땅 위에 눈에 보이는 하늘의 왕국을 세우신 후 1000년간 지속할 것입니다(계 5:10;계20:6).

구약 성경을 통해서 하나님은 이스라엘의 자녀들에게 언젠가 지상의 땅을 상속으로 주시겠다고 약속하셨습니다. 그러나 그들은 결코 땅을 상속으로 받지 못했습니다. 하지만, 우리는 그리스도께서 이 땅 위에 천년왕국을 세우실 때 그들은 약속의 땅을 차지할 것이란 사실을 압니다.

구약 성도들과 환란 성도들은 이 상속을 얻어야 했습니다. 교회시대의 성도들인 우리들은 우리가 받기를 고대하는 이 상속의 일부를 얻게 될 것입니다. 성도라면 비록 구원을 잃어버릴 수는 없지만, 천년왕국 동안 예수 그리스도와 함께 다스릴 권리를 잃어버릴 수는 있습니다. 저는 상속을 잃고 싶지 않습니다. 왜냐하면, 이 상속에는 놀라울 만큼의 영광과 권세가 함께 주어질 것이기 때문입니다.

많은 그리스도인이 이 상속을 어떻게 얻는가에 관한 놀라운 성경적 교리에 대해서 무지합니다. 그래서, 하나님 앞에 섰을 때, 보상이 주어지는 그 자리에서 그리스도와 함께 다스릴 수 있는 권리를 잃어버린 자신들을 발견하게 될 것입니다.

1000년의 통치 기간에 지구는 에덴의 동산과 같이 회복될 것이며, 신부는 신랑인 주 예수 그리스도와 함께 1000년간의 신혼여행의 기쁨을 즐기게 될 것입니다.

그러면 어떻게 상속을 얻을 수 있습니까?

1) 첫째는 그리스도를 섬기는 것입니다. 우리는 그리스도를 신실하게 섬김으로써 상속을 받을 수 있습니다(골 3: 23-25). 바울 사도는 "너희가 상속 유업의 보상을 주께로부터 받을 줄"이라고 말했습니다. 보상이란 구원을 말하는 것이 아닙니다. 왜냐하면 구원은 보상도 상속도 아니기 때문입니다. 구원은 값없는 선물입니다. 보상과 값없는 선물은 반드시 구분해야 합니다. 보상은 잃어버릴 수 있지만 구원은 잃어버릴 수 없습니다.

"마음을 주께 하듯 하고 사람들에게 하듯 하지 말라"(골 3:23)고 하십니다. 사람의 칭찬이나 인정을 받기 위해서 행해진 일이라면 헛된 것이며, 아무런 보상도 얻을 수 없습니다. 우리가 하는 모든 일에서 주님을 영화롭게 해야지 자기에게 영광을 돌려서는 안 됩니다. 믿는 자들이 자신들의 몸으로 행한 모든 일에 대해서 하나님 앞에서 보상을 받을 것이라고 말합니다(고전 3장). 받을 보상은 하늘에 쌓아 둘 수도 있고, 잃어버릴 수도 있음을 분명히 볼 수 있는 구절들입니다(고전 3:11-15).

바울 사도는 '불이 모든 사람의 행위를 시험할 것'이라고 말할 때 '얼마나 많은 일을 했는지를 시험하는 것'이 아니라 '어떤 종류의 일'인지를 시험한다고 말합니다. 하나님은 양이 아니라 질을 보십니다. 주님을 위해서 일할 때, '마음을 다해 주께'하듯 해야 하는 이유입니다. 여기서 주의할 것은 불타게 될 것은 헛된 일이지 사람이 아니란 사실입니다(고전 3:15).

신실하게 주님께 행한 사역은 금, 은, 보석들로 쌓일 것이며, 반면 나무, 짚, 건초는 육신의 욕망에 따라 행한 죽은 일들을 나타냅니다. 시험하는 불이 우리가 행한 일들을 태울 때, 나무와 짚, 건초는 완전히 태워버릴 것입니다. 단지 금, 은, 보석들만이 보상을 받을 수 있는 행위로 남게 될 것입니다.

골로새서 3:24은 구원에 관한 이야기가 아닙니다. 왜냐하면 구원은 보상도 상속의 일부분도 아니기 때문입니다. 구원은 선물입니다.

'살과 피는 하나님의 왕국을 상속받을 수 없다'고 말씀합니다. 그래서 우리는 육신을 입고 이 땅에 사는 동안 상속을 받을 수 없다는 사실을 압니다. 상속은 앞으로 받게 될 미래의 일입니다. 하나님은 인간들에게 자신에 대해 가르치기 위해 그리고 하나님을 위해 어떻게 살아야 하는지 가르쳐 주기 위해 성경을 주셨습니다. 성경을 읽으면, 어떻게 주님을 섬겨야 하는지와 주님께서 우리가 하기를 원하시는 모든 일들에 대해서 말씀해 주십니다.

예를 들어, 골로새서 3장은 주님께서 우리가 하기를 원하시는 모든 일들에 대해서 말씀해 주십니다. 또 다른 예는 데살로니가전서 5장입니다. 주님께서 특히 우리에게 관심을 집중케 하는 구절들과 성경에서 말하는 바를 행하도록 감동시키는 구절들을 표시해 두는 것도 좋은 방법입니다.

2) 두 번째 방법은 그리스도의 고난에 동참하는 것입니다. 천년왕국 때에 그리스도께서 다스릴 때(로마서 8:19-22), 동물들이 저주에서 풀려나는 것을 말씀합니다. 이사야 11장을 참조하십시오. 신자들의 몸의 구속은 휴거 때에 있을 것임을 압니다(롬 8:23). 바울 사도가 천년왕국 때를 말하고 있음과 '고난'이란 무엇을 뜻합니까? 물론 고난은 정신적인 것과 육체적인 것을 다 포함할 수 있습니다. 고난이란 '불편한 것을 참는 것 또는 견디는 것'입니다.

사도들은 얻어맞았고 예수의 이름으로 더 말하지 못하도록 협박을 받았습니다. 그러나 그들은 그리스도를 위해서 고난을 당할 자격이 주어진 것에 대해서 기뻐했으며 계속해서 말씀을 전파하고 가르쳤습니다(빌 1:28-30).

바울 사도의 생애를 공부해 보면 참으로 주 예수 그리스도를 위해서 고난을 받은 사람임을 알 수 있습니다. 성경은 바울이 신자들이 따라야 할 본보기라고 말하고 있습니다(딤전 1:16). 주 예수 그리스도는 또한 우리에게 고난의 본이 되십니다(벧전 2:21)

과거에 그러했듯이 앞으로 그리스도의 종들에게 임할 육체의 고난에 대해 더 많이 기대하는 것은 지극히 당연합니다. 대환란(야곱의 고난의 때) 때는 분명히 엄청난 고난이 있을 것입니다. 물론 신자인 교회는 휴거되고 이 땅에 없겠지만 말입니다. 사실 휴거되기 직전 신자들에 대한 엄청난 박해가 시작될 것입니다. 참된 믿음을 가진 사람들이 점점 살기 어려운 시대로 급속히 접어들고 있습니다.

육신의 고난과 보상에 대해 그런 물리적인 박해를 받는 것 말고는 상속을 얻는 다른 방법은 없는가 하는 것입니다. 고통을 견뎌냄으로써 상속을 얻을 수 있습니다.(고난의 또 다른 의미이기도 합니다). 부당하게 대접을 받고, 정신적인 고통을 겪으며, 그리스도를 증거 하느라 정서적인 마음의 상처 등을 견디는 것도 육신의 고통과 동일한 고통이라고 할 수 있습니다. 사탄은 그것을 주목해서 봅니다.

3) 세 번째 방법은 믿음 안에서 그리스도를 부인하지 않는 신실한 믿음을 통해서입니다. 구원을 받았다가 후에 세상으로 떠나거나 주를 부인하는 사람들이 있다는 것은 성경에 명확히 나오는 이야기입니다. 만약 진정으로 거듭났다면, 우리와 마찬가지로 하나님의 자녀인 것은 틀림없습니다. 하늘에 가게 될 것입니다. 하지만 그리스도께서 주실 보상은 잃어버릴 것입니다. 그리스도를 부끄러워하고 이 세상에서 받아야 할 불 같은 시련을 견디지 못했다면(롬 10:11;눅 9:26;요일 2:28;벧전 4:16). 주님으로부터 수치를 당할 것입니다. 그러나 비록 주 예수 그리스도께서 그들을 부끄러워할지라도 구원을 잃어버리지는 않습니다(딤후 2:10).

바울 사도가 한 두 가지 말에 주의하십시오.

1. 그리스도 예수 안에 있는 구원"
2. "영원한 영광"은 보상으로 얻는 것(롬 8:18을 비교해 보십시오. "우리 안에 나타나게 될 영광"이란 말을 주목하십시오). 구원은 하나님의 선물입

니다. 그러나 영원한 영광은 얻어야 합니다.

거듭난 신자들이 그들의 구원을 잃어버릴 가능성이 있다고 가르치는 사람들의 주장을 살펴보기로 합니다. 이 구절들일 것이라고 생각합니다(딤후 2:11-12, 마 7:23). 그러나 마태복음의 구절과 디모데후서의 구절은 전혀 별개의 구절입니다. 자신들의 가르침을 정당화하기 위해서 문맥에서 벗어난 구절들을 혼합한 것입니다. 이런 이들은 교회 시대의 성도들이 구원을 잃어버릴 수 있다고 가르치며, 그리스도인답게 살지 못한 자들은 지옥에 가게 될 것이라고 합니다. 왜냐하면 예수 그리스도를 거짓말쟁이로 만들었기 때문이라고 합니다.

이 은혜의 시대에 사람이 구원받을 때 주님은 그를 아십니다. 거듭나는 순간 '그분의 뼈 중의 뼈요, 살 중의 살'(엡 5:30)이 됩니다. 더욱이 그는 주님으로부터 영원히 너희를 떠나지 않을 것이라는 약속을 받습니다(히 13:5).

바울 사도가 말하는 바는 그리스도를 부인하는 신자는 그의 상속의 몫을 부인 당할 것이라는 말입니다(천년왕국 때 주님과 함께 다스릴 수 있는 권리를 거부당함). 이 구절을 문맥적으로 볼 때 "(우리가) 고난을 당하면 (참으면) 그분과 함께 통치할 것이요, 만약 우리가 그분을 부인하면, 그분도 우리를 부인하실 것"입니다. 분명히 다스림에 관련된 말씀으로 다스림을 부인한다는 의미입니다. 부끄럽게도 수많은 그리스도인이 자신들의 삶 가운데서 예수 그리스도를 부끄러워하고 숨기는 경우가 많습니다. 그는 그리스도를 부인하는 것이요, 그들의 상속의 몫 또한 부인될 것입니다.

데마는 그리스도를 부인하고 세상으로 돌아간 본보기입니다(딤후 4:10). 바울은 디모데에게 다른 사람들 또한 믿음에서 떠날 것에 대해 경고하고 있습니다. 특히 마지막 날들에 더욱 그러하다고 말합니다(딤전 4:1). 이 서신은 분명히 신자들을 대상으로 쓴 것입니다. "어떤 사람들이 구원을 잃어버릴 것이며"라고 쓰지 않고 "어떤 사람들이 믿음에서 떠나"라고 쓰고 있습니다. 많은 사람이 그리스도를 부인하고 믿음에서 떠날 것이지만 그들이 구원을 잃어버리지는 않습니다. 그들은 상속을 잃어버립니다.(딤후 2:13). 성도들의 구원의 영원한 보장에 대해서 가장 강력하게 말씀하는 구절입니다.

그리스도와 함께 다스리기를 원한다면, 주님을 위해 수고해야 합니다. 어려움, 시험, 박해, 모욕을 견뎌내야 합니다. 그분을 부인하지 않아야 합니다. 데마처럼 중도에 포기해서는 안 됩니다. 교회에 나가는 것, 성경을 읽는 것, 복음 전도지를 나누어주는 일을 중단해서는 안 됩니다. 계속해서 내가 할 수 있는 최선을 다해야 합니다. 믿음으로 살고 그분의 뜻을 행해야 합니다. 그런 사람들은 주님의 심판석에 갔을 때 보상을 받을 것입니다. 천년왕국 동안 주중의 주이시며 왕 중의 왕이신 그분과 함께 다스릴 권세를 얻게 될 것입니다.

4) 주님과 다스리기 위해서는 정결하고 거룩한 삶을 살아야 합니다.

새롭게 태어나는 중생을 통해 하나님의 나라에 들어가지만 천년왕국에서 상속을 받기 위해서는 세상과 분리된 정결하고 거룩한 삶을 살아야 합니다(엡 5:1-5). 깨끗한 삶에 대해 갈라디아서 5장과 로마서 6장의 이 유명한 구절들을 이해하는 것은 매우 중요합니다. 왜냐하면 그리스도인이 여기서 구원을 잃어버릴 수 있다는 속임수에 넘어가기 때문입니다. 이 구절은 전혀 구원을 다루고 있지 않습니다.

하나님의 말씀을 신실하게 공부하는 성도라면 반드시 혼의 구원과 행위로 얻는 보상의 차이에 대해서 알아야 합니다. 그래야 구원의 확신을 가질 수 있으며, 거짓 교사들로 인해 혼란에 빠진 형제들을 바로 잡아 줄 수 있습니다(갈 5:19-21). 성경은 절대 '그런 일을 행하는 자들은 구원을 잃고 지옥에 갈 것'이라고 말씀하지 않습니다.

신자들을 대상으로 쓴 편지이기에 "이런 일들을 행하는 자들은 결코 하나님 나라의 상속을 받지 못할 것"이라고 말씀합니다. 갈 5:21에 나오는 '상속'이란 말에 위험이 도사리고 있습니다.

골로새서 3:24의 정의를 기억하십시오. 상속은 분명히 삯(보상)으로 주어지는 상속이라고 정의 합니다. 이로써 이 구절들이 구원에 관한 말씀이 아니란 사실을 알 수 있습니다. 왜냐하면 구원은 삯이 아니며, 값없는 선물이기 때문입니다. 더욱이 이 구절에서는 하나님의 왕국은 문자적이요, 눈에 보이는 물질적 왕국으로 언급되어 있습니다.

어떤 신자라고 자신이 구원받은 후 거짓말을 한 적이 있음을 인정할 것입니다. 모든 신자는 자신이 진리에서 벗어난 행동을 하며 자신이나 다른 사람이 그런 행동을 한 것에 대해 곰곰이 생각해 보았을 것입니다. 이것을 부정하는 사람은 없을 것입니다. "거짓말하는 모든 자들은 불과 유황이 타는 호수에서 자기 몫을 받으리니"(계 21:8). 우리는 이 구절을 모든 신자들에게 상속의 몫과 구원의 영원한 보장과 연관시켜 분명하게 가르쳐 주어야 합니다.

5) 상속을 얻는 다섯 번째 방법은 예수 그리스도를 사랑하는 것입니다.

예수 그리스도를 사랑하는지(약 2;5) 그렇지 않은지 앞에서 말한 네 가지를 잘 실행하느냐 그렇지 않느냐로 입증할 수 있습니다. "듣기만 하는 자가 되지 말고 행하는 자가 되라"(약 1:22). 그렇지 않다면 우리는 자신을 속이는 자에 불과할 것입니다.

상속은 다음 5가지에 달려 있습니다.

1. 주 예수 그리스도를 섬김 2. 예수 그리스도를 위해 고난 받음

3. 그리스도를 위한 정결한 삶 4. 예수 그리스도를 부인하지 않음

5. 주 예수 그리스도를 사랑함

그리스도께서는 우리가 일하기를 원하십니다(엡 2:10). 육신을 십자가에 못 박히도록 내어주고 하나님께서 우리 안에서 일하시도록 내어 드리는 것을 말씀하고 있습니다(빌 2:12-13). 이 생을 살기 위해 한 일은 다 사라져 버리고 오직 주를 위해 한 일만 영원히 남습니다. 주께서 곧 오실 것이기에 우리는 영원한 것들에 대해 곰곰이 생각해 보아야 합니다.

23장. 영원을 준비하는 그리스도인의 삶

인간의 한계와 어리석음은 영원을 계산에 넣지 않는다는 데 있습니다.

모든 사람은 무언가에 항상 관심을 가지고 살아갑니다. 돈, 건강, 명예, 쾌락, 등을 추구하며 다른 사람들의 주목을 받고 사람들로부터 인정받기를 기대하며 살아갑니다. 그리고 그렇게 사사는 것이 행복한 삶이라고 생각합니다. 과연 그렇게 사는 것이 행복한 삶일까요? 정말 그게 인생의 전부이겠습니까? 모든 사람은 잠시 후면 닥쳐오게 될 영원에 대해서 깊이 생각해 보아야만 합니다(벧전 4:7). 곧 우리의 생은 끝나고 영원이 시작되기 때문입니다. 영원은 이 땅에 살고 있는 모든 사람들에게 예외 없이 적용되어지는 아주 중요한 핵심 주제인데 이 세상 신인 사탄(마귀)은 온통 이 땅의 것만을 쫓으며 살도록 각종 미디어 등을 총동원하여 무섭도록 쇠뇌 시키면서 수많은 사람들을 지옥을 향해 달려가도록 만들고 있다는 것을 얼마나 알고 있습니까?

진리에 눈 뜬 소수의 지혜로운 사람들은 이러한 현실을 참으로 안타깝게 바라보면서 목이 터져라 외칩니다. "이 땅이 전부가 아니라고," 사람이 한번 죽는 것은 정해진 것이요 그 뒤에는 심판이 있다"(히 9:27)고 말입니다. 만약 우리가 수억 번 살 수 있다면 우리들은 영원에 대해서 생각하지 않아도 될지 모릅니다. 수억 년 후에 그 때가서 영원을 생각하면 되니까 말입니다.

그러나 한 번 죽는 것이 정해진 것처럼 한 번 사는 것도 사람들에게 정해진 것입니다. 어느 누구도 두 번 살지 못합니다. 왜냐하면 오직 단 한 번의 인생만 살 수 있다는 것이 하나님의 법칙이기 때문입니다(전 2:16). 인생이 단 한 번뿐이라고 믿는 사람과 여러 번 계속해서 되풀이 된다고 믿는 사람 중 누가 더 가치 있는 인생을 살겠습니까? 우리는 단 한 번밖에 살 수 없기 때문에 영원에 대해서 깊이 생각해야만 합니다.

인생은 유한합니다. "우리의 연수가 칠십이요, 강건하면 팔십이어도"(시 90:10). 한 인간이 태어나서 고작 하는 일이, 평생 동안 평균 35톤의 음식을 위장에 넣고, 7만 잔 정도의 커피를 마시며, 약 1억 2천만 개의 단어를 사용하고, 꼬박 8년 정도를 TV 앞에 멍청히 앉아 있으며, 지구를 세 바퀴 정도 도는 거리를 걸어 다니다가 죽는 것이고(영국 National Geographic Channel 자료), 또한 다른 통계에 의하면, 우리가 평생 70년을 산다고 봤을 때, 20년은 잠으로, 20년은 직장에서 일하면서, 7년은 밥 먹는 데, 7년은 노는 데, 5년은 옷 갈아입는 데, 1년은 전화하는 데, 2년 반은 침대에 누워서 보내고, 5달은 신발을 신고 끈을 묶는 데, 2년 반은 화장실에서, 종교 행사에 참석하는 시간은 고작 6개월에 불과하다고 합니다. 그것은 짐승처럼 사는 것과 다르지 않습니다. 사람이 존귀에 처해 있어도 깨닫지 못하면 멸망하는 짐승들과 같도다(시 49:20)라고 말씀하고 있습니다.

모든 사람에게 하루 24시간을 동일하게 주셨습니다. 빈부의 격차, 지위 고하, 신분과 학력의 차이, 남녀노소, 연령의 다소를 불문하고, 다른 것은 몰라도 적어도 이 시간만큼은 동일한 조건으로 주어져 있는 것입니다.

여러분은 이 시간을 무엇을 하면서 보내겠습니까? 앉아 있어도 시간은 가고 누워 있어도 시간은 흐르고, 잠을 자도, 책을 보고, TV를 봐도 이 시간만은 동일하게 지나갑니다. 이처럼 영원한 것을 위해 준비하며 살지 않는 인생은 가치가 없습니다. 특히 이제 곧 모든 인간이 영원에서 대면할 하나님은 사라져 없어질 세상과 세상의 일들에 관하여 안중에도 없으실 것입니다.

인생의 시간은 아주 짧습니다.

"그것이 곧(it is soon) 끝어지면 우리가 멀리 날아가나이다"(시 90:10). 어느 날 어떤 사람이 이상한 전화를 받게 되었습니다. 이 전화는 은행에서 걸려온 전화였습니다. "당신 앞으로 어떤 사람이 1,440만원을 은행에 입금해 놓았습니다. 그런데 당신은 오늘 반드시 이 돈을 쓰셔야 합니다. 조건은 없습니다. 그러나 유익하게 쓰십시오." 이 사람은 어리둥절하게 하루를 보내다가 1,440만원을 써보지 못했습니다. 그런데 그 이튿날 아침에 또 전화가 걸려왔습니다. "당신 앞으로 1,440만원이 또 입금되었습니다. 그런데 어제 예금된 돈은 쓰지 않았으므로, 그 주인이 도로 찾아갔습니다. 그런데 그분이 말하기를 오늘 찾아가서 그 돈을 쓰시면, 그 돈은 당신 것이라고 말합니다."

두 번째 날은 조금 미심쩍어 하면서도 이 사람은 은행에 가서 그 돈을 찾아다가 썼습니다. '에이, 한번 기분이나 내보자' 하고 기분 좋게 써버렸습니다.

그 이튿날 아침에 또 전화가 걸려 왔습니다. 그래서 이 사람은 또 썼습니다. 이런 일이 매일같이 반복되었습니다. 그런데 그 돈을 매일 쓰면서 기분은 좋았지만, 이 사람의 마음속에 자꾸만 불안이 생깁니다. "어느 날 갑자기 이것이 딱 멈추면 어떻게 할 것인가? 혹시 무엇인가 요구하면 어쩌지?"

하나님께서는 우리에게 하루 24시간을 분으로 계산하면 1,440분이 됩니다. 하나님께서 우리에게 1,440만원은 주시지 않았지만, 1,440분을 주셨습니다. 우리는 그것을 마음대로 할 수 있습니다. 우리 마음대로 그것을 유익하게 사용할 수 있도록 하나님은 우리에게 24시간을 공평하게 맡겨 주셨습니다. 그러나 기억해야 합니다. 이것이 언제까지 계속되는 것만은 아니라는 사실을 말입니다. 어느 날 은혜로우신 하나님께서 우리를 향해 이렇게 선언하시는 순간이 올 것입니다. "이제 그만, 그리고 지금까지 분배한 것을 네가 어떻게 사용했는지 계산해 보자."

세상에서 가장 오래된 책인 욥기는 인생을 열두 가지로 정의

하나, 인생은 바람과 같다(욥 7:7). 즉 인생은 영적인 것이다(요 3:5-8).

둘, 인생은 베틀의 북과 같다(욥 7:6). 셋, 인생은 노예 상태와 같다(욥 7:1). 넷. 인생은 시험의 연속이다((욥 7:18). 헬라어로 "양"(요 10장)이라는 말은 수습생이라는 말과 같은 어원을 가지고 있습니다. 곧 "심사"를 받는 사람이라는 것입니다. 권투 선수나 육상 선수가 훈련을 받을 때 "시험"을 받지 않는다면 어떻게 될까요? 바울은 그리스도인의 삶이 권투 시합이나 달리기 경주와 같다고 말씀합니다(고전 9:26). 인생은 "시운전'인 셈입니다. 욥은 말합니다."주께서 매일 아침… 그를 시험하시나이까?"(욥 7:18). 주 예수 그리스도께서는 광야에서 시험을 받으셨고, 헤롯과 빌라도 앞에서 "재판(trial)을 받을 때까지 그분의 전체 인생은 계속되는 시험의 연속이었습니다.

다섯, 인생은 그림자와 같다(욥 8:9). 그림자는 12시간, 기껏해야 16시간만 계속됩니다. 그리고는 끝입니다. 태양은 동틀 때부터 어두워 질 때까지 그림자를 만듭니다. 그 다음부터 생기는 그림자는 진짜 그림자가 아닙니다. 그 다음부터는 인공 빛으로 만들어진 것입니다.

여섯, 인생은 경주마와 같다(욥 9:25). 경주마는 출발점에 서서 출발합니다! 인생은 경쟁입니다. 박차를 가하면 근육이 긴장하고 저쪽 모퉁이를 돌아 질주해서 마지막 직선 주로를 내리달려 경주는 끝이 나고 맙니다. 인생은 트랙 경주인 셈입니다(히 12:1-3). 기수에게는 명령이 주어지고 메시지를 가지고 달리라는 명령이 주어집니다. 우리는 어떤 메시지를 가지고 달리고 있습니까?(렘 23:21).

일곱, 인생은 독수리가 나는 것과 같다(욥 9:26). 독수리가 먹이를 향해 급강하하는 것처럼 빨리 지나갑니다.

여덟, 인생은 빠른 배와 같다(욥 9:26). 보이는가 싶더니 어느 새 수평선 너머로 사라지고 만다. 나침판과 지도로 항해를 하지만, 주로(하나님의) 바람이 부는 대로 항로가 결정된다(행 27장).

아홉, 인생은 바람에 날리는 나뭇잎과 같다(욥 13:25). 나뭇잎은 힘없이 떨어지고 이내 낙엽 더미 위에서 썩어갑니다.

열, 인생은 썩은 나무와 같다(욥 14:10). 죄들이 우리의 내부에서부터 우리를 좀먹고 "나무꾼"이 우리를 쓰러뜨리지 않는다 해도 잠시 후면 썩고 쓰러져서 땔감 외에는 전혀 쓸모가 없게 됩니다(겔 15:2-5).

열 하나, 인생은 꽃과 같다(욥 14:2). 꽃들은 군락을 이루며 자라고 수고도 길쌈도 하지 않지만(마 6:28) 하나님께서 그들을 위해 공급해 주신다. 어떤 것은 아름답고 어떤 것은 그렇지 않다. 어떤 것은 독이 있고 어떤 것은 해롭지 않다. 어떤 것은 번성하고, 어떤 것은 그렇지 않다. 하나님께서는 자신의 정원에서 그분이 보기에 좋은 대로 꽃을 꺾으십니다(아 4:16, 6:2).

열둘, 인생은 구름과 같다(욥 30:15). 잠깐 보이다가 사라지는 안개이며(약 4:14) 구름에는 고정된 성분이 없고 바람에 따라 이리저리 움직일 뿐입니다. 인생은 짧고, 주어진 모든 것은 유동적이고 급속도로 변합니다.

이것이 생명의 창시자께서 주신 지혜의 책에서 발견되는 인생에 대한 묘사이며, 우리들 대부분이 일생 동안 겪는 것보다 더 많은 것을 1년에 겪은 한 사람의 증거를 통해 기록된 말씀입니다. "이 지상에서 일어나는 끔찍한 비극은 영원히 지속될 것을 위해 아무것도 해놓지 않으며 살다가 죽는 일입니다."

거듭난 성도가 세상 사람들과 다른 것은, 영원에 대한 기대와 소망을 지니고서 살 수 있다는 점입니다. 하나님께서는 이 소망을 예수 그리스도를 통해 주셨습니다. 이것은 "선한 소망"(살후 2:16), "복된 소망"(딛 2:13)이며, "기쁨의 소망"(히 3:6)이고, "부끄럽지 않은 소망"(롬 5:5)입니다. 베드로전서 1:3 에서는 "산 소망"이라고 말씀하십니다. 또한 "구원하는 소망"(롬 8:24)이고, "영광의 소망"(골 1:27)이자, 성도들을 "정결케 하는 소망"(요일 3:3)이라고 말씀하고 계십니다.

이러한 소망이 있기에 그리스도인은 반드시 영원을 염두에 두고 살아야 합니다. 이에 성경은 영원을 준비하는 방법에 대해 구체적인 지침을 주고 있습니다. 우선 두려움과 떨림으로 하나님 앞에 설 그 심판을 준비해야 합니다(고후 5:10-11). 단언컨대, 어떤 성도에게는 그 하나님 앞에 설 그 심판의 자리가 그야말로 "공포"(terror)의 자리가 될 것입니다.

이는 기대했던 것과는 반대로 구원받은 이후 불타 버린 것으로 인하여(고전 3:15) 허탈감에 빠져 망연자실할 사람들이 많을 것이기 때문입니다. 하나님 앞에 설 심판의 자리를 계산에 넣지 않은 인생이라면, 지금부터라도 당장 하나님 앞에 삶의 목적을 세우고 목표를 정함으로 방향을 전면 수정해야만 합니다. 또한 그리스도인이라면 각자를 향한 '하나님의 뜻'이 무엇인지를 발견해야 하는데, 주께서는 그 심판 때에 우리 각자에게 그 뜻대로 살았는지 물으시고 평가하실 것이기 때문입니다.

다음 세 가지 질문(딤후 4:7)을 하실 수도 있습니다.
1. 너는 그리스도의 군사로서 "선한 싸움"을 싸웠느냐?
2. 마땅히 "달려가야 할 길"을 온전히 마쳤느냐?
3. "하나님의 말씀(성경)대로" 믿음을 온전히 지키고 실행했느냐?

혹은 한 므나로 얼마를 벌었는지, 곧 이윤을 남기는 장사를 했는지(눅 19:15) 질문하실 지도 모릅니다. 이러한 질문들은 구원받은 모든 그리스도인들이 반드시 답변을 준비해야 하는 일종의 "기출문제들"입니다. 당장 내

일이 시험일 경우, 아예 포기한다면 모를까 긴장도 하지 않고 스트레스도 안 받는 사람은 아마도 없을 것입니다. 입사 면접시험이 코앞이라면, 예상 질문들을 미리 뽑아 놓고 긴장된 마음으로 어떻게 답변할지 준비할 것입니다.

그렇다면 이제 곧 하나님이 계신 그 심판대 앞에 서야 한다는 말씀 앞에서는 어떠하십니까? 긴장이 되십니까? 대부분 무덤덤할 것입니다. 왜 그렇습니까? 그 이유가 무엇입니까? 영원을 위한 준비가 현실적인 인생의 계산 안에 들어 있지 않기 때문입니다. 바로 여기에 영원을 바라보지 못하게 만드는 사탄의 속임수가 있는 것입니다.

그러나 그리스도인의 진정한 인생은 휴거와 하나님 앞에서 받게 될 그 심판을 기점으로 시작됩니다. 이것이야말로 진정한 "현실"입니다. 인생설계서에 대학, 자격증, 취업, 결혼, 자녀, 집, 자동차, 재테크, 여행 등의 계획들은 빼곡하게 차 있는 반면, 하나님 앞에 받게 될 심판을 준비하기 위한 구체적인 계획들이 전무하다면 그것은 실패한 인생입니다.

반드시 영원의 관점에서 인생설계도를 그려야 합니다. 흔히 "원하는 것을 많이 얻는 것이 성공"이라고 생각합니다. 세계적인 주식투자자이자 억만장자인 워렌 버핏은 "자신이 사랑해 줬으면 하는 사람이 자신을 사랑해 주면 성공"이라고 했습니다. 영국의 윈스턴 처칠은 "거듭되는 실패 속에서도 의욕을 잃지 않고 계속 걷는 것"이라고 했습니다. 유명한 의류 기업의 CEO 토니 셰이는 "자신의 가치관에 따라 사는 것이 성공"이라고 말했습니다. 그러나 이것은 유치한 세상 원리에 따른 성공의 정의일 뿐입니다.

밥 존스 시니어 목사는 "하나님께서 자기에게 원하시는 것이 무엇인지 찾고 그것을 실행하는 것이 성공"이라고 정의 했습니다. 그리스도인은 세상에서의 성취나 자아실현과 같은 낮은 목표가 아니라, 영원하고 높은 뜻을 이루기 위해 살아야 합니다. 이것이 바로 진정한 성공입니다.

한때 "순간의 선택이 평생을 좌우한다."는 광고 문구가 유행한 적이 있었습니다. 그러나 이것은 지상에서의 삶이 전부라고 생각하는 사람들이나 하는 말입니다. 영원을 생각하는 사람은 이렇게 말할 수 있어야 합니다. "순간의 선택이 영원을 좌우한다." 그래서 우리는 영원을 준비하기 위해 과감한 투자를 아끼지 말아야 합니다. 순간의 현실을 위해 살 것인가? 아니면 영원한 영광의 비중을 이루어 가는 데 우리의 인생을 집약시킬 것인가?

짐 엘리엇은 "영원한 것을 위해 영원하지 않은 것을 포기하는 사람이 되어야 한다."라고 말했습니다. 영원을 위해서라면 순간을 위한 세상적인 것들을 과감히 포기해야 합니다. 영원의 가치를 위해 세상의 정욕들을 땅에 묻을 수 있어야 하는 것입니다. 그리스도인의 현재적인 삶은 영광의 비중을 이루어 가는 인생이 되어야 합니다.

특히 그것이 주님과 진리를 위해 당하는 고난의 삶이라면, 영광에서 누리게 될 삶의 무게를 상당히 묵직하게 만들어 줄 것입니다. 왜냐하면 지상에서 받았던 고난을 영원의 무게를 측정하는 저울에 올려놓는 순간, 그것은 좀과 녹이 해치지도 못하고 썩지도 쇠잔하지도 않는 영원한 금과 은과 보석들(고전 3:12)의 무게로 측정될 것이기 때문입니다.

이 사실에 유념하는 것이 중요한 것은, 이 땅에서 오직 주님만을 위해 한 일도 없고 또 고난받은 적도 전무하다면 영원에서는 무게가 나가고 값어치가 될 만한 그 어떤 것도 받지 못하게 될 것이기 때문입니다. 그러나 믿음의 시련의 가치는 반드시 칭찬과 존귀와 영광으로 환산 될 것입니다(벧전 1:7). 특히 현재의 고난들은 장차 영원에서 나타날 영광에 감히 비교되지 못합니다(롬 8:18).

또한 성경은 영원을 "옷"에 유념하라고 권면합니다. 고린도후서 5:3 에서는 "이 옷을 준비하지 않은 성도는 벗은 채로 발견될 수 있다"는 암시를 주고 있는데, 요한계시록 16:15 에서도 "자기 옷을 지켜서 벗은 채로 다니지 않는 자는 복이 있다"고 말씀합니다. 요한계시록 19;8 에서는 이 옷을 가리켜 "세마포"라고 말씀하면서 이를 "성도들의 의"라고 정의합니다.

말하자면 그리스도인은 구원받은 이후에 행한 선행들로 짜인 옷을 입게 되는데, 지상에서 우리가 주님을 위해 일하는 것은 마치 하늘나라에서 입게 될 한 벌의 옷을 한 땀 한 땀 바느질하고 있는 것과 같습니다. 따라서 구원받은 이후에 행한 "선한 행위"(성도의 의)는 하늘에서 우리가 입게 될 "옷의 등급"에 차이가 나도록 만들 것입니다.

명품 브랜드 버버리 원피스에 샤넬의 트위드 자켓을 입고, 화장품은 디오르 것을 쓰고 돌체엔 가바나 향수를 뿌리며, 신발은 베르샤체 신발을 신고 입센로랑이 만든 선글라스에 루이비통 가방을 들고 다니는 것이 중요한 게 아닙니다. 셋째 하늘에서 입을 명품 옷을 한 땀 한 땀 짜는 일이 매우 중요한 것입니다.

왜 영원을 준비해야 합니까?

인생은 한 번 밖에 없는 것이고, 너무나 짧고, 한 치 앞을 알 수 없으며 너무나 값진 것이므로 영원을 준비하며 살아야 합니다. 지금 이 순간 "영원"이란 두 글자가 우리의 마음을 사로잡게 되기를 바랍니다. 우리가 구원받은 사람이라 할지라도 영원을 준비하지 않는다면 우리의 인생은 완전히 실패한 것일 수 있습니다. 영원을 준비하는 그리스도인의 삶과 그렇지 않은 그리스도인의 삶이 같을 수는 없는 것입니다.

어떤 유전학자들 사이에 있었던 일입니다. 파리를 연구하는 과학자 중의 한 사람이 구원을 받고 나서 자신은 하나님의 존재를 인정한다고 공식적으로 발표하게 되었습니다. 그는 과학자로서 파리의 유전학에 대해서 연구하는 것을 그만두고 성경을 공부하고 복음을 위해서 살기로 결심했습니다. 그는 영원을 위해서 살기로 결심한 것입니다. 그의 결심을 듣고 난 동료 과학자 중에 한 사람이 매우 안타깝다는 듯이 이렇게 말했다고 합니다. "어리석은 사람 같으니라구. 파리를 놔두고 하나님을 따라 가다니!" 우리가 영원을 위해서 살면 세상 사람들은 어리석다고 할 것입니다. 그러나 누가 진짜 어리석은 사람이었나 하는 것은 영원이 시작될 때 모두 밝히 드러날 것입니다.

마이클 그리피스라는 사람은 인생에 대해서 이렇게 질문합니다. "우리의 인생은 과연 무엇입니까? 조그만 보장이나 성공, 몇 개의 졸업장, 운동 경기에서 탄 몇 개의 우승컵이나 메달, 자신에 관한 기사를 오려 놓은 신문지 조각, 그리고 승진하여 자신의 이름이 지역사회에서 좀 알려지고 나면 기념 시계하나 받고 퇴직, 좀 있으면 부고장, 성황을 이룬 장례식… 이런 것들이 우리 인생의 전부란 말입니까? 만약 영원이 없다면 우리는 이 사람의 질문에 무엇이라고 대답해야 되는 것입니까?

루디야드 키플링이라는 사람은 맥길 대학교의 졸업식에서 졸업생들에게 이렇게 충고했습니다. "돈이나 명예나 권력을 너무 추구하지 마십시오. 언젠가 여러분은 그런 것에 대해서는 전혀 개의치 않는 한 분을 만나게 될 것이며 그때 여러분은 자신의 모습이 얼마나 초라한지 알게 될 것입니다."
영원이 시작될 때 우리는 모두 그분 앞에 나아가서 선이든지 악이든지 각자가 자기 몸으로 행한 것을 받을 것입니다. 영원을 생각하지 않고 이생의 삶만 계산하는 사람은 침몰하는 배 위에서 의자를 정돈하는 것과 같습니다. 영원을 생각하지 않고 하찮은 이생의 삶에만 몰두 하는 사람은 불타는 집 안에서 먼지를 털며 청소하는 사람과 같습니다.

자, 우리는 영원을 계산에 넣지 않는 어리석은 성도가 되어서는 안 됩니다.
항상 영원의 관점에서 생각하고 살아 갈 필요가 있습니다. 성경은 우리에게 "영원한 생명을 붙잡으라"(딤전 6:12), 그리고 "자신들을 위하여 오는 때를 대비한 좋은 기초를 쌓도록 하라"(딤전 6:19)고 도전합니다.

토마스 에디슨 1931년, 85세의 일기로 세상을 떠났습니다. 평생 천 가지 이상의 훌륭한 물건을 발명한 발명왕에게 기자들이 물었습니다. "어떻게 이렇게 노인이 되어서도 왕성한 정력으로 일하실 수 있는 겁니까?" 그 늙은 과학자가 대답하기를 "믿음입니다. 영원에 대한 믿음이 저로 하여금 이렇게 현재의 삶을 더 충실하고 만족하게 만듭니다. 나는 인간에게 영원한 세계가 있다는 것을 늘 믿고 있습니다. 죽음은 현재에서의 출구요, 영원을 향하는 입구입니다."

우리의 인생은 영원을 향한 끝없는 여정과도 같습니다. 그런 의미에서 죽음은 끝이 아니라 영원을 향한 출발인 것입니다. 인간들은 유한한 인생을 살아갑니다. 그리스도인이 영원의 가치와 의미를 망각한다면, 성경적인 의미 있는 생을 살기란 불가능한 것입니다. 우리는 하나님의 말씀을 통해 영원의 가치의 중요성을 알 수가 있습니다.

여러분, 이제 잠시 후면 영원이 시작됩니다.
영원을 준비하십시오.
어디를 가서 무슨 일을 하든지 영원을 생각하시기 바랍니다.

영원, 영원이라는 두 단어가 여러분의 머릿속에 박히고 온 마음을 사로잡게 되기를 간절히 바랍니다. 시간이 흘러가고 사람이 영원을 향해 점점 더 가까이 다가가고 있음을 봅니다.

기도

주님, 마음에 그늘 드는 날에도 바람에 흔들리는 날에도 안개끼어 분간 못하는 날에도 메마른 가슴 되어 눈물을 잊은 날에도 늘 지켜보시며 당신을 찾기 원하셨던 주님 우리의 눈을 밝혀 주소서.

　주님을 향하여 회개의 눈물을 흘리게 하시고 그 눈물로 이 가슴속 흐르게 하소서. 주님을 바라보지 못하고 등 돌리고 세상을 바라볼 때 주님의 마음이 얼마나 아프실까 우리로 깨닫게 하소서.

　우리의 앞날이 이땅에서 영원하지 않음을 우리로 깨닫게 하시고 영원한 주님의 나라 사모하게 하옵소서.

　우리가 지쳐 넘어진 날에도 주님 손 내밀어 잡아주시고 어린아이와 같은 마음이 되게하사 주님을 의지하게 하옵소서.

　우리의 심장이 주님을 향하여 뛰게 하시어 주님앞에 무릎 꿇고 회개와 감사의 눈물을 쏟게 하소서.

　그 사랑을 느낄 때에 기쁨으로 찬송하게 하소서 주님 내가 여기있사오니 주여 받아주소서.

7부
하나님의 위대한 사람들 10인

Ⅰ. 토마스 아 캠피스 (homs a Kempis, 1380~1471)

Ⅱ. 존 번연(John Bunyan, 1628~1688)

Ⅲ. 친첸도르프(Ludwig von Zinzendorf, 1700~1760)

Ⅳ. 조나단 에드워드(Jonathan Edwards, 1703~1757)

Ⅴ. 존 웨슬리(John Wesley, 1703~1791)

Ⅵ. 조지 휫필드(George Whitefield, 1714~1770)

Ⅶ. 윌리엄 케리(William Care, 1761~1834)

Ⅷ. 아도니람 저드슨(Adoniram Judson, 1788~1850)

Ⅸ. 허드슨 테일러(Hudson Thyor, 1832~1905)

Ⅹ. 찰스 스펄젼(Charles H, Spurgeon, 1834~1892)

24장. 영적 거장 10인

I. 토마스 아 캠피스 (Thoms a Kempis, 1380~1471)

하나님의 말씀: 고린도전서 10:12-13

1380년 뒤셀도르프(Dusseldorf) 근처에 있는 작은 마을인 켐펜(Kempen)에서 태어났다. 토마스는 그의 나이 33세 때 고전 작품인「그리스도를 본받아」(The lmitation of Christ)를 남겼습니다. 토마스의 의 모친은 경건한 분으로 경건생활에 중요한 영향을 끼쳤습니다.

그는 1406년 '누구든지 나를 따르려거든 자기를 부인하고 자기 십자가를 지고 나를 따르라'는 주님의 말씀대로 살기로 맹세했습니다. 토마스 아 켐피스의 영성은 그의 삶과 저서를 통해 이해될 수 있습니다. 신앙공동체에 속하는 젊은이들을 위한 영적 지도자로 평생을 조용히 보내며 필사자로서 한평생을 살았습니다. 이런 생활의 배경에서 나온 「그리스도를 본받아」는 헌신에 대한 고전 작품으로서 수세기에 걸쳐 존 번연의 「천로역정」(The pilgrim's Progress)에 버금가는 영향을 미쳤습니다.

「그리스도를 본 받아」에 있는 영적 지침의 주제 중 몇 가지를 소개합니다.

1. 고독과 침묵

일을 놓고 시간을 내서 그 시간에 무엇을 할지 생각해 보라. 그 시간 중 일부분이라도 과거에 하나님이 당신에게 베풀어주신 은혜를 되새겨 보는 데 보내기 바랍니다. 그 외에 또 무엇을 할 수 있을까? 일상적인 삶에 대한 호기심은 잊어버리기 바랍니다. 살아가는 기술을 일러 주는 책보다는 영적인 책을 읽는 데 시간을 더 들여야 합니다. 일상적인 대화와 한가로이 추구하던 일상사로부터 벗어나기 바랍니다. 새로운 사업을 계약하는 일도, 이전에 하던 사업 이야기들도 멈추기 바랍니다.

이렇게 해보면 묵상을 위한 할 수 있는 시간이 아주 많아질 것입니다. 그리고 가능한 한 여럿이 함께 하는 프로젝트를 피하고 하나님과 둘만의 은밀한 시간을 보내기 바랍니다.

2. 군중을 뒤로 하고 떠나십시오.

말하기 좋아하는 병의 치료약은 무엇일까? 대화는 줄이기보다는 완전히 끊어버리기가 더 쉽습니다. 분명한 사실은 무엇인가? 내면성과 영성을 원하는 사람은 군중을 뒤로하고 떠나 예수님과 시간을 보내야 한다는 것입니다.

집에서 조용히 시간을 충분히 보내지 못한 사람은 다른 사람들과 같이 있는 자리에서도 편안함을 느낄 수 없습니다. 입을 다무는 방법을 터득하지 못한 사람은 확신을 갖고 말할 수 없습니다. 사병으로서 살아남은 경험이 없는 사람은 장군으로서 성공할 수 없습니다. 말씀에 순종해 보지 않은 사람은 말씀을 경외할 수 없습니다.

3. 침묵과 고요함

믿음이 있는 사람은 고요함과 침묵 속에서 성숙하며, 성경 말씀의 의미를 분명히 깨닫게 되고, 매일 밤 주님을 향한 헌신의 눈물을 흘립니다. 조용히 있는 법을 터득해 갈 때 이미 그 사람은 창조자에게 그만큼 더 가까이 가게 되고 세상의 북새통으로부터는 멀어집니다. 친구나 친척들로부터 멀어질 때 하나님과 천사들은 그 사람에게 찾아옵니다.

4. 시험에 대처하기

1) 깨어 있으라

세상에 사는 동안에 시험과 환난은 피할 수 없습니다. 욥기에 기록되어 있는 것처럼 "이 땅에서 우리의 인생은 전쟁과 같다." 그렇기 때문에 우리는 우리가 당하는 시험에 대하여 주의해야 하고 또 관심을 가져야만 합니다. 우리는 사탄에게 우리를 속일 기회를 주지 않기 위해서 기도에 깨어 있어야만 합니다. 왜냐하면 사탄은 결코 자지 않고 "삼킬 자를 찾아 두루 다니기" 때문입니다. 이 세상에는 시험을 받지 않아도 될 만큼 거룩한 사람이 한 사람도 없다는 사실을 명심하라. 우리는 결코 시험에서 자유할 수가 없습니다.

2) 시험의 유익함

시험이 우리에게 고통만 주는 것같이 보여도 사실 우리에게 유익할 때도 많습니다. 시험으로 인해 우리가 겸손해지고 깨끗해지며 또 교훈을 받을 수 있기 때문에 시험은 오히려 유익할 때가 많습니다. 앞서간 모든 신앙의 선배들도 수없이 많은 시험과 환난을 겪었습니다. 그들은 시험을 받으면서 오히려 그 시험을 이용하여 그들의 영적인 성장을 도모했습니다. 시험을 성공적으로 이겨내지 못한 사람들은 길가에 버려졌습니다.

3) 없어서는 안 될 하나님

선한 의도를 가진 사람이 악한 생각에 의해서 고난을 당하거나 시험을 받거나 괴롭힘을 당할 때, 그는 하나님이 정말로 필요하다는 사실을 더 잘 이해하게 된다. 왜냐하면 하나님 없이는 선한 일을 전혀 할 수 없기 때문입니다.

그는 그러한 상황 속에서 자기가 겪는 불행 때문에 슬퍼하고 탄식하며 기도하게 됩니다. 그리고 더 이상 사는 일이 곤고해져서 죽고 싶어지게 되며, 결국 그 모든 것에서 해방되어 그리스도와 함께 있고 싶어 합니다. 이 모든 일이 일어 날 때, 그는 완전한 안전과 충분한 평안이 이 세상에서는 존재할 수 없다는 사실을 분명히 알게 됩니다.

4) 평안을 누리기 위한 네 가지 방법

첫째, 우리 자신의 뜻대로 하려고 하기 보다는 다른 사람의 뜻대로 하려고 노력하라.

둘째, 늘 더 가지려고 하지 말고 덜 가지려고 노력하라.

셋째, 필요하다고 인정되고 중요하다고 생각하는 일에 대해서는 자신을 희생하고 더 낮은 위치에 처하기를 힘쓰라.

넷째, 매사에 언제든지 우리에게서 하나님의 뜻이 온전히 이루어지기를 소망하라.

이 네 가지 방법을 실천하는 사람은 평안과 안식을 누릴 것이다.

II. 존 번연(John Bunyan, 1628~1688)

하나님의 말씀: 디모데전서 4:9-16

비천한 사람이었으나 성경 다음으로 많이 읽히는「천로역정」(The Pilgrim progress)을 쓴 존 번연은 영국 청교도가 낳은 가장 천재적인 문인이요, 목사로서 감옥을 자기 집 드나들 듯하며 진실된 복음을 전파하기에 무진 애를 썼습니다. 땜장이의 아들로 태어나 주위의 멸시를 받으면서도 성자에 가까운 삶을 산 사람입니다.

그는 1628년 영국 베드포드의 한 작은 고을 엘베토에서 태어났습니다. 그의 생애는 내란, 공화정, 왕정복고의 어려운 시기를 두루 걸쳤습니다. 파란만장한 생애였으며, 명예혁명 전날 밤에 60평생의 일기를 마칩니다.

존 번연의 부친은 땜장이였으며, 번연자신도 땜장이였습니다. 그는 일찍이 17세에 크롬웰 군대에서 군인생활을 한 일도 있고, 비국교도파인 침례교의 설교자였습니다. 국교파의 모함으로 베드포드 감옥에서 12년 동안이나 생활하면서 구두끈의 쇠를 만들어 생계를 유지하였습니다. 감옥에서 석방된 후에는 베드포드 교회의 목사가 되었는데 여기서 그는 16년 동안 근속하였다. 그동안 번연은 1672년에 세계적인 걸작「천로역정」을 저작케 됩니다.

존 번연이 사상을 결징지은 것은 크롬웰 휘하에서의 군대생활 때였습니다. 그 당시 번연과 같은 부대에 있던 동료 한 사람이 전쟁 중에 날라 오는 총탄에 맞아 쓰러지게 되었습니다. 눈앞에서 죽음을 목격한 번연은 크게 충격을 받고 앞으로 자기의 생명은 특별한 사람을 위하여 바쳐야 되겠다는 굳은 결심을 하였습니다.

번연은 1647년 제대 후 1649년 사이에 메리와 결혼합니다. 그녀가 혼숫감으로 가져온 것은 「평민의 천국 길」과 「믿음과 행위」란 단 두 권의 책이었다. 번연은 이 책을 읽으면서 고통을 느꼈지만, 크게 감동되어 회개하고 나쁜 습관을 고쳐갔습니다. 그러나 아내의 헌신적인 사랑과 기도에도 불구하고 어렸을 때 받은 상처들을 극복하지 못했습니다. 설교를 들은 다음은 늘 죄책감이 뒤따랐습니다.

공터에서 친구와 게임을 하기 위해 막대기를 잡는 순간 갑자기 공중에서 크리스토퍼 홀 목사의 찢어지는 듯한 설교소리가 들려왔습니다. 그는 이 메아리치는 뜻하지 않는 소리로 온 몸이 완전히 위축되어 버렸습니다. 그는 말하기를 "하늘에서 두 번째 들려오는 목소리는 내 영혼에 화살같이 날아와 '너는 죄악에서 떠나 하늘에 속하여라. 그렇지 않으면 지옥에 떨어질 것이다'라고 외쳤다. 나는 이 목소리를 듣고 하도 당황하여 어찌할 줄을 몰랐다." 그는 즉시 친구들을 떠났습니다. "나는 예수께서 나를 불쌍히 여기시는 것을 분명히 알 수 있었다"고 술회했습니다. 이것을 계기로 존 번연의 성격은 급변하였습니다. 이 결과 "나는 가장 큰 죄인인 것을 알게 되었으며, 내 영혼이 주께 사로잡혀 있음을 깨닫게 되었다"고 말했습니다.

그의 회심은 이렇게 해서 이루어졌습니다. 그러나 그가 이 회심을 통해서 거듭난 것은 아니었습니다. 여전히 술자리와 춤추는 밤을 끊지 못했습니다. 그에게 거듭되는 하늘의 음성은 그의 타락된 생활을 변화시켰습니다. 그가 체험한 하늘의 음성들은 이런 것이다. "내가 살고 있기 때문에 너도 또한 살고 있는 것이다", "너는 그의 십자가의 피로 말미암아 평화를 얻었다", "그는 죽음으로써 죽음의 노예가 된 자를 두려움에서 건져주셨다", "내가 너를 영원히 사랑한다."

그는 이런 음성을 듣고도 '그리스도의 피가 내 영혼을 구원하기에 과연 충분할까? 하고 낙심하기도 했습니다. 그러나 주님은 더 많은 음성을 들려주셨습니다. 결국 가슴 깊이 깔려 있던 의심의 안개가 걷히고 시험은 물러갔습니다. 그래서 그는 "그리하여 나는 그리스도를 통한 하나님의 평화 속에서 행복하게 살아갔다"고 고백하게 됩니다. 다른 한편 구원에 대한 진리를 성경에서 깨닫고자 하였으나 그것도 좀처럼 되지 않았습니다. 그러자 하나님은 그의 눈이 하나님을 볼 수 있도록 불 아궁이에 던져서 일곱 번이나 연단 시키셨습니다. 그리하여 그는 드디어 인간의 행위에서가 아니라 오직 그리스도에 의해서만 구원받을 수 있음을 분명히 깨닫게 되었습니다.

1655년부터는 교회집사로 임명되고 자기가 깨달은 진리와 함께 받은 은혜를 사람들에게 증거하기 시작했습니다. 호사다마란 말과 같이 그를 극진히 섬기던 아내가 세상을 먼저 떠났습니다. 그는 4남매의 어머니 노릇까지 하면서 열심히 설교했습니다. 참으로 열심히 했습니다. 그는 이런 고백을 했습니다. "내가 설교를 하게 되면 영혼을 구원하시기 위해 하나님께서 능력의 말씀을 주셨다"

존 번연을 지극히 아끼던 기퍼드 목사도 세상을 떠났습니다. 생전에 기퍼드 목사가 존 번연을 가리켜 했던 유명한 말은 "번연은 하늘의 대학을 나온 사람"이란 말이었다. 존 번연은 바로 이 진리를 고집하다가 옥에 갇히는 세월이 길었습니다. 드디어는 옥중에서 저 유명한 「천로역정」을 쓰게 되었습니다.

프라우데라는 사람은 말하기를 "성경만 통달하면 훌륭한 문학자가 될 수 있습니다. 「천로역정」에는 성경의 각 부분과 사상과 지식이 잘 포함되어 있는데 바로 존 번연이 이 말이 진리임을 증명한 사람이다"라고 하였습니다. 어떤 사람은 그를 제 2의 바울이라고 했습니다. 그는 설교집, 자서전 등 도합 60여권 의 책을 세상에 내놓고 1688년 어느 사이가 나쁜 부자관계를 화해시키고 돌아오다가 폭풍우를 만나 독감에 걸려 세상을 떠났습니다. 그는 청교도 중의 청교도, 하나님을 향해 불타는 사랑과 신앙과 말씀의 깊은 묵상으로 살아가던 영성의 사람이었습니다.

찰스 2세 당시 왕정이 복고된 상황에서 국교회(성공회)를 제외한 교회의 집회는 금지되어 있었습니다. 1660년 결국 번연은 비밀집회 금지령 위반으로 체포되어 12년 동안 감옥생활을 하게 되었습니다. 이 기간 동안 번연은 〈넘치는 은총(Grace Abounding)〉등 여러권을 저술하였습니다. 그러던 중에 1678년 번연은 다시 두 번째로 투옥되는데, 이때 우리에게 잘 알려진 〈천로역정〉(The Pilgrim's Progress)전편을 저술하였습니다. 이 책은 1684년 2부가 나오면서 완성되었는데, 간결하면서도 소박한 문투로 천성을 향해 가는 성도의 삶을 잘 그리고 있었습니다. 이 책은 삽시간에 웨일즈어, 네덜란드어, 독일어, 불어로 번역되어 주변 국가로 퍼져나갔고, 그 후 세월이 흐르면서 120개 국어로 번역되어 전 세계인의 사랑을 받고 있습니다. 우리나라에서는 1895년 캐나다 선교사인 게일(Gale)목사에 의해 소개되었습니다. 이외에도 〈거룩한 전쟁〉(The Holy War, 1682년)은 천로역정에 버금가는 대표적인 저작입니다.

III. 친첸도르프(Ludwig von Zinzendorf, 1700~1760)

하나님의 말씀: 갈라디아서 2:20
그는 모라비안 교회의 지도자로 "노예를 구원하기 위하여 노예가 된다." 오직 예수 그리스도의 이름과 그의 영광만을 위하여 살았습니다.
작센 공화국 고관의 집안에 태어났지만 부친은 그가 태어난 직후 세상을 떠났고, 모친은 어린 그를 할머니께 맡기고 다른데 재혼했습니다. 할머니 손에서 자란 친첸도르프는 어려서부터 인생의 적막함을 아는 사람으로 자랐습니다.
그의 모친은 친첸도르프 출산 직후 성경책 속에 이렇게 기록해 두었다.

"자비로우신 아버지 하나님께서 이 아이의 마음을 주장하사 *그*가 정직하고 바른 길을 걷게 하옵소서. 결코 죄가 지배하지 않게 하시며, 그의 발걸음이 하나님 말씀에 굳게 서게 하옵소서. 그리하면 그가 이제와 영원토록 행복할 것입니다."

할머니는 독일 경건파 지도자인 스페넬의 열심 있는 공명자였기 때문에 그는 어려서부터 경건한 신앙 분위기 속에서 성장했습니다. 따라서 당시 귀족사회의 부패한 분위기에 물들지 않고, 전심으로 그리스도를 사랑하고 그리스도에게 올리는 고백의 글을 쓰기도 했습니다. 10세부터 17세까지 경건파 프랑케가 창립한 학교에서 교육을 받았으며, 그로 인해 프랑케의 감화를 받았습니다.

그 시절부터 그는 동급생들과 함께 '겨자씨단'이란 단체를 조직하고, 그곳에서 신앙적 우두머리 역할을 했습니다. 복음 전도를 위해 일생을 주께 바치려는 것이 그의 본뜻이었지만, 할머니와 가족들의 권면에 못이겨 장차 공직에 나설 준비로 비텐베르그 대학에 입학하여 법률을 공부했습니다. 그러나 그는 틈만 있으면 신학 연구에 몰두 하였습니다.

1719년부터 네덜란드와 프랑스를 두루 여행하는 도중에 '야센파(예수회와 대립한 엄격한 도덕 주장)' 사람들과 교제를 가졌습니다. 특히 이 여행에서 친첸도르프 생애에 큰 전환의 계기를 가져온 사건은 주셀돌프의 미술관에서 '에케호모(이 사람을 보라)'라는 성화를 구경한 일입니다.

십자가에 달려 피를 흘리는 예수님의 거룩한 화상 옆에 "나는 이 모든 일을 너를 위해 겪었다. 너는 나를 위해 무엇을 했느냐?"라고 쓴 글을 읽고 친첸도르프는 발이 떨어지지 않아 그 그림 앞에 엎드려 가슴이 찢어지는 듯한 감동을 받았으며, 그 성화 앞에서 회개하고 자기의 여생을 완전히 주님께 바치기로 결심했던 것입니다.

'산 신앙의 씨앗 하나는 역사적 지식 한 파운드보다 더 가치 있는 것이요, 사랑의 한 방울은 과학의 태평양보다 더 낫다"는 말대로 그는 신앙과 사랑에서 살기로 결심하고, 그리스도만 믿고, 그리스도만 사랑하고, 그리스도와 사귀고 봉사하는 기쁨을 느껴, 일체 모든 것을 그리스도의 이름과 영광만을 위해서 살기로 했습니다.

여행에서 돌아온 친첸도르프는 친구의 권면으로 보헤미아와 모리비아에서 망명해온 두 가족을 자기 소유지에 받아들여 정착케 했습니다. 그들은 루터 이전의 개혁자인 존 후스의 정신과 신앙을 따르는 사람들로 신앙의 자유를 위해 친척과 고향을 버리고 이웃 나라에 망명해 와서 친첸도르프 소유지에 '헤른후트(Hermhut : 주님의 보호)' 라는 마을을 건설했습니다. 따라서 자연히 친첸도르프는 이들 모라비안파의 지도자가 됐습니다. 친첸도르프는 그들을 그리스도 안에 있는 형제들로 여기고 사랑했으며, 한 몸의 지체들로서 그들과 함께 살기를 원했습니다.

그들의 조직은 수도원적이고, 감독 1명 아래 12명의 장로가 있었습니다. 이 단체를 움직이는 정신은 예수님과의 친밀한 융합의 일치요, 특히 그리스도의 고난과 죽음에 생각을 집중했습니다. 친첸도르프의 "나의 신학은 피의 신학이다. 우리 교회는 십자가의 교회다. 다른 사람들은 피 없는 은혜를 받았지만, 우리는 피 있는 은혜를 받았다" 는 정신을 따라 그들은 열렬하였습니다.

조직은 10명씩 조를 짜서 한 지도자 밑에 살고, 자녀는 육아원에서 가르치고, 세속과 타협하지 않고, 주의 부르심이면 세계 어디나 복음 선교를 위해 떠났습니다. 그 후 헤른후트에서 파송한 선교사는 10년 동안 600명이나 됐습니다. 그들은 벌의 둥지같이 헤른후트에 모였다가는 흩어지곤 했습니다.

Ⅳ. 조나단 에드워드(Jonathan Edwards, 1703~1757)

하나님의 말씀: 디모데전서 1:17 「생각을 바꾸고 마음을 변화시키다」

조나단 에드워드는 미국이 낳은 위대한 사상가요 철학자이며 미국 역사상 가장 영향력 있는 설교자였습니다. 또 탁월한 신학자로서 영적 대각성 운동(the Great Awakening)을 일으킨 주역이었습니다. 그는 다섯 살 때부터 라틴어와 그리스어, 히브리어를 배운 신동으로 열한 살에 이미 비행거미에 관한 논문을 썼고, 열세 살에 예일대에 입학하여 4년 만에 최우수 성적으로 졸업했습니다. 하지만 조나단은 한 가지 문제를 갖고 있었고 아버지에게 그 문제를 털어놓았습니다. 그는 하나님의 주권에 관한 교리를 인정할 수 없었습니다. 그토록 선하고 자비로운 하나님이 어떻게 사람들을 영원한 고통과 번뇌의 지옥으로 내던질 수 있는지 이해할 수 없었던 것입니다.

결국 조나단은 디모데전서 1장 17절을 통해 문제의 답을 얻고 삶의 전환점을 맞았습니다. 그는 자전적 글에서 다음과 같이 고백했습니다. "말씀을 읽고 있을 때 그 말씀은 내 영혼을 파고들었습니다. 그리고 신의 영광이 영혼 깊은 곳에 두루 퍼지는 것을 느꼈습니다. 전에는 경험하지 못한, 전혀 새로운 느낌이었습니다. 성경의 어떤 구절도 이 말씀처럼 와 닿은 적이 없었습니다." 나는 생각했다. … 그분을 기뻐할 수 있다면, 그리고 휘말리듯 그분에게 포근히 감싸일 수 있다면 얼마나 행복할까. 나는 노래하듯 그 성구를 계속 읊조렸다. 그리고 그분을 기뻐할 수 있게 해달라고, 그분을 향한 사랑이 새롭게 움트는 것을 느끼며 전과는 전혀 다른 방식으로 기도했다. 얼마 지나지 않아 나는 그리스도와 그리스도의 구속, 영광스러운 구원의 길을 새롭게 이해하기 시작했다."

1734년 메사추세츠 주 노스햄프턴 교회에 부임한 서른한 살의 목사 조나단 에드워즈는 '오직 믿음으로 인한 의'를 주제로 여러 차례 설교했습니다. 300명이 넘는 성도가 교회에 모이자 영적 대각성의 물결이 일었습니다. 조나단은 "남녀노소를 불문하고 어느 누구도 영원하고 광대한 세계와 무관할 수 없다"고 선포했습니다. 1741년 코네티컷 주 엔필드에서 조나단이 전한 '하나님의 진노 아래에 놓인 죄인들'은 미국 역사상 가장 유명한 설교로 꼽힙니다. 때로 설교 중에 흐느끼고 울부짖는 사람들 소리로 에드워드의 설교는 방해를 받기도 했습니다. 어떤 사람은 지옥에 떨어질지도 모른다는 두려움에 사로잡혀 교회의 기둥을 붙들었습니다. 조나단은 격앙된 목소리나 과장된 몸짓을 동원하지 않았습니다. 사람들을 흥분시키기 위해 특별한 설교 기법을 구사한 것도 아니었습니다.

그는 사람들에게 하나님과 친밀한 관계를 맺으라고 독려했고 마음으로 경험되는 사랑을 강조했습니다. 워렌 워어스비(Warren Wiersbe)는 자신의 저서 「승리를 얻은 신앙의 위인들」(Victorious Christians You Should Know)에서 "조나단이 수많은 영적 전쟁을 치러야 했을 뿐 아니라 풍성한 영적 축복을 누릴 수 있었던 건 이러한 확신 때문"이라고 썼습니다. 그의 가정은 정통 청교도의 전통을 물려받아 신앙과 도덕적인 면에서 엄격했고, 생활은 성실과 검소하게 사는 것을 철칙으로 하였습니다. 그의 아버지는 청교도의 자손답게 언제나 넘치는 열정으로 60여 년 간의 목회를 훌륭하게 해낸 믿음의 사람이었습니다. 에드워드는 이렇듯 경건한 삶의 분위기 속에서 자라났습니다. 그는 예일 대학에서 공부했으며, 메사추세츠의 노샘프턴(Northampton)에 있는 교회에서 23년간 목회했습니다. 후에 그는 스톡브리지(Stockbridge)에 있는 인디언을 위해 선교사가 되었습니다.

신앙과 정서(Religious Affection)

"만일 우리가 신앙에 열심을 품지 않거나 우리의 의지나 성품을 강하게 훈련하지 않으면 우리는 아무것도 아니다. 신앙의 중요성은 너무나 커서 반쪽의 헌신으로는 충분치 않다. 신앙에서만큼 우리의 마음상태가 중요한 곳은 아무 데도 없고, 신앙에서 만큼 미지근한 것이 보기 싫은 곳도 아무데도 없다. 참된 신앙은 능력이 있는 것이다. 신앙의 힘은 먼저 우리의 마음속에서 나타난다. 우리의 마음이 모든 신앙의 처소이기 때문이다. 그러므로 참된 신앙은 외적형태 즉 단순한 '모양'과는 대조적으로 '경건의 능력'이라 불린다.' 경건의 모양은 있으나 경건의 능력을 부인하는 자'(딤후 3:5)라는 말씀은 그것을 가르쳐준다. 하나님의 영은 건전하고 굳건한 신앙을 가진 사람들의 삶 속에서 역사하는 능력이 있고 거룩한 사랑의 영이다."

조나단 에드워드는 일곱 살 되던 해의 어느 날, 그는 하나님과의 만남을 체험하였습니다. 그때부터 그는 자신의 영혼 구원과 하나님을 위하여 70가지의 신앙수칙을 세워 놓았습니다. 그중에서 가장 먼저 기록된 것은 첫째, 모든 사람은 자신이 아닌 하나님의 영광을 위하여 살아야 한다는 것입니다. 둘째는 사람들이야 이를 행하든 말든 나는 꼭 할 것이라는 것이었습니다. 그래서 그는 하루에 다섯 번씩 은밀히 기도하며 계속적인 실천을 위하여 숲 속의 외진 곳에 기도의 오두막을 지었습니다. 그리고 그는 늘 선을 행하기에 힘쓰고 자신의 의를 세우기 위해 애썼습니다. 그러나 그의 이러한 행동은 결국 그를 바른 신앙에서 떠나게 하였다는 사실을 나중에서야 깨닫게 되었습니다.

그는 스물네 살까지 모교에서 강의하다가 목사로 안수 받았습다. 그리고 외할아버지의 교회에 부목사로 부임하여 2년간 사역하였고, 외할아버지가 돌아가신 후에 담임목사가 되어 그곳에서 21년간 봉사하였습니다. 그의 엄청난 저작들은 모두 목회기간 동안 이루어진 것입니다. 에드워드는 하루 열두 시간씩 성경을 연구하면서 목회에도 충실하였습니다. 그의 설교는 두 시간이상이 보통이었다. 그는 한 손에는 원고를 움켜쥐고, 다른 한 손에는 촛불을 들고 외쳤습니다. 그는 음성을 높이거나 제스처도 없이 간절한 열정을 갖고 갈급한 사슴처럼 설교하였습니다. 그는 사람들이 청교도 조상들의 신앙을 떠나 하나님을 사랑하지 않고 죄 속에 빠져 있음과 하나님께서 이를 영원한 형벌에 처할 것을 경고하였습니다. 그리고 인간의 구원은 하나님의 절대 주권과 그로부터 나오는 완전한 은총임을 전하였습니다. 에드워드는 이 부흥운동의 지도자였습니다. 그의 명백한 논리, 뜨거운 헌신, 영적통찰력, 날카로운 메시지는 사람들의 마음을 쪼개었고 많은 이들을 주님께로 돌아오도록 하였습니다.

그 후 조지 휫필드에 의해서도 여기저기서 대단한 열정 속에 부흥 운동은 요원의 불길처럼 퍼져나갔습니다. 1724년이 대각성 운동의 제 1기였다면, 1740년은 조지 휫필드에 의하여 점화된 불꽃의 제 2기였습니다. 에드워드의 설교 '하나님의 진노와 손 안에 든 죄인'은 바로 이 시기에 유명해진 것입니다. 이 부흥 운동은 사람들의 마음속에 하나님에 대한 경외와 그리스도의 구원의 은총을 감사하게 하였습니다. 그러나 에드워드는 그것으로 만족하지 않았습니다. 그는 청교들처럼 철저한 헌신과 절대주권자이신 하나님을 기쁘시게 해드리기를 원했습니다.

1757년 54세가 되던 해에 프린스턴 대학의 총장으로 오라는 부탁을 받았습니다. 그간 새로운 개척지에서 어렵게 목회하던 그는 억지로 끌려가다시피 하여 그곳의 총장직을 맡게 되었습니다. 그러나 5주일도 못 되어 당시 새로이 개발되어 임상단계에 있던 천연두 예방주사를 맞고 그 병에 걸려 지상에서의 삶을 마쳤습니다. 그는 마지막까지도 사랑하는 성도들에게 봉사하는 청교도적 삶을 보이며 자신의 몸을 실험대상으로 바쳤던 것입니다.

하나님의 종으로서 사명에 대한 뜨거운 확신이 있었던 그는 자신의 삶이 고통스러워도 절대 주권자이신 하나님의 뜻을 행하는 것이 가장 큰 기쁨이었기 때문입니다. 하나님의 진실된 종 조나단 에드워드! 그는 죽기 전 침대 곁에 있는 딸들에게 "하나님을 의지하라, 그러면 두렵지 않을 것이다"라는 마지막 말을 남기고 조용히 눈을 감았습니다.

철두철미한 하나님 중심의 사람 에드워드는 54세의 길지 않은 생애를 살았지만, 미국에 대각성 운동을 일으킨 영성의 사람이었습니다. 그의 뜨거움 신앙은 아직도 우리 곁에 남아 숨 쉬고 있습니다. 저서 〈의지의 자유 1754, 뛰어난 저서로 인정받고 있음〉, 〈신앙고백론 1765, 사후 간행〉, 〈종교 감정론 1746, 마음의 종교를 지성의 종교보다 높임〉, 〈분노한 신의 손에 잡힌 죄인들 1741, 유명한 설교집〉 칼뱅주의에 수정을 가하여 미국 철학에 완벽한 사상과 감정 체계를 확립하였습니다.

조나단 에드워즈의 영적 대각성 메시지

1720년대가 끝나 갈 무렵 뉴잉글랜드의 청교도주의는 개척기의 열정이 다 식어버리고 물질적 번영으로 신앙에 대한 무관심을 몰고와 결국 신앙이 도덕적 차원으로 환원되기에 이르렀습니다. 기독교의 장래를 회의적으로 보는 사람들이 많아졌고, 당시 대부분의 기독교 저술들은 냉랭함과 낙심의 흔적들이 역력합니다. 오늘날 교회의 모습과 동일한 상황이 아닌가 생각합니다.

애드워즈는 당시 개인의 성취를 강조하는 신앙의 경향에 대해 신랄한 공격을 퍼붓습니다. 그리고 인간의 죄를 거듭 강조하여 오직 믿음으로 말미암는 의로 구원받으라는 순수한 복음의 메시지를 전하기 시작하였습니다.

애드워즈가 목회하는 동안 두 차례에 걸쳐 영적 대각성이 일어났습니다. 먼저는 1734-1735년 노스햄프턴에 일어난 역사였고, 두 번째는 1740-1741년이었는데 이 때에는 뉴잉글랜드 전역에 걸쳐서 일어났습니다. 두 번째 대각성의 특징은 조지 휫필드와 사역했다는 것입니다.

특히 에드워즈의 알미니안 주의를 반박한 설교들이 부흥을 일으키게 된 계기가 되었습니다. 불과 반년 만에 노스햄프턴의 300명 이상의 남녀가 그리스도인이 되었습니다. 200가구로 구성된 노스햄프턴의 전체 주민이 각성하게 되었는데 이 역사는 실로 놀랄만한 것이었습니다.

그 불길이 뉴햄프셔주의 이 끝에서 저 끝까지 퍼져 갔으며 또한 커넥티컷주의 많은 지역으로 타올랐다고 기록하고 있습니다. 그가 사역한 동네의 술집에 인적이 끊기고, 사람들이 에드워즈의 설교를 듣느라 시간가는 줄 모르게 되었습니다. 머리로만 알아왔던 신앙을 마음으로 깨닫고 받아들이게 되었습니다.

회중들은 2시간이상 걸리는 설교시간에도 움직이지 않고 똑바로 앉은채 경청했습니다. 진리가 도저히 항거할 수 없는 중력으로 회중들의 마음을 압도했다고 증언합니다. 특히 에드워즈의 설교는 죄인들에 대한 하나님의 분노와 그들이 받을 형벌에 있어서 무자비할 정도로 엄격하고 가혹하여 회심치 못한 사람들을 회심시키기에 적절했습니다.

1750년 6월 23일 에드워즈는 그가 24년간 사역해 온 자신의 교회로부터 축출 당하게 됩니다. 이 사건의 발단은 에드워즈 교회의 중요한 위치에 있는 재력가의 아이들이 외설적인 책을 읽었는데 그가 이것을 꾸중함으로써 야기되었습니다. 그 후 에드워즈는 인디안 선교사로서 여러 해를 일하게 됩니다.

이 때 자신의 딸과 약혼한 데이비드 브레이너드와 함께 사역하게 되는데, 브레이너드가 임종하자 조나단 에드워즈가 일부 자료를 첨가하여 [데이비드 브레이너드의 생애와 일기]를 출판합니다. 그 책을 통해 영향을 받은 사람은 엄청납니다. 존 웨슬리, 윌리암 캐리, 헨리 마틴 그리고 짐 엘리오트 선교사 등이 있다고 알려져 있습니다. 또한 많은 신학 저술 활동도 하게 됩니다.

오늘날 교회의 성취지향적인 메시지들과 냉담한 사회분위기 그리고 점차 영향력을 잃어가는 교회의 모습들과 동일한 미국의 18세기 상황 속에서 에드워즈가 외쳤던 메시지는 분명하게 '복음'이었습니다. 순수한 하나님과 그분의 말씀으로 돌아가라는 요청은 에드워즈가 우리에게 남긴 최고의 교훈입니다.

바울, 루터를 이어 에드워즈에 이르기까지 교회의 본질을 세우는 핵심 작업은 바로 죄인 된 인간을 의롭게 하는 예수 그리스도의 복음일 것입니다. 우리가 돌아가야 할 것은 바로 순수한 복음의 본질로 돌아가는 것이 시대 우리의 사명입니다. "내가 복음을 부끄러워하지 아니하노니 이 복음은 모든 믿는 자에게 구원을 주시는 하나님의 능력이 됨이라"(롬 1:16).

V. 존 웨슬리(John Wesley, 1703~1791)

하나님의 말씀: 로마서 3:19-28

부패한 영국을 경건 운동으로 살린 감리교 창설자이자 평생에 42,000번 설교한 존 웨슬리는 1703년 6월 13일 링컨 주 엡윗에서 가난한 목사의 아들로 태어났습니다. 그의 아버지 사무엘은 엡윗의 교구장으로 박봉에 많은 자녀를 거느리며 빚에 쪼들리는 생활을 했지만 훌륭한 목회자였습니다. 어머니 수산나는 정교도 목사 아네슬리의 딸로 10대 소녀시절에 희랍어, 라틴어, 불어를 익힌 재원이었습니다. 그녀는 19세 때 사무엘과 결혼하여 19명의 자녀를 낳았는데, 존은 열다섯 번째 아이이며 아들로는 둘째고, 열일곱 번째가 셋째 아들 찰스였습니다. 1709년 2월 9일, 사무엘 목사 사택에서 화재가 났을 때 어린 존 웨슬리는 간신히 불 속에서 구출되었습니다. 그는 어른이 된 후에도 "나는 불 속에서 끄집어낸 그루터기다"라고 말했습니다.

존은 모친 수산나에게서 5세부터 알파벳, 구구단, 수학, 문법, 역사, 영어, 불어, 라틴어, 희랍어, 히브리어의 기초문법을 충분히 익히고 11세 때 명문 차터하우스에 입학했습니다. 존은 1719년 옥스퍼드의 크라이스처치에 입학했고, 공부를 마친 후 1725년 22세에 집사 안수를 받았습니다. 웨슬리는 1720년 옥스퍼드 대학에 입학하였습니다. 청년시절에 그에게 가장 큰 감화를 끼친 이는 어머니 수산나 였으며, 신비적 수도사 토마스 아 켐퍼스의 「그리스도를 본받아서」, 제레미 테일러의 「거룩한 죽음」, 윌리엄 로의 「엄숙한 소명」과 「크리스천의 완전」 등은 그를 깊은 사색으로 이끌었습니다. 이런 영향으로 그는 결국 완전한 헌신을 결심하게 됐습니다.

옥스퍼드에 머물고 있던 그는 풍부한 음식을 섭취하지 못하여 건강이 좋지 않았고, 밤마다 몸이 아파 고생하였습니다. 그는 체인 박사가 쓴 「건강과 장수를 누리는 책」을 읽고 섭양하는 방법을 배웠습니다. 그 후 46년이 지나 이렇게 회상했습니다. '하나님께서 하시는 방법은 얼마나 놀라운지 알 수 없습니다. 하나님은 어렸을 때부터 나를 철저히 보호해 주셨습니다. 체인박사의 글을 읽은 후로 나는 음식을 절제해서 먹고 마셨습니다. 이것은 내가 건강을 유지하는 비결이었습니다. 그 후 나는 죄를 토하기 시작했습니다. 그러나 따뜻한 조지아의 기후가 이것을 고쳐주었습니다. 얼마 후 나는 열병으로 죽을 뻔했으나, 오히려 이로 인하여 건강이 좋아졌습니다. 11년 후 나는 폐병 3기가 되었습니다. 그러나 석 달이 지나자 그것도 완쾌되었습니다. 그 후로 나는 고통도, 아픔도 모르고 살았습니다. 지금 나는 40년 전보다 더 건강합니다." 당시에 폐병 3기 환자가 다시 나았다는 것은 기적이 아닐 수 없었습니다.

존 웨슬리는 동생 찰스와 함께 옥스퍼드 대학 시절에 '홀리 클럽'이라는 모임을 만들었는데 존이 그 지도자였습니다. 처음 회원은 불과 4명뿐이었으나, 그들은 엄격한 규칙을 만들어 실행했고, 매일 성서를 읽고, 경건한 생활을 했기 때문에 주위의 친구들이 이들을 '메도디스트(규율가)'라는 별명으로 불렀습니다.

  결국 이것이 후에 존 웨슬리가 일으킨 메도디스트 운동의 시작이요, 산실이 되었습니다. 그 무렵 영국의 도덕생활은 말할 수 없이 부패하여 퇴폐했고, 빈부의 차이가 심하여 사회는 혼돈 속에 있었습니다. 영국의 어린아이들은 "우리는 아버지가 누구인지 알 수 없다"고 할 만큼 부녀자들의 성도덕은 타락했습니다.

  18세기 이전의 영국 사회를 평하여 "영혼은 죽고, 밥주머니만 활발한 시대"라고 했습니다. 그런 속에서 일으킨 웨슬리의 경건운동은 영국 교회를 건질 뿐만 아니라, 영국사회를 건져낸 것입니다.

  1735년, 그의 부친이 세상을 떠난 뒤, 두 형제는 북미 조지아 주의 식민지 선교사로 가게 됐습니다. 대서양 항해 도중에 큰 폭풍우를 만나 배 안에 있는 모든 사람들이 죽음의 공포에 사로잡혀 있었는데도 모라비안파 교도들은 배 한구석에서 태연자약하게 찬미하며 예배하고 있는 광경을 보고, 존 웨슬리는 크게 감동되어 그 후 모라비안 교회를 자주 드나들며 많은 격려를 받고 배우기도 했습니다.

  북미 선교가 실패로 돌아가자, 그는 본국으로 귀국했습니다. 1738년 어느 날, 런던 올더스게이트의 작은 집회에 참석했다가 그날 예배 인도자가 루터의 로마서 주석 서두를 낭독하는 소리를 듣다가 그는 온통 마음이 죄에서 벗어나 그리스도 안에서 평안과 구원의 기쁨을 느끼는 체험을 가졌습니다. 그 이듬해인 1739년, 브리스톨에서 처음 야외설교를 하여 성공을 거두고 그는 비범한 조직능력으로 메도디스트파를 창설하였습니다.

그의 결혼 생활은 매우 불행했으나 그 대신 종교활동에 열을 올려 평균 일주일에 15회나 설교했고, 해마다 8,000km 여행을 다니며 전도했으며, 빈민 구제, 병자 위문, 감옥 방문을 통한 전도에도 힘썼다. 그는 생전에 391권의 저서를 남기고 복음전선에서 끝까지 활동하다가 1791년 3월 2일에 88세 나이로 세상을 떠났습니다. 그는 "나의 교구는 전 세계다"라는 유명한 말을 남기기도 했습니다.

웨슬리의 정신과 신앙에 큰 도움을 준 것은

토마스 아 켐퍼스(1380~1471)의 「그리스도를 본받아」란 책이었습니다. 그는 "나는 이 책을 읽고 참된 종교는 인간의 언행뿐 아니라 사상에도 미친다는 것을 깨달았다"고 했습니다. 그는 이전에 모르고 있던 그리스도인의 '헌신과 성결의 도리'를 알게 되었습니다. 그가 훗날 쓴 「그리스도인의 완전론」의 기본 사상도 이 책의 영향을 많이 받았습니다. 이어서 그는 제레미 테일러(1613~1663)의 「거룩한 삶과 죽음」에서도 큰 감동을 받았습니다. 그는 이 책을 읽고 "내 생명 전체를 하나님께 바치기로 결심했다"고 했습니다. 그리고 테일러의 영향을 받아 그때부터 일기를 쓰기 시작했습니다. 그는 대학시절 새벽 4시에 일어나는 습관을 붙여 80세가 지나도록 기상 시간을 어긴 적이 없었습니다.

1735년 부친 사망 후 웨슬리 형제는 미국 조지아 주로 선교 여행을 떠났습니다. 웨슬리는 그곳에서 강한 금욕생활과 함께 엄격한 규칙생활을 하였으며 영성가들의 서적을 계속 읽으면서 연구와 실천에 전력하였습니다. 그러나 그가 목적한 미국 원주민 선교는 완전히 실패하고 심한 좌절감을 안은 채 2년 4개월 만에 런던으로 돌아오게 되었습니다. 조지아 주에서 돌아온 후, 항해 도중에 알게 된 모라비안 교도들, 특히 그들의 지도자 피터 뵐러(Peter Bohler)와 사귐을 가지며 그들의 경건하고도 확고한 신앙에 접하고 있을 무렵입니다. 1738년 5월 24일 저녁 올더스게이트 거리에 있는 그들의 작은 집합소에 참석한 웨슬리는 그의 마음이 이상하게 뜨거워지는 경험을 하게 되었습니다. 웨슬리는 여기서 그리스도를 통한 하나님의 속죄의 은혜에 대한 확실한 체험을 하였습니다. 웨슬리의 신비주의와 내면적 영성생활에 대한 관심은 그의 종교 체험 이전뿐아니라 그의 전 생애에 걸쳐 계속되고 있음을 볼 수 있습니다.

그 날의 경험을 그는 일기에 이렇게 남겼습니다.

「1738년 5월 24일(수) 오전 5시경 신약을 열고 "이로써 그 보배롭고 지극히 큰 약속을 우리에게 주사 이 약속으로 말미암아 너희로 정욕을 인하여 세상에서 썩어질 것을 피하여 신의 성품에 참예하는 자가 되게 하려 하셨으니"(벧후 1:4) 하는 말씀을 읽었다. 또 외출하기 전에 성경을 펴니 "너는 하늘나라에서 멀지 않았다"는 말씀이 나왔다. 하오에 성 바울 성당에 갔다. 그곳에서 찬송가를 들었다. 주여, 내가 깊은 곳에서 주께 부르짖사오니 주여, 내 목소리를 들으시옵소서. 귀를 기울이사 나의 부르짖는 소리를 들으옵소서. 주여, 만일 주께서 모든 불의를 주시하시면 누가 감히 주 앞에서 서리이까? 그러나 주께서 자비가 있으시매 사람들은 주를 경외하나이다. 이스라엘아, 주를 위하라. 주 안에 자비가 있으며 풍족한 구속이 있으니 이스라엘을 그 모든 죄로부터 구원하여 내시리로다.

저녁에 나는 올더스게이트 거리에서 모이는 집회에 별로 마음이 내키지 않았으나 그저 갔었다. 집회에서 어떤 사람이 루터의 〈로마서 서문〉을 읽었다. 9시 15분 전쯤 그가 하나님께서 그리스도를 믿는 신앙을 통하여 우리 마음속에서 역사하사 일으키시는 변화를 말할 때, 내 마음이 이상하게도 뜨거워지는 것을 느꼈다. 나는 그리스도를 의지하였다. 구원에 있어서 오직 그리스도만을 의지하였다. 그리하여 그리스도께서는 나 같은 죄인의 죄까지도 없이 하시고 사망과 죄의 율법에서 나를 구원하셨다는 확신을 얻게 되었다.」

그 후로 나는 나를 모욕하고 핍박하던 자를 위해 정성껏 기도하였습니다. 그리고 나는 그곳에 모인 사람들에게 내가 새로이 얻은 신앙 체험을 모두 말했습니다. 집에 돌아온 후 여러 가지 유혹이 나를 위협하였습니다. 그러나 소리를 치니까 다 달아났습니다. 그러나 그것들은 또 찾아왔습니다. 유혹이 올 때마다 하나님을 바라본즉 하나님께서는 그 성소로부터 도움을 보내주셨습니다. 여기서 나는 나의 과거 상태와 현재 상태가 서로 다름을 발견하였습니다. 과거에는 은혜 아래 있으면서도 또한 율법에게 속하였으므로 비록 전력을 다하여 싸웠을지라도 패한 때가 많았습니다. 그러나 지금 나는 늘 승리하는 자입니다.

웨슬리의 영성에 잊을 수 없는 말이 있습니다. "나는 메도디스트라고 불리는 교회가 유럽이나 미국에서 없어질까봐 염려하지 않는다. 그러나 내가 염려하는 것은 그 교회가 능력 없이 종교의 형태만 지닌 채 한갓 죽은 단체로 존재할까봐 염려한다. 만일 교회가 우리가 시작할 때에 지켰던 그 교리와 정신과 훈련을 굳게 지키지 않는다면 의심할 것 없이 그렇게 되고 말 것이다."

웨슬리에 의하면, 성화는 두 단계로 나누어집니다. 첫째 단계는 초기의 성화로서, 우리가 거듭남으로 성화의 단계에 들어섰으나, 아직은 온전한 성화에 이르지 못한 영적인 상태를 말하며, 둘째 단계는 온전한 성화로서, 깊은 영적(하나님의 사랑)체험에 의해서, 죄 된 생각으로부터 완전히 떠나고, 온전한 변화를 이루는 경지에 도달하는 것을 말합니다. 웨슬리는 이 온전한 성화를 기독자의 완전이라 부르고, 모든 그리스도인은 이 온전한 성화, 즉 기독자의 완전으로 나가야 한다고 말했습니다.

성결한 자가 지켜야 할 조항은 다음과 같습니다.

1. 자만하지 않도록 경계하여 기도할 것
2. 자만심의 열매인 열광을 경계할 것
3. 도덕 무용론자를 주의 하여 방종한 생활을 삼갈 것
4. 게으름을 멀리할 것
5. 하나님 이외의 것을 열망하지 말 것
6. 그리스도 교회를 분열케 하는 당을 짓지 말 것
7. 범사에 모범이 되고 등불이 될 것

웨슬리의 영성의 핵심은 '성화'와 '그리스도의 완전'이라고 할 수 있습니다. 웨슬리 신앙인의 삶, 즉 그리스도인의 영성적 삶을 완전을 향해 날마다 거룩하게 변해가는 성화의 과정으로 보았습니다. 그는 온전한 구원을 위해서는 의롭다 인정받는 데 그치지 않고, 실제로 의롭게 즉 성결되게 변해야 할 것을 강조했습니다.

웨슬리 목사의 4대 결심

1. 말을 주고받는 모든 사람에게 흉금을 다 열어 놓고 간격 없이 하자.
2. 언제나 진실하도록 힘쓰고, 아무리 사소한 일일지라도 가볍게 행동하지 말자.
3. 하나님의 영광을 나타내지 못하는 말을 하지 말고, 특히 세속에 관한 것은 말하지 말자.
4. 하나님의 영광을 드러내지 못하는 것 같은 쾌락은 절대 피하자.

VI. 조지 휫필드(George Whitefield, 1714~1770)

하나님의 말씀: 고린도후서 13:5
"나는 녹슬어 없어지기보다 닳아 없어지기를 원하노라"

   기독교 역사상 위대한 설교자 중 한 사람인 조지 휫필드는 1714년 영국 글로스터에서 태어났습니다. 글로스터는 개신교의 진리 수호를 위해 일생을 바친 믿음의 사람들이 많이 배출된 곳이었습니다. 가난한 집안에서 출생한 그는 어린 시절에 불량 청소년과 어울리며 카드놀이와 연애이야기, 그리고 주일을 범하고 극장에 다니는 등 매우 어두운 생활을 하였습니다. 그래도 이따금 양심의 가책을 느끼면서 경건한 의지가 솟구치곤 하였습니다.
   그는 글로스터에 살고 있었기 때문에 공립중학교에서 무상으로 좋은 교육의 혜택을 받게 되었습니다. 그는 공립중학교를 해마다 방문하는 시 자치위원들 앞에서 학생 대표로 연설할 정도로 웅변술과 기억력이 뛰어났습니다. 15세 때 휫필드는 학교를 떠나 어머니를 도우며 여관 일을 잠시 돌보기도 하였습니다. 그러나 동창생의 권유로 옥스퍼드에 진학할 마음을 갖고, 공립중학교에 복학하여 학업을 새로이 시작하였다. 계속되는 하나님의 손길은 끊이지 않았고, 18세 때 마침내 옥스퍼드의 펨브록 대학에 근로장학생으로 입학하였습니다. 그 후 하나님의 도우심 가운데 복음 전도자로서의 사명을 다 마치고 1770년 9월 29일 하나님의 품에 안기게 됩니다.

   옥스퍼드 진학은 휫필드의 생애에 큰 전환점이 되었습니다. 대학에 진학하기 전까지 그는 믿음의 확신과 경건의 훈련이 매우 약하였습니다. 그러나 펨브록 대학에 입학한 때부터 그의 확신들이 확고한 신앙으로 무르익게 되었습니다. 특히 훗날 최고의 감리교인으로 알려졌으며 '성경구락부'를 조직한 조지 웨슬리 형제들과 교제를 나누며 복음주의적인 회심을 체힘하게 되었습니다.

그후 맹목적 신앙으로부터 해방되어 시 교도소를 찾아 죄수들에게 책을 읽어주는 등 남을 섬기는 일에 힘쓰게 되었습니다. 열린 마음으로 성경을 무릎 위에 놓고 읽고 묵상하며 될 수 있는 대로 성경말씀 한 줄 한 줄 읽을 때마다 기도하였습니다. 그것은 젊은 그의 영혼에 살이 되고 피가 되었습니다. 그의 영혼은 날마다 위에서 내리시는 새로운 생명의 빛과 힘을 얻었습니다.

그리스도의 복음이 주는 영광스러운 자유를 맛본 휫필드는 금욕주의, 율법주의 등을 단호히 배격하고 값없이 주시는 은혜의 교리에 마음 깊이 뿌리를 내리게 되었습니다. 이것은 쓰라린 갈등을 통해 얻은 값진 믿음의 자산이었습니다.ㅎ 옥스퍼드의 작은 무리들 중에서 그처럼 신속하게 그리스도의 복음에 대해 명백한 견해를 확립한 사람은 없었습니다.

그 후 휫필드는 그 동안의 전도방식을 완전히 바꾸어 야외전도 방식을 채택하게 되었다. 왜냐하면 수많은 사람들이 예배에 참석하지도 않고 주일에 빈둥대거나 죄를 짓고 있었고, 설교조차 접할 수 없었기 때문이었다.

그는 거룩하고 진취적인 정신으로 주 예수의 복음의 원리에 서서 잃어버린 양들을 찾아 나섰습니다. 그는 전도에 나가기 전 열심히 기도하고 사람들이 무리를 지어 모이는 곳마다 찾아가 그리스도를 증거하는 열변을 토했습니다. 이렇게 선포된 복음은 많은 사람들에게 신앙의 동기로 진척되었으며 사망의 불길에서 구원받는 사람들은 매일 늘어나게 되었습니다. 이 같은 변화는 영국 교회에 감당할 수 없이 빠르게 전파되었습니다.

그러나 당시의 영국 교회는 그를 사랑하지 않았고 성직자들은 이 낯선 전도자를 외면해 버렸습니다. 그의 설교 주제는 인간의 치유될 수 없는 죄악성과 그리스도의 구원의 능력에 관한 근본적인 복음주의 메시지였습니다. 그의 설교는 천국과 지옥에 대한 환상을 생생하게 묘사하여 각 영혼들에게 영원한 내세에 대한 소망을 심어주었습니다. 특히 그는 순수하며 간결하고 솔직하며 담대하게 열정과 연민을 가지고 설교하였습니다. 그는 강단에서 눈물을 흘리지 않고 설교를 끝낸 적이 거의 없었습니다. 그의 눈물은 사람을 감동시켰고 감추인 마음 깊은 샘을 건드렸습니다. 그것은 논증과 사변으로는 움직일 수 없는 영역이었습니다. 그의 이 같은 다정다감한 자세는 많은 사람들이 그에 대하여 쌓였던 편견의 벽을 허물어 버렸습니다.

무엇보다도 휫필드는 주 예수 그리스도를 불같이 사랑하며 전하였습니다. "모든 이름 위에 뛰어난" 그 이름은 그의 모든 서신에 빠지지 않았고, 예수에 관하여 무엇인가 말하지 않고는 도무지 못견뎌했습니다. 주의 사랑과 대속, 주의 귀한 피, 의로우심, 주의 인자하심 등은 그에게 항상 새로운 주제가 되었습니다. 이 위대한 전도자의 최후는 그의 일생 역정과 딱 들어맞는 종결입니다. 그는 30년간 한결같이 전도하면서 살았듯이 마지막 순간까지도 전도하다가 죽었다. 그는 평상시 그가 말하던 대로 죽어갔습니다. "돌연한 죽음은 돌연한 영광이다. 옳건 그르건 나는 돌연히 죽기를 바란다."

그는 죽기 전날인 1770년 9월 28일, 마지막 설교를 하였습니다. 그는 자기의 두 손을 마주잡고 하늘을 우러러 이렇게 기도했습니다. "주 예수여, 저는 주의 일을 다 하다가 지쳤습니다. 그러나 주의 일에 지친 것은 아니옵니다. 저의 갈 길이 아직 남았다면, 저로 하여금 가서 들에서 다시한번 주를 위해 말하게 하시고 주의 진리를 인봉하게 하시고 돌아와 죽게 하소서." 그는 모여 있던 많은 무리들에게 고린도후서 13장 5절의 본문으로 거의 두 시간 가량 설교하였습니다. 그것이 마지막 설교였고, 그의 전 생애에 합당한 결론이었습니다.

설교를 마친 뒤 휫필드는 촛불을 한 손에 들고 이층으로 올라가면서 자꾸만 뒤를 돌아보며 그를 만나려고 모여 있던 친구들에게 무엇인가 말을 하였습니다. 그에게 부르심을 받았습니다. 100년 전 위대한 복음 전도자들

중에 으뜸이었던 훗필드의 일생은 이렇게 조용히 마무리 지어졌습니다.

19세기의 위대한 설교가 스펄전은 이렇게 말했습니다. "조지 훗필드 같은 사람에게 끌리는 관심은 끝이 없다. 그의 생애에 관한 책을 읽을 때마다 나는 각성하며 돌아선다. 그는 진정 살아 있는 신앙인이었다. 다른 사람들은 반쯤 살아나는 정도였으나, 훗필드는 온전히 살아있었다. 그는 불과 바람과 폭포 같은 삶을 살다 간 위대한 신앙인이었다."

Ⅶ. 윌리엄 케리(William Care, 1761~1834)

하나님의 말씀: 이사야 54:2-3

근대 선교의 아버지요, 영국 선교의 첫 관문을 연 윌리엄 케리는 런던에서 북쪽으로 약 80마일 떨어진 노샘프턴 주(northamptonshire)의 작은 마을과 울러스퍼리에서 태어났습니다. 그의 아버지는 마을학교의 교장을 지낸 덕망 있고 신앙심 깊은 사람이었습니다. 그러나 가정생활은 극히 가난하였습니다. 다행히도 파울러스퍼리에는 자선학교가 있어서 읽기와 쓰기, 산수와 종교교육을 받을 수 있었습니다.

14세 어린나이에 피딩톤에서 구두제조업의 견습공이 된 케리는 이일로 12년 이상 생계를 꾸려 나갔습니다. 그리고 거기서 동료 구두공 주 와르에 의해 그리스도를 영접하게 되었습니다. 그러던 중 케리는 영국이 1779년 국가적 위기를 맞이하여 정한 국가기도 일에 샤클론에서 모이는 비국교 조합교회에 참석했다가 그곳에서 히브리서 13장 13절 "그런즉 우리는 그 능욕을 지고 영문 밖으로 그에게 나아가자"는 설교를 듣고 평생을 그리스도에게 헌신하기로 결심하였습니다. 그것이 그의 나이 18세 때였습니다.

20세가 되던 1781년 피딩톤에서 도로시 플레깃 양과 결혼하여 가정을 이루었습니다. 후에 그는 영국 국교회를 떠나 어느 '이의자들의 무리)'에 참여하여 그 즉시 인근 교회에서 설교를 하기 시작했습니다. 그는 정식으로 목사가 되리라는 생각은 없었으나 그의 설교 능력이 인정되어 곧 목사로 초빙받게 되었습니다. 그래서 1789년 라이체스터의 하비 레인에서 침례교 목사로 목회를 시작하였습니다. 그는 설교자로서 뛰어나지는 못했지만 세심한 연구 없이는 한 번도 강단에 서 본 적이 없었습니다. 특히 성경을 원어로 공부하면서 늘 읽기와 묵상을 쉬지 않았습니다. 이런 동안에도 그는 구두 수선을 계속했습니다. 주말에는 학교에서 학생들을 가르쳤고, 주일에는 교회에서 성도들을 지도하였습니다. 소년시절 책벌레라는 말을 들을만큼 지식 탐구욕에 불타있던 그는 틈나는 대로 손에 잡히는 모든 책을 탐독하였습니다.

케리에게 선교 사업에 대한 관심을 처음으로 야기시킨 동기는 「쿡 시장의 마지막 황제」(The Last Voyage Captain Cook)라는 책이었습니다. 태평양에서 미지의 섬들을 열심히 찾아다녔던 쿡 선장이 "아무도 그들에게 기독교를 전해 주려고 하지 않았습니다. 거기에는 명예도 이익도 뒤따르지 않기 때문이지요"라고 말한 것에서 케리는 "와서 우리를 도우라"는 부르심의 영감을 느꼈습니다.

케리는 이 책을 읽고 나서 한층 더 그들의 영적 상태에 깊은 관심을 갖게 되었고, 성경을 읽으면서도 그들에게 그리스도를 영접할 수 있도록 해야겠다는 결심을 굳히게 되었습니다. 그 후에 그는 해외에 관계된 모든 서적과 정보를 수집하고 그가 그린 지도의 구석구석에 이를 자세히 표시해 놓았습니다.

1792년 케리는 「이교도의 회심을 위해 수단을 사용하는 그리스도인들의 책임에 관한 연구」(An Enquiry the Christans to Use Means for the

Conversion of the Heathens)라는 긴 제목의 책을 출간하였습니다. 선교에 관해 저술된 다른 어떤 책보다도 가장 확신에 찬 선교적 호소를 하고 있는 이 책은 기독교 선교 역사상의 이정표가 되었으며 교회사에 막대한 영향을 끼치게 되었다. 케리는 결단코 탁상공론에만 열중하는 전략가가 아니었습니다. 이론보다는 행동에 더 많은 관심을 보인 사람이었습니다. 그가 '선교는 주님의 지상명령'임을 역설했을 때 당시 교계 지도자들은 비난과 반박을 가하였습니다. 그러나 그는 당황하지 않고 기회가 주어질 때마다 교회를 향하여 그리스도를 모르는 세상에 복음이 얼마나 절박한가를 호소하였습니다.

1792년 5월 노팅햄파크에서 열린 침례교 교역자 연합회에서 케리는 이사야 54장 2-3절을 인용하여 놀라운 설교를 하였는데, 그 내용은 케리 일생의 좌우명이요 지금도 우리에게 큰 감동을 주고 있습니다. 그것은 "하나님으로부터 큰 것을 기대하라. 그리고 하나님을 위하여 큰일을 시도하라"다. 그의 설교는 모든 청중을 움직이는 호소력이 있었습니다.

그 다음날 케리는 많은 기도와 여러 번 설득으로 드디어 이교도 복음을 위한 침례교 연합회 구성에 동의를 받아냈습니다. 이로써 1792년 10월 '이방선교를 위한 침례교 특수 선교회(The Baptist Society for the Propagation of the Gospel amongst the Heaten)'가 발족되었습니다. 세계복음화를 위해 투쟁하는 케리는 이제 고독하지 않았습니다. 그의 동역자들의 열정과 케리의 믿음의 용기가 잘 연결된 것입니다. 그러나 그에게도 아직 풀리지 않은 난제가 사방에 산적하였으니 가정과 재정, 선교지 문제들이 남아 있었습니다. 그의 부친은 자기 아들을 미친 사람으로 취급하였고, 아내는 반대하며, 네 명의 아이들은 별로 기뻐하지 아니하였습니다.

또한 시간적으로 지체하는 기다림 속에서 적지 않은 실망도 있었습니다. 그렇지만 그 모든 것을 에워싼 문제들이 하나하나 해결되기 시작하여 드디어 1793년 6월 인도를 향해 출항하게 되었습니다. 5개월의 긴 여정 끝에 인도에 도착한 그에게는 또 다른 역경이 닥쳐왔습니다. 다섯 살인 아들 피터가 고열로 사망한 것입니다. 이 충격으로 인해 아내 도로시 케리는 1807년 사망할 때까지 우울증에 시달렸습니다.

인도에 도착한 후 침례교 선교협회 실수로 선교비가 두절되는 사건이 생겼습니다. 케리의 가족은 의지할 데 없이 언어도 통하지 않는 이국 땅에서 버려진 자들이 되고 말았습니다. 그야말로 청천벽력이었습니다. 수일 동안 케리마저도 낙심하여 누워 있었습니다. 그러나 말씀을 통해 굳건한 믿음은 그를 다시 일으켜 세웠고, 그 순간부터 케리는 자립의 길을 걸었습니다. 케리는 주 임무가 사람들을 그리스도께로 이끄는 것임을 잊어본 적이 없습니다. 이 같은 목적으로 1801년 세람포어 출판사에서 벵골어를 배우고, 벵골어로 신약을 번역 출간하였습니다. 1807년에는 산스크리트어로 신약성경을 번역 출간하고 브라운 대학에서 신학박사 학위를 받았습니다. 그의 선교 사업은 인도에 교회를 세우는 일, 복음을 널리 전파하는 일, 다양한 언어와 방언으로 성경을 번역하여 출판하는 일, 젊은 청년들에게 성경을 가르치는 일에 역점을 두었습니다. 이러한 작업을 하는 과정에서 어려움과 고통, 시련, 특별히 어린 아들의 죽음, 아내의 허약함…… 이루 말과 글로는 표현할 수 없는 시련이 닥쳐왔습니다. 그럼에도 불구하고 살아계신 예수 그리스도의 복음과 사랑은 그가 그의 몸 전체를 주께 바쳐 최선을 다하도록 격려하였습니다.

1806년 월리엄 케리가 인도 선교에서 보낸 하루의 일기를 소개합니다.

저는 오늘 새벽에 일어나 히브리어 성경 가운데 한 장을 읽고, 7시까지 개인 기도를 드렸으며 이후 동료들과 함께 벵골어로 가족기도 모임을 가졌습니다. 차를 따르는 동안 저는 제가 침실에서 나오기를 기다리는 문시(moonsh, 원주민 어학교사)와 함께 페르시아어로 된 글을 잠시 읽었습니다. 아침식사 전에는 힌두스탄어로 된 성경을 조금 읽고, 아침식사를 마친 후에는 산스크리트어로 된 라마유나를 산스크리트 학자와 번역했는데 이 작업을 10시까지 계속 했습니다. 그리고 저는 포드 윌리엄 대학에 가서 1시에서 2시까지 벵골어, 산스크리트어, 마라티어를 가르치는 수업에 참석했습니다. 집에 돌아와서는 저녁식사시간 전까지 예레미야서를 벵골어로 번역한 교정본을 검토했습니다. 저녁식사 후에는 대학 연구책임자의 도움을 받아 마태복음 8장을 산스크리트어로 번역했습니다. 이렇게 하느라고 6시까지 일해야 했습니다. 6시 이후에는 텔루구어 학자와 앉아서 텔루구어를 공부했습니다. 저녁에는 토마스씨가 왔습니다. 7시에는 미리 품고 있던 생각들을 설교 형태로 구성하는 일을 시작해서 7시 30분에 영어로 설교했습니다. 모였던 사람들은 9시까지 모두 돌아갔습니다. 그리고 나서 당신에게 편지를 쓰기 위해 앉았습니다. 이 일을 마친 후에는 헬라어 성경을 한 장 읽고 저를 하나님께 맡김으로 하루를 마감합니다. 하는 일은 다양하지만 하루에 이 이상의 시간을 가질 수 없는 것이 안타깝습니다.

그가 겪은 가장 큰 시련 가운데 하나는 1812년에 있었습니다. 그는 자신이 스스로 배운 어학 실력과 현지 언어를 익힌 후에 성경을 현지 언어로 번역하는 작업을 했습니다. 그리고 두 권의 문법책과 여러 권의 사전을 집필했습니다. 그런데 1812년, 8년의 시간을 투자해서 거의 완성된 성경번역과 사전 등이 전부 불에 타버린 것입니다. 이 사건은 케리에게 굉장한 절망과 고통을 안겨주었습니다. 그러나 그는 이렇게 편지에 써 보냈습니다 "잃어버린 것들이 굉장히 많습니다. 그러나 똑같은 길을 두 번 가는 것이 비록 고통스럽기는 하겠지만, 처음보다 훨씬 더 충실한 결과를 낳아 더 유익이 될 것으로 확신하고 있습니다. 우리는 벌써 다시 시작했습니다." 8년여 시간을 투자해서 이루어놓은 것들이 화재로 인해 한 순간에 없어져버렸지만, 다시 시작할 용기를 가졌습니다. 지금까지 자신이 쓴 원고가 부족한 것이 많기에 하나님께서 새롭게 번역하라고 하신 뜻이라고 생각하고 다시 시작해서 마침내 성경 번역을 완성해 내고 말았습니다.

그는 조카 유스터스에게 이런 말을 남겼습니다. "내가 세상을 떠난 다음에 만일 누가 내 인생을 두고 쓸 만하다고 생각할 수 있겠지. 만일 그 사람이 나를 꾸준한 노력가라고 평가한다면 제대로 평가한 것이다. 하지만 그 이상의 어떤 찬사도 과한 말이다. 나는 꾸준히 일할 수 있다. 어떤 구체적인 일에도 참을 수 있다. 덕분에 나는 지금까지의 일을 할 수 있었다."

지칠 줄 모르는 하나님의 일꾼 윌리엄 케리! 인도를 자기의 고향으로 알고 인도와 결혼한 그는 일생 안식년이나 휴가 없이 보낸 불굴의 사람입니다. 그가 1834년 6월 9일 미명에 드디어 하늘의 부르심을 받았으니 이 세상의 모든 수고를 마치고 영원한 안식으로 들어간 것입니다. 그의 묘비에는 그의 요구에 따라 다음과 같이 비문이 새겨져 있습니다. '윌리엄 케리, 1761년 8월 17일에 나서, 1834년 6월 9일에 죽다. 천하고 불쌍하며 무력한 벌레는 당신의 친절한 팔에 안겨, 여기 누웠습니다. 이렇게 하여 뛰어난 믿음과 경건의 사람 케리의 사역은 끝이 났습니다.

VIII. 아도니람 저드슨(Adoniram Judson, 1788~1850)

하나님의 말씀: 로마서 10:9-15

버마(현 미얀마)의 사도이자, 미국 교회의 해외선교사들 중 최초이며, 예수 그리스도를 사랑했던 하나님의 사람 아도니람 저드슨은 1788년 미국 메사추세츠 주에서 출생하였습니다. 그의 아버지는 회중교회 목사요, 어머니는 단정한 모습의 신앙심 깊은 여인이었습니다. 그는 어려서부터 총명하여 세 살에 벌써 읽기를 배웠고, 더 나아가 히브리어와 헬라어를 유창하게 읽었습니다. 남다른 재능을 지닌 그는 16세에 신학 사상이 건전하고 복음적인 브라운 대학에 진학하였습니다.

그는 1813년 버마 선교사로 지원했고, 1840년에는 버마어로 성경 전권을 번역했습니다. 실로 위대한 일이었습니다. 1849년 어느 습기 찬 밤에 그는 감기에 걸렸고, 일주일도 안 되어 감기 바이러스는 폐로 번져갔습니다. 열이 오르고 기침이 그를 괴롭혔습니다. 그 후에는 이질까지 겹치게 되었습니다. 그는 주위의 모든 사람들에게 "두려워 마십시오, 죽음은 나를 놀라게 할 수 없고 나는 주님 안에서 더욱 강해짐을 믿고 있소"라고 말했습니다. 그 후 몇 달이 지난 이른 아침, 그는 하늘의 안식처로 평안히 갔습니다.

메사추세츠의 대리석 비문에는 다음과 같은 기록이 새겨져 있습니다. "아도니람 저드슨 목사 1788년 8월 9일 탄생, 1850년 4월 12일 세상을 떠남." 멜든은 그가 태어난 곳이며, 그의 유해는 바다에 묻혔다. 그의 영원한 기념은 개종한 버마 사람들과 성경이다. 그의 기록은 하늘에 있습니다.

그는 청년시절 때 브라운 대학에서 제이콥 이임스라는 재치 있고 논쟁을 즐기는 친구를 만났습니다. 이임스와 함께 미래의 삶과 정치와 철학을 토론하는 사이에 어느덧 그는 자신도 모르게 기독교 교리를 배척하는 이론가가 되었습니다. 가정예배를 드리는 것도 지루했고, 그 자체가 그를 위선자로 만들었습니다. 이렇게 급진적인 종교적 변화는 그 당시 저드슨의 가정에서는 도저히 용납할 수 없는 것이었습니다. 점점 아버지와 거리가 생기게 되었고, 세상적인 진리들을 주제로 아버지와 논쟁을 벌였습니다. 그러니 더 이상 신자라 할 수도 없게 되었습니다.

"노를 품는 자와 사귀지 말며, 울분한 자와 동행하지 말지니 그 행위를 본받아서 네 영혼을 올무에 빠질까 두려움이니라"(잠 22:24-25). 그는 오히려 뉴욕 극단에 뛰어들어 배우로 전전하며 쾌락 속으로 빠지게 되었습니다. 그날부터 그의 어머니가 엎드려 뿌린 눈물의 기도는 메사추세츠의 아름다운 들판과 나무들까지 적시기에도 충분했습니다. 몇 달 동안의 극단 순례는 그에게 허무와 환멸만을 남겼습니다. 그러나 이것으로도 직성이 풀리지 않은 저드슨은 유람을 떠나 여기저기 방황하며 세속적인 생활에 젖어 있었습니다.

어느 날 밤 그는 여관에 묵었는데, 옆방에서 병으로 신음하며 부르짖다 죽어가는 사람이 바로 무신론자였으며 저드슨을 세상의 길로 이끌어 갔던 옛 친구 제이콥 이임스임을 알고 너무나 큰 충격을 받았습니다. 그 일이 도무지 믿기지 않아서 그는 여행도 포기하고 자신의 미래와 죽음에 대해 일대 격전을 벌이게 되었습니다. 그리고 12월의 어느 날, 자포자기의 심정으로 말을 탔는데 말의 발길은 아버지의 따뜻한 품으로 향하고 있었습니다. 그는 이제 이론가가 아니었습니다.

그때부터 죽을 때까지 그는 예수 그리스도의 사랑을 잊어본 일이 없습니다. 그는 아버지의 권유에 따라 안도버 신학교에 입학하였습니다. 이곳에서 접한 「동방의 별」이라는 설교집과 「아바 왕국으로 간 한 사절의 견문기」를 읽고 그는 선교사로 일생을 헌신하였습니다. 2년이 지난 2월, 아름다운 앤 하셀과 결혼한 지 12일 만에 그는 그녀와 함께 뉴욕에서 인도의 캘커타를 향해 출항하여 6월에 도착하였습니다. 그러나 영국의 동인도회사는 그의 선교 사역을 금지하였습니다. 그는 중대한 결정을 내려야 했습니다. "버마냐, 아니면 미국으로 돌아가야 하는가?" 그때 아내는 그에게 버마로 가기를 권유했습니다.

1813년 7월, 저드슨은 버마의 랑군에 상륙하였습니다. 그는 이곳에서 먼저 버마어를 습득하기에 전념하였고 후에는 능숙한 학자가 되었습니다. 그러나 버마에서 종교의 자유를 허락지 않았으므로, 말할 수 없는 고통과 궁핍 그리고 좌절에 부딪치게 되었습니다. 특히 생명보다 귀한 아이가 병들어 죽고, 또 사랑하는 아내를 먼저 보내야 했습니다. 지병이었던 열병과 이질이 그녀의 고통을 가중시켜 끝내는 목숨을 잃고 말았습니다. 그녀는 선교 활동으로 투옥중인 남편에게 "나는 죽음을 두려워하지 않아요, 그러나 이 고통을 참을 수 없게 되는 것이 두려워요!"라는 편지를 남기고 뉴잉글랜드의 농가에서 결혼식을 올린 지 꼭 14년 만에 38세의 나이로 죽었습니다.

  아내를 잃은 것은 그에게 엄청난 실의를 안겨주었습니다. 그러나 거기서 좌절할 수 없었습니다. 한 주일, 아니 단 하루라도 선교의 불꽃을 죽일 수 없었기 때문입니다. 주님은 그에게 계속 말씀으로 새 힘을 주셨고, 그의 기도에 응답해 주셨습니다. 그러므로 그는 힘차게 전진할 수 있었습니다. 6년간의 고생과 분투 끝에 몽 나우라는 사람이 예수 그리스도를 영접하게 되었습니다. 저드슨에게 있어서 그는 최초의 개종자였고, 얼마 후 다른 이들도 속속 예수의 품으로 돌아왔습니다. 그는 그곳에서 열심히 일하는 동안 항상 주님께 감격과 기쁨에 차 노래를 불렀습니다. 그것은 하나님의 은혜에 대한 감사의 표현이었습니다. 6년 만에 첫 설교하고 7년 되는 해 첫 회심자를 얻습니다. 20년간 성경을 번역하고 두 아내와 6명의 자녀를 미얀마 정글에 묻었습니다. 그래도 선교를 포기하지 않고 37년간 선교했습니다. 그가 죽을 땐 63개의 교회가 세워졌고 7000명이 세례(침례)를 받았습니다. 200년이 지난 지금 미얀마엔 300만명이 넘는 기독교인이 예수를 주로 고백하고 있습니다. 저드슨의 기도는 자신의 영광이나 영달을 위한 수단이나 도구가 아니었습니다. 기도는 사명이고 봉헌이고 선교를 위한 목숨이었습니다. 환난의 능력은 아내와 자녀들의 목숨을 빼앗아 가는 것이었습니다. 그러나 저드슨의 기도는 가족 모두를 미얀마 선교를 위해 바칠 수 있는 능력이었습니다. 도적의 능력은 남의 재산을 빼앗아 가는 것이나 기도의 능력은 속옷을 가져가면 겉옷도 주는 것이었습니다.

마침내 1840년 10월, 그는 일생 추구해 오던 성경을 창세기에서 요한계시록까지 버마어로 번역하기를 끝마쳤습니다. 그가 번역을 시작한 지 정확히 23년 만의 쾌거였습니다. 그러나 이 세월은 결코 평안한 시간들이 아니었습니다. 1826년 아내 앤이 사망한 뒤 8년 만에 사라 보르벤과 결혼했으나 그녀 역시 11년 만에 천국으로 먼저 갔습니다. 그 다음해인 1846년 에밀리 처복과 결혼하였으나 이번에는 저드슨 자신이 건강이 악화되었습니다.

건강 악화로 미국으로 돌아와 잠시 쉬는 동안 한 젊은이와의 상담에서 그는 자기의 신앙을 이렇게 고백했습니다. "이 세상에서 제일 재미있는 것은 예수께서 나를 위해 돌아가신 그 십자가의 이야기입니다. 그보다 더 재미있는 것은 없습니다. 나는 이것만 전하고 증거하기로 사명을 받은 사람입니다. 주께서 내게 주신 그 시간에 나의 보잘 것 없는 모험담으로 호기심을 추구하는 사람들의 만족의 대상을 삼을 수 없습니다. 내가 또 이야기 한다면 예수님 외에는 아무도 없습니다." 저드슨은 진정 예수 그리스도의 사자요, 선교사였습니다.

IX. 허드슨 테일러(Hudson Thyor, 1832~1905)

하나님의 말씀: 마가복음 11:22
하나님을 믿으라, 하나님만 의지한 중국 선교사

이 말씀의 핵심적 의미는 하나님을 믿는 힘을 예수님이 보여주었다는 것이며 허드슨 테일러는 이 의미를 깊이 깨우쳤습니다. 사람들은 허드슨 테일러가 실패했다고 생각했습니다. 1853년 혈기왕성한 스물한 살의 청년인 그는 중국으로 건너갔습니다. 중국 민족과 똑같이 중국말을 하고 중국옷을 입겠다는 그의 별난 발상을 다른 모든 선교사는 바보짓으로 여겼습니다. 그는 얻은 것 없이 스스로 웃음거리만 되었다고 생각했습니다. 낙담한 나머지 그는 몸이 쇠약해졌고 선교회를 탈퇴하여 완전히 탈진한 상태로 영국으로 돌아왔습니다.

하지만 다행히도 테일러는 포기하지 않았습니다. "당신께서 실패하길 바라시면 전 기꺼이 실패를 감수하겠습니다"하고 하나님께 기도했습니다. 그리고 혁신적인 생각을 그대로 밀고 나갔습니다. 몇 년 안에 테일러는 자신의 독특한 선교 원칙을 바탕으로 '중국 내지 선교회'(The Inland Mission)를 조직했습니다.

중국 내지 선교회에 소속된 선교사들은 '믿음 선교'를 원칙으로 삼았기에 '스스로 단결하기로 합의한 여러 교파의 사람이 자발적으로 연합'했습니다. 당시로는 꽤 혁신적인 일이었습니다. 실패에 대한 두려움으로 괴로워했던 사람이 이러한 일을 선도했으리라고 누가 예상했겠는가? "내가 너무도 연약했기에 하나님은 날 선택하셨습니다. 하나님은 큰 조직을 통해서 위대한 일을 하지 않으십니다. 대신 잠잠하고 낮아진 사람을 단련시켜 사용하십니다"라도 테일러는 말했습니다.

테일러의 믿음 선교 개념은 3가지 핵심을 바탕으로 합니다. 첫째는 테일러의 런던 사무소 입구에 새겨진 "하나님을 믿으라"(막 11:22)는 성경 말씀이었습니나. 둘째와 셋째는 히브리에 있는 두 지역의 이름이 에벤에셀과 여호와 이레였습니다. 테일러는 그 의미를 중국어로 번역하여 두루마리에 붓글씨로 썼습니다.

에벤에셀이라는 이름은 사무엘상 나옵니다. 사무엘은 비석을 세워 "여호와께서 우리를 여기까지 도우셨다"라는 의미로 '에벤에셀'이라 명명했습니다. 테일러는 하나님을 굳게 신뢰했지만 낙담할 때마다 붓글씨를 보며 예전에 하나님이 자신을 위해 행하신 일을 떠올렸습니다. 여호와 이레도

서예 작품으로 표현했습니다. 아브라함이 아들을 제단에 올려놓고 죽이러 할 때 하나님이 이를 멈추시고 대신 숫양을 제물로 바치게 했던 말씀입니다. 여호와 이레는 '하나님이 준비하신다'는 뜻입니다.

테일러는 성경에 나온 약속을 읽고 검증해 보았습니다. 또 "말씀대로 이루어질 것을 믿습니다"라고 선포했습니다. 가령 "추수하는 주인에게 청하여 추수할 일꾼들을 보내 주소서 하라"(눅 10:2)는 말씀을 읽은 후엔 더 많은 선교사를 보내달라고 기도했습니다. 때로 믿음이 흔들릴 때도 있었지만 테일러는 결국 "우리가 하나님께 순종하면 그 뜻도 우리가 아닌 하나님께 있다"는 걸 깨달았습니다. 몇 년 후 그는 "어떻게 해야 믿음이 견고해질까요? 믿음을 얻으려고 애쓰는 것이 아니라 신실하신 하나님 안에 머물러야합니다"라는 편지를 중국에서 보냈습니다.

테일러는 믿음 선교 외에도 여러 혁신적인 방법을 시도했습니다. 그는 대학 교육을 받지 않은 선교 지원자를 받아들였고 선교사들에게 중국옷을 입고 중국인과 똑같이 생활하도록 요청했습니다. 또 선교회 운영 및 관리를 본사가 아니라 중국 현지에서 담당해야 한다고 주장했습니다. 결혼 여부와 관계없이 여자도 남자도 다름없이 공식 업무를 받았습니다. 그리고 모든 선교사는 재정 수입을 균등하게 나눠 가졌습니다. "하나님의 일은 하나님을 위해 사람이 일하는 게 아니라 사람을 통해 하나님이 스스로 일하시는 것을 말합니다. 이 사실을 깨달아야 한다"고 말했습니다. 1890년 중국내지선교회는 선교사 641명과 중국인 노동자 462명 그리고 260곳의 선교 지부가 있다고 보고했습니다. 중국 내지 선교회의 기본 이념은 여러 선교단체의 토대가 되었으며 오늘날 전 세계에 걸쳐 100개 이상의 선교단체와 7천명 이상의 선교사가 활동하고 있습니다.

그는 "기도와 말씀에서 비롯된 것이었다"고 하며 하나님과 교제하는 시간을 매우 귀하게 여겼습니다. 또한 "하나님은 하나님을 온전히 의지할 만큼 충분한 연약한 자를 사용하신다"고 하며 연약한 자신이 하나님께 힘있게 쓰임 받은 것을 감사하는 간증을 하곤 했습니다.

　많은 중국인들이 허드슨 테일러를 통해 복음을 듣고 구원을 받았고, 중국이 공산화되기 전까지 허드슨의 선교회를 통해 중국인들이 하나님의 자녀로 거듭나는 놀라운 역사가 이어졌습니다. 나중에 중국 정부에서도 허드슨을 중국 근대화에 기여한 사람 중 한 명으로 뽑았고, 그에 대한 전기를 공식적으로 발간해 줄 정도로 중국에 대한 허드슨의 마음은 참으로 특별했습니다.

　구원받을 때 하나님이 자신을 위해 이미 모든 것을 이루어 놓았다는 것을 발견한 뒤 허드슨 테일러는 자신의 모든 삶을 송두리째 하나님께 드렸습니다. 하나님이 자신을 자유롭게 쓰실 수 있도록 내어드렸기에 하나님은 허드슨 테일러를 통해 수많은 중국인들을 구원하시는 놀라운 역사를 하실 수 있었습니다. "수억의 사람들이 복음을 모른 채 죽어가고 있습니다. 나에게 천 개의 생명이 주어질지라도 중국선교에 쓰겠습니다." 중국 선교의 아버지로 불리는 제임스 허드슨 테일러의 말입니다. 중국 선교를 하는 동안 수없이 죽을 고비를 넘겼고 가족을 잃는 어려움을 겪었지만, 복음을 모르고 죽어가는 중국인들을 위해 하나님께 일생을 드렸습니다.

X. 찰스 스펄전(Charles H, Spurgeon, 1834~1892)

　하나님의 말씀: 하박국 3:1-6
　닳아서 낡은 성경책을 소유한 사람은 결코 무너져 내리지 않는다.
　19세기 영적 거인 찰스 스펄전은 1834년 에섹스 캘비던에서 태어났습니다. 그의 집안은 16세기에 위그노들을 핍박하던 네덜란드에서 건너온 후 손들이었습니다. 그의 조부와 아버지는 모두 목사로서 어릴 적부터 그를 엄격한 교리 속에서 가르치는 칼빈주의자들이었습니다. 스펄전은 7세에 콜세스터에 있는 작은 마을학교에서 교육을 받고, 여기서 그는 조교로 일 하면서 작문과 강독, 헬라어, 라틴어, 문법과 철학에 있어서 상당한 수준에 이르게 되었습니다. 그는 어릴 때부터 탁월한 지혜와 논리 정연한 주장들 로 많은 이들을 놀라게 하였습니다.

16세에 시골의 한 교회에서 첫 설교를 시작하여 19세에는 런던으로 사역 지를 옮겨 세계적인 설교자와 저술가로 58년 동안 사역하였습니다. 그러 나 그도 젊은이의 내적인 불안과 갈등에 사로잡혀 오랫동안 고뇌 속에 빠 져 헤매고 있었습니다. 이때 하나님은 그를 인도하셨으니 조그마한 교회 로 그의 발을 옮기게 하셨던 것입니다. 그곳에서 한 평신도가 전하는 메시 지가 가슴에 와 닿았습니다.

"청년이여, 그대는 왜 고민하고 있는가? 주 예수 그리스도를 바라보시 오! 바라보시오! 바라보시오!" 바로 그 순간 주님은 자신의 인을 그의 영혼 에 치셨습니다. 이제 그에게 영혼의 구름은 사라졌습니다. 어두움 또한 걷 히게 되었습니다. 그리고 주님의 고귀한 부르심을 생각하며 감사하면서 그의 마음은 뜨겁게 불타올랐습니다.

헌신을 결심한 이후 그의 삶은 변화되었습니다. 그의 기도생활은 규칙적 이고 능력 있었으며 마치 예수님이 바로 그 곁에 서 있는 것과도 같은 심원 한 기도였습니다. 뿐만 아니라 매일 매일 성경을 읽고 그것에 몰입되어 깊 은 묵상을 하였습니다. 그는 성경을 묵상하는 것이 마치 포도를 짓이겨 포 도주를 짜내며, 광석으로부터 금을 제련해 내는 것 같다고 하였습니다. 기 도와 말씀 묵상은 그에게서 빼 놓을 수 없는 일용할 양식이었습니다.

16세가 되던 해에 워터비치의 한 교회의 초빙으로 스펄전은 목회 사역을 시작하였습니다, 소년 목사 스펄전은 두려움 속에서 주님께 기도할 수밖에 없었습니다. "오, 나의 하나님. 저를 당신의 충성스런 종으로 삼아주소서. 나의 평생에, 나의 세대에 제가 당신을 존귀케 하기를 소원합니다. 그리고 당신을 섬기는 사역에 영원토록 헌신하게 되기를 원합니다."

기도로 시작된 그의 목회는 실패할 이유가 없었습니다. 그는 버림받은 자들을 말씀으로 위로하고, 삶에 지쳐 있는 자들과 함께 기도하며, 실패한 자들과 함께 눈물 흘리는 목회를 하였습니다. 이러한 목회는 더욱 부흥하여 교인 등록자가 40명에서 100명으로 증가하는 경이로움이 일기 시작했습니다.

그는 그곳에서 두 가지 놀라운 체험을 하게 되었습니다. 그것은 그리스도의 뜻에 전적으로 자신을 맡기는 일과 바로 자기의 모든 삶의 영역에서 계속적으로 주님을 신뢰할 때, 그리스도의 능력이 모든 세대를 통하여 나타난다는 사실이었습니다. 이렇게 순종과 헌신으로 영적성장을 이루어 나간 스펄전은 18세 나이로 세계적 사역을 위해 준비하게 되었습니다.

1852년 침례교회 목사가 되어 워터비치의 작은 교회를 담임하게 되었습니다. 이 기간 동안 스펄전은 말씀과 기도로 주님의 교회를 섬기며 위대한 설교가로서의 자질을 갖추게 되었습니다. 그후 1854년 20세에 런던 남부 뉴 파크 스트리트 교회(New Park Street Church)담임목사로 초빙되어 교회를 크게 부흥시켰고, 1857년 23,654명의 청중 앞에서 설교할 성도로 명성있는 설교자가 되었습니다. 그래서 많은 인원을 수용하기 위해 인근의 음악당으로 자리를 옮겨야 할 정도가 되었습니다. 이 숫자는 런던 집회 사상 최대의 숫자였습니다. 결국 1861년 메트로폴리탄 태버내클(Metropolitan Tabemacle)을 건축하기에 이르렀고, 그동안 침례를 받는 사람만도 14,460명이나 되었습니다.

그의 설교는 그리스도 예수가 메시지의 중심 주제로, 산 인격체이신 그분의 사상, 선택, 계획, 감정, 행동들을 찾아 전하는 살아 있는 복음이었습니다. 이런 그의 설교는 설득력 있고 순전한 기쁨이 넘쳤으며 능력 있는 말씀으로 온 세상에 퍼져 나가기 시작하였습니다. 이제 그는 세계적인 인물이 되었습니다. 그의 예배당은 모든 좌석과 통로 그리고 창문틀까지 군중으로 초만원을 이루었고, 문밖에서까지 서성거리는 자들로 성시를 이루게 되었습니다. 그러한 부흥중에도 스펄전은 항상 겸손하게 기도하며 시골의 행상인과 고아원의 초라한 아이들, 빈민가의 불쌍한 이들과 오랜 시간을 함께하는 사람이었습니다. 마치 우물가의 한 여인에게 찾아가셔서 상담하시는 주님의 모습처럼……,

43세 때 건강이 악화되고 교회의 재정이 문제가 되어 고통의 폭풍이 닥치게 되자 그는 절망하지 않을 수 없었습니다. 그러나 그는 다시 주님을 바라보았습니다. 그리고 피난처 되시는 주님의 날개 아래 쉬면서 그 속에서 평화를 되찾게 되었습니다. 쉴 새 없는 복음 전도와 목회 사역 중에서도 그가 저술한 책들은 방대하였습니다. 모두 135권이었다. 그중에는 그가 편집한 28권의 다른 저작자들 작품이 들어 있으며, 앨범과 소책자들을 합치면 무려 200여 권이나 됩니다. 이 엄청난 분량의 저술들은 바로 종의 일거리라고 생각하는 한 인간에 의해 저작되어 나온 것입니다. 그의 일생은 그리스도 중심으로 일관하는 실제 그 자체였습니다.

1892년 1월 17일 주일 저녁예배를 마지막으로 스펄전은 두 번 다시 일어나지 못할 침대로 돌아갔습니다. 그는 사랑하는 아내에게 "오! 여보, 나는 그렇게도 복된 시간들을 나의 주님과 함께 누려 왔다오, …… 이제 나의 사역은 끝났소" 라는 말을 남긴 채 영원한 고향으로 돌아갔다. 그의 장례사에는 이렇게 쓰여 있습니다. "본국에 있는 성도들은 그의 귀향을 고대하고 있었다. 그들은 교회 뒤편에 승강기를 설치하고 있었다. 그것은 스펄전이 층계를 오르는 수고를 덜어주기 위함이었다. 그런데 또 다른 사람들이 기다리고 있었다. 바로 그 광명한 나라 저 천국에서도, 그는 그곳으로 갔다."

하나님의 위대한 10인의 사람들을 집중적으로 살펴보았습니다. 「1999년 4월 20일 콜로라도 덴버의 리틀턴에서 '에릭 해리스'와 '딜런 클리볼드'라는 두 학생의 총기 난사로 아까운 생명 14명이 순식간에 사망하는 사고가 발생했습니다. 살인마 두 사람은 여러 학생들을 한 쪽으로 몰고가 한 사람씩 총구를 이마에 겨누며 물었습니다. '너 하나님을 믿느냐?' 이때 '예스'라고 대답하면 죽이고 '노!'라고 대답하면 살려 준다고 했습니다. 극도의 공포 분위기를 만들면서 차례로 물어가는 데 '노!'라고 대답하면 낄낄 거리면서 "그러면 그렇지 너희 예수 믿는 것들이 별 수 있냐..."는 투로 멸시하면서 살려 주었습니다.

그런데 그때 한 여학생이 "예스!"라고 대답을 하자 그들은 당황해하며 방아쇠를 당겼고 그 여학생은 그 자리에서 순교한 일이 발생했습니다. 그 일이 있고 얼마 후 비굴하게 목숨을 부지하기 위하여 하나님을 부인했던 학생들이 케시 버넬의 순교를 기억하며 회개하기 시작하면서 "우리 국기 게양대 앞에서 만나요!"라는 구호를 외치게 되었고 수많은 학생들이 모여들더니 이내 신앙 대각성 운동을 일으키게 되었다고 합니다.」

기독교는 순교의 피를 먹고 자란다는 말이 있습니다. 핍박을 받고 환란을 당하면 신앙인은 오히려 그 믿음이 순수해지고 깨끗해집니다. 진리와 거짓이 드러납니다. 그리하여 순도 높은 신앙으로 변화되어 가는 법입니다.

나를 써 주소서

나를 사랑으로 꽃이 되게 하신 주님,
나를 향기가 되어 주님께 다가가게 하소서.

나를 사랑으로 별이 되게 하신 주님,
나를 회개의 눈물로 주님 앞에 반짝이게 하소서.
나를 사랑으로 소금이 되게 하신 주님,
나를 이 세상을 살맛 내는 조미료로 녹아지게 하소서.
나를 사랑으로 빛이 되게 하신 주님,
나를 캄캄함 칠흑 같은 이 땅에 생명으로 인도하는 구원의 빛이 되게 하소서.

나를 사랑으로 살리신 십자가의 주님!
나는 죽고 주님으로 다시 살아 주님이 필요한 곳에 손과 발이 되게 하소서.
죽기까지 나는 주님의 향기 높은 꽃이기 원합니다.
죽을 때까지 나는 썩어가는 세상의 방부제인 소금되기 원합니다.
죽고, 또 죽어도 나는 땅 끝까지 주님의 복음의 빛 되기 원합니다.
주님이 지신 십자가 나도 지고
주님은 내가 되고 나는 주님 되어 주님의 발자취만 따르게 하소서.
주 예수님이름으로 기도합니다. 아멘

8부
영원히 살게 될 천국(새 예루살렘)

25장. 영원

많은 그리스도인들은 "예수를 구주로 영접하고 구원을 받았다"는 신앙고백을 합니다. 예수님께서 "내 말을 듣고 나를 보내신 분(하나님)을 믿는 사람은 영원한 생명을 얻을 것이다. 그 사람은 심판을 받지 않을 뿐만 아니라 이미 죽음의 세계에서 벗어나 생명의 세계로 들어섰다"고 말씀하셨습니다(요5:24). 여기서 예수님이 약속하신대로 예수 그리스도를 믿어 그리스도인이 된 사람은 '영원한 생명을 얻은 사람'이고, '심판을 받지 않는 사람'이고, '죽음의 세계에서 생명의 세계로 옮겨진' 사람을 말합니다. 이런 그리스도인을 구원받은 사람이라고 말하고 그 그리스도인들이 "나는 구원을 받은 사람이라"고 신앙을 고백하고 증거 하는 것입니다.

우리가 구원을 이야기 할 때 표현은 3가지의 의미를 내포하고 있습니다. 첫째 "나는 구원을 받았다. I've been saved"라고 말하는 과거형 구원입니다. 이 "구원을 이미 받았다."는 과거 완료형 구원은 칭의에 관한 부분입니다. 둘째 "나는 구원을 받고 있는 중이다. I am being saved" 라고 말하는 현제 진행형 구원입니다. 이 "구원을 받고 있다."는 현재 진행형 구원은 성화에 관한 부분입니다. 셋째 "나는 구원을 받을 것이다. I wall be saved"라고 말하는 미래형 구원입니다. 이 구원을 받을 것이다. 라는 미래형 구원은 하늘나라의 영화와 상급에 관한 부분입니다.

한마디로 말하면 예수님의 말씀처럼 예수님을 구주로 영접한 사람은 이미 구원을 받은 사람이지만 현재의 삶을 통해 하나님이 거룩하신 것처럼 거룩하게 살아야 할 성화를 유지하기 위해 힘쓰며 살아야합니다. 또 장차 하늘나라에 가서 받을 상급과 영화스러운 영광을 위해, 주님의 사명을 다하는 삶을 살고나서 가는 하늘나라(영원)에 관하여 알아 보도록 합니다.

역사 가운데 일하시는 하나님의 뜻은 사랑하는 모든 사람들과 더불어 하나님 자신이 함께하는 공동체로 세우시는 것입니다. 하나님은 이 공동체 한가운데 최고의 보존자로서 영광스럽게 거하시는 분입니다(엡 2:19-22,3:10). 성경은 천지창조 이후 에덴동산에서부터 새 하늘과 새 땅에 이르기까지 이 공동체가 어떻게 형성되어 가는지 추적하고 있습니다.

개인으로부터 가족, 부족, 민족, 모든 인류에 이르기까지 하나님과 함께하는 역사적인 다양한 공동체 형성 과정입니다. 믿음은 우리의 영원한 목적지를 결정해 줍니다. 믿음의 행위는 주님께서 직접 통치할 그 때의 상급을 결정해 줍니다. 상급은 구원받은 이후에 어떻게 이 땅에서 살았는지에 따라 좌우됩니다. 우리의 돈과 소유로 지금 행하는 모든 일들이 주님께서 오셔서 이 땅을 천년 동안 통치할 그 때, 통치자로서의 상급에 중대한 영향을 끼칩니다.

불로써 땅이 정결케 됨으로 시간은 끝나는 것이 아니라 영원히 시작됩니다. 그 이유는 예수 그리스도께서 "완전한 왕국"을 아버지께 드림으로써 하나님께서는 "만물 안에 모든 것"이 되시기 때문입니다(고전 15: 24-28).

이 왕국에서는 모든 무릎이 예수의 이름에 꿇을 것입니다. "그러므로 [하나님]께서도 그분을 높이 올리시고 모든 이름 위에 있는 이름을 그분에게 주사 하늘에 있는 것들과 땅에 있는 것들과 땅 아래 있는 것들의 모든 무릎이 예수라는 이름에 굴복하게 하시고 또 모든 혀가 예수 그리스도는 [주]시라고 시인하여 [하나님] [아버지]께 영광을 돌리게 하셨느니라"(빌 2:9-11). 이 왕국에서는 하늘과 지상과 지옥에 있는 모든 것들이 인자에게 복종할 것이라고 기록하고 있습니다.

하나님이 함께하시는 영원한 계획의 완성

계시록을 통해 보여 주신 미래의 비전

계시록에서 우리는 인간을 위한 하나님의 계획이 완성되어 인간의 실존이 영원으로 확장되는 것을 보게 됩니다. 계시록은 창세기 1-11장의 역사를 통해 드리워진, 그래서 인간의 눈으로는 하나님의 더 큰 세계를 바라보지 못하게 했던 커튼을 걷어 내 주었습니다. 우리는 계시록에서 예수님이 시작하신 세상의 혁명을 경험했던 1세대 제자들의 관점을 통해 미래에 대한 비전을 바라보게 됩니다. 그것은 하나님의 우주적인 성품과 "세상 끝날까지 너희와 항상" 함께하시리라는 약속을(마 28:20) 통해 인류 역사 속에서 늘 자신의 계획을 이루어 가시는 전능하신 하나님의 모습을 보여 줍니다. 계시록은 하나님과 함께하는 삶의 실체를 하나님이 의도하시는 완성의 경지에까지 이끌어 가고 있습니다.

창세기와 계시록은 성경의 각각 처음과 끝에 위치합니다. 이들은 우리가 일반적으로 이해하는 대로 시간의 끝에 위치하여 인간을 인류역사로부터 벗어난 위치에 놓습니다. 특정한 민족에 국한된 유대교로부터 벗어나려는 교회의 모습은 복음서와 사도행전 그리고 서신서들에 기록되어 있습니다.

계시록이 여러 교회에서 읽혀지던 때에는 이미 유대교와 기독교가 완전 분리된 상황이었습니다. 따라서 계시록에서 자주 반복되는 표현은 모든 '백성들과 족속과 방언과 나라'라는(계 11:9)구절과 이에서 약간 변형된 표현(계 13:7)들입니다. 이것은 사랑하는 사람들의 포괄적 공동체, 곧 모든 역사를 통해 하나님이 세우시고자 했던 공동체에로의 부름(calling)입니다.

계시록 서두에서 예수 그리스도는 '땅의 임금들의 머리'로(1:5)그리고 만물의 시작과 끝으로 묘사되고 있습니다. 사도 요한을 통하여 예수님이 계시하시고 있는 미래는 하나님이 그분의 백성과 함께하시는 세 가지 방법을 통해 명확하게 구분되고 있습니다.

첫 번째 부분은 세상의 무대에 선 '에클레시아'(ekklesia), 곧 예수 그리스도의 교회의 장래에 대한 비전입니다(계1:9-3:22). "세상 끝 날까지"(마 28:20) 전 세계 교회를 향해 전파해야 할 그리스도의 계시가 바로 그것입니다. 이 부분은 '아시아에 있는 일곱 교회들'에게 보내진 서신의 형태로 기록되어 있습니다(계 1:4). 아마도 하나님이 제시해 주시는 교회의 전형적인 비전으로 이해하는 것이 가장 좋을 것입니다. 교회가 이 땅에 존재하는 동안 예수님을 믿는 사람들이 함께 모여 자신의 몸과 인생을 통해 이 땅에 오신 예수 그리스도의 성육신을 이어가는 것이 바로 우리의 비전입니다.

비록 교회가 이상적으로는 인종 구분이나 편협한 율법주의 그리고 문화적 배경에 근거한 '자기 의'(self-righteousness)에서 벗어난 자유로운 공동체이지만, 실제 모습은 그렇지 않습니다. 하나님께 충성을 다하는 가운데 승리하는 삶 이면에는 고군분투하며 유혹과 실패에 넘어지고 피를 흘리며 죽임을 당하는 현실이 있습니다. 바벨론 포로기 이후 유대인들이 주변지역으로 흩어져야 했던 상황과 예수 그리스도를 따르는 사람들이 전 세계로 흩어지는 것에서 많은 유사점을 찾아볼 수 있습니다. 우리가 살고 있는 시대가 하나님이 계획하신 종착점은 아니지만 '일반적인' 역사 속에서 인간이 계획할 수 있는 마지막 때인 것만은 분명합니다. 하나님은 말씀과 성령을 통해서 뿐만 아니라 축적된 문화와 문명 그리고 전통과 교회 제도를 통하여 백성에게 자신을 나타내 보이십니다.

두 번째 부분에서는 세상에 찾아올 엄청난 격변과 재난이 예언되고 있습니다. 선과 악을 대표하는 초월적인 존재들이 등장하며 인간의 악한 본성이 세상을 지배하게 됩니다(계 4:1-20:15). 선과 악의 세력 간에 큰 싸움이 벌어지고 이때 하나님에 의한 공개적인 심판이 모든 인간에게 임하게 됩니다. 이 땅에 남아 있는 백성은 박해와 순교가 세상에 만연해 극심한 고난을 겪게 됩니다. 마지막 때에는 땅도 인간의 무분별한 개발로 인해 황폐화되어 지질학적, 생물학적인 고난을 겪게 될 것입니다. 결국 재림을 앞둔 마지막 때에 이르러서 이 땅은 인간이 거주할 수 없는 곳이 됩니다. 성경에서 '바벨론'이라고 지칭하는 인생에 대한 인본주의적 체계는 더 이상 기능을 발휘하지 못하게 됩니다(계 18:1-19:3). 하나님은 지구상의 모든 인류에게는 심판주로 오시지만 그분의 백성에게는 끝까지 함께하시고 그들을 붙들어 주시는 구원주로 오십니다. 마침내 예수 그리스도는 친히 인류역사에 종지부를 찍는 우주적 통치자로서 이 땅에 오시게 됩니다.

역사상 끊이지 않았던 선과 악의 오랜 싸움은 물어볼 필요도 없이 예수님의 승리로 돌아가며 그분의 임재가 온 세계를 압도하게 될 것입니다. 이 변화의 마지막 장면은 심판이 될 것입니다. 사단과 그 하수인들이 먼저 나아오고 그 다음에는 모든 인간들이 '큰 자나 작은 자나'(계 20:1-12)심판대 앞으로 나아옵니다. 각자의 인생에 대한 심판이 행해지고 그 가운데 하나님의 공의가 이루어집니다. 악한 사탄은 자기의 원래 자리로 돌아가게 되어 영원히 그 힘을 잃습니다.

마지막으로, 세 번째 부분에서는 하나님의 백성이 하나님이 만드신 완전한 나라와 완전한 그분의 임재 속으로 들어가게 됩니다(계 21:1-22:21). 바벨론 포로기의 선지자였던 예레미야가 "내가 나의 법을 그들의 속에두며 그들의 마음에 기록하여 나는 그들의 하나님이 되고 그들은 내 백성이 될 것이라 ... 그들이 다시는 각기 이웃과 형제를 가리켜 이르기를 너는 여호와를 알라 하지 아니하리니 이는 작은 자로부터 큰 자까지 다 나를 알기 때문이라 ... 여호와의 말씀이니라"고(렘 31:33-34)예언한 바로 그때입니다.

예레미야의 예언은 마치 사람의 뜻대로 조종되는 로봇과 같이 하나님이 사람들을 하나님의 뜻대로 움직이도록 '개조'하시겠다는 뜻이 아닙니다. 만일 하나님이 이것을 원하셨다면 처음부터 그런 모습으로 인간을 창조하셨던지 아니면 아담과 하와가 타락한 이후 어느 시점에선가 이미 인간의 '개조'를 감행하셨을 것입니다. 하지만 하나님은 이 방법을 원하지 않으셨습니다. "나의 법을 그들의 속에 두며"라는 구절은 우리 안에 있는 하나님의 성품을 가리키는 말입니다. "너희 안에 이 마음을 품으라 곧 그리스도 예수의 마음이니"(빌 2:5).

그 영원한 세계에서는 우리가 이미 그리스도의 온전한 성품에까지 성숙한 상태이므로 더 이상 성장과 성숙에 대해 염려할 필요가 없습니다. 우리는 범죄 이전에 아담과 하와의 죄를 알지 못했던 순결이 아니라 죄악이 무엇인지 이미 죄악이 어떤 것인지 그리고 어떤 상황에서 그것이 '좋게' 보이는지 알고 있기 때문입니다(창 3:6). 이제 어떤 상황에서도 하나님을 온전히 신뢰할 수 있습니다. 왜냐하면 하나님은 우리와 함께하시고 우리는 그 사실을 우리 안에 있는 하나님의 성품을 통하여 그리고 우리가 하나님과 연합하여 감당하는 모든 사역을 통하여 확인할 수 있기 때문입니다. 이제 우리를 위한 하나님의 선하신 목적은 성취되었고, 우리는 주님과 함께 '세세토록' 다스리게 될 것입니다(계 22:5).

예수님과 함께 다스리는 일이야말로 영원한 세계에서 맛볼 수 있는 하나님과 함께하는 삶의 절정입니다. 그곳에서는 성전을 찾아볼 수 없습니다. 왜냐하면 "주 하나님 곧 전능하신 이와 어린양이 그 성전"이시기 때문입니다(계 21:22). 종교적인 일들도 더 이상 존재하지 않습니다. 비록 예수 그리스도의 구속 사역과 그 결과가 하나님 나라에 필수적이고 영원한 요소이며 하나님의 백성이라는 정체성 가운데 깊이 새겨진 문장, emblazonned)과도 같은 것이지만 예수 그리스도의 화해의 사역은 이미 완성되었습니다. 중보자이신 '어린양'은 우리 존재의 일부이며 하나님의 계시를 영원히 대표하시는 분이십니다. 하나님과 함께하는 삶의 영원한 실재는 우리의 성품에 안정감을 주어 한 치의 흔들림도 없는 경건의 모습을 가능하게 합니다. 하나님의 선하심과 또한 그분과 함께하는 사역 속에서 우리는 몰두하게 되는 것입니다.

예수 그리스도의 제자로 살아가는 것은 하나님 안에서 가장 확실한 길입니다. 그 제자도의 길을 통하여 믿음에서 더 큰 믿음으로, 은혜에서 더 큰 은혜로 나아가게 되며 하나님의 거룩하심과 권능을 체험할 수 있습니다. 우리는 이 땅에 살면서 결코 인간의 한계를 벗어나거나 악이 실재로부터 완전히 자유로울 수 없습니다. 따라서 고난이나 실패가 없는 인생을 기대해서는 안 됩니다. 하지만 하나님은 그리스도 안에서 우리와 함께 계시고 우리를 모든 시련으로부터 건져 주십니다. 그러므로 우리는 매 순간순간마다 하나님이 주시는 적절한 영적 훈련을 통해 말씀과 성령 가운데서 예수님이 지시하시는 방향으로 나아갈 수 있습니다.

요한의 환상은 하나님의 영원 속에서 그 싸움은 계속 승리를 거두어 왔으며, 여전히 맹렬하게 계속되고 있고, 앞으로도 승리를 거두게 될 것임을 알려줍니다. 우리의 두려움과 걱정은 마술을 부린 듯 일순간에 없어지지 않습니다. 오히려 시간에 얽매인 이 땅에서의 우리의 삶이, 영원을 향해 열린 문틈 사이로 비취는 빛의 조명을 받고 있음을 봅니다. 그 빛은 우리의 인식을 바꾸고 우리의 기대를 정결하게 해줍니다. 우리가 할 일은 기억하고 견디며 기대를 갖는 것입니다.

과거에 우리의 삶을 다스리고 있던 것들이 무엇이었든지 영원의 빛이 그 위에 비취게 되면 그것들은 오래 진열되어 퇴색한 가짜 상품들처럼 보입니다. 따라서 지상에서의 시간이 흐를수록 우리들은 더욱더 그 문틈으로 새어 나오는 빛을 향해 다가갑니다. 지금까지 우리가 기반을 두고 치열하게 살아오던 삶의 헛된 소망을 뿌리 뽑고 각 사람에게 비취는 참 빛에(요 1:9)우리 몸을 녹여야 합니다.

이 세상에서 우리 인생이 아무리 깊은 곳까지 나아간다 할지라도 우리는 단지 부분적으로 알고 부분적으로 예언할 뿐입니다. 우리가 아무리 신적인 영감을 받았다 해도 우리의 능력으로는 세상의 잘못된 것을 모두 바로잡을 수는 없습니다. 그러나 완전해지는 그때가 다가오고 있습니다. 지금까지 우리가 보았던 부분적인 것들이 사라질 때가 오고 있는 것입니다. "우리가 지금은 거울로 보는 것같이 희미하나 그때에는 얼굴과 얼굴을 대하여 볼 것이요"(고전 13:12). 그때가 되면 우리는 하나님과 함께 거하며 하나님은 태초에 시간을 시작하실 때부터 의도하셨던 대로 우리와 함께 거하실 것입니다. 하나님과 완전히 거할 그 나라, 마라나타!

영원

시간이 흘러가고 사람이 영원을 향해 점점 더 가까이 감에 따라 이제 이 세상에서 어떻게 살아야 하는가를 깊이 생각해 보아야 합니다. 사람이 자기가 가야 할 곳을 잘 안다면 이 땅에서의 삶의 내용이 크게 달라질 것입니다. 앞으로 살 곳이 어떤 곳인지 잘 모른다면 목표 없이 망망대해를 떠나니는 배와 같다고 할 수 있을 것입니다. "그러므로 너희가 그리스도와 함께 다시 살리심을 받았으면 위엣 것을 찾으라 거기는 그리스도께서 하나님 우편에 앉아 계시느니라 위엣 것을 생각하고 땅엣 것을 생각지 말라. 이제 너희가 죽었고 너희 생명이 그리스도와 함께 하나님 안에 감취었음이니라"(골 3:1-3).

당신이 하늘에 대해 말할 때, 얼굴에 불을 밝혀 하늘의 찬란함으로 찬란히 빛내도록 하라. 당신의 일상적인 얼굴을 보이면 될 것이다. / Charles Haddon Spurgeon.

돌아갈 고향이 있는 사람은 인생의 험한 길에서도 절망하지 않습니다. 러시아의 작가 톨스토이 프스키가 한 말입니다. 누구나 귀소본능이 있고 동물도 고향을 그리워하는 귀소본능이 있습니다. 그래서 여우는 죽어가며 태어났던 곳으로 머리를 머리를 향하고, 코끼리도 자기가 태어난 곳에서 죽으며, 연어도 태평양에서 3년정도 크면 수천킬로 떨어진 자기가 태어난 곳으로 가 알을 낳고 죽는 것 아닙니까? 20세기 프랑스가 자랑하는 사람이 있습니다. 바로 '장골 샤르트'입니다. 그는 노벨상도 거절할 만큼 대단한 사람으로 자유와 지성을 추구하는 사람이었습니다. 그런 그가 세상 떠나기 두 달 전에 얼마나 죽음을 두려워했는시 간호사들이 애를 많이 먹었다 합니다.

그런데 독일이 자랑하는 신학자가 있습니다. 바로 '디트리트 본회퍼목사'입니다. 이분은 39세에 독일 히틀러에게 항거해 사형당하기 위해 감옥에 있었습니다. 그리고 그곳에서 늘 기도하고, 예배드리고 그런데 하루는 예배드리고 있는데 간수장이 와 의무실로 가자는 이야기를 듣고 아! 이제 죽으로 가는 줄 알고 예배를 멈추고 함께 있던 죄수들에게 말합니다.

형제들이여 이제 가야 할 시간입니다. 그러나 이것은 끝이 아니고 시작입니다. 내가 먼저 가 기다리겠습니다. 그리고 담대히 순교했습니다. 그래서 후세 사람들은 샤르트는 갈 고향이 없어 두려워했지만 본회퍼는 가야 할 고향이 있어 기쁨으로 그 고향 길로 향했다고 말했습니다.

이탈리아의 로마에 가면 카타콤이라고 하는 유명한 순례지가 있습니다. 지하묘지입니다. 땅속으로 얼마나 깊은지 모릅니다. 길이도 대단히 깁니다. 거기다가 한번 들어가면 길을 찾아 나오기 힘든 미로입니다. 옛날 로마 시대에 기독교인들이 핍박을 피해서 숨어서 살았던 곳입니다. 하루는 로마 군인들이 카타콤을 습격했습니다. 워낙 미로여서 많은 사람들이 한꺼번에 사로잡히지는 않았지만 입구에 있던 몇몇 사람이 붙잡혔습니다. 그들은 카타콤 앞에 있는 광장에서 십자가에 달렸습니다. 십자가 처형은 순식간에 죽는 형벌이 아닙니다. 고통당하면서 서서히 죽게 만드는 것이 십자가 처형입니다. 몇 사람이 십자가에 달렸습니다. 깊은 밤이 되니까 로마 군병들도 이제는 숙소로 다 돌아갔습니다.

그때 어둠 속을 헤치면서 십자가에 다가가는 물체가 있었습니다. 십자가에 달린 사람들의 어린 자녀들이었습니다. 아빠, 엄마를 부르면서 십자가로 다가갔습니다. 그때 부모들이 울고 있는 자녀들을 향해서 이렇게 말했습니다. "얘들아, 예수 믿는 것은 참으로 영광스러운 일이란다. 너희들은 무슨 일이 있어도 예수 믿는 것을 포기하지 말아라. 예수님이 사망의 권세를 깨치고 부활하신 것처럼 우리도 부활할 것이다. 얘들아, 잠시 뒤에 저 영원한 하늘나라에서 다시 만나자." 이와 같은 아름다운 유언이 있었기에 복음이 다음 세대로, 또 다음 세대로 이어져서 오늘날 우리에게 전해지게 된 것입니다.

초대교회 믿음의 선배들은 300년 동안 역사에 유례없는 잔혹한 박해를 받으면서 그들은 믿음을 지켜냈습니다. 그 무서운 박해 속에 만날 때면 특유의 인사말이 있었습니다. 살아있음에 감사하면서 서로 뜨거운 격려를 하고 다시 작별하면서 가만히 속삭여 주는 말이 "데오 그라티아스"였습니다. 라틴말로 "하나님께 감사합시다!"는 뜻이었습니다. 모였다하면 '어느 형제들이 목베임을 당하고 순교했데 … ' 서로 정보를 나누고 '주여 우리도 핍박을 당할 때 믿음으로 승리케 해 주소서' 기도를 마친 후 헤어지면서 속삭였던 것입니다. 그렇게도 혹독한 악조건 속에서도 어떻게 범사에 감사할 수 있었을까요? 그들은 천국을 바라보는 영안이 열려있었기 때문입니다.

그 큰 축복, 하늘의 놀라운 복

그 큰 영광 영원히 누릴 그 행복을 생각만해도 너무나 벅차, 당장 현실의 그 무서운 공포와 고통까지도 다 감사할 수 있었던 겁니다. 오늘날 성도들은 당시 초대교회 형제들에 비해 너무 감사를 잃어버린 것 같습니다. 우리가 누린 모든 형편은 당시 형제들 눈에는 기적처럼 보일 정도로 풍요로운 건 사실이건만 웬일인지 오늘 우리들의 입에서는 진정한 감사가 나오지 않는 것 같습니다. 당장이라도 하나님이 내 영혼을 부르시면 그때부터 우리 앞에 우리 앞에 열리는 축복, 절대 변치 아니하는 완전 보장된 그 놀라운 복을 내가 누리게 된다는 사실을 확신할 수 있어야 합니다. 이 천지간에 이보다 더 행복한 축복이 또 어디에 있겠습니까? 그러니까, 우리가 세상에서 좀 실패하면 어떻습니까? 감사해야 합니다. 세상에서 내 욕심대로 좀 안되면 어떻습니까?

감사해야 합니다. 내가 손해 봤고, 좀 억울하다고 생각되면 어떻습니까? 그것도 감사해야 합니다. 이 현실과는 비교도 안 되는 영광이 내게 다가오는데 그런 것이 뭐 그리 대단하겠습니까? 병들어도 감사, 실패해도 감사, 가난해도 감사, 돈을 못 벌어도 감사, 모욕을 당해도 감사, 수치를 당해도 감사할 수 있습니다. 하늘의 놀라운 영광을 바라볼 때 이런것들은 잠깐이요, 너무도 시시한 것들이기 때문입니다. 그러므로 이제 우리도 저 초대교회 성도들처럼 서로 격려해야 합니다. "데오 그라티아스~~~!"

이 모든 복을 주신 하나님께 진정으로 감사를 드립니다. 두 달 동안 대서양을 건너와 굶주림 병마 속에서도 여기까지 인도하신 하나님께 눈물로 감사예배를 드린 필 그림, 청교도들처럼, 순수하고 진정성 넘치는 감사를 드리는 주님의 신실한 믿음의 사람들이 되어야 합니다.

더 나은 본향을 향하여 나아가는 근원적인 의미가 몇 가지 있습니다. 인간은 하늘나라를 그리워하는 귀소본능이 있습니다. 인간은 이 땅에서의 삶이 끝나는 날 영원한 세계 혹은 영벌의 세계로 갑니다. 고향을 생각하면 가는 길이 멀고 힘들며 지체되어도 즐겁듯 하늘나라를 생각하면 소망이 있고 즐겁습니다. 고향에서 따뜻하게 맞아주는 부모가 있듯 하늘나라에서도 하나님 아버지께서 맞아 주십니다. 고향에 가면 안식이 있듯 하늘나라에서는 영원한 안식이 있습니다. 이 세상 고향은 진정한 고향이 아닙니다. 우리의 진정한 고향은 영원한 천국, 하나님 아버지 집입니다.

우리의 영원한 고향, 본향은 저 천국이라는 사실을 잊지 마시고 더 나은 본향을 가기 위해 '영원에 이르는 길'을 바로 알고 영원을 잘 준비하는 삶을 살아야 할 것입니다.

영원이란 시작이나 끝이 없는 계속되는 상태

그리고 끝이 없는 지속으로 정의 할 수 있습니다. 우리 하나님께서는 높고 높으시며 영원에 거주하시는 분입니다(사 57:15). 그분께서는 자신은 알파와 오메가(계 1:8)라고 일컬으셨는데, 이는 시간의 범주 안에서 서 있는 모든 것이 다 그분의 손의 작품이요, 그분의 지혜의 표현이기 때문입니다.

성경은 영존하는 책입니다.

따라서 성경은 우리를 영역 밖으로 데려가고 영존하는 시대들로 이끌며, 우리의 호기심을 만족시켜 주기 위해 미래 세계를 한번 들여다 볼 수 있을 만큼의 기회를 줍니다.

현재의 하늘과 땅에 있는 모든 것들은 사라집니다(계 21:1). 이 때 이 세상을(히11:3) 구성하고 있는 원소들이 격렬한 열로 녹아 버릴 것입니다(벧후 3:11-12). 뒤이어 하나님께서 새 하늘과 새 땅을 만드시게 됩니다(벧후 3:13). 이 재 창조(사 65:17-19)때는 모든 것이 새롭게 될 것입니다(계 21:5). 이와 같은 일이 일어날 때 하나님께서는 우리의 모든 눈물을 닦아 주시게 되며(계 21:4), 옛 창조는 더는 생각나지 않게 될 것이라는 약속도 주어집니다(사 65:17).

이로써 우리는 친구들이나 사랑하는 사람들이 불 호수에 있다는 사실을 알고 있는데도 하늘에서 행복할 수 있을까 하는 의문이 비로소 풀리게 되는 셈입니다. 지난 일들에 대한 기억은 이제 없을 것이기 때문입니다.

하나님께서는 몸을 부활시켜 새롭게 하실 수 있습니다(그것도 죽은 지 수천 년된 시체를). 이것은 그 몸을 최초로 만들 때 사용했던 원소들을 다시 모아 다시 구성하실 수 있는 지혜로운 창조주께서 하시는 일입니다. 주님께서 자신의 온 우주를 동일한 방식으로 처리한다는 것이 우리에게는 믿기가 어려울 수도 있을 것입니다. 그러나 그분께서는 온 우주를 말씀으로 존재하게 하셨고(창1장), 또한 자신의 권능의 말씀으로(히1:3) 빚으셨고, 그것들을 붙들고(골1:17) 계십니다. 그러니 필요할 경우 이 모든 것을 새롭게 하실 수도 있을 것입니다.

이를 완벽하게 보여주는 금속이 하나 있습니다. 니티놀55로 알려진 니켈 티타늄 합금은 높은 온도에서 복합체의 형태로 만들어질 수 있으나, 식어서 부서지면 알아볼 수 없게 됩니다. 그러나 이 합금을 재가열하면 다시 원래의 형태로 되돌아갑니다.

붉은 해면은 그 몸체를 잘게 잘라 수천 개의 조각으로 만드는 장치를 통과해 나갈 수 있습니다. 이 모든 조각들이 신속히 작은 불덩이로 되돌아오면 해면은 원래의 상태로 되돌아갈 수 있습니다. 창조주께서 자신이 창조하신 이 작은 것들로 그리하실 수 있을진대 전 우주를 그리하실 수 없겠는가? 새 땅에는 육신의 몸을 입고 있는 남녀들이 여전히 존재할 것입니다(엡 1:10;렘 33:12-21;겔 37:25-27). 이들은 그리스도의 보존하시는 권능(단3장)에 의해 정결케 하는 불을 기적적으로 통과할 것입니다. 영원이 동터올 때 우리는 모든 인류의 모든 부류(고전 10:32)가 본래의 자리에 놓이게 되는 것을 보게 될 것입니다.

유대인, 영원하신 하나님께서는 자신을 히브리 민족의 피난처로 삼으셨고(신 33:27), 그들을 영원한 뛰어남(사 60:15)으로 만드실 것을 약속하셨습니다. 아브라함과 이삭과 야곱의 후손들은 그들의 조상들에게 약속된 그 땅을 영원히 소유하게 될 것입니다(사 66:12, 65:17). 이 지역으로부터 이들은 주님께서 이 땅에 다시 오셔서 직접 통치할 천년왕국의 머리가 될 것이며(창 17:8;시 24:7;사 60:15-21) 이때 다윗이 그들의 통치자로서 다스릴 것입니다(겔 37:25). 이들의 후손은 창세기 22:17과 26:4에 말씀하신 내용이 문자적으로 성취될 때까지 늘어나게 될 것입니다(사 60:22).

이방인, 아담의 후손 중 유대인이 아닌 자들은 12개의 민족으로 나뉘어(신 32:7-9)하나님께서 정해 주신(행 17:24-27) 범주 내에서 거주하게 될 것입니다. 이 열 두 민족은 각각 왕을 갖게 되고 이 왕은 주님을 경배하고 그분께 영광과 존귀를 드리고자 새 예루살렘 안으로 백성들을 이끌고 올 것입니다(계 21:24,26;슥 14:16). 유대인과 이방인 모두 불 호수에 있는 자들을 보기 위해 거룩한 도시에 올 것입니다(사 66:23-24). 이는 더 이상 반역이 없도록 하려 함입니다.

교회, 주 예수 그리스도께서는 십자가에서 타락한 인류를 위한 구속을 성취하사 그분을 믿는 자는 누구든지 멸망치 않고 영원한 생명을 주십니다(요 3:15). 따라서 하나님의 놀라운 은혜로 거듭난 사람은 이미 시간의 범주 안에서 벗어나 영원 안으로 들어가 있는 셈입니다. 하나님의 선물은 믿는 모두에게 주어지는(요 10:28) 영원한 생명(롬 6:23)입니다. "또 하나님의 아들이 오셔서 깨달음을 주사 우리가 진실하신 분을 알게 하셨음을 우리가 알며 또 우리가 진실하신 분 곧 그분의 아들 예수 그리스도 안에 있음을 아노니 이분은 참 하나님이시오 영원한 생명이시니라"(요일 5:20).

예수님의 피로 씻음 받은 그리스도의 신부의 지체들은 영원을 통해 새 예루살렘에서 주 예수님과 함께 거할 것입니다(갈 4:26;계 21:2,10-22, 22:1-2). 하나님의 자녀는 주님께서 우리의 구속을 통해 자신의 은혜의 경이로움을 보이시고자 하실 때(엡 1:11-12)영원무궁토록 만천하에 보여지게 될 것입니다. 그리고 주님의 임재 앞에는 지속적인 찬양이 이어지게 될 것입니다(계 7:9-17).

26장 새 예루살렘(천국)

온 창조주 하나님은 바로 성경의 저자입니다. 그러므로 '저 위에는 무엇이 있을까?' 라는 질문에 대해 정답을 줄 수 있는 책은 오직 성경뿐이 없습니다. 우리가 그분의 말씀을 공부하기만 하면 땅의 생각과 마음으로도 그분의 하늘을 이해하는 데 충분한 것들을 자신의 말씀 안에 넣어 두셨습니다.

우리가 하나님으로부터 천국에 관한 일을 배우려 한다면 성령님의 인도를 받아 그분의 책을 공부해야 합니다. 우리기 성령님을 의지하고 그분에게 우리 자신을 맡기면 그분께서 자신의 말씀으로부터 천국에 관한 진리들을 우리 마음속에 알려 주실 것입니다. 그분께서는 늘 그러하듯이 주 예수 그리스도를 높이고 영화롭게 할 것입니다.

화물을 가득 실은 배 두척이 떠있습니다. 한 척은 막 출항하려 하고 다른 한 척은 막 입항하려는 중입니다. 대개의 경우 사람들은 배가 출항할 때 성대하게 배웅하지만 들어올 때에는 별로 영접하지 않습니다. 탈무드 책에 의하면 이것은 어리석은 풍습이라고 했습니다. 떠나가는 배의 미래는 알 수 없습니다. 거센 파도를 만나 난파할 지도 모릅니다. 그것을 왜 성대하게 배웅하는 것일까요? 오랜 항해를 마치고 들어올 때야말로 기쁘게 맞이해야 할 것입니다. 그 배야말로 주어진 임무를 무사히 완수했기 때문입니다.

인생에 있어서도 마찬가지입니다.
아이가 태어났을 때는 모든 사람이 축복을 해줍니다. 갓난아기는 배가 출항하는 것과 같습니다. 그의 장래는 예측할 수 없습니다. 병으로 일찍 죽을지도 모르고 살인범이 될지도 모릅니다. 그러나 사람이 영원히 잠이 들었을 때야말로 모든 사람이 축복해 주어야 할 것입니다. 그가 지금까지 살아오며 무엇을 했는가가 분명해졌기 때문입니다. 한때 유명한 미국의 교수였던 아담스 박사가 학교를 은퇴하고 늙어서 쓸쓸한 인생의 여정을 지낼 때였습니다. 하루는 이른 아침에 그가 산책하러 길거리에 나왔을 때, 제자들을 만났습니다. 제자들이 다정하게 인사를 하며 아담스 박사님 어떠하십니까? 하고 인사했을 때 아담스는 "안전하지만 아담스의 집이 말이 아니다." 라고 대답했습니다. 제자들은 소스라쳐 놀라서 그와 같이 유명한 박사님이 만년에 집조차 하나 없어서 어떻게 하겠습니까? 그렇게 물을 때 아담스 박사는 말하기를 우리집은 기둥이 흔들리고 기와가 떨어지고 벽이 파벽풍창이 되었다고 말했습니다.

제자들이 놀라서 자기들이 어떻게 하든지 기금을 모아서 박사님 집을 새로 지어 드리겠다고 말했습니다. 그럴 때 박사님이 웃으면서 말하기를 '박사는 아무 상관이 없지만 너희들이 보는 바와 같이 박사님의 집인 기둥인 두 다리가 흔들리며, 박사의 지붕인 머리털이 다 빠져 나갔으며, 박사의 벽인 이 몸은 살점 없이 앙상하게 되고 말았으니 이제 박사의 집은 무너지게 되었다. 그런데 '너희들이 나의 집을 지을 수 있겠느냐'고 물었습니다. 이럴 때 제자들은 박사님의 말을 듣고, 웃고 나서야 박사님께서 농담한 줄을 알았습니다. 그러나 아담스 박사는 말하기를 '사람이 세상에 한 번 태어나서 죽는 것은 정한 이치요, 죽고 난 다음에는 이 세상을 떠나야 된다.'고 말했습니다.

아담스 박사는 다시 말했습니다. "언제까지 이렇게 살 수는 없지, 이제 나의 낡아진 육신의 장막집이 무너지면 나는 손으로 짓지 아니한 하나님께서 지으신 영원한 천국의 집으로 이사 간다네. 나에게 돌아갈 본향, 하늘에 있는 영원한 집이 있어 그곳으로 이사갈 날을 손꼽아 기다리며 생활하고 있다네. 그곳은 정말 좋은 곳이지 그는 손가락으로 하늘을 가리켰습니다."

영생의 소망, 이것은 나이가 들어가는 인간이 가질 수 있는 최고의 선물입니다. 죽음이 모든 것의 끝이라면 인생은 한없이 비참할 뿐입니다. 우리는 앞으로 육신의 장막집에서 얼마나 살아있을지 알 수가 없습니다. 그날은 그렇게 길지 않을 것입니다. 우리도 이사갈 준비를 하면서 살아야 할 것입니다. 오늘이 나의 마지막 순간이라면 무엇을 하시겠습니까? 죽음과 함께 사라져버릴 세상의 것들을 채우시겠습니까? 영원한 삶의 준비를 할 것입니까? 영생이 우리 앞에 있기에 인생의 고달픈 삶을 참고 나갑니다. 영생을 믿기에 오늘도 오직 믿음으로만 살아갑니다. 천국의 소망, 영생의 소망 가운데 '영원에 이르는 길'을 바로 알고 영원을 준비하며 살아가야 하겠습니다.

그렇습니다. 만일 독자께서 아직 성령님으로 말미암아 다시 태어나지 않았다면 그분께서 천국과 영원에 대해 계시하는 것들이 아무 의미가 없을 것입니다. 독자는 여전히 본성에 속한 사람입니다. "육에 속한 사람은 하나님의 성령의 일을 받지 아니하나니 저희에게는 미련하게 보임이요 또 깨닫지도 못하나니 이런 일은 영적으로야 분변함이니라"(고전 2:14).

하나님의 일은 오직 하나님의 사람만 이해할 수 있으며 이런 사람은 영적으로 살아난 사람입니다. 그러므로 독자께서 다시 태어나지 않았다면 이 책에서 말하는 내용이 무엇인지 도무지 알 수 없을 것입니다. 제가 지금 다시 태어난 것에 대해서 이야기하고 있는데 이게 도대체 무엇을 말하는지 독자가 알지 못한다면 독자는 다시 태어나지 못한 상태에 있습니다.

또한 성경을 펴서 어떻게 사람이 다시 태어나는지 보여 주지 못한다면 역시 다시 태어나지 못한 상태에 있습니다. "진실로 진실로 네게 이르노니 사람이 거듭나지 아니하면 하나님 나라를 볼 수 없느니라"(요 3:3). 독자께서 아직까지 다시 태어나지 못했다면 천국에 갈 수 없습니다. 그러므로 이 책에서 보여 줄 아름다운 것들이 독자와는 아무런 상관이 없습니다. 또한 독자는 그런 일에 참여할 수도 없습니다.

사람은 누구나 처음 태어나면 다 영적으로 죽어 있습니다. 다시 말해 영은 죽은 상태고 단지 혼과 몸만 있다는 말입니다. 당신이 지옥과 거기서의 형벌을 피하려면 반드시 영적으로 살아나야만 합니다. 다시 말해 하나님의 것을 깨달으려면 반드시 다시 태어나야 한단 말입니다. "육으로 난 것은 육이요 성령으로 난 것은 영이니"(요 3:6). "하나님께서 세상을 이처럼 사랑하사 독생자를 주셨으니 이는 저를 믿는 자마다 멸망치 않고 영생을 얻게 하려 하심이니라"(요 3:16).

이제 예수 그리스도께서 당신의 죄를 없애 주기 위하여 갈보리 십자가에서 죽으시고 당신을 위하여 죽음에서 부활하신 것을 믿고 회개하며 구원을 베풀어 달라고 그분에게 간구하면, 그분을 당신의 구원자로 마음속으로 받아들이면 당신은 하나님의 가족이 됩니다. 즉 다시 태어납니다. ('영원에 이르는 길' 1권, 복음 19가지 참조)

이때에야 비로소 당신은 지옥에 가지 않고 천국에 가며 이 세상에 살면서 하나님의 깊은 일들을 깨달을 수 있습니다. 독자가 아직 구원받지 못했다면 구원받아야 합니다. 저는 독자가 구원받기를 간절히 원합니다. 구원받은 독자는 하늘의 고향을 그리워하면서 그리스도인으로서 믿음의 선한 싸움을 싸우시기 바랍니다.

천국의 도시입니다.

이 땅 위의 도시 중에서 영원히 남아 있을 도시는 하나도 없습니다. 모든 도시들은 결국 파괴될 수밖에 없는 운명을 갖고 있습니다. 소돔, 갈대아 우르 등 오늘날 이탈리아 사람들은 일곱 개의 언덕에 있는 자기들의 도시를 가리키면서 그것을 '영원한 도시'라고 부르고 있습니다. 그러나 과거에 위대했던 그 로마처럼, 다른 모든 도시들처럼 언젠가는 사라져 버릴 것입니다. 이 땅에는 영구한 도시가 없습니다. 그러나 그리스도를 구원자로 알고 있는 우리들은 장차 임할 도시를 찾고 있습니다!

요한은 밧모섬에서 시간을 볼 수 있는 망원경을 통해 그 도시를 보았습니다. 그리고 그 도시에 대해 다음과 같이 기록했습니다(계 21:2). 분명히 천국에 그 도시가 있습니다! 그 도시가 바로 아브라함이 찾으려 하던 도시입니다! 이것이야말로 하나님의 모든 백성이 그리워하며 애타게 찾던 도시, 실제로 영존하는 도시입니다. 새 예루살렘 도시는 천국(하늘)이 아닙니다. 지금 이 순간 새 예루살렘은 천국 안에 있습니다. 그러나 새 예루살렘이 천국은 아닙니다(계 21:2). 하나님께서는 천국이 어떤 곳인지 우리에게 조금 말씀해 주셨습니다. 우리는 그곳에 하나님의 왕좌와 알현실 그리고 성전이 있다는 것을 알고 있습니다. 그리고 지성소도 그곳에 있습니다. 천사들과 스랍들 그리고 그룹들도 그곳에 있습니다. 천국의 성전과 성막도 그곳에 있습니다(사 6:1-6;히 8:1-5,12:22-24).

우리는 하나님께서 천국의 궁전에 거하신다는 것과 거기에 순수한 상아로 만들어진 궁전이 많이 있다는 것을 알고 있습니다. 또한 우리는 상아로 된 궁전들이 달콤한 향기가 나는 향료로 가득차 있다는 것도 알고 있습니다. 또한 천국에는 황금이 있고 정교한 바느질로 귀중한 보석을 엮어서 만든 옷이 있다는 것도 알고 있습니다(시 45:6-15). 우리가 알고 있는 모든 기쁨과 행복은 그 거룩한 도시와 관련되어 있고 천국과도 연결되어 있습니다.

분명히 지금 이 순간 도시를 포함하고 있는 천국은 모든 면에서 그 도시와 마찬가지로 훌륭하고 놀라운 곳입니다. 요한은 자신이 살던 시대에 존재하던 많은 도시를 보았습니다. 그는 멋진 광경을 많이 보았습니다. 그러나 하늘로부터 내려오는 그 휘황찬란한 도시를 보았을 때 그는 그 멋진 광경으로 인해 몸 둘 바를 몰랐습니다(계 22:8). 요한은 자신이 본 것에 완전히 사로잡혀서 의식을 잃어버렸고 천사에게 경배하려고 하였습니다. 천사가 요한을 꾸짖어서 정신을 차리게 만들었음을 알 수 있습니다(계 22:9).

성경을 공부하는 사람이라면 누구나 요한이 예수님의 신실한 제자라는 것과 그가 주님을 진실로 사랑한다는 것을 알고 있습니다. 그러나 요한이 이루 말할 수 없는 새 예루살렘 도시의 아름다움을 바라보았을 때 그 광경은 사실 그가 감당하기에 너무 과분했습니다. 그는 이 세상의 눈으로는 전혀 바라 볼 수 없었던 것들을 바라보고 있었습니다! 새 예루살렘은 '거룩한 도시'(계 11:2)라고 불립니다.

요한이 천국에서 내려오는 새 예루살렘을 보고 있을 때 옛 예루살렘은 세상의 다른 도시들과 마찬가지로 쇠퇴하고 있었습니다. 런던, 뉴욕, 카이로, 베를린, 파리, 호놀룰루, 도쿄 등 모든 도시들은 쇠퇴하고 있습니다. 하나님께서는 하늘들과 땅을 불태우시고 새롭게 만드실 것입니다. 지금 상황대로라면 하늘들 즉 대기권의 하늘과 별들이 있는 하늘 그리고 이 땅은 파멸을 향해 나아가고 있습니다(벧후 3:7,10). 주님께서는 죄로 오래동안 물든 이 땅을 새로운 땅으로 만드실 것입니다. 천국의 도시에 대해 성경말씀을 찾아 읽어 보시기 바랍니다(계 21:10-22:5).

1. 하나님의 영광인 새 예루살렘

하나님의 도시는 깨끗하고 순수하며 쾌청합니다. 그리고 그 주위는 하나님의 영광으로 가득 차 있습니다. 하나님의 영광은 광명, 광택, 광채입니다. 하나님의 영광은 하나님께서 모든 것을 초월하시는 빛나는 초월성입니다. 하나님의 영광은 거룩, 거룩, 거룩하신 하나님의 영광입니다(대하 7:1-2;겔 10:4;행 7:55;행 22:6-11). 하나님의 영광이 육체로는 도저히 감당할 수 없는 것이라는 점입니다.

그분의 영광의 광채가 예루살렘 성전을 가득 채웠을 때에 제사장들은 감히 그 안으로 들어갈 수 없었습니다. 다소의 사울이 다마스커스(다마섹)의 길에서 광채를 보았을 때 그는 눈이 멀었습니다. 요한이 밧모 섬에서 그 광채를 보았을 때 그는 즉시 죽은 사람처럼 쓰러졌습니다(계 1:17). 그 영광을 견뎌낼 수 있는 유일한 방법은 우리의 영광스런 몸을 입는 것뿐입니다(빌 3:21). 이것은 구원받지 못한 사람이 천국에 갈 수 없는 이유 중 하나입니다. 하나님의 영광은 구원받지 못한 사람을 즉시로 죽일 것입니다!

또한 만일 구원받지 못한 사람이 하나님의 영광의 그 광채를 견뎌 낸다하더라도 그는 그 빛 가운데서 비참한 상태가 될 것입니다(요 3:19). 다시 태어나지 못한 사람의 마음은 하나님의 빛을 싫어하거나 그것을 피해야 할 것으로 여깁니다. 여러분은 하나님의 광채가 무엇인지 알고 있습니까?

그 광채는 어떤 한 분을 의미합니다. 바로 주 예수 그리스도이십니다! 그분이 바로 하나님의 영광의 광채이십니다(히 1:1-3). 새 예루살렘의 영광은 예수 그리스도의 영광입니다. 그분이 곧 영광입니다. 그분은 빛이십니다. 예수님께서는 십자가에 달리시기 전날 밤 하나님 아버지께 이렇게 말씀하셨습니다(요 17:24). 주님을 찬양합시다! 할렐루야! 할렐루야! 주님, 주님께 영광 돌립니다. 우리들은 예수님과 함께 그 도시를 걸으며 그분의 영광을 보게 될 것입니다(계 21:23). 주 예수님께서 그 도시의 광채이십니다.

예수님께서 어디에 계시던지 그분의 영광된 상태 안에 빛이 있습니다. 요한은 시간의 망원경을 통해 새 예루살렘에 계신 예수님을 보았습니다(계 21:23). 요한은 그 도시의 빛이 벽옥과 같은 색깔을 낸다고 말합니다. 벽옥은 무지개빛이 분명히 있으며 그 빛깔이 물결치듯 아름답게 빛나는 보석입니다. 새 예루살렘은 이 모든 무지개 빛들의 매력적인 아름다움으로 가득할 것이며 수정같이 맑을 것입니다. 그곳이 바로 우리가 갈 영원한 고향입니다.

2. 새 예루살렘은 어디에서 왔을까요?

누가 그 도시를 만들었을까요? 이 도시는 하나님으로부터 시작되었습니다(계 21:2,10). 하나님의 전능하신 능력으로 직접 만들어졌습니다. 이 세상을 만드신 분은 새 예루살렘의 설계자요 계약자요 건설자요 그리고 제작자입니다(히 1:2). 사람의 손으로는 도저히 그 도시를 건설할 수 없습니다(히 11:10). 천국을 별과 별자리 그리고 은하수와 행성들로 장식하신 하나님께서 손으로 새 예루살렘을 세우시고 꾸미셨습니다(요 14:2).

3. 새 예루살렘의 모습은 어떻습니까?

1) 성벽

새 예루살렘의 사방에 세워져 있는 거대한 성벽은 높이가 144큐빗이나 됩니다. 요한이 살던 시절의 큐빗으로 계산하면 그 성벽은 높이는 약 66m가 되며 이것은 약 20층 건물의 높이와 같습니다. 그 거대한 성벽은 벽옥으로 되어 있습니다. 그 아름다움은 말로 표현할 수 없을 정도일 것입니다.

2) 대문

각각의 문이 진주로 되어 있습니다(계 21:12-13, 21). 진주로 되어 있다는 것은 둥글둥글하게 깎여 있다는 뜻일 것입니다. 성벽이 66m나 된다면 대문의 둘레는 최소한 10m정도는 될 것입니다. 그렇게 큰 진주를 상상할 수 있겠습니까? 그 도시의 열 두 대문은 그 도시가 절대적으로 완벽하다는 뜻입니다('12' 제 2권, 성경의 숫자들 참조). 만일 그 도시에 밤이 없고 문들이 결코 닫히지 않는다면 그 문들은 영원히 절대로 닫히지 않을 것입니다. '그 문들이 결코 닫히지 않는다면 왜 그것들을 만들어 놓았을까요? 분명히 그 문들을 통해 몰래 숨어 들어오려는 적들의 위험은 전혀 없습니다. 하나님의 모든 원수들은 지옥(불 호수 속)에 영원히 갇혀 있기 때문입니다(고전 15:26;계 20:10, 40; 21:8).

3) 기초석

하나님께서 그 기초석 하나하나에 어린양의 열두 사도의 이름을 새겨 넣으셨습니다(계 21:14, 19-20).

(1) 벽옥

이 보석의 빛깔은 무지갯빛을 모두 뒤섞어 놓은 것과 같습니다. 처음 기초석은 지혜를 말하고 있습니다(고전 3:11).

(2) 사파이어

청색을 띠고 있습니다. 천국의 것들을 말합니다. 우리는 사파이어를 보면서 천국에서 땅으로 내려오셨다는 것을 기억합니다. 그분께서는 과거의 지나간 모든 시간에 영원 전부터 존재하셨습니다. 그분은 하나님이십니다.

(3) 옥수

마노라고 부릅니다. 연한 노란색을 띤 갈색입니다. 마노의 가장 잘 알려진 형태는 석화목입니다.

(4) 에메랄드
짙은 녹색을 띠는 에메랄드는 그것의 투명함으로 잘 알려져 있습니다.

(5) 홍마노
부드럽고 거무스름한 보석은 검은 갈색을 띠고 있습니다. 이 보석은 성경 시대에 결혼과 관련되어 다양하게 사용되었습니다. 홍마노는 결혼의 복을 의미합니다. 우리는 다섯 번째 기초석에 있는 홍마노를 통해 천국에서 거대한 혼인 잔치가 거행되리라는 것을 기억합니다(계 19:7). 구원받지 못한 사람은 어느 누구도 그 혼인 잔치에 들어가지 못할 것입니다.

(6) 홍보석
짙은 붉은색을 띤 단단한 보석입니다. 새 예루살렘에 사는 사람들은 목소리를 높여 새 노래를 부릅니다(계 5:9).

(7) 귀감람석
밝은 노란 색을 띠고 있습니다. 고대부터 내려오는 민간 전설에 따르면 귀감람석은 사람은 멸망으로부터 자유롭게 만든다고 합니다. 새 예루살렘에 사는 사람들은 모든 죄로부터 자유롭게 될 것입니다(계 21:27).

(8) 녹주석
인상적인 청록색을 띠고 있습니다. 보석 상인들은 실제로 이 보석이 시간이 지남에 따라 점점 더 아름답게 변한다고 말합니다. 이 보석이 나타내는 뜻은 영원한 생명, 영원한 젊음 그리고 영원한 행복입니다.

(9) 황옥
노란색, 분홍색, 청색, 녹색, 무색 등 다양한 종류가 있습니다. 사람들은 이 보석을 우정의 상징으로 여겼습니다(요 15:13;잠 18:24). 동양의 몇몇 나라에서는 이 보석을 친구간의 사랑의 표시로 건네주곤 하였습니다.

(10) 녹옥수
푸른 사과 빛을 하고 있습니다. 그래서 보석에 관계된 일을 하는 사람들은 이 보석의 색깔을 표현할 때마다 '푸른 사과 빛 보석'이라고 말합니다.

녹옥수는 기초석들 중에서 우리가 먹을 수 있는 것과 비유된 유일한 보석입니다(계 22:2).

(11) 청옥

짙은 진홍색을 띠고 있습니다. 옛날 '풍신자석(hyacinth)으로 불렸던 보석입니다. 성경은 죄가 진홍색이라고 말합니다. 그리고 진홍색은 짙은 붉은 색을 뜻합니다(사 1:18). 하나님께서 죄를 보실 때에는 그것을 검은 것으로 보지 않습니다. 그분은 죄를 붉은 것으로 여기십니다.

(12) 자수정

보라색입니다. 자수정은 매우 비싼 보석에 속합니다. 자수정은 풍요함을 뜻한다고 할 수 있습니다(고후 8:9).

4) 하나님의 도시의 거리

새 예루살렘의 거리는 금으로 포장되어 있지 않습니다. 그 거리는 전체가 금으로 되어있습니다. 이 금은 매우 맑기 때문에 우리들은 순금만으로 되어 있는 길을 수킬로미터나 내려다 볼 수 있을 것입니다. 이 세상에서 우리는 금을 치켜세웁니다. 또한 우리는 금을 고귀하게 여깁니다. 그러나 천국에서는 우리는 그런 귀중한 금 위로 걸어 다닙니다! 열 두 개의 주도로가 열두 대문으로부터 안쪽으로 나 있는데 모두 순금으로 되어 있습니다. 다 그 도시의 중앙으로 모이는데 그곳은 할렐루야 광장이라는 곳입니다. 하나님을 찬양합니다! 우리는 모두 주님을 찬양하기 위하여 할렐루야 광장에서 서로 만나게 될 것입니다.

5) 도시의 건물

요한은 새 예루살렘에서 너무나 멋진 관광을 하면서 자신의 주위를 둘러보았습니다. 모든 곳에 금이 있었습니다. 길거리만 금으로 되어 있지 않고 도시 전체가 금으로 되어있었습니다(계 21:18). 큰 길들을 이곳저곳 오르

내리며 건물들을 보면서 요한은 입을 벌리고 말았습니다. 모든 건물은 순금으로 만들어졌고 수정같이 맑았습니다(계 21:11). 금으로 된 벽, 금으로 된 지붕, 금으로 된 현관, 금으로 된 바닥, 금으로 된 창틀, 금으로 된 손잡이, 금으로 된 매트, 금으로 된 초인종, 지금 이루 말할 수 없는 부요함에 대해 이야기 하고 있습니다. 이 세상에 살 집은 오두막집이라도 충분합니다. 하지만 저 천국에 우리들이 영원히 거할 곳을 이미 마련해 두었기 때문입니다.

4. 새 예루살렘의 크기

요한이 천사를 따라서 새 예루살렘 도시를 이리저리 돌아다닐 때 천사는 금으로 만든 막대기 즉 측량할 수 있는 막대기를 만들어 주었고 계속해서 그 도시의 문과 성벽과 도시 자체의 크기 등을 이야기하기 시작했습니다(계 21: 15-16). 우리는 이미 그 도시의 성벽의 높이가 144큐빗 즉 66m 정도 된다는 것을 알고 있습니다. 그 도시의 너비와 길이와 높이는 모두 12,000스타디온입니다. 1 스타디온은 200m가 조금 넘는 길이입니다. 따라서 새 예루살렘 도시는 길이가 2,400km 너비가 2,400km 그리고 높이가 2,400km정도 됩니다.

하나님께서는 세상을 창조하시며 광대한 우주를 만드셨습니다. 하나님께서는 수없이 많은 별과 천사와 사람을 만드셨습니다. 이 하나님께서 천국을 만드실 때 그것을 매우 거대하게 만드셨습니다. 만일 새 예루살렘이 유럽 대륙에 만들어 졌다면 영국, 아일랜드, 프랑스, 스페인, 이탈리아, 독일, 오스트리아, 프로이센 그리고 러시아의 대부분을 덮었을 것입니다. 만일 새 예루살렘이 북아메리카에 만들어졌다면 멕시코 만, 캐나다의 대부분 그리고 콜로라도와 캔자스 주의 경계부터 대서양 연안까지 닿았을 것입니다. 만일 당신이 런던 또는 뉴욕 같은 이 세상의 거대한 도시의 중심부에 가서 걸어 나오기 시작한다면 몇 시간 안에 그 도시의 경계에 닿을 수 있을 것입니다. 그러나 만일 당신이 새 예루살렘 도시의 중심부에서 걸어 나오기 시작한다면 가장 가까운 대문에 닿기 위해 1,200km나 걸어야 합니다.

그 도시의 기초는 정사각형입니다. 그 도시에는 단지 네 개의 직각이 있으며 그 기초는 그 네 개의 직각 모서리를 받치고 있습니다. 그 도시의 구조로 볼 때 더 이상의 정사각형은 없습니다(계 21:16). 이 모든 조건을 만족시킬 수 있는 단 한 가지 기하학적 도형이 있습니다. 그것은 피라미드입니다. 피라미드의 높이는 정사각형으로 되어 있는 기초의 어떤 변과도 길이가 정확히 같습니다. 피라미드에 있는 유일한 직각은 그 기초에 있는 네 개뿐입니다. 그러므로 새 예루살렘은 피라미드 형태로 되어 있습니다. 하나님의 왕좌와 어린양의 왕좌는 분명히 맨 꼭대기에 있습니다. 그리고 강은 그 왕좌로부터(계 22:1) 네 개의 벽면 아래로 흘러내릴 것입니다.

5. 저주가 없는 새 예루살렘

아담은 오직 하나님 안에서 풍성한 삶을 살았습니다. 그는 하나님의 복을 받았습니다. 그는 하나님의 아들이라는 최고의 신분을 가졌습니다. 그는 하나님을 아버지로 모실 수 있는 하나님의 가족이었습니다. 아담의 몸속에는 왕족의 피가 흐르고 있었습니다. 그는 자신을 창조하신 창조주 하나님과의 완벽한 교제를 했습니다. 그는 하나님의 낙원인 동산에서 햇볕을 쬐고 있었습니다. 아담은 이 일곱 가지를 모두 잃어버렸습니다. 그러나 마지막 아담께서는 자신을 구원자로 받아들이게 될 자들을 위하여 이 모든 것을 회복하셨습니다. 그분의 이름을 찬양하십시오!

첫째 아담은 구체적으로 다음과 같은 것을 잃어버렸습니다.
(1) 풍성한 삶
(2) 하나님의 복
(3) 하나님의 아들로서의 신분

(4) 하나님의 가족의 일원
(5) 하나님의 왕족의 신분
(6) 하나님과의 교제

예수 그리스도 안에서 이 모든 것을 회복했습니다!
1. 풍성한 삶(요 10:10)
2. 하나님의 복(엡 1:3)
3. 하나님의 아들로서의 신분(롬 8:14-17)
4. 하나님의 가족의 일원(요일 3:1;엡 3:14-15)
5. 하나님의 왕족의 신분(계 1:5-6,5:9-10).

아담은 왕이었습니다(창 1:26). 그러나 죄를 짓게 되었을 때 그는 왕좌로부터 쫓겨나게 되었습니다. 우리 역시 아담의 후손들이기 때문에 왕좌로부터 쫓겨날 것입니다. 하지만 예수 그리스도 안에서 우리는 그 왕위를 다시 회복했습니다!

6. 하나님과의 교제

아담은 하나님과 아주 멋진 교제를 했습니다. 그러나 죄를 지었을 때 그는 그런 교제를 잃어버렸습니다(창 2: 7-25,3:23-24). 그러나 예수님께서는 하나님과 우리 사이에 있는 갈라진 틈을 메우셔서 다시 한 번 하나님과 교제할 수 있도록 만들어 주셨습니다(요일 1:3,7).

7. 낙원

하나님께서 아담에게 만들어 주신 에덴동산은 실제의 낙원입니다(창 3:23-24). 예수님은 우리를 위하여 그 낙원을 다시 회복하셨습니다(계 2:7). 첫 번째 아담으로 인해 우리가 잃어버린 것들을 마지막 아담께서는 우리를 위해 회복시키셨습니다. 우리가 저주 아래에서 이 세상에 사는 동안 고난을 당하지만 우리 앞에는 더 좋은 무엇인가가 놓여 있습니다. 죄로 인해 저주받은 이 세상에서 우리는 병, 고통, 슬픔, 비탄, 산고, 눈물, 실망, 어려운 시련, 죽음 등을 겪으며 살고 있습니다. 하지만 하나님의 자녀들이여 기뻐하십시오. 이제 더 좋은 일들이 생길 것입니다.

백 보좌 심판이 끝난 후 요한은 전능하신 하나님으로부터 "내가 새롭게 하노라!"는 말씀을 처음 들었습니다(계 21:5). 하나님께서 그렇게 하시겠다고 말씀하셨기 때문에 그러한 일은 반드시 일어나게 될 것입니다(롬 8:18-19). 모든 창조물은 지금까지 죄의 저주 아래 고난을 겪으며 지내왔습니다. 하나님의 자녀들로부터 그 저주가 풀려지게 되면 비로소 지옥에서 살아야 할 자들을 제외한 모든 창조물을 얽어매던 저주 역시 풀려지게 될 것입니다(롬 8:21-24). 오늘날 인류는 신음하며 또 산고를 치르고 있습니다. 그리고 자연계의 모든 생명체도 우리와 함께 신음하며 산고를 치르고 있습니다. 그러나 하나님의 거듭난 자녀들이 죄의 저주의 속에서 풀리는 그 날이 오면 지옥의 반대편에 있는 모든 창조물도 또한 자유롭게 될 것입니다(계 22:3).

8. 새 예루살렘의 영원한 날

하나님의 거룩한 도시 새 예루살렘에는 결코 밤이 없습니다. 우리가 말할 수 있는 것은 하나님께서 온 세상을 불태우시고 다시 우주를 새롭게 하실 때(벧후 3:10-13) 새 땅에는 지금 우리가 생활하고 있는 것과 마찬가지로 24시간의 낮과 밤이 있게 될 것이라는 사실입니다. 그러나 금으로 된 도시에서만은 영원히 낮이 계속될 것입니다(계 21:25, 22:5). 여기서 요한은 밤이 없다는 사실을 단언하는 것에 만족하지 않습니다. 그는 어둠을 사라지게 만드는 도구들도 필요 없음을 보여 줍니다(계 22:5, 21:23). 우리는 그 도시의 성벽 안에서 모세가 시내 산에서 보았던 빛과 똑같은 빛을 받게 될 것입니다(출 34:28-29).

이 빛은 베드로아 세베대의 아들 야고보와 요한이 변화산 위에서 어렴풋이 보았던 바로 그 영광스럽고 밝은 빛입니다(마 17:1-2). 우리의 얼굴은 끝없이 대낮만 계속되는 하나님의 도시에 거하시는 어린양의 빛을 반사하게 될 때 빛나게 될 것입니다.

9. 새 예루살렘의 생활

그곳에서는 완벽하고 이상적인 경영이 이루어집니다. 하나님께서 자신의 왕좌에 앉아서 통치하실 때 왕의 왕에 대한 완벽한 순종과 충성스러운 헌신이 있을 것입니다. 그곳에는 다시는 죄가 없고 다시는 반란도 없으며 다시는 영원한 왕의 말씀을 거절하는 일도 없게 될 것입니다. 이 땅에서는 주님을 섬기는 일이 쉬운 일이 아닙니다. 시련, 곤고함, 시험, 투쟁 같은 일들이 주님을 섬기는 사람에게 반드시 나타납니다.

예수님께서 나를 위해 모든 것을 행하셨도다!
예수님께서 나를 위해 모든 것을 행하셨도다!
어찌 내가 나의 가장 귀한 것을 바칠 수 없으며
어찌 그분만을 위하여 온전히 살 수 없으리.
예수님께서 나를 위해 모든 것을 행하셨도다!

하나님이 만들어 놓으신 천국은 사람들이 게으르게 지내는 곳이 아닙니다. 우리는 전능하신 하나님의 뜻과 명령을 이뤄야만 하는 책임을 갖게 될 것입니다. 그것은 위대한 책임일 뿐만 아니라 참으로 대단한 특권이기도 합니다(계 22:3). 주님께서는 우리의 섬김이 어떠해야 할지를 보여 주시지 않았지만 우리는 존재하지 않고 죄도 없으며 우리를 훼방하는 사악한 그 어떤 것도 없는 완벽한 환경 속에서 주님을 섬긴다는 것이 얼마나 기쁜 일이겠습니까? 우리는 그 아름다운 도시와 새 땅에서 영원히 예수님을 섬기게 될 것입니다!

오래 전에 쿠싱(W.O.Cushing)이라는 작가는 다음과 같은 시를 썼습니다 (찬송가 314장, 새 찬송가 509장). "기쁜 일이 있어 천국 종 치네"
기쁜 일이 있어 천국 종 치네. 먼데 죄인 돌아왔도다.
부친께서 친히 마중 나가서 잃은 자식 도로 찾았네.
기쁜 일이 있어 천국 종 치네 회개한 자 화목하도다.
죄의 종 된 자를 놓아주시니 성령으로 거듭났도다.
천국 종을 치고 잔치 베푸네 돌아온 자 참여하도다.
오늘 귀한 영혼 거듭났으니 기쁜 소식 전파하여라.
영광, 영광, 주께 돌리세! 하늘 비파소리 울리네!
파도소리 같은 찬양소리를 천지진동하게 부르세.

얼마 뒤 루트(G.F. Root)라는 사람이 쿠싱의 시에 곡을 붙였습니다. 성경을 가르치고 잃어버린 영혼에 관심을 갖고 있던 세계 도처의 교회들은 수십 년 동안 이 노래를 부르면서 그리스도인들에게 자극을 주며 잃어버린 영혼들에게 다가갈 것을 촉구했습니다.

우리 그리스도인들이 이 땅에서도 행복해지려고 하는 것은 당연한 일입니다. 하나님의 자녀들은 마음속에 이 세상의 어떤 것도 빼앗아 갈 수 없는 평강과 기쁨을 가지고 있지만 그럼에도 불구하고 여전히 세상 고생을 비켜가기 원하며 계속되는 행복을 열망합니다. 우리를 창조하신 분께서는 이러한 열망을 우리의 마음속에 심어 놓으셨습니다. 이것에 관한 기쁜 소식은 우리 구원받은 사람들에게 창조주 하나님의 보증 곧 이 땅의 그 어느 것도 우리의 행복을 망쳐 놓을 수 없는 땅에서 우리가 살게 될 그 날이 오게 된다는 약속이 있다는 사실입니다!

잠시 생각해 봅니다. 우리는 무엇 때문에 불행의 눈물을 흘리게 되는 건가요? 불운, 가난, 사별, 질병, 치욕, 고통, 실망, 고독, 슬픔, 시험, 죽음 등 이러한 것들입니다. 은밀하게 우리의 행복을 **빼앗아** 가는 모든 것들이 없어지게 될 것입니다(계 21:4-5). 우리를 불행하게 만들었던 이 땅 위의 모든 것이 영원히 사라질 것입니다! 그리고 만물이 영원토록 새롭게 될 것입니다. 못 자국 난 손이 모든 눈물을 닦아 낼 것입니다. 모든 눈물이 사라지게 될 것입니다.

  욥이 흘렸던 눈물과 같은 불운한 눈물
  죽어 가는 나사로가 흘렸던 눈물과 같은 가난의 눈물
  마리아와 마르다가 흘렸던 눈물과 같은 사별의 눈물
  히스기야 왕이 흘렸던 눈물과 같은 질병과 죽음의 눈물
  베드로가 흘렸던 눈물과 같은 치욕의 눈물
  다윗 왕이 가족 문제로 흘렸던 눈물과 같은 절망의 눈물
  바울이 괴로워했던 자신의 가시로 인해 흘렸던 눈물과 같은 고통의 눈물
  에서가 흘렸던 눈물과 같은 실망의 눈물
  하갈이 흘렸던 눈물과 같은 고독의 눈물
  한나가 흘렸던 눈물과 같은 슬픔의 눈물
  아브라함이 이삭의 몸 위로 칼을 들었을 때 아브라함의 볼에 주르륵 흘러내렸던 눈물과 같은 시험의 눈물

우리의 마음을 상하게 하고 우리를 불행하게 만든 이전 것들은 영원히 사라지게 될 것입니다. 우리의 행복을 단 일 분만이라도 **빼앗아** 갈 수 있는 것은 무엇이든지 하나님의 천국에 들어갈 수 없습니다. 다시는 죽음이나 슬

품이나 울부짖음이 없을 것입니다. 우리의 죽을 날이 언제인지 어느 누구도 알지 못합니다. 젊은 사람이든, 부자든 가난하든, 약한 사람이든 강한 사람이든 모든 사람은 그 창백한 말을 타고 있는 자의 공격 대상입니다.

그러나 하나님을 찬양하시기 바랍니다. 그 창백한 말을 타고 있는 자가 말의 등에서 떨어져 다시는 올라탈 수 없는 때가 다가오고 있습니다. 예수님께서 갈보리에서 행하셨던 일 때문에 스스로 죽어가고 있습니다(계 20:14-15). 우리는 "다시는 죽음이 없으리라!"(고전 15:54-57)는 주님의 틀림이 없는 약속의 말씀을 붙들고 있습니다.

죽음은 과거에도 이 세상에서 우리의 행복을 빼앗아갔고 지금도 계속해서 빼앗아가고 있습니다. 그러나 죽음(사단)이 영원히 죽어 버린다면 우리의 행복을 잃어버리는 일은 결코 일어나지 않을 것입니다. 천국에서 우리는 이 땅의 원수들과 한계 등으로 인해 방해를 받지 않고 영원히 주님을 섬기게 될 것입니다. 하나님의 형상을 완성된 모습으로 보게 될 것이며 하나님께서 인류를 창조하신 목적도 성취되어 있을 것입니다. 천국은 천사들의 합창과 오케스트라 그리고 주님께 찬양하며 경배하는 구원받은 사람들의 합창으로 영원히 울려 퍼지게 될 것입니다. 할렐루야!

인간의 역사 너머에는 '영원'이 펼쳐져 있습니다. 그때에는 "주께서 나(우리)를 아신 것같이 내가(우리도) 온전히 알게 된다"(고전 13:12). 그리스도께서 온전히 우리 안에 거하시고 우리도 온전히 그분 안에 거하게 되므로 성품 개발과 변화에 더 이상 하나님의 임재와 부재의 중재가 필요 없게 됩니다.

그때에는 우리 안에 그리스도의 성품이 충만하게 되므로 중재의 필요성이 전혀 없어집니다. 우리는 성부 하나님, 성자 하나님, 성령 하나님과 더불어 영원히 직접적인 사귐을 나눕니다. '무소부재'가 분명한 '임재'가 됩니다. 바울의 탄성은 당연한 것입니다. "우리 가운데서 역사하시는 능력대로 우리가 구하거나 생각하는 모든 것에 더 넘치도록 능히 하실 이에게 교회 안에서와 그리스도 예수 안에서 영광이 대대로 영원무궁하기를 원하노라 아멘(엡 3:20-21).

독자후기

1. 독자 후기(감사와 추천의 글)
전 언론인 신방휴 장로

'영원에 이르는 길'을 읽고 나서

왜 진리의 지식을 바로 알아야 하는지에 대한 객관성, 오랜 기간 풍부한 자료조사를 통해 절대성, 핵심포커스 등 치밀한 구성을 통해 엑기스 한 봉지를 털어 마신 느낌입니다.

이 땅에 태어난 사람들 누구나 이 책을 공부함으로써 "구원에 이르게 되는 길"을 안내 받게 될 것입니다. 또한 하나님께서 귀한 종을 통해 보내 주시는 이 책은 영적으로 주옥같은 핵심 주제별 70여 가지 내용을 담고 있어, 우리 모두를 단계적으로 영적 성장이 가능하도록 실질적이고 구체적 실천 방법을 성경적으로 제시하고 있는 아주 '귀중한 책'임을 알 수 있습니다. 이러한 소중한 책을 소장하여 수시로 공부할 수 있도록 귀한 종을 사용 이 세상에 보내주심을 주님께 감사드립니다.

이요한 목사님은 주님의 말씀을 연구하고 깊이 묵상하며 기도하는 데만 그치지 않고 주님의 복음을 직접 거리에 나가 현재까지 수 백회, 사람들이 많이 모이는 터미널 등을 찾아다니며 그 현장에서 주님을 제대로 소개하는 복음 전도자의 삶을 실천하는 아주 특별한 하나님의 종으로서의 사역을 열정적으로 감당하고 있습니다.

「영원에 이르는 길1,2,3권」은 그 누구나 교회에 나가기 전이라도 먼저 예수님을 알고 싶은 분들과 양의 무리를 인도하는 영적지도자와 신학생과 모든 성도님들 중에서 주님 오실 날이 정말 임박하다고 말하는 이때에 바른 진리의 지식을 애타게 갈망하는 분들에게 「영원에 이르는 길 1,2,3권」을 필독서로 적극 추천하며 소장 하셔서 수시로 펼쳐 열심히 공부함으로써 성경의 저자인 우리 주님과 더욱 깊어지는 은혜가 임하기를 바랍니다.

2. 독자 후기(감사와 추천의 글)
회사원 정하영 집사

'영원에 이르는 길'을 읽고 나서

일목요연한 성경적 주제별 설명으로 공부에 대한 낭비를 줄이고, 정말 명쾌한 내용과 핵심을 짚어 주는 구성으로 읽으면 읽을수록 깊이 매료되는 두고두고 보아야 할 보기 드문 책입니다.

이 책은 불신앙의 세상 속에서 아직도 복음을 접하지 못한 많은 이들에게 복음을 전하고, 신앙의 기초를 마련하고, 성화의 과정의 '신앙의 길잡이'가 되는 책을 오랫동안 간절히 고대하던 중 「영원에 이르는 길 1,2,3권」을 하나님께서 택하신 그릇 이요한 목사님을 통해 드디어 이 세상에 보내 주셔서 소장할 수 있게 해 주신 은혜를 감사드립니다.

하나님께서는 시골 목동으로 양을 치던 다윗을 찾아내셨듯이, 오직 주님께 헌신된 종을 찾아내셔서 오랜 기도와 함께 철저한 준비와 훈련을 시키셔서(고전 1:27-29), 드디어 이 세상에 '영적 성장의 길잡이'인 이 책을 선물로 보내주셨습니다. 70여 가지 금 쪽 같이 구성된 주제별로 삶에 비춰 보며 공부하면서 너무나 큰 유익을 실제로 깊이 체험하였음을 고백합니다.

이제 「영원에 이르는 길 1,2,3권」 이 제시하고 있는 소중한 진리의 지식들을 성화의 과정 중 이 책을 가장 가까이 접할 수 있는 곳에 두고 수시로 보고 또 보아서 바로 알고 실천에 옮길 때, 주님께서 사랑이 가득한 손을 펴서 우리를 돌보시고, 인도하시며, 때로는 제지해주시는 좋으신 하나님을 날마다 경험하시길 바랍니다. 또한 실제로 주님과 동행하는 삶을 살아감으로써 우리 모두가 그리스도의 심장(heart)에 점점 더 가까이 다가갈 수 있기를 간구하며 '필독서'로 적극 추천합니다.

3. 독자 후기(감사와 추천의 글)
가수(나는 못난이), 세영개발(주)대표 김억만 장로

'영원에 이르는 길'을 읽고 나서

홍삼보다 진한 진리의 지식, 기회가 되면 꼭 특강을 통해 집중적으로 공부하고 싶은 마음 간절합니다. 산재되어 있던 것들이 서로서로 연결이 되고 정리가 되어 공고한 줄기로 체계화 되는 강한 느낌을 받았습니다.

많은 그리스도인들이 성경을 공부하지 않기 때문에 하나님의 뜻을 모르고 그렇기 때문에 영적으로 전혀 성장하지 못하고 있습니다. 성경을 공부하지 않고 영적으로 성장할 수 있는 방법은 전혀 없습니다. 이 책은 주님의 놀라운 은혜로 구원받은 그리스도인이 반드시 알아야 할 70여 가지 핵심 주제들을 하나님께서 이요한 목사님을 통하여 오래 동안 준비 시켜서 철저히 성경적으로 펼쳐낸 빛나는 보석과 같은 소중한 책임을 깨달으며 이 책을 드디어 소장할 수 있게 해주신 주님께 감사드립니다.

저는 이 책을 통해 성경이 의미하는 바를 이렇게 저렇게 추측하는 것이 아니라 실제로 말씀하고 있는 것이 무엇인지 정확하게 성경적으로 분명히 이해하는 것입니다. 하나님의 은혜로 이 책을 소장하여 소중한 진리의 지식들을 거듭 읽고 또 읽고 묵상함으로써 분명하게 이해함으로 머릿속에만 머물지 않고 하나님 말씀에 순종으로 응답하는 삶과 찬양 드리는 삶을 살아가려고 합니다.

저와 같이 사업과 식상생활을 하는 싱도가 몇 권의 책으로 그리스도인이 반드시 알아야 할 핵심 내용을 딤은 책을 목말리히며 애타게 갈망해 오던 중 주님의 놀라운 은혜로 '영원에 이르는 길'이 세상에 나오게 해주셔서 그 진리에 대한 갈증을 해소시켜 주시려는 주님의 은혜에 감사드립니다. 수많은 성도들을 위해 안성 맞춤형으로 하나님께서 보내주신 「영원에 이르는 길 1,2,3권」 책임을 확신하며 감사함과 기쁜 마음으로 적극 추천합니다.

4. 독자 후기(감사와 추천의 글)
나스텍 전무 김준화 집사

평범한 평신도도 이 책을 읽음으로써 진리의 지식의 체계를 충분히 세울 수 있도록 오랫동안 주님께서 저자를 통해 준비해 주신 책으로 압권이며, 주님께서 진리에 목말라 하는 성도들에게 이 땅에 보내 주시는 아주 귀한 축복의 책입니다.

시몬 베드로처럼 주가 참된 그리스도요 살아계신 하나님의 아들임을 다른 사람들 앞에서 시인하는 것은 매우 어렵습니다. 그러나 이요한 목사님은 아주 용기 있는 분임에 틀림없습니다. 안정적이고 성공이 보장되던 삶을 뒤로하고 하나님의 사도로 평생을 살기로 작정했을 때의 마음가짐이 어떠했을지 나는 상상도 할 수 없습니다. 하나님께서는 헌신된 그를 오랫동안 훈련하시고 준비시키셔서 이 땅의 모든 사람들이 읽어야 할 영적 필독서로 인치시어 「영원에 이르는 길 1,2,3권」을 이 땅에 보내 주셨음을 확신하며 주님께 감사드립니다.

이 책은 하나님을 믿는다 말하면서도 성경을 읽지 않고서 예수를 안다하는 많은 사람들에게 성경이 가진 놀라운 진리를 일깨워 주며, 특히 지금의 삶은 언젠가 반드시 끝이 오지만 이후 돌아올 영적인 '영원의 세계'를 준비해야 한다는 부분은 나태하고 편안함에 익숙해진 나의 삶 또한 뒤돌아보며 회개케 하였습니다. 교회를 다녀도 하나님의 말씀인 성경에 대해 알지 못하는 사람은 많습니다.

그런 이들에게 「영원에 이르는 길 1,2,3권」은 자신의 믿음 생활을 점검하고 주님께 헌신된 하나님의 사람들을 통해 열정이 놀랍게 스며들게 될 것입니다. 다시금 굳건한 믿음으로 주님께 어떻게 나아가야 할지에 관해 구체적인 길을 제시하고 있습니다. 이 책은 하나님께서 이 땅의 세상 사람들과 그리스도인 모두에게 보내 주시는 영적 큰 선물임을 확신하며 '성도의 필독서'로 적극 추천합니다.

5. 독자 후기(감사와 추천의 글)
황우재 성도

'영원에 이르는 길'을 완독한 후 성경적으로 알차고 체계적 구성의 내용과 실천 가능함으로 가슴을 설레게 해주는 보물과 같은 책입니다. 또한 엄청난 내공이 느껴지는 책으로 몇 대째 이어오는 신앙생활 중이지만 성경에 관해 막연하고 막막했던 저에게 예를 들어 주신 케이스들이 구체적이고 실질적이어서 방향을 잡는데 큰 도움을 받았습니다. 이 책은 "영원에 이르는 길"을 찾아가는 네비게이션 같은 강렬한 느낌을 받았습니다.

마치 오랫동안 뿌옇게 끼어있던 먼지를 걷어낸 것 같은 느낌으로 '어떤 책을 읽느냐' 책의 선택의 중요성을 절감하게 됩니다. 또한 이 책을 공부함으로써 주님을 더 정확히 깊이 알 수 있게 되었다는 자신감과 용기를 갖게 해주는 정말 보기 드문 책입니다. 이 책은 잠깐 보이다가 사라질 현실이 아니라 "영원에 이르는 길"을 바르게 이해함으로 '영원'을 바라보아야 함을 힘주어 강조합니다. 성경적으로 펼쳐낸 빛나는 보석과 같은 소중한 책을 드디어 소장할 수 있게 해주신 주님께 감사드립니다.

이 책은 현실적이고 성경적인 관점으로 영원을 준비하는 삶의 문제를 명쾌하게 분석해 놓았습니다. '성경 안에서 영원의 문제를 직시하라. 모든 것을 다 아시고 책임지시는 하나님의 손길이, 오늘 영적으로 방황하는 이들의 눈물을 친히 닦아 주실 것이다.' 영원의 관점에서 볼 때에만 하나님이 그리신 이 땅에서의 영원을 준비하는 삶의 아름다운 그림을 온전히 이해할 수 있다고 이 책은 힘주어 강조하고 있습니다.

은혜의 선물인 「영원에 이르는 길 1,2,3권」을 소장하셔서 시간이 날 때마다 펼쳐 보신다면, 놀라운 영적 성장의 필수 자양분을 취함으로 삶 가운데 적극 실천함을 통해, 주님과 동행하는 삶으로 우리를 인도해 주실 것임을 확신하며 '신앙인의 필독서'로 적극 추천합니다.

부록1 조지 가(街)의 복음 전도자

이 글은 원래 동영상으로 된 것입니다. 동영상의 제목은 "조지 가의 복음 전도자(George Street Witness)"입니다.

3년 전쯤 런던 남쪽의 크리스탈 팰리스 파크 침례교회(Crystal Palace Park Baptist Church)의 오전 예배를 마치려고 할 때 뒤에서 낯선 사람이 일어났습니다. 그는 "목사님 제가 잠깐 간증을 나눠도 될까요?"라고 물었고, 목사님은 시계를 보시고 "3분 안에 해 주세요"라고 했습니다.
"저는 이곳에 새로 이사 왔습니다. 전에는 런던의 다른 곳에서 살았습니다. 저는 호주의 시드니에서 왔습니다. 몇 개월 전에 제가 친척을 방문하고 사업과 상업으로 번창한 시드니의 조지 가를 걷는데 낯선 백발의 노인이 와서 가게의 문을 열면서 저에게 전도지를 주시며 물었습니다. '실례합니다. 혹시 구원받으셨습니까? 오늘밤에 죽는다면 천국에 갈 자신이 있으십니까?' 그 질문에 마음이 흔들렸습니다. 어느 누구도 저에게 그런 질문을 한 적이 없었습니다. 저는 공손히 감사를 표한 후에 자리를 떴습니다. 그리고 다시 영국으로 돌아오는 비행기에서도 마음이 계속 복잡했습니다. 그

후에 바로 그리스도인이었던 친구에게 전화를 했고 그는 제가 구원받을 수 있도록 도와주었습니다. 그래서 이곳으로 이사를 오게 되었고 다른 그리스도인들과 교제를 나누고 싶습니다." 그러자 교회에 있던 모든 사람들이 환영해 주었습니다.

그 교회 목사님은 후에 호주에 가게 되었습니다. 그리고 10일 후에 아들레이드(Adelaide)에서 열리는 침례교 모임에서 한 여성이 예수님과 친밀한 교제를 나누고 싶다고 하며 다음과 같은 간증을 했습니다.

"저는 시드니에 살았었습니다. 몇 개월 전에 친구를 만나고 나서 쇼핑을 하러 조지 가에 갔는데 백발의 노인이 가게에 들어오더니 전도지를 주면서 저에게 물었습니다. '아주머니, 구원받으셨습니까? 오늘밤에 죽는다면 천국에 갈 확신이 있으십니까? 그 말이 굉장히 신경이 쓰여서 아들레이드에 돌아온 이후에 집 근처에 있던 침례교회에 가서 목사님과 상담했고 목사님은 저를 그리스도께로 인도해 주었습니다. 그래서 저는 그리스도인이 되었습니다."

이 런던 목사님은 짧은 기간 동안에 2명에게서 동일한 간증을 듣고 의아하게 생각했습니다. 그리고 퍼스(Perth)에 있는 침례교회에 가게 되었습니다. 그는 말씀을 전하고 그 교회의 장로들과 함께 식사를 하게 되었습니다. 식사를 하면서 한 장로에게 어떻게 구원을 받았는지 물었고 그는 다음과 같은 간증을 했습니다.

"저는 15살 때부터 이 교회에 다녔습니다. 다른 사람들처럼 교회에 다녔지만 예수님을 영접하지는 않았습니다. 그러나 저의 뛰어난 사업능력을 인정받아 많은 사람들에게 영향력을 끼치는 위치까지 올라가게 되었습니다. 사업이 번창해서 3년 전부터 시드니에서 사업을 확장하게 되었습니다. 하루는 제가 쇼핑을 하고 있는데 백발의 노인이 저에게 전도지를 주면서 물었습니다. '선생님, 실례합니다. 구원받으셨습니까? 오늘밤에 죽는다면 천국에 갈 자신이 있습니까?' 저는 제가 침례교회의 장로라고 말했지만 그는 제 말에 개의치 않았습니다. 그후에 저는 다시 퍼스로 돌아와서 목사님이 위로해 주실 것을 기대하고 목사님께 그 일을 말씀드렸습니다. 목사님과 상담하는 중에 제가 예수님과 개인적인 관계를 맺지 않았음을 깨닫게 되었고 목사님은 저를 예수님께로 인도해 주었으며 저는 바로 그 자리에서 예수님을 받아들였습니다."

이러한 간증을 들은 런던 목사님은 다시 영국으로 돌아와서 키즈킥 컨벤션에서 말씀을 전하게 되었습니다. 그는 자신이 들은 3명의 간증을 청중에게 들려주었습니다. 예배 후에 나이가 지긋하신 4명의 목사님이 와서 자신들도 각각 대략 25년부터 35년 전 사이에 시드니의 조지 가에서 그 백발의 노인으로부터 전도지를 받고 동일한 질문을 듣고 예수님을 받아들이게 되었다고 간증하는 것이었습니다.

얼마 후에 이 런던의 목사님은 캐러비안에서 선교사들을 위한 집회에 참석하여 이 간증을 다른 사람들과 나눴습니다. 말씀을 전하고 나자 3명의 선교사가 와서 자신들은 15년부터 25년 전 사이에 구원받았는데, 시드니 조지 가에서 그 백발의 노인으로부터 전도지를 받고 동일한 질문을 듣고 구원받았다고 했습니다.

이 런던 목사님은 다시 영국으로 돌아가기 전에 미국 조지아(Georgia)주에서 해군 병사들을 위한 집회에 참석하여 말씀을 전하게 되었습니다. 3일 동안 집회에서 천여 명의 해군 병사들에게 말씀을 전했고 수많은 병사들이 구원을 받게 되었습니다. 런던 목사님은 군목감(장군)과 식사를 하는 중에 그에게 어떻게 그리스도인이 되었는지 물었습니다. 그는 다음과 같이 간증했습니다.
"제가 구원받은 것은 기적이었습니다. 제가 해군으로 복무하며 훈련을 하는 중에 우리 함대가 시드니 항에 정박한 적이 있었습니다. 우리는 킹즈 크로스에서 술을 마시고 버스를 잘못타고 조지 가라는 곳으로 가게 되었습니다. 그곳에서 백발의 노인이 저에게 전도지를 주며 '이보게, 자네는 구원받았는가? 오늘밤에 죽는다면 천국에 갈 확신이 있는가?'라고 물었습니다. 저는 그 말을 듣고 하나님에 대한 두려움에 사로잡혀 충격을 받고 전함으로 복귀후 군목과 상담하게 되었고 군목은 저를 그리스도께로 인도해 주었습니다. 이후에 그 군목의 인도로 사역자의 길에 들어서게 되었고 지금은 이렇게 수많은 군목들을 지휘하는 자리에 앉게 되었습니다."

이 런던 목사님은 인도 북부의 외딴곳에서 5000명의 인도선교사들을 위한 집회에 참석하게 되었습니다. 집회가 끝난 후에 행사 담당자는 이 목사님을 식사에 초대했습니다. 런던 목사님은 그 담당자에게 어떻게 힌두교에서 그리스도인이 되었는지 물었습니다. 그러자 그는 다음과 같이 간증했습니다.

"저는 인도 정부를 위해서 외교관으로 근무하는 특권을 누렸었습니다. 그래서 전 세계를 돌아다녔지요. 저는 예수님의 용서와 저의 죄를 씻어주시는 그분의 보배로운 피에 감사드립니다. 저는 시드니에서 외교관으로 근무한 적이 있었습니다. 저는 아이들을 위해 장난감과 옷 등 선물을 구매하려고 조지 가를 걸어가고 있었습니다. 그때 예의바른 백발의 노인이 저에게 와서 전도지를 주면서 물었습니다. '선생님, 실례합니다. 구원받으셨습니까? 오늘밤에 죽는다면 천국에 갈 확신이 있으십니까?'

저도 예의를 갖춰 인사했습니다만 근무지에 돌아와서도 그의 질문을 생각하니 계속 마음이 무거웠습니다. 저는 그 지역에 있던 힌두교 지도자들과 상의해 봤지만 해결하지 못했습니다. 한 힌두교 지도자는 저의 호기심 때문일 거라며 거리 끝부분에 위치한 곳에 있는 선교사에게 가보라고 하였습니다. 그날 저는 바로 선교사를 찾아갔고 선교사는 저를 그리스도께로 인도해 주었습니다. 저는 즉시 힌두교를 버리고 사역을 준비했습니다. 저는 외교관의 직무도 마치고 이제는 하나님의 은혜로 수 만 명을 구원하는 선교사들을 담당하는 사람이 되었습니다."

8개월 후에 이 런던 목사님은 호주 시드니의 한 침례교회에서 말씀을 전하게 되었습니다. 런던 목사님은 그 교회의 목사님에게 조지 가에서 전도지를 나눠주며 복음을 전하는 백발의 노인에 대해 물었습니다. "예, 알고 있습니다. 그분의 성함은 제노르(Genor)라고 하는데 지금은 연세가 많고 몸이 약해져서 더 이상 그곳에서 복음을 전하지는 않으실 겁니다."

이 런던 목사님은 그분을 만나보고 싶다고 해서 몇 일 후 그 백발의 전도자가 살고 있는 작은 아파트로 가서 문을 두드리니, 작고 연약해 보이는 노인이 나왔습니다. 런던 목사님은 노인분과 교제를 나누면서 지난 3년간 자신이 들은 간증을 전해주었습니다.

이 이야기를 듣자 그 노인분은 눈물을 흘리면서 이렇게 말했습니다. "저의 이야기는 이렇습니다. 저는 젊은 시절 호주의 해군으로 복무하면서 엉망진창의 인생을 살았습니다. 그런데 저의 동료 중 하나가 저를 예수님께로 인도해주었고 저는 하루아침에 완전히 변화되어 새로운 사람이 되었습니다. 저는 하나님께서 구원하여 주심에 진심으로 감사하게 되었고, 하루에 최소한 10명의 사람들에게 전도지를 주면서 간단하게 예수님을 전하겠다고 주님과 약속했습니다. 하나님께서 저에게 힘을 주심으로 저는 그 약속을 지킬 수 있었습니다. 어떤 때는 몸이 너무 아파서 하기 힘들었던 적도 있었지만 저는 개의치 않았습니다. 저는 조지 가에서 거의 40년 이상 복음을 전해왔는데, 처음 시작할 때에는 수많은 거절을 당했습니다. 하지만 많은 사람들이 전도지를 받아주기도 했습니다. 제가 40년 이상 이 일을 해 왔지만 한 번도 제가 한 일을 통해 누군가 구원을 받았다는 이야기를 들어보지 못했습니다."

저는 이것이 대단한 사역이라고 말하고 싶습니다. 결과를 한 번도 듣지 못하고 예수님의 사랑을 전했던 것입니다. 146,100명이 넘는 사람들이 이 간단한 질문으로, 어떠한 "놀라운 은사"도 없었던 이 침례교인의 증언으로 예수님에 대해 듣게 되었던 것입니다.

저는 그 런던 목사님이 확인한 결과는 정말, 아주 매우 작은 빙산의 일각이라고 믿습니다. 얼마나 더 많은 사람들이 단 한 사람의 전도로 구원을 받고 주님을 섬기는 사역지에서 수고하고 있는지 모릅니다. 백발의 전도자 제노르 형제님은 런던 목사님을 만나 자신의 사역의 열매를 들은 지 2주 후에 돌아가셨습니다. 그분이 천국에 가게 되었을 때 얼마나 많은 상급이 준비되어 있겠습니까? 저는 이분이 〈카리스마 잡지〉나 빌리 그래함의 〈디 씨전 잡지〉의 표지 모델로 나오지는 않을 거라고 생각합니다. 이 세상에서는 어느 누구도 이 작은 제노르 형제를 알아주지 않았지만, 천국에서는 유명한 사람으로, 천국의 제노르 형제를 알고 있고, 큰 환영 가운데 영광 속으로 들어갔을 것입니다.

"그의 주인이 그에게 이르되, 잘하였도다. 착하고 충성된 종아 네가 작은 일에 충성하였으매 내가 많은 것으로 네게 맡기리니 네 주인의 즐거움에 참예할찌어다 하고"(마 25:23).

성령 충만함을 받은 제자들을 통하여 복음이 예루살렘으로부터 온 세상에 전파되었고, 수많은 사람들이 예수님을 믿어 구원을 받고 영생을 얻어 그리스도의 몸 된 교회(하나님의 군대)의 지체가 되었습니다. 주님께서 이끄시는 대로 순종하며 그분의 능력으로 복음을 전하고, 예수 부활의 증인으로서 어둠의 세력을 몰아내어, 사람을 살리고 교회를 살리며 온 세상을 살리는 생명력이 넘치는 그리스도의 제자들로 우리가 모두가 그 주역이 되어 이 땅에 그리스도의 푸른 계절을 앞당겨야 하겠습니다.

부록2 인생에서 위대한 선택이란 과연 무엇일까?

세상을 살아가는 동안에 우리에게 꼭 필요하고 중요한 것은 무엇인가?

1. 돈

세상을 살아가노라면 꼭 필요하고 중요하게 느껴지는 것이 돈입니다. 돈이 없으면 우리가 원하는 것을 살 수 없을 뿐만 아니라 하고 싶은 일도 못할 때가 많습니다. 그래서 돈을 싫어하는 사람은 없습니다. 돈은 정말 중요한 것입니다. 얼마나 많은 사람들이 돈을 사랑합니까?

2. 건강

돈이 아무리 많아도 건강하지 않으면 무슨 소용이 있겠습니까? 건강을 잃으면 다 귀찮아 지는 법입니다. 그래서 건강에 좋은 것이라면 외국에까지 가서, 가리지 않고 먹으며, 별의별 일이 다 운동이라는 이름으로 행해지고 있습니다.

3. 교육

지금은 지식이 고도로 발달된 시대입니다. 교육을 통해서 우리는 새로운 지식을 얻습니다. 그런데 돈 많고 건강한 바보를 원하는 사람이 있다면 우습겠지요? 그래서 불법과외, 부정입학, 고3병, 자살 등, 교육열에 대한 부작용들이 사회문제가 되고 있습니다. 그리고 보면 교육도 중요하지 않습니까?

이 세상에 우리가 1,2,3보다 비교할 수 없이 중요한 것이 있을까? 그렇습니다. 너무나 중요한 것이 있습니다. 참으로 중요한 것은 예수 그리스도를 믿고 구원받는 것입니다. 주 예수 그리스도에 관하여 얼마나 알고 있습니까?

우리에게는 돈과 건강과 교육이 참으로 중요합니다. 그러나 세상에서 가장 중요한 것은 이 세상에 살아있는 동안 반드시 구원받고, 지옥에 가지 않을 위대한 선택을 하는 일입니다. 왜냐하면 예수님께서는 온 천하를 얻고도 자신의 혼을 잃는다면 무슨 유익이 있겠느냐고 말씀하셨습니다. "내 말을 듣고 또 나를 보내신 분을 믿는 자는 영존하는 생명이 있고 또 정죄에 이르지 아니하리니 사망에서 생명으로 옮겨졌느니라"(요 5:24)라고 하십니다.

사람이 어떻게 구원을 받을 수 있을까요?

주 예수 그리스도를 당신의 구세주로 믿으면 구원받습니다. "예수 그리스도를 받아들인 자들 곧 그 분의 이름을 믿는 자들에게는 다 하나님의 아들이 되는 권능을 그분께서 주십니다"(요 1:12). 예수 그리스도께서 말씀하셨습니다. "내가 문이니 나를 통해 안으로 들어가면 구원을 받고"(요 10:9). 내게 오는 자는 내가 결코 내 쫓지 아니하리라(요 6:37). 예수 그리스도께서는 당신에게 이 큰 구원을 주시기 위하여 십자가에서 고난을 받으셨습니다. 당신을 사랑하셔서 당신을 대신하셔서 죄값을 다 치루신 것입니다.

주 예수 그리스도를 믿으십시오. 저는 지금 당신에게 가장 중요한 질문을 하려고 합니다. 당신이 영원토록 기쁨을 누릴지 슬픔을 맛볼지는 당신의 대답에 달려 있습니다. 질문은 이것입니다.

"구원 받았습니까?"

이것은 얼마나 선한지, 혹은 교회에 다니고 있는지에 대한 것이 아니라 당신이 구원받았는지에 대한 것입니다. 당신은 죽은 후에 천국에 갈 수 있다고 확신하십니까?

이 세상의 끝, 과연 무슨 일이 일어날까요? 이 세상을 살아가면서 생기는 의문 중 하나는 우리의 운명이란 과연 있는가? 하는 것입니다. 많은 선각자들이 운명에 대해 말하고 있습니다. 그것은 인간의 운명은 인간의 힘으로는 바꿀 수 없기 때문에 숙명으로 받아들여야 한다는 것과 인간의 운명을 인간의 힘으로 바꿀 수 있다는 것입니다.

그러나 성경은 운명에 대해 분명히 말씀합니다. 이 세상은 창조주 하나님이 계시고, 그분의 말씀(뜻)에 따라 세상을 창조하시고 말씀에 따라 세상을 운행하신다는 것입니다. "모든 것이 그분에게서 나오고 그분으로 말미암으며 그분께로 돌아가나니 영광이 그분께 영원토록 있기를 원하노라"(롬 11:36). 그러므로 이 세상 우주 만물이나 인간에게 정해진 길, 운명은 존재한다는 것입니다. 그래서 복된 운명이 있을 수 있습니다. 하나님께서는 죄인들을 사랑하시기에 우리가 회개하고 죄인임을 인정하고 하나님의 은혜를 받아들이면(복음을 듣고 예수님을 믿고 영접하면) 어떤 어둠의 운명일지라도 복된 운명으로 바꿀 수 있다는 것입니다. 이것이 성경이 말하는 복음입니다.

"하나님께서 세상을 이처럼 사랑하사 자신의 독생자를 주셨으니 이것은 누구든지 그를 믿는 자는 멸망하지 않고 영존하는 생명을 얻게 하려 하심이라"(요 3:16). 어둠의 운명이 어떻게 복된 운명으로 바뀌는지 생각해 보겠습니다. 예수님을 믿으면 죽었던 우리의 영이 살아납니다. "그는 범법과 죄들 가운데 죽었던 너희를 살리셨도다"(엡 2:1-2). 이미 죽은 영이 예수님을 믿으면 다시 살아납니다. 첫 인간 아담이 사단에게 속아 동산에 있는 선악을 알게 하는 나무를 따먹고 영이 죽은 것입니다. 영이 죽었다는 것은 하나님과 단절되었다는 것을 의미합니다. "선악을 알게 하는 나무에서 나는 것은 먹지 말라. 그 나무에서 나는 것을 먹는 날에 네가 반드시 죽으리라, 하시니라"(창 2:17). '반드시 죽으리라'는 말은 영적인 죽음을 말합니다. 이것이 인간의 어둠의 운명을 만들게 됩니다. 영적으로 하나님과 단절되니 하나님의 은혜를 받지 못해 어둠(죄)의 포로가 된 것입니다.

  예수님을 믿으면 마귀자식에서 하나님의 자녀가 됩니다. "지나간 때에는 너희가 그것들 가운데서 이 세상의 행로를 따라 걸으며 공중의 권세 잡은 통치자 곧 지금 불순종의 자녀들 가운데서 활동하는 영을 따라 걸었느니라"(엡 2:2) 불신자들이 들으면 언짢을 수도 있지만, 예수님를 믿지 않으면 영적으로 미혹의 영, 마귀의 자식이 됩니다. 사단의 영을 받은 사람들의 특징을 말하고 있습니다. 이 세상의 풍조를 쫓습니다. 세상의 유행을 쫓는 것이 최고의 성공이고 첨단을 걷는 것 같은 착각에 빠져 사는 것입니다. 그러나 이것이 어둠이고 세상의 영, 사단의 영을 받은 것입니다. 지하철을 타면 어른 아이 할 것 없이 모두 스마트폰에 빠져 살고 있습니다. 무언가에 빠진다는 것은 사단의 영이 임한 것입니다. 공중 권세를 잡은 자에 붙잡혀 있는 것입니다. 사단의 영에 붙들리면 공중 권세에 붙들려 영원한 세상인 하늘나라를 보지 못하고, 보이는 것들의 포로가 된다는 것입니다.

  히브리 사람들은 하늘을 3층천으로 나누고 있습니다. 스카이(sky)는 새가 나는 하늘, 공중(spece)은 해와 달과 별이 있는 하늘, 하나님이 계시는 하늘(Heaven)나라입니다. 공중 권세 잡은 자에게 붙잡힌 사람은 공중의 이상을 보지 못하기 때문에 하나님이 계시는 하늘나라에 간다는 것을 생각도 못하는 것입니다. 이 땅의 것만 추구하는 사람들입니다. 어둠에 속한 사람들은 하나님께 불순종합니다. 이 사람들은 다른 것은 다 들어도 하나님께만 불순종합니다. 이들이 어둠의 운명을 가진 사람들입니다. 이 사람들의 운명은 처음은 잘 되는 것 같지만 나중이 점점 어려워지고 힘든 삶을 살게 됩니다. 결국 지옥으로 가게 됩니다.

그러나 예수님을 믿고 하나님의 자녀가 되면 어둠의 운명에서 영존하는 생명을 지닌 운명으로 바꿀 수 있습니다. 이것이 축복입니다. "그분을 받아들인 자들 곧 그분의 이름을 믿는 자들에게는 다 하나님의 아들이 되는 권능을 그분께서 주셨으니 이들은 혈통으로나 육신의 뜻으로나 사람의 뜻으로 나지 아니하고 오직 하나님에게서 태어난 자들이니라"(요 1:12-13).

어둠의 운명을 가진 사람의 최후 종착역은 마귀의 집, 지옥이고 하나님의 자녀는 하나님의 집, 하나님이 계시는 하늘나라(천국)로 가게 되어있는 것입니다. 지금이라도 하나님이신 주 예수 그리스도를 영접하여 어둠의 운명에서 벗어나시기를 간절히 바랍니다. 하나님이신 예수님을 믿으면 본질상 저주의 자녀에서 축복의 자녀로 바뀌게 됩니다. "지나간 때에는 우리도 다 그들 가운데서 우리 육신의 욕심 안에서 생활하며 육신과 생각의 욕망을 이루어 다른 사람들과 같이 본래 진노의 자녀들이었으나"(엡 2:3). 어둠의 운명을 가진 사람들은 자기 육체의 욕심을 따라 살며 자기 마음의 원하는 대로 사는 사람들입니다. 이것은 이들의 영이 죽었기 때문입니다. 이 사람들의 운명은 결국 멸망, 저주, 실패, 나중은 지옥입니다. 이것이 가장 어두운 운명입니다.

그러나 우리가 예수님을 믿고 구원받으면, 우리는 하나님의 말씀에 따라 살기 때문에 영원한 축복의 사람, 하나님의 자녀가 됩니다. 그리고 나중은 하나님이 계시는 천국(하늘나라)에 가게 되는 것입니다. 하나님이신 주 예수 그리스도를 믿고 어둠의 운명에서 탈출해야 합니다. 하나님이신 예수님을 믿지 않고 자신이 원하는 육신의 정욕대로, 자기 마음대로 사는 것이 잘 사는 것 같지만 나중이 멸망인 어둠의 운명을 사는 것입니다. 그들은 나이 먹는 것이 저주입니다. 지옥으로 갈 날이 점점 가까이 다가오기 때문입니다. 그러나 하나님이신 예수님을 믿는 축복의 자녀는 나이 먹는 것이 즐거움입니다. 그들은 이 땅에서 잘 되고 죽어서도 하나님이 계시는 하늘나라(천국)에 감으로 영존하는 생명을 가진 자들이기 때문입니다. 아무리 어렵고 힘든 어둠의 운명도 하나님이신 예수님을 믿으면 당신의 운명은 즉각적으로 바뀌게 되어 있습니다. 지금이라도 하나님이신 예수님께 나아가 오직 믿음으로 구원받고 영원한 죄의 형벌과 지옥의 심판에서 벗어나야만 할 것입니다.

우리는 어떻게 다른 사람의 말을 믿습니까?

그 사람의 신실함에 근거해서 믿지 않습니까? 그런데 절대 거짓말을 하실 수 없는 하나님 곧 온 천하 만물을 만드신 분께서 분명히 이렇게 말씀하셨습니다. "하나님이 세상을 이처럼 사랑하사 자신의 독생자를 주셨으니 이는 누구든지 그를 믿는 자는 멸망하지 않고 영존하는 생명을 얻게 하려 하심이라"(요 3:16). 사람의 말을 신뢰하지 말기 바랍니다. 구원을 주시는 분은 하나님 한 분 뿐이십니다. 창조자이신 그분이 영원한 생명을 약속하기에 우리는 그것이 진리임을 믿습니다(요 14:6). "죄의 삯은 사망이나 하나님의 선물은 예수 그리스도 우리 주를 통해 얻는 영원한 생명이니라"(롬 6:23).

헛된 세상적 욕망을 채우기 위해 바삐 달리면서도 우리들은 어처구니없게도 '영원'이라는 소중한 것을 알기 위해 시간을 기꺼이 투자하는 사람은 많지 않습니다. 무엇보다 당신 자신을 위해 지혜로운 사람이 되어야 합니다. 하나님의 심판의 시간은 언제 닥칠지 모릅니다(히 9:27). 나이와 직업과 성별과 지위 고하에 상관없이 오늘 그 시간이 닥칠 수도 있습니다. 그러므로 지금 바로 사람을 만드신 창조주 하나님을 기억하고, 그분이 인간에게 베푸시는 가장 큰 선물인 예수 그리스도를 구원자로 믿고 받아들이십시오. 오직 창조주만이 창조물을 구원할 수 있습니다. 그러면 우리에게 영적으로 다시 태어나는 기적이 일어납니다(벧전 1:23). 그분의 말씀을 신뢰하십시오. 그분께서 그분의 말씀인 성경에 약속하신 대로 그분을 신뢰하는 사람은 값없이 구원의 기쁨을 누릴 수 있습니다.

우선, 자신이 죄인으로 태어났고 당연히 지금도 죄인이라는 사실을 인정하고 고백하십시오.

이것은 자신이 스스로 자신이 죄들로 인해 영원히 하나님의 형벌을 받을 수밖에 없는 상태임을 인정하는 것입니다. 그리고 당신 스스로 혹은 다른 인간이 당신을 구원시킬 수 없는 절망적 상황임을 고백하십시오. 성경적으로 볼 때 당신은 죽음 이후의 상황에 대해 아무런 대비책도 없는 무방비 상태에 놓여 있습니다. 이제 하나님의 아들 예수 그리스도만을 신뢰하십시오. 이 세상의 모든 창조물 가운데 창조주 하나님의 공의를 만족시킬 수 있는 존재는 단 하나도 없습니다.

그러므로 창조 세계를 초월해 그 외부에 계신 우리 주 예수님께서 스스로 사람의 몸을 입고 이 땅에 오셔서 완전한 희생물로 십자가에서 피를 흘리고 죽으심으로써 지옥의 고통을 다 담당해서 단 한 번에 영원한 대신 속죄를 이루셨습니다(히 9:12). 그분께서 단 한 번에 세상의 모든 죄를 영원도록 완전하게 제거하셨으므로 이제는 더 이상 다른 희생물이나 제사장이 필요 없습니다(히 10:18).

바로 예수 그리스도 그분께서 당신을 위해 십자가에서 피를 흘리고 죽으셨다가 사흘 만에 부활하셨습니다. 그분의 부활이 당신의 부활을 책임지십니다. 당신이 구원받고 죽은 이후에 영원한 생명을 누리는 길은 오직 이 길밖에 없습니다. 예수님께서 말씀하셨습니다. "온전한 자들에게는 의사가 필요 없으나 병든 자들에게는 필요하니 나는 의로운 자들을 부르러 오지 아니하고 죄인들을 불러 회개하게 하려고 왔노라(막 2:17).

이제 주님께 당신을 구원하고 당신의 주인이 되어달라고 진심으로 기도하십시오.

〈영접기도문〉

"위대하신 하나님, 저는 죄인임을 잘 압니다. 제 힘으로 제 자신을 구원할 수 없음을 인정합니다. 저의 죄를 제거하시려고 하나님의 아들 예수 그리스도께서 십자가에서 피흘려 죽으셨고 장사한지 사흘만에 죽은자 가운데서 다시 살아나신 사실을 오늘 알았습니다. 이제 제가 예수 그리스도를 저의 구세주로 믿고 영접하오니, 제 안에 들어오셔서 저를 구원해 주옵소서. 저를 구원해 주셔서 감사드립니다. 이제부터는 하나님의 말씀대로 살겠습니다. 주 예수님의 이름으로 기도합니다." 아멘.

이렇게 하시고 하나님을 신뢰하면서 다음의 약속의 말씀을 믿으십시오. 하나님께서 이 약속의 말씀에 따라 당신에게 '영원한 구원'의 은혜를 단번에 무료로 거저 주실 줄로 믿습니다. "누구든지 주의 이름을 부르는 자는 구원을 받으리라"(롬 10:13). "너희가 믿음을 통해 은혜로 구원을 받았나니 그것은 너희 자신에게서 난 것이 아니요 하나님의 선물이라 행위에서 난 것이 아니니 이것은 아무도 자랑하지 못하게 하려 함이라"(엡 2:8-9)."주 예수 그리스도를 믿으라, 그리하면 네가 구원을 받고 네 집이 구원을 받으리라"(행 16:31). 거짓말하실 수 없는 하나님께서 이런 약속의 말씀에 따라 당신에게 '영원한 구원'의 은혜를 주셔서「영원에 이르는 길」로 인도 해주실 것입니다.

십자가

저주받은 나무에 달려서 먼지와 땀과 피로 뒤범벅이 되어 있는, 거기서 보라, 그 영광의 왕을 보라.

나, 내가 바로 그 일을 저지른 장본인이로다. 당신의 거룩한 몸을 찢은 것은 바로 나였도다. 내 죄 때문에 주여, 당신이 피를 흘리셨고, 못에 박혔고 가시관에 찔렸도다.

내가 지기엔 너무 무거운 큰 짐을, 내 주여, 당신께서 지셨도다. 나를 치료하려 당신은 내 고통을 감당하셨고, 나를 축복하시려 당신은 저주를 받으셨도다.

내 구주여, 내가 어떻게 선포하리이까? 내가 진 큰 빚을 어떻게 갚으리이까? 내 가진 모든 것과 내 모든 존재로 끝없이 당신의 영광을 나타내게 하소서.

당신에게는 아무리 많이 드려도 부족할 뿐이요, 당신을 위해서는 아무리 해도 모자랄 뿐이로다. 당신의 모든 사랑과 당신의 모든 슬픔이 내 가슴에 영원히 새겨져 있게 하소서. / 존 웨슬리

왜 나는 복음을 전하는가? 지옥의 존재 때문에

복음의 핵심 내용을 불신자가 알아듣기 쉽게 요약 정리하여 전파하는 노방설교(아주 짧게 3분, 5분정도)나 개인 전도를 통해 사람들을 그리스도께 이겨 오기 위해서입니다. 성경이 말씀하고 있는 것처럼, 영원한 고문과 암흑과 수치와 고통이 있는 지옥(불못)속의 잃어버린 영원을 향해 사람들이 가고 있다는 것을 정말로 믿고 있다면, 그들이 죄에서 돌이켜 주 예수 그리스도께 돌아서도록 온 힘을 다해 설득해야만 하기 때문입니다.

제가 복음을 전하는 이유는 잃어버린 영혼에 대한 연민과 구원받지 못한 사람들에 대한 열정이 나로 하여금 복음을 전하게 만듭니다. 주 예수 그리스도를 증거 하게 되면 많은 수치, 비난, 저주, 조롱을 받게 될 것입니다.

저는 이렇게 기도합니다. 위대하신 하나님! 저는 지금 주님의 지혜가 필요합니다. 주님 제게 용기를 주옵소서. 이제 담대함을 주옵소서.

더더욱 기쁨이 배가 되는 것은 지옥으로 달려가고 있는 영혼이 내가 전한 복음을 듣고 그 자리에서 즉시 주님을 영접하여 구원받을 때, 이루 말할 수 없이 기쁘고 벅찬 희열을 맛보게 되므로 복음을 전하게 되는 것입니다. 이러한 새 생명이 태어나는 현장에 때때로 감격해서 나도 모르게 뜨거운 눈물이 볼을 타고 주루룩 흘러내리기도 합니다.

이것은 전도자만이 누릴 수 있는 주님께서 주시는 특별한 선물인 것을 깨닫게 됩니다. 제가 복음을 전하는 이유는 주님 오실 때까지 복음은 구원받은 누군가에 의해 반드시 전해져야만 하기 때문입니다(고전 1:21;딤후 4:2).

삶의 목적 선언문

이요한 목사

1. 하나님의 말씀에 순종하는 삶을 산다.
2. 하나님을 신실하고 충성되게 섬기는 가운데 그분의 기쁨이 되며(계

4:11), 그분께 영광 돌리는(계 1:5-6) 믿음의 삶을 산다.

3. 죄는 즉각적으로 자백하여 주님과의 친교를 회복할 수 있도록 한다(요일 1:6-9).

4. 규칙적으로 성경을 읽고, 연구하고, 기도하는 가운데 감사함으로 하나님을 찬양하는 삶을 산다.

5. 언제 어디서나 복음을 전하고, 기회가 되면 적극적으로 성경을 가르치는 사역자가 된다.

6. 자기희생을 실천한다(다른 사람을 주님의 사랑으로 섬기며 살아간다).

7. 삶 가운데 마귀를 대적한다. 그리하면 피할 것이다(약 4:7).

"나는 내가 이미 도달한 것처럼 말하지 아니하며 이미 완전한 것처럼 말하지도 아니하고 다만 그리스도 예수님께서 나를 붙잡아 이루시고자 하신 그것을 붙잡으려고 뒤따라가노라"(빌 3:12).

한 영혼을 구원하기 위한 기도

때로는 한 사람이 회개하여 주님께로 돌아오는데 많은 시간이 걸리는 경우도 있습니다. 유명한 선교사 윌리암 케리는 인도에서 힌두교인 한 명을 전도해서 세례(침례)를 주는데 7년이 걸렸다고 합니다. 서 아프리카에서는 한 명을 전도하는데 14년이 걸렸다고 합니다. 뉴질랜드에서는 한 영혼을 구원의 길로 인도하는데 9년이 걸렸다고 합니다. 또한 인도에 Ongole 선교회라는 기관이 있었는데 15년 동안 10명 밖에 구원을 시키지 못해 문을 닫으려고 하다가 좀더 기다린 결과 30년 후에는 15,000명을 전도할 수 있었다고 합니다.

전도에는 인내가 필요합니다.

영국의 고아의 아버지로 불리는 죠지 뮬러 목사가 가장 많은 시간을 들여

한 기도제목이 있었습니다. 그것은 자기가 어렸을 때부터 같이 삶을 나누었던 다섯 명의 친구를 위해서 계속 기도했습니다. 한 사람, 두 사람 믿기 시작했습니다. 그런데 끝까지 믿지 않은 친구가 두 사람이 있었습니다.

죠지 뮐러는 이 두 친구를 위해서 무려 52년 간 기도했다고 합니다. 그래도 그들은 예수 그리스도를 믿지 않았습니다. 죠지 뮐러는 이제 노년이 되어서 병석에 눕게 되었습니다. 그는 자기 인생의 마지막이 가까워 오는 것을 느끼게 되었습니다. 어느 날 죠지 뮐러는 주변 사람들에게 부탁을 했습니다.

오늘은 내가 사랑하는 교회에서 말씀을 전할 수 있는 특권을 주십시오 하고 부탁을 했습니다. 그는 마지막 남은 힘을 다해 간절하게 최후의 설교를 했습니다. 마지막 설교를 하던 그 날 그의 한 친구가 뮐러 목사의 설교를 듣고 회개하고 예수를 믿게 되었습니다. 죠지 뮐러가 세상을 떠났습니다.

그때까지 믿지 않았던 한 친구가 뮐러의 죽음 소식을 들었습니다. 죠지 뮐러가 죽은 그 해 이 친구는 결국 예수를 믿게 되었습니다. 예수를 믿은 후 그는 전 영국을 순회하면서 간증하기를 "죠지 뮐러 목사의 기도는 다 응답되었습니다. 저는 그 기도의 최후의 응답입니다. 당신의 모든 기도도 다 응답됩니다"라고 했다는 것입니다.

주님, 위선보다 진실을 위해 나를 다듬어 나갈 수 있는 지혜를 주시고, 바람에 떨구는 한 잎의 꽃잎일지라도 한없이 품어 안을 깊고 넓은 바다의 마음으로 살게 하옵소서. 바람 앞에 쓰러지는 육체로 살지라도, 선앞에 강해지는 내가 되게 하옵소서. 철저한 고독으로 살지라도 사랑 앞에 깨어지고 낮아지는 항상 겸허하게 살게 하옵소서.

그렇습니다. 당신의 마음을 닫는 것도 여는 것도 본인의 자유입니다. 다른 사람이 강제로 열거나 닫을 수 없습니다. 주님께서도 오로지 당신의 문을 두드리기만 하실 뿐, 자신이 스스로 문을 열지 않는 한 억지로 그 문을 열지 않습니다. 만일 당신이 상처와 원망, 미움으로 인해 누군가에게 마음을 닫아 버렸다면, 그 닫힌 마음을 열 수 있는 사람은 오직 자신뿐입니다.

왜냐고요? 마음의 문을 여는 손잡이는 마음의 안쪽에만 달려 있기 때문입니다. 누군가를 용서하는 것은 마음의 문에 채워진 자물쇠를 열고 손잡이를 돌리는 것이라 할 수 있습니다. 그 때 자물쇠를 여는 것은 지금까지 용서하지 못했던 자신의 마음, 두려움으로 아무것도 할 수 없었던 자신의 마음을 스스로 용서하는 것입니다.

자신을 용서하고 자물쇠를 열면, 신기하게도 저절로 손잡이를 돌리고 마음의 문을 열고 싶어집니다. "사랑에 의한 운명과 화해"라는 헤겔의 주장과도 일치하는 말입니다.

사랑이란 바꿔 말하면 용서와 관용을 가리키기 때문입니다. 사랑은 원망과 미움을 승화시키는 능력이 됩니다. 있는 그대로의 자신과 있는 그대로의 주위 사람들의 모습을 받아들이는 포용의 모습입니다.

사랑이란 서로 하나로 융합되는 것이지 이러쿵저러쿵 불만을 터뜨리거나 푸념하며 분리되거나 편 가르는 것이 아닙니다. 사랑이란 대단합니다. 사랑으로 용서하면 원망도 미움도 거짓말처럼 다 사라집니다. 지금까지 무엇을 왜 원망하고 미워했는지, 마음의 어디가 아팠는지조차도 잊어버립니다.

사랑으로 녹아지면 지금까지의 과거, 지금까지의 인생 전부를 있는 그대로 받아들일 수 있게 됩니다. 과거의 모든 것을 받아들인다는 것은 현재와 미래의 모든 것을 받아들인다는 것으로 스스로 마음의 문을 연다는 의미입니다.

주님은 오늘도 당신의 마음의 문을 두드리고 계십니다. 주님이 당신을 부르시는 안타까워하시는 사랑의 음성을 듣고 꽉 막힌 자물쇠를 용서로 열고, 당신 마음의 문 안쪽의 손잡이를 돌리고 주님을 영접한다면, 당신은 주님과 사랑으로 하나가 될 것입니다.

인생이란 무엇일까? 나는 어디에서 와서 왜 사는 것일까? 나는 죽은 다음에 어떻게 되는 것일까?

많은 사람들이 이런 질문들에 대한 답은 매우 어렵다고 생각합니다. 이런 질문들에 대한 대답은 철학자들이나 하는 것이라고 단정합니다. 하지만 조금만 깊이 생각해 보면 누구나 알 수 있습니다. 그러나 모든 사람들이 반드시 알아야만 하는 질문에 답도 모른 채 힘들게 인생을 살아갑니다.

워싱턴 DC에는 유명한 링컨기념관이 있습니다. 그곳에는 베트남전쟁 참전용사 기념비도 있고, 한국전쟁 참전용사 기념비도 세워져 있습니다. 한국 참전용사 기념비를 보면, 그곳에 실제 크기의 군인 동상들이 몇 십개가 세워져 있는데, 그들은 언덕을 향해 굳건하게 올라가고 있는 늠름한 모습입니다. 그들의 얼굴은 보면 '끝까지 가리라'하는 용기가 서려있습니다. 동시에 두려움도 보입니다. 저 언덕 위로 오르고 나면, 어떤 싸움이 기다리고 있을지 모르기 때문에 두렵기도 합니다. 그 언덕 위로 올라가면, 한 숫자가 눈에 들어옵니다. '54,246', 한국전쟁에 참전했다가 사망한 미군의 숫자입니다. 그리고 그 옆 비석에 한 문장이 적혀있습니다. 'Freedom is not Free'(자유는 공짜가 아니다). 자유는 거저 주어지는 것이 아니란 뜻입니다. 엄청난 대가를 지불하고 주어지는 것이 바로 자유라는 것입니다. 한국전쟁 뒤에는 오만사천이백사십육 명의 희생자가 있었습니다. 이 기념비를 보면서 예수님이 주신 은혜와 자유를 생각해보았으면 합니다.

주님을 믿는 자는 구원을 받습니다. 우리의 구원은 은혜로 거저 받는 것입니다. 하나님의 아들 예수 그리스도께서 나의 죄로 인하여, 십자가에 달려 죽으신 공로로 우리가 구원을 받습니다. 우리에게 거저 주어지는 은혜이지만, 결코 값싼 은혜가 아닙니다. 우리가 지불할 수 없을 정도로 그 대가가 컸기 때문에 하나님이 거저 주시는 선물입니다.

하나님의 독생자 예수 그리스도께서 우리의 구원을 위해 물 한 방울, 피 한 방울 남기지 않고 다 쏟아 부어주셨습니다. 우리가 거저 받지만, 절대로 값싼 것이 아닙니다. 엄청난 대가를 통해 얻은 은혜입니다. 하나님이신 예수 그리스도께서 나를 위해 친히 십자가에 달려 돌아가셨는데, 이보다 더 큰 대가가 어디 있습니까? 그 엄청난 대가를 통해 우리가 거저 받는 은혜요, 구원이요, 자유라는 것을 생각할 때, 어떻게 우리가 하나님의 구원의 은혜를 값싼 은혜로 취급할 수 있겠습니까? 거저 주시는 것이라고 말할 수 있습니까? 믿음은 우리가 믿음을 두는 그 대상(사람이든 사물이든)이 누구냐에 따라 결정됩니다. 우리를 결코 실망시키지 않을 분이 계실까? 결코 우리를 실망시키지 않고, 결코 우리의 기대를 저버리지 않을 분이 계실까?

영국 옥스퍼드 대학의 유명한 고고학자 윌리암 제이 브라이언(William J. Bryan)교수가 있습니다. 그는 인류의 고대문명을 연구하기 위해 유적발굴팀을 조직하여 이집트 카이로를 방문합니다. 땅속에 감추어졌던 인류의 신비한 과거사가 밝혀지기 시작합니다. 한 번은 피라밋 안에 있는 역사유물을 발굴하다가 3000년이 훨씬 지난 시체 미이라를 발견하게 됩니다.

그런데 그 미이라를 풀어보니 그 속에서 3000년이 훨씬 지난 곡식 알갱이 한줌이 함께 발견됩니다. 그것은 작은 완두콩 씨앗이었는데 이미 쪼골쪼골하게 돌처럼 굳어져 있었습니다. 그러나 그는 간절히 기도하는 마음으로 밭에 옮겨 심어봅니다. 한 달이 지납니다. 참으로 놀라운 기적과 같은 사건이 발생합니다. 3000년 전에 이미 죽은 씨앗에서 생명의 싹이 돋기 시작합니다.

그 후부터 그는 전도하면서 "1년 생 식물도 3000년 만에 죽었다가 다시 살아서 열매를 맺는데, 만물의 영장인 사람이 100년도 못살고 죽어서 없어지겠는가? 반드시 부활이 있고 영원한 세계가 있다"고 역설했습니다.

"한 번 죽는 것은 사람에게 정해진 것이요 그 후에는 심판이 있으리니"(히 9:27)라고 말씀하셨습니다. 모든 인생이 피할 수 없는 엄숙한 사실은 모든 인간은 반드시 죽어야 하고, 죽은 후에는 반드시 심판이 있고, 심판 후에는 영원한 천국과 지옥이 있다는 것입니다. 이 둘 중의 한 곳에서 영원한 시간을 보내야 합니다. 영생을 얻고, 천국에 들어가는 길은 한 길 밖에 없습니다.

곧 하나님의 아들 예수 그리스도를 믿고 영접하는 길 밖에 없습니다. "하나님이 이 세상을 이처럼 사랑하사 독생자를 주셨으니 이는 저를 믿는 자마다 멸망치 않고 영생을 얻게 하려 하심이니라"(요 3:16)고 말씀 하셨으며, "내가 곧 길이요 진리요 생명이니 나로 말미암지 않고는 아버지께 올 자가 없느니라"(요 14:6)고 말씀 했습니다, "영접하는 자 곧 그 이름을 믿는 자들에게는 하나님의 자녀가 되는 권세를 주셨다"(요 11:25)고 하셨습니다.

예수님을 믿고 영접하는 길 외에 다른 길, 다른 방법으로는 구원받을 길이 절대로 없습니다. "다른 이로서는 구원을 얻을 수 없나니 천하 인간에 구원을 얻을 만한 다른 이름을 우리에게 주신 적이 없음이니라"(행 4:12)라고 말씀하고 있습니다. 예수님만이 우리의 생명이 되시고, 부활이 되시므로 예수를 믿고 영접해야만, 영생을 얻고 천국에 들어갑니다.

모래 속에 나무 부스러기, 유리 조각, 쇠 조각이 다 섞여 있는데 자석을 갖다 대면 쇠붙이만 올라붙습니다. 이와 같이 예수님이 이 세상을 심판하러 다시 오실 때, 그 속에 예수님을 영접한 사람들만 들림을 받고, 천국에 들어갑니다. 예수 믿으면 천국에 가고, 안 믿으면 지옥불에서 영원히 고통을 받습니다. 저와 여러분은 어디에서 영원한 시간을 보내시겠습니까? 영원한 천국에서의 시간을 위해서 순간순간 쾌락을 포기하면서 믿음으로 사시기를 바랍니다.

위대하신 하나님, 주 예수 그리스도의 거룩한 보혈로 구원하여 주셔서 하나님의 자녀로 삼아주신 은혜를 감사드립니다. 모든 욕망을 하나님께 가까이 다가서는 삶 앞에 무릎 꿇게 하시며 주님을 기쁘게 해드리는 일에 전적으로 매달리는 자가 되게 하여 주옵소서! 저희들의 최고의 임무가 진심으로 복종하고 완전한 순종의 자세로 사람들에게 주 예수 그리스도를 증거하도록 인도하여 주옵소서! 진리를 전하되 사랑으로 전하게 하옵소서!

주님, 복음 전하는 하나님의 자녀들을 위대한 밀알 되신 주님과 일치시켜 주시고 구원받은 우리 하나님의 자녀들에겐 성령께서 내주하심과 그분의 열심과 능력을 힘입어 사탄의 공격을 이겨낼 수 있음을 확실하게 알게 하시옵소서! 말씀을 듣는 시간에 우리들 모두 육신을 따르고자 하는 마음속에는 죄가 도사리고 있다는 것을 깨달아 죄로부터 벗어나고, 세상으로부터 성별하고, 육신적인 모든 쾌락을 단절하고, 오직 하나님께로 오는 복음으로 헌신하는 성도들 되게 하옵소서!

모든 성도들이 하늘에 그들의 운명을 맡기고 주 예수 그리스도를 전파했을 때, 십자가의 말씀이 양날선 칼처럼 복음을 듣는 영혼들의 마음을 찌르도록 하옵소서! 사람들을 구원하기 위해 복음전하는 능력을 받고, 죄인들을 이겨오는 삶과 기도할 때에도 하나님의 뜻에 합당한 기도와 삶을 통해 모든 영적전쟁을 승리로 이끄는 능력의 삶을 살 수 있도록 인도해 주십시오. 저희 모두를 온전히 장악하셔서 주님의 통제 하에 두시고 저희 각 사람을 통해 주님께서 이루시고자 하는 바 그것을 이루어 주옵소서! 주 예수님의 이름으로 기도드립니다. 아멘

사도 바울은 다메섹 도상에서 예수 그리스도를 만나고, 박해자에서 복음전도자로 인생의 이름표를 새롭게 달게 됩니다. 이전에는 모든 수단과 방법을 동원하여 예수 그리스도의 십자가 복음이 전파되는 것을 온몸으로 막았던 사람이었지만, 이제는 자신이 저지했던 그 복음을 가는 곳곳마다 생명을 걸고 전파하는 사람이 되었습니다. 바울은 복음전파와 하나님 나라의 선교를 위해서 발걸음이 닿는 모든 곳을 예수 그리스도의 보혈로 물들였습니다.

하지만 바울은 복음을 들고 가는 곳마다 환영받기는커녕 온갖 고난과 박해를 받았습니다. "우리가 사방으로 우겨쌈을 당하여도 싸이지 아니하며 답답한 일을 당하여도 망하지 아니하고 우리가 항상 예수의 죽음을 몸에 짊어짐은 예수의 생명이 또한 우리 몸에 나타나게 하려 함이라"(고후 4:8-10). 사도 바울의 인생은 세상적인 기준으로 보았을 때, 실패한 인생이었

습니다. 소위 잘나가던 모든 배경과 지식을 버리고, 천대받고 멸시받는 예수를 따르는 삶을 선택했기 때문입니다. 그의 생애 전체는 고난과 아픔의 연속이었고, 답답함 그 자체였습니다.

그러나 바울은 고난이 더할수록, 박해가 더 극심할수록 그리스도의 승리를 담대히 선포했습니다. 나무에 달려 죽은 자 '예수', 그분의 이름 안에서 그는 이 세상을 초월하여 차원이 다른 믿음의 승리를 보여 주고 있습니다. 사도 바울은 세상이 이해할 수 없는 역설적인 진리를 믿음으로 살아 낸 위대한 승리자였습니다.

믿음으로 세상을 이겼던 승리자 바울이 가는 곳마다 알 수 없는 향기가 퍼졌습니다. 작고 연약한 노사도의 발자국이 스친 곳마다 복음의 꽃이 피고 아름다운 향기가 진동했습니다. 이 향기는 모든 사람이 외면하고 배척했던 예수 그리스도로부터 나오는 향기였습니다. 생명을 바쳐 예수 그리스도를 전했던 사도 바울의 삶 전체에 그리스도를 아는 향기가 그윽이 배어 있었습니다.

사도 바울이 가는 곳마다 복음이 전해지고, 교회가 세워지며, 병든 사람이 고침을 받아 하나님의 나라가 확장되어 갔습니다. 예수 그리스도를 믿는 사람은 물론이거니와 믿지 않는 사람들에게까지 그가 예수의 향기를 전하는 사람이라는 것을 인정하게 되었습니다.

그리스도에 대한 박해가 더할수록 그곳에서 그리스도의 향기는 더욱 짙어졌고, 그 향기는 사방으로 퍼져 나갔습니다. 어떤 사람들에게는 사망으로부터 사망에 이르는 냄새가 되었고, 어떤 사람들에게는 사망으로부터 생명에 이르는 향기가 되었습니다.

우리는 어떤 삶을 살아가고 있습니까?

예수 그리스도의 생명의 향기를 전하고 있습니까? 아니면 주님과 상관없는 삶을 살면서 세상의 악취를 전하고 있습니까? 교회를 다니고, 예배를 드리면서 겉모습은 그리스도인이라고 불리지만, 정작 우리의 삶을 돌아보면 예수 그리스도의 사랑과 은혜보다는 세상적인 모습을 전할 때가 더욱 많이 있습니다. 겉모습은 멋지고 화려하지만, 그 속에는 그리스도의 생명이 존재하지 않기 때문에 죽어 있는 조화와 같이 영향력 없는 삶을 살아갑니다. 악취가 진동하며 썩어 가는 세상 속에 함께 휩쓸려 그리스도인 본연의 향기를 상실한 채 예수를 전하지 못하고 있습니다.

우리는 그리스도의 향기를 진하게 드러내야 합니다. 우리의 일상생활 속에서 그리스도인으로 산다는 것이 무엇인지를 삶으로 보여 주어야 합니다. 조금 더 손해 보고, 조금 더 용납하며, 조금 더 칭찬하고, 더 사랑해야 합니다. 세상 사람들이 살 수 없는 삶을 살아갈 때, 우리는 그리스도의 향기를 발할 수 있습니다. 그때에 비로소 세상은 우리가 그리스도의 향기임을 깨닫고, 우리를 통하여 예수 그리스도를 알게 될 것입니다.

처음에는 별 볼일 없는 평범한 사람이었습니다. 겉모습은 초라하고 자랑할 것이 없는 사람입니다. 하지만 시간이 지날수록 사람들은 그 사람에게 매력을 느끼고, 그 사람 주위로 몰려들게 됩니다. 그 사람의 온화한 미소와 따뜻한 말 한마디에 사람들은 이전에 찾아볼 수 없던 깊은 감동을 느낍니다. 이 사람을 통해서 주변 사람들은 변화되고, 공동체는 하나가 되기 시작합니다.

그리스도의 향기를 머금은 한 사람의 영향력이 바로 이런 것입니다. 그리스도의 향기를 발하는 사람을 통해서 세상은 예수 그리스도를 알게 되고, 사람들은 새로운 생명을 얻으며, 하나님의 놀라운 사랑을 경험하게 됩니다. 하나님은 우리를 그리스도의 향기로 부르셨습니다. 작고 연약한 우리를 통해서 하나님은 그리스도를 전하기 원하십니다. 우리가 하나님의 말씀을 따라 서로 사랑하고 섬길 때, 마침내 세상은 우리를 통하여 예수 그리스도 안에서 나타난 하나님의 사랑을 알게 될 것입니다. 꿀벌과 나비가 아름다운 꽃향기를 맡고 사방에서 몰려들 듯이, 우리를 통하여 그리스도의 향기가 퍼져 나가 꽃을 피우고, 풍성한 열매를 맺을 것입니다. 하나님은 그리스도의 향기가 세상을 가득 채우기를 원하십니다.

「영원에 이르는 길 1, 2, 3권」

2018년 3월 3일 초판 발행

지은이 이요한
펴낸곳 도서출판 영원 길
등록번호 제 2017-000020호 (2017.12.19)
주　소 경기도 군포시 당산로 125번길 14(금정동)
전　화 031) 360-0691
블로그 https://blog.naver.com/heavenhope0131/
이메일 gospel0808@naver.com
온라인 358801-04-145168 국민은행
상담 및 수강신청 031)360-0691 (도서출판 영원 길)